I0821439

Braunschweiger Ausgabe

Wilhelm Raabe · Sämtliche Werke

WILHELM RAABE
SÄMTLICHE WERKE

Im Auftrag der
Braunschweigischen Wissenschaftlichen Gesellschaft
nach dem Tode von Karl Hoppe
besorgt von Jost Schillemeit

NEUNTER BAND

Zweiter Teil

Bearbeitet von
Karl Hoppe, Hans Oppermann
Constantin Bauer und Hans Plischke

GÖTTINGEN · VANDENHOECK & RUPRECHT · 1976

WILHELM RAABE

ERZÄHLUNGEN

SANKT THOMAS – DIE GÄNSE VON BÜTZOW
THEKLAS ERBSCHAFT – GEDELÖCKE
IM SIEGESKRANZE – DER MARSCH NACH HAUSE
DES REICHES KRONE – DEUTSCHER MONDSCHEIN

GÖTTINGEN · VANDENHOECK & RUPRECHT · 1976

2., durchgesehene Auflage
besorgt von Hans Oppermann

Entwurf von Einband und Schutzumschlag: Hans Hermann Hagedorn.

Gesamtherstellung: Hubert & Co., Göttingen

ISBN 3-525-20120-6

SANKT THOMAS

1.

Don Franzisko Meneses

Im großen Meerbusen von Guinea, fünfzehn bis fünfzig Seemeilen von der Küste des afrikanischen Kontinents, liegt die Gruppe der Guineainseln, einzeln genannt: Fernao do Po, Isola do Principe, Annobon und Sankt Thomas. Diese Inseln wurden, nachdem wahrscheinlicherweise Karthager und Phönizier sie längst in ihren Logbüchern verzeichnet hatten, im Jahre nach Christi Geburt 1472 von den Portugiesen wiedergefunden, und die Flagge dieses einst so kühnen Seefahrervolkes weht heute noch auf Sankt Thomas und der Prinzeninsel, während Fernao do Po und Annobon in die Hand der Spanier gefallen sind; doch weder die Portugiesen noch die Spanier wissen mit ihrem Teil viel zu beginnen.

Wir erwecken die alte Zeit und erzählen eine Geschichte aus dem Jahre 1599, da Franzisko Meneses Gouverneur auf Sankt Thomas war und diese Ehre mit seinem Leben bezahlte.

Es ging aber damals nicht der Statthalter allein verloren. –

In diesem Jahre 1599 flatterte nicht das Banner von Portugal, sondern das von Spanien auf dem Schloß Pavaosa, und Don Franzisko hielt die Wacht für Don Philipp III. – daran war die Schlacht von Alcassar schuld. Von dieser Schlacht schreibt ein gleichzeitiger deutscher Chronist:

„Drey Könige haben sich umb ein Königreich geschlagen, und jhrer keiner hat doch das Königreich erhalten, sondern der, auff den man nicht gedacht hette, ist König worden. Das ist die Schlacht in Afrika, darinnen drey Könige umbkommen sind, nemblich Sebastian, der König von Portugal, Abdelmelech und Mahometh, zween barbarische Könige auß Mauritanien, und auff deß Königs von Portugal seiten sind todt blieben der Hertzog von Avero, die Bischöffe Conimbricensis und Portuensis, Item der Bäpstische Legat, der Marggraff auß Irlandt, Christoff von Tavora und viel andere Herren, tapffere Ritter und Edelleute. Abdelmelech, der Barbarische König, ist in der Stadt Feß begraben worden, eben in dem Habit, Kleide und köstlichem Geschmuck von Edelgesteinen und Perlen, darinnen er verschieden war. Deß Portugalischen Königs Leichnam unterstunden sich viel auß den gefangenen Edelleuten loß zu keuffen, und bohten dem newen Barbarischen König Hameto zehen tausend Ducaten dafür, aber der barbarische König gab jhnen zur Antwort, das sich nicht geziemen wolt, auß einem todten Leichnam Geldt zu keuffen, und ließ jhn gen Alcazara tragen und daselbs im Bilgerhause begraben."

Der ehrliche deutsche Geschichtsschreiber wußte das ganz genau, wo der junge tapfere König Sebastian geblieben sei; aber das arme Portugal wußte es nicht und wollte nicht an das Grab desselben im Pilgerhause zu Alcassar glauben. Mit unerschütterlicher Sicherheit hoffte es auf seine Rückkehr, und je böser die Zeit, je härter und unerträglicher das Joch des neuen Herrschers wurden, desto mehr faßte diese Sehnsucht und Hoffnung Wurzeln in dem Herzen des Volkes, das seine große, glänzende Zeit noch nicht vergessen hatte.

Der neue Herrscher nannte sich Don Philipp II. von Spanien, und sein schlimmer Feldherr Ferdinand Alvarez von Toledo, Herzog von Alba, hatte ihm das unglückliche Land nach der kurzen Zwischenregierung des Kardinals Heinrich und der traumartigen Herrschaft des Königs Anton, Priors von Crato, unterworfen.

So war seit dem Jahre 1581 Portugal eine schlecht behandelte, gedrückte Provinz Spaniens und wurde unvermeidlich in alles Unglück und Elend dieses verfallenden Reiches hineingezogen, und Engländer und Niederländer behandelten seine Küsten und

Kolonien nicht anders als alles übrige spanische Eigentum, auf welches sie die Hand legen konnten. So war auch die portugiesische Insel Sankt Thomas hispanisches Besitztum, und Statthalter war, wie schon gesagt, der hispanische Oberst Don Franzisko Meneses, ein tapferer, aber armer Mann, welcher den abgelegenen Posten in der Bai von Biafra genommen hatte, da ihn kein anderer nehmen wollte, und welcher von seiner Residenz, dem Schloß Pavaosa, aus das Volk der Eingeborenen, einen kräftigen, wohlgestalteten Negerstamm, in ziemlichem Respekt erhielt und nach besten Kräften das Seinige tat, mit seinen spanischen und portugiesischen Kolonisten und Besatzungstruppen den Bau des Zuckerrohres zum wünschenswerten Flor zu bringen und das Banner Don Philipps III. allen falschen Sebastianen, allen engländischen und holländischen Anfechtungen zum Trotz hochzuhalten.

*

Es war eine Hängematte zwischen zwei Palmenbäumen im Garten des Schlosses ausgespannt. Breitblätterige tropische Gewächse, wie sie die Sonne des Äquators hervorruft, beschatteten das schaukelnde Bett; ein Gebirgsbach rauschte an dem schönen Ruheplatze vorüber und eilte, hier von Gebüsch und Blüten verdeckt, dort frei über das flimmernde Gestein springend, dem Meere zu. Bunt, farbenschillernd, duftend war der Garten des Schlosses Pavaosa; aber die Luft zitterte über ihm; das rauschende und murmelnde, das klare, tanzende Wasser war ein böser Hohn, der Schatten war nicht Kühle.

Die Männer fluchten der furchtbaren Sonne, die Frauen sanken stumm vor ihr zusammen; für jeden, der nicht auf diesem Flecke geboren wurde, war das Leben eine Qual; und im Fiebertraum lag die junge Schläferin in der Hängematte zwischen den beiden Palmbäumen im Garten des Gouverneurs der Insel Sankt Thomas unter dem Äquator, Don Franzisko Meneses.

Doña Camilla Drago träumte vom Schneefall an den Ufern der Schelde und der Waal, von scharfen nordischen Seewinden, von Eisblumen an den runden, in schweres Blei gefaßten Fensterscheiben, vom Eis der holländischen Kanäle, vom lustigen Sturm, der nachts die Dachziegel klappernd bewegt und die Wetterfahnen auf den spitzen Giebeln lustig herumwirft, und ihr Oheim, der Gouverneur, gelb und ausgedörrt, blutleer und knebelbärtig, schwarzäugig und krummnasig wie der gute Ritter Don Quijote von La Mancha, saß zu Häupten ihres hängenden Lagers, hielt ihre heiße Hand und sprach mit Kopfschütteln vor sich hin:

„Mit allem schuldigen Respekt vor einem hohen Kriegsrat zu Madrid und meinem Herrn, Don Philipp III., aber dieses ist kein Ort und Aufenthalt für eine junge Dame, ungesagt gelassen, daß es auch bessere Ruheplätze geben mag für einen alten invaliden Kavalier, der seine Pflicht vom sechzehnten bis zum sechzigsten Jahre zu Fuß und Pferde, ja selbst an manchem Schiffsbord mühselig, aber freudig getan hat. Da gibt's doch manches Plätzchen, sei's in Spanien, sei's in Portugal, ja sei's selbst in Westindien, wo ein alter Ritter behaglicher seine Knochen zur Ruhe legen könnte, ungesagt gelassen, daß man hier nur sitzt, um vergessen zu werden, – o heilige Jungfrau, und auch von dieser jungen Dame, meiner Nichte, gar nicht zu sprechen!“

Der Alte zog die Spitzen des wohlgepichten Schnauzbartes durch die Hände, drehte den Knebelbart und verlor sich unter wiederholtem Schütteln des Hauptes in das tiefste Nachdenken über den nichtsnutzigen, ungerechten Zustand der Welt, den Verbrauch von Lanzenspitzen, Schwerterklingen, Schießpulver und wackern hispanischen Soldaten und Rittern überall, wo die Fahnen mit den Löwen und den Türmen wehten und natürlich mit dem Nachbar in Konflikt geraten waren. Er dachte tief nach über alle guten, mittelmäßigen und schlechten Statthaltereien diesseits und jenseits des Atlantischen Ozeans, am tiefsten über den Leichtsinn seiner edlen gotischen Ahnen, welche das Ihrige und damit auch das Seinige nicht zusammengehalten hatten, am allertiefsten aber über seine Nichte, Doña Camilla Drago.

Das war der ewige Kreislauf seiner Gedanken: er, Franzisko Meneses, habe nichts für seine eigene Person gegen die Insel

Sankt Thomas im großen Meerbusen von Guinea, grade unter dem schwarzen erschrecklichen Strich, der Äquator genannt, einzuwenden, und der Sitz im Schloß Pavaosa sei ihm tausendmal lieber als das Stehen und Kriechen im Vorzimmer der großen Herren zu Madrid; aber die kleine, heiße Hand gehöre nicht in solche Statthalterschaft – basta!

Basta ist ein sehr böses Wort, wenn es sich hinter einer solchen Gedankenreihe als Riegel gegen die bangen Bilder und Vorstellungen, die noch kommen wollen und die Zukunft bedeuten, vorschieben will!

Die kleine Hand, welche so schlaff und matt von dem schwebenden Lager herniederhing, hatte ihre Geschichte, eine wildbewegte, abenteuerliche Historie – worüber das Folgende nachzulesen sein wird.

2.

Doña Camilla Drago

Im feuchtesten, frischesten Grün dehnte sich die weite flandrische Ebene, und der Regenbogen stand wie eine Brücke auf dem Lande; die Reiter und Rosse schüttelten die blitzenden Tropfen von sich, und die schweren friesischen Gäule vor der schwerfälligen, gewaltigen Kutsche, die von der streifenden Schar des Prinzen Moritz soeben angehalten worden war, trieften und schnoben wie eben dem Meer entstiegene Rosse Neptuns. In der Ferne hinter den grünen Hecken, die Wassergräben entlang, wurden noch Pistolenschüsse zwischen der fliehenden Bedeckung der spanischen Kutsche und den verfolgenden Reitern der Provinzen gewechselt; in dem Wagen selbst war aber die Stille des Grabes auf ein helles weibliches Jammer- und Hülfegeschrei gefolgt, und der zerzauste, pulvergeschwärzte Raufbold, welcher den Fang gemacht hatte und jetzt vorsichtig den Schlag öffnete, wußte durchaus nicht, was er mit diesem Haufen ohnmächtiger Frauenzimmer anzufangen habe. Weder er noch einer seiner lustigen

Reiter führte ein Riechfläschchen in der Tasche oder im Sattelsack mit sich.

Mit einer sehr unhöflichen Redensart schob er den Hut vom rechten auf das linke Ohr und griff in das verwilderte Haar; aber er war doch kein übler Bursche; denn als die Genossen mit roheren Fäusten zugreifen wollten, um ihre Beute genauer zu untersuchen, tat er mit einem rauhen, aber ehrlichen „Halt da!“ Einspruch. Und als sich aus den krampfhaft umschlingenden Armen der Dueña und der beiden Kammerzofen ein Jungfräulein, fast noch ein Kind, loswand und heftig in hispanischer Zunge auf ihn einredete, brummte er zwar ziemlich grob, daß er das Kauderwelsch nicht verstehe, aber er schlug doch zum zweitenmal die gieriger andringenden Hände seiner Reiter zurück und den Kutschenschlag zu, kletterte ächzend wieder auf den Gaul und kommandierte: „Marsch – zum Hauptquartier!“

Dieses „Hauptquartier“ bedeutete den berühmten niederländischen Oberst Heraugière, den Eroberer von Breda, welcher sich von der ebenfalls eroberten, aber wieder aufgegebenen Stadt Huy an der Maas vor dem spanischen Feldzeugmeister La Motte zurückzog und augenblicklich in einer verwüsteten und geplünderten Mühle mit seinen Hauptleuten Kriegsrat hielt; und er sowohl wie mehrere seiner Offiziere verstanden nicht nur Spanisch, sondern auch Französisch. Aber alle, obwohl sie gewiß ebenso tapfere, abgehärtete Männer wie Signor Petruchio aus Verona waren und ebensooft wie er das Meer gleich wilden, schweißbedeckten Ebern wüten gesehen, ebensooft wie er in großer Feldschlacht Trompetenklang, Roßwiehern, Kriegsgeschrei gehört hatten, dachten nicht wie er von der Weiberzunge,

> die halb nicht gibt so harten Schlag dem Ohr
> als die Kastanie auf des Landmanns Herd;

sondern sie „entsetzten“ sich sehr vor der Señora Rosamunda Bracamonte y Mugadas Criades, welche jetzt allmählich aus ihrer Ohnmacht erwacht war und sich mit außerordentlicher Zungenfertigkeit über ihre Gefangenschaft unter den Heiden beklagte. Sämtliche niederländische Herren zogen die Schultern zusammen und hielten die Hände vor die Ohren, und Heraugière fing an, seine Zähne sehen zu lassen, was immer ein böses Zeichen war, als das ebenfalls gefangene kleine Fräulein sich ins Mittel legte und ruhig und gefaßt im Kreise der grimmigen Geusenritter das Wort ergriff. Nachdem die heulende Dueña von einem Gefreiten aus des Müllers Stube abgeführt worden war, erfuhr man von dem Kinde, es sei die Tochter des hispanischen Obristen Don Alonzo Drago, habe bis jetzt in einem Nonnenkloster zu Lüttich gelebt und habe sich soeben auf dem Wege nach Brügge befunden, wo ihr Vater für den Grafen von Fuentes ein Regiment deutscher Hülfsvölker einübe.

„Da tut es mir recht leid, Doña Camilla, daß Euch das Schicksal meiner Streifschar in den Weg geführt hat", sprach Heraugière höflicher, als es sonst seine Art war. „Unser Weg geht auf Herzogenbusch, und dorthin werden wir Euch samt Euern Damen mit uns führen müssen. Es ist nicht häufig, daß uns der Himmel eine so hübsche Geisel zum Geschenk macht; doch seid unbesorgt, ich werde schon neben Euerer Kutsche reiten, und im Fall uns der Herr von La Motte fürderhin unbelästigt läßt, sollt Ihr keine weitern Unbequemlichkeiten als die des rauhen Himmels und einiger Nachtmärsche zu befahren haben. Vorwärts, meine Herren, frisch zu Pferde, auf daß wir den Lüttichern und ihrem frommen Bischof aus dem Blutbann kommen!"

Und Heraugière war so gut wie sein Wort. Er hielt auch diesmal Ordnung unter seinen Leuten, wie damals im Raume jenes weltberühmten Torfschiffes, durch welches er Herrn Paul Antonio Lansavechia und dessen Italiener in Breda so sehr in Verwunderung setzte. Der Señora Rosamunda Bracamonte y Mugadas Criades geschah nicht das mindeste Leid. Nicht einer der niederländischen Reiter war durch den Krieg so abgehärtet worden, daß er es gewagt hätte, sich an den Reizen und der Tugend der guten Dame zu vergreifen, und die beiden jüngeren Kammerfrauen führten kein Reisejournal. Es war ein kühler Mai im Jahre 1595, aber die Träumerin in der Hängematte auf

Sankt Thomas gedachte ihres unfreiwilligen Zuges durch das Bistum Lüttich und die Grafschaft Brabant, wie der Verschmachtende in der Wüste sich eines kühlen Quelles erinnert. –

Im Herzogenbusch endete für dieses Mal der Zug des tapfern Heraugière; er nahm höflich Abschied von der Tochter des Obersten Drago, der viel zu eifrig im Dienste des Grafen von Fuentes war, als daß man ihm sein Kind gegen die gewöhnliche Lösung zurückgeben durfte. Im Haag, an einem der langsam fließenden Kanäle, lag das Haus Mynheers van der Does, und ihm oder vielmehr seiner Gattin war die junge spanische Geisel vom Prinzen Moritz zur Pflege und Beaufsichtigung übergeben worden. Da schwimmen im Sommer die Enten auf den Kanälen, da hüpfen im Winter die Krähen auf dem Eise, da gehen auf den Wiesen die Störche spazieren zur Zeit der Frösche, und auf den Wiesen von Süd-Holland führte Mefrouw van der Does die Niña an der Hand und machte ihr die Gefangenschaft so leicht als möglich und hielt sie mütterlich wie ihr eigenes Kind. Mefrouw hatte ein eigenes Kind, aber das ließ sich nicht mehr an der Hand leiten wie das spanische „meisje“. Georg van der Does, der wilde Knabe, kam nur heim, wenn sein Schiff auf der Reede von Vlissingen oder Scheveningen kalfatert wurde oder irgendwo im Eise festlag. Die niederländische Jugend hatte nicht Zeit, stillzusitzen und Sitte und Anstand zu lernen, und der Leichtmatrose Georg war nicht besser als seine Genossen. Im Winter fünfundneunzig kam er aber auf Urlaub, saß neben dem väterlichen Kamin und gab seine hundert grausigen Historien vom Kampf Bord an Bord, vom Entern und Versenken des Feindes, vom Hängen der Piraten zum besten und war dem spanischen, hübschen Gaste gegenüber sehr blöde. Im Sommer sechsundneunzig kam er mit einem zerschlagenen Kopfe und wandelte, nachdem ihn die Señora Rosamunda Bracamonte einige Male am Ohr genommen, tüchtig zurechtgeschüttelt und zur Ordnung und Ruhe verwiesen hatte, recht sittsam, aber etwas weinerlich an ihrem Arm auf den grünen Wiesen zwischen den Störchen, den weißen und gelben Blumen. Unmutig und verdrossen horchte er den Erzählungen seiner Mutter von der Statthalterin Margareta, von der guten alten Zeit vor der Ankunft des Herzogs von Alba, von Wilhelm von Oranien, den Grafen Egmont und Hoorn und dem armen Prinzen Don Juan d'Austria; das spanische Fräulein war ihm schon der Dueña, Frau Rosamund, wegen ärgerlich – Doña Camilla Drago in ihrer Hängematte unter dem Äquator lächelt, als sie seiner gedenkt. –

Zwei bunte Vögel kamen durch die dunkelblaue Luft und jagten einander im Spiel um die beiden Palmen im Garten des Schlosses Pavaosa. Doña Camilla sah durch halbgeschlossene Augenlider ihr prächtiges tropisches Gefieder in der Sonne schillern; die scharfen Stimmen verwundeten ihr Ohr. Sie flatterten schwatzend um die hohen Gipfel, sie kletterten an den Stämmen, und plötzlich schossen sie wieder von dannen, dem Guineameer zu, welches hier und dort durch das Gebüsch leuchtete. Doña Camilla Drago sah sie verschwinden und legte die Hand auf die vor allem Glanz und Farbenspiel schmerzenden Augen: sie dachte an den 24. Januar 1597 – an die Schlacht bei Turnhout, an das Grab ihres Vaters im tiefen Schnee des Nordens.

Unter dem Oberbefehl des Grafen von Varax zogen die Truppen des Erzherzogs Albert von Österreich aus den brabantischen Winterquartieren aus: Neapolitaner des Regiments Trevigo, Deutsche des Regiments Sulz, Albaneser unter Niccolo Basta, Spanier unter Don Juan de Gusman, Don Juan Cordua und Don Alonzo Drago, Wallonen zu Fuß unter Barlotte und Cozuel, Wallonen zu Pferde unter Grobbendonck. Bei Gertruidenberg sammelte der Prinz Moritz seine Streitkräfte, achttausend Mann zu Fuß und achthundert Reiter, und Robert Sidney führte ihm fünfhundert Engländer aus den Besatzungen von Vlissingen und Briel zu. Um Mitternacht zwischen dem 23. und 24. Januar kam der niederländische Heereszug bei Ravels an, und bei Tagesanbruch stieß er auf den Feind, der sich nach abgehaltenem Kriegsrat bereits auf dem Rückzuge nach Herenthals befand. Da erhub sich das grimmigste Treffen. Mit wildem Ungestüm warfen sich die Schotten unter Murray und die Seeländer unter De la Corde auf den Feind, mit bedächtiger Tapferkeit folgten die Engländer unter Sidney und dem Ritter Veere. Gar treffliche Arbeit machte die Reiterei unter der Anführung der Grafen von Hohenlohe und Solms auf der Thieltschen Heide, und mit dem Grafen Varax wurde Don Alonzo Drago gleich im Anfange der Schlacht erschossen. Um elf Uhr mittags lag die spanische Macht im Schnee zu Boden. Achtunddreißig Fahnen des Fußvolkes und Dragos Reiterstandarte sandten die Niederländer nach dem Haag; durch alle freien Provinzen läutete man ob der Siegesbotschaft die Glocken; mit großem Triumph wurde auch der Prinz Moritz von Oranien im Haag empfangen; – durch seine Vermittlung erhielt die Tochter Alonzo Dragos ihre Freiheit von den hochmögenden Generalstaaten. Die Trompeten, welche diese glorreiche Viktoria von Turnhout in den Gassen des Haags ausbliesen, durften nicht wie anderer Klang im Ohr und in der Seele Camillas verhallen. Sie schmetterten über Land und See, sie waren nach Jahren noch nicht verklungen und zitterten um die Palmenwipfel im Garten des Schlosses Pavaosa. –

Im Frühling des Jahres 1597 nahm Camilla Drago Abschied von Mynheer und Mefrouw van der Does, und dieses Mal kam Georg ausdrücklich dazu von Scheveningen herüber. Er war blöder als je und wußte weniger als je zu sagen, und als die Sänfte des spanischen Fräuleins um die Ecke verschwunden war, verschwand auch er wieder, ohne in gewohnter Weise von seiner betrübten Mutter Abschied zu nehmen. Bis die Abendkanone ihn auf sein Schiff zurückrief, saß er auf einer Düne am Strande und zeichnete mit seinem Dolche Figuren in den Sand. –

Es war ein weiter Weg von dem grünen Haag bis zu der verlorenen Insel Sankt Thomas im Meerbusen von Guinea. Bis Bergen op Zoom ritt die niederländische Bedeckung neben der Sänfte Camillas, dann wurde sie zum großen Entzücken der Señora Rosamunda von spanischen Reitern abgelöst. Von Brüssel zog die Nichte Don Franzisko Meneses' unter dem Schutz kaiserlicher und italienischer Truppen den Rhein entlang und durch Tirol gen Italien. Von Genua führte sie ein spanisches Schiff nach

Barcelona; – im Herbste des Jahres achtundneunzig ankerte der Kapitän Giralto im Hafen von Sankt Thomas, und der Statthalter Philipps III. ließ auf allen Wällen die Geschütze zu Ehren seiner Nichte abbrennen und führte gravitätisch das müde Kind auf den glühenden Boden, der von nun an ihre Heimat sein sollte. An der Hand des Kapitäns Giralto schritt auch die Señora Rosamunda Bracamonte ans Land; ihre Erscheinung machte einen großen Eindruck auf die Besatzung, die Kolonisten und die nackten schwarzen Eingeborenen, welch letztere vor ihrer Stattlichkeit zu beiden Seiten des Weges die Stirnen in den heißen Sand drückten. –

3.

Der Kapitän José Giralto

Ein Kartaunenschuß vom Turm Abreojos erschütterte die Luft – ein Zeichen, daß ein Schiff in Sicht sei. Es flogen darob wieder viel farbige Vögel aus den Büschen und Bäumen auf, und der Gouverneur, seinem bedenklichen Nachsinnen entrissen, erhob sich schnell und schritt, nach einem letzten bekümmerten Blick auf seine Nichte, dem Schlosse zu; Doña Camilla Drago aber regte sich nicht. Sie hatte die Augen geschlossen; sie schien jetzt fest zu schlafen; eine Negerin nahm den Platz des Oheims ein, einen bunten Federfächer bewegend. Eine grüne Schlange wand sich aus den wunderlichen Wurzeln des Armleuchter-Pandangs hervor, sah auf die Schläferin und die lächelnde schwarze Sklavin, ringelte sich über den feinen Sand und verschwand in den breiten Blättern am Bache; noch schlugen die Whydafinken im Gebüsch, aber die Sonne sank dem Meere zu. Als der feurige Ball auf den Wassern lag, erhob sich ein forthallendes Getöse am Strande und in der Stadt – Schuß auf Schuß fiel vom Turm Abreojos; die Lärmglocke des Schlosses setzte sich in Bewegung; erschreckt ließ die Negerin ihren Fächer sinken, erschreckt richtete sich Camilla Drago empor, ein Schwarm von Dienerinnen stürzte herbei, und ihm folgte schnelleren Schrittes, als sonst mit ihrer Würde vereinbar schien, die Señora Rosamunda Bracamonte, die Hände erhebend und zusammenschlagend.

„Bei allen Heiligen, was ist geschehen? was geschieht? was bedeutet dieser Lärm?“ rief die Nichte des Gouverneurs.

„Man hat doch nirgends Ruhe vor ihnen!“ sprach die Señora im höchsten Grade erzürnt. „Da möchte ja selbst die heilige Inquisition an der Gerechtigkeit Gottes – er vergebe mir meine Sünden! – verzweifeln! Es ist nicht zu ertragen!“

„Die Ketzer! die Niederländer! die holländischen Rebellen!“ jammerten die spanischen Dienerinnen. „Sie kommen mit hundert Schiffen. Sie haben den Kapitän Giralto über das Meer in die Bucht gejagt! Die heilige Jungfrau schütze uns, man zählt ihrer tausend Segel von den Türmen!“

„Das ist eine Fabel, ein törichter Schrecken“, sagte Camilla; aber die Dueña schüttelte den Kopf, der Lärm der Stadt Pavaosa wuchs von Augenblick zu Augenblick, die Lärmtrommeln der Besatzung rasselten auf den Wällen des Schlosses, und Doña Camilla Drago eilte durch die Gänge des Gartens, ihren Oheim aufzusuchen, – die tropische Nacht brach schnell herein.

Der Kapitän José Giralto war in der Tat mit seiner Brigantine Corona de Aragon übel zugerichtet in den Hafen von Pavaosa eingelaufen; vierzig niederländische Segel hatte er von der großen Kanaria her im Nacken gehabt und war der Gefangenschaft oder dem Untergange nur durch mannigfache Wunder der Geschicklichkeit und des Seemannsglückes entgangen. Dem wildesten Aufruhr war die Stille der Stadt und des Schlosses gewichen; Verwirrung herrschte überall und stieg, je dunkler es wurde; mit Fackeln und Windlichtern lief man durcheinander, auf den Bastionen wurden die Geschütze in Bereitschaft gesetzt, die waffenfähigen Kolonisten fanden sich mit Schwert und Spieß und Luntenbüchse auf den Sammelplätzen ein, Reiter sprengten die Küste entlang und ins Land hinein, um die vereinzelt Wohnenden zu warnen; ein Gemurmel und verhaltenes Lachen lief durch das eingeborene schwarze Volk, welches ebenfalls seine Boten zu den Bergen, zu den freien Brüdern sandte. Vom Meere bis zu den höchsten Spitzen der Gebirge wurden von den Negerkriegern die Streitkeulen geschwungen, die Köcher mit Pfeilen gefüllt und die Sehnen der Bogen geprüft; – auf dem Turme Abreojos faßte Don Franzisko Meneses die Hand seiner Nichte und seufzte:

„Mein Kind, mein Kind, ich wollte, du säßest in einem Kloster zu Madrid!"

„Das wollte ich nicht, Señor", sprach Doña Camilla Drago. „Ich bin die Tochter eines guten Kavaliers, ich bin Euer Blut; wenn ich vor jedem Wölkchen zittern wollte, so würde ich zwei edlen Häusern gar arge Schande machen. Beim heiligen Michael dem Erzengel, mein Oheim, wir wollen Gott danken für die Wolke, von deren Nahen uns der Kapitän Giralto Nachricht gebracht hat: es war doch recht heiß geworden auf Sankt Thomas. Vorwärts zu Land und See und – Spanien, schließ dich!"

„Du bist ein gutes Kind, Camilla!" sagte der Gouverneur; „ich habe es ja immer gesagt, aber Vorwürfe macht sich der Mensch auch immer, zumal wenn solch eine hübsche junge Dame für seine Grille büßen und leiden soll. Der Kapitän Giralto wird sich nicht verzählt haben – vierzig Segel – wahrlich, es wird in der nächsten Zeit ein recht lebendiges Leben auf der Reede und um die Wälle von Pavaosa sein!"

„Um so besser", sprach Doña Camilla. „Da sind sie übrigens!"

Sie deutete in die Nacht hinaus, in weiter Ferne flimmerten einige rote Pünktchen, das waren die Laternen an den Masten der nahenden niederländischen Flotte.

Mit derselben Gravität, mit welcher Don Franzisko vor einem Jahre die Nichte an das Ufer geleitet hatte, führte er sie jetzt die steilen Stufen des Turmes Abreojos hinab und übergab sie ihren Frauen. Er selber schritt zu den Bastionen am Strande, wo er sich von neuem mit großer Ruhe und Umsicht den Vorbereitungen zur Verteidigung seiner Statthalterschaft widmete. –

„Ich bitte Euch, Señor Giralto, wer ist denn der Erzbösewicht, der uns diese niederländischen Schlingel jetzt wieder einmal über den Hals führt?“ fragte die Señora Rosamunda Bracamonte den Kapitän der Corona de Aragon unter dem Tore des Schlosses.

„Es freuet mich recht, Euch dienen zu können, Señora“, antwortete der Kapitän. „Auf dem Oranien hat der Admiral van der Does seine gelbe Flagge aufgezogen. Ein tapferer Mann, Señora; ein erfahrener, recht seekundiger Mann, nur ein wenig zu wohlbeleibt, zu schwer für ein Schiffsdeck. Bin ihm mehrmals nordostwärts vom Kap Finisterre begegnet, Señora, – ein recht wohlbeleibter Herr!“

„Nun kenne ich ihn auch!“ rief die Dame wenig erfreut. „Ich bin ihm ebenfalls einige Male begegnet, doch mehr auf dem festen Lande. Er kam während unserer Gefangenschaft bei den Heiden dann und wann in das Haus seines Bruders im Haag. Mein Gott, mein Gott, in welcher wunderlichen Welt leben wir doch!“

„Ich erlaube mir, Euch um Urlaub zu bitten, Señora“, sprach der Kapitän. „Es ist immer angenehm, einen alten Bekannten wiederzufinden, und es würde mich sehr freuen, wenn auch ich meinerseits den Herrn Admiral nach Kräften würdig empfangen dürfte, wenn er morgen an unsere Tür klopft.“

„Ich erlaube mir, Euch in meine Gebete einzuschließen, Señor. Wer ist Euer Schutzheiliger?“

„Don Joseph von Arimathia“, sprach der Kapitän, den Hut ein wenig lüftend.

„Ich werde Euch seiner Aufmerksamkeit und Fürsorge dringendst empfehlen, Señor Kapitän. Geruhsamste Nacht!“

Mit zwei tiefen Verbeugungen nahmen die beiden Abschied voneinander. Die Señora trippelte schneller als gewöhnlich durch die Korridore, ihrer jungen Herrin mitzuteilen, wer die niederländische Flotte führe; der Kapitän aber ging nicht zu Bett, sondern war die ganze Nacht sowohl am Strande als am Bord seines Fahrzeugs mit den Vorbereitungen zur Begrüßung des niederländischen Admirals sehr beschäftigt; der Gouverneur jagte ihn jedoch noch vor dem Morgengrauen mit seiner Brigantine wieder aus dem Hafen.

„Ihr habt kein Recht, des Königs Schiff nutzlos verbrennen oder in den Grund bohren zu lassen, Señor Kapitän. Gehet nach dem Flusse Gabon.“

Auch Doña Camilla Drago schlief nicht. Auf die tödlichste Abspannung war die fieberhafteste Aufregung gefolgt; Doña Camilla erblickte auch von ihren Fenstern aus die Lichter der republikanischen Flotte auf der Meereshöhe, die langen Wogen des Atlantischen Ozeans schlugen dumpf rauschend an Fels und Gemäuer zu Füßen der Jungfrau. Doña Camilla Drago schritt die ganze Nacht zu großer Belästigung der Señora Rosamunda in dem Gemache auf und ab oder saß oder lehnte unruhvoll in der Fensternische und horchte den Wellen und dem Getöse der den Feind, den Todfeind erwartenden Bevölkerung der Stadt und des Schlosses Pavaosa.

4.

Ein niederländischer Orlogszug

In der Gruft des Eskorials, neben dem Vater, dem Kaiser Karl, schlief Don Philipp II. den letzten Schlaf. Die schweren Pforten waren hinter ihm zugefallen, der dröhnende Klang war verhallt in den Wölbungen; nichts störte mehr die Ruhe des Königs, nicht einmal der wilde, triumphierende Schrei, der von der Schelde bis zur Ems die Ufer der Nordsee entlang und weit ins Land hinein durch das Volk lief, als ihm die Glocken der noch gefesselten Grenzstädte die große Nachricht verkündeten. Am 2. April des Jahres neunundneunzig bereits schleuderten diese freien Provinzen dem neuen Manne, welcher sich noch immer ihren Herrscher nannte, ihren neuen Absagebrief ins Gesicht. Sie erließen an alle Nationen und Regierungen Europas ein Manifest, in welchem sie ihnen allen Handelsverkehr zu Wasser und zu Lande mit der Krone Spanien, dem Erzherzog Albert und seiner Gemahlin und Mitregentin Clara Isabella Eugenia – verboten, und zu Wasser und zu Lande wagte nur der tapfere Christian IV., der König von Dänemark, dieses Schriftstück ad acta zu legen. Es waren wahrlich hochmögende Herren aus den Bettlern geworden seit dem Jahre fünfzehnhundertsechsundsechzig!

Sie hämmerten und klopften auf ihren Werften Tag und Nacht, und der lebende König Philipp III. vernahm den Schall, den sein Vorgänger nicht mehr hören konnte. Sie drehten Seile und gossen Geschütze, sie schmiedeten Anker und Enterhaken, sie erfanden eine neue Steuer und musterten Mannschaft, und am 25. Mai neunundneunzig liefen sie aus der Maas, dem neuen Könige von Spanien persönlich Glück zu seiner Thronbesteigung zu wünschen. Fünfundsiebenzig große Schiffe und achttausend Mann Matrosen und Schiffssoldaten nahmen an diesem Gratulationsbesuche teil; Admiral war in der Tat, wie der Kapitän José Giralto richtig erkundet hatte, Mynheer van der Does, und als Contre-Admirale oder Schouts by Nacht hatte man ihm die Herren Jan Gerbrant und Cornelius Lensen gegeben. Als sie aber am 11. Juni vor Coruña anklopften, fanden sie die Tür verschlossen und die spanische Flotte unter den Geschützen der Festung wohlgeborgen vor Anker. Nach einem hitzigen Angriff und einem heftigen, aber ebenfalls vergeblichen Bombardement hielt man einen Kriegsrat, in welchem man beschloß, vor Lissabon den Versuch nicht zu wiederholen, sondern einen Überfall der Glücklichen Inseln zu wagen. Mit günstigem Winde langte man am 26. Juni auf der Höhe der Großen Kanaria an und warf der Stadt Palma und der Festung Gratiosa so nahe als möglich Anker.

„Jetzt mach deiner Mutter einmal eine rechte Freude und fang ihr einen Affen mit eigener Hand, Georg, mein Junge“, sagte der Admiral zu seinem Neffen, als er an Bord des Oranien den Fuß auf die Schiffstreppe setzte, um die Landungstruppen zu führen.

Die Treppe schwankte und knarrte unter dem Gewicht des riesenhaften Mannes, aber sie trug ihn. Mit einem lauten Jubelruf sprang ihm Georg van der Does nach in die Schaluppe, und mit ebenso wildem Geschrei folgten die Matrosen und Soldaten. Von allen Schiffen aus setzten sich die Boote, unter dem Donner der Kanonen, gegen den Strand in Bewegung; aber auch die Große Kanaria eröffnete ihr Feuer gegen den nahenden Feind. Die Seichtigkeit des Wassers hinderte bald das weitere Vordringen, die Schaluppen gerieten auf den Sand, und es fiel manch guter niederländischer Mann unter einer spanischen Kugel.

„Zeigt ihnen, daß die Frösche von Seeland und die friesischen Wasserratten ihre Kunst noch nicht verlernt haben!" schrie der Admiral. „Heraus aus den Waschbutten; was nicht schwimmt, muß krabbeln! Ein Vivat für die Herren Generalstaaten!"

Er sprang auch hier zuerst vom Bord und watete keuchend und schnaufend gegen das Ufer; eine Kugel streifte seine Schulter, aber er schüttelte sich nur und sagte: „Pfui Teufel!" Zuerst gelangten auf festen Boden Georg van der Does und Heinrich Leflerus, der Prädikant von Ysselmünde und Almosenierer der Flotte, der erste mit dem Schiffsmesser in der Faust, der andere mit der Bibel unter dem Arme. „Alle duivels!" sagte der eine; – „o Herr, gib deinem Volke den Sieg!" rief der andere.

Und sie „krabbelten" ihnen nach und kamen ebenfalls zu Lande, Admiral und Schout by Nacht, Kapitäne, Steuermänner, seebefahrene Matrosen, Aufläufer und Jungen, Hellebardiere und Büchsenschützen aus Nord- und Süd-Holland, aus Friesland und Gelderland, aus Utrecht, Groningen und Seeland. Sie trieben mit großer Macht das Inselvolk vor sich her und jagten es hinter seine Wälle. Sie nahmen das Kastell Gratiosa im ersten Anlauf mit Sturm und waren am Abend mit ihrem Tagewerk recht zufrieden. Als am dritten Morgen nach der Landung Mynheer van der Does den Fuß bereits auf die Sturmleiter gesetzt hatte, besann sich auch die Stadt Palma eines Bessern, schickte einen Trompeter und Parlamentär auf den Wall und öffnete nach kurzer Verhandlung ihre Tore. Die einziehenden Niederländer fanden freilich die Gassen ziemlich menschenleer, denn der größte Teil der Bevölkerung hatte sich mit Kind und Kegel in die Berge geflüchtet; aber man machte dessenungeachtet eine gute Beute und hatte zudem das Vergnügen, auf den Bauhöfen, den Werften, in den Gefängnissen einer großen Zahl Landesgenossen die Ketten abzunehmen. Mynheer van der Does verstand's, einen guten Kehraus zu machen; selbst die Glocken der Kirchen und Klöster erschienen ihm des Mitnehmens wert, und er machte sich kein Gewissen daraus, sie auf seine Schiffe bringen zu lassen. Am ersten Julius hielt Henricus Leflerus vor versammeltem Heer sehr gerührt die Dankpredigt für alles genossene und gefundene Gute, worauf man, um das Werk zu krönen, die Stadt Palma an allen vier Ecken in Brand steckte und sämtliche Kastelle unter ungeheuerem Jubel in die Luft sprengte. Nachher segelte man heiter und mit dem leichtesten Gewissen gen Gomera, allwo der „opperkerkvoogd" und Prädikant von Ysselmünde, Mynheer Henricus Leflerus, Gelegenheit fand, seine Predigt zu wiederholen, und wo die Säcke so voll wurden, daß der Admiral den Schout by Nacht Jan Gerbrant mit fünfunddreißig schwerbeladenen Schiffen nach dem Texel zurückschicken mußte, um den Plunder in Sicherheit zu bringen. Der Kapitän José Giralto sah vom Stern seiner Brigantine auf der Meereshöhe den Rauch der angezündeten Kolonien und die Trennung der niederländischen Flotte; er sah aber auch den Oranien mit der gelben Admiralsflagge wiederum das Bugspriet gegen Südwest drehen und verlor, wie wir bereits wissen, die niederländische Armada bis auf die Höhe von Sankt Thomas kaum aus dem Gesicht, hatte auch, wie wir ebenfalls bereits wissen, mehrfach Gelegenheit, Kugeln mit ihr zu wechseln.

Der Prädikant von Ysselmünde, Herr Heinrich Leflerus, ging nicht mit dem Schout by Nacht nach Holland zurück. Außerdem, daß er so schöne Dank- und Siegespredigten halten konnte, hielt er auch ein Tagebuch und verzeichnete darin mancherlei, was der Admiral nicht wert hielt, es seinem Log einzuverleiben.

„Die sollen dem Herrn danken um seine Güte und um die Wunder, so er an den Menschenkindern tut, die mit Schiffen auf dem Meere fuhren und trieben ihren Handel in großen Wassern!" sprach er mit dem Psalmisten und passierte mit Erstaunen und Kopfschütteln das „Dunkelmeer“, das Staubgewölk, in welches der Wind der Sahara die See um die Inseln des grünen Vorgebirges hüllen kann. Sehr in Verwunderung setzten auch die fliegenden Fische den ehrwürdigen Herrn, und recht kurioser Art waren die Bemerkungen, welche er über sie zu Papiere brachte. Mynheer van der Does ließ ihm zu seinem besondern Vergnügen einen Haifisch fangen und gab ihm somit Anlaß, das gefräßige Ungeheuer zum passenden Texte seiner nächsten Sonntagsrede zu machen und allerlei fromme Betrachtungen über den Antichrist, den nichts ahnenden Papst Innocenz IX., den guten Sultan Murad III. und den König Don Philipp III. daran zu knüpfen. Er versuchte es, den Neffen des Admirals zu einem aufmerksamen Teilnehmer an seinen nautischen, geographischen, naturhistorischen, philosophischen und theologischen Observationen und Studien zu machen, aber Georg van der Does täuschte die Erwartungen des trefflichen Mannes in betreff seiner Willigkeit und Teilnahme auf das schändlichste. Georg van der Does hatte ein bedeutend größeres Interesse an der immerfort den niederländischen Enterhaken und Kartaunenkugeln entwischenden Brigantine des Kapitäns José Giralto als an den tiefsinnigsten Hypothesen und scharfsinnigsten Auseinandersetzungen des Prädikanten von Ysselmünde, Henricus Leflerus. Überdies wußte Georg van der Does aus dem Munde der Gefangenen von der Großen Kanaria und Gomera, wer Gouverneur auf Sankt Thomas, dem jetzigen Ziel des Seezuges, sei, und dachte häufiger, als man von ihm hätte erwarten sollen, an die Möglichkeit, eine alte Bekanntschaft wieder anzuknüpfen. –

Man fuhr an den Inseln am Kap Verde vorüber, ohne anzulegen und das Spiel von den Kanarien zu wiederholen; es galt jetzt, mit möglichster Schnelligkeit die Küsten von Brasilien zu erreichen, auf der Guineainsel wollte man nur frisches Wasser einnehmen, und weder Admiral noch Contre-Admiral hatten eine Ahnung von dem, was das Schicksal anders beschlossen haben könne.

„Land, Land! Land ahoi!“

Einen Augenblick später versank das ferne blaue Wölkchen, das Gebirge von Sankt Thomas, in die tropische Nacht.

5.

Die Landung

Mit der wieder aufgehenden Sonne kamen sie heran in einem weiten, mächtigen Halbkreise: zur Linken der Admiral, zur Rechten Mynheer Cornelius Lensen von Vlissingen, in der Mitte Mynheer Gerhard Storms van Wena. Die atlantische Woge schien sich jauchzend vor dem Bug ihrer Orlogsschiffe zu teilen, mit tausendstimmigem Jubelruf begrüßte die Flotte das aus den Wassern aufsteigende Schloß Pavaosa, welches durch einen Kanonenschuß der Stadt und den schwachen Befestigungen des Ufers das Zeichen gab, sich zur Abwehr bereit zu halten.

Auf dem Turm Abreojos unter dem im veratmenden Morgenwinde leise sich regenden Banner von Spanien stand Doña Camilla Drago. Sie sah den Oranien sich in die gefährliche weiße Rauchwolke hüllen, der dumpfe Knall dröhnte nach, ein Zischen und Pfeifen ging an ihr vorüber, dann schien sich der Boden unter ihren Füßen zu bewegen: mit allem Geschütz der Seeseite antworteten das Schloß und die Stadt Pavaosa auf den niederländischen Gruß.

Ächzend hielt sich unten im Gemache die Señora Bracamonte die Ohren zu, die spanischen Dienerinnen lagen mit hellem Wehklagen vor dem Bilde der heiligen Jungfrau, und die schwarzen Weiber lagen auf der Erde und stießen unartikulierte Töne des Grauens aus. Doña Camilla Drago umfaßte die Fahnenstange auf dem Turme Abreojos. Wenn der Qualm und Rauch unter ihr hie und da sich zerteilte, sah sie das Meer mit den feindlichen Schaluppen bedeckt; immer wilder ward das Geschrei und Rufen am Strande, das Knattern der Büchsen fing an, sich mit dem Donner der Kanonen zu mischen; die Sonne des Äquators erhitzte von neuem die Steinplatten und die Brüstung des Turmes, aber Camilla hatte in diesen Augenblicken nicht das Bewußtsein von ihr wie die das Ufer gewinnenden Männer aus dem Norden. –

„Herrgott von Brügge, da geht einem der Schweiß herunter!“ rief der Admiral der hochmögenden Generalstaaten, seine Riesengestalt in den Sand werfend. „Vorwärts, wer noch nach Luft schnappen kann! Jage die Dons, wer mag; ich bin fertig für diesen Morgen!“

„Ein Vivat für den Herrn Oheim! Voran! voran!“ schrie Georg van der Does, über den atemlosen Verwandten wegspringend und mit den keuchenden niederländischen Haufen vorwärts eilend.

„Nehmt das Ding in die Hand und gewinnt ihm das Beste ab, Mynheer van Wena!“ rief der Admiral dem eben am Strande anlangenden Befehlshaber zu. „Ehrwürdiger Herr Henricus, nehmt Euch Zeit, kommt her und verschnauft ein wenig; wir haben nicht so große Eile um das Kinderspiel.“

Der Prädikant von Ysselmünde nahm den breiträndigen Hut ab und trocknete die schweißtriefende Stirn.

„Mynheer van der Does“, sagte er, „das ist ein heißes Land. Wie lange gedenket Ihr Euch allhier zu verweilen?“

„Nun“, lachte der Admiral, „den Strand haben wir, und Cornelius Lensen scheint von der See aus gute Arbeit gegen Schloß und Stadt zu machen; er geht wacker mit seinen Breitseiten dran und wird die hispanischen Mauern hoffentlich bald zu Boden legen. Ich verhoffe, daß wir nicht nötig haben, uns zu Mohren versengen zu lassen.“

„Das ist mir recht lieb“, seufzte der Prediger. „Es ist in der Tat eine merkwürdige Sonne.“

Immer neue Scharen sprangen aus den Booten und eilten in ziemlich ungeordneter Hast gegen die Stadt, aber das Krachen der Büchsen verstummte allmählich, die Verschanzungen am Ufer waren von den Niederländern genommen, mit Toten und Verwundeten war der Boden zwischen dem Meer und den Mauern der Stadt überstreut; Niederländer, Spanier, Neger und Mulatten durcheinander; ein Bote kam vom Schiffshauptmann

Gerhard Storms, um den Admiral zu fragen, ob's nicht anständig und vielleicht bequemlicher sei, den Gouverneur der Insel zur Übergabe aufzufordern.

„Es wird zwar vergeblich sein, Mynheer Pieter Klundert", sagte der Admiral zu dem Fähnrich, welcher ihm die Frage überbrachte, – „ich kenne den Alten drin vom Hörensagen; aber – meinetwegen; es gibt unsern Leuten Zeit, die Hitze zu verblasen und sich nach den Gelegenheiten des Ortes umzusehen. Lasset dem Señor das Stücklein vorpfeifen, Mynheer; ich folge Euch auf dem Fuße."

Eine Viertelstunde später unterhielten sich der niederländische Befehlshaber und Don Franzisko Meneses an der Stadtmauer auf das freundschaftlichste.

„Ich lasse Euch keinen Stein auf dem andern, wenn ich hineinkomme, Señor", sprach der Admiral mit dem Hute in der Hand.

„Wir haben von Euerm Verhalten auf den Kanarien in betreff dieses vernommen", erwiderte der Gouverneur mit ausgesuchtester Höflichkeit. „Wir wollen aber unser Bestes tun, Euch draußen zu halten, so lange als möglich, Señor."

„Ich zweifle nicht an Euerer Tapferkeit und Euern Hülfsmitteln, Señor; aber ich will Euch doch noch einmal fragen, ob das Euer letztes Wort ist?"

„Der König erlaubt kein anderes."

„So wünsche ich Euch eine recht gesegnete Mahlzeit und eine angenehme Siesta, Don Franzisko. Ich werde mich mit Euerer Erlaubnis vor Euern Wällen einrichten und hoffe Euch baldigst wiederzusehen."

„Lebet wohl, Señor Almirante, und nehmet meine Entschuldigung an, wenn ich Euch nicht zur Mahlzeit einlade."

Mit zwei tiefen Verbeugungen, nach Art der Señora Bracamonte und des Kapitäns Giralto, schieden die beiden Führer voneinander. Mynheer van der Does zog sich langsam zu den Seinigen am glühenden Meeresufer zurück, und ebenso langsam umschritt Don Franzisko Meneses seine Wälle, um hier ein ermunterndes Wort zu sprechen, dort einen Befehl zu geben und überall den Mut und die Hoffnung der Truppen und der Kolonisten durch sein Erscheinen zu beleben. Das Feuer der feindlichen Flotte hatte natürlich während der Unterhandlung geschwiegen; die Sonne trat in den Zenit, regungslos lagen die gewaltigen Schiffe im Halbmond auf der Reede; aber auch die ausgeschifften Mannschaften lagen regungslos, wo sie nur den notdürftigsten Schatten fanden. Sie hatten die Brustharnische, die Sturmhauben, die Woll- und Teerjacken abgeworfen; die Schwert- und Messerklingen, die Büchsenläufe, welche der Sonne ausgesetzt wurden, brannten in der Hand, als ob sie eben aus der Esse des Schwertfegers kämen. Die Siesta, welche der Gouverneur von Sankt Thomas nicht hielt, hielt der Admiral der niederländischen Orlogsflotte. Er lag unter einem zwischen den Bäumen ausgespannten Tuch auf dem Bauche und streckte seine Gigantenglieder so weit als möglich von sich; Heinrich Leflerus träumte unter einem andern Zeltdach von seinem kühlen Predigerhaus zu Ysselmünde; Georg van der Does aber saß wach und lebendig unter einer Palme neben dem am weitesten gegen das Schloß Pavaosa vorgeschobenen Posten und zeichnete auch hier Figuren in den Sand wie einst auf der Düne am Strande bei Scheveningen; daß auch er dann und wann ein Gähnen nicht unterdrückte, konnte ihm nicht zum Vorwurf gemacht werden. –

Um vier Uhr nachmittags unterfing sich Don Franzisko eines Ausfalls auf die seine Widerstandskraft allzu leichtsinnig verachtenden Niederländer. Er warf mehrere noch immer schlaftrunkene Vorwachten über den Haufen und richtete nicht geringen Schaden an, bis er von überlegener Macht zurückgetrieben wurde. Die der Stadt und dem Kastell zunächst gelegenen Pflanzungen gingen, teils von den Eigentümern selbst, teils von plündernden Streifpartien des Feindes angezündet, in Flammen auf. Von der Flotte schaffte man am Spätnachmittag Geschütz zu Lande; mit seinen Offizieren umschritt Mynheer van der Does die Stadt, um die zum Angriff geeigneten Stellen auszukundschaften; der einzige wirkliche Gewinn aber, den er außer der Besitznehmung des Strandes von diesem Tage zog, lag in den

Unterhandlungen, welche er mit den aus den Bergen herabgestiegenen freien schwarzen Häuptlingen, den Todfeinden der Spanier, anknüpfte. Sie konnten ihm Volk stellen, das der Sonne besser gewachsen war als seine eigenen Leute, und mit sehr ernster Miene sah Don Franzisko Meneses, von seinen Mauern aus, diese dunkeln Gestalten unter den Haufen seiner Angreifer erscheinen. Er wußte besser als irgendein anderer, daß ihm solches nichts Gutes bedeute; er preßte die Lippen zusammen und blickte scheu über seine Schulter nach den Palmen- und Tamarindenwipfeln seines Gartens; seine Hand spielte einen Augenblick mit einem leisen Zittern am Griffe seines Dolches; dann aber hob er den Hut von der sorgen- und angstvollen Stirn und sprach:

„Der Wille Gottes wird immerdar geschehen; aber ich wollte doch, sie säße zu Madrid im Kloster und stickte Meßgewänder oder malte heilige Agnesen auf Pergamentblätter."

6.

Die Galatea des Herrn Miguel Cervantes

Im Garten des Schlosses Pavaosa zwischen den beiden hohen Palmen lag Camilla Drago wieder in ihrer Hängematte; in der dritten Woche nach der Landung der Niederländer. Wie immer rauschte der Bach durch das blühende Dickicht, wie immer umtanzte er das ihm künstlich in den Weg gelegte schimmernde Gestein und wußte nichts davon, wie sehr sich die Welt jenseits der schützenden Mauern verändert hatte. Alle Vögel waren von den niederländischen und von den spanischen Geschützmeistern verjagt worden, und die glänzenden Pfauen, die Perlhühner, die tropischen Reiher mit den gestutzten Flügeln, die nicht fliehen konnten, saßen verschüchtert und angstvoll am Boden unter dem überhängenden Gesträuch. Auch die Señora Rosamunda Bracamonte saß am Boden auf einem niedrigen Kissen neben dem Lager der jungen Gebieterin, ließ die Kügelchen des

Rosenkranzes durch die Finger gleiten und hatte ihre Gewänder so dicht an sich gezogen wie der geduckte Pfau seine Federnpracht.

„O Turm Davids, wie toben die Heiden!“ stöhnte sie bei jeder neuen Explosion. „O Ursache der Fröhlichkeit, o geistliche Rose, elfenbeinerner Turm, schütze uns, bitte für uns! O Maria, Königin der Engel, der Patriarchen, der Apostel, der Märtyrer, der Propheten, der Jungfrauen, erhöre uns! Das muß wahr sein, mein Fräulein, Ihr seid vom Himmel mit einem kostbaren Schatz von Gleichmut ausgestattet — wie könnt Ihr so daliegen und kein Glied regen bei solchem Lärm und Schrecken? Ich glaube, wenn die Welt unterginge, Ihr würdet nicht mit dem Augenlid zucken. Wahrhaftig, ich glaube, Ihr schlaft mir ein trotz dem Spektakel — das muß ich sagen!“

„Ich schlafe nicht“, sprach Camilla mit sanfter Stimme. „Ich weiß nur nicht recht, was ich tun soll. Es ist so seltsam, ich höre freilich die Schlacht, aber hier schwebe ich ohne Körper in der blauen Luft. Ich rege die Hand nur mit Mühe, und doch bin ich so leicht, so leicht! Ich hatte ein böses Fieber lange Zeit — die Sonne war schuld daran; nun bin ich genesen, und der eiserne glühende Reif ist von meiner Stirn genommen. Die Schwere ist vom Feuer verzehrt worden — ich bin so glücklich!“

„Jesus, Doña Camilla, wie redet Ihr! O heilige Barbara, unsere besten Krieger sind auf der Mauer und dem Wall gefallen oder quälen sich mit ihren Wunden; — das Fieber regiert in Pavaosa, und Euer Herr Oheim sieht von Tag zu Tag finsterer drein: wie könnt Ihr reden von Glück, Doña Camilla Drago? In jedem Augenblick kann der Feind hereinbrechen, und sie werden kommen, die Heiden, wie sie über die Leute zu Palma und auf Gomera gekommen sind. Der Kapitän Giralto hat mir davon erzählt, ehe er wieder mit seinem Schiff vor der niederländischen Landung in See ging. Man hat keinen Menschen zu Trost und Ratschlag, seit der Kapitän sich im Flusse Gabon bei seinen Elefanten und Elefantenjägern verkrochen hat; ach, Doña Camilla, ich bin eine alte Jungfrau und habe Euch von den Windeln an nach besten Kräften gewartet, gewaschen und in allem Guten unterwiesen, nun macht das wieder gut und sprecht mit mir! Starrt nicht so in die Höhe, in die leere Luft; – habt Ihr denn wirklich Euere Lust daran, meine Herzensangst zu vergrößern? Anastasia ist gestern gestorben, Emerenciana ist von einem indischen Pfeil getroffen, Thomasiana sitzt mit ihren Krämpfen im Keller; bedenket, Ihr habt nur noch mich, also seid gut und reget Euch einmal, richtet Euch einmal auf und sprecht ein Wort, welches sich anfassen läßt!"

„Wo blieb mein Gedächtnis?" fragte Camilla. „Wie sagtest du, Liebe, daß der Feldherr vor der Stadt sich nenne?"

Die Señora schlug die Hände zusammen. „Kind, Kind", rief sie, „das ist ein Jammer mit dir! Holofernes – nein, nein, van der Does nennt sich der Holofernes. Wir kennen ihn ja leider gut genug von der babylonischen Gefangenschaft her; er hat uns damals im Haag schon halb zu Tode gequält mit seiner Tabakspeife und seinem Bierkrug und seinem entsetzlichen Gelächter –"

„Recht, recht . . . wenn ich nur den Traum von der Wirklichkeit scheiden könnte, Rosamund. Da war auch der Knabe, der Sohn der guten Dame, in deren Hause wir lebten; – Georg hieß er, Georg van der Does –"

„Ihr habt ihn ja gesehen vom Turm del Oriente, den jungen Bösewicht! 's war damals schon ein sauberes Früchtchen; aber nunmehr ist's zum Abfallen reif. Wenn ich daran denke, welche Possen mir der Pillo, der Bribon spielte; wie er mit meinem besten Glockenrock und meiner Eckhaube die Vogelscheuche an der Landstraße hinter dem Garten ausstaffierte, so könnte ich selbst den heutigen Tag darüber vergessen. Gestern hat er unsern armen Leutnant Lamma niedergehauen; o ich wollte nur, ich hätte ihn einmal wieder vor meinen zehn Fingernägeln!"

Camilla lächelte und schüttelte den Kopf.

„Es ist lange her, seit wir dort auf den grünen Wiesen gingen. Einen Schäferroman würde Señor Miguel Cervantes wohl nicht aus unsern Abenteuern machen können, vielleicht aber eine treffliche Wunderkomödie."

„Jesus, wie könnet Ihr in solchen Stunden so scherzen und von der Poeten sündigen Torheiten reden. Horcht, horcht, sie zersprengen einem die Ohren mit ihrem Geschrei.“

„Arme Galatea, für deinen Hirtenstab und deine süßen Liebesklagen ist die Insel Sankt Thomas jetzt freilich kein Aufenthalt; die tapfere Ximena Gomes, das Weib des Campeadors, würde sich besser in die Zeit zu schicken wissen. Ich liebe die Schäferin und die Schalmei.“

„Und der Herr Oheim hat Euch doch fast mit Gewalt von der Mauer herabführen müssen?!“

„Er hätte mich dort lassen sollen. Dort lebte ich wie die andern und mit den andern; da floß das Blut in meinen Adern; da war Schmerz und Entsetzen; aber auch Hoffnung und Triumph. Dort war der Rausch der Lebendigkeit; hier aber – hier, hier ist nur die Sonne und der Traum. Es ist kein Schmerz, keine Marter mehr in dem Feuer, das vom Himmel niederströmt, aber –“

Sie brach ab und ließ die Hand auf die Schulter der alten treuen Pflegerin herabsinken.

„Herzenskind“, schluchzte die Señora, „du zerbrichst mir das Herz; du bist viel grausamer als der Feind draußen vor dem Tore. Aber wart nur, laß uns nur erst diese abscheulichen niederländischen Ketzer vom Halse und dieser glutroten Insel los sein, ich werde schon ein Wörtlein mit dem Herrn Oheim reden. Der Kapitän Giralto kann mit seiner Brigantine doch auch nicht aus der Welt verschwunden sein; wir packen den Herrn Oheim mit oder gegen seinen guten Willen darauf und schiffen uns mit Kisten und Kasten ein. Da mag hier Statthalter des Königs werden, wer will; aber das beste wär's, man ließe das schwarze Dämonenvolk für sich mit seinen Affen und Schlangen und Zuckerrohr und Elefantenzähnen. Wir segeln ab, und den Weg kennen wir; o Herzenskind, ich bin ja zu Alcala de Henares geboren und habe den Herrn Rodriguez Cervantes und seine Frau Leonor de Cortinas recht gut gekannt als ein junges Ding; die Doña Galatea, welche ihr Sohn, der Miguel, geschrieben hat, ist mir freilich nicht so viel wert als mein Rosenkranz und englischer

Gruß; aber da sie dir gefällt, Liebchen, so wollen wir leben wie sie, an einem kühlen Wasser, in kühlen Hainen, und singen und lachen und glücklich sein."

„Das war ein wilder Knabe dort in Holland", sagte Camilla Drago. „Anfangs fürchtete ich mich ebenfalls vor ihm; aber wir vertrugen uns zuletzt doch recht gut. Georg van der Does – wer hätte gedacht, daß ich ihn je wiedersehen sollte? Er war recht lustig; er brachte mich immer gegen meinen Willen zum Lachen. O wir haben viel gelacht vor der Schlacht bei Turnhout, nicht wahr, Rosamund?"

„Es war recht angenehm", sagte die Señora Bracamonte mit einem Seufzer und setzte im geheimen hinzu: „Das weiß der liebe Gott."

„Er ist recht gewachsen; er ist ein Mann geworden. Nun liegt er mit seinen Landesgenossen vor der Stadt Pavaosa; er sollte mir Grüße bringen von der guten Mutter, von dem alten Hause, dem schattenvollen Garten, von den Leuten jenseits der Gasse, dem dicken Bäcker mit den vielen Kindern, wer weiß, wer weiß – statt dessen mußte er den armen Leutnant Lamma erschlagen; ach, es ist recht traurig, so jung zu sein wie wir und doch so vieles, so vieles erlebt zu haben."

„Denkt nicht daran, denkt an die Heimat, und wie wir dort zufrieden und glücklich sein wollen, wenn diese ärgerlichen Tage hinter uns liegen", rief die Señora. „Ihr träumet soviel, wie Ihr saget; nun, wer weiß, ob Ihr nicht demnächst am goldenen Tajo in dem Hüttchen Eurer Doña Galatea erwacht!"

„Es ist wahrlich nicht unmöglich", murmelte Camilla; „wer weiß, ob ich nicht sogleich erwache, aber nicht am Tajo, sondern bei den Ursulinerinnen zu Lüttich; ich bin so gern bei den frommen Frauen – die Schwester Angelika erweckt mich immer mit einem Kuß – ich wollte, sie käme – ich wollte, ich säße schon aufrecht im Bettchen und hörte das Morgenlied der Vögel im Klostergarten und sähe das Weinlaub vor dem Fenster zittern."

Der Lärm des Kampfes war allmählich schwächer geworden und zuletzt ganz verstummt. Die Angreifer mußten sich wieder einmal nach langer vergeblicher Arbeit zurückgezogen haben. Es näherten sich Schritte auf dem knirschenden Sande des Gartens; auch Don Franzisko Meneses kam von seinem bösen Tagewerk zurück.

Sehr wild sah der alte Kavalier aus; Gesicht und Hände waren vom Staube und Rauche geschwärzt, seine Ärmel an den Ellenbogen zerrissen, sein Brustharnisch war mit mancher Schramme bedeckt. Er trug den langen Degen in der Lederscheide unter dem Arme; er hatte die beiden Enden seines langen Schnurrbartes zwischen den Zähnen und zerkauete sie höchst grimmig; er stieß fast mit der Nase an die Bastseile der Hängenmatte seiner Nichte und endigte aufblickend mit einem tiefen Seufzer die lange Reihe seiner trüben Gedanken.

Als ein Mann von wenig Phantasie und noch weniger Worten sagte er sogleich, was er zu sagen hatte:

„Camilla, die Stadt ist nicht länger zu halten. Was wir tun konnten, ist geschehen; aber wir sind am Ende. Nun haben wir aber Nachricht bekommen vom Kapitän Giralto aus der Drei-Engel-Bai, dem hat ein Schnellsegler Botschaft gebracht von Sankt Jago am Kap Verde: die Armada von Coruña ist unterwegs, die geteilte niederländische Flotte anzugreifen. Sie ist bereits von Gomera südwärts gegangen, und es ist unsere Pflicht, den Feind bis zu ihrer Ankunft hier festzuhalten. Heute abend zünden wir die Stadt Pavaosa an und ziehen uns in das Schloß zurück; es ist ein böses Spiel; aber, Señora Bracamonte, wer nicht zu wählen hat, dem ist viel Kopfzerbrechen erspart, und das ist der Trost, den ich für Euch insbesondere mitgebracht habe."

„Gott übe Barmherzigkeit an uns; Ihr seid sehr gütig, Herr Gobernador, und ich danke Euch herzlich", sagte die Señora kläglich; Camilla Drago aber ergriff die Hand ihres Oheims und drückte sie stumm an die Lippen. Der alte Krieger wandte sich schnell um und sprach im Innersten seiner Seele wie die Señora Bracamonte: „Gott übe Barmherzigkeit an uns!"

7.

Eine neue Rede des Herrn Heinrich Leflerus, Prädikanten von Ysselmünde

Mynheer van der Does, der Admiral der hochmögenden Generalstaaten, hatte einen schweren Schritt. Wo er den Fuß mit Nachdruck niedersetzte, da sah man lange den Abdruck; – eine tiefe Spur hinterließ er im Sande des Ufers von Sankt Thomas, als er aus der Schaluppe sprang. Es hatte sich seit dem Augenblicke die Umgebung der Stadt Pavaosa auf das schrecklichste verändert. Die Axt, der Spaten, das Feuer und das Geschütz hatten umgestürzt und aufgewühlt, versengt und zerschmettert; verkohlte Baumstümpfe und Balken, Aschenhaufen und frische oder vertrocknete Blutlachen bedeckten den Boden nach allen Richtungen, und je näher den Stadtmauern, desto ärger erschien die Verwüstung. Gezelt aller Art war außerhalb der Schußweite der spanischen Kanonen in einer ziemlich hastigen, liederlichen Art aufgeschlagen; allem, was von seiten der Belagerer ausgeführt war, sah man in unzweifelhaftester Weise den Grimm der Äquatorsonne an, unter deren Scheine die Arbeit geschah. Sämtliche eisernen und stählernen Schutzwaffen: Harnische, Helme, Sturmhauben, Eisenhandschuhe lagen in Haufen aufgetürmt vor den Zeltreihen oder hingen an den Pfosten und Bäumen: das niederländische Heer focht halbnackt, wie seine schwarzen Hülfsgenossen aus den Bergen, und so kam es auch heute aus den Gräben und von den Wällen von Pavaosa zurück.

Es kam zurück, wieder ohne das Banner Don Philipps III. mit sich zu tragen, es kam zurück in wild phantastischen, erschrecklichen Wogen, und Henricus Leflerus der Prädikant wandte sich entsetzt und schaudernd ob des Anblickes ab. Zwischen den Marschreihen der Niederländer tanzten und sprangen die Guineaneger, ihre wunderlichen Waffen schwingend oder sie mit ohrzerreißendem Geheul in die Luft schleudernd und wieder fangend; – taumelnd und keuchend, mit stieren, meinungslosen oder unheimlich fieberisch glänzenden Augen schleppten sich die Weißen vorwärts, und in jedem Augenblick stürzte einer aus ihren Reihen zu Boden, unfähig, den kurzen Weg zu den Zelten der glühenden Atmosphäre abzugewinnen. Sie hatten ihre Verwundeten und Toten zurückgelassen, wo sie gefallen waren, oder sie der Barmherzigkeit und Fürsorge der wilden Bundesgenossen anvertrauen müssen; sie hörten weder auf die Trompete noch das Befehlwort der Führer; und ohne den zwischen sie und die Stadt sich werfenden frischeren Rückhalt würde Don Franzisko Meneses kaum nötig gehabt haben, so sehr sich nach der Flotte von Coruña zu sehnen.

Auch die Befehlshaber hatten allen schwerern kriegerischen Schmuck von sich geworfen; sie trugen die Schärpen über der bloßen Brust; selbst die Wehrgehänge und die Degenscheiden hatten sie zurückgelassen, und jetzt stießen sie die nackten Schwerter in den Boden und hielten Kriegsrat im Schatten einer Tamarinde, auf einem Hügel, der zu diesen Beratungen ausgewählt worden war.

Auf die Schulter seines Neffen gestützt, stand der Admiral in der Mitte seiner Offiziere, leider ein ganz anderer Mann als bei seinem stolzen Auslaufen aus der Maas, ein ganz anderer Mann seit jenem ersten Erobererersprung auf den Strand von Sankt Thomas. Seine Riesengestalt war vielleicht am wenigsten geeignet, die tropische Sonne zu ertragen; er hatte viel Fleisch verloren, er schnappte nach Luft wie ein Schwertfisch auf der Düne nach Wasser, sein Blick war wie der seiner Krieger bald starr und wie schlaftrunken, bald übernatürlich aufgeregt und in die Irre schweifend. Jetzt sah er hinter sich, zurück nach der Stadt, und streckte die geballte Faust nach ihr aus.

„Zurück, zurück, zum siebentenmal zurück! Hölle und Teufel, hätte ich nicht selber die Peitsche gefühlt, ich würde es nicht glauben!“ rief er. „Ihr Herren, ihr Herren, was ist das? sind wir behext? sind wir verzaubert? Welches alte Weib hat uns die Nestel geknüpft, daß wir uns so schmählich vergeblich die Köpfe an diesen Lehmwällen und Pfahlwerken zerstoßen? Siebenmal!

siebenmal! Mynheer Storms van Wena, Ihr waret ja fast oben; was hat Euch so eilig wieder zu Boden gebracht?"

Mynheer Storms zuckte verdrossen die Achseln und sagte:

„Fragt einen andern darnach, Herr Admiral; übrigens glaube ich mit Euch, daß es uns angetan ist. Sie werden daheim ein schönes Lied auf uns machen, und sie haben das Recht dazu."

„Wahr! wahr!" ging es, begleitet von einem dumpfen Geknurr, durch den Kreis tiefgekränkter Bullenbeißer, und sämtliche Hauptleute zu Land und zur See machten wie ihr Admiral eine Seitenbewegung, um einen bösen Blick auf die arme Stadt Pavaosa zu werfen.

„Ohne die Sonne hätten wir sie längst!" rief ein schwitzender Friese aus Hollum. „Gebt mir einen Amelandschen Dezembermorgen, und wir haben sie zum Mittagsbrod."

„Ich danke Euch ganz gehorsamst für das Wort, Mynheer van Wendenkeerk", sagte der Admiral mürrisch. „Vielleicht bemüht Ihr Euch aber wohl selber auf die Flotte, um bei Cornelius Lensen nachzufragen, ob er nicht zufälligerweise ein überzählig Schneegestöber im Raum verpackt habe. Wie viele Leute haben wir diesmal vor dem Nest gelassen?"

Jeder Führer überschlug seine Rotte, und man summierte.

„Das ist wieder eine schöne Rechnung!" seufzte Mynheer van der Does. „Nehmt das Fieber, den Palmwein und die vermaledeiten indianischen Weibsbilder dazu, und ihr werdet erfahren, daß in vierzehn Tagen das Faß ausgelaufen ist bis auf die Hefen. Die Herren im Haag und zu Amsterdam werden dem, welcher das Fazit heimbringt, ein sträfliches Gesicht schneiden."

„Wahrlich, wahrlich", mischte sich jetzt Heinrich Leflerus, der Prädikant von Ysselmünde, in den Rat. „Wahrlich, ihr Herren, gebt der Wahrheit die Ehre und bekennet und nehmet auf euch ein jeglicher sein Teil an der Schuld des Elends, auf daß der Herr seinen Zorn von euch wende. Wahrlich, der Herr hat euch Sieg und Ruhm und große Beute in die Hände gegeben auf den Kanarieninseln, aber der Übermut ist in euerer Brust aufgesprungen wie ein Geharnischter. ‚Wer kann uns widerstehen?' habt ihr gejauchzet und seid von den Schiffen gestürzet wie zur Hochzeit. Nun sehet euch um, ob Christenmenschen und Kinder und Krieger des reinen Glaubens also vor dem Stuhl des Höchsten wandeln? Auf den Gräbern euerer Brüder und Landsleute tanzet ihr viehisch mit den schwarzen, üppigen Heidinnen, als ob keine niederländische Mutter euch gesäuget habe, kein fromm Eheweib, Jungfräulein oder Schwesterlein daheim in Tränen und Herzensbangen auf euch harre. Ich wandele durch die Gezelte, während ihr mit Speer und Bogen vor den Mauern Edom bedränget, und meine Seele erbebet in großem Grauen; denn es ist wie im Lager des Königs Sanherib von Assyrien, von dem geschrieben stehet: ‚Und da sie sich des Morgens frühe aufmachten, siehe, da lag alles eitel tote Leichname!' – Ich wandele durch die Gezelte, und meine Gebeine erzittern – meine Brüder sterben, sie winden sich im Krampf und verscheiden mit Flüchen; sie haben Schaum vor dem Munde und sterben nach der Blasphemisten Art. Sehet um euch, sehet, welch ein Gewölk über euern Hütten! Der Engel, der über Sanherib blies, ist in dem Gewölk; ihr sehet ihn nicht, denn der Herr Gott hat euere Augen mit Blindheit geschlagen und euch in den Schwindel gestürzet; aber ich sehe ihn und ich rede zu euch: ihr habet den Boden, so ihr betretet, beflecket mit euerer Schande, euer Glück ist von euch gewichen, euere Paniere wenden sich rückwärts. Fallet nieder auf die Stirnen und streuet Asche auf die Häupter, tut Buße im Staube. Die Sonne Gottes hat euch verwirret; sehet, sie neiget sich wieder zum Untergange, in einem Stündlein wird es Nacht sein, der Herr will euern Sieg nicht; so gehet, gehet, gehet, windet auf die Anker und zerhauet die Seile, wendet euch, wendet euch vor dem Willen des Herrn, oder man wird sagen morgen in der Frühe: ‚Siehe, alles eitel tote Leichname!'“

Mit heftigem Geschrei unterbrachen die niederländischen Anführer und das Kriegsvolk, welches sich allmählich herzugedrängt hatte, den Unheilsprediger. Mit geballten Händen gingen der Admiral und Gerhard Storms auf ihn los; ein berauschter Matrose führte einen Stockschlag nach ihm. Hätten sich nicht Georg van der Does und der ehrliche Friese dazwischengeworfen, so würde höchstwahrscheinlich Herr Henricus nicht länger durch das Lager gewandelt sein.

„Stopft ihm den Mund!“ schrie man. „Die Insel aufgeben? Niemals! niemals! Werft den Unglücksvogel in eine Schaluppe und schickt ihn an Bord; sein Heulen und Krächzen und Psalmensingen hat uns schon zu lange das Lager verstört und den Spaß vertrieben.“

„Fort mit ihm“, rief der Admiral. „Wenn wir Viktoria schießen, mag er wieder hervorkriechen. Was meint ihr, ihr Herren, sollen wir es, grad jetzt dem Pfaffen zum Trotz, um Mitternacht noch einmal versuchen? sollen wir den Dons noch einmal das holländische Gebiß zeigen? Es ist ein alt Wort, daß man keinem Jäger beim Ausmarsch gut Glück wünschen soll, und ich vermein, Mynheer Leflerus hat das nicht getan, und wir könnten dessentwegen mit desto größerm Vertrauen die Fortuna versuchen. Wer geht um Mitternacht mit gen Pavaosa?“

Die Todkranken richteten sich ob des wahnwitzigen Geschreies, welches dieser Rede folgte, von ihrem Lager auf und dachten, die Stadt sei über, und riefen ihr Vivat mit schwacher Stimme mit. Wieder sank die Dunkelheit herab, und Georg van der Does brachte den gebeugten Prediger aus dem tobenden Heer in Sicherheit.

8.

Camilla Drago schlägt für den Schloßleutnant Pedro Tellez einen Antrag aus

Im friedlichsten Glanze leuchteten die südlichen Sterne auf den Schauplatz von so vielen entfesselten Leidenschaften, so viel Angst, Not, Schmerz und Zorn hernieder, aber der Prädikant und der junge Krieger sahen erst dann auf, als sie das Lager verlassen und die letzte Postenkette hinter sich hatten. Sie schritten Arm in Arm stillschweigend bergan, bis das wirre Getöse zu einem dumpfen Rauschen abgeklungen war, und dann standen sie still und wandten sich, und unter ihnen lag die belagerte hispanische Stadt, das lärmende niederländische Lager und das Meer mit der erleuchteten Flotte. Sie griffen beide nach der Stirn, der Greis wie der Jüngling, und suchten sich mühsam der Betäubung, welche sie gefangen hielt, zu entringen: dem jungen Krieger schlugen noch immer heftig alle Pulse von der fürchterlichen Anstrengung des letzten vergeblichen Sturmes, und der Prädikant hatte ebenfalls seinen Kampf gekämpft und ihn verloren.

Der Bewegteste aber war doch Georg van der Does. Von Rechts wegen hätte er mit am lautesten auf den geistlichen Herrn einschreien und einspringen müssen, denn sein junger, toller Sinn hätte am allerletzten von diesen widerspenstigen, trotzigen spanischen Mauern abgelassen, und nun stand er hier an der Seite des Alten und blickte mit ihm, qualvoll beschwerlich Atem schöpfend, auf das wilde Durcheinander von Finsternis und Feuerschein in der Tiefe hinab und wußte nicht, weshalb er mit dem Unglücksprediger und ernsten Warner gegangen war.

Wie die andern verspürte Georg die Wirkungen des unheilvollen fremden Klimas; auch ihm hatte das erbarmungslose Gestirn den Stempel aufgedrückt; auch er fühlte die Erschlaffung durch seine Adern und Knochen kriechen, und was fünfzig nordische Winter nicht bewirkt hätten, das hatten die letzten Wochen geschafft – sie hatten ihn müde gemacht. Jene Mattigkeit war auf ihn gefallen, die zugleich die höchste Unruhe ist, die auf keinem Lager und an keinem Orte stillhalten kann und verzehrend ist wie die tödlichste Krankheit.

„Da habt Ihr Euch eben in einen mächtigen Ameisenhaufen gesetzt, Ehrwürden!" sprach er zu seinem Begleiter. „Heisa, Ihr ginget los wie des Gianibelli Feuerschiff, aber Antwerpen habt Ihr darum doch nicht gerettet. Was fiel Euch auch ein? Mit den Zähnen würden wir uns lieber in den Erdboden verbeißen, ehe wir von diesem spanischen Steinhaufen abließen."

„Mein Sohn, ich sehe es wohl ein, es war nicht klug, in jenen Augenblicken zu reden, wie ich tat. Ihr kamet im Ärger und Zorn heim zu Euern Zelten, und ich habe das Ärgernis vermehrt, aber – doch ist es, wie ich sprach. Ich weiß! ich weiß! es ist ein Schauder über mir und ein fremder Geist in mir – ich habe die Wahrheit geredet – der Herr will unsern Stolz demütigen, unsern Kamm erniedrigen; aber es ist wie immer: sie haben Augen zu sehen und sehen nicht, Ohren zu hören und hören nicht. Aus den Siegern und Triumphatoren sind Schwelger, Gotteslästerer und Teufelskinder geworden; ich aber wollte mein Leben hundertmal dafür geben, wenn ich sie in dieser Nacht noch zusammenkehren könnte mit dem Besen und sie auf die Schiffe treiben –"

„Da fanget Ihr von neuem an!" rief Georg. „Aber vielleicht habt Ihr bald genug für Euern Willen. Laßt uns Pavaosa haben, und Ihr werdet sehen, wie schnell wir diesem Backofen den Rükken wenden. Aber was meinet Ihr, wie sollt ich gehen können, ohne meiner Gespielin da drinnen die Tageszeit gewünscht zu haben? Das wäre recht! Ich habe neulich ihr weißes Gewand auf der Mauer gesehen, und es ist mir wie ein Schlag vor die Stirn gewesen. Euch mag wohl wenig daran liegen, Ehrwürden, ob wir Pavaosa nehmen oder nicht, ich aber muß hinein über Graben und Wall, durch die Bresche oder durchs Tor, und so wird's geschehen, glaubet es nur!"

Herr Heinrich Leflerus hob entsetzt und erschüttert die Hände zum Himmel empor.

„O grundgütiger Gott", rief er; „was hat dieser Krieg aus deiner Welt gemacht? Welch einen Schrecken redest du aus dem Munde der Kinder, und sie wissen es nicht! Das lebendige Herz ist Stein geworden; die mit Blumen in den Händen einander nahen sollten, bieten sich mit lachendem Munde das schwerste Herzeleid, ja den Tod –"

„Ich will der Jungfrau Camilla kein Leid antun", sagte Georg störrisch. Doch der Prädikant rief:

„Und sie hat mit ihm jahrelang zu den Füßen seiner Mutter gesessen; sie hat in seines Vaters Hause gewohnt, und in seiner

Brust ist kein Fünklein von Barmherzigkeit für sie – kein Mitleid mit ihrer Not. Er hat es mit seinen eigenen Augen gesehen, wie die Körper der Frauen und Kinder in den Gassen von Palma lagen und wie das brennende Gebälk auf sie herabstürzte; er weiß, daß er denselben Anblick in dieser Nacht, morgen, übermorgen dort unten in Pavaosa haben kann; aber es ist ihm nichts; er denkt, er fühlt nichts; er weiß nichts weiter als sein wildes Geschrei: Vorwärts! vorwärts! greif an! greif an! Wo er der Welt nicht mit dem Schwert und der Pistole zu Leibe gehen kann, da hat sie keinen Sinn für ihn!"

Mit geballten Fäusten stand Georg van der Does da; jetzt rief er:

„Was wisset Ihr davon? Ich habe wohl an sie gedacht; ich habe mich gefreut, sie wiederzusehen, aber auf der See hat man uns niederländische Jungen nicht gelehrt, viele Worte zu machen. Ich habe freilich auch nicht Zeit gehabt, immer an sie zu denken; aber ich habe ihr stets das Beste und alle Freude gewünscht. Was kann ich für den Krieg? Fragt ihre Landsleute darnach, die wissen mehr davon zu sagen. Wie kann ihr Übeles begegnen, wenn ich im rechten Augenblick an ihrer Seite bin? Ich werde sie finden in allem Gewühl, und niemand soll sie berühren oder ihr nur ein böses Wort sagen. Es wäre nur schlimm gewesen, wenn mich der Oheim mit Herrn Jan Gerbrants von Gomera aus nach Hause geschickt hätte."

„Es nützt nichts, auf dieses Geschlecht einzureden", murmelte der Prädikant. „Der Herr hat sie aus Eisen gewollt, er hat sie mit ihrem Land zwischen Amboß und Hammer gelegt. Der Herr allein kann ihnen den Panzer abtun."

Er wendete sich ab von der Stadt und dem Lager und blickte seufzend nach dem dunkeln Gebirge und empor zu den Gestirnen; dagegen schien nun aber des Jünglings Aufmerksamkeit plötzlich ganz und gar von der Stadt und dem Schlosse Pavaosa gefesselt zu sein; er hatte sich mit einer wilden Gebärde in das versengte Gras niedergeworfen, er lag bewegungslos und starrte über den schroffen Abhang nach den spanischen Lichtern im Tale.

So verharrten beide Männer eine geraume Weile, bis ein verwunderungsvoller Ausruf Georgs auch die Augen des Prädikanten wieder herab- und zurückzog.

Georg van der Does war aufgesprungen:

„Was ist das? Dort! dort! Mynheer Leflerus, sehet, sehet!“

Ein rotes Leuchten ging von der Stadt Pavaosa aus; Don Franzisko Meneses hatte seinen Vorsatz ausgeführt, und die leichten Hütten und Häuser der Kolonie standen in Flammen. Mit unbeschreiblicher Schnelle flog der Schein über den Strand und das Lager, über das Meer und die Flotte der Niederländer, und Lager und Flotte beantworteten die spanische Verzweiflungstat mit einem Wutgeschrei, welches nicht zu Ende kommen wollte, denn sie sahen den größesten und besten Teil der gehofften Reichtümer vor ihren Augen untergehen.

„Holla, das ist ein falsches Spiel!“ rief Georg van der Does, und ohne sich nach seinem Gefährten umzusehen, sprang er in weiten Sätzen über Felsentrümmer und Gebüsch den Berg hinunter dem Lager zu. Langsamer, doch auch so schnell ihn seine Füße tragen wollten, folgte ihm der Prädikant von Ysselmünde, und bald waren beide wieder in das zornige Gewoge des Belagerungsheeres hineingerissen.

Während aber die Niederländer noch verwirrt durcheinanderliefen oder starr und mit offenen Mäulern dastanden, tanzten bereits die schwarzen Bundesgenossen auf den Wällen der Stadt Pavaosa vor dem feuerigen Schein, der von ihr aufging, ihren phantastischen Schattentanz. Mit Triumphgeheul hatten sie sich auf die Leitern geworfen, wie Tigerkatzen waren sie über Pfahlwerk und Gemäuer geklettert, sie waren die Herren von jedem Platz, den die Flamme verschonte; ihre Geschosse umschwirrten das ins Schloß sich zurückziehende Volk, und ein Pfeil aus einem ihrer Köcher traf den Gouverneur, Don Franzisko Meneses, auf der Zugbrücke unter dem Turme Del Oriente in die Seite. Der Gouverneur griff nach dem buntgefiederten Rohr, es zerbrach in seiner zuckenden Hand und ließ den Widerhaken in der Hüfte zurück. Noch stürzte ein Weib, einen heulenden Buben von acht

Jahren hinter sich herschleppend, über die Brücke; dann kreischten und knarrten die Ketten und Rollen, die schweren Bohlen erhoben sich, und die indianischen Pfeile, die noch immer den weichenden Unterdrücker suchten, fuhren in das Holz oder sprangen von Eisen und Stein zurück.

Auf dem Rand des Grabens, welcher die flammende Stadt von dem Schlosse trennte, erschienen in dem Gewühl der Negerkrieger die ersten Weißen. Georg van der Does schwang sich auf einen Steinhaufen und rief:

„Mynheer van Meneses, gebt her das Kastell! Ihr haltet es nicht länger! Der Admiral bietet Euch das Leben und die Freiheit mit allen Kriegesehren; Herr Gouverneur, um Euer und Eueres Volkes willen gebet das Kastell!“

Auf den Mauern des Schlosses unter den spanischen Schwertern, Hellebarden und Musketen erhob sich die Gestalt eines Weibes:

„Don Franzisko Meneses ist bei Gott! – Kommandant ist Pedro Tellez! Denkt an Palma und Gomera; wir geben Euch Pavaosa nicht!“

„Camilla! Camilla Drago!“ rief Georg van der Does; doch von jenseits des Grabens antwortete ihm nur das Feuergewehr.

9.

Spanien, schließ dich!

Sie hatten in dem Schlosse Pavaosa keine Zeit mehr, die Leichen nach christlichem Gebrauche in die Erde zu bestatten, und wenn auch die Zeit sich gefunden hätte, so war kein Raum vorhanden: sie besprengten ihre Toten mit Weihwasser, sprachen ein kurzes Gebet über sie und stürzten sie von der Mauer in das Meer, das eine Weile mit ihnen spielte und sie dann an den Strand, den Niederländern zuwarf. Der einzige, welcher im Hofe des Kastells mit aller kriegerischen Feierlichkeit beerdigt wurde, war der alte tapfere Statthalter, Don Franzisko Meneses; –

Mynheer van der Does hatte sein Hauptquartier in einem noch unversehrten Hause am äußersten Ende der Ruinen der verbrannten Stadt aufgeschlagen.

Von allen noch das Schloß Pavaosa haltenden Untertanen und Untertaninnen des Königs Philipp III. war die Señora Rosamunda Bracamonte die einzige, welche sich in jeder Beziehung den Umständen gewachsen zeigte. Sie schritt nicht wie eine Verzückte, gleich Doña Camilla Drago, durch den heroischen Jammer; sie ließ sich nicht wie Señor Pedro Tellez maschinenhaft vorschieben, um dann mit Desperation dreinzuschlagen: sie hatte das Reden nicht verlernt und sagte der bösen Welt ihre Meinung, wie sie dieselbe einst dem Oberst Heraugière gesagt hatte. Sie trug ihre Röcke aufgeschürzt, die Ärmel zurückgeschlagen und die Nase sehr hoch – so erwartete sie die Flotte von Coruña, hielt Ordnung unter den Weibern und Kindern der Kolonisten und folgte ihrer Herrin, wohin diese sie führte: auf den Wall dem stürmenden Feind entgegen, zu den Lagerstätten der Verwundeten und Fieberkranken, auf die Mauern am Meer zu den schrecklichen Leichenbegängnissen. –

Don Franzisko Meneses hatte in seinen letzten Augenblicken die Hand seiner Nichte mit eisernem Griff festgehalten:

„Mein armes Kind, mein armes Mädchen! ... Ruft Pedro Tellez ... er mag das Banner herabziehen ... es ist aus mit unserer Herrschaft auf Sankt Thomas!" hatte er gestöhnt, und Doña Camilla Drago hatte, ohne ihre Hand aus dem schmerzhaften Druck der erstarrenden Finger zu befreien, sich zu den Umstehenden gewendet:

„Señores, Señores, o sagt es ihm, daß Pavaosa noch nicht verloren ist, daß Spaniens Wappen noch nicht unter die Füße der Niederländer geworfen wird, daß wir kein ander Geschick haben wollen als Gratiosa und Palma!"

„Es lebe der König!" rief der dichtgedrängte Kreis, aber ein alter Kriegsmann, genannt Juan Lodoiro, beugte sich zu dem Sterbenden herab und sprach:

„Señor Gobernador, wenn's nicht anders sein kann, so steiget ruhig hinunter; kommt die Flotte früh genug, so wird sie uns auf unserm Posten finden, wenn nicht, nun so nehmt's als einen Trost zum Valet, daß sie da draußen die Madorka im Lager haben und daß wir sie, wenn wir Euch nachfolgen müssen, an einer bösen Kette nachschleifen werden. Erinnert Euch, Euer Gnaden, welch ein stattliches Geleit wir Anno achtundsiebenzig dem Prinzen Don Juan d'Austria zu Namur gaben; laßt's Euch einen Trost sein, daß wir in einem noch viel mächtigeren Gedränge treppab marschieren werden."

Don Franzisko erinnerte sich nicht. Er zog keinen Trost mehr aus den Vorgängen des Jahres achtundsiebenzig. Er starb, und Camilla Drago stürzte von seiner Leiche fort und auf die Mauer des Schlosses:

„Spanien! Spanien! Spanien für immer!"

Das war nicht mehr die Camilla, welche sich in der Hängematte schaukelte, auch nicht die, welche vom Turm Abreojos das niederländische Geschwader auf der Meereshöhe erscheinen sah. Wie der schöne, aber tödliche Genius dieser glühenden Insel erschien sie nun; es war, als habe die verderbliche Macht der tropischen Sonne in ihr einen Körper gefunden; nicht Pedro Tellez, sondern Camilla Drago im Bündnis mit dem Feuer vom Himmel verteidigte das Kastell Pavaosa!

„Jetzt wacht Ihr freilich wieder, Liebchen", sprach die Señora Bracamonte. „O Jesus Christus, allmählich wird's einem jeden einerlei, was aus einem wird. Die Bösewichte! die Bösewichte! ich bin ein altes Weib und habe ein gutes Herz, aber zuletzt gibt es doch kein größeres Vergnügen, als ihnen einen Topf voll siedenden Wassers auf die Köpfe zu gießen. Es ist ein Wunder, was der Mensch alles vergessen und was er alles ertragen kann, wenn er seine gehörige Beschäftigung hat. Und die Madorka haben sie gottlob auch auf dem Halse, die Ketzer und Rebellen; — ich bin gewiß von sanftem und verträglichem Gemüte, aber ich gönne ihnen das Unheil, und dem feisten Schlingel, dem Herrn Almirante van der Does, gönne ich es vor allen andern; er hat's um uns und unsern Herrn Oheim tausendfach verdient!"

10.
Die Madorka

Wieder hinüber zu den Niederländern! Sie hatten Pavaosa, die Stadt, und die Madorka hatte sie. Das Wort des Predigers war zu einer Wahrheit geworden, der Engel des Todes hatte über Assur geblasen, und wenn das Fieber sie mit Ruten schlug, so peitschte die Madorka sie nunmehr mit Skorpionen: die Madorka aber war die eigentliche Seuche des Landes, vor welcher selbst die Eingeborenen zurückschauderten, als sie unter dem fremden, blondhaarigen Kriegsvolk erschien. Sie zerschmolz die Muskeln und das Fett des Körpers, sie kannte keine Gnade, und nur die Flucht aus den senkrechten Strahlen der Sonne konnte das Heer wenigstens in seinen Trümmern retten. Noch aber hielt der Rausch an, noch hatten sie Pavaosa, das Schloß, nicht; siebenzig schwere Geschütze hatten sie auf den Wällen der verbrannten Stadt gefunden und sie mit den eigenen Kanonen gegen das Kastell gerichtet; sie wußten, daß unendliche Reichtümer, die jahrelange Ausbeute der Gold- und Elefantenküste, hinter diesen trotzigen Mauern aufgehäuft lagen: es war außer dem Prädikanten von Ysselmünde niemand, der das Wort „Rückwärts, Niederland!" aussprechen konnte.

„Greif an! Niederland, greif an!" scholl es fort und fort um die spanische Burg.

Und die Madorka griff nach den Stärksten, den Gewaltigsten zuerst; unter den Friesen brach sie aus, und am dritten Tage nach der Verbrennung der Stadt faßte sie den Admiral van der Does, der das gesamte Heer um eine Haupteslänge überragte, am Schopfe und zerbrach ihm den Schwertarm. Mit beiden Armen aber mußte der Tod den Riesen umschlingen und ihm beide Kniee auf die Brust setzen, ehe Mynheer sich gab. Er wehrte sich verzweifelt, und wie sein Kriegsvolk um das Schloß Pavaosa, so schlug er sich um sein Leben. Aber die Madorka richtete ihren Willen doch schneller ins Werk als die niederländische Macht auf Sankt Thomas den ihrigen; schon am zweiten Tage nach dem

Anfange der Krankheit wurde der Admiral stiller, und mit der Madorka hatte Herr Henricus Leflerus leichteres Spiel, als er am Abend mit der Bibel sich neben dem Kopfkissen des Admirals niedersetzte.

Um das Haus, das Hauptquartier, drängten sich die Befehlshaber aller Grade ab und zu; Cornelius Lensen kam von der Flotte zu Land, um die letzte Willensmeinung des Sterbenden zu vernehmen; Gerhard Storms van Wena meldete, daß das Kastell sich höchstens bis zur nächsten Nacht halten werde.

Georg van der Does saß zu Füßen des Lagers seines Oheims, und wenn der Blick des Prädikanten von der Bibel zu dem jungen Manne hinüberglitt, so haftete er mit tiefer Bekümmernis auf dem matten Gesicht und der zusammengesunkenen Gestalt. Jede Stunde zählte wie ein Jahr in diesem unglückseligen nordischen Heer auf der schrecklichen Insel Sankt Thomas; dieselbe ruhelose Erschlaffung, dieselbe fieberische Müdigkeit zeigte sich in allen Gesichtern, welche sich vor den Fenstern der Hütte oder in der Türe drängten.

„So nehmt das Nest und kümmert euch nicht um mich!" rief der Admiral. „Geht an euere Geschäfte, ihr Herren, und verschwendet keine unnützen Höflichkeiten an einen verlorenen Mann. Schlaget zu und stürzet um; – zu Schiff mit euch so schnell als möglich, und sprecht ein gutes Wort für mich daheim. Nehmt das Ding so lustig, wie ihr könnt, ich hab's auch getan; – das Schicksal hat uns einmal in den Glutofen geschoben, greift zu und nehmt, was ihr kriegen könnt, und fort mich euch, ehe die Klappe ganz verschlossen wird. Geht, gute Herren und tapfere Kameraden, noch einmal drauf mit allen Breitseiten, Cornelius! noch einmal dran mit Schwert und Messer, Herr Storms! Fort mit dir, Georg, mein Jüngelchen; die Bestie in meinem Hirn und Eingeweide hat böse Fangarme; Herr Heinrich Leflerus wird mich abwarten wie eine Kinderfrau; er hat's ja den Herren Generalstaaten versprochen. Vorwärts zu Land und Wasser für Alt-Niederland!"

„Wir nehmen das Ding und bauen es Euch über Euerm Leibe

zu einem stolzen Denkmal auf, verlasset Euch drauf“, sprach Cornelius Lensen.

„Knochen und Gestein durcheinand!“ rief Mynheer van Wena. „Haltet Euch fest am Bettpfosten bis Mitternacht; sie haben da drinnen trotz ihrer Sonne das Spiel verloren. Haltet gut bis Mitternacht, und noch einmal wenigstens sollt Ihr die Staaten Viktoria rufen hören, und wann Ihr dann nicht länger bleiben wollt, so könnt Ihr uns andern doch mit Lachen Quartier bestellen.“

„So soll es sein!“ sprach der Admiral, und sämtliche Hauptleute drückten ihm die Hand und traten hervor aus der Hütte. Es blieben bei dem Sterbenden nur der Neffe und der alte Prediger zurück.

„Da gehen sie hin in Erz und Stahl“, sprach der Prädikant von Ysselmünde. „Kein irdischer Hauch kann ihrer Seelen Härtigkeit schmelzen. Siehe, du Held, du eiserner Kriegsmann, du gewaltiger Hauptmann über hundert Segel, siehe, Mynheer van der Does, die Dämmerung fällt hernieder, noch ein Stündlein, und es wird finstere Nacht sein; du wirst das Licht des Tages, dem du gefluchet hast, nicht wieder erblicken. Du bist mit Hunderten und Tausenden umgürtet gewesen, aber horch, ihr Geschrei und Schwertgeklirr verhallt, es wird still in deinem Lager. Sie haben dir tönend, mit Drommetenklang, ins Ohr gesprochen: harre nur bis Mitternacht, und deine Seele wird mit Jubel und Triumph von hinnen scheiden. Ich aber, ein Diener des Herrn, sage dir, du bist mit Tausenden dahergeschritten über die Wogen und das Land, du wirst um Mitternacht allein – allein gehen, und wenn sie mit dem Donner des Himmels Sieg riefen von dem Wall des Feindes und wenn sie deinen Namen mit ihren Stimmen aufwärts trügen bis zu dem Wunder Gottes, dem flammenden Kreuz, das allhier die Nacht durchleuchtet: es würde dir sein wie das Rieseln der letzten Welle, so auf dem Sande von Nordholland verläuft und von niemand gehört wird. Admiral, es wird mit dem Siegesruf ein ander Geschrei gen Himmel steigen und nicht verhallen in deinem Ohr. Sie schlagen mit den Starken die

Schwachen, mit den Männern die Weiber und die Kinder, und du hast kein Wörtlein der Gnade für sie gehabt. ‚Schlage zu, stürze um, wirf nieder!' ist dein Wort gewesen dein ganzes Leben durch; o großer Admiral, auf allen Meeren hast du es dem Gegner ins Gesicht geschrieen, willst du es auch wie einen Enterhaken an Bord des Himmels werfen? Mynheer van der Does, auf allen Meeren hat dir der Gegenruf des schlachtgerüsteten Feindes geantwortet; nun aber siehe, es ist Finsternis worden; niemand antwortet dir jetzt, deine Stimme verhallt in der Öde: so falte deine Hände zum Gebet und sprich: Barmherzigkeit, Herr, laß deine Gnade walten über mir und dem armen Schloß Pavaosa; – erbarme dich *aller* Sterbenden, Herr, rette die Unschuldigen aus den Händen, die losgebunden sind über sie, und –"

Georg van der Does erfaßte die Hand des Greises:

„Er höret Euch nicht, ehrwürdiger Herr. Sehet ihm ins Gesicht."

„So höre du mich, Knabe!" rief der Prädikant, von seinem Sitze aufstehend. „Gehe hinaus für ihn und sprich: die Leben, welche ich rette in dieser Nacht, sollen in seine Schale fallen vor dem Stuhle des Höchsten; die Jungfrau, welche ich den Händen der wilden Neger entreiße, das arme Kindlein, welches ich aus den Flammen trage, sollen ihm geeignet sein; und wenn um Mitternacht seine Kriegsobersten nach ihrem Wort mit seinem Namen die niederländische Viktoria ausrufen, dann soll dein Schweigen ihm mehr gelten, als aller Kanonendonner und alles Triumphgeschrei der Welt ihm wert sein würden."

Georg van der Does zog stillschweigend die Pistolen aus seinem Gürtel, er löste das Schwertgehänge ab und legte die Waffen zu den Füßen des Bettes seines Oheims nieder. Herr Heinrich Leflerus legte ihm die Hand auf das junge Haupt:

„Gehe hin und rette; – es ist die schönste Nacht deines Lebens."

11.

Das letzte Sandkorn

Zum letzten Male stieg Camilla Drago vom Turme Abreojos herab, als die Dunkelheit wieder das Meer ihren Augen entzog. Der Turm war dem Einsturz nahe; zertrümmert war jede Mauer des Kastells, landwärts wie seewärts; von Schutt und Mauerwerk war der tiefe Graben, welcher das Schloß von der Brandstätte der Stadt trennte, halb ausgefüllt, und Mynheer van Wena hatte bitter recht mit seiner Behauptung, daß die letzte Stunde der Burg von Pavaosa geschlagen habe. Die Flotte von Coruña war auch heute nicht gekommen; keine Botschaft vom Kapitän Giralto war mehr zu den Belagerten gelangt.

„Wir sind verloren!" sagte Camilla, als sie die halb verschüttete Treppe des Turmes hinabstieg. „Es ist keine Rettung mehr."

In dem Schloßhofe brannte ein großes Feuer und warf seinen flackernden Schein auf die Wände, die Wölbungen und Bogengänge, auf die Gestalten und Gesichter des zusammengedrängten Volkes. Ein schwüler Pestduft fand keinen Ausweg aus dem umschlossenen Raume; Wolken giftiger Mücken hingen um die Flammen, und soviel ihrer im Feuer vergingen, so viele quollen von neuem aus der Nacht hervor. Die spanischen und portugiesischen Kriegsleute und Kolonisten, soviel ihrer und ihrer Frauen und Kinder noch übrig waren, saßen und standen, kauerten und lagen in einem Kreise, und auch sie bis auf die Unmündigen und Säuglinge wußten alle, daß die Flotte von Coruña nicht mehr zur rechten Zeit kommen könne, daß es keine Hülfe mehr für sie auf Erden gebe. Das Mark in ihren Gebeinen war verzehrt, ihr Schießpulver zu Ende, der Brunnen dem Versiegen nahe. Die einen beteten, die andern rangen in stummer Verzweiflung die Hände, die Tapfersten und Stärksten knirschten mit den Zähnen; sie waren alle in diesen Ring des Jammers hinabgestiegen von den Mauern, und nur die Señora Rosamunda Bracamonte neben dem Señor Pedro Tellez und die übrigen Befehlshaber, vereinzelt hie und da, lehnten an den zerschmetterten Brüstungen – die letzten Wächter von Pavaosa.

Langsam schritt Doña Camilla Drago in den Lichtschein des Feuers, und die bärtigen Männer, die angstgeschlagenen Weiber, die armen Kinder sahen auf sie, als erwarteten sie ein Wunder von ihr, ein Wort, ein Lächeln, welches gleich dem Nicken eines wundertätigen Heiligenbildes das Entsetzen in den Jubel der Erlösung und Errettung verwandeln werde.

Aber Camilla schlug den Blick nieder und sprach:

„Wir müssen sterben, der König kann uns nicht helfen; es ist nichts um uns als das öde Meer, die Nacht und der Feind; – über uns ist Gott; lasset uns sterben als katholische Christen! Es ist der Wille Gottes, der uns auf die Insel geführt und diese Stunde über uns verhängt hat."

Sie schrieen nicht laut auf, sie zerrauften nicht die Haare und zerschlugen nicht die Brust; sie senkten nur die Köpfe tiefer, die Kranken zogen ihre Decken mehr über sich, und die Mütter drückten ihre Kinder fester an sich.

„Wo ist die Señora Bracamonte, Señor Lodoiro?" fragte Camilla.

„Sie hält mit dem Kommandanten auf der Bastion des Mohren Wacht", war die Antwort, und das Fräulein suchte die alte Wärterin und Freundin an dem angegebenen Orte. Sie fand sie allein; Pedro Tellez hatte sich eine andere einsame Stelle gesucht, um seine Rechnung abzuschließen, ehe ihm der niederländische Sturm die Zahlen durcheinanderwerfen würde.

Camilla küßte die treue, tapfere Greisin.

„Bald werden wir zum erstenmal eine rechte Heimat haben, aus der uns keiner mehr wird vertreiben können", sagte sie, und die Señora drückte ihr die Hand auf den Mund:

„Sei still! schweige still!"

„Es ist nichts mehr zu sagen", sprach Doña Camilla Drago. „Wir haben Zeit genug gehabt, uns zu rüsten, – wir können still sein."

Sie standen auf der Mauer von neun bis elf Uhr; dann setzten sie sich auf einen Steinhaufen, und Camilla legte den Kopf in den Schoß der Señora. Auch die Nacht war ganz still; das Lager des Feindes schwieg; nur allerlei Leben der Tiere regte sich. Große leuchtende Käfer und Schmetterlinge schwirrten umher, und die Stimme des Atlantischen Ozeans war lauter in der Nacht als am Tage.

Auch in dem Schloß Pavaosa war alles ruhig; als aber die Mitternacht nicht mehr ferne war, erwachte ein Säugling an der Brust seiner Mutter und fing an zu weinen, und die Mutter sang ihm ein Schlummerlied, als ob das noch nötig sei.

Um ein Uhr war alles vorüber. Zum letztenmal vernahm der Admiral van der Does den Donner der Schlacht; er richtete sich empor und horchte und sank zurück und richtete sich nicht wieder auf. In der Tür des Hauses stand der Prädikant Heinrich Leflerus und hielt sich an dem Pfosten. Er sah den Wall des Kastells wiederum vom roten Feuerschein umspielt und das Gewühl der Kämpfenden auf der Mauer. Das schrille Kriegsgeschrei der Neger übertönte weitaus den Schlachtruf seiner Landesgenossen und den Todesschrei der Spanier, und der Prädikant von Ysselmünde kniete auf der Schwelle nieder und versuchte es, zu beten; er konnte aber nur die Hände ringen.

Waffenlos hatte sich der Jüngling, dessen Seele er gewonnen hatte, als der erste, vorderste des Sturmhaufens gegen die Bresche des verlorenen Schlosses Pavaosa gestürzt.

„Wir kamen, Wasser zu schöpfen, und Blut ward uns zum Trunke gegeben!" stöhnte der Prediger, und seine Stirn berührte fast den Erdboden.

Um ein Uhr war alles vorüber, aber Heinrich Leflerus wartete vergeblich neben der Leiche des Admirals auf einen Boten von den Siegern. Es kam niemand; die Seele Mynheers van der Does war hinübergegangen in das große Geheimnis, und keiner gedachte ihrer. Der Prediger erhob sich und schritt auf unsichern Füßen durch und über die Trümmer der Stadt bis zu dem jetzt geöffneten Tore des Schlosses. Er kam in das Gedränge auf der herabgeworfenen Zugbrücke; kaum entging er der Gefahr, in den Graben hinabgestürzt oder von den tollen Haufen zertreten zu werden. In der Wölbung des Tores traf er auf Mynheer Gerhard Storms, der ihm auf die Schulter schlug und rief:

„Da seid Ihr ja auch, Ehrwürden. Nun, wir haben eine gute Arbeit gemacht, und ich verhoffe, daß Ihr uns morgen in Euerer Oration loben werdet. Holla, ihr da, Mohren, Friesen und Holländer, Raum für den Herrn Prädikanten! Jaja, Mynheer Leflerus, es ist bös zugegangen; das Volk hat eben zu lange vor der Türe warten müssen und ist ungeduldig geworden."

Der Greis stand in dem Hofe des Schlosses Pavaosa, er hob die Arme gen Himmel und rief nur: „Herr! O Herr, Herr!"

12.

Die Stimmen des Sieges

Sie schleppten an Bord ihrer Orlogsschiffe mehr als hundert brauchbare Kanonen, Elefantenzähne, Baumwolle, Zucker in Menge, Goldstaub und gemünztes Gold, Beute aus den Gemächern der Frauen, kostbare Harnische und Waffen der Männer, Tiger- und Löwenfelle und zuletzt – die Madorka. Wie auf der Flucht verließ die niederländische Macht die Trümmer der Stadt und des Kastelles Pavaosa, die Insel Sankt Thomas, und eintausendundzweihundert Leichname wurden noch während der ersten vierzehn Tage der Fahrt vom Bord ins Meer gestürzt. Man hatte zum zweiten Male die Flotte geteilt. Mit sieben Schiffen sollte Mynheer Gerhard Storms nach Brasilien gehen und den Rest mit der Beute der Schout by Nacht Cornelius Lensen nach der Heimat führen. Aber auch Mynheer van Wena starb an der Seuche, und es war niemand, der seine Stelle einnehmen konnte; seine Schiffe kehrten zu dem Schout by Nacht zurück, und nach einer traurigen, stürmischen Fahrt langte die Flotte im Anfange des Jahres 1600 wieder vor der Mündung der Maas an. „Da wurden auf manchem Orlog nicht sechs gesunde Leute gefunden, und sind nur zween Hauptleute und Mynheer Henricus Leflerus, der Prädikant, bei Kräften heimgekehrt", klagen die Berichte aus dem Haag und aus Amsterdam.

Der Flotte von Coruña begegneten die Niederländer zum beiderseitigen Besten nicht. Sie war bis Gomera gekommen und war zum Schutz der westindischen Inseln wieder in See gegangen, als auch sie vom Sturme zerstreut wurde und übel zugerichtet von neuem den Schutz der spanischen Häfen suchen mußte.

Drei Tage nach dem Abzuge des Feindes von Sankt Thomas legte der Kapitän José Giralto mit der Corona de Aragon wieder unter den zertrümmerten Mauern von Pavaosa an, aber vom Turm Abreojos donnerte kein Salutschuß, und niemand kam, ihn zu begrüßen, als er wieder über die Planke an das Land schritt. Er war kein weicher Mann, dieser Kapitän Giralto, und er hatte in seinem Leben viel Schlimmes und Schreckliches gesehen, ohne daß ihm das Auge feucht wurde; – als er jetzt auf dieser blutbespritzten Ruine stand, weinte er.

Er und seine Leute versuchten es, die Körper ihrer Landsleute mit Erde zu bedecken; aber sie begruben nur einige Kinderleichname und ließen ab, denn noch immer strahlte die Sonne des Äquators auf Pavaosa hernieder, und der kürzeste Aufenthalt war sicherer Tod. So zog der Kapitän Giralto denn nur das Banner von Spanien von neuem auf der Trümmerstätte empor und hing, um sein Gemüt wenigstens etwas zu erleichtern und „zu Ehren und zum Gedächtnis der Señora Bracamonte y Mugadas Criades", sieben Neger, welche er in den Gassen der verbrannten Stadt gefangen hatte, daneben auf. Dann lichtete er wieder den Anker und steuerte nach Sankt Jago am Cap Verde, um daselbst Nachricht zu geben, wie er Pavaosa gefunden und es verlassen habe, und so mochte denn vielleicht seinerzeit, wenn die Umstände günstig waren, ein dumpfes Gerücht davon gen Madrid oder zum Eskorial gelangen und dem Herrn Don Philipp III. das Achselzucken der Könige entlocken. –

Wie blaß, wie gleichgültig, wie nichtssagend das alles im Laufe der Jahrhunderte geworden ist! Zwei oder drei Zeilen in einer spanischen oder holländischen Chronik, eine Seite oder eine halbe in einer deutschen Geschichte der Vereinigten Niederlande für den Forscher, zwei Stimmen für den Dichter!

Es saß ein Negermädchen auf einem Felsvorsprung unter den Palmen von Sankt Thomas. Sie trug eine Federkrone, aber dazu das zerrissene, befleckte, versengte Kleid einer spanischen Dame und um das Handgelenk einen goldenen Reif, das Meisterstück eines cordovanischen Goldschmieds. Mit wildem, lachendem Blick sah sie über das Meer und sang:

„Es steigt ein Rauch auf vom Ufer, und mein Auge sieht die großen Schiffe nicht mehr, sie sind klein geworden in der Ferne, das Wasser hat sie verschlungen. Die Ketten sind abgefallen von dem Nacken meines Volkes, die Hände der Krieger sind rot und die Herzen der Jungfrauen fröhlich. Mein Volk sah die großen Schiffe kommen über das Meer, es stand auf den Bergen in großer Angst, aber seine Angst ward Jauchzen; das Volk des Meeres reichte seine Hand meinem Vater und meinen Brüdern, und die Hände der Krieger in den Bergen sind rot und mit Reichtümern gefüllt. Ich höre die Donner der weißen Zauberer nicht mehr; der Geier fliegt über dem Ort ihrer Gezelte, und des Geiers Weib fliegt über der Stadt des Drängers; – meine Brüder haben die Fackel in die Burg des Herrn geworfen; mit meinen Schwestern habe ich getanzt um die Erschlagenen, und den goldenen Reif hat mir die schöne weiße Herrin lassen müssen von dem kalten, starren Arm. Das schwarze Volk des Gebirges hat getanzt um das flammende Grab des Fürsten der Meeresleute. Sie haben das Haus über seinem toten Leibe angezündet, daß niemand Spott treibe mit seinen Gebeinen. Die große Schlacht ist zu Ende; – stille – stille – stille; die schwarzen Schiffe haben die Flügel ausgespannt; ich sehe sie nicht mehr. Mein Vater geht mit Bogen und Keule am Ufer des Meeres und wartet, was die Wellen bringen; – die Geier und Adler wissen es und lachen, und mein Herz ist wie ihr Flug in der Höhe. Wir lagen versteckt in den Höhlen und Schluchten der Berge, denn des Gebieters Arm war mächtig in der Burg am Wasser; meine Brüder schlug er mit der Peitsche, und meine Schwestern mußten seiner Jungfrau dienen; aber wie der Pfeil aus dem Gebüsch fährt, kam Abambu, der Gott des Todes, über ihn. Das Volk des Meeres hat gesiegt, aber es verging in der Sonne; Onarika, die Schlange, hat es umwunden mit tausend Ringen und ihm das Herz zerdrückt. Ich sehe die Zauberschiffe nicht mehr: der Stab des Königs liegt wieder in der Hand meines Vaters; im Sonnenschein tanzen die Wellen um mein Land; meines Volkes Götter haben uns gerettet: ich trage den Ring der jungen weißen Fürstin; ich bin des Königs Tochter, und meine Brüder und Gespielen bauen mir meine Hütte aus grünem Gezweig auf, wo das stolze Haus des weißen Mädchens über ihr und ihrem Volk zu Boden liegt!" — — — — —

Im grauen Winternebel schritt ein alter Mann, angetan mit einem schwarzen Predigerrock, am Strande von Scheveningen auf und nieder — der Prädikant von Ysselmünde, Herr Heinrich Leflerus.

Er hatte den ganzen Morgen hindurch in dem Hause Mynheers van der Does, zwischen dem Vater und der Mutter Georgs, gesessen und den trauernden Eltern immer von neuem von dieser unheilvollen Expedition der hochmögenden Herrn Generalstaaten nach dem Äquator, von dem tapfern Admiral, von Georg und Camilla Drago erzählen müssen. Er war ein guter Prediger, aber ein schlechter Erzähler, und das größeste Grauen hatte er doch immer für sich selber im Herzen behalten: die Eltern durften nur wehklagen und weinen.

Am Nachmittage, gegen die dritte Stunde, hielt er es auch nicht mehr aus in dem Hause. Er schritt durch den Garten und über die schneebedeckte Wiese, auf der einst die junge spanische Gefangene Blumen gepflückt und mit dem wilden niederländischen Knaben Schmetterlinge gehascht hatte. Langsam wanderte er den Kanal entlang, immer weiter fort, dem Meere entgegen. Nun stand er auf den Dünen und sah die Wellen der Nordsee gegen den Strand heranrollen; nun schritt er hin und wider in dem Nebel, geschüttelt vom Frost, in allem Entsetzen der Erinnerung – es drohte Wahnsinn, hier, an einem solchen Tage, jener Sonne von Sankt Thomas gedenken zu müssen.

„Was soll ich fürderhin tun, nachdem ich von einem solchen Wege heimgekehret bin?“ sagte er. „Wohin soll ich fliehen vor den Gespenstern, so mich verfolgen? Da ist Ruhe nirgends; die Toten recken die Hände nach mir von jeder Seite. O Pavaosa, Pavaosa, es will kein Gebet, kein Schreien und kein Flehen, keine Arbeit und kein Mühen gegen den Klang deines Namens helfen. O Pavaosa, deine Mauern liegen nieder und halten mich doch gefangen bis ins Grab; es ist keine Rettung aus deinen Wällen. O Pavaosa, die Flammen, welche über dir zusammenschlugen, sind längst erloschen, aber nicht in meiner Brust. Ich sahe sie liegen, deine Kinder, o Pavaosa, und meine Seele ist mit ihnen begraben, wie der Knabe, den ich ohne Harnisch und Schwert zu dir sendete, die Arme vor ihnen auszubreiten. Ich sahe deine Jugend, Lieblichkeit und Schönheit zerrissen und zerfleischt – wehe mir! Ich sah den Rauch deiner Trümmer verwehen über den Wassern und die Spitzen deiner Berge versinken in den Wogen: Dein Name, o Sankt Thomas, hat die Schiffe meines Volkes über den Ozean gejagt; wie Verlorene hat er uns an den Strand der Heimat geworfen. Wir fuhren aus, Männer und Krieger, wir ließen unsere Mannheit und Stärke dir, o Sankt Thomas. Wie Schatten schleichen die Heimgekehrten und fürchten den Anblick des Meeres; denn, siehe, die Wellen schnappen und springen gleich den Hunden und bellen deinen Namen, Pavaosa, Pavaosa!“

DIE GÄNSE VON BÜTZOW

Eine obotritische Historia

Erstes Kapitel

Auctor stellt sich der Nachwelt vor. Der Herr Doktor Wübbke verläßt die Herrenstube im Erbherzog zu Bützow.

Möge ein anderer den Zorn des göttlichen Helden Achilleus oder die Irrfahrten des klugen Dulders Odysseus, ein anderer die Leiden und Freuden des tapferen Aeneas, des alten oder neuen Amadis, die Leiden des jungen Werthers oder der sündigen Menschen Erlösung singen; ich, J. W. Eyring, in wohlverdienter Ruhe nach langen, kläglichen, staubigen, ärgerlichen Jahren des Schuldienstes, singe im hohen, höhern und höchsten Ton mich selbst und die große Revolution zu Bützow, wie sie mit Gemurmel begann, mit Pauken und Posaunen ihren Fortgang nahm und glücklich zu Ende geführt wurde. Der Gänse und des Volkes Geschrei singe ich, der Mamsell Hornborstel Zorn, Unterdrükkung, Rache und Sühne, Grävedünkels entsetzliches Geschick, der wilden Führer Mut und jakobinische Reden, des Magister Albus und des Doktor Wübbke Jubilationes und Tribulationes, eines hohen Senati und regierenden Bürgermeisters altrömische Tapferkeit, Herzoglicher Justizkanzlei und Serenissimi, meines Durchlauchtigsten Fürsten und Herrn, gnadenreiches Edikt, einer hochgelahrten hallischen Juristen-Fakultät treffliches Gutachten und hochweisen merkwürdigen Rechtsspruch – lectori benevolenti, einem wohlwollenden Leser, zu Nutz und Ergötzen, mir pro laurea, niemandem zum Schaden, als ein biederer, bescheidener Untertan, Patriot und Emeritus.

Wo die Fluten der Warnow das liebliche und nahrhafte Land der Obotriten, Welataben und Wagrier durchströmen, liegt im Arm der Nixe des Flusses die Stadt Bützow, jener Winkel der Erden, welcher „mir vor allen lacht“, wo ich eine Brodstelle und ein Weib fand, wo ich liebte und lebe, wo seit meinem Abtreten vom Schuldienst und dem Ableben meiner geliebten Friederike die Götter mir jene otia gaben (nur stellenweise verbittert durch podagristische Vexationes in der großen Zehen des linken Fußes), die jedem Menschen so wünschenswert erscheinen müssen, aber nicht einem jeden zuteil werden. In Bützow verlebte ich meine unschuldige Jugend mit Ausnahme jener Jahre, welche dem Studio auf der Universität zu Rostock geweihet waren, in Bützow war ich ein Mann, in Bützow wird man mich begraben; und sollte ich nach meinem Tode zur Strafe für meine Sünden einige Jahre oder Jahrhunderte lang nachts zwischen zwölf und ein Uhr zur Auslüftung hinausgeschickt werden, so werde ich in Bützow spuken und als schwarzer Schulmeister, mit schlechtgekämmter Perücke auf dem Schädel, dem Haselröhrchen unter dem Arm und meiner Abhandlung Latium in compendio in der Tasche, den kommenden Generationen mit Vergnügen jenen heilsamen Schrecken vor dem Unbegreiflichen, jenen Schrecken vor dem Geiste einjagen, welcher (ich meine den Schrecken) uns täglich mehr abhanden zu kommen scheint.

In Bützow an der Warnow ist mir ganz allmählich das Kleinste zum Größesten und das Größeste zum Kleinsten geworden, und wenn ich von meinem Museo aus den Gang der Dinge betrachte, so gehört es nicht zu den geringsten Vergnügungen, zu sehen, wie der Spaß den Ernst ablöset und wie die Welt ein gar jokoses und amüsantes Theatrum sein kann, vor welchem nur die Allerweisesten und die Allerdümmsten mit unbewegter Miene sitzen dürfen.

Sintemalen mir nun eine nicht ungütige Gottheit nach ihrem Gefallen einen annehmlichen Standpunkt zwischen Aufklärung und Dunkelheit angewiesen hat, so nehme ich mein Teil Lachen, wo ich es finde, und wenn ich den Kothurnus verstehe, so halte ich es doch nicht eines verständigen Mannes unwürdig, auch am Soccus Gefallen zu finden; es gibt gottlob voller gepfropfte Schubsäcke als den meinigen, und niemals habe ich über dem Senat und Volke von Rom den Rat und die Bürgerschaft von

Bützow vergessen. Ich habe nicht nur die Grammatik gelesen, sondern auch Candide, habe das Leben und die Meinungen Tristram Shandys studiert, imgleichen die Musarion und die Abderiten des Herrn Hofrates Wieland – doch still! Auch eine hochehrwürdige Geistlichkeit zu Bützow gehört teilweise zu meiner Freundschaft und Bekanntschaft, und „ich kenne die Pastöre" gradeso gut wie der Herr Justizamtmann und Professor Bürger in Göttingen und weiß, daß sie nicht nur an der leiblichen Tafel oder Tafel des Leibes Messer und Gabel gut zu führen wissen. Folgendes aber ist der Verlauf des großen Gänse-Tumultes zu Bützow, dessen Beschreibung ich sogleich mit dem Ausbruch desselben begann, in der Erwartung, er werde groß und denkwürdiger als alles sonst in dieser Art Vorgefallene werden. (V. Thucydid. bel. Pel. Lib. I c. 1.)

Wir, die wir in der Zeit der allergewaltigsten Ereignisse, welche die Welt seit Jahrhunderten sah, leben, wir, denen der Postbote, ja jedes Botenweib täglich eine neue welthistorische Aufregung in der Ledertasche oder im Tragkorbe in den Erbherzog oder ins Haus bringt, wir mögen wohl mit Recht beneidet werden von manchem kommenden Geschlecht der Kannegießer.

„Ganz Welschland bebt und Sachsenland,
Das feste teutsche Reich;
Vom Gotthart bis nach Samarkand
Wird's Ziehens großer Teich*)."

Wir sangen das Lied vom Luftballon schon Anno 1785:

„Und Muhmeds grüne Fahne weht
Getränkt mit Christenblut,
Die Pforte knarrt, der Franzmann bläht,
Als wär's ihm rechter Mut.
Nein! länger harren will ich nicht!
Her mit dem Luftballon!
Wer mit mir will, eh alles bricht,
Der eile, und davon!" –

* Es soll mich wundern, was aus Mecklenburg wird, wenn des Superintendenten Ziehen Prophezeiung vom Weltuntergang eintrifft. J. W. Eyring.

aber wer hätte damals geahnet, mit welchem ganz andern behaglichen Schauder sich die Haare des teutschen Mannes unter der Perücke aufrichten sollten? Wer hatte eine Ahnung von dem, was wir im verflossenen Jahr 1793 im neufränkischen Westen erleben würden? Und wer, der unter eines wohlweisen Magistrates zu Bützow und Serenissimi mildem und väterlichem Regimente lebt, konnte wissen, wie balde uns der erschreckliche jakobinische Greuel vor die eigene Tür rücken sollte?

Im Erbherzog hatten wir unsern Klub der Honoratioren! –

Wahrlich ist es nicht die Sache eines weisen Mannes, sich ganz und gar in seinem Museo verschlossen zu halten. „Vox viva docet" ist ein gutes Wort; denn „warum zögen wir auf den gelehrten Jahrmarkt der Akademien, um dort aus der ersten Hand für bares Geld Wissenschaft und Weisheit einzutauschen, wenn uns diese Artikel der Höckenkram unsrer Bücherschränke ebensogut liefern könnte?" sagte mein viel betrauerter Freund und weiland witziger Korrespondent, der Pagenhofmeister Musäus, und hat in den elysischen Gefilden, wo er wandelt, nichts dagegen, wenn ich hinzufüge, daß das Diktum: das lebendige Wort lehre, nicht nur von Jena und Halle, sondern auch vom Erbherzog, vom Rostocker Schiff, vom Goldenen Bären und Roten Löwen gelte und daß kein Student im Römischen Reiche Teutscher Nation, soweit es noch vorhanden ist, etwas dagegen einzuwenden habe. Seit dem seligen Hinscheiden meiner geliebten Friederike und dem siebenzehnten Junius 1789, allwo zu Versailles sich der dritte Stand zur Nationalversammlung erklärte und die Revolution anhub, war ich im Besitze clavis magnae sapientiae, des Hausschlüssels, und ging mit Diskretion in den Erbherzog.

Ich ging jeden Abend, den Gott werden ließ, in den Erbherzog, sah im Sommer dem Kegelschieben zu, saß im Winter mit der Tonpfeife auf dem dritten Stuhle links vom Bildnis Serenissimi, tat im Sommer wie im Winter mein möglichstes, auch für mein Teil Bewegung in die Weltbegebenheiten zu bringen, und ging mit nicht geringem Vergnügen dem Hange nach Mitteilung und geselliger Anmut im Kreise der tobakswolkenumwogten Honoratioren von Bützow nach. Wenn wir auch nicht weise, unsträfliche Äthiopen, Lieblinge der Götter sind, so gehören wir doch auch nicht völlig in die Kategorie der wüsten, ungefälligen Kymmerier, und der Berliner Doktor Herr Friedrich Kronemann, welcher in dem hier vor mir liegenden hunderteinunddreißigsten Stück des Intelligenzblattes zur Allgemeinen Literaturzeitung vom Jahre 1792 bekanntmacht, daß er eine Karte von „den Gegenden der verschiedenen Geisteskultur in Deutschland" herauszugeben gewillt sei, wird hoffentlich nicht die schwärzeste chinesische Tusche für unser Kolorit verwenden, oder wenn er's doch tun sollte, jedenfalls zu seinem eigenen Besten das Überschreiten der mecklenburgischen Grenze tunlichst vermeiden. Es klingt uns ein schönes französisches Lied – auch aus dem Jahre 1792 – noch immer in die Ohren:

„Savez vous la belle histoire
De ces fameux Prussiens?
Au lieu des palmes de gloire
Ils ont cueilli des raisins";

ich will es aber nicht weiter nachsingen, denn es bringt mich auf unser eigenes Bundeslied im Erbherzog:

„Die Zeiten, Brüder, sind nicht mehr,
Wo Treu und Glaube galten;
Jetzt sind die Worte glatt und leer,
So hielten's nicht die Alten.
Wie mancher schwört jetzt Stein und Bein,
Und nie stimmt seine Tat mit ein.
Wir wollen redlich sein!"

Ein poetisches Genie, welches mit der Post und mit zerrissenen Hosen von Weimar kam und nach Rostock ging, welches sich im Erbherzog festkneipte und welches wir Honoratioren von Bützow vermittelst einer Kollekte auslöseten und weiter spedierten, hat uns diesen Vers und manch andern dazu als Gratial zurückgelassen, und wir singen den Gesang mit großem Gusto zum Bischof bei jeglicher feierlichen Gelegenheit:

„Daß Vater Noah Wein erfand,
Muß jeder Zweifler glauben;
Er schnitt die Reben mit der Hand
Und kelterte die Trauben.
Oft, wenn sich seine Kinder freun,
Berauschen sie sich in dem Wein.
Wir wollen mäßig sein!“

Diesen zweiten Vers intonieren wir gewöhnlich, wenn uns der Nachtwächter nach Hause geleitet oder während er das Schlüsselloch für uns sucht, und 's macht einen sehr angenehmen und soliden Effekt in den Gassen von Bützow. Noch viel moralischer aber würde die Wirkung sein, wenn das Pflaster ein wenig besser wäre und des Weges Unebenheiten den teutschen Biedermann samt seinem Gesang nicht so oft aus dem Gleichgewicht brächten. – –

Man schrieb den vierten November des Jahres 1794; von der See her hatte sich der gewohnte Nebel über das Obotritenland gelagert; wir hatten keine Ahnung davon, daß an diesem Tage Suwarow Praga mit Sturm nahm und zwölftausend Bürger, Weiber und Kinder niedermetzelte; wir hatten unsere eigenen Kämpfe zu bestehen und waren vollauf damit beschäftigt. Bürgerschaft und Magistrat lagen einander arg in den Haaren wegen der Verteilung des Gemeindeholzes.

Die schnell eingetretene Kälte hatte diesen faulen Fleck der städtischen Verwaltung zu einer brennenden Frage gemacht; die Gemüter waren um so erhitzter geworden, je mehr das Wetterglas gefallen war; die Ratssitzung am Morgen hatte einer Pariser Konventssitzung geglichen, am Abend zankte man in der Honoratiorenstube des Erbherzogs sich weiter. In Anbetracht aber, daß ich *mein* Deputatholz eingezogen hatte, und in Anbetracht, daß der bekannte Mister Edmund Burke in seinem Buche Vindication of natural society berechnet, daß seit Anfang der Historie sechsunddreißigtausend Millionen Menschen durch Kriege der Könige und Eroberer umgekommen seien, saß ich den Tag über ruhig, las Mangelsdorfs Hausbedarf aus der Geschichte (Halle und Leipzig bei Ruff) und Ephraim Moses Kuhs hinterlassene Gedichte (Zürich, bei Orell, Geßner, Füßli und Compagnie 1792) und ließ mich nichts anfechten.

Erst um acht Uhr abends ging auch ich in den Gasthof, und wenn es mit Recht heißt: „nulli vitio unquam defuit advocatus“, keinem Laster fehlte jemals ein Advokat, so bin ich gern in diesem Punkte mein eigener Rechtsbeistand und brauche keinen andern.

Durch den Nebel schienen rötlich die Lichter des Städtleins, einen rötlichen Schein warf meine Laterne in die bützowsche Finsternis, mit unheimlichem Gegurgel suchte die Warnow ihren Weg durch die Nacht, und an der Ecke des Marktes stieß ich auf einen andern bemäntelten Laternenträger, der ebenfalls den Dreimaster tief in die Stirn gezogen hatte und mit seinem messingbeknopften Stabe vorsichtig die gefährlichen Stellen seines Pfades austastete.

Und wir erhoben beide die Laternen, uns zu beleuchten, und wir sprachen beide:

„Allerschönsten guten Abend, Herr Kollega!“

Auch der Kollaborator Magister Albus befand sich auf dem Wege zum Erbherzog.

Der arme Teufel! Er saß nirgends so warm als in seiner Schulstube oder im Klub der Honoratioren; seine Großmutter hatte ihn in Greifswalde studieren lassen und den Rest ihres Vermögens seiner Schwester vermacht, er hatte sich kümmerlich als Präzeptor, Korrektor oder dergleichen durchgeschlagen in Pommern, Mecklenburg, im Lande Sachsen und war als ausgehungerter Wandersmann bei uns angelanget, um daselbst weiter zu hungern. Sein schwarzes Röcklein hatte längst die Wolle an den Dornbüschen des Lebens zurückgelassen; seine Kniehosen waren des Rockes würdig, seine schwarzen Strümpfe waren gestopft und seine Schuhe geflickt, und er war nach mir der gelehrteste

Mann in Bützow. Deputatholz bekam er jedoch nicht, und die Verteilung des Gemeindeholzes konnte auch von keinem Einfluß auf seine Behaglichkeit sein. Er pflegte zweimal in der Woche bei mir zu essen und hatte keine Geheimnisse vor mir; ich aber hatte mir längst vorgenommen, seine Umstände durch Rat und Tat verbessern zu helfen, hatte jedoch leider noch nicht die Gelegenheit dazu gefunden.

Wir setzten unsern Weg natürlich Arm in Arm fort und näherten uns dem Erbherzog, dessen Fenster nach gewohnter Weise feurig in der Nacht erglänzten, in dem man aber an diesem Abend nicht sang:

„Die Pflicht befiehlt, das Wohlergehn
Des Nächsten nicht zu neiden,
Man soll, wenn Arme hülflos stehn,
Sie speisen, tränken, kleiden.
Der wahre Mensch sieht ihre Pein,
Um Trost und Hülfe zu verleihn;
Wir wollen Brüder sein;"

Im Gegenteil, auf der weiten Hausflur stand die Gastpatronin inmitten eines aufgeregten Haufens ergrimmter Plebejer aus der Bürgerstube, vergeblich bemüht, die Erregtheit derselben durch sanfte Worte oder durch drohend erhobene Fäuste zu beschwichtigen.

Als sie uns erblickte, machte sie sich und uns mit den Ellenbogen Raum durch das Volk und rief:

„O meine Herrens, meine Herrens, is dat eine Welt, is dat eine Welt!... Nu holt dat Muul, ji Dicksnuuten, will ji?! O meine Herrens, der Herr Doktor Wübbke sind drinnen bei die Herrens ans Wort von wegen dem Holze; aber wat helpt't Reden? seggt Spölk; das Holz is verteilet, und wer was gekriegt hat, hält's fest, und den Herrn Doktor Wübbke haben sie vor'n Jakobiner aufgesetzet und woll'n 'n aus'm Klub schmeißen, und – Vadder Nuddelbeck, ick schla' ihm noch die Näse in, wenn hei keine Ruh givt! – und diese hier stehn vor'n Doktor Wübbke und wollen mich in meine eigene vier Wände die Marselljäse und Karmanjole singen, und hier Schmidt der Schneider, und Holzrichter und Compeer und Scherpelz und so viel ihrer der Deubel aus dem Loch gelassen hat, brüllen mich und die Herrens die Ohren voll, als wären alle Pariser Satans hier in Bützow und im Erbherzog losgelassen, und wollen mich hier 'nen Konvent und 'nen Berg aufsetzen –"

„Dat will wi! dat will wi! un'n Vivat für'n Herr Doktor Wübbke!" schrie der Haufen, und die Gastpatronin stemmte die Arme in die Seiten, stellte sich fester auf ihren Füßen, aus weitgeöffneten Nasenlöchern Trotz, Hohn und Verachtung blasend.

„'n Vivat für'n Doktor Wübbke!" brüllte die Bürgerstube, „und nochmals, und abermals! und Freiheit! und Gleichheit, und –"

Alle aufgesperrten Mäuler blieben aufgesperrt – die Tür der Herrenstube war plötzlich mit großem Gepolter aufgerissen worden; schwere Tabakswolken und ein Getümmel streitender Männer drängten sich hervor; – aus dem Dampf flog gleich einem schwarzen Kometen eine zerzauste Beutelperücke unter das Volk auf der Hausflur, und ihr nach folgte der Doktor Wübbke, der Advokat und Bützower Danton, im hohen Schwung geschleudert von den kräftigen Armen der Patrizier. Mit Sausen fuhr er aus den Lüften herab in die Arme der Wirtin, welche in ihrem Fall den Schneider Schmidt, den Schuster Haase und den Fuhrmann Mertens mit sich zu Boden riß. Über dem Gezappel und Gezerr aber stand großartig und würdig auf der Schwelle der Honoratiorenstube der dirigierende Bürgermeister Dr. Hane und rief mit gewaltiger Stimme:

„Silentium! Man schweige – man brülle, man räsoniere nicht! Man respektiere seine von Gott eingesetzte Obrigkeit, halte seine ungewaschenen Schnauzen und verfüge sich nach Hause, ein jeglicher zu seiner Frau, daß sie ihm nach Verdienst den Buckel und den Kopf wasche."

Und neben dem dirigierenden Herrn erschien der Pastor Primarius Ehrn Jobst Klafautius, erhob die Hände und in ihnen das geistliche Schwert, indem er milde Georg Beiers Geistliche

Schlafhaube, mit tröstlichen Sprüchen aus der Heiligen Schrift zusammengenähet, zum Besten des Bützowschen Stadtfriedens dem tumultuierenden Haufen über die Ohren zu ziehen strebte.

Ob diese erwünschte Ruhe aber ohne den harten Fall des Doktor Wübbke so bald eingetreten wäre, steht dahin. Er ist ein gescheiter, ein kluger, ein mundfertiger Mann, der Herr Doktor; aber er war augenblicklich auf den Kopf gefallen und ließ sich ohne weiteres Geschrei nach Hause abführen. Auch dem wilden Volke seiner Anhänger – dem Schwanz Robespierres – imponierte die patrizische Gewalttat; man verlief sich mit dumpfem Gemurr, es gab Ruhe im Erbherzog, und ich durfte mit dem Magister Albus ohne weitere Verhinderung meinen Platz am Tische in der Herrenstube einnehmen.

Zweites Kapitel

Der Generalfeldmarschall Suwarow nimmt Praga; der Kämmereiberechner Bröcker redet in anseres. Auctor geleitet den Magister Albus nach Hause.

Sämtliche Pfeifen der Gesellschaft waren erloschen. Man atmete tief und schwer. Erregte Mienen, verstörte Blicke begegneten dem kühleren Beobachter, wohin sein Auge sich richten mochte. Nur Serenissimus sah in gewohnter wohlwollender, wohlgenährter Heiterkeit aus seinem Rahmen auf uns herab. *Er* stand unantastbar über dem wilden Kampf der Parteien; selbst der Doktor Wübbke hatte sich gehütet, *ihn* anzugreifen. *Er* konnte lächeln, nicht aber der Dirigens Dr. Hane, nicht die hochehrwürdige Geistlichkeit, nicht die hochlöbliche Arzeneiwissenschaft, nicht ein ehrbarer Kaufmannsstand. Es war nicht mehr so in Bützow wie sonst, nicht mehr so, wie es sein sollte: der respektwidrige, blutdürstige, revolutionäre Zeitgeist saß auf dem Stuhle, welchen der Doktor Wübbke leer gelassen hatte, der Pesthauch aus dem Lutetischen Sumpfe senkte sich auf unsere Häupter herab, und

„Wer dieses Duftes sog, es erscheinet flugs
Das Schwarze weiß ihm! Tugend, Erbarmen sind
Ihm Namen; Eide Schaum der Wogen;
Lästerung Witz, und nur Unsinn Weisheit“,

sang Friedrich Leopold, Graf zu Stolberg, im Junius dieses Jahres 1794 zum Klange seiner geweiheten Harfe. Übrigens waren wir fest entschlossen, in der Holzfrage dem Sansculottismus nicht nachzugeben. Wir hielten fest an dem Hergebrachten und schworen wie die Handwerksgesellen zu Osnabrück beim Eintritt ins löbliche Gewerk: nichts Altes ab- und nichts Neues zukommen zu lassen.

„In das Raspelhaus mit dem Rabulisten, dem Septembriseur!“ keuchte der atemlose Dirigens, und sämtliche anwesende Magistratspersonen und Ausschußbürger waren atemlos und entrüstet wie ihr würdiges Haupt, mein sehr werter Freund Dr. Hane.

„Es ist eine entsetzliche Zeit, eine Zeit der Trübsal und des Zornes“, seufzte die hohe Geistlichkeit, das Haupt melancholisch schüttelnd. „O über die Ruchlosigkeit der Menschen, das Heiligste ist vor ihren räuberischen Händen nicht mehr sicher: – wie lange wird's noch dauern, so werden sie sogar –“

„Den Kirchenzehnten angreifen!“ sprach ich, J. W. Eyring, mit Wehmut, und der geistliche Herr forschte auf meinem Gesichte nach dem von ihm daselbst vermuteten ironischen Schimmern; jedoch vergeblich. Mit der Ruhe und dem Ernst des Grabes hielt ich den brennenden Fidibus auf den Kopf der Pfeife und sprach im Innersten meiner Seele:

„Aera sacerdotes a nobis saepe requirunt,
Et tantum reddunt aeris ob aera sonum.“

Ehrn Jobst Klafautius liebte mich nicht und verleumdete mich bei meinen bützowischen Mitbürgern als einen Voltairianer, ein Gefäß der Ungnade und einen heterodoxen Spötter. Wir waren schon Anno achtundsiebenzig, als in Braunschweig die „nothgedrungenen Beyträge zu den freywilligen Beyträgen des Herrn Past. Goeze“ im Druck ausgingen, aneinander geraten.

Man vertrank die große Aufregung des Abends. Man trank mehr als gewöhnlich und sprach natürlich mehr und im höhern Ton als gewöhnlich. Ein jeglicher hatte seine Anklagen und Beschwerden der satanischen, Tempel und Altar schändenden Zeit in das hohnlachende Angesicht zu werfen, und nur der Magister Albus saß stumm so nahe als möglich am Ofen, wärmte sich und hütete sich, seine dürre Freund-Hain-Gestalt in das Licht und unter die Augen unserer Wohlbehaglichkeiten zu schieben.

Alles in allem genommen gehörte der Magister Albus so wenig in die Herrenstube des Erbherzoges zu Bützow wie der Doktor juris Wübbke, den man soeben hinausgeworfen hatte.

Im brennenden Praga, jenseits der Weichsel, auf dem polnischen Leichenhaufen saß Peter Alexei Wassilowitsch, Graf von Suwarow-Rimnitzkoi, und schrieb seinen Bericht über den glorreichen Tag: „Hurra, Praga, Suwarow!“ – im Erbherzog zu Bützow an der Warnow erhob sich der Kämmereiberechner Bröcker und redete über die

Gänse von Bützow.

Nimmer sahe Rom eine verhängnisvollere Stunde! Nimmer gerieten teutsche Köpfe und Herzen durch ein Wort in schlimmere Gärung und Hitze! Niemals hatte der Kämmereiberechner Bröcker einen günstigern Moment zu seiner Rede auswählen können!

Von dem Geschrei des rebellischen Volkes auf der Hausflur vor der Tür der Herrenstube im Erbherzog kam er auf das Geschrei der Gänse in den Gassen. Von alten, hochweisen Senats-Edikten gegen diesen abscheulichen Lärm, dieses Gackeln, Gackern, Zischen sprach er, und lauter Beifallsruf, leises Beifallsgemurmel würdigster Männer belohnte ihn, als er in bündigster Weise den Zusammenhang der Holzfrage mit der Gänsefrage dartat, dem Doktor Wübbke auch in *dieser* Hinsicht seine naseweise, vorlaute, gigackende Stellung anwies, Serenissimi landesväterlich wachsames Auge auf die Sachlage herniederzog und den Stall, den mauerumschlossenen Hofraum in die engste natur-, zivil- und kanonisch-rechtliche Verbindung sowohl mit dem Geschlecht Anser als auch mit dem rechtschaffenen, biedermännischen, patriotischen teutschen Bürgertum brachte.

Es war von der Gastpatronin der große Punschnapf auf den Tisch (*ξενία τϱάπεζα*) gesetzet und vom Fürsten der Männer, dem göttergleichen Dirigens Dr. Hane, wacker in die Gläser des Kreises ausgelöffelt worden. Wir waren ein Vorwurf für Hogarths Grabstichel und schworen, weder des Volkes noch der Gänse jakobinischen Unfug länger zu dulden; wir reichten uns die biedern Hände über der buntbemalten, episkopalisch-chinesischen Schale, und der Kämmereiberechner weinte Tränen der Rührung über die ungeahnete Wirkung seiner Suada.

„Sie fressen außerdem das Stroh ab, womit man augenblicklich wieder des Frostes halben unseres hochlöblichen Gemeinwesens Pumpen und Wasserkünste verwahret hat!“ schluchzte er, an meine Schulter gelehnt, und als in diesem Augenblick Grävedünkel, der Viertelsmann, in unsern Kreis trat, uns die Bürgerstunde zu entbieten, sprach der Bürgermeister:

„Grävedünkel, Er erscheine morgen früh um zehn Uhr bei mir; anjetzo aber kann Er mich nach Haus bringen!“

Und Grävedünkel, welcher seinen heroischen Vorgesetzten auch nach der Punsch- und Polizeistunde verstand, erwiderte im heisern Baß:

„Zu Befehl, Herr Bürgermeister hochedelgeboren.“

Mit nicht ganz sicheren Stimmen sangen wir noch jenen Vers unseres Bundesliedes:

„Wer nach verbotnen Schätzen strebt,
Hat nie ein rein Gewissen;
Es foltert ihn, so lang er lebt,
Mit bösen Schlangenbissen.
Ein Irrlicht führt mit falschem Schein
Ihn in des Unglücks Gruft hinein.
Wir wollen weise sein!“

Wir waren weise, und ich führte den Magister Albus, der

wenig Punsch vertragen konnte, sintemalen er wenig dran gewöhnt war, nach Hause, da ihm kein Grävedünkel zu Gebote war und die Kollegialität es erforderte, die Würde des Standes zu wahren. Auch er, der Kollaborator, war gerührt, beklagte seine jammervolle, hungrige, durstige Lage, nannte mich „Euere Magnifizenz", sprach davon, Kriegsdienste am Rhein zu nehmen, und fing auf dem Marktplatz vor dem Hause der Mamsell Hornborstel an, laut zu weinen und zu schluchzen, lauter als der Kämmereiberechner nach seiner Rede.

Er schwärmte, wie von der Genieseuche angesteckt, er deklamierte, als sich in der Höhe ein Fenster öffnete und ein Wassertopf ausgegossen wurde:

„Laura, du blickst nach den funkelnden Sternen voll Sehnsucht: ach, wär ich
Doch der Olymp und säh mit so viel Augen dich an!"

„Magister – Kollaborator – Albus?!" rief ich, ihn mit meinen zwei Augen ansehend; er aber antwortete, mich mit den Armen umschlingend:

„Blumen auf den Altar der Grazien von Schatz, Leipzig in der Dykischen Buchhandlung. O Sacharissa!"

„Magister, Magister! Stehe Er fest! Nehme Er sich zusammen. Was würden Seine Scholaren zu solchem Gebaren sagen?"

Einen Kuß drückte mir der Kollaborator auf den Mund und stammelte:

„Trunken sind wir,
Beide trunken,
Ich von Janthes
Holden Blicken,
Du von meinen
Freudentränen.

Hamann! Johann Hamann! Euere Magnifizenz, Munifizenz – o Sacharissa!"

„Wer ist denn diese Sacharissa, Magister?" fragte ich, weniger entrüstet, als den Umständen eigentlich konform war, und Albus deutete geheimnisvoll winkend nach dem Fenster in die Höhe; ich aber sprach:

„Die Mamsell Hornborstel?! Nun bei allen Liebesgöttern, gratulor! gratulor! Da wünsche ich Ihm Glück von Herzen und den allerbesten Erfolg; jetzt aber komme Er nach Haus, um auszuschlafen –"

„Ich würde dieses Tal um keinen Thron verlassen,
Doch um ein Küßchen von Lanassen
Verließ' ich's gleich!"

wimmerte der Magister und fügte noch einmal hinzu:

„O Sacharissa!"

Es gelang mir, ihn in sein Bett zu bringen.

Drittes Kapitel

Auctor am Fenster; Weiber, Gänse und Senat von Bützow in der Gasse.

Es ist nicht gleichgültig, auf was der Weise sieht, wenn er an das Fenster seines Studierzimmers tritt, und fraglich wär's, ob die Kritik der reinen Vernunft ohne jenen weltberühmten Turmknopf zu Königsberg das Licht der Welt erblickt haben würde. Auf was der Herr Geheimerat von Goethe, der Herr Hofrat Schiller, der Herr Generalsuperintendent und Oberkonsistorialrat Herder in Weimar, der Herr Hofrat Wieland in Osmannstädt von ihren Musen- und Philosophenstuben aus blicken, weiß ich nicht: ich sehe in den Augenblicken, wo Sankt Johannes der Evangelist auf Patmos mit seinem Rebhuhn spielte, auf den Brunnen meinem Fenster gegenüber. Ich sah auch darauf am fünften November des Jahres siebenzehnhundertundvierundneunzig, um die eilfte Stunde des Morgens, nachdem zwanzig Minuten vorher die „Herren" vom Rathause gekommen waren.

Um diese Zeit stunden an dem rinnenden Quell Johanna, die Magd meines eigenen Hauses, Magdalena, die Haushälterin des dirigierenden Bürgermeisters Dr. Hane, Christiane, die Magd des Herrn Kämmereiberechner Bröcker, Regina, die Magd der

Mamsell Hornborstel, welche der Magister Albus Sacharissa nannte, und einige andere des klaren und flüssigen Elementes bedürftige Weibsbilder aus dem Frauen- und Jungfrauenstande. Mit geflügelter Zunge verhandelten sie die Ereignisse der Stadt Bützow, historias urbis et orbis, und um sie her gackelte und kackelte das geflügelte Vieh der Gänse von Bützow harmlos, sorglos, ahnungslos.

Frieden und Ruhe lagerten über dem Brunnen, wie der gelbe Nebel über Bützow, und mit Werthers bleichem Schemen versenkte ich mich in „das harmloseste Geschäft und das nötigste, das ehemals die Töchter der Könige selbst verrichteten". Gleich wie in Werther lebte auch in mir die patriarchalische Idee, „wie sie alle, die Altväter, am Brunnen Bekanntschaft machen und freien und wie um die Brunnen und Quellen wohltätige Geister schweben".

„O, der muß nie nach einer schweren Sommertagswanderung sich an des Brunnens Kühle gelabt haben, der das nicht mitempfinden kann!" rief ich mit dem Doktor Goethe und schob frisches Holz in den Ofen. Als ich von dieser Verrichtung an das Fenster zurückkehrte, hatte sich die Szene verändert. Das gellende, taktmäßige Gebimmel der Ausruferglocke traf mein Ohr; in der Mitte der Gasse stand, die Wichtigkeit seiner Stellung wohl kennend, Grävedünkel der Viertelsmann, entfaltete einen großen Bogen beschriebenen Papieres, und Gänse und Frauenzimmer versammelten sich im Kreise um ihn her, und die Passanten blieben stehen, lauschend, was ein hochedler Magistrat seiner guten und getreuen Bürgerschaft zu entbieten habe.

Und Grävedünkel der Präkone räusperte sich und verkündete:

„Wasmaßen der Gänse Geschrei und ärgerlicher Unfug, Gakkeln, Zischen, Strohabfressen von Pumpen und Brunnen von Tag zu Tag überhand nehmen und insupportabel zu werden den Anschein bei allen wohlmeinenden und ruhigen Bürgern und Insassen dieses Weichbildes zu Bützow gewinnen, hat ein wohllöblicher Magistrat unter heutigem Dato beschlossen und publizieret anhierdurch, wie folget:

„Pro primo, es soll niemandem, es seie Mann oder Weib, hinfüro vergönnet sein, seine Gans zum öffentlichen Schaden und Ärgernis frei nach ihrem tierischen Willen laufen zu lassen in den Straßen, Kehrwiedern, auf den Plätzen und Gängen, es seie denn, der Gänsehirt oder Junge führe und leite sie, wie es mit seiner Pflicht zu verantworten steht.

„Pro secundo, es soll jedermann, es seie Mann oder Weib, vergönnet, gestattet und zugelassen werden, wie es von alters her Gebrauch ist, nach seinem oder ihrem Gebrauch, Nutzen, Umständen und Willen Gänse zu halten, Eier legen zu lassen, auszubrüten, zu schlachten und rupfen, in Ställen oder umschlossenen, wohl verwahrten Hofräumen, und niemand soll ihn oder sie hiebei in seinem oder ihrem guten Recht kränken, stören, hindern und vergewaltigen.

„Pro tertio, es soll einem jeglichen, es seie Mann oder Weib, freistehen, seine oder ihre Gänse den Tag über einmal zum freien Wasser zu treiben und treiben zu lassen, und soll ihn oder sie auch hiebei niemand kränken und hindern.

„Pro quarto, es soll hiemit eine städtische Polizei angewiesen sein, ein scharfes Auge zu haben auf jeden übelwollenden, ungehorsamen, nachlässigen Übertreter, es seie Mann oder Weib, und wird unserm Stadtknecht, Ausrufer und Viertelsmann Grävedünkel aufgetragen, jegliche ohne Aufsicht und Führung umherlaufende Gans ohne Ansehn der Person aufzugreifen, sei es mit Gewalt oder List, sie in den Pfandstall zu treiben und zu inhaftieren bis auf weitere Verfügung und rechtlichen Spruch.

„Also beschlossen und publizieret, – Bützow, am Donnerstag, den fünften November siebenzehnhundertvierundneunzig.

Dr. Hane, pro tempore
Bürgermeister."

Viel und vielerlei habe ich, J. W. Eyring, emeritierter Schulrektor zu Bützow an der Warnow, in einem langen Leben in Erfahrung gebracht, aber nichts, welches sich mit dem vergleichen ließe, was vorging, nachdem Grävedünkel sein Dokument zusammenfaltete und sich wenden wollte, um es an einer andern Straßenecke dem Volke vorzuschnarren.

Besäße ich jene Feder, welche die mit dem Demokrit lachenden Abderitinnen schilderte, wäre Heinrich Füßlis Pinsel mein, welcher das Gespenst des Dion und den Herkules im Kampfe mit des Diomedes menschenfressenden Rossen erschuf: ich würde es versuchen, den Physiognomien und Gebärden unter meinem Fenster gerecht zu werden. Da ich aber nur den Kiel aus dem Flügel einer bützowschen Gans führe, so bescheide ich mich und sage nur, daß die Wirkung dieses Magistratserlasses eine erschröckliche war.

Keiner der versammelten Väter der Stadt schien, ehe er seine Stimme zu diesem Beschluß gab, mit seiner Frau, Haushälterin oder Magd die Sache beredet und beraten zu haben. Keiner der erleuchteten Senatoren hatte daran gedacht, in welcher Weise er sich seinem Hauswesen und dem Martinsbraten gegenüber justifizieren werde; – Wübbke, der Maratist, mochte sich die Hände reiben; – Wübbke, l'ami du peuple, triumphierte hinter jeglicher Bettgardine eines hochweisen Magistrates zu Bützow.

Weiber und Gänse erhoben sich, wie nur Weiber und Gänse sich erheben können. Nimmer konnten jemals die weimarischen Hof- und Geheimderäte, die Königsberger Professoren, die Sterngucker zu Greenwich, die Umwohner des Vesuvs, Ätnas und Heklas von ihren Fenstern aus etwas Ähnliches gesehen haben.

Auf die Stille erfolgte ein Sturm; Weiber und Gänse schlugen mit den Armen und Flügeln, als ob zehntausend Troerinnen die Vermählung der Helena mit dem Prinzen Paris feierten. Selbst Grävedünkels Ruhe und Stoizismus, bewährt in hundert Schlachten der Maurer und Zimmerleute, im Buhurt und Tjost, dem Kampf der Scharen und dem Einzelkampf, wich diesen Vociferationen und Quiritationen. Tumultus, clamor, lamentum, querela, planctus, garritus, cachinnus, risus solutus, fremor, strepitus, crepitus, vagitus stürmten über Bützow, und er – Grävedünkel – stand, und seine Gebeine erzitterten, und es erbleichte der Karfunkel seiner Nase. Selbst der Dirigens, der den Doktor Wübbke aus dem Erbherzog dirigierte und mit göttlicher Hand, Macht und Kraft den klugen Führer des wilden Haufens niederschmetterte, nachdem er ihn gen Himmel geworfen hatte, würde hier das Hasenpanier aufgeworfen haben: Grävedünkel blickte umher und – nahm Reißaus, und das Gelächter der Nachwelt, risus posteritatis, heftete sich an seine Posteriora.

Auf dem Felde aber, welches *dieser* Feind der öffentlichen Ruhe so schmachvoll verlassen hatte, fuhren den nordischen Totenwählerinnen, den Valkyrien, gleich die Mägde von Bützow umher, bis sie urplötzlich auseinanderstoben, hierhin und dahin, eine jegliche zu ihrer Hausfrau; und Küche und Speisekammer, Schlafstube und Visitenstube hallten wider von dem Unerhörten. Als die Herren vom Rathause heimkehrten, fanden sie die Suppe, welche sie sich eingerührt hatten, heiß, dampfend, gesalzen und gepfeffert auf dem Tische.

So ward Zeus' Wille vollendet.

Viertes Kapitel

Handelt kurz und bündig von der Mamsell Hornborstel, welche dasselbe tut.

Mamsell Hornborstel, die von dem Magister Albus Lanasse, Sacharissa, Janthe, vom Kirchenbuche Julia Theresa Adolfine, von ihren Freundinnen und Freunden Julchen oder Jule und von ihren Feindinnen und Feinden eine heimtückische, geizige alte Katze genannt wurde, war eine Jungfrau und die einzige Erbin des weiland Syndici Hornborstel, eines begüterten Mannes, auf dessen Grabsteine viel schöne und löbliche Eigenschaften und Tugenden in güldener Schrift aufgezeichnet zu lesen sind. Sie war über fünfunddreißig Jahre alt, erfreute sich eines kräftigen, sehnigten, wenn auch nicht runden Körpers, schwarzer, recht heller Augensterne, die Hohn, Tod und Verderben schon in manches Gegners Angesicht gesprüht hatten. Die verschiedenartigsten Gerüchte liefen über den letzten Grund ihres ehelosen, jungfräulichen Wandels in der Stadt um. Einige behaupteten, sie habe sich bei einer Durchreise Seiner Majestät des Königs Friedrich Wilhelm des Zweiten und Dicken von Preußen durch

Bützow in diesen erlauchten Monarchen verliebt, habe aber nicht vermocht, ihr kleines Lämpchen der glänzenden Sonne der Gräfin Lichtenau und dem Einfluß des Geheimen Kämmerierers Rietz und der Madame Rietz gegenüber zur Geltung zu bringen, und habe deshalb im heiligen Schmerz ihr Kränzlein so hoch aus dem Griffe der übrigen Menschheit gehängt. Wieder einige wollten behaupten, sie sei von natura so sauer und griesgrämig, daß niemand es gewagt habe, nach diesem eben bemeldeten Kränzelein die Hand auszustrecken; die dieses aber sagten, waren zu den Verleumdern zu zählen und teilweise zu den Füchsen, welchen auch die Trauben zuweilen sauer scheinen. Ein dritter Teil der Wissenden, und ich muß hinzusetzen, nicht der geringste, hielt dafür, daß Jule Hornborstel das vestalische Feuer des Dr. Hane, gegenwärtig regierenden Bürgermeisters zu Bützow, wegen schüre und daß dieser, mein sehr würdiger und werter Freund, vor Jahren ein ziemlich zärtliches Verhältnis mit der Mamsell allzu großer Charakterähnlichkeit halben plötzlich und schnöde abgebrochen habe.

Dem sei nun, wie ihm wolle, Klio, die Muse der Geschichte, deutet auf das Haus der Mamsell Hornborstel, und der Historiograph der bützowschen Schreckenszeit hat dem feierlichen Winke der ernsten Göttin ohnverzüglich Folge zu leisten.

Nicht die Tochter eines patriarchalischen Königs der Vorzeit, sondern des Sattlers Scherpelz war Regina, die Wasser schöpfende Magd, welche die Nachricht von dem Edikt der Konsuln und des Senates der Mamsell Julia heimbrachte. In niedersassischer Zunge, vermischt mit Interjektionen aller Art, erstattete sie ihren Bericht und schloß mit der Frage:

„Un dat sall wi ösch gefallen laaten?"

„Niemalen!" sagte die Mamsell Hornborstel und stand groß da, wie die siebente Szene des zweiten Aktes in Herrn Schillers Tragödie Louise Millerin oder Kabale und Liebe; ich aber schreibe diese und die folgenden Szenen nach, wie sie mir der Magister Albus schilderte, welchem sie die Mamsell Hornborstel selber beschrieb.

„Den andern werden es ihre Weiber sagen, aber dem – dem Herrn Bürgermeister werde *ich* meine Meinung verkündigen. Rufe mir den Doktor Wübbke, Regine!" sprach Sacharissa.

Die Tochter Scherpelzens besah ihre Herrin mehrere Augenblicke lang mit Staunen und Wundern; sodann schien sie die Meinung derselben zu begreifen und stürzte fort durch die Gassen von Bützow, den Advokaten herzuschaffen. Nach einer halben Stunde trippelte und hinkte er bereits durch die Gassen von Bützow neben der schnell hineilenden virgo und virago her zum Hause der Mamsell Hornborstel.

Er hinkte und trug ein schwarzes Pflaster am Schädel; noch immer trug seine Perücke die Spuren des Griffes der patrizischen Hand, sein schwarzes Röcklein die Spuren der Hausflur im Erbherzog. Grimm und Haß durchtobten seinen Busen. Geschlafen hatte er nicht, Gift war seine Nahrung gewesen, und Gift war er bereit von sich zu geben.

So trat er vor die Mamsell; was sie aber mit ihm verhandelte, das hat damals kein lebendiges Wesen außer ihnen in Erfahrung gebracht; selbst Albus wußte nichts darüber zu sagen, und Regina, die schön gegürtete Jungfrau, die versuchte, an der Türe zu horchen, wurde von ihrer Herrin in flagranti ertappt und mit einer klatschenden Ohrfeige heulend die Treppe hinunter und in die Küche gesendet. Nur aus dem auf diese Unterredung folgenden Auftreten des wilden, umstürzlerischen Volksverführers Wübbke konnte der Geschichtsschreiber seine Schlüsse ziehen, zog aber einen falschen.

Es grollte unter der Erde, es roch nach Schwefel; mit zusammengekniffenen Lippen und ihrem Strickstrumpf setzte sich die Mamsell Hornborstel ans Fenster, und der Advokat Dr. Wübbke verließ mit dämonischem Grinsen ihr Haus. Zwo große, beleidigte Seelen hatten ihren Haß zusammengeworfen, und der Advokat Dr. Wübbke trug das Haupt hoch, lächelte schmelzend und erschien in der nächsten Zeit in einem neuen Anzug und wohlversehen mit den Mitteln, welche allein den Krieg zu

Wasser und zu Lande führen können: unde habeat, quaerit nemo, sufficit habere.

Fünftes Kapitel

Summum ius, summa iniuria: Wer für das Recht sorgt, hat für die Injurien nicht zu sorgen.

Nicht ein milesisches Märchen erzähle ich; einer strengen Muse folge ich Schritt für Schritt auf dem Fuße, und sie führt mich wieder in das Klubzimmer des Gasthofes zum Erbherzog am Abend des dritten Tages nach der Austreibung der sieben Teufel, welche die würdige und respektable Versammlung in der ärgerlichen Person des kleinen und hagern Advokaten, des Doktor Wübbke, besessen hatten.

Banges Haingeflüster – Windsgeseufz im Heidekraut – Grabmaltrümmer – Eulenflug – Unken- und Rohrdommelruf im Röhricht – giftiger Dampf aus unabsehbarem Moore – schlummerndes Gebein – Matthisson! Wahrlich, die Mamsell Hornborstel hatte recht: „den andern hatten es ihre Weiber gesagt“, und die einzigen, welche noch heitereren Auges in dem sonst so geselligen Kreise umherzublicken vermochten, waren die Junggesellen, die Hagestolzen und die Witwer.

„Horch, Washington donnert: der Erdball erzittert,
Messina versinket, wenn Elliot wittert.
Kartaunen verscheuchen mein leiseres Lied,
Das bebend den eisernen Hallen entflieht“;

wahrlich, das grobe Geschütz der weiblichen Bützower Artillerie hatte seit der Grävedünkelschen Gassenrede nicht geschwiegen; zum Schweigen aber war das männliche Feuer gebracht, und des Aristophanes Lysistrate, kurzweiligen Angedenkens, würde ihre Freude an der Tapferkeit und Ausdauer ihrer Schwestern vom blumigen Ufer der Warnow gehabt haben.

Da saß die hochehrwürdige Geistlichkeit gesenkten Hauptes und bereuete es tief, in das Anathema gegen die Gänse eingestimmt zu haben: sie hatte weder an die Zehntgänse noch an die Gattin gedacht.

Da saß der Kämmereiberechner Bröcker, der Mann des Zornes, der Urheber des Jammers, vollständig nüchtern, ein Bild des Elends; hohläugig lehnte er die bleichgehärmte Wange, wenn auch nicht an den Aschenkrug, so doch auf die zitternde Hand, und bei niemandem in der Runde fand er den Trost der bangen Schwermut; nur finstere und vorwurfsvolle Blicke wurden ihm zuteil, und er hatte es nicht sich selber zu verdanken, daß er nicht herausgeworfen wurde aus dem Erbherzog wie der Doktor Wübbke.

Da saß der Kaufmann, der Arzt, der Steuereinnehmer, und hinter jedem saß die schwarze Sorge.

Auf die Stimmung *dieses* Abends paßte nicht ein einziger Vers unseres kosmopolitisch-humanen Bundesliedes. Ach, der Bierkrug war nicht der Lethestrom, aus welchem man Vergessen, süße Bewußtlosigkeit trinken konnte.

„Horch – wie Murmeln des empörten Meeres,
Wie durch hohler Felsen Becken weint ein Bach,
Stöhnt dort dumpfigtief ein schweres, leeres,
Qualerpreßtes Ach!“

Es war dieses Mal nicht der Hofrat Schiller, sondern der Pastor Primarius Klafautius, der dieses Ach aus der Tiefe seines umfangreichen Busens hervorholte und uns eine kleine Predigt oder Rede hielt.

„Christliche Brüd –, meine lieben Herren, wollte ich sagen; da sitzen wir wieder in freundschaftlicher Gemeinschaft, uns nach des Tages Arbeit, nach niedergelegter Bürde des Amtes in bescheidener teutscher Weise von jeglicher Anstrengung zu erholen und dem abgespannten Geiste die nötige Ruhe zu gönnen. Meine Seele erfreuet sich darob. – Ihr Wohlsein, Herr Bürgermeister! – Niemand ist hoffentlich unter uns, der nicht dem andern mit herzlichem Wohlwollen entgegenkommet. Andächtige Gemeinde, wollte ich sagen, meine hochgeehrtesten Herren und Mitbürger, wer ist unter uns, der dem Nachbar, dem Freund, dem Kollegen, dem Bruder das kleinste Böse gönnen würde? Niemand! kann ich mit dankerfülltem Herzen ausrufen. – Niemand! Niemand! Meine Herren und guten Patrioten, wir stehen fest zusammen in diesen wilden, gottlosen, pflichtvergessenen Zeiten, – wir haben es bewiesen, als wir jenen Unglücklichen, jenen Verführten und Verführer, den Herrn Doktor Wübbke, mit blutendem Herzen und weinendem Auge aus unserer Mitte stießen, als wir unsere Pflicht taten wie Abraham, da er hinging, seinen Sohn Isaak auf dem Berge Morija zu opfern. Meine hochverehrtesten Herren, sollten wir uns in unserer christlichen Opferwilligkeit nicht überhoben haben? Sollten wir nicht in jener Stunde der Selbstüberwindung die Grenze, so zwischen dem Recht und Unrecht gezogen ist, überschritten haben, indem wir den Worten unseres vortrefflichen Herrn Kämmereiberechners im Taumel der Leidenschaft und Aufregung ein vielleicht zu williges Gehör gaben? Meine Brüd – Herren, ich stehe nicht an auszusprechen, daß sich nicht ganz grundlose Einwendungen gegen unsere Äußerungen in betreff jener Hausvögel, welche wir Gänse nennen, erhoben haben. Ich habe Stimmen vernommen – Stimmen, welche – ich kann nicht umhin, es zu sagen – mit Bitterkeit jenen vielleicht ein wenig allzu hastig gefaßten Beschluß unseres wohllöblichen Magistrates – dessen weisen und wohlbedachten Anordnungen ich mich übrigens nach Gottes Gebot in jeder Weise unterwerfe – gerügt haben. Es ist nicht zu leugnen, daß wir allen Feinden der Ruhe und Ordnung, allen unpatriotischen Verächtern echt teutschen und mecklenburgischen Biedersinnes eine starke und scharfe Waffe in die Hand gegeben haben. O meine Herren, meine lieben Herren, sollte es wohl eines Christen und christlichen Bürgers unwürdig sein, einen als falsch erkannten Schritt demütig und zum allgemeinen Besten zurück zu tun? Könnte man nicht in einer zweiten Sitzung hochlöblichen Magistrates jenes Edikt, welches jener Spezies der Wasservögel, Gans genannt, den freien Aufenthalt in den Gassen von Bützow verbietet –“

„Revozieren?!“ fragte die donnernde Stimme des regierenden Bürgermeisters. „Nimmermehr, solange *ich* auf dem Amtsstuhle sitze! Revozieren, sich selber ins Gesicht schlagen, nur weil die Menschheit erbarmungswürdig unter dem Pantoffel des Weibsvolkes steht und dieses wieder für das Gänsevolk? Den Umstürzlern Tür und Tor freiwillig öffnen!? Da komme mir einer!“

Ein Faustschlag krachte auf den Tisch hernieder wie Zeus' Blitz aus dem Olymp.

„Herr Pastore“, schrie der Dirigens, „Herr Pastore, ich bin Gott sei Dank kein verheirateter Mann und rekommandiere mich Seiner venerablen Ehehälfte zu allen nur möglichen Diensten; aber hier ist der Riegel nun einmal vorgeschoben, und meine Haushälterin weiß ich in dem nötigen Respekt zu erhalten. Meine Gänse halte ich, wie das Gesetz es befiehlt, von vorgestern an im Stall inkarzerieret und verhoffe, daß ein jeder gute bützowsche Bürger in dieser Hinsicht auch seine nichtsnutzige Schuldigkeit tut. Revozieren!? Bröcker, Kollega, Er ist mein Mann; was sagt Er zu diesem Vorschlag seiner Ehrwürden?“

Der Kämmereiberechner wäre bei dieser abrupten Frage fast unter den Tisch gerutscht. Sein schmales tschippewäisches Haupt verkroch sich so tief als möglich in dem hohen Rockkragen.

„Herr Kollega – Herr Bürgermeister“, stammelte er, „ich – ich – die Gans – ist ein Schwimmvogel – ich habe – Aufregung des Momentes – Doktor Wübbke – Exaltation und Punsch – sie, die Gans, ist – ein Vogel, welcher doch zu seiner Ausbildung – Fettmachung – eines weitern Spielraumes – nach der Naturgeschichte – und näherer Einsichtsnahme der Verhältnisse – zu bedürfen – berechtigt – sein dürfte.“

„Ich lasse Seiner Frau Eheliebsten mein Kompliment machen, Kollega“, grunzte der Konsul. „Er ist ein qualifizierter Hase, Bröcker; aber revozieret wird nicht, und ich rate Ihm vor allen, daß sich Seine Schwimm- und Wasservögel nicht ohne Begleitung vor meinen und Grävedünkels Augen sehen lassen.“

„Bravo, Herr Bürgermeister!“ rief ich. „So habe ich mir immer jenen römischen Senator gedacht, der den ihn am Bart zupfenden Gallier zu Boden schlug. Plus de galanterie! Wie Männer, wie Halbgötter wollen wir Unbeweibten vor dem Heiligtum der Gesetze wachen. Fiat justitia, pereat thalamus lectusque conjugalis! Was sagt Er dazu, Kollega Albus?"

Der Magister fuhr aus der tiefsten Geistesabwesenheit empor, in welche ein Schulmann möglicherweise verfallen kann. Seine Seele war nicht bei unserm Gespräch, und es wäre eine Impolitesse gewesen, sie in die niedern Regionen desselben mit zu großer Hartnäckigkeit herabzurufen. Ich ließ sie höflicherweise in ihrer platonischen Konjunktion mit Sacharissa, Lanasse und Janthe; – dem armen, hungrigen magisterlichen Leibe war selbst diese magere Seelenspeise zu gönnen; und es wäre nicht nur eine Impolitesse gewesen, sondern peccatum in spiritum sanctum, eine Sünde gegen den Heiligen Geist, nämlich der Sentimentalität und der Wertherschen gelben Hosen, das luftige Pläsier mutwillig zu zerstören.

An diesem Abend erschien die große chinesische Punschbowle der Gastpatronin nicht auf unserm Tisch; wir hatten nicht Ursache, Viktoria zu schießen, wie nach der Expulsion des Demagogen. Wohl hatten wir wie in der Holzangelegenheit unsern Willen durchgesetzt und das Feld behalten; aber es war Grund vorhanden, das Jubilieren und Vivatrufen darüber noch ein wenig zu verschieben. Grävedünkel hatte an diesem Abend niemanden nach Hause zu geleiten, man brach lange vor der Bürgerstunde auf, und die Laren und Penaten mehr als *eines* wakkern bützowschen Mannes runzelten die Stirn, zogen die Augenbrauen zusammen und zeigten die Rute. Aus mehr als einem Gänsestall, an welchem mich mein Weg vorüberführte, vernahm ich ein leises, verhaltenes Gegackel, welches eine große Ähnlichkeit mit einem schadenfrohen Gekicher hatte. Das geflügelte Völkchen schien selbst im Traume sich der Proklamation des hochweisen Magistrates zu freuen. Es begegneten mir der Doktor Wübbke und der Sattler Scherpelz Arm in Arm; – auch der furchtbare Schneider, den Schmidt die Genossen nannten, schwankte wandelnd daher, den Busen voll göttlichen Trotzes. Wieder stieg weißlicher Nebel aus dem Söhring vor dem Rostocker Tor, doch ein bleichlicher Mond leuchtete mir auf meinem Wege, und gute, schützende Genien geleiteten mich sicher auf meinem Pfade und nach Hause. Ich kannte übrigens auch den Weg vom Erbherzog zu meiner Wohnung und wußte die Abgründe und schlüpfrigen Gebirge zu beiden Seiten und in der Mitte zu vermeiden; – es war kein geringes Kunststück. Es war überhaupt kein geringes Kunststück, ohne Gefährde durch die Anfechtungen der Stadt Bützow zu kommen und ein vergnügliches, helläugiges Alter zu erreichen, ohne an seiner Reputation und sonst manchem andern Dinge Schaden erlitten zu haben.

Sechstes Kapitel

Auctor verzehret mit dem Magister Albus seinen Martinsbraten. Madame Roland in Bützow.

Wenn es aller Erdgeborenen Last und Vergnügen ist, von Minute zu Minute, von Stunde zu Stunde, von Tag zu Tag langsam weiter zu kriechen bis zu jeder glücklichen oder unglücklichen Katastrophe, bis zu jenem Augenblick, wo Kriechen und Hüpfen, Tanzen und Hinken, jedes annehmliche oder unangenehme Mouvement zu Ende ist: so kann es doch nicht der Beruf dessen, der den Mantel Klios gefaßt hält, sein, in gleicher Weise sich weiter zu bewegen. Sprungweise reißt der Hippogryph den Historiographen wie den Poeten mit sich fort: dürres, quellen-, baum- und fruchtloses Land haßt das geflügelte Reittier, und der geschmackvolle Leser, die empfindsame Leserin sind ihm dankbar dafür; sie haben schon zu viel zu überschlagen, was mit ihrer augenblicklichen körperlichen oder geistigen Empfängnisfähigkeit nicht harmonieren will. Glücklich jener Schriftsteller, der allein für jenes süße Stündchen der Verdauung nach eingenommenem Mittagsmahl schreibt! Ihm allein blühen die angenehmsten Rosen der Popularität; ihm allein fallen jene hesperischen Früchte, welche der Drache des teutschen Buchhandels bewacht, von selber in den Schoß! Ihn erklärt das Volk für einen witzigen Kopf, und – hätte er Selbstgefühl, so würde dieses ihm nicht den niedrigsten Sitz auf dem Parnaß unter den Schöngeistern des menschlichen Geschlechtes einräumen! –

Ich, J. W. Eyring, besitze leider Selbstgefühl, ohne für das Verdauungsviertelstündlein zu schreiben; was die Weltgeschichte auf ihren ewigen Tafeln eingräbt, schreibe ich ab: den ganzen Monat November hindurch und den größten Teil des Dezembers bereitete sich das Städtchen Bützow mit echt teutscher Gründlichkeit auf die große, erschreckende Krisis, welche in seinem Schoße zum Ausbruch kommen sollte, vor.

Siehe, es umschritten die Erinnyen die stille Wohnung, das Haus der scharmanten und plaisanten Jungfrau und Mamsell Hornborstel. Sie klopften auch und traten auch ein, sie wurden von Scherpelzens Regina in das Visitenzimmer geführt, saßen stramm und steif nieder auf dem Kanapee, tauchten Rostocker Gebäck in die angenehme bräunliche Flut aus dem Land Arabien und trugen grüne oder blaue, gelbe oder bunte, gestickte oder ungestickte Pompadours oder sonstige Strickbeutel am Arm. Mit höllischer Ausdauer und Geschicklichkeit machten sie Filet, scheußliches Netzwerk zum Fang der Verbrecher von Bützow und dem Universo; sie schüttelten ihre Schlangenhaare, die sie entweder matronenhaft mit drohend nickender Haube oder mädchenhaft mit künstlichen Blumen und bunten Bändern dem Auge lieblich zu machen strebten. Sie kamen, und sie gingen. Einzeln, zu zweien oder truppweise durchwandelten sie die Gassen der Stadt, und – Grävedünkel ging ihnen aus dem Wege!

Wohlweislich ging ihnen Grävedünkel aus dem Wege; es war Feindschaft zwischen den dunkelsten Gefühlen des gekränkten weiblichen Busens und ihm, dem Wächter und Torhüter am Pfandstall. Er, der erbarmungslose Liktor des regierenden Konsuls, hatte begonnen, das neue Gesetz zu verwirklichen; – unnachsichtlich packte er zu – Kopf, Flügel, Hals, Schwanz – einerlei – da half kein Gigack, kein Gezappel und Gezeter, kein Drohen und Geschimpf, kein Kindergeheul; – fort mit den Verbrecherinnen, den Übeltäterinnen, hinab in den Tartarus! hinunter in den Abgrund! Es lebe das Recht, und die Welt gehe unter! An den Galgen mit den brummenden Jakobinern und dem Doktor Wübbke! Gack, gack, gack, gigack, – es gackelte bedenklich in dem Karzer an der Grävedünkelschen Amtswohnung; der Kämmereiberechner Bröcker magerte allmählich zu einem Schatten ab, und – die Erinnyen durchschritten mit ihren Pompadours die Gassen von Bützow!

Zum behaglichen Martinsfeste hatte ich mir *meinen eigenen* Martinsbraten aus dem Pfandstall vermittelst einer bedeutenden Summe klingender Landesmünze auszulösen, was natürlicherweise meinen Eifer, diese Historia würdig und gewissenhaft fortzusetzen, sehr erhöhte, mir jedoch gottlob den Appetit nicht verdarb.

Zu diesem Martinsbraten lud ich den werten Freund und Kollegen, den Magister Albus, ein, und er kam, ohne sich im kleinsten nötigen zu lassen. –

Der heilige Martin wurde ums Jahr 316 nach Chr. zu Stain in Niederungarn geboren; sein Vater war ein arger Heide und ein tribunus militum, der mit der Reitpeitsche wohl umzugehen wußte. Aus beiden Gründen entlief der Sohn dem Alten und wurde Bischof zu Tours, nachdem er vor dem Tor von Amiens den berühmten Schnitt in den Mantel getan hatte. Seit ihm einst bei einem Gastmahle der Kaiser Maximinus den Becher zuerst reichen ließ, ist er Schutzpatron der Trinker bei aller löblichen Christenheit; das ihm zugeschobene Werk: Professio fidei de trinitate ist ihm untergeschoben, denn er war ein jovialischer Herr und Heiliger, welcher sich so wenig als möglich sowohl mit profanen wie mit geistlichen Schreibereien abgab; an seinem Jubeltage aber, dem eilften November, erhielten und erhalten die Herren Pastöre vor und nach der Reformation ihre Zehntgänse, und das Volk briet und brät die ihm übriggebliebenen.

„Der heilige Martin soll leben, Herr Kollega!“ sprach ich mit der dem guten Mahle angemessenen Würde, und –

„Das soll er, Herr Kollega!“ sprach der Magister Albus.

Wir hatten den größten Teil des wohlbeleibten und wohlbereiteten Vogels im Magen, durch das Fenster sah der November:

„Rote Blätter fallen,
Graue Nebel wallen,
Kühler weht der Wind“;

im Ofen aber prasselte das Deputatholz; wir tranken Rheinwein, da die englische Blockade uns die roten Franzosen – und in dieser Beziehung, leider! – von unsern Seehäfen absperrte. Wir sahen das Wetter und uns durch die Gläser an; die Stunde der allersüßesten Vertraulichkeit und Mitteilung war gekommen, –

„Und wie steht Er anjetzo mit der Mamsell Hornborstel, Herr Kollega?“ fragte ich.

Der Kollaborator setzte das Glas auf den Tisch, ohne es mit den Lippen berührt zu haben, und sagte ruhig:

„Nicht wahr, ich bin ein recht dürrer Magister, Herr Kollega?“

„Nun, nun“, sagte ich begütigend und blickte auf die kärglichen Reste der Gans, „ich habe dürrere gekannt.“

„Ich nicht!“ entgegnete jener mit einer wahrhaften Grabesstimme und setzte hinzu: „Die Perücke trage ich auch nicht allein der Gravität und Amtsehrbarkeit wegen.“

„Es ist im Sommer wie im Winter eine recht angenehme und bequeme Tracht; die alten Egyptier trugen sie bereits, und zwar um des Klima willen.“

„Sie konnten höchstwahrscheinlich aber auch ihre Perückenmacher besser bezahlen“, seufzte der Magister. „Doch wir kamen von der Sache ab; kehren wir zu ihr, das heißt zur Mamsell Hornborstel zurück. Hochgeschätzter Herr Kollega, unser Kollega, der Konrektor Winckelmann, hat zu Seehausen in der Altmark nicht mehr Hunger ausgestanden, ehe er nach Rom ging und katholisch wurde, als ich, sowohl auf Universitäten als im

Amte. Herr Kollega, die Mamsell Hornborstel ist mein Rom und um sie werde ich gleichfalls meinen Glauben mit Freuden vertauschen. Der auf so schmähliche Weise verewigte Konrektor Winckelmann war achtunddreißig Jahre alt, als er den Rubikon überschritt; ich bin ein Jahr älter. Ein Interesse für Ästhetik und klassische Schönheit habe ich nicht und gehe deshalb nicht nach Rom. Ich bin ein wenig trocken, und da es nicht meine Schuld, sondern meine Natur ist, so habe ich nicht Grund, mich dessen zu schämen. Wenn die Mamsell Hornborstel nicht klassische Schönheit besitzt, so besitzt sie doch jedenfalls Klassizität und würde mir für mein körperliches Wohlergehen von ebenso großem Nutzen sein als der Kardinal Albani dem armen Winckelmann. Ja, die Mamsell Hornborstel ist mein Italien, und ich gedenke hinzugelangen wie der Kollege Winckelmann."

Ich, J. W. Eyring, der ich die Menschen ein wenig zu kennen glaube, ohne ein Anhänger Lavaters zu sein, ich faßte gerührt und bewegt die Hand meines jüngeren Amtsbruders.

Es war nicht der rheinische Wein, sondern die allgemeine Menschenliebe, welche aus mir sprach, als ich sagte:

„O, Herr Kollega, Herr Kollega, gedenke Er auch an Triest und den niederträchtigen Mörder Arcangeli, gedenke Er an den Schlingel, den Taugenichts Casanova, und was einem sonst noch auf der Reise und am Reiseziel zustoßen kann. O Albus, Albus, die Ehe, matrimonium, coniugium, connubium ist ein viel heimtückischeres, wenn auch manchmal ebenso anlockendes Land als jene schöne Halbinsel. Da gibt es außer Ungeziefer und Mördergruben aller Art auch feuerspeiende Berge aller Art; einige werfen Feuer aus, andere wieder nur Rauch und abermals andere Schlamm, was aber ebenfalls sehr widerwärtig und verdrießlich ist. Und – Magister – hat Er auch wohl an die Geschichte des Landes gedacht? Welche Eroberer und welche Sklaven! Hunnen und Vandalen, Longobarden und Franken, Araber, Franzosen, Hispanier, Teutsche, einzeln und durcheinander! Das hat oft arge Devastationen gegeben, und Kaiser und Päpste, einheimische und fremde Condottieri, Frundsberg und Bourbon, Ludovico Moro, Cäsar Borgia! Erinnere Er sich, das war ein toll Durcheinander. O Magister, hat Er auch wohl an seine preußische Majestät, die Gräfin Lichtenau und den geheimen Kämmerierer Rietz, hat Er an unsern hochverehrungswürdigen dirigierenden Herrn Bürgermeister gedacht? Unsere guten Bützower und Bützowerinnen haben diesen Ruf ebenso arg und schlimm zertrampelt als die Barbaren den italischen Boden; – ich warne Ihn, Kollega, ich warne Ihn!"

„Herr Kollega", sprach der Kollaborator mit Fassung, „ich lasse die Geschichte der Vorzeit auf sich beruhen, – da ist viel Sage und Mythus. An den geheimen Kämmerierer Rietz glaube ich nicht!"

„Und der Herr Bürgermeister?"

Der Magister zuckte die Achseln und hielt mir das leere Glas hin.

„Herr Kollega", sprach er, „es ist meiner bescheidentlichen Meinung nach nicht ausgemacht, wer bei jenem Histörchen mit dem längsten Gesichte und dem schlechtesten Gewissen abgezogen ist. Ich halte und schätze die Mamsell Hornborstel für eine höchst respektable und ingenieuse Person, welche ihrer Würde niemalen etwas vergeben haben kann und welche noch heute sich nicht das mindeste bieten läßt."

„Auch letzteres erfüllet mich mit Bangen und Sorgen für Sein Wohlergehen, Herr Kollega Albus. Sie lässet sich nichts bieten; aber sie verstehet es, den andern Leuten sehr viel zuzumuten."

Der Magister hielt wiederum sein leeres Glas her, rückte mir dabei so nahe als möglich, sah über die Schulter nach der Tür und flüsterte sodann in mein Ohr:

„Herr Kollega, es *kann* keine Meinungsverschiedenheit zwischen ihr und mir bestehen; wir sind beide – Anhänger der – Konstitution vom Jahre siebenzehnhundertundneunzig; – wir sind politisch einig!"

„Herr Kollega", flüsterte ich überrascht zurück, „da gratuliere ich Ihm von ganzem Herzen; aber –"

„Aber der Herr Kollega meinen, weil man im Erbherzog im

letzten Winkel sitze und von all den Großmäulern und Dickköpfen überschrien werde und vernünftigerweise seinen Mund halte, so bringe man nur seine Zeit damit hin, die unnützen Buben das *γιγγραίνω*, ich gackele, du gackelst, er gackelt, abwandeln zu lassen und zu Hause den Diogenes Laërtius zu emendieren? Fehlgeschossen, weit fehlgeschossen! Man hat seit des Aristoteles Zeiten das Recht, ein politisches Tier zu sein; – es ist ein Menschenrecht, das man sich nicht nehmen läßt. Man läßt einem hohen Ober-Schul-Kollegio zu Schwerin allen seinen Willen; aber die Zeitungsblätter liest man auch, wenn auch erst aus dritter Hand, und seinen gesunden Menschenverstand konservieret man nach besten Wissen und Kräften. Nein, nein, dumm machen lassen wir uns nicht mehr, und der vierte August des Jahres siebenzehnhundertneunundachtzig war ein großer Tag; der Genius der Menschheit weiß es, und die Mamsell Hornborstel – Sacharissa weiß es auch!"

Jetzt war mir mit einem Male vieles Dunkele aufgeklärt. Wahrlich, es war eine nicht wenig glorreiche Idee, den Kollaborator zum Martinsbraten einzuladen und ihn mit dem herzen- und zungenlösenden lyäischen Trank vom Rheinstrom zu tränken. Hier war Bützow von einer neuen Seite: die Parteien traten scharf voneinander, die Gironde schied sich vom Sumpfe, Madame Roland und Vergniaud, d. h. Mamsell Hornborstel und der Magister vom dirigierenden Bürgermeister Dr. Hane. Aber was hatte die Gironde mit der Montagne, die Mamsell Hornborstel mit dem Doktor Marat-Wübbke zu tun?

„Solche temporären Verbindungen zwischen diametral entgegengesetzten Ansichten und Lebensläufen sind gestattet, wenn es sich um die Erkämpfung oder Festhaltung der höchsten Menschengüter handelt!" sprach der Magister und ging in der Überzeugung von der Wahrheit seiner Expektoration auf. „Es gibt kein anderes Mittel, den Incivismus in hiesiger Stadt in Trümmer zu schlagen. Verlieren wir die Gänsefreiheit, so verlieren wir damit alles, was uns noch fähig machte, an der großen Republik der Zukunft als edle und aufgeklärte Bürger und Bürgerinnen teilzunehmen. Wir haben noch gestern nachmittag die Sache beim Kaffee durchgesprochen, und ich habe Sacharissa versichert, daß auch Madame Roland mit dem hochseligen Bürger Robespierre mehr als einmal zu einem guten Einverständnis zu kommen gesucht habe."

„O Albus, Albus, was ist er für ein Patron!" rief ich mit äußerster Verwunderung. „Ei, ei, ei, da sitzt er mir gegenüber als ein Lamm, so kein Wasser trüben kann, und ist doch der Wolf, welcher das Schütt aufzieht. Wer hätte das in Ihm gesucht, und bitt ich Ihn, was soll hochlöbliches Ober-Schul-Kollegium zu Schwerin zu solchen Dingen sagen? Das ist ja der reine Klub der Feuillants, Magister! Und der hat im Hause der Mamsell seinen Sitz? Und den hat Er mitgegründet? Und den besucht Er tagtäglich nach der Nachmittagsschule? Was wird hohes Ober-Konsistorium und Ministerium dazu sagen, wenn der Lauf der Zeit solche Ungeheuerlichkeiten zutage fördert?"

„Sacharissa und ich fürchten weder den Lauf der Zeit noch herzogliches Schulkollegium noch sonst ein Kollegium. Wir sind zwei antique Klassiker; wir sehen hinweg über die Kerker der Tyrannei und blicken nach dem ätherischen Gestirn der Freiheit, wir setzen uns auf den prophetischen Dreifuß zu Delphi und prophezeien, wir lauschen mit dem Ohr an der Wand der Zukunft; große Tage nahen sich mit großen Schritten dem morschen Reiche der Teutschen. Wir warten auf den Flug der Winfeld-Adler in den Lüften, und –"

„Die Luft erfüllt sich mit hehrem Flügelschlag, und sie kommen, sie nahen mit kapitolinischem Triumphgeschrei und lassen sich nieder auf dem Forum von Bützow; sie kommen langhälsig weiß und grau und gefleckt, die Gänse von Bützow, und Grävedünkel, ein gefessselter Titane, sitzt selber in seinem Pfandstall und singt die Hymne vom Fest des höchsten Wesens her:

„Dieu bon, dieu bon, donne à la terre
La paix, la liberté!"

„Es wird erhaben, es wird erhebend, es wird rührend sein, certum est; – übrigens aber, bester Kollega, denke ich, wir rauchen anitzt mit dem ehrlichen Pfarrer von Grünau eine Pfeife balsamischen Tobacks zu unserm Kaffee. Wir haben eine gute Mahlzeit getan, den Erretterinnen der römischen Burg sei Dank!"

„O Sacharissa!" erseufzete mein politisch-amoroser Tischgenoß.

Siebentes Kapitel

Eine Lämmerwolke am blauen Himmelszelte.

Es glimmte das revolutionäre Feuer unter der Oberfläche der obotritischen Ebene. Immer giftiger und drohender wurde die Stimmung des Volkes von Bützow, und jegliche Gans, die an der zwingenden Hand Grävedünkels in den Pfandstall wanderte, erschien einer jeglichen freidenkenden Seele als eine Märtyrerin, und man sah ihr nach in den Gassen wie dem Herrn von Necker, als er infolge seiner ersten Verbannung Paris verließ und sich mit dem Taschentuch vor den Augen aus dem Wagenfenster lehnte und versprach wiederzukommen. Es wurden im Laufe der Monate November und Dezember noch verschiedene Male Versuche gemacht, den hochlöblichen und hochweisen Magistrat zur Zurücknahme seines Ediktes zu bewegen, und wenn sich, wie sich das ja von selbst verstand, der größeste Teil der versammelten Väter nunmehr für die Revokation erklärte, so schlugen die Versuche doch allesamt fehl; denn der Dirigens erklärte und stemmte mit Hand und Fuß sich dagegen. Mit eiserner Festigkeit saß mein hochverehrter Freund, der Doktor Hane, auf seinem kurulischen Sessel, blitzte Verachtung herab wie der olympische Jupiter und erklärte von neuem, daß, solange er das Steuerruder des Gemeinwesens in den Händen halte, eine solche Schwäche der obrigkeitlichen Gewalt dem aufgeregten Zeitgeist gegenüber nicht statuiert werden solle.

Ein Schauder des Entsetzens ging durch die Stadt, und der Flußgott erhob erschreckt seine infolge der Jahreszeit blaugefrorene Nase aus den Fluten der eisansetzenden Warnow, als man eines Morgens an der Tür des Bürgermeisters ein Blatt Papier mit folgenden Reimen angeschlagen fand:

„Der Adel und die Clerisey
Schreyn über Pöbelraserey
Und Tollwuth aller Democraten,
Woher sie rührt, ist flugs errathen: –
Vom Bisse der Aristokraten!“

Der Regierende wollte seinen Augen nicht trauen, Ehrn Jobst Klafautius, der Pastor Primarius, entging nur mit genauer Not einem Anfall vom Schlagfluß, der elektrische Funke hüpfte von einem adligen Hofe der ländlichen Nachbarschaft zum andern, wurde sogar in Schwerin verspüret, und das schlimmste war, daß man den Doktor Wübbke in keiner Weise der Urheberschaft bezichtigen konnte!

Der Doktor Wübbke war nicht der Mann, welcher sich so leicht fassen ließ. Er tat klar dar, daß kein Mecklenburger einen solchen Reim gemacht habe und machen könne, und was das Abschreiben aus einem Musenalmanach und das Anschlagen an die Türe des Herrn Bürgermeisters betreffe, so halte er es unter seiner Würde als immatrikulierter Notarius, auf dahinbezügliche, freche, unverschämte und lügenhafte Insinuationen zu antworten, werde aber jedenfalls jedermann verklagen und bis in die höchste Instanz verfolgen, so ihn solchergestalt anzuschuldigen sich aufheben würde. Was gehe ihn, den Doktor Wübbke, der Pasquillant an? fragte tiefgekränkt der Würdige; – er, der Doktor Wübbke, sei ein ruhiger Bürger und gehe gelassen seines Weges; wenn er, Wübbke, sich in die Holzfrage gemischt habe, so sei das wahrhaftig nicht seiner selbst wegen geschehen, sondern nur der leidenden und unbeschützten, der lumpigen und frierenden Unschuld und Armut halben. Er, der Doktor Wübbke, gönne einer löblichen Bürgerschaft das Warmsitzen, denn auch er, Wübbke, gönne sich gern im Winter einen warmen Ofen. Was nun aber die Gänse anbetreffe, so seien ihm, dem Doktor

Wübbke, dieselbigten ungeheuer, ja sehr ungeheuer gleichgültig; er halte keine, und eingeladen zu einem solchen Braten werde er auch nicht. Daß ihm durch solche heimtückische Anklagen ein damnum irreparabile, ein unwiederbringlicher Schaden an seinem guten Ruf geschehe, müsse er in Geduld tragen, denn es sei bessern Leuten als ihm, dem Doktor Wübbke, zu allen Zeiten in gleicher Weise ergangen; übrigens stehe nach seiner, Wübbkes, Meinung die lex contra nomenclatores und die lex Cornelia de falsis gleich hinter der lex Iulia majestatis und der lex Iulia de sacrilegio, und er, Wübbke, halte den, so ihn, den Doktor Wübbke, in so ehrabschneiderischer Weise, sei es schriftlich oder mündlich, angreife und beschädige, für ebenso ruchlos und vogelfrei wie den, so sich an Obrigkeit und Kirche, ja an der allerhöchsten Person Serenissimi, des durchlauchtigen Herzogs und Herrn, selber vergreife.

Also sprach der Doktor Wübbke in den Gassen und auf den Märkten und trug sein Haupt immer höher erhoben, hatte aber die zerzauste Perücke, die Brausche am Cranium und die bedenkliche Erschütterung des Cerebelli auf den steinernen Platten der Hausflur im Erbherzog doch nicht vergessen; – er warf nur ganz geheim seine Gewürze in die Suppe, welche er meinem Freunde und Gönner, dem regierenden Herrn Bürgermeister, kochte; er rührte im Dunkeln mit dem jakobinischen Quirl im Hexenkessel. Mit den wilden, rohen Genossen, den furchtbaren Sansculotten von Bützow, saß er, ein unheilvoller Thersites, in dem Nebel und arbeitete an dem Verderben; aber – mit jedem Blick der ewgen Sterne fällt, – wie wenn die Düsternis der Alpenhöhle – mit ungewissem Glanz der Mond erhellt, – ein Strahl der Hoffnung sanft in meine Seele, – daß es ihm nicht ganz gelingen werde, dieses löbliche obotritisch-welatabisch-harmlose Gemeinwesen seinen gottlosen katilinarischen Gelüsten und Begierden in blutgieriger Wollust aufzuopfern. Daß meine matthissonsche Hoffnung mich nicht ganz täuschte, können der günstige Leser und die liebliche Leserin daraus ersichtigen, daß es mir gottlob vergönnet ist, die Geschichte der grausamen Verschwörung aufzuschreiben.

Ich kann es nicht leugnen, daß meine Seele sich über das dumpfe Brausen des Sturmes in der Ferne erfreuete. Über zwei Menschenalter hatte ich in Bützow gelebt, ohne das Maß des Gewöhnlichen in meinen Erlebnissen überschritten zu haben; jetzt pochte das Extraordinäre an die Tür meines Museums, und ich erhob mich und machte freudig meinen Diener.

Wir wissen alle, welch ein harter Winter der des Jahres siebenzehnhundertvierundneunzig wurde, wie das Thermometer auf siebenzehn Grad unter den Eispunkt fiel, was die Armeen in den Niederlanden und in Flandern auszustehen hatten, wie die Maas und die Waal zufroren und wie Pichegrü zu unserm und des Herzogs von York großem Schrecken mit seinen Neufranken darüberweg spazierte und Grave, Breda, die Bommelinsel und das Fort Sankt Andreas mit Sturm nahm. Wir wissen, wie der Erbstatthalter mit dem Engländer schleunigst nach England ging und wie der gallische Hahn mit Triumph nach Amsterdam hineinkrähete: jetzt mag die Welt auch erfahren, wie *wir* diese Zeit der großen Kälte und der großen Haupt- und Staatsaktionen in unserm Winkel an der ebenfalls zugefrorenen Warnow verbrachten.

Der Doktor ging im Dunkel umher mit den Gevattern Scherpelz, Haase, Martens, Schmidt, Compeer, Narbe, Hoyer und andern finstern Geistern mit andern finstern Namen. Die Mamsell Hornborstel gab einen großen Tee, bei welchem der Magister und Kollaborator Albus zuerst Ästhetik nach Johann Georg Sulzers Theorie der schönen Künste vortrug, sodann einiges Rührende und Empfindsame aus dem Damenkalender zum Nutzen und Vergnügen für siebenzehnhundertdreiundneunzig vorsäuselte und zuletzt mit Enthusiasmus und Inspiration seine politische Fackel vor den schönen Augen seiner angebeteten Julia leuchten ließ. Am siebenundzwanzigsten Dezember aber, einem Sonnabend, wurde die *Gans der Mamsell Hornborstel in den Pfandstall geführt.*

Achtes Kapitel

Auch der Magister Albus macht sich unnütz im Erbherzog und verläßt ihn.

Am siebenundzwanzigsten Dezember, einem Sonnabend, morgens zwischen acht und neun Uhr, wurde die Gans der Mamsell Julia Hornborstel von Grävedünkel in den Pfandstall geführt, und die Wasser brachen los!

Ich folge auch hier wieder als Gewährsmann dem Magister, den sein intimes Verhältnis zu dem Hause der Mamsell und der Jungfer Scherpelzin aufs beste zur Observation für mich hinstellte, indem es ihm die feinsten Fäden aller Intrigen und Vorgänge unter den Augen hinschnurren ließ.

„Darauf habe ich nur gewartet!" sprach, ihre Dormeuse mit dem Anstande einer Römerin zurechtrückend, die Mamsell Hornborstel, als die wiederum atemlose Regina mit der Nachricht von dem Faktum hereinstürzte. „Rufe Sie mir den Magister Albus, Scherpelzin!"

„In den Weihnachtsferien hat selbst der arggeplagte Schulmann Zeit zu jedem Ritterdienst", erzählte der Kollaborator; „auf den Fittichen der Hochachtung und zarten Neigung folgte ich der frühen Botschaft der siebenfärbiggeflügelten Iris und mußte von ihr darauf aufmerksam gemacht werden, daß die holde Herrin nicht erwarte, ich werde mich in Schlafrock und Pantoffeln vor ihr präsentieren. Die Göttliche gestattete mir auch, meine Perücke aufzusetzen, und so trat ich vor sie, wohlpräparieret, den Kampf für sie mit allen Mächten des Himmels und der Erde aufzunehmen. Ich trat in ihr Zimmer, hielt die Hand geblendet über die Augen und rief: ‚O Sacharissa!' Sie saß auf dem Kanapee, wo sie gewöhnlich zu sitzen pflegt, ihr Blick war Feuer, und zwar etwas mehr als gewöhnlich, und sie sah mich an – groß sah sie mich an – stumm sah sie mich an. ‚Mamsell!' rief ich; sie aber winkte mir und redete folgendermaßen:

‚Magister Albus, ich habe Ihn als einen zivilen, gescheiten und nicht unaimabeln Menschen kennengelernt; – Er ist in einem nicht unkonvenabeln Alter, gesund und eines verträglichen Gemütes; ich habe während meines Lebens unter Seinem Geschlechte wenig Konnäsancksen gemacht, welche Ihm in Hinsicht des Temperamentes und der angenehmen Intentionen und Sentiments gleichgekommen wären. Ich schmeichle Ihm nicht, wenn ich Ihm offen sage, daß Er mir recht wohlgefalle. Magister, Er ist zwar nur ein hungriger Schulmeister, aber Gott siehet mehr auf das Herz als auf den Rock, und was gehen mich die Löcher in Seinen schwarzseidenen Sonntagsstrümpfen an? Magister, wir sind beide ein Paar verständige, raisonable Leute, und Er mag mir antworten oder nicht, nach Seiner Beliebung; aber *die* Frage will ich an Ihn stellen: wieviel Er für mich gegen Seine vorgesetzte Behörde wagen will, wie weit Er sich in dieser ungerechten Sache für mich kompromittieren will, kurz, was Er tun will, um mich und mit mir Sein Vaterland aus dieser grausamen und unerhörten Tyrannei herauszureißen, was Er tun will, mir meine Gans und Rache am Doktor Hane und Sich unvergänglichen patriotischen Ruhm zu verschaffen?!' " —

„Herr Kollega", sagte der Magister Albus zu mir, J. W. Eyring, „wenn der Mann also angeredet und angeblitzet wird von einem solchen Weibe, so sieht er sieben Sonnen und sieben Monde zu gleicher Zeit vor seinen Augen tanzen. Und wenn er so viel Herrlichkeit zu gewinnen und so erbärmlich, so hundsgemein wenig zu verlieren hat, so wird er rabiat und verzückt zu gleicher Zeit, möchte sich die Brust auf- und sein flammenspeiendes Herz herausreißen und es der Himmlischen in die Hände drücken und schreien: ‚Nimm, zermalme, iß!' Herr Kollega, vom Wirbel bis zur Zehe wird der größeste Tropf Mann und fühlt sich fähig, den Pelion auf den Ossa oder umgekehrt, wie es der Holden gefällig ist, zu türmen, fühlt den Beruf, zehntausend Augiasställe zu misten und fünfzigtausend lernäische Schlangen zusammenzuwickeln, sie hinten in die Rocktasche zu schieben und sich zerquetschend draufzusetzen. So tat ich, Herr Kollega, und sprach mit stammelnder Zunge zu der Adonide:

‚Stern der dämmernden Nacht, erwarte die Dämmerung! Cathbat fällt durch Duchomars Schwert, ich gebe Ihr mein Wort darauf, Mamsell Hornborstel! Liebliche Tochter von Cormac, ich liebe dich wie meine Seele, und Turas Höhle, scilicet die Honoratiorenstube im Erbherzog wird widerhallen vom Geächz der Gefallenen. Mamsell Hornborstel, Sacharissa, Lalage, Janthe, o Lanasse, ich pfeife auf das Ober-Schul-Kollegium. Auf, Winde des Winters, auf, blast über die graue Heide; brüllt, ihr Ströme des Gebirgs; heult, ihr Stürme, und bestellt meine besten Komplimente an die Herren zu Schwerin! Saget ihnen, Julia sei mein, und sie möchten einen andern Narren schicken, der dumm genug sei, auf solche Weise langsam zu verhungern. – Sie wird heute abend von mir hören, Mamsell, verlasse Sie sich drauf!' – also rief ich, stürmte von dannen, drückte auf offenem Marktplatz dem Doktor Wübbke die Hand und schloß mich auf meiner Stube ein, die Donnerkeile des Abends zu schmieden."

So erzählte der Magister, und ich, der Historiograph, nehme den Faden der Handlung wieder in meine eigene Hand.

Weder von den Menschen noch den Grazien noch den Musen aufgesucht, hatte ich mich der harten Kälte wegen an diesem Tage fest in meinem Museo eingeschlossen gehalten, aber nicht wie der Magister Albus Donnerkeile geschmiedet, sondern Hampsons Leben des John Wesley in der Übersetzung durchgesehen. Die Biographie des frommen Mannes und Stifters der Methodisten hatte mich recht fromm, friedlich und milde gestimmt und mein Herz mit Zärtlichkeit, Neigung und Liebe gegen sämtliche Brüder und Schwestern rund um den Erdball herum erfüllet. Die Lehre von der seligmachenden Gnade, der zufolge ein Mensch augenblicklich aus einem Sünder ein guter Christ werden kann, erschien mir recht plausible und kommode, und wären die Verzückungen, die epileptischen Zufälle, das Zubodenstürzen, das Geschrei, welches alles den Durchbruch der Gnade begleitet, nicht gewesen, ich würde mich von ganzer Seele und von ganzem Gemüte nach diesem geistigen Zahnen gesehnt haben. So aber blieb ich, und nicht nur aus diesem Grunde, sondern auch ein wenig dem Herrn Pastor Primarius Klafautius zuliebe, ein Gefäß der Ungnade, ein unangezündeter Leuchter, ein Kind der Sünde und antwortete, als der Abend genahet war und meine Haushälterin hereintrat und die Frage stellte, ob ich auch an dem heutigen Abend in den Klub gehen werde:

„Was sollte mich abhalten?“

Es hielt mich nichts und niemand ab; eine hohe Macht sorgte dafür, daß ich an diesem Abend glücklich den Erbherzog erreichte, ohne den Schrecknissen des Wetters und des Weges zum Opfer zu fallen: die Nachwelt hatte mich immer noch nötig. Wer hätte ihr wie ich die Ereignisse dieses Abends schildern können?! –

Da saßen sie, die trojanischen Greise, aber nicht grinsend und schmunzelnd, als ob ihnen eben die arge, kokette und sehr schöne Helena die Bärte gestreichelt und den Honigtopf vorgehalten habe. Ihre Häupter waren gesenkt, ihre Nasen ruheten auf den Rändern ihrer Gläser. Ihrer tönernen Pfeifen Gewölk hing über ihnen gleich den vulkanischen Dämpfen, welche den Untergang von Herkulanum und Pompeji und den Tod des ältern Plinius ankündigten und zur Folge hatten. Nur der Bürgermeister sah wie gewöhnlich frisch und keck durch den Nebel, hielt sich aufrecht in seiner jovialen Breitschultrigkeit und ließ seine Stimme gleich einem natur- und menschenerfrischenden Donner über den Tisch und an den Wänden mir zur Begrüßung hinrollen. Der Magister Albus war noch nicht vorhanden – der kam erst später.

Man brachte in gewohnter Weise allerlei aufs Tapet: die Witterung, die Fortschritte der Gallier in den Niederlanden, die Weißenburger Linien, die kaiserliche Armee, den Herzog von York, den Bau des neuen Spritzenhauses, den letzten Brand in Rostock; aber alles fiel totgeboren zu Boden und blieb liegen, wie es lag. Wenn eine witzige Bemerkung des Dirigierenden notwendiger- und höflicherweise belacht werden *mußte*, so geschah das so hohl, als ob eine Gesellschaft Verdammter im Tartarus die vergeblichen Anstrengungen der Danaiden oder des Sisyphus oder die Grimassen des Tantalus belache.

Um neun Uhr, als wir alle dem Entschlummern so nahe wie möglich waren, – kam der Magister, trat in gewohnter Weise unhörbar ein, schlich in gewohnter Weise mit zusammengezogenen Schultern an den Wänden hin, nahm in gewohnter Weise den ihm von Rechts wegen zukommenden schlechtesten, zugigsten und dunkelsten Platz an der Tafel ein und trug doch den Funken bei sich, welcher die Honoratiorenstube in die Luft sprengen sollte.

Als der Ärmste, Jüngste, Schüchternste der Tafelrunde war natürlich der Magister auch das Stichblatt des Humors der witzigen Köpfe derselben. Jahrelang hatte man ihn aufgezogen, und jahrelang hatte er das mit lächelnder Demut ohne den allergeringsten Anschein von Widerstand oder Gereiztheit ertragen. Selbst dem Pastor Primarius fiel dem schäbigen Kollaborator gegenüber von Zeit zu Zeit das Brett – nämlich das Stirnschild Aaronis – ab, und er machte einen schwächlichen Versuch, ein Bonmot über ihn zu erfinden und preiszugeben. Der Bürgermeister war wahrhaft groß in betreff des Magisters, und sein wanderschütterndes Gelächter vermochte den Armen zu einem Schatten platt zu drücken. So mußte es denn wie eine Geisterapparition aus der Fabrik Cagliostros auf die Gesellschaft wirken, als dieses Nichts urplötzlich mit heller, schneidender Stimme nach einem Glase Bischof, „der Ambrosia Bruder Episkopal", rief, dasselbe mit einem klassischen Fluch als *„zu schwach"* wieder hinausschickte, emporschnellte, auf den Tisch schlug, daß selbst der Bürgermeister zusammenfuhr, und rief:

„Bürger von Bützow!"

„Holla?!" stammelte der Dirigens.

„Bürger von Bützow! Quiriten!" rief der Magister von neuem, den Unterbrecher mit einem indeskriptibeln Blicke der Verachtung und des Hohnes zur Ruhe verweisend: „Bürger von Bützow, patriotische Männer, Söhne des teutschen Armins, des Winfeldsiegers! Als die Franken unter der Anführung des Generals Custine, wie jedermann bekannt ist, im Herbste des ewig denkwürdigen Jahres siebenzehnhundertzweiundneunzig Mainz eingenommen hatten, sprach in der Gesellschaft der Freunde der Freiheit daselbst der leider zu Anfange dieses jetzigen Jahres in Paris allzufrüh verstorbene Herr Professor Forster folgendermaßen: ‚Es sind nun grade dreihundert Jahre verstrichen, seit der Graf von Nassau den Mainzern ihre Freiheit nahm. Er ließ damals ein Stück Eisen in der Gestalt eines Steins mit Ketten an dem Richthaus befestigen und sagte: ‚Wenn die Sonnenstrahlen diesen Stein schmelzen, dann sollt ihr euere Privilegien wiederhaben!‘ – Mainzer, Bürger, jetzt wollen wir dieses Denkmal der Barbarei feierlich abnehmen und Denkmünzen daraus schlagen lassen mit der Umschrift: Die Strahlen der Wahrheit haben ihn geschmolzen!‘ ... Bürger von Bützow, auch uns ist ein solches Gedächtniszeichen der Tyrannei in der Mitte unseres Weichbildes aufgehänget worden, auch uns sind unsere Privilegien genommen; aber um drei Jahrhunderte ist die Menschheit fort- und dem Lichte entgegengeschritten; Bürger von Bützow, hier bin ich aufgestanden unter euch, deute auf den Stein des Ärgernisses und spreche ebenfalls: Die Strahlen der Wahrheit werden ihn schmelzen!“

Hier sprang auch der Bürgermeister, der sich allmählich aus der ersten Erstarrung emporraffte, auf; aber der Magister drückte ihn wie ein Kind auf seinen Sitz hinab und schrie:

„Bleib Er nur ruhig sitzen, Herr, ich bin noch nicht fertig mit Ihm!... Bürger von Bützow, teutsche, aufgeklärte Patrioten, Freunde der Freiheit! Am fünften November hat die Faust ruchloser, brutaler Gewalttätigkeit, welche sich erfrecht, sich die wohlklingenden Namen Gesetzlichkeit und Ordnung beizulegen, gewagt, in unsere und der Natur geheiligtste Rechte einzugreifen. Unsere Frauen und Bräute sitzen in ihren Kammern und verachten uns Schwächlinge; – unsere Gänse, eingesperrt in ihre dunkeln und engen Käfichte, ins Gefängnis geworfen, wenn sie die schützende Schwelle des Hauses oder Hofraums überschreiten, leiden, abgeschnitten vom freundlichen Element des Wassers, abgeschnitten von der wonnigen Frische des ewigen Äthers, an Magen- und Unterleibsbeschwerden jeglicher Art, vorzüglich aber an Dyspepsie; – der motus peristalticus, die wurmförmige Bewegung ihrer Eingeweide, wird immer unregelmäßiger, wird bald gänzlich aufhören, und – die Götter mögen uns vor dem Genuß der entseelten Leichname gnädigst bewahren!... Bürger von Bützow, ich lese bittere Reue von den Gesichtern mehrerer der hier Anwesenden ab. Ein Dämon hat mehr als einen wackern Mann verführet, den Mund zur unrechten Stunde aufzutun; teutsche Männer und freie Bürger, *ich* öffne ihn zur rechten Zeit!... Herr Kämmereiberechner Bröcker, ich habe mit der Frau Eheliebsten den Kasum durchgesprochen, und sie stehet auf *meiner* Seite, Herr Bröcker!... Herr Pastore, ich weiß, wie die Frau Gemahlin über den Fall denket! Meine Herren, die gewalttätige Faust, welche unsere ehliche Ruhe und den lieben Hausfrieden über den Haufen geworfen hat, ist die Faust eines hohnlachenden, jämmerlichen, verächtlichen Hagestolzen, der ein solches häusliches Glück nicht kennt und achtet und der es mit Willen und Vorsatz überall, wo es ihm aufstößet, diabolisch zu vernichten intentieret ist."

„Nu ward mi dat denn doch to arg!" ächzte der Bürgermeister, abermals den Versuch machend, aufzustehen.

Mit verdoppelter Gewalt drückte ihn jedoch der Magister abermals und wieder hinab, schob ihm die spitzige, hungrige Nase dicht vor das bedenklich apoplektisch rot gewordene Gesicht und grinste:

„Herr, sitze Er ruhig in drei Teufels Namen! Er hat doch wahrhaftig lange genug das große Wort hier gehabt, nun lasse Er auch einmal 'n andern reden und sitze Er still, ich bin noch nicht fertig mit Ihm!... Bürger von Bützow, sollen wir diese Faust in unserm Hofe, in unserm Hause, sollen wir sie hinter den Gardinen unseres Ehebettes noch länger tolerieren? Sie wird uns überall vor die Nase gehalten, beim Frühstück, beim Mittagstisch, bei der Abendmahlzeit. Sie folget uns dräuend auf unserm Spaziergange und folget uns nach harter Tagesarbeit in die Stunde unserer Erholung hierher in den Erbherzog – *hier ist sie!*"

Mit einem Gestus, der des Bürgers und Volksrepräsentanten Danton würdig gewesen wäre, zeigte der Magister auf die feiste Hand des Herrn Dr. Hane, die freilich festgeballt auf der Wirthaustafel lag, aber jetzt blitzschnell heruntergezogen und in die Tasche geschoben wurde.

„Bürger, Freunde, Patrioten!“ schrie der Magister, der von seiner hervorbrechenden Suada immer höher über sich hinausgerissen wurde, mit gellendster Stimme, welche die Gastpatronin in die Tür der Honoratiorenstube und die Plebejer aus dem Gemache gegenüber in dicht gedrängter horchender Phalanx auf die Hausflur zog: „Bürger, Freunde, Patrioten! Ich erkläre die Beeinträchtigung der Gänsefreiheit für einen himmelschreienden Eingriff in die Menschenrechte; ich deklariere das Gänse-Ediktum nicht nur für eine Ungerechtigkeit, sondern auch für eine schildburgsche, lalenburgische Dummheit, für eine Sottise, welche uns vor den Augen des Universi herabwürdiget und schädiget –“

„Vivat Albus! Es lebe der Herr Magister Albus!“ schrie der Haufe auf der Flur.

„Welche uns zum Gespött im ganzen Heiligen Römischen Reiche macht, welche unsere Laren und Penaten von ihren Gestellen neben unserm Herde herabwirft und welche ich hiemit frei und öffentlich vor dem Wohlfahrtsausschuß des gesunden Menschenverstandes und dem Revolutionstribunal der öffentlichen Lächerlichkeit denunziere.“

„Vivat die Gänsefreiheit! Vivat der Magister Albus!“ kreischte eine quäkende Stimme im Haufen, und ich glaubte, das wohltönende Organ des Doktors Wübbke darin zu erkennen.

Aber der Kollege Albus war noch immer nicht zu Ende.

„Bürger von Bützow!“ krähete er von neuem los, „Ihr kennt mich, ich bin mit der Milch euerer Triften genährt, ich bin unter euch aufgewachsen; mein Gewand ist rein, mein Wandel unbescholten. Bescheidenheit war der Kranz meiner Jugend, Blödigkeit mein einziger Fehler. Bürger, Römer, Hellenen! Die eiserne Zeit pocht auch an den weichsten Busen und umschließt ihn mit siebenfachem Erz. Bis jetzt habe ich in Hunger und

Kummer den Diogenes den Laertier kommentiert, aber von dieser Stunde an werde ich etwas anderes, Nützlicheres kommentieren. Ich bin nicht Advokat wie der Herr Doktor Wübbke, ich bin nicht Parlaments-Advokat wie Camille Desmoulins, aber gleich letzterm springe ich im Palais Royal der Weltgeschichte auf den Stuhl und rufe, ohne mir jedoch den Titel Generalprokurator der Laterne anzueignen: Gebt uns unsere Gänse heraus! Freiheit! Freiheit! Gänsefreiheit! Und möge der pro tempore regierende Bürgermeister Hane wie sein Edikt schmelzen im Strahle der Wahrheit, zerfließen im Lichte der Humanität und alle werden in der Erkenntnis seiner erbarmungswürdigen Nullität! Es lebe die Mamsell Hornborstel und die Gänsefreiheit! Freiheit! Freiheit, und unsere Menschen- und Gänserechte!"

Wie wenn Aeolus, der Beherrscher der Winde, alles, was blasen, zischen, heulen, brüllen und pfeifen kann, auf einmal aus dem Stalle läßt, so brach's los, als der Magister vom Stuhl, auf welchen er sich in der letzten, höchsten Begeisterung hinaufgeschwungen hatte, herabsprang.

„Hinaus, hinaus! Werft ihn aus dem Fenster! Schmeißt ihn aus der Tür! Grävedünkel! Husaren! Husaren! Revolte! Hinaus, hinaus!" schrieen die einen.

„Vivat! Vivat! Freiheit! Freiheit! Gänsefreiheit! Gänsefreiheit! Vivat! Vivat!" brüllten die andern.

Es entstand in der Tür der Honoratiorenstube ein Gewoge und Gedränge wie in der Konventssitzung vom siebenundzwanzigsten Juli unseres Jahres siebenzehnhundertvierundneunzig, und das letzte, was ich vor Mitternacht vom Magister Albus erblickte, waren seine beiden langen, hagern Arme, die er auf der Hausflur des Erbherzoges in die Luft warf, um sodann mit ihnen den Doktor Wübbke zu fangen, an sich zu ziehen und ihn im Überströmen seiner Gefühle an den Busen zu schließen.

Für einen alten Mann war die Geschichte nicht, und vorsichtig ging ich mit meiner Laterne nach Hause.

Neuntes Kapitel

Was der Magister Albus in der Nacht vom siebenundzwanzigsten auf den achtundzwanzigsten Dezember des Jahres siebenzehnhundertvierundneunzig ferner erlebte.

Ein wirres Rennen und Laufen in den Gassen, von Zeit zu Zeit bald näher, bald ferner langhallendes Geheul, von Zeit zu Zeit melancholisch dumpfes Getute des Nachtwächters erhorchte das aufgeregte Ohr und gab sich keineswegs damit zufrieden. An Schlaf war nicht zu denken; die aufgespannte Natur schlug ein Tremolo nach dem andern im Körper an, und wie hätte ich vor einigen Stunden noch daran denken können, daß es der Magister Albus – mein sanfter, mein leiser, mein lieber Kollaborator Albus – sein würde, welcher mich in solche krampfhafte, in solche spasmos hin und wider hüpfende Verfassung setzen werde.

Wie ich nach Hause gelangte, weiß nicht nicht; das aber weiß ich, daß meine Haushälterin einen hellen Schrei der Konsternation ausstieß, als sie mich vermittelst ihrer Küchenlampe beleuchtete und mir den Mantel abnahm. Ich soll den Mund ziemlich weit geöffnet gehalten haben.

„Beruhige Sie sich und lasse Sie das vermaledeite Gequiek unterwegs, Johanne!" sprach ich nach Luft schnappend. „Es ist nichts – es ist nur – der – Magister – o beim Zeus und allen Unsterblichen, welch eine Suada! Welch ein Maulwerk! Bei allen Trompeten und Posaunen der Sphärenmusik, beim Jüngsten Gericht und des weiland Herzogs von Zweibrücken Katzenmenagerie, wer hätte das in dem Kerl gesucht? O Johanna, koche Sie mir eine Tasse Fliedertee, – das war mehr als ein holländischer Deichbruch!... Nein, nicht meine Pantoffeln, ich danke und wünsche in den Stiefeln zu bleiben; – spreche Sie lauter, Hannchen; ich habe das Schnarrwerk der Weltgeschichte vernommen, und meine Ohren klingen bedenklich nach; wenn Sie Musketenfeuer hören sollte, so benachrichtige Sie mich auf der Stelle, – Freiheit! Freiheit! Gänsefreiheit! Vivat der Magi – ster – Al – bus! Jetzt gehe Sie, Hanne, und schließe und verriegle

Sie die Haustür. Man ist nicht sicher, daß einem solchen oratorischen Mirakulum nicht noch ein anderes folge."

Jener sprach's; da gehorchte die Pflegerin Eurykleia; vorher aber stellte sie sich nochmal vor mich hin, sah mich an, schüttelte das Haupt und rief dreimal:

„O Herre, Herre, Herre!"

Dann drehete sie sich und entschwand, den Fliedertee zu bereiten; ich aber saß im Lehnstuhl, ließ beide Arme herabhängen und sprach dreimal und in dreifach verschiedener Betonung den Namen des redegewaltigen Kollegen, einmal tragisch, einmal elegisch und einmal komisch:

„O Albus! Albus! Albus!" –

Nach einigen Momenten dumpfig brütender Erschlaffung jagt's mich auf und trieb mich ans Fenster. Nicht nach der Art der empfindsamen Seelen konnte ich mich heute der Mondenkontemplation widmen; die sublunarischen Vorgänge litten es nicht, und die keusche Göttin verschwand auch baldigst schmollend hinter dem dunklen Vorhang des Gewölkes.

Jetzt stehet er auf dem Tisch in der Bürgerstube und distribuieret seine Beredsamkeit auch da! imaginierte ich unwillkürlich. Jetzt löset ihn der Doktor Wübbke ab, und der Pöbel rasaunet vor Lust! Wenn nur den Herrn Bürgermeister nicht der Schlag rühret! O Magister, Magister! Wie ein schwarzer, fliegender Drache, ein angstbeflügelter, wohlbeleibter geistlicher Komete schießet Ehrn Jobst Klafautius über den Markt nach der Pastorei und konzipieret im eiligen Lauf seine Denunziation für ein hochverehrungswürdiges geistliches Ministerium zu Schwerin. Jetzt packen sie Grävedünkeln an der Halsbinde oder am Zopfe und zerklopfen ihm sein eigenes spanisches Rohr auf dem Buckel. Da läuft der Kämmereiberechner: Gänsefreiheit! Gänsefreiheit! Und dort watschelt der Bürgermeister, und Schnarre, der Nachtwächter, fällt heroisch den Spieß gegen den nachdringenden Wübbke und den wutentbrannten sansculottischen Haufen!

Immer erschrecklicher, immer gräßlicher malte mir die überreizte Phantasie die Vorgänge in der Ferne aus; – ich horchte – ich horchte; aber ich vernahm nur das wenige und unbestimmte Getön, von dem ich zu Anfang dieses Kapitels sprach. Ich wollte aber, ich hätte mehr gehört; es würde für das Nervensystem besser gewesen sein. Erst um Mitternacht erhorchte ich ein größeres Getöse wie von einer ernsthafteren Schlacht und Schlägerei; aber darauf ward's ganz still in Bützow, und man vernahm nur den Nachtwind und den Nachtwächter.

Um ein Uhr beschloß ich, ins Bett zu kriechen, und saß bereits schlaftrunken auf dem Rande desselben, um meine nächtliche Toilette zu beginnen, als ein Geräusch unter dem Fenster mich wiederum emporriß. Wie ein Seufzer erklang's, wie ein Gestöhn, wie das letzte Winseln der Tochter des Pfarrers zu Taubenhain. In demselben Augenblick vernahm ich ein leises Pochen und Kratzen an der Haustüre; – ein ängstliches Gepoch, welches fürchtete, sich irgendeinem andern als dem Hausherrn bemerklich zu machen, welches Scheu hatte vor der Nachbarschaft und dem wachsamen, belleifrigen Phylax, dem Wächter des Hofes. Ich zog die Nachtmütze fester an, öffnete vorsichtig das Fenster, sah hinaus, erblickte nichts als Finsternis und rief mit der Stimme des sichern, aber doch fürsichtigen teutschen Bürgers:

„Wer ist da? Wer unkt dort unten? Man nenne sich und gebe Kunde, was man will zu solcher Zeit und Stunde!"

Horch, abermals ein Ächzen, ein Geseufz und Wimmern wie aus dem Grabe Werthers und dann

Erklang es von der Straße
Gar greulich durch die Nase:

„Herr Kollege! Herr Kollege! Um Gottes willen öffne Er! Ich bin's, ich, der Magister Albus! Das Fatum und die Desperation sind mir auf den Fersen! Vae misero mihi! Ich bin's, Herr Kollege, der Magister Albus! Pro dii immortales, ich kann nicht mehr; bei allem, was Ihm heilig ist, Kollege, mache Er kein Aufsehn und mache Er die Türe auf!"

Noch niemalen in meinem Leben war ich so schnell die Treppe

hinunter gekommen; noch niemalen in meinem Leben hatte es mir solche Schwierigkeit verursachet, das Schlüsselloch zu finden. Meine Hände zitterten, und draußen wimmerte der Magister immer herzzerbrechender. Endlich, endlich öffnete sich das rostige Schloß, der Wind blies mir das Licht aus, und schwer stürzte mir der Kollaborator auf den Leib mit dem Ruf:

„Ich bin verloren! Ich bin hin!“

Ich schüttelte ihn ab, schloß schnell die Türe wieder, schob die Riegel vor und rief:

„Er weiß den Weg, – vorwärts – nur Ruhe, Magister – Sammlung! Die Treppe hinauf! Besinnung, Besinnung, Kollege! Vorsichtig auf der Treppe, – meines Schutzes ist Er sicher – das Haus ist wohl verproviantieret – wir können schon eine Blockade aushalten. Er hat mir heute abend ein großes Pläsier bereitet, Kollege Albus – da sind wir, vivat die Gänsefreiheit!“

Während ich in meinem Museo die Lampe wieder anzuzünden bemüht war, hatte sich der Magister in einen Sessel geworfen, noch immer ächzend und die Stirn mit der Hand schlagend. Als ich ihn mit der brennenden Lampe beleuchtete, erschrak ich wirklich und wahrhaftig, erschrak ich nicht weniger, als meine Magd vorhin über mich selber zusammengefahren war; nie

„war Hermann so schön,
So hat's ihm nie vom Auge geflammt!“

Der Magister sah bedenklich aus und schien in der Tat viel durchgemacht und erlebt zu haben seit dem Augenblicke, in welchem er triumphierend in der Honoratiorenstube im Erbherzog vom Stuhle sprang, um auf der Hausflur in die Arme des Doktor Wübbke zu sinken. Sein Jabot war zerrissen und blutbesudelt, seine Nase von einem kraftvoll geführten Schlag arg geschwollen, dito sein rechtes Auge. Ein Schoß seines schwarzen Schulmeisterröckleins war in den Händen seiner Feinde geblieben, seine Kniebänder waren geplatzt, und seine Strümpfe hingen hernieder wie die des dänischen Prinzen Hamlet in der wunderschönen, aber grauligen Tragödie von William Shakespeare. Man sah und roch es ihm an, daß er aus einer gewaltigen Bataille kam und daß er tapfer für seine Sache gekämpft habe; man konnte nur zwischen Mitleid und Bewunderung schwankend observieren, und nur mit Schauder konnte man an die Möglichkeit denken, gezwungen zu werden, in gleicher Weise wie er pro aris et focis, die Mamsell Hornborstel oder die Gänse von Bützow kämpfen zu müssen. Hatte der Magister Albus vorhin als Held geredet, so war er jetzt zum Ritter geschlagen worden; von Zeit zu Zeit griff er schmerzlich atmend in die Seite, nach dem Kreuze oder nach der Schulter; er schien arge Püffe in Empfang genommen zu haben, und wenn er so viele austeilte, wie er eingenommen hatte, so gab es in dieser Nacht mehr als einen blauen Fleck am Leibe mehr als eines Bewohners der friedlichen Stadt Bützow an der Warnow.

Während ich das Feuer im Ofen zu neuer Glut entfachte, dem zerschlagenen Helden ein Glas Punsch brauete, nachdem ich ihm vergeblich eine Tasse vom Fliedertee angeboten hatte, lag jener im Lehnstuhl, hielt das Gesicht mit den Händen bedeckt und sah erst auf, als ich ihm das dampfende Glas unter die verwundete Nase hielt und sprach:

„Nun trinke und erzähle Er! Seine Nase hat arg gelitten, und auch Sein Auge hat tüchtig herhalten müssen, aber das muß sich ein Heros und Triumphator schon gefallen lassen; es gehet mit in den Kauf und war auch in Rom und Hellas so gebräuchlich. Die Mamsell Hornborstel wird Ihm sicher den rechten Balsam auf seine Wunden legen."

Tränen entströmeten bei diesen Worten des Mitleids sowohl dem gesunden wie dem kranken Sehorgan des Kollegen, und mehrere derselben fielen in den erquickenden Trank, so ich ihm bot. Er genoß – atmete tief – schüttelte sich – genoß wieder und seufzte tief.

„O Kollega, o Herr Kollega, es ist nicht die Nase, es ist nicht das Auge, es ist weder das Kreuz noch das linke Schulterblatt, obgleich das alles auch nicht ist, wie es sein sollte; Herr Kollega, das Herz ist es! Es ist das Herz! O die Ungeheuere, die Ungeheuere, die Falsche, die Heimtückische, die Verräterische! O Sacharissa!“

Ich war im Begriff, in Anbetracht, daß der Weise stets Herr der Stunde bleibt, auch mir ein Glas Punsch zu brauen; jetzt aber entsanken mir der Löffel und die Zuckerdose.

„Sacharissa?“ rief ich, „die Mamsell Hornborstel? Was in aller Welt hat die mit Seiner Kürbisnase zu tun, Albus? Er hat wacker für sie geredet und gefochten, und Sein Lohn kann nicht ausbleiben.“

„Herr! o wenn Er wüßte, wie sehr ich meinen Lohn bereits dahin habe!“ schrie der Magister wild aufspringend; „Herr, ich will Ihm alles nach der Syntax verzählen, es soll kein Buchstabe, kein Wort, kein Satz, kein Komma und kein Punktum darzwischen mankieren; aber lasse Er mich nur noch einige Augenblicke lang verschnaufen; die Milz sticht noch ganz verflucht, und ich möchte Ihn wohl einmal so rennen sehen, Herr Kollege, wie ich eben gerannt bin. Ah, Zeus vermähle Ihn mit der schönsten Grazie und setze Ihn unter die Sternbilder zur Belohnung für dieses Glas Punsch!“

„Ich werde Ihm die Mischung noch einmal präparieren; sie hält den Mann in allen leiblichen und geistlichen Nöten und Gebresten zusammen. Sitze Er nur ruhig und halte Er sein Poterion her. Lasse Er sich Zeit zum Reden; wir haben ja den Tag vor uns; übrigens bin ich sehr verlangend nach Seinen Abenteuern.“

„Jawohl, wir haben den Tag vor uns, und kuriose Abenteuer habe ich auch erlebt! O es ist fürchterlich! O ich wollte, ich läge bei meinem Diogenes Laërtius ruhig in der Schublade. Da wäre mir wohl. O die falsche Sirene, die heuchlerische Trulla, die libidinose Janua, die heillose Mamurra, die natternzüngige Rufa, die – die –“

Der Atem ging ihm aus, und er trank, den Sturm der Gefühle zu besänftigen; ich aber, des nächtlichen Lagers fürs erste noch entsagend, hielt es fürs beste, eine frische Pfeife zu stopfen und also mit mehr Gemütsruhe die Wiederkehr von Intellectus und Ratio bei meinem Kollegen abzuwarten.

Gegen drei Uhr morgens hatte er Öl genug auf die aufgeregten Wogen seiner Seele gegossen, war endlich kapabel, seiner Passionsgeschichte sich zu entäußern, und tat's, wie im folgenden zu lesen steht; meine eigene Seele aber ruhete trotz der grimmig kalten kimmerischen Winternacht im heitersten Haine Arkadiens und

„Dryaden sah ich und mit spitzen
Ohren bockfüßige Faunen lauschen!" –

„Herr Kollega Eyring", sang der Magister Albus das finstere Lied des Grames und des Zornes, „Herr Kollega, es ist eine uralte Wahrheit, daß die Götter, wenn sie dem sterblichen Erdebewohner ihren Olymp öffnen, wenn sie ihm einen Blick in ihre nektartrunkene Glückseligkeit gestatten, Heimtücke und Hinterlist im Schilde führen und willens sind, ihn so tief als möglich in den Kot hinabzudrücken. Titanen und Halbgötter haben solches erfahren, und einem armseligen, blöden Schulmeister wird die Experienz auch nicht ersparet. Man sehe mich an, hier sitze ich als klägliches Testimonium; ich, der gestern morgen nach Ramler noch von Hoffnung trunken des Ozeans Gebieter war. Julia hatte mich zu ihrem Rächer auserwählt; Sacharissa hatte das Wort gesprochen, welches mich auf den Königsthron der schönsten Hoffnung erhub, Janthe hatte sich mir zur Gefährtin auf dem Lebenswege angeboten. Was war mir meine Schulstelle, auf der ich langsam den Tod des Ugolino starb? Ich konnte von meinen Renten leben, ich konnte ein Rittergut pachten oder kaufen, ich konnte mich baronisieren lassen. Lanasse hatte mir für die Demütigung des hohnblickenden Aristarchen, des dickwanstigen Timarchen ihre Hand gereicht, und zu ihren Füßen hatte ich den furchtbaren Schwur geleistet, sie und ihren kapitolinischen Vogel zu rächen, den Bürgermeister in den Staub zu treten, ein zweiter Fiesko dieses Genua dem Doria zu entreißen und heute im Purpur meines Sieges die Sonne aufgehen zu sehen. In diesem Sinne brachte ich den Tag über im Fieber hin, in diesem Sinne trat ich am Abend auf unter dem Volk von Abdera, und, Kollega, Er kann mir das Zeugnis geben, daß kein römischer Konsul, kein athenischer Archont, kein karthagischer Suffet jemals durch eine Rede der Gegenpartei dem Schlagfluß näher gerückt worden ist als der Doktor Hane durch meine demosthenische Eloquenz. Er hätte das nicht in mir vermutet, Kollege, und ich habe mich selber über mich verwundert. Optime, ich hatte gesprochen und triumphieret; doch ich stand noch am Anfang meines großen Unterfangens. Zehntausend Bajonette würden mich auf meinem Wege nicht aufgehalten haben; Beifall jubelte das entbrannte Volk; der Funke war von meiner Hand in das Pulverfaß geworfen! – ‚Freiheit, Freiheit, Gänsefreiheit! nieder mit dem Bürgermeister! reißt Bröckern die Nase ab!' schrie's um mich her, und Julias Bild schwebte im rosigen Lichte über dem Getümmel. ‚Auf, Bürger von Bützow, auf zur Zwingburg der Tyrannei, auf zum Pfandstall, auf zum Gänsepfandstall!' schrie ich, und der Haufe brüllte mir nach. So kam ich von Hunderten umwogt auf dem Marktplatz an, und der Doktor Wübbke befand sich immer an meiner Seite, und von allen Geschöpfen der wimmelnden Erde ist mir keines von jeher so widerlich, so antipathisch gewesen als dieses. Noch immer klebt mir der übelduftende Dunst seiner Umarmung an; alle Wohlgerüche Arabiens werden ihn fürs erste nicht aus meiner Nase spülen. ‚Ça ira, ça ira! Wir sind oben drauf, wir sind oben drauf!' schrie die zappelnde Kreatur; ‚Herr Magister, Er ist ein großer Mann; – vivat und vorwärts; – allons enfants de la patrie – marsch vorwärts, ihr Bürger von Bützow! auf, zur Bastille! auf, zur Bastille! Herr Magister, ich bin Ihm sehr dankbar, recht sehr dankbar, und ich werde es Ihm später beweisen. Ça ira, ça ira! Voran, voran!' – Im kurzen Trabe, begleitet vom Geheul und Gebrüll der Population, durchmaßen wir die Gassen auf dem Wege nach Grävedünkels Behausung. ‚Jetzt habe ich sie! jetzt wird sie Wort halten müssen!' jubilierte Wübbke. ‚Keine Ausflüchte, keine Exkusationen, keine Exzeptionen, keine Dilatio mehr! Vivat Julia! Io triumpho! O Hymenaee Hymen, Hymen o Hymenaee!' – Herr Kollega Eyring, die Haare sträubten sich mir empor; das Blut gerann in meinen Adern. ‚Was schreit Er da, Herr Doktor? Welchen Namen nimmt Er da in den Mund, Herr Doktor Wübbke? Von welcher Julia redet Er?‘ – ‚Von der Mamsell Julia Hornborstel, von meiner Sponsa!‘ jauchzte das spindelbeinige Monstrum; ‚wenn wir's heute abend dem Bürgermeister abgewinnen, so ist in vierzehn Tagen die Hochzeit, und Er als ein wackerer Führer des Volkes, Magister, soll auch Sponsae ductor, Brautführer sein; ich gebe Ihm mein heiliges Wort darauf; – o Julchen! Julchen!‘ – Herr Kollega Eyring, ich hielt im vollen Laufe grade unter den Fenstern der Mamsell Hornborstel ein und faßte den Blasphemisten am Kragen. O die Mörderin! die Giftmischerin! die Lamia! die Falsaria! Wir zogen und rissen uns vor ihrer Haustüre hin und her; kopfüber, kopfunter, er oben, ich unten; ich oben, er unten; und unser Lumpenkomitat folgte natürlich unserm Exempel; – das ging über- und durcheinander wie nach der Einnahme von Troja, aber schlimmer. Die letzten Zähne habe ich dem Kerl eingeschlagen, das ist mein einziger Trost; aber die Wahrheit hat er ausnahmsweise gesprochen; die falsche Bestie, die mit dem Nachtlicht und der Nachtmütze am Fenster erschien und um Hülfe schrie, hatte uns beide ausgespielet wie zwo Schellenbuben und goß jetzt gar noch ihren Waschnapf auf unsere Köpfe! Als ich genug hatte und weder mehr sah noch hörte, als meine Anhänger vor dem lästrygonischen Gefolge des Rabulisten das Hasenpanier aufwarfen, riß auch ich hinkend und mit blutender Nase aus, und hier bin ich, und die Häscher, die Schergen, die Büttel und die Furien heulen vor der Schwelle des Hauses; – sie werden eindringen, – morgen bin ich in der Hand der Häscher, Schergen und Büttel, wie ich jetzt schon in der Hand der Furien bin, – morgen bin ich in Ketten und Banden auf dem Wege nach Schwerin, und daß man mir den Prozeß mache, dafür werden Magistrat und Geistlichkeit von Bützow sorgen. O nur eine Viertelstunde mit der Mamsell Hornborstel und einer tüchtigen Haselrute allein, und ich wollte mein miserabeles Fatum noch mit Geduld ertragen!“

Hier brach der Magister in sich zusammen und schlug von neuem stöhnend die Hände vor das Gesicht; ich aber stand vor ihm und sprach mit dem Chor des Aristophanes:

„O, wie jammerst du mich, unglücklicher Mann,
So entsetzlich geprellt und im Herzen gebeugt!
Ach, ach, ich vergehe vor Mitleid!“

Ein Entschluß mußte aber doch gefaßt werden, denn wir lebten in einer bösen, argwöhnischen Zeit, und es ließ sich mit den Herren zu Schwerin nicht spaßen.

Nach einigen nachdenklichen Gängen durch die Stube fragte ich den Unseligen, Verfolgten:

„Hat Er einige gegründete Hoffnung, Magister, daß niemand Ihn auf seinem Wege hieher und beim Eintritt in mein Haus observiert habe?“

„Ich kam, wie Schenkel und Winde mich führten!“ sprach jener trotz seines Jammers noch immer mit Ramler. „Ich ließ das Getümmel der Schlacht und die grausen Verfolger in weiter Ferne; ich glaube, daß niemand mich erblickt habe. O Herr Kollega, ich umklammere nach alter philologischer Sitte Seinen Herd und umfasse Seine Kniee, verlasse und verstoße Er mich nicht!“

„Sei Er ganz ruhig, Albus. Er ist sicherer bei mir als der Feldmarschall Themistokles beim Könige der Molosser Admetus. Aber Sein Judicium wird Ihm selber sagen, daß es das beste sein wird, wenn Er wenigstens für einige Zeit aus der menschlichen Gesellschaft sich eklipsiere. Er wird's mir nicht verübeln, wenn ich Ihn heute Nacht noch ins Hinterstübchen einsperre. An der notdürftigen Bequemlichkeit soll's Ihm nicht ermangeln, ein Bett ist daselbst stets aufgeschlagen, und ich gebe Ihm Ciceronis Tusculanische Unterredungen, sowie des Boëthii Buch von den philosophischen Trostgründen im Unglück mit, da mag Er sich trösten, bis die Luft wieder rein ist. Lasse Er sich's aber nicht beikommen, Seine Visage ohne meine besondere Permission herfürzustrecken; – ich will's Ihm schon verkündigen, wann's Zeit darzu sein wird. Nun gehe Er, ich will Ihm Wasser zu verschaffen suchen, wasche Er sich den Staub, das Blut und den Schweiß der Bataille ab und schlafe Er wohl. Selbst meine Weibsbilder dürfen nichts von Seinem Vorhandensein in meinen vier Wänden wissen; merke Er sich das! Und nun schlafe Er wohl, und Pallas Athene gebe Ihm den Schutz, welchen Ihm Aphrodite und Sein eigener gesunder Menschenverstand versagt haben."

Zehntes Kapitel

Wie! spricht jeder Biedermann,
Wer ist, der das dulden kann?

Ich bin im Grunde genommen ein recht ruhiger und beschaulicher Mensch, und der regelmäßige, nach der Uhr abschnurrende Schuldienst hat auch viel dazu getan, mich zu einem Ordnung und Reinlichkeit liebenden Individuo zu machen. Jetzt hatte ich ein Staatsgeheimnis und Unordnung, Verwirrung und eine große Responsabilität auf dem Halse und im Hause und durfte nicht einmal meine Haushälterin um Rat fragen. So streckte ich unruhigen Gemütes meine fröstelnden und müden Glieder aufs Lager, um wenigstens noch einige Stunden zu ruhen, warf mich hin und wider, schlug mich herum mit der Frage, was mit dem närrischen Magister jetzt zu beginnen sei, fand keine Antwort und versank in einen wüsten Schlummer, während welchem ich von mancherlei unangenehmen und anstößigen Dingen, vorzüglich aber auch von meiner seligen Frau, welche den Kollegen im Hinterstübchen entdeckt hatte und ihn natürlich mit aller Gewalt und großer Wut austreiben wollte, träumte. Mit antiker Treue gegen den Gastfreund verteidigte ich den heulenden Kollaborator; da traf ein zinnerner Kaffeetopf, geschleudert von der Hand der Seligen, meine Stirn: aufrecht saß ich im Bett, merkte, daß ich geträumt habe, und bemerkte, daß der Morgen graulich dämmere. Erst ganz successive kam mir dann die Gewißheit, daß ich die Geschichte mit dem Magister Albus *nicht* geträumet habe, daß der Handel seine Richtigkeit habe und daß der Kollege ganz gewiß und sicher im Hinterstübchen hocke und auf meine Kollegialität, Weisheit und Umsichtigkeit sein Heil baue.

„Der Kerl hat mir da ein schönes Hornissennest aufgestört!“ seufzete ich. „O ihr waltenden Götter, was soll daraus werden?“

Schon regte sich's in dem Parterre. Mit lauter Stimme begann Johanne ihr Tagewerk und ihren Morgenpsalm: Wer nur den lieben Gott läßt walten etc. Es regete sich auch bereits draußen auf der Gasse. Das Feuer in meinem Ofen wurde angezündet; ich hörte es krachen und prasseln; ich vernahm den Kehrbesen und den Wischlappen. Hähne kräheten, Hühner gackelten, das Rindvieh rief vor leerer Krippe mit dumpfer Stimme den schlaftrunkenen Pfleger und Hirten.

Es mußte ein Entschluß gefaßt werden, ich packte den, welcher allein des Geschichtsschreibers, der mit stoischer Ruhe vom erhabenen Gipfel des Gebirges dem Laufe der Weltbegebenheiten folgen soll, würdig war; – ich beschloß, die Dinge an mich und den Magister herankommen zu lassen und jedesmal dem Rate des Augenblickes zu folgen. So erhob ich mich denn, gefestigt in meiner Pflicht, das Gastrecht bis aufs äußerste zu wahren, ermutigt, sowohl dem geistlichen wie dem weltlichen Schwerte Trotz zu bieten, und ermöglichte es kühn, den einkarzerierten philologischen Vogel mit Speise und Trank zu versehen und ihm einen abgängigen, aber warmen Schlafrock zum Ersatz für das delabrierte schwarze, dünne Röcklein zuzuschieben.

Ich fand den Helden in der allerkläglichsten Verfassung; seine gestrige Bravour war zerflossen wie Nebel vor dem Winde, seine Maulfertigkeit war auf ein höchst insignifikantes Nichts reduzieret. Er hatte nicht geschlafen und saß auf seinem Lager, hatte das spitze Kinn auf die fleischlosen Knieplatten gelegt. Wenn ihn ein hochnotpeinliches Halsgericht in einer Viertelstunde zum Galgen hätte abführen wollen, so hätte er nicht lamentabler aussehen können. Ich ermunterte ihn ein wenig durch den warmen arabischen Trank, verabreichte ihm eine gestopfte Tobackspfeife, sowie den Boëthius, empfahl ihm das allertiefste Stillschweigen und überließ ihn seinen angenehmen Phantasien und Gedanken, da ich ihm im Hinterstübchen doch nicht von Nutzen sein konnte und es jedenfalls nötig war, die heutige Physiognomie von Bützow zu studieren.

Bimbam, bummbumm; bumbum, bimbam! klang's harmonisch vom Turm und forderte die frommen Beter auf, mit ihrer Toilette und ihren Haushaltsgeschäften sich zu beeilen und den zweiten Pastor Ehrn Peter Blessing ja nicht warten zu lassen. Ehrn Peter Blessings Sermon war wohl gepfeffert, gesalzen und gewürzt, mit dem notwendigen Zucker bestreut, ofenwarm und konnte jeden Augenblick aufgetragen werden; aber die andächtige christliche Gemeinde von Bützow schien diesmal mit schlechterm sabbatlichen Appetit als sonsten aufgestanden zu sein. Nur wenige alte Mütterchen und männliche Greise folgten dem frommen Rufe der Glocken und trippelten mit ihren großen Gesangbüchern zur Kirche. Die Männer und Frauen aber standen einzeln und in Gruppen vor ihren Haustüren und schienen keine Lust zum homiletischen Kuchen zu haben. Stiere Blicke suchten in vager, blöder Seelenlosigkeit am grauen Himmelsgewölbe nach der ewigen Gerechtigkeit und schienen sie nicht zu finden. Verdrossen herabhängende Mundwinkel deuteten auf innerlichen Zwist und Hader; doch waren auch intrepide, irascible Charaktere vorhanden, welche die Nasen aufwarfen und Grimm schnaubten. Am Brunnen steckten die Mägde die Köpfe zusammen; aber wenn sie auch heftiger gestikulierten, so sprachen sie doch in leisern Tönen miteinander; – die Bevölkerung von Bützow hatte Ähnlichkeit mit einem in Brand geratenen Torfmoor, es schlugen keine hellen Flammen auf, aber es qualmte fürchterlich und roch sehr übel.

Bimbam, bummbumm; bimbam, bimbum! Das war wie Sterbeglockenklang; sämtliche abgeschiedene Bürgermeister, Prätorn, Ädilen und Grävedünkels schienen in diesem melancholischen Tönen wieder aufzuwachen; ihre Geister durchzogen die winterlichen Lüfte; sie riefen wehe, und die gespenstischen Schleppen ihrer Amtsgewänder strichen dicht über den Dächern hin.

„Es gibt noch viel Schnee“, sprachen die Wetterkundigen, und die Dohlen kreischten in der Höhe und fuhren um die Dachgiebel und reiheten sich auf den Firsten und reckten die Hälse wie die Zuschauer im Theater; sie wußten, daß drunten nicht alles in der Ordnung sei, sie wußten, daß es heute noch etwas zu sehen geben werde.

Ich öffnete das Fenster, reckte ebenfalls den Kopf vor, und volle Heiterkeit kehrte in mein Gemüt zurück. Mit Humor und Behagen nahm ich den Bericht meiner Eurykleia auf, welche ebenfalls nach gewohnter Weise vom Bronnen zurückeilte, und zappelnd mir nach *ihrer* Art die Vorgänge der Nacht zu kommunizieren trachtete. Schon hatte sich die Fama von dem Verschwinden des Magisters Albus über das Gemeinwesen verbreitet, und wild und ausschweifend waren die Phantasien über diesen Fall. Auch der Doktor Wübbke war spurlos verschwunden und nur ein Abdruck seiner Figur im jetzt gefrorenen Schlamm vor der Tür der Mamsell Hornborstel zu sehen. Des Magisters Hut war auch gefunden worden und lag übel zugerichtet auf dem grünen Tische des Rathauses, um nötigenfalls als Beweisstück gegen den unglücklichen Eigentümer bei der einzuleitenden Perquisition zu dienen. Auch ein abgerissener schwarzer Rockschoß war, arg besudelt, gefunden worden, doch war es nicht ausgemacht, ob er dem Magister oder dem Doktor Wübbke eigne. Der Pastor Primarius Klafautius trug seinen Bericht an die zuständige Behörde über das jakobinische Auftreten und Reden des Kollaborators kurz vor Beginn des Gottesdienstes eigenhändig zur Post, um nachher mit leichterem Herzen für den armen Sünder beten zu können.

Ich ging wie die Mehrheit der Bützower an diesem Tage nicht in die Kirche; aber ich schickte meinen sämtlichen Hausstand hin, um sodann den verfolgten Kollegen wenigstens für einige Augenblicke aus seiner trübseligen Dämmerung hervorzuholen. Beim hellen Tageslichte gewährte er einen noch elendern Anblick als beim Lampenschein; – er war übel, sehr übel zugerichtet; das Schicksal hatte seine Schuljungen bitter an ihm gerächt. Jede Bewegung verursachte ihm die ärgsten Douleurs; nur mit Stöhnen konnte er sich niedersetzen, nur wimmernd konnte er sich erheben, und sein Gesicht zeigte alle sieben Farben der Newtonischen Lehre und glich der Erde nach der Sündflut; wo Täler waren, erhuben sich Gebirge, – die große Revolution zu Bützow hatte ihren Anfang auf der Visage des Magisters Albus genommen! –

„Nun, was hält Er vom Boëthius, Kollega?" fragte ich, um des Geschlagenen Geist ein wenig aufzurichten; aber dieser wandelte taumelnd auf andern Pfaden.

„Wenn ich mein Manuskript über den Laërtier Diogenes hier hätte", wehklagete er, „so würde ich heute abend noch durch- und über die Grenze gehen. Er könnte mir einen Brief an Seinen Korrespondenten Nicolai in Berlin mitgeben und zehn Taler als Darlehn vorstrecken und vielleicht, was Er noch von meinen Habseligkeiten retten wird, später nachschicken. Er würde sich einen Gotteslohn erwerben, und ich wollte mich schon durchschlagen mit dem Diogenes und der Allgemeinen deutschen Bibliothek –"

„Die ist ja nach Kiel emigrieret!" warf ich ein; aber der Magister fuhr, ohne die Unterbrechung zu beachten, fort:

„Und Korrekturen hab ich auch schon in Leipzig für die Weimarschen und Jenischen Leute gelesen. Ich dächte, es sollte schon recht gut gehen und vielleicht besser als hier zu Bützow."

Ein lautes Klopfen an der Haustüre jagte uns aus dieser Unterredung jählings auf. Der Magister schoß in die dunkelste Ecke zurück, bereit, in jedem Moment seinen Zufluchtsort im Hinterstübchen wiederzugewinnen; ich rekognoszierte fürsichtig durchs Fenster und fuhr ebenfalls terrifizieret weg:

„Grävedünkel!"

Da stand er in krummbeinichter Grimmigkeit, wild blickend, mit bereiftem Schnauzbart, in voller Amtstracht: mit Dreimaster, Sabel und gewichtigem, glänzendbeknopftem Stabe, der Wächter der Gesetze, das Schreckbild des bösen Gewissens! Da stund er und begehrte von neuem und heftiger pochend Einlaß!

„Courage, Mut, Tapferkeit, Kollega!“ flüsterte ich. „Fort mit Ihm ins Loch; – wir sind noch nicht zum testamentum nuncupativum, zum mündlichen Testament, wie mein Freund, der Bürgermeister Hane, sagen würde, gekommen. Schnell ins Gebüsch, und rühre Er sich nicht, was auch vorgehen mag; noch ist's nicht Matthäi am letzten, und ein Rekommandationsschreiben an den Buchhändler und Schriftgelehrten Nicolai soll Er auch haben.“

Der Magister evaporierte trotz seiner steifen Gliedmaßen mit wundervoller Agilität, und hüstelnd stieg ich hernieder, den gefahrdrohenden Boten und Alguacil einzulassen. Er suchte den Magister nicht bei mir! Er hatte nur den Auftrag, mich in höflichster Form nach beendigter Kirche zum dirigierenden Bürgermeister zu zitieren. Er gab sein Mandat unter der Haustüre ab und stapfte nach ernstem Gruße ab und verschwand um die Ecke, verfolgt von den unheilkündenden Blicken des Volkes, das er leider allzusehr verachtete und das ihm nicht so wohl wollte, als er verdiente.

Ich benachrichtigte den Magister in vinculis von der Botschaft, ließ ihn in neuen Ängsten und Befürchtungen und rüstete mich, dem gewichtigen Rufe vom kurulischen Stuhl Folge zu leisten.

Um eilf Uhr durchschritt ich die Gassen von Bützow, sah die geisterhafte Larva der Mamsell Hornbostel am Fenster, stand unter den letzten Tönen der Kirchenorgel vor dem gewaltigen Konsul Furius Quadratus Gallus.

„Das ist der Herr Rektore, Hochedelgeboren!“ sprach Grävedünkel, auf mich wie auf etwas ganz Neues deutend, und der Herr Bürgermeister erhob sich von seinem Stuhl, sank aber sogleich darauf zurück und erseufzte wie der Magister:

„Ah, mit Permission, Herr Rektore und Freund; aber ich bin hin!“

Er sah so aus, und ich konnte ihm aufs Wort glauben. Auch er, der würdige Vater der Stadt, hatte wenig geschlafen; ein neuer Atlas, trug er bis jetzt seine Welt, aber sie war ihm seit dem gestrigen Abend ein wenig zu schwer geworden. Grävedünkel stellte auch mir einen Sessel hin, und ich saß dem gebrochenen Oberhaupte des gemeinen Wesens von Bützow gegenüber und wartete fein stille ab, was es mir mitzuteilen habe.

„Ach, mein hochverehrtester Herr Gevatter und Rektore", begann der Dirigens. „Ich würde es mich gewißlich nicht unterstanden haben, Ihn hiehero zu bemühen; ich würde Ihn gewißlich in Seiner eigenen Behausung aufgesuchet haben, wenn es mir nur meine Pflicht und Ehre und die Umstände der Zeit irgend permittieren wollten, meinen Posten zu verlassen. Aber die Tribulationes, so über uns dermalen hereingebrochen sind, lassen mir keine Ruhe, und Er ahnet nicht, Rektore, wer alles kommt und quästionieret und Rat und Hülfe haben will. Da ist keine Sekunde zum Atemschöpfen, und wenn die Malkontenten mir noch die Stadt an allen vier Ecken in Brand stecken, so ist doch nichts dagegen zu tun. O tempora, tempora! Wie viele Schock Teufel sind mir in meine Säue gefahren?! Und wie viele werden noch dreinfahren? Die Malevolenz der Menschheit ist gar nicht auszusagen!"

„Die Welthistoria siehet auf Ihn, Bürgermeister", sprach ich ermunternd. „Halte Er sich grade und sitze Er fest; und wann der Stadtbulle mit Ihm durchgeht, so packe er ihn nur fest an den Hörnern; – einmal muß die Bestie ja doch vor der Mauer still halten."

„Das ist mein Trost", seufzte der Dirigente, „und mein zweiter Trost ist, daß mein Expresser jetzt grade wohl in Schwerin einreiten wird und daß sie mich gewiß nicht mala fide in diesen argen, wütenhaftigen Nöten und Drangsalen stecken und erstikken lassen können. Doch darüber wollte ich nicht mit Ihm diskurieren, Herr Rektor; sondern –"

„Sondern?!"

„Sondern über Seine intime Freundin, die Mamsell Julie Hornborstel!"

„Ei, ei, ei", sprach ich in allerhöchster Verwunderung. „Ei, ei, wenn auch die Mamsell nicht meine intime Freundin ist – magis amica veritas! –, so darf ich doch fragen, was Er mir über dieselbe zu kommunizieren gedachte. Ich höre gern von ihr und bin ganz Ohr."

„So will ich Ihm mein Herz ausschütten; und wenn Er mir einen guten Rat gibt, so – so – weiß Er was? so ist der türkische Pfeifenkopf, den er doch schon längst gierig angesehen hat, Sein Eigentum."

„s' gilt für den Türken, feuere Er los, Freundchen!"

Der Dirigens richtete sich aus seiner Zermalmung auf, atmete schwer und sprach:

„Herr Rektore, diese Mamsell Hornborstel ist der Catilina von Bützow, und ich Jammermann bin der Konsul Cicero, ohne seine, mit Respekt zu sagen, Maulfertigkeit und sonstigen tugendhaften und löblichen Eigenschaften. Herr Rektore, dieses Frauenzimmer hat es auf meinen Ruin abgesehen, und wenn ich noch lebe, so ist es nicht ihre Schuld. Herr Rektor, kein Menschenkind auf Gottes weitem Erdboden hat jemals einen solchen höllischen Feind gehabt und solche Verfolgungen erduldet als ich seit – seit –"

„Nun – seit?" fragte ich in größester Spannung.

„Ich will es Ihm sagen; denn ich habe mir vorgenommen, kein Mysterium mehr vor Ihm zu haben, da ich Seine Verschwiegenheit kenne und verhoffe, daß Er mir einen guten Rat geben wird: – seit dem Jahre vierundachtzig, seit mir das Herz in die Hosen fiel und ich mit Graus und Schauder vor ihrer Aimabilité und ihrer pläsanten Affektion Reißaus nahm in den Junggesellenstand!"

„Also doch!" sprach ich.

„Ja!" sprach er mit Grabesstimme, und wir saßen und sahen einander an, stumm beide, doch mit verschiedenartigen Zuckungen auf den Physiognomien.

Ergeben, wehmütig und tendre fuhr Furius Quadratus sodann fort:

„Sie hat mein Verderben geschworen, und sie hat mit Eifer daran gearbeitet. Kein Malheur ist mir passieret, bei welchem sie nicht eine Hand im Spiele hatte. Ich habe ihren Katzentritt überall hinter mir gehört; sie hat meine nächtliche Ruhe vergiftet, meinen guten Ruf untergraben und mich bei den Weibern hiesiger Stadt in einen Geruch gebracht, vor dem wahrhaftig die Nase sich krauset. Herr Rektore, sie steckte unter der Brodrevolte von einundneunzig, ihr habe ich über ein Dutzend Reprimandationen von Regierungs wegen zu verdanken; sie hat mir Anno zweiundneunzig das löbliche Schuhmachergewerk in seiner Sache gegen die Pantoffelmacher auf den Hals gehetzt; sie – sie steckt auch jetzt wieder hinter dieser verruchten Gänsegeschichte, und Wübbke und der toll gewordene Magister sind nur ihre rechte und ihre linke Hand, und ich kann Ihm sub rosa vertrauen, Gevatter, daß ich die Maulschellen gefühlt habe, welche sie mir damit versetzt hat. Nun stehen die Dinge aber auf der Kante; was mir im nächsten Augenblick auf den Leib rückt, weiß ich nicht zu sagen, und da ich Ihn, Herr, augenblicklich für den einzigen Menschen in Bützow halte, der noch seine fünf gesunden Sinne und seinen Menschenverstand beisammen hat, so ersuche ich Ihn nunmehro mit gefalteten Händen, mir Seinen Rat in betreff der Mamsell Hornborstel nicht vorzuenthalten."

Ich legte mich in meinem Stuhle zurück, sah tiefsinnig nach der Decke, sodann dem Bürgermeister in die Augen und sagte:

„Herr Doktor Hane, was würde Er mit dem Magister Albus, meinem Kollegen, beginnen, wenn Er ihn erwischte?"

„Ich würde ihm womöglich den Prozeß machen, ihn aufhängen oder wenigstens auf zehn Jahre ins Zuchthaus sperren lassen!" schrie der Dirigierende mit großer Vivacität.

„Wenn Er mir verspricht, dieses nicht zu tun, sondern in Hinsicht auf seine Jugend und Unerfahrenheit ein Auge zudrücken und im Notfall ihn ohne Aufsehen über die Grenze schaffen helfen will, so soll Er seine Türkenpfeife behalten, und ich will Ihm doch einen raisonablen guten Rat in Hinsicht der Mamsell kommunizieren."

„Braucht er Geld? braucht er ein Paar neue schwarze Hosen? braucht er ein Fuhrwerk?" rief der Bürgermeister mit noch größerer Vivacität. „Schon um der Pfaffen und des fetten Salbaders Klafautius wegen soll er alles haben, und laufen mag er auch. Heraus, heraus mit Seinem Consilium, Rektore! Hier hat Er meine Hand drauf, daß *ich* Seinem hasenfüßigen Magister nicht den Weg verrennen werde."

„Ein Wort ein Mann!" sprach ich feierlich. „Herr Bürgermeister Hane, lege Er der Mamsell Hornborstel die von Ihm aus Schwerin verschriebene bewaffnete Macht als Einquartierung ins Haus! prob –"

Ich konnte meinen Satz nicht vollenden; der Bürgermeister war aufgesprungen; er hielt mich im Arm, und schluchzend drückte er mich ans Herz; in demselben Augenblicke aber stürzte Grävedünkel wieder in das Zimmer, glotzte stier und angstvoll auf seinen Vorgesetzten und rief keuchend:

„Sie kommen, sie kommen!"

Ein dumpfes Gesumm und Gebrumm, ein Getrappel vieler mit Nägeln beschlagener wilzischer Stiefel und obotritischer Schuhe ließ sich in den untern Räumen des Hauses und auf der Treppe hören.

Wer kam, wird im omineusen eilften Kapitel zu lesen sein.

Eilftes Kapitel

Der Demos von Bützow.

„Wie hat die zarte Lüstlin sich schamlos nun
Hoch aufgeschürzet! triefet von Blut! auch noch
Bewundert? Nicht allein der Unzucht,
Feil auch dem Raube, des Mords Gespielin!"

singet mit begeisterter und entrüsteter Zunge der Herr Graf von Stolberg zu seiner Gidith von der neufränkischen Nation; ich aber singe anders im andern Ton von dem, was der Bürgermeister Hane seine „Bützower Nation" nannte.

„Wer kommt? Sechshundert Schock blutig geschundene Höllenteufel, wer kommt? Klappe Er sein verruchtes Maul zu und rede

Er deutlich: wer hat die Impudenz, mir mit solchem infamen Getrampel ins Haus zu rücken?"

„Die Depuntatschon, Herr Burgemeister! Scherpelz, Herr Burgemeister! Haase und Martens, Holzrichter, Compeer und hundert andere Lümmel, Herr Burgemeister. Sie haben mir aus dem Wege geschoben und hätten mir fast umgestülpet, Herr Burgemeister. Sie wollen ihre Gänse; und da sind sie! Und sie haben alle einen übern Dorst!"

Sie waren wirklich da. Daß die Treppe nicht unter ihnen zusammenbrach, war ein Mirakel. Daß sie die Türe nicht einschlugen, konnte noch immer als ein Zeichen von teutscher Herzensgüte und Respekt vor der hohen Obrigkeit angesehen werden. Sie kamen aus der kalten Winterluft in die wohlgewärmte Stube, und ein Nebel stieg von ihnen auf; sie brachten auch ihren eigenen Geruch mit sich, und nur Ludwig der Sechszehnte erlebte etwas Ähnliches im Oeil de boeuf, als ihm statt seiner Hofleute das Volk daselbst seine Aufwartung machte. Im Hui waren wir in einen Winkel gedrängt, des Bürgermeisters imposante Würdigkeit war zusammengeschrumpfelt wie ein Blatt Papier auf einem Kohlenbecken; ich für meine Person konnte über einen soliden Ellenbogenstoß vor den Magen quittieren, unsere Aufmerksamkeit war in jeder Weise aufs beste geweckt, und aus dem Nebel trat, schwankend auf den Füßen, Scherpelz, der Sattler, und erhub das Wort für die andern.

Er war fürchterlich betrunken; aber da schon Scaliger sagt: ‚Non minus sapit Germanus ebrius quam sobrius', ein besoffener Teutscher versteht immer noch eben so viel als ein nüchterner, so tat sein Zustand seiner Eloquenz wenig Abbruch, und mit dem Daumen und Zeigefinger sich am Westenknopfe des Dirigenten haltend, begann er:

„Herr Burgemeister – von wegen des Friedens und die Ruhe – von wegen die Gänsefreiheit und unsere Pravilegien und Freiheit und Gleichheit sind wir allhier und – bitten – um – um die Schlüssel zum – Pfandstall. Wir – hupp hupp – wir sind ruhige – Bürgersleute und haben Ihme lange genug Seinen Weg gelassen,

Herr Burgemeister, und verhoffen, daß Er uns das in Schwerin bezeugen wird, und was – hupp hupp – die Franzosen sind, die hätten Ihme schon längsten und lange nach Meriten mitgespielt und Ihn allerwenigstens bei die Beine aufgehänget. Herr Burgemeister – hupp hupp – Er tut uns leid; aber unsere – Pravilegien und Gänse tun uns noch leider, und Freiheit und Gleichheit und Brüderlichkeit sind auch was Schönes – hupp – und was die Franzosen sind, und was meine Dochter ist, so bei die Mamsell Hornborstel dienet, und was die Mamsell Hornborstel ist, so ist das Büxen wie Jacke, und wir stehen alle auf unserm Rechte, und die Gänse müssen raus. Habe ich recht, Vadders?"

„Hast recht, Scherpelz! Ga tau! Drupp! Pack'n un treck'n. Rut mid de Gööse, rut mid de Slöttel!" schrie das Gefolge, und Scherpelz, ermuntert und erhoben durch die Approbation der Gevattern, fuhr fort:

„Und was die Franzosen sind, so sind das Mordkerls, und was sie können, das können wir auch – hupp hupp – und was hier der Magistrat ist und die Ausschußbörgers, und was sonsten auf die arme Leute hinten auf sitzt, so sollen sie ja ihren Herrgott danken, daß wir hier mit die Güljottine noch nicht fertig und parat sind und daß sie mit 'n – hupp – zerschlagnen Buckel für diesmal davonkommen. – Herr Burgemeister, von wegen mir und meine Regin', was bei die Mamsell Hornborstel dient, weiß Er nun meine Meinung, und nun gebe Er in Güte Grävedünkeln und die Schlüssel zum Gänsestall heraus – will Er?"

„Warte Er nur – Scherpelz – warte Er nur bis heute abend!" keuchte der Bürgermeister im ohnmächtigen Grimm. „Das soll Er mir bezahlen! Warte Er nur bis zum Abend!"

„Vadders, hei will nich! Na, denn man tau!" grunzte Scherpelz und taumelte zurück in die Arme der Genossen.

„Er will nicht! Er will nicht! Vivat die Gänsefreiheit!" schrie der Haufe, und an des Sattlers Stelle sprang Schmidt, der Schneider, der für *seine* Rede später beinahe ein halb Jahr lang im Zuchthause zu Dömitz auf Regierungskosten wohlverpfleget worden wäre, wenn nicht die hochgelahrte hallische Juristenfakultät darzwischen sich geleget hätte. Er war ein gewanderter Mann, der in achtundachtzig teutschen Staaten Nadel und Schere recht habil geführt hatte, und vergnüglich war seine Rede anzuhören, und seine allergrößeste Schere hatte er auch mitgebracht und schnappte damit an den Haupt- und Kraftstellen so bedrohlich nach der bürgermeisterlichen Nase, daß dieselbe nur durch ein Wunder der ärgerlichsten Beschneidung und Verkürzung entschlüpfte. Was er aber sprach, das würde auch mich heute noch bei der Wiederholung auf Serenissimi allergnädigste Kosten nach Dömitz befördern, und prudenter schweige ich; denn wer kann sagen, ob die Herren zu Halle heute dieselbe Mildigkeit walten lassen würden?

„Warte Er nur, Schmidt – warte Er nur bis heute abend!" ächzte der Bürgermeister, um sich nur in einer Weise Luft zu machen. „Das soll Er mir büßen! Warte Er nur bis zum Abend. O, wir wollen euch Jakobiner, euch bützowsche Halunken und Taugenichtse, euch versoffene Schlingel und vagabondierende Galgenstricke, euch heruntergekommenes Lumpengesindel schon beim Wickel nehmen. Verlasset euch darauf, ich kenne euch alle und will's euch nach Gebühr eintränken. Wartet nur bis heute abend."

Höhnisch lachte und gröhlte die „Depuntatschon", und jeder Gänsetumultuant und Stadtfriedenbrecher stieß dem andern mit Gegrunze den Ellenbogen in die Seite:

„Vadder, hei givvt de Slöttel nich rut! Hei deit et nich!"

„Nein!" schrie der Bürgermeister mit donnernder Stimme. „Nein, in drei Teufels Namen, nein und abermals nein! Er gibt die Schlüssel nicht heraus. Was einspundieret ist, bleibt einspundieret; – kein Schwanz und keine Feder wird herausgelassen, und wenn das gesamte Pariser Sansculotten- und Bestienvolk im Anmarsch auf Bützow wäre. Grävedünkel, stelle Er sich auf vor dem Pfandstall und verteidige Er ihn wie ein Held mit seinem Leben. Und jetzt marsch hinaus mit euch, ihr habt mir die Luft hier lange genug verpestifizieret. Vorwärts, hinaus, hinaus, die Trepp hinunter!"

Mit der Energie der Desperation raffte er sich auf und beschrieb mit beiden Fäusten einen weiten Kreis um sich; zurück wich stolpernd und polternd der Demos von Bützow. Nachdem der Anstoß einmal gegeben war, hielt er auch nicht einmal mehr im Retirieren ein, sondern kam mit hellem Gekrach, im wilden Tumult, unter ohrenzersprengenden Vociferationes die Trepp hinab und auf der Gasse an.

„Freiheit! Gänsefreiheit! Gänsefreiheit! Gänsefreiheit ! – –"

„Das überlebe ich nicht! Das hat Bützow noch nicht erlebt, solange es stehet!" jammerte der Dirigens mit gerungenen Händen. „Bis die Schweriner Husaren kommen, haben sie alles kurz und klein geschlagen. Horche Er nur, Gevatter, wie sie jetzt nach dem Kämmereiberechner schreien. Aber bei Gott, wenn sie *dem* einen gelinden Tort antäten, so sollt's mich nicht kränken; *der* allein hat uns doch den Kessel aufs Feuer geschoben."

„Carnicculum principium causae!" sprach ich im allerschönsten Latein, welches ich für diese Gelegenheit zusammentreiben konnte, und da der Herr Bürgermeister mir weiter nichts zu sagen hatte, so ließ ich ihn in der Schwulität und nahm Abschied, um daheim meinem Magister im Loch die interessanten Details dieser angenehmen und bewegten Morgenunterhaltung mitzuteilen.

In den Gassen von Bützow aber sah es bedenklich aus: die gute Stadt Straßburg unter dem Regime des weiland frommen Hofpredigers Seiner Durchlaucht des Herzogs Karl von Württemberg, Eulogius Schneider, mochte so ausgesehen haben.

Der am sichersten aufgehobene Mensch in Bützow war der Magister Albus in seinem Hinterstübchen.

Zwölftes Kapitel

Ein Knicks und ein Kompliment von der Mamsell Hornborstel. Acht Mann Husaren, ein Trompeter, ein Unteroffizier und – der Herr Leutnant von Schlappupp von Schwerin.

Ich fand ihn – nämlich den Magister – sänftiglich schlafend. Mit dem Kopfe lag er auf dem Boëthio und schnarchte. Er schien die trefflichsten Tröstungen aus dem trefflichen Opus des fürtrefflichen Geheimenrates des Königs Theodorich hervorgezogen und sie sogleich nützlich auf den konkreten Fall angewendet zu haben. Er schnarchte sehr und orgelte durch alle Tonarten.

Dafür fuhr er aber auch um so hasenhafter in die Höhe, als ich ihm die Hand auf die Schulter legte.

„Wa – was? ... ah, es ist der Herr Kollega; den Göttern sei Dank, ich träumte soeben von etwas ganz anderm."

„Das will ich Ihm auf Sein Wort und Seine verstörte Miene hin glauben; doch jetzo rapple Er sich auf, ich bringe Ihm ganz passable Nachrichten aus der Welt der Lebendigen. Pro primo, Er hat Seinen Willen bekommen, Bützow befindet sich im vollständigen Aufruhr –"

„O Castor und Pollux!" jammerte der Magister.

„Pro secundo, heute abend noch rücken die Schweriner Husaren ein und nehmen alle Anstifter und Rädelsführer der grausamen Gänserevolte am Kragen und –"

„Ach, du liebster Herr Jesus! Herr Kollega! Herr Kollega!"

„Und pro tertio hat Er, Magister Albus, als ein harmloses, verführtes und behornborsteltes Individuum und genialisches Schulmeisterlein zu machen, daß Er über die Grenze und zum Freund Nicolai in Berlin komme. Mit Mecklenburg, Bützow und Umgegend ist's aus; die heilige Inquisition zu Schwerin würde ihm heillos den Marsch trommeln; und so wollen wir denn, verehrtester Herr Kollege, für Fuhrgelegenheit und die notwendige Reise-Equipierung sorgen. Für Sacharissa wird aber wohl kein Platz in der Chaise sein!"

Der Magister schauderte zusammen, drückte mir die Hand und wandte sich stumm ab. Ich erzählte ihm sodann in ausführlicherer Weise von dem, was ich beim Bürgermeister gehört, gesprochen und gesehen hatte; und das physiognomische Schauspiel, welches mir der Exkollaborator dabei zum besten gab, hätte selbst einen Lavater perplex machen können. Er hüpfte, er drehte und wendete sich auf seinem Stuhl, daß es ein Gaudium war, es anzusehen; zuletzt fiel er mir nochmals dankbarlichst um den Hals, und ich – wagte es jetzo, Johanna, die „altehrwürdige Pflegerin“, in das Hinterstübchen zu zitieren, sie mit dem geheimnisvollen Gaste bekannt zu machen und sie auf Konrad Geßners Bibliotheca universali schwören zu lassen, das erschreckliche Geheimnis zu bewahren. Mit großem Geschrei und recht kuriosen Gesticulationes schwor sie; ich traute ihr darum aber doch nicht über den Weg und nur bis zur Grenze meiner gynäkologischen Erfahrungen und behielt sie scharf im Auge. Sie hielt viele mit allerlei Interjektionen durchwebte Selbstgespräche sowohl in der Küche als auch auf der Treppe und hatte ein arges Wesen mit Kopfschütteln und Achselzucken; sie versalzte uns die Suppe und ließ den Braten anbrennen; alle Augenblicke horchte sie nach den Fenstern oder lief zur Haustür; – glücklicherweise trug ich den Schlüssel zu letzterer in der Hosentasche und gab ihn nicht heraus. Gegen drei Uhr holte ich persönlich den Kommentar des Diogenes Laërtius, sowie einige notwendige Kleidungsstücke, darunter das letzte reine Hemd des Magisters, und bestellte das Fuhrwerk, welches den Rebellen dem rächenden Arme herzoglicher Justiz-Canzeley entführen sollte, an die Hinterpforte meines Hausgartens. Gegen vier Uhr führte ich den in meinen Mantel gehüllten Kollegen zur wartenden Karrete, und nimmer hat eine zu entführende schmachtende Amorosa zitternder an dem Arme ihres Seladons gehangen als der Magister an dem meinigen.

„Nehme Er den Passagier ja recht gut in acht, Krischan“, sprach ich zu dem Rosselenker, „Er weiß, was ich Ihm versprochen habe.“

Und Krischan wußte es, er blinzelte mit den Augen schlau mich an; – der Magister schluchzte zum letztenmal an meinem linken Schulterblatt.

„Allons, Courage, Kollege!“ rief ich. „Hat Er den Boëthius? Hat er die Geneverflasche?!“

„Alles, alles!“ wimmerte der Exkollaborator.

„Na, denn steige Er ein und bestelle Er meine schönsten Komplimente an Herrn Nicolai. Wenn ich Ihm dafür noch etwas bei der Mamsell Hornborstel ausrichten kann, so bin ich Sein gehorsamster Serviteur."

Kopfüber, mit einem krampfhaften Aufschnellen und Losreißen, stürzte sich der Magister Albus in die wackelnde Kutsche. Krischan peitschte auf die Gäule, mit Gerumpel setzte sich das Fuhrwerk in Bewegung und polterte um die Ecke der Gartenmauer –

Lösch, o Jüngling mit der Trauermiene,
Meine Fackel weinend aus;
Wie der Vorhang an der Trauerbühne
Niederrauschet bei der schönsten Szene,
Fliehn die Schatten – und noch schweigend horcht
das Haus! –

Ich horchte, bis der letzte dumpfe Ton des rollenden Kastens in der Ferne verlorengegangen war; dann erweckte mich aus der Melancholei ein anderer Ton, ein anderes Geräusch.

Der Demos von Bützow stürmte Grävedünkels Behausung und den Pfandstall! Ich schlich, natürlich auf Seitenwegen, zurück zum Bürgermeister! –

Da ich jetzt den unglückseligen Magister von der Seele los war, so konnte ich mit Heiterkeit und Behagen dem Developpement der Dinge zusehen. Aber nur mit dem Pinsel Michelangelos in der Hand wäre ich dem Dinge gewachsen. Nur mit dem Griffel des alten Homeros könnte ich diesen Kampf der Götter und Menschen würdig ausmalen.

Wer warf den ersten Stein auf die Grävedünkelschen Fensterscheiben? Wer holte die erste zappelnde, gigackende Gans aus dem vergitterten Gefängnis?

Der Herr Justizrat von Raven, welcher später die Verteidigung der Inkulpaten übernahm, und die hochlöbliche herzogliche Justizkanzlei zu Schwerin haben es ebensowenig erfahren können wie ich, J. W. Eyring, Historiographus Buetzoviensis.

Was half es, daß Grävedünkel auf die Ordre löblicher Bürgermeisterei wie ein Held kämpfte? Er bekam fürchterliche Prügel und salvierte sich und den Seinigen nur mit Mühe und Not das nackte Leben.

Schon der Chänoboskos, der Gänsehirt, allein war eine Gestalt, wert, den kommenden Jahrhunderten in Erz gegossen aufbewahret zu werden, und vom Meister Scherpelz mochte es wirklich heißen: Quis Herculem vituperet? Gewaltig waren die Gevattern Martens und Haase, Schmidt und Holzrichter, Compeer, Jakobs, Harnisch, Narbe, Zimmermeister Ebel und Zebell, Hoyer und Rhode, aber auch ihrer Weiber Mut und Tapferkeit war nicht gering zu schätzen.

Bis in den tiefsten Keller der Stadtkämmerei drang das Geschrei des Volkes und jagte dem Kämmereiberechner Bröcker, der daselbst hockte, immer erneuete Schauer des Todes durch das zitternde Gebein. In seinem Kämmerlein saß der Pastor Primarius Klafautius; in Bangen und Beben sang er im Innersten seiner Seele: „Wenn mein Stündlein vorhanden ist" – und bekam zu weiterm Trost von der Primaria gar spitzige, anzügliche Redensarten zu hören. In Todesängsten schwebte ein ganzer wohlweiser Magistrat, und einzig und allein mein biederer Freund und Gönner, der Herr Bürgermeister Dr. Hane, war *nur* wütend. Wenn der Kämmereiberechner im tiefsten Keller kauerte, so traf ich den Bürgermeister hoch oben auf dem Hausboden; da sah er furiose auf die Schweriner Landstraße durch den beginnenden Schneefall, ohne Zeit für mich übrig zu haben.

Wie ein Fanal leuchtete sein apoplektisch-rotes Gesicht aus der Luke, und der Herr Leutnant von Schlappupp hätte es recht gut als ein solches nehmen können, wenn er mit seinem Unteroffizier, seinem Trompeter und seinen acht Husaren vom Wege abgekommen wäre.

Aber der reisige Zug und der Herr Leutnant hielten noch eine halbe Stunde von Bützow vor einer Schenke, um sich für die großen und gefährlichen Taten, welche sie zu vollbringen hatten, durch eine Herzstärkung tüchtiger zu machen. So oft auch der Bürgermeister zu seiner Klappe lief und die Nase in den schneidenden Wind und das Schneegestöber hinaussteckte, er sah und hörte nichts von der sehnlichst erwarteten Hülfe.

„O Himmel, wenn sie mich in der Bredouille stecken ließen!" stöhnte der Dirigens, auf einer alten Kiste sitzend. „Niederträchtig wäre es, miserabel wäre es! Höre einer, wie sie brüllen – Bröckern hängen sie ganz gewiß auf! ... o, die verfluchten, die verfluchten Gänse; das soll ja einem den Geschmack und Gout an ihnen für alle Ewigkeiten verderben! Sie lassen mich stecken, Rektore, sie lassen mich stecken, sie lassen mich in der Patsche sitzen. Sie haben zwölf Stück in der Schachtel, aber sie sind zu blank und zu teuer und können 'nen Ritt durch den Schnee nicht vertragen. Sie lassen sie nicht heraus – kein Gedanke dran. Herr Gott, ich wollte, ich hinge auch schon am Strick und baumelte ruhig herab; da hätte ich zum ersten Male Ruhe in meinem Leben. O Bützow, Bützow, wer hätte das von dir gedacht!"

Wieder sah der Bürgermeister durch die Luke; aber es war nunmehr so dunkel, daß er mit einem heftigen Wurf die Klappe schloß und einen Fluch ejakulierte, vor welchem die Ratten und Mäuse in ihre Schlupflöcher zurückfuhren, vor welchem der Staub aufwirbelte und der Kalk von der Decke fiel.

In demselben Moment erklang ein winselnder Ruf: „Herr Burgemeister, Herr Burgemeister, man verlangt nach Ihm!" aus den niedriger gelegenen Räumen des Hauses, und ächzend stieg der Konsul auf mich gestützt hernieder.

Auf der Flur des Hauses stand inmitten der angstvoll zusammengedrängten Hausdienerschaft stramm, strack und frech die Jungfer Scherpelzin, setzte dem Vater der Stadt einen höhnischen Knicks hin und sprach:

„Herr Burgemeister, meine Herrschaft, die Mamsell Hornborstel, schicket mich mit einem Kumpliment und läßt höflich fragen, wie lange der Spektakul noch dauere und ob Er gar nichts darzu und dargegen tun wolle? Und wenn Er nur seine Lust an die Ängsten und Krämpfe von die unbeschützte Jungfrauen und Wöchnerinnen hat, so soll Er's nur sagen, und meine Mamsell und die Mamsell Tütge und die Mamsell Kottelmann wollen eine Eingabe an der Regierung machen von wegen die Gänse und die Angst und Not und wollen um ein allergnädigstes Einsehen bitten und Ihn mitsamt Seinem hochlöblichen Magistrat als einen Schwachmatikus und Hasenfuß dem durchlauchtigen Herzoge vor die Nase hinstellen. Guten Abend!"

„Halte Er mich, Pabst", sprach der Bürgermeister mit ersterbender Stimme zu seinem zweiten Liktoren, „Rektore, jetzt falle ich in Ohnmacht."

In diesem Augenblick blus der Trompeter, dem Herrn Leutnant von Schlappupp und seinen acht Husaren voran, in Bützow herein, und fünf Minuten später hatte sich die Stille des Grabes über die Stadt geleget. Sämtliche Posaunisten der himmlischen Heerscharen hätten keinen größern Effekt hervorbringen können.

Dreizehntes Kapitel

Enthält die Copia eines Briefes Auctoris und beschließt die merkwürdige Historia von den Gänsen von Bützow.

Bützow, am 30. Mai 1795.

Hochedelgeborener, wohlgelahrter Herr Magister, insbesondere zu verehrender Herr Kollega, lieber Freund!

Sein Schreiben vom Fünfzehnten des vorigen Monden ist mir richtig zu Handen gekommen und hat mir eine besondere Freude verursachet, indem ich daraus ersehen habe, daß es Ihm noch immer nach bestem Wunsche in Berlin, auspiciis et auctoritate gloriosissimi regis Friderici Guilelmi II, gehet und Er sich mit Seinen Korrekturen und literarischen labores taliter qualiter nach bestem Vermögen durch die Welt schlägt. Daß Er die ihm von mir vorgeschossenen zwanzig Taler so balde remittiert hat, freuet mich als ein weiteres Testimonium Seiner soliden Zustände, und verbitte ich mir übrigens alle weitern Danksagungen in diesem Punkte; schreibe Er mir hingegen künftig ausführlicher über das dortige Gelehrtenwesen; es dringet von Tag zu Tag weniger davon in unsere kimmerische Nacht herüber, und ich will es Ihm nur gestehn, Magister, ich vermisse Ihn doch sehr. Es ist vieles anders geworden hier in Bützow seit Seiner Hegira und wenig zum Bessern. Wie die große Gänserevolution ausgegangen ist, weiß Er bereits im einzelnen, doch will ich Ihm nunmehr die Sache im ganzen wiederholen, damit Er Seinen Kindern und Kindeskindern später davon verzählen kann: Den Doktor Wübbke, Seinen Freund, hat man in seinem Bette verhöret, und sein zerschlagener Buckel ist ihm diesesmal gut zustatten gekommen; – er hat ihm sein Alibi am 28sten Dezember beweisen helfen, und was die vorhergehenden Machinationes, Einblasungen und Aufstachelungen anbetrifft, so hat sich der Herr Doktor gar trefflich herausgelogen, und kein Katechumene ist jemals in einem weißern Gewande umherstolzieret als der Doktor Wübbke an diesem heutigen Tage. Was die andern anbetrifft, so ihre Gänse mit Gewalt heimgeholet und in Grävedünkels Hause weder Tisch noch Topf, weder Bank noch Stuhl heil und ganz gelassen haben, so sind sie natürlich mit dem Herrn Justizrat von Raven vor Herzogliche Justizkanzlei zu Schwerin getreten und haben des Sophokles Antigone zitieret:

„Wir sind bereit, zu halten glühend Erz
In unsrer Hand, zu gehn durch Flammen und
Zu schwören bei den Göttern einen Eid,
Daß wir's nicht selbst getan und daß wir nicht
Des Täters noch Ersinners Hehler sind."

Herzogliche Justizkanzlei zu Schwerin hat aber weder auf den Justizrat noch auf den Sophokles etwas gegeben, sondern hat den Schneider Schmidt mit Zuchthaus zu einem halben Jahr begnadigt, den Sattler Scherpelz, den Schuster Haase und Fuhrmann Martens zu vierwöchentlichem Gefängnisse bei Wasser und Brod, „mit Verstattung warmer Speise ein um den andern Tag" grausam kondemniert, endlich sieben andere Bürger vierzehn Tage lang ins Loch setzen wollen. Es sind auch die eilf Condemnati eine geraume Zeit im Loche gehalten, aber es hat doch allmählich ein immer deutlicher Gemurmel gegen den hochlöblichen Magistrat gegeben, und hat der Defensor ihn, den Magistrat zu Bützow, sogar ex lege diffamari belangen und ihn als einen verdächtigen Richter perhorreszieren wollen. Sind also auf allerhöchsten Spezialbefehl Serenissimi die Akten an eine hochgelahrte und hochpreisliche hallische Juristenfakultät abgegangen, und hat dieselbe wegen Unzulänglichkeit der Beweismittel nichts von Zuchthaus und Gefängnis wissen wollen und die Inkulpaten nur in die Kosten des Prozesses und der geführten Verteidigung verurteilt, welches mich, unter uns gesagt, von der hochlöblichen Fakultät recht gefreuet hat.

Also hat Senatus Buetzoviensis richtig und, ebenfalls unter uns gesagt, ganz nach Verdienst diesmal den kürzern gezogen. Ein jeglicher arme Sünder ist in den Schoß seiner Familie heimgekehret; die Gänse haben mit Triumph wiederum Besitz ergriffen von den Gassen der Stadt, und Grävedünkel hat nicht mehr das Recht, wie Zieten aus dem Busch hinter der Ecke vorzuspringen, die zeternde Unschuld am Halse zu packen und sie erbarmungslos ins Prison zu schleppen.

Unsern armen Freund, den Bürgermeister Hane, hat infolge des allzu großen Ärgernisses und hinzugekommener neuer Alteration wirklich der Schlag gerührt, und haben wir ihm vor acht Tagen feierlich das letzte Geleit gegeben.

Die Mamsell Hornborstel hat ihn auf dem Gewissen; und da Er, Magister Albus, wie ich zur Ehre der Menschheit annehmen will, noch nicht gänzlich der Ansicht des Censors Metellus Numidicus, welcher die Weiber vor versammeltem Senate ein „notwendiges Übel" nannte, verfallen ist, so will ich Ihm das Nähere mitteilen.

Der Herr Leutnant von Schlappupp erhielt richtig durch Vermittelung unseres seligen Freundes, des Bürgermeisters, mit dem größesten Teile seiner Mannschaft sein Quartier im Hause der Mamsell Hornborstel und nahm mit seinem großen Hunde von der besten Putzstube Besitz: Er kennt ja Seine Sacharissa, Magister, und ich brauche Ihm weiter nichts zu sagen.

Den Herrn Leutnant kennt Er aber nicht, also will ich ihn

Ihm nach besten Kräften beschreiben. Stelle Er sich vor den Spiegel, wenn Er einen hat, und lege Er Seiner Statur anderthalb Schuhe zu, streiche Er sich Seine, unter uns gesagt, etwas hagere Physiognomie schön safrangelb an, hänge Er sich einen rostgrauen Schnauzbart von formidabelster Länge unter die Nase, welche Er meinetwegen um anderthalb Zoll herabziehen und etwas rötlich – mit einem angenehmen Rot aus dem Schminktopf Auroras – färben kann: imaginiere Er sich in schwefelgelbe Hosen, eine Husarenjacke und ein ewiges Leibweh, verbunden mit einem leichten podagristischen Hinken, hinein, und der Kriegsmann stehet leibhaftig und lebendig vor Ihm; und wenn Er es noch möglich macht, einen leichten spirituosen Dunst um und eine boshaft grimmige dänische Bulldogge mit Stachelhalsband neben den tapfern Sohn des Mars zu imaginieren, so hat Er nicht nötig, sich den Kerl von Herrn Chodowiecki porträtieren zu lassen.

Herr Kollega, wenn der Kasus nicht eine so betrübliche Folge gehabt hätte, so würde ich Ihm bestens dazu gratulieren: am Tage vor dem plötzlichen Hinscheiden des regierenden Bürgermeisters von Bützow Dr. Hane, meines vielbetrauerten Freundes, hat die Mamsell Julia Hornborstel ihm und der Stadt – ihre Verlobung mit dem Leutnant von Schlappupp notifizieren lassen!

— —

Nach wieder fester gefaßter bützowscher Gänsefeder kann ich Ihm nur noch mitteilen, daß der Herr Leutnant von seiner Gage lebte und jetzo, einem publiquen Geheimnis zufolge, gewillt sein soll, das Gut Borstwischhausen in der Nähe von Güstrow anzukaufen. Auch glaube ich Ihm, Kollega, die Versicherung, daß weder Er noch der Doktor Wübbke zur Hochzeit geladen wird, geben zu können, und fällt mir dabei die schöne Historie vom Kaiser Maximilianus ein, welcher, als ein hispanischer Ritter und der Ritter Rauber aus dem Lande Krain um seine natürliche Tochter warben, ihnen zwei große Säcke übergab und das schöne Fräulein demjenigen versprach, welcher den andern in den Sack stecke. Damals und dort insakkierte der Krainer den strampfelnden Spanier und zog mit der Dame ab; allhier zu Bützow aber habt Ihr, Kollega Albus, und der Doktor Wübbke Euch gegenseitig in den Sack gestopft, und der Ritter von Schlappupp möge es ihr gesegnen, Hekate, welche nach Hesiod, wie Er weiß, Magister, die Göttin der Krieger, der Bürgermeister, der Advokaten und der – Wettkämpfer ist.

Doch was schreibe ich ihm noch von der Mamsell Hornborstel und der Stadt Bützow; sitzet Er ja nunmehr mitten im preußischen fridericianischen Uhrwerk, im erleuchteten Berlin, vernimmt ganz anderes Vogelgeschrei und höret ganz andere Räder schnurren. Was kann Ihm noch der Pastor Primarius Klafautius gelten, da Er tagtäglich mit seinem Krüglein zum mystischen Born des Herrn von Wöllner gehen und schöpfen kann. Nun bleibe Er in Seiner jetzigen illuminierten Stellung ein komplaisanter Mensch und vergesse Er uns nicht gänzlich. Meine Diskretion ist Ihm bekannt; so melde Er denn ein wenig mehr von der Monarchie Friedrichs des Großen und ihrem heutigen Zustande. „Pourriture avant maturité", war doch ein böses Wort des Marquis von Mirabeau! – Sage Er uns auch Seine Meinung darüber, man wird Ihm sehr dankbar dafür sein, Kollega, und wenn Er je wieder etwas Bützowsches brauchen sollte, so stehe ich, wie Er weiß, stets zu Diensten.

Nun gehabe Er sich ferner wohl, und wenn Er den Boëthius nicht mehr nötig hat, so schicke Er ihn mir mit Gelegenheit retour. Das war doch noch ein anderer Mann und Geheimer Rat als der Rosenkreuzer Chrysophiron, vulgo Johann Christoph Freiherr von Wöllner!

Dem teutschen Biedermann und Verfasser des Sebaldus Nothancker gebe Er meine besten Grüße und bestelle Er mir bei ihm ein Exemplar seiner soeben ans Licht getretenen „Geschichte eines dicken Mannes".

Damit verbleibe ich, Herr Kollega, für jetzt und alle Zeiten

Sein ergebenster Diener und Freund

J. W. Eyring.

Rect. emer. Buetzoviensis.

THEKLAS ERBSCHAFT

oder die Geschichte eines schwülen Tages

Eines Sommers, wie der des Jahres achtzehnhundertfünfundsechzig, konnte sich der bekannte, gottlob zu jeder Zeit vorhandene „älteste Greis" nicht erinnern, und es wurde dadurch den Meteorologen künftiger Jahrhunderte ein gewiß recht merkwürdiger Präzedenzfall geschaffen. Die Tage vom Mai bis zum September gemahnten den Schreiber dieses sehr lebhaft an eine Reihe durchgesägter Schädeldecken von Selbstmördern, welche er einst in einem anatomischen Museum mit Wehmut und mit unendlichem Respekt vor den Staatsgesetzen, die einen solchen unglücklichen Prädestinierten, welcher Hand an sich legt, noch immer der Anatomie von Rechts wegen und nicht von Nützlichkeits wegen zuweisen, betrachtete. Diese Hirndecken zeichneten sich sehr abnorm durch Gewicht und Textur vor denen der Leute, welche eines sogenannten natürlichen Todes oder durch die Hand des lieben Nächsten zu sterben berufen sind, aus, und ruhig kann ich es dem Leser überlassen, die Verbindungsstriche des Gleichnisses selber zu ziehen.

Unter diesen schwülen, schweren, bewegungslosen, drückenden Tagen befanden sich einige, an welchen die Sonne nicht schien, und diese waren natürlich die schlimmsten. Man atmete das höchste Unbehagen ein, ohne zu wissen, wo es gekocht wurde, man fühlte eine glühende Hand auf dem Gehirn, aber man sah sie nicht; glücklich waren die, welche matt oder stark genug waren, um sich ergeben hinwerfen zu können und das Fallen des Thermometers regungslos zu erwarten. Verloren in allem Jammer waren aber die, welche das Fieber zwischen Erschlaffung aller Lebensgeister und höchster Spannung umtrieb, und es gab für sie kaum eine andere Rettung als eine wahnsinnig energische Lektüre von Dante Alighieris Hölle.

In einem Garten meinen Fenstern gegenüber hatte ein Tertianer seine Lektion zu lernen, und dieser Schlingel war mein einziger Lichtpunkt an einem solchen Tage; denn seine Qualen waren noch größer als die meinigen. Als mein Auge ihn über meinen Schreibtisch hinweg zuerst erfaßte, saß er noch anständig, wenn auch schon sehr verstimmt, auf einem Gartenstuhle und betrachtete die auf seinen Knieen liegende Grammatik mit berechtigtem Ekel und Überdruß. Bei einer solchen Witterung sich mit dem Accusativus cum infinitivo abgeben zu müssen! Es war ein heilloses, ein über alle Maßen unverschämtes Begehren, und ich blickte mit nicht größerer Abneigung auf meine Manuskripte als der Junge auf sein Buch. Ich sah aber bald mit Vergnügen auf den Jungen. Seine Anstrengungen, dem verruchten syntaktischen Regelngewirr beizukommen, waren wunderbar – fabelhaft. Er versuchte es auf jede Weise, und aus jedem neuen Modus schwitzte die Verzweiflung und das haarsträubende Grauen vor dem morgenden Tage und dem Professor Hauländer. Ich hatte den Tag über mehr als einmal seufzend die Feder fortgeworfen, aber die herbe Notwendigkeit, welche mich am Kragen hielt, war doch nichts gegen den ehernen Finger, welcher diesem jungen Unglücklichen seinen Weg durch die graue Schwüle der Zeit kategorisch andeutete.

In anständiger Weise ging's nicht – der Herr Tertianer saßen also jetzt balancierend auf der Lehne des Stuhls und probierten es im nächsten Augenblick im Dauerlauf um ein gelbes Rasenbeet, auf welchem sämtliche Kinder Floras, die bekanntlich die Gemahlin Zephyrs, aber heuer von ihrem Gemahl schmählich im Stich gelassen war, kläglich die Köpfe hingen. Nichts, nichts! Auf dem Bauche liegend, soll Blaise Pascal, der Verfasser der Lettres provinciales, seine merkwürdigsten Inspirationen empfangen haben: auch mein Scholar legte sich auf den Bauch in das versengte Gras und den heimtückischen Vater Zumpt vor sich hin. Der Knabe wurde allmählich zu einem wahren Schauspiel, und seine Versuche, die hundsköpfige Schwüle des Tages und die eingeborene Faulheit zu bewältigen, hätten ausreichenden Stoff zu einer mehr als homerischen Epopöe gegeben. In seinem Garten stand ein chinesischer Pavillon, und an diesem Pavillon lehnte eine Leiter: mein junger Freund zerwühlte auf jeder Sprosse derselben seine Haare; aber sein Elend stieg, je höher er sich mit ihm erhob. Auf dem Dache dieses Miniaturtempels des Konfuzius machte er den letzten verzweifelnden Versuch, dem lateinischen Doktor gerecht zu werden, und dann – dann gab er den Kampf mit dem Geschicke auf.

Als ich nach einem luftfächelnden Gang durchs Zimmer wieder an das Fenster trat, lag die Grammatik freilich noch offen auf dem Dache des Gartenhäuschens; der Herr Tertianer aber war nicht mehr vorhanden. Evasit – erupit – er war durchgebrannt! Der Professor Hauländer mochte morgen sein Schlimmstes tun, das heißt, wenn auch er noch die Kraft dazu hatte: die Würfel waren gefallen, die Schiffe verbrannt, der Kampf mit dem Fatum, wie gesagt, abgebrochen, und meine mitfühlende stille Betrachtung war zum ebenso stillen, aber fressenden Neide geworden.

Ich hatte mit meinen Pflichten und Verbindlichkeiten noch nicht abgeschlossen; nur ein verzweifelter Sprung aus allen diesen physischen und moralischen Anfechtungen des Tages konnte auch mich einzig und allein erretten. Da mir die Möglichkeit abgeschnitten war, mich an einer Säule des chinesischen Häuschens in den Nachbargarten hinabgleiten zu lassen, so schlug ich des Cicero Buch von den Pflichten zu und ließ mich in die Phantasie, in die kühle Erinnerung hernieder; ich spann mir meinen eigenen Faden dazu aus dem heißen Tage, und – hier ist er.

Ich war ein Student, und ich studierte in Berlin die schönen Wissenschaften und die häßlichen für das Vergnügen und ums liebe Brod. Ich studierte aber auch das Leben, und in ihm das Schöne und das Häßliche von demselben Blatt – o großer Gott, was studierte ich alles! Es ist mir heute noch ein Mirakel, daß ich nicht mit einem Riß, einem Sprung im Hirnkasten oder einem darum gelegten eisernen Bande herumlaufe: die Gehirnerweiterung war zu mächtig! Unter mir im zweiten Stockwerk des sehr anständigen Hauses, in welchem ich mein Zelt aufgeschlagen hatte, wohnte ein bayerischer Gesandtschaftsattaché; über mir, im vierten Stockwerk, lebte und liebte Thekla samt ihrem Gemahle; mein Mietsherr aber war ein Königlicher Tafeldecker, und seine Gattin führte das Ministerium meiner inneren Angelegenheiten und unterzeichnete sich Madam Amanda Billig, was unter ihren Monatsabrechnungen stets einen sehr angenehmen und beruhigenden Eindruck machte.

Als ich die Wohnung bezog, mangelten mir natürlich alle näheren und ferneren Beziehungen zu diesen Hausgenossen; aber mein Äußeres erweckt Zutrauen, und mein Inneres täuscht dasselbe nicht. Wo mir das Leben entgegenkommen will, biete ich ihm gern die Hand; indiskret bin ich erst dann, wenn das Gras, welches über den Geschichten wächst, die man mir mitteilt, längst zu Heu geworden ist. Die Geschichten, die ich selber erlebe, sind mir ein sehr schätzbares Material zur Weiterbildung und Vervollkommnung meiner Individualität, auf welche letztere ich wie jeder anständige Germane etwas halte und welche ich gerne bereit bin, so lange als möglich, das heißt bis zu der Grenze, wo die unanständigen Germanen anfangen, grob und unverschämt zu werden, – auch in den andern heiligzuhalten.

Ich lernte von den Pflastersteinen in der Gasse und den Wänden meines Zimmers, und von den letzteren, sowie von der Decke und dem Fußboden fast noch mehr als von den ersteren, denn sie waren sehr dünn und pflanzten die Schallwellen eher fort, als daß sie dieselben aufhielten. Von dem Wandel des diplomatischen Vertreters Bayerns erfuhr ich höchstwahrscheinlich mehr, als er von der großen europäischen und außereuropäischen Politik; Theklas gute und böse Stunden konnten mir nicht verborgen bleiben, und das Leben der Familie Billig zitterte bis in die leisesten Regungen über mein Trommelfell. Acht Tage nach meinem Einzug war ich wahrhaft kriminalrichterlich instruiert und hätte jede Geschworenenbank, welche über dieses Haus zu Gericht gesessen haben würde, mit präsidentlicher Bestimmtheit ad absurdum geführt; – ein halbes Jahr später durfte ich an jenen wilden, rührenden und heiteren Ereignissen, deren Erinnerung mich an dem grauen, heißen Sommertage des Jahres fünfundsechzig über die schwülste Stunde hinweghob, teilnehmen. –

Es war auch ein grauer Tag, aber ein Tag im kühlen, luftigen Monat Dezember. Es war ein feuchter Tag, ein nebliger Tag, ein Tag, welcher mehr versprochen hatte, als er zu halten imstande war, und es war jener Tag, an welchem auf dem Stadtgericht das Testament des Onkels Krellnagel eröffnet wurde.

Am frühen Morgen schon hatte die Wirtin mit emporgezogenen Augenbrauen mich an die Bedeutung des jungen Lichtes erinnert, und diese Erinnerung war kaum nötig gewesen, denn wie konnte mir dieses Datum, an welchem sich Theklas Geschick so glänzend wenden sollte, aus dem Gedächtnis entschwinden? Hatten wir uns doch schon wochenlang darauf vorbereitet, die großen Ereignisse sozusagen mit allen Poren des Leibes und der Seele in uns aufzunehmen!

Thekla! Dieser jeder deutschen Jungfrau so sympathische Name bedeutet mir an dieser Stelle keineswegs das Mägdlein wandelnd an Ufers Grün, den Königlich Kaiserlichen romantischen Kürassieroberst Max Piccolomini und den Überfall bei Neustadt, sondern das ehelich angetraute Weib des Lotteriekollekteurs Strinatzky, welches diesem, wie der diplomatische Bojoarier bemerkt haben sollte, als beneidenswerter Ersatz für das große Los, das er nicht gezogen hatte, in der Lotterie des Lebens höchst unmotivierterweise zugefallen war.

Der Herr Kollekteur schien in der Tat wenig Seide in seinem Lebensberufe gesponnen zu haben; aber wie seine Kunden lebte er in der Hoffnung und seine Gattin mit ihm; besagte Hoffnung aber lehnte sich nicht, mit einem grünen Gewande angetan, am Ufer des Meeres auf einen Anker, sondern sie trug jeden Nachmittag von drei bis vier Uhr, wenn es die Witterung erlaubte, ein sehr anzuerkennendes Bäuchlein unter den Linden auf und ab und nannte sich Krellnagel – Rentier J. J. Krellnagel, Hausbesitzer und emeritierter Korsettenfabrikant; sie war vor allem Theklas Hoffnung, denn sie war Theklas Onkel; aber auch

Theklas Gatte erlaubte sich, Schulden auf sie zu machen, und hätte seine Berechtigung dazu durch mehr als einen Grund darzutun vermocht.

Thekla! Heute noch klingt mir ihre Stimme im Ohr! und wie!! So und nicht anders mußte Elisabeth von England der schönen schottischen Marie oder dem Grafen von Essex ihre Ansichten mitgeteilt haben. – Ihre Taille! Ja, ein Modell derselben war in dem Schaufenster von J. J. Krellnagels Nachfolger zu sehen, und ganz Berlin, die Garde ausgenommen, erklärte das Ding für unmöglich. –

Von sämtlichen Damen des Hauses wurde Madam Thekla Strinatzky gehaßt, verleumdet und verspottet, von sämtlichen Männern offen oder im geheimen angebetet; das Rauschen ihres Kleides auf den Treppen fand einen Widerhall in jedem Busen, aber nicht ein und denselben. Am gerechtesten gegen die Holde war der junge Diplomat, und am unbilligsten gegen die Arme erschien meine Madam Billig. Letztere brachte mir an jedem Morgen mit dem Kaffee eine neue Historie über die Leute im vierten Stockwerk oder doch einen Zusatz zum Bulletin des vorigen Tages, und da sie für alles die Verantwortlichkeit übernahm, so durfte ich in ihrer Gegenwart an der Wahrheit der atemlosen Mitteilungen durchaus nicht zweifeln. Daß der Onkel Krellnagel kein Mythus war, stand aber unter allen Umständen zweifellos fest; daß er an den Folgen eines Loyalitätsessens zu Ehren und zur Anerkennung des Ministeriums Manteuffel und zur Aufrechthaltung der kirchlichen Interessen sanft in das von den letzteren vorgemerkte, wo nicht bessere, so doch ebenso loyale Jenseits hinübergegangen war, hatte mir die Vossische Zeitung verbürgt, und daß er kein Testament gemacht haben sollte, konnte man von einem solchen Mann nicht erwarten.

Der Onkel Krellnagel war keine Mythe, das Testament des Onkels war keine Mythe; ich aber ließ die Konsequenzen dieser beiden großen Wahrheiten mit ganzer Hingebung an dieselben auf mich wirken.

„Das ist doch eine Merkwürdigkeit, wie das da oben zugeht“,

sagte meine Madam Billig. „Na, ich sage nichts, aber das muß ich sagen, da erfährt man schon, ohne an der Türe zu horchen, was man zu wissen braucht. Hören Sie nur – fährt so ein anständiger Mensch in die Stiefel? Das Haus sollte einem über dem Kopfe zusammenfallen. Und sie! O du liebstes Leben; ich habe freilich meiner Rosa eine Tachtel gestochen, als ich sie mit dem Auge am Schlüsselloch erwischte, aber eine Schande ist es doch, den Kindern im Haus ein so schlechtes Beispiel zu geben. Das geht drunter und drüber – hören Sie nur, hören Sie! Und wenn ich eine Million erben sollte, auf diese Weise machte ich es der Menschheit doch nicht bekannt. Und *die* hat Solo singen wollen in der Oper – o du meine Güte! Na, wenn ich der Onkel Krellnagel gewesen wäre! Übrigens weiß doch auch noch niemand, was eigentlich in dem Testament steht, und die Vögel, die zu früh singen, frißt am Tage der Habicht. Hören Sie nur! Sonst liegen sie sich vom Morgen bis zum Abend in den Haaren, und der Skandal reißt nicht ab; jetzt aber tanzen sie einen Galopp zusammen, und daß ihnen der Hauswirt von wegen des Hauses noch nicht vors Quartier gerückt ist, das nimmt mich wunder. Ich wünsche gewiß jedem Menschen das Beste; aber was diese Erbschaftsgeschichte anbelangt, da will ich meine Meinung lieber für mich behalten; – alles was recht ist, aber hier käme der Segen Gottes doch zu unverantwortlich an die Unrechten."

Der Wortschwall verrauschte, die Wirtin schoß in nervösester Aufregung hinaus; die gehobene Stimmung des großen Tages hielt an. Der Attaché verschob die wichtigsten diplomatischen Geschäfte auf eine andere Zeit und blieb zu Hause; ich versäumte mit Freuden sämtliche Kollegia; das Leben selbst saß heute auf dem Katheder, und Weisheit predigte mehr denn je die Decke meines Zimmers: die Freundinnen und Freunde langten allmählich an, rauschten und polterten die Treppe hinauf und vermehrten von Augenblick zu Augenblick in jeder Weise den Tumult über mir. Jeder Fußtritt hatte seine Bedeutung.

Um zwölf Uhr sollte das Testament des Onkels Krellnagel unter den üblichen Gebräuchen auf dem Stadtgericht geöffnet werden, um zwanzig Minuten nach zehn Uhr öffnete der Lotteriekollekteur Strinatzky meine Türe und sank kraftlos auf den nächsten Stuhl.

„Sie sind meine letzte Rettung gegen meine Gefühle, gegen meine Freunde und gegen meine Frau“, stammelte er. „Geben Sie mir ein Glas Wasser, womöglich mit einigen Tropfen Arrak; — o Ruhe, Ruhe, Ruhe! O diese Schwingungen, diese Schwingungen, diese Seelenschwingungen! Junger Freund, ich versichere Sie, es ist keine Kleinigkeit, so vor die Pforte der Zukunft gestellt zu sein und mit der Uhr in der Hand warten zu müssen, bis man ‚Herein!‘ ruft. Ich habe Sie als einen anständigen Menschen kennengelernt, und so rette ich mich in diesem feierlichen Moment an Ihren Busen; — lassen Sie mich hier Atem schöpfen; Thekla liegt oben auf dem Sofa und hat den Kopf in die Kissen gesteckt.“

„Aber weshalb das? weshalb diese Unruhe, dieses unmotivierte Fieber?“ fragte ich mit der Gelassenheit eines Menschen, der nicht hundertundfünfzehntausend Taler und ein sechsstöckiges Doppelhaus zu erben hatte. „Weshalb diese Hast und Exaltation? Der Onkel Krellnagel ist Ihnen ja sicher, in anderthalb Stunden sehen Sie von der Höhe eines halben Millionärs auf die Stadt Berlin herab; — lassen Sie uns nun auf ewig Abschied nehmen, denn was kann ich heute nachmittag Ihnen noch sein?“

„Sie werde ich immer kennen!“ sprach Strinatzky mit naivster Überzeugtheit von der Vortrefflichkeit seiner Natur. „Aber darum handelt es sich wirklich nicht, und wenn Sie mir sagen könnten, Herr, daß der Alte nicht den Fuchsschwänzer gegen mich und seine Nichte gespielt habe, so wollte ich hier so kühl sitzen wie ein Eiszapfen bei zwanzig Grad Kälte. Wer kann aber noch irgendeinem Menschen trauen? Ein Lotteriekollekteur gewiß nicht und ein Erbe noch viel weniger. Zehn Minuten habe ich noch Zeit; ich will Ihnen während derselben unsere Geschichte erzählen und hoffe auf diese Art leichter über sie, das heißt diese Minuten, hinwegzukommen.“

„Bemühen Sie sich nicht, Bester, Ihre Geschichte kenne ich“, sagte ich lachend. „Sie haben dem Onkel Krellnagel ein Lotterielos verkauft, auf welches ein Gewinn von fünftausend Talern fiel, und daraufhin die Hausgelegenheit in Hinsicht auf Fräulein Thekla Krellnagel, Ihre jetzige Gattin, erkundet und benutzt. Sie waren durch die Gunst und das Glück Ihrer Kollekte ein Familienfreund geworden; aber das genügte Ihnen nicht; Sie wollten mehr und immer, immer mehr sein, und als einem hübschen, welterfahrenen jungen Manne konnte das weder Ihnen und noch viel weniger Ihrem prachtvollen Backenbart schwer fallen. Thekla gab Ihnen ihre Hand, und der Alte gab Ihnen sein Herz –"

„Den Teufel tat er!" schrie der Lotteriekollekteur. „Sie wissen merkwürdig genau Bescheid; aber wenn Sie sich nicht, was diese Nummer anbetrifft, über mich lustig machen wollen, so muß ich Ihnen sagen, Herr, daß Sie doch nicht ganz genau Bescheid wissen. Das Herz würde ich dem Herrn Onkel gern gelassen haben; aber den Schlüssel zum Geldschrank hätte ich sehr gern herausgehabt, und Herz und Schlüssel, und Schlüssel und Herz waren derartig miteinander verwachsen, verlötet und vernietet, daß der grauköpfige Barbar und Unmensch sie lieber beide für sich behielt, und darum – setzte er uns vor die Tür, ohne seiner Nichte etwas Jährliches auszusetzen: mich speziell aber verwies er mit Hohnlachen auf die Devise meiner Firma: Gottes Segen bei Felix Strinatzky!"

„Ja", fragte ich verwundert, „wie können Sie sich unter solchen Umständen noch die geringste Hoffnung auf das Testament des Onkels machen? Ich erlaube mir, ein gewiß begreifliches Erstaunen zu äußern."

„Mit Recht, mit vollstem Recht", seufzte der Mann mit der gottvertrauenden Devise, und dann, indem er mir mit einem krampfhaften Ruck näher rückte, flüsterte er: „Ich gebe Ihnen mein Ehrenwort, daß nur meine Frau mich in diese Exaltation hinein- und hinaufgeschroben hat. Wissen Sie, ich will es nicht leugnen, daß ich das Kind im Anfange des Onkels wegen genommen habe; aber ich schäme mich gar nicht, zu gestehen, daß ich mich allmählich in es verliebte, und das ist ein Geständnis, das der Mann nur in einem Augenblick, wie der jetzige, freiwillig ablegt. Sehen Sie, wir sind besser als unser Ruf in diesem vermaledeiten Hause; – Thekla erhebt sich in jeder Weise hoch über das Gewöhnliche, und das können ihr die über oder unter ihr vegetierenden Kreaturen niemals verzeihen. Ich verachte Bayern und alle darauf bezüglichen Insinuationen; ich verachte – doch die Zeit drängt, und tausend Shakespeare wachsen mir in der Brust, jedesmal wenn ich auf das Thema meines häuslichen Glückes gerate. O Jüngling, o jugendlicher Gelehrter, wenn jener kindliche Schütz mit dem Pfeil und Bogen auch schon an Ihren Busen gepocht hat, dann können Sie mich begreifen, sonst nicht. Sie ist schön, sie ist tugendhaft, und sie versteht es, mich dann und wann auszulachen. So hat sie meinen borstigen Mannesstolz ganz peu à peu aufgetrennt, gewendet und neu zugeschnitten; – o Freund, Sie hätten mich vor fünf Jahren kennen sollen, ehe jene glückliche unglückliche Nummer in meine Kollekte fiel! Lassen wir das jedoch; es handelt sich nicht um meinen, sondern um Theklas Charakter. Sie hat mit mir allerlei durchgemacht, was jedem andern Frauenzimmer die Haube verschoben hätte; unser Lebensschifflein war nichts weniger als eine Vergnügensjacht, und wir sind dem Stranden einige Male mit genauer Not entgangen. Wir haben uns herumgeschlagen mit Gläubigern und Schuldnern, mit Illusionen, Spekulationen und Tribulationen aller Art, und häufig, wenn ich in aller Desperation die Karten auf den Tisch werfen wollte, ist Thekla wie eine Heldin und Jungfrau von Orleans vorgesprungen, und gottlob ist ihr der Mund der nichtswürdigen Welt gegenüber nicht zugewachsen. Auf ihre Rechnung fällt nun auch unsere allerneueste Illusion in betreff des Onkels Krellnagel. Das arme Ding hat sich in den Kopf gesetzt, der Gute habe ihr unsere eheliche Glückseligkeit verziehen, und es sei richtig mit dem Hause, dem Mobiliar und sonstigen Vermögen. Der Traum hat etwas Angenehmes – was!? Er hat etwas Einschmeichelndes für einen armen Teufel – wie?! Wir haben leise, ganz leise angefangen zu hoffen, aber allmählich sind uns unsere Hoffnungen über den Kopf gewachsen, und die Idee eines eigenen Wagens und eigener Pferde ist im vollen Galopp über uns gekommen. Am Tage vor dem Festessen, welches den Hintritt des Seligen zur Folge hatte, haben wir zum erstenmal wieder seit Jahren bei ihm zu Mittag gegessen, und ich muß sagen, der Alte hatte in der Tat etwas Versöhntes, wenngleich er stellenweise schauderhaft grob und anzüglich war. Thekla nannte es auf dem Heimwege eine ‚biedere Grobheit' und die Art, wie er uns behandelte, ‚patriarchalisch', und zu Hause gab sie mir einen Kuß und versicherte mir, daß wir ihn ‚hätten'. So steht denn das Kartenhaus lustig da, in einer Stunde ist die Ziehung; aber ob wir es überleben, wenn wir nicht als Gewinner herauskommen, das ist eine Frage, die ich jetzt noch nicht an das Schicksal stellen werde. Um Gottes willen – elf Uhr – da hält die Droschke – und der Seiger hat vollbracht den Lauf – noch einen Tropfen Spiritus – da ist Thekla – leben Sie wohl, leben Sie glücklich, wenn wir uns nicht wiedersehen sollten – achtungsvoll Ihr ergebenster Strin –"

Er brach ab, schlug sich mit beiden Fäusten vor die Stirn und stürzte hinaus. Thekla rauschte in schwarzer Seide die Treppe herab – ein unbestimmtes Schwirren, Surren und Murren ging durch das ganze Haus, die Droschke rasselte davon, und dann – waren wir unter uns, und sämtliche Bewohner des Gebäudes stürzten aus ihren Türen – jegliches Privatinteresse war untergegangen in der großen Frage des Tages. Das war auch schwül, schwül wie der schwülste Tag des Sommers achtzehnhundertfünfundsechzig.

Ich stand am Fenster, sah in den Nebel und lauschte den aufgeregten Schritten des Bayern unter mir; – keine Ahnung mehr von diplomatischem Leisetreten!

Und wieder schob sich die Haube meiner Madam Billig in die Tür.

„Na, gottlob, sie sind abgefahren – ah, es liegt mir wie Blei in den Beinen – entschuldigen Sie."

Sie saß auf derselben Stelle, auf welcher Strinatzky gesessen hatte.

„Das ganze Haus ist in Rebellion; wahrhaftig, es wäre nötig, daß man einen Schutzmann auf dem Flur aufstellte. Sind das Menschen! Bei solchen Gelegenheiten merkt man erst, wie sanft es tut, wenn man seinem Nächsten das Gute und das Beste gönnt. Wahrhaftig, mich soll's freuen, wenn sie mit ihrer Million heimkommen, recht sehr soll's mich freuen; aber den Lärm möcht ich doch hören, wenn's nichts damit ist. Ich kann Ihnen sagen, wir warten alle mit Schmerzen darauf, und meine Rosa hat ihnen ihre Türe bekränzen wollen mit einem Strohwisch und einer Handvoll alter Besenreiser; ich habe es aber aus christlicher Barmherzigkeit nicht gelitten, denn die hochnäsige Person hätte mir vielleicht einen Kriminalprozeß an den Hals gehängt. O je, wenn es nichts mit der Erbschaft und dem Onkel Krellnagel gewesen wäre! Ich glaube, wir würden bis Sonnenuntergang noch manches erleben; im Hinterhause sollen sie ein Ständchen mit Männerquartett und ‚Ach du lieber Augustin' für zwei Klarinetten und eine Geige vorbereitet haben, und gegenüber der Bäcker hat seine Rechnung auf Rosapapier mit Goldschnitt geschrieben und will sie mit einem Gedicht von vier weißgekleideten Lehrjungen präsentieren lassen. Der Viktualienladen wartet auch auf den Glockenschlag, und von der Spannung beim Tailleur Stibbe will ich lieber gar nicht reden. Entschuldigen Sie, man hat an keinem Orte Ruhe, man merkt bei solcher Gelegenheit, daß man seine Nerven hat."

Ich war wieder allein und zählte die Minuten: ein Viertel – halb zwölf – – –

zwölf Uhr!

Der Glockenschlag fand einen Widerhall in der tiefsten Tiefe meiner Seele – ich hatte jetzt selber ein Glas Wasser mit einigen Tropfen Arrak nötig; dieses Harren war fürchterlich, war entsetzlich, obgleich ich mir alle fünf Minuten sagte, daß mich die ganze Geschichte im Grunde nicht das geringste angehe. Der Diplomat hatte sich ebenfalls in eine Droschke geworfen und war im Nebel verschwunden, nachdem er noch einen unglückseligen bojoarischen reisenden Handwerksburschen, der in Paß- oder Wanderbuchangelegenheiten seine Vermittlung suchen wollte, auf der Treppe über den Haufen gerannt hatte.

Ein Uhr!

Das Fieber des Hauses war aufs höchste gestiegen. Von nun an konnten sie in jedem Augenblick zurückkommen, und jeder heranrollende Wagen versetzte uns in fast krampfhafte Zuckungen, unsere Stimmungen durchliefen alle Grade vom Gefrier- bis zum Siedepunkt, und die Familie Billig hatte Grund, die Gattin und Mutter mit Besorgnis im Auge zu behalten. Als dann der so atemlos erwartete Schlag um halb drei Uhr erschütternd niederfiel und der diplomatische Bayer die halb ohnmächtige Thekla aus dem Wagen hob und sie die Treppe hinaufführte, als Strinatzky, der Gemahl, nicht mit der Gattin vom Stadtgericht heimkam, da hätte ein anderer aus dem Fenster und der Stubentür gucken müssen als ein armseliger, verblüffter Studiosus der Philosophie au naturel. Ein Meister vom Stuhl hätte am Tisch sitzen sollen, um die Madam Billig als schätzbares Material zur Kenntnis des menschlichen Herzens für die Zukunft aufzubewahren. Das, was Theklas Heimkehr folgte, drängte für mich alles andere in den Hintergrund, und alles Hohngelächter des Hauses und der Hölle wurde zu einem fernen, milden, unbedeutenden Säuseln: um vier Uhr schickte Thekla eine zerlumpte Iris, die mir ein Kompliment ihrer Herrin brachte und den Wunsch derselben, ich möge die Treppe zu ihr emporsteigen.

Das leise Schluchzen über meinem Haupte hatte mich schon zu einer gelinden Raserei gebracht; – jetzt stürzte ich die Stufen hinauf und erschien mit einem wilden Sprunge vor der schönen Unglücklichen, und nimmer eilte ein Paladin mit besserem Willen zum Trost einer Dame herbei.

Von dem Sofa aus wimmerte mir mein Ideal entgegen:

„Sie sind nicht Theologe? Sie sind hoffentlich nicht Theologe?!“

„Nein, nei – in!“ stammelte ich mit nicht ungerechtfertigtem Erstaunen.

„Das freut mich in all meinem Jammer. Aller Trost der Kirche wäre weggeworfen an mich. Ich lasse mich niemals, niemals mehr auf ein anderes Dasein vertrösten; der Gedanke, dem Onkel Krellnagel dort oben wieder zu begegnen, ist zu fürchterlich. Hat man Ihnen schon gesagt, haben Sie schon gehört, wie der Gräßliche an uns gehandelt hat?“

„Unverantwortlich jedenfalls; aber Sie werden es zart finden, daß ich mir vor allen Einzelheiten die Ohren verstopft habe.“

„Hören Sie – Sie sind ein Mensch, ein Jüngling und können nicht zu unserem Elend lachen wie die andern. Mir ist ein großer silberner Suppenlöffel und die Bemerkung vermacht, mit diesem Löffel im Munde sei ich geboren worden, und es sei nicht seine – des Onkels Krellnagel – Schuld, wenn ich ihn gegen einen hölzernen vertauscht habe. Felix hat einen neusilbernen Eßlöffel mit dem Namenszug des Onkels und der Versicherung bekommen, er – der Onkel – lasse sich nicht über einen solchen balbieren! – Sie lachten alle, als ich in Ohnmacht fiel, und sie lachten noch, als ich wieder ins Bewußtsein kam.“

Nimmer bei der Erzählung einer unglückgeschlagenen Dame hatten sich widerstreitendere Gefühle in dem Busen eines Paladins gedrängt! Was soll und kann der Ritter tun und sagen, wenn der Drache oder Riese, der dem Fräulein Gewalt antun will oder angetan hat, ein so unendlich heiterer und munterer Drache oder Riese ist? Aber:

> Ein guter Mensch in seinem dunkeln Drange
> Ist sich des rechten Weges wohl bewußt;

ich verbarg meine wachsende Verlegenheit unter einer ängstlichen Frage nach dem Schicksal des Gatten, und Thekla stöhnte:

„Der Schlag, welcher mich traf, hat auch ihn zu Boden geschmettert. Er wußte nicht mehr, was er tat; er legte mich in die Arme des Herrn von Bräuhuber und ist verschwunden. Am Unterbaum wird man ihn schon wiederfinden; ich aber habe ihn nicht zurückgehalten, denn es ist meine feste Absicht, ihm auf seinem feuchten Wege nachzufolgen."

„Thekla!" rief ich; „Madam Strinatzky?!"

„Jawohl, es wird so kommen; – ich sehe keinen andern Weg der Rettung aus dieser bodenlosen Verlorenheit."

„Ich halte es für unsere Pflicht, ihn zu suchen – nämlich den Herrn Gemahl", sprach ich mit einem über meine Jahre hinausgreifenden Verständnis der Lage. „Was wollen Sie den sich nahenden Kondolenzbesuchen gegenüber beginnen? Horchen Sie – hören Sie die böse Welt auf der Treppe. Verschleiern Sie Ihre Tränen; die Luft der Gassen wird Ihnen guttun. Nehmen Sie meinen Arm, wenn Sie nicht den des Herrn von Bräuhuber vorziehen –"

„Was ist mir der Herr von Bräuhuber? O Felix, mein armer, armer Felix! Herr Doktor, ich – ich allein habe ihn in alle diese falschen Hoffnungen hineingelockt; ich habe ihm diese tödliche Enttäuschung bereitet. Er liebte mich auch ohne Atlasrobe –"

„Deshalb lassen Sie uns seinen Schritten folgen; lassen Sie uns ihm sagen, daß er nichts verloren habe, da er sein Weib, die Seele seiner Seele, behält."

Thekla ließ die Hände von den im feuchten Glanz der Wehmut schimmernden Augen sinken, sah mich groß an und sagte:

„Sie sprechen vortrefflich, junger Mann. Wissen Sie, daß Sie mich lebhaft an Herrn Emil Devrient in seiner Szene ‚Königin, das Leben ist doch schön!' erinnern? Ja, Sie haben recht, und ich verachte diese Wände mit allen ihren Ohren und sämtliche freche Mäuler hinter der Tür. Kommen Sie: Luft, Freiheit, Licht! Lassen Sie uns meinen Mann aufsuchen; wahrscheinlich treffen wir ihn auf seinem Büro. Holen Sie mir meinen Mantel, dort liegt er; hingeschleudert von der Verzweiflung, wird er von der wahren Freundschaft aufgehoben. Sehe ich recht verweint aus? Es wäre kein Wunder; aber die Welt soll doch nicht ihre Lust daran haben. Kommen Sie, ich bin fertig; der Herr Onkel hat mir zwar einen großen Löffel voll Verdruß verschrieben; aber ich fange wieder an, groß zu denken, wenn ich auch nicht auf einem großen

Fuße leben kann. Kommen Sie schnell, ja Sie haben dreimal recht, in einer solchen Stunde gehöre ich in die Arme meines Felix."

Wir schritten, unbekümmert um alle Blicke, alles Gezischel vor und hinter uns, mit erhobenen Häuptern die Treppen hinunter und aus dem Hause. Es war Abend geworden, und Thekla sagte:

„O wie wohl tut mir diese Dunkelheit. Das war ein böser Tag, und hier stehe ich neben meinem zerbrochenen Milchtopf, wenn auch nicht so naiv wie jenes Landmädchen in meinem Schulbuch, – o Himmel, Himmel!"

Sie war unter einer Gaslaterne stehengeblieben, und naiv sah sie wirklich nicht aus; das war aber auch nicht von ihr zu verlangen. Als in diesem Augenblick ein elegantes Coupé mit silbernen Laternen, einer schönen, geputzten Dame und einem riesenbärtigen Kutscher vorüberfuhr, stampfte sie den Boden in einer Weise, welche dem Onkel Krellnagel noch bis ins kühle Grab nachzittern mußte; – im vollen Laufe trieben uns unsere Empfindungen weiter, und im vollen Laufe erreichten wir die Gasse, in welcher sich das Geschäftsbüro des Lotteriekollekteurs befand. An der Ecke hielten wir abermals an, um uns zu sammeln, und ich bin der festen Überzeugung, daß Thekla jetzt, während sie auf meinen Arm gelehnt Atem schöpfte, nicht an den verruchten Seligen, sondern einzig und allein an den unseligen Gatten dachte. Fast auf den Zehen schlichen wir dicht an den Häusern hin bis zu dem Fenster des Kontors.

Ein Lichtschimmer fiel durch die Spalte des Ladens in die Gasse hinaus, und Thekla faßte meinen Arm fester und flüsterte: „O Gott, er lebt, er lebt!", worauf sie diesmal ganz unnötigerweise in Tränen ausbrach, denn so leicht ließ sich Herr Felix Strinatzky doch nicht mit den Nixen der Spree und den Wächtern des Stromes am Unterbaum in Verbindung bringen.

„Tun Sie mir den Gefallen und sehen Sie zuerst hinein", hauchte sie; „ich vermag es nicht; o Himmel, sein Testament und eine geladene Pistole liegen vor ihm; klopfen Sie an, lassen Sie mich nicht allzu vorzeitig zur Witwe werden!"

Ich hatte mein Auge der klaffenden Spalte im Laden vorsichtig genähert und flüsterte leise zurück:

„Still, still – Ruhe, ich sehe ihn! Er sitzt am Tische – er hat sein Haupt auf beide Hände gestützt – ein Gefäß steht vor ihm –"

„Gift! Gift!?" schrie Thekla.

„Punsch!" flüsterte ich wieder, und das treue Weib des Unglücklichen beugte sich über meine Schulter, guckte ebenfalls durch die Ritze und sagte nichts als:

„O, *meine Ahnung!*"

Einen Augenblick darauf bildeten wir die bekannte „Gruppe" um die Bowle, und eine Woche später verließ das Ehepaar das Haus, in welchem wir zusammen gewohnt hatten und so glücklich gewesen waren; mich aber brachte mein Schicksal nicht wieder mit ihm in Verbindung, und nur ein Stuttgarter Julinachmittag des Jahres achtzehnhundertfünfundsechzig war imstande, diese Erinnerung an Theklas Erbschaft und das flüssige Feuer, zu welchem der silberne und der neusilberne Löffel des biedern Onkels Krellnagel für uns geworden waren, zu einer Erfrischung für mich zu machen.

GEDELÖCKE

1.

Von der Stadt Kopenhagen und dem Kurator Herrn Jens Pedersen Gedelöcke

Teilweise auf der Insel Seeland und teilweise auf der Insel Amager liegt, wie mancher Schuljunge, aber nicht jeder Gelehrte weiß, die Stadt Kopenhagen, die Hauptstadt des Königreichs Dänemark, wohl versehen mit Fortifikationes sowohl auf der Land- wie auf der Seeseite, eine feine und schöne Residenz, und seit uralten Zeiten durch mannigfaltige Handels- und sonstige Interessen mit Deutschland im, wenn auch nicht zärtlichen, so doch recht angenehmen und freundnachbarschaftlichen Verhältnis. In dieser Stadt lebte zu Ende des siebenzehnten und zu Anfang des achtzehnten Säkulums christlicher Zeitrechnung ein Mann des Namens Jens Pedersen Gedelöcke, und daß er ebendaselbst starb, ist uns insofern erfreulich, als uns das Faktum den Hauptstoff zu gegenwärtiger in Wahrheit ungeschminkter, unverbrämter, unbefranster, kurz ungelogener Relation geliefert hat. Denn wäre er nicht gestorben, so hätte man ihn auch nicht begraben können, und wäre er nicht begraben worden, und zwar mehr als einmal, so wäre auch nicht Anno 1731 zu Cölln an der Spree die Historia von seinem „sonderbaren Glauben, Leben, erstaunenden Tode und merkwürdigen Begräbnis“ zum erstenmal in Druck ausgegangen, und wir hätten dieselbe nicht im Jahre 1865 zu Stuttgart auf dem Trödelmarkt um neun Kreuzer „Furchtlos und trew“ erstehen und zu eifrigem nächtlichen Studium nach Hause tragen können. Da wäre es uns denn auch ganz gewiß nicht beigefallen, anderer Skribenten Zeugnis und Meinung über den kuriosen Kasum einzuholen, um der Sache auf den Grund zu gehen, sintemalen es einen solchen Kasum gar nicht gegeben hätte. Und wenn uns somit viele und arge Mühe erspart worden wäre, so würde das liebe deutsche Publikum im ganzen und großen doch den meisten Schaden davongetragen haben, denn wahrlich kein Autor hätte ihm diesen Gedelöcke erfunden; der heutige lichte Tag, so über alle Maßen duldsam und ohne Vorurteile, würde es nicht gelitten haben.

Doch was stehen wir an der Tür? Jens Pedersen Gedelöcke führte während seines Lebens den Titel eines Kurators und wird also wohl auch einer gewesen sein, und daß er über andere Sorgen die für seinen Leib nicht außer acht ließ, ist über allen Zweifel erhaben und wurde, solange er sich des Daseins erfreute, durch seine wohltuende Erscheinung verbürgt. Denn wenn er von Statur mehr klein als groß war, so schob er doch ein ungemein behaglich Bäuchlein vor sich her; und daß er nicht durch das Leben hastig und atemlos lief oder mit Würdigkeit und Bedachtsamkeit langsam schritt, sondern es zierlich, ja gewissermaßen tänzelnd durchtrippelte, mußte ebenfalls für ein nicht zu verachtendes Zeichen innerlichster Satisfaktion genommen werden. Er trug, wie es sich für ihn ziemte, ein wohlanständiges, halbgelehrtes schwarzes Habit, eine wohlfrisierte, tadellose Perücke und den Hut unter dem Arm. Er legte sowohl im Gehen wie in der Konversation das rundliche Haupt ein wenig auf die rechte Schulter, und ein gewisses Blinzeln der kleinen, doch sehr hellen Augen ließ vermuten, daß er a priori wie a posteriori den Kreis seiner Erfahrungen wohl zu erweitern wisse, und das Fältchen in den Mundwinkeln deutete darauf hin, daß er seinen lieben Nachbarn, Freunden und Verwandten nicht alles kommuniziere, was er im Geiste bewege. Man wußte in der Stadt Kopenhagen, daß er mit dem Königlichen Professor der Geschichte, Herrn Ludwig Holberg, in einem sehr lebhaften Verkehr stehe, und was dieses zu bedeuten hatte, das konnte jedermann sagen, der sich an dem großen Gelehrten und kuriösen Humoristen ergötzte oder ärgerte; denn des Mannes Neigung und Freundschaft waren nicht so leicht zu gewinnen, und es erhielten sie nur diejenigen, welche auch wieder etwas dagegen zu bieten hatten. Wenn aber sehr große Leute auf den Kreuzwegen wie Wegweiser stehen, damit alles vorüberwandelnde Hornvieh sich bequem und ohngehindert daran reiben könne, so gehörte Gedelöcke nicht zu den sehr großen Leuten, denn an ihm rieb sich niemand ungestraft, weder im Hause noch in der Gasse, und in der Kneipe gar nicht. Er hatte ein feines Erbteil Mutterwitz mit auf den Lebensweg bekommen und zahlte gern und mit großer Freigebigkeit einem jeglichen, der dessen zu begehren schien, davon aus – einerlei ob ein mehr oder weniger selbstbewußter Schädel aus dem Wehr-, Lehr- oder Nährstande in der gegnerischen Perücke steckte. Am liebsten hatte er's, wenn er einem Mitgliede der höhern oder auch niedern Geistlichkeit in solcher Art einen kleinen Überschuß über das antagonistische Guthaben auf den Tisch zählen konnte, und die Konsequenzen davon hatte er ebenfalls zu tragen.

Es verdichtete sich allmählich der Nebel um den Leuchter und das Licht seiner Existenz, und wenn die hüpfende Flamme dadurch vergrößert wurde, so erschien sie doch auch ungewisser, undeutlicher. Was anfangs nur die nächste Nachbarschaft sich kaum ins Ohr zu flüstern wagt, das schreien plötzlich die Ziegel von den Dächern, und der, welchem der Verdruß auf den Kopf fällt, wundert sich wohl gar noch darob. Die Gerüchte aber, so anfingen, über den Kurator in Umlauf zu geraten, waren im Anfange, ehe sie sich zu der letzten, bestimmten Berüchtigung zusammengezogen hatten, sehr verschieden und wechselnd in den Mäulern der Leute, je nach der Persönlichkeit, welche sich mit Herrn Jens Pedersen Gedelöcke im Widerspruch fand.

Die, welche sich sehr weise dünkten, sprachen von alchimistischen Narreteien, von den blanken Reichstalern, die auf der Suche nach dem Philosophenstein und Menstruum universale sich im Rauchfange des Kurators verflüchtigten, und zitierten mit bedächtlichem Kopfschütteln:

„O schädlich Acidum, das Seelen corrodiret,
Sal sulphur und Mercur zur Höll praecipitiret!
Er suchet Sol im Koth und Lunam in der Erden;
Wie kann das ewig Licht ihm dort zu Theile werden?"

Die Giftigern wollten wissen, er schlage seine Frau Mette geborene Niels, sei ein stinkender Geizteufel, welcher um desto ärger daheim die Zähne fletsche, je manierlicher und kompläsanter er in den Gassen einhertrete. Die Giftigsten aber hielten einander an den Rockknöpfen fest oder steckten über dem Kaffeetisch die Dormeusen zusammen und zischelten einander zu, der Kurator Jens Pedersen Gedelöcke sei auch ein Zeichen, daß nicht nur dem dänischen Zion, sondern dem ganzen Universo die letzte und höchste Stunde nahe, ein Zeichen, wie die soeben von den Astronomis entdeckten Flecken am Sonnenball, so nach der Opinion aller frommen und nachdenklichen Leute ad prognostica propinqua des Jüngsten Tages gehörten. Diese guten Nachbarn und lieben Freunde wußten ganz genau und erfuhren immer besser, der Kurator streife allgemach sein Christentum ab wie die Schlange ihre Haut; er gehe zu seinem größten Seelenschaden nur noch mit den verstockten Juden, ihren Lehrern, Rabbinern und Büchern um, zum Tische des Herrn sei er schon seit Jahren nicht mehr gegangen, den Sonntag halte er nicht mehr heilig, wohl aber der Juden Sabbat, und vor dem Fleisch der Schweine habe er einen unchristlichen Ekel. Es waren bald nur wenige Leute in der guten Stadt Kopenhagen, welche nicht an sich oder andere die Frage stellten, ob dieses nicht unerhört sei und ob nicht zum allgemeinen Salut und zur Abwendung von Gottes Zorn das hochlöbliche Polizeigericht sich der Sache anzunehmen habe.

Daß dieses dritte Gerücht den meisten Anklang und Widerhall in der Stadt fand, war nicht zu verwundern; die besten Freunde hielten dagegen nicht stand, und wäre auch wohl schon früher von oben her ein Einsehen getan, wenn solches bei Lebzeiten seiner Königlichen Majestät, Herrn Friedrichs des Vierten, tunlich gewesen wäre. Dieser Monarch aber war zur Betrübnis aller gottseligen Leute nicht so leicht dazu zu bringen, in solchem Falle einen Spezialbefehl ergehen zu lassen; er war ein feiner, lustiger und polierter Herr, welcher seine Freude am Leben hatte und jeglichen Untertan für das Heil seiner Seele selber sorgen ließ. Wie konnte er, der sogar das Privilegium für das erste dänische Nationaltheater gab und den „politischen Kannegießer“ selbst darin belachte, welcher von seinen französischen Komödianten mit sehr merkwürdigem Gusto den Tartüffe des Monsieur Molière agieren ließ, – dazu gebracht werden, einem Untertan ins Haus zu rücken, weil die Nachbarschaft behauptete, der Mann verrichte seine Andacht mit Gebärden, Neigungen des Hauptes und in einem leinenen Kragen, welche dem lutherischen christlichen Ritus und Zeremonial ein Greuel seien? Er tat's nicht, und der Kurator blieb in dem, was er tat, und dem, was er unterließ, insoweit unangefochten; aber es war ein Glück für ihn – Herrn Jens Pedersen Gedelöcke –, daß er, als Königliche Majestät in dem Jahre 1730 das Zeitliche segnete, über jegliche Anfechtung sich ebenfalls schleunigst erhob. Herr Christianus, des Namens der Sechste, stieg auf den dänischen Thron, der „dänischen Komödie Leichenbegängnis“ wurde aufgeführt; die dänische Welt veränderte in jeder Weise ihr Gesicht; doch das ist unsere Geschichte.

2.

Von den Herren Doktores Primus et Sekundus, imgleichen der Frau Mette Gedelöcke und dem ehrwürdigen Herrn Hieronymus Moekel von der Trinitatiskirche

Es war an einem Nachmittag im unfreundlichen Monat Februar des Jahres 1731, als zwei Ärzte, zu gleicher Zeit eilends herbeibeschieden, vor der Tür des Kurators anlangten und beim gegenseitigen Anblick die perückenbedeckten Häupter erhoben und jenes Lächeln erzwangen, welches so viel schwerer zu prästieren ist als ein Fußtritt oder ein Faustschlag. Die Namen der beiden Herren sind unsern genauesten Nachforschungen entgangen; so wollen wir denn jenen, der in einer Sänfte durch die strömenden Regenfluten heranschwankte, den Doktor Primus, und jenen, welcher in seiner stattlichen Karosse eine halbe Minute später anlangte, den Doktor Sekundus nennen. Sie waren beide glänzende Lichter in ihrer Kunst und Wissenschaft, und es war eine Freude, ihren gelahrten Diskussionen zuzuhören, vorausgesetzt, daß der Hörer ihnen nicht selber die Zunge zu zeigen hatte. Wenn Herr Jens Pedersen Gedelöcke sie beide zu sich gebeten hatte, so konnte dies für ein Zeichen genommen werden, daß es freilich zum Schlimmsten und Letzten gekommen sei, denn er wußte sonst ziemlich genau, was er tat; es fand sich aber, daß sie nicht auf seine eigene Einladung kamen.

Die beiden gelehrten Herren begrüßten einander auf dem Hausflur des Kurators, wie es sich schickte, mit einem *bonus dies, Collega!*, einem *Serviteur!* und *quid agis?* –, neigeten längere Zeit an der untersten Stufe der Treppe um den Vortritt die Häupter gegeneinander, hoben und senkten deprezierend die Achseln und schritten sodann in gleicher Linie nebeneinander aufwärts zum Zimmer des Patienten, vor dessen Tür sie Madam mit betrübtem Kompliment in Empfang nahm, und zwar mit dem Finger auf dem Munde, zum Zeichen, daß Fürsicht und Stillschweigen das erste sei, was sie von den Herren erbitte. Aus dem Krankenzimmer vernahm man einen merkwürdigen Gesang, und auf den Zehen schreitend führte die Frau Mette Gedelöcke die beiden Doktoren in ein Nebengemach, allwo sie zu ihrer nicht geringen Verwunderung den Pfarrherrn der Trinitatiskirche, Herrn Hieronymus Moekel, in tiefes kummervolles Nachsinnen und in einen sehr großen Armstuhl versunken, bereits vorfanden. Da geschah wiederum jenes würdige und zierliche Begrüßen, welches von dem achtzehnten Jahrhundert zu solcher Blüte und Vollkommenheit gebracht worden ist, dessen Wissenschaft und Ausübung aber im neunzehnten Säkulum leider verlorenging und im zwanzigsten vielleicht wiedergefunden wird. Die beiden hochpreislichen Fakultäten taten einander alle gebührenden Ehren an, während die hochbetrübte Hausfrau mit dem Nastuch vor den Augen dazu knickste und sich mit Wimmern und Geschluchz um die große Ehre und Hülfsbereitschaft, so ihr und ihrem Hause von den Herren erwiesen wurden, einmal über das andere bedankte. Erst als der Sitte und dem decoro in jeder Weise genug getan war, konnte, unter fortwährendem Horchen auf den fremdartigen Gesang hinter der Wand, die Konversation auf das Wichtigere geleitet werden, und der Doktor Primus tat dieses, indem er bemerkte:

„Brauche ich Madam leider kaum zu befragen, wie es dem Herrn Eheliebsten am heutigen Tage ergehe. Solches ist das rechte Wetter, die salia zu koagulieren, solches ist die Witterung derer Podagristen; aber der Herr Kollega werden mir beifallen, wann ich Madam die Versicherung gebe, daß der Patienten Ungebärdigkeit nicht das Schlimmste ist, was der Medikus auf seinem Wege zu sehen und hören wünschet. Und Madam darf sich keine unnötigen Sorgen machen, des Herrn Kollegen Sekundi Tinctura solis wird auch heut schon das Acidum obtundieren; der Herr Ehegemahl befindet sich in guter Hand."

„Die da sündigen, werden dem Arzt in die Hände fallen", sprach der Herr Hieronymus, das Haupt mit drohender Betrübnis senkend, während die Doktoren schnell die Köpfe in die Höhe warfen und der gelahrte Herr Sekundus die Gelegenheit nahm, mit einer neuen tiefen Reverenz sich bei Seiner Ehrwürden nach dem Verlauf des jüngsten Konsistorialessens und der darauf erfolgten Indigestion zu erkundigen, worauf Herr Hieronymus das Gespräch abermals näher zum Zweck führte:

„Messieurs belieben doch Platz zu behalten! Madam hat uns zu einer wichtigen Konsultation zusammenberufen in dieses Haus, allwo leider der Arzt des Leibes und der Arzt der unsterblichen Seele zu gleicher Zeit zu tun haben. Wahrlich, Madam hat als ein fromm christlich Eheweib gehandelt und ihre Bürde mit Tränen auf sich genommen. Dieses ist ein Haus worden, dessen Lieblichkeit zu übelm Geruch sich wandelte, ein Haus, dessen Tür belagert ist von unheiligen Geistern, so mit Zähnefletschen, Schweifringeln und Schlagen, mit verhaltenem Gebell und Geheul bei Tag und Nacht Einlaß begehren, löblicher Stadt und allem christlich lutherischen Volk zum Skandalum, zum allerschrecklichsten Ärgernis. Ja, die Herren wissen bereits, daß der böse Feind allbereits eingedrungen ist und neben dem Lager des Hausherrn sitzet und sich über ihn beuget und die Zähne mit Triumph blekket. Es klinget ein absonderlicher Sang in unser Ohr; aber Madam möge reden, und Messieurs mögen hören und uns sodann ihre treffliche Opinion mitteilen!"

„Ich bitte!" fiel der Doktor Primus vorerst dazwischen. „Es ist vor allem weitern die Frage zu stellen, ob wir hieher berufen seien als Medici oder als Theologi! Was saget der Herr Kollega?"

„Ich stimme dem Herrn Kollega bei und stelle mit ihm dieselbe Frage."

„Messieurs", rief der Pfarrherr mit großem Ernst, „wir sind hier in der dänischen Stadt Kopenhagen, allwo kein Inquisitionsgericht Sitzung hält über die Meinungen, doch weiß hochehrwürdiges Königliches Konsistorium sich auch verpflichtet vor Gott und Seiner Majestät, unserm Königlichen Herrn Christian dem Sechsten. Man spreche, wie man zu sprechen weiß; es wird an andern liegen, die Conclusiones zu ziehen."

„Ihr Herren, ihr lieben Herren", jammerte die Frau Mette, „in ganz Kopenhagen, auf ganz Seeland gibt's keine unglücklichere, geschlagenere Seele denn meine. Sie weisen in der Kirche und in den Gassen mit den Fingern auf mich: ‚Sehet, da gehet das Weib des christlichen Juden!' – Ich weiß mir am Ende nicht mehr zu helfen und kann's nur ertragen, weil mich der Herr Jesus Christus darzu erschaffen hat. Ich bin von lutherischen frommen Eltern allhier geboren, und mein Mann ist aus Helsingör und auch von christlichen Eltern geboren, solches ist ja von der Kanzel abgelesen bei unserer Trauung. Ich will auch in meinem lutherischen Glauben sterben; aber die Zungen der Leute bringen mich vor der Zeit um, und – drinnen liegt er, und der Juden Vorsänger, Meister Henrich Israel, sitzet neben seinem Bett und muß ihm psalmodieren, und es wird von Tage zu Tage schlimmer, wie er mit seiner ewigen Seligkeit umgehet und kein christlich Wort mehr annehmen will und mit den Rabbinern und jüdischen Schriftgelehrten mehr Gemeinschaft pflegt als mit seinem ehrlichen Eheweibe, so ihm doch bei Tag und Nacht den Fuß in Wolle schlagen und des Herrn Doktors Sekundi preiswürdige Medikamente eingeben muß. Ich habe es getragen, getragen, getragen; aber es hat alles sein Ende, und so habe ich es zuletzt zum Herrn Hieronymus Moekel von Trinitatis getragen und vor seiner Weisheit, Tugend und Gottesfürchtigkeit meine Last abgeleget –"

„Und Madam hat gar wohl daran getan", fiel der Pfarrherr wieder ein, „und die Herren belieben wohl Achtung zu geben und auf jenen Gesang hinter der Wand mit Bedacht zu horchen! Wahrlich, es handelt sich hier darum, christliche Gemeinschaft der Heiligen und ein reines Evangelium vor einem großen und unersetzlichen Schaden und einem stinkenden Ärgernis zu bewahren. Messieurs haben den Herrn Kuratorem dem Leibe nach in allen frühern Morbis und Hinfälligkeiten behandelt; nunmehro aber handelt es sich um eines angesehenen und wohlbekannten Mannes besseres Teil, und die Herren mögen wohl in Obacht nehmen, daß ihr Wort gewogen wird vor einem hochwürdigen Konsistorio, vor Königlicher Majestät erhabenem Thron und zuletzt droben mit der allerletzten Waagschale. So sprechen denn die Herren und sagen, ob der Kurator Herr Jens Pedersen Gedelöcke mentis compos, bei gesunden Sinnen sei und ein verlorener, verruchter Sünder, einer so die Schafe lässet und sich zu den Böcken gesellet, – oder ob ihn des Herrn Hand mit Wahnsinn geschlagen und nur das Irrenhaus mit einem Hirntollen abzurechnen habe?!"

„Herr Hieronymus und liebwerte Madam", sprachen beide Doktoren mit bedächtigem Kopfneigen; „es ist unsere feste Überzeugung und Meinung, daß der Herr Jens Pedersen Gedelöcke nur am Podagra laborieret und daß, wenn es, was der Himmel verhüten möge, zum Schlimmsten gehen sollte, viel mehr Expektanz vorhanden ist, die Krankheit steige ihm in den Magen, denn in den Kopf, als welchen letzteren es nach unserer Bekanntschaft in dieser erleuchteten Stadt Kopenhagen kaum einen zweiten gleich hellen gibt."

„So ist dieses Haus auserlesen, für alle Zeiten im feurigen Lichte des Verderbens zu scheinen!" rief der geistliche Herr mit erhobenen Händen, „und von dem Manne hinter der Wand wird's heißen:

Die, so den großen Gott und seiner Botschaft spotten,
Verschlingt der Schwefelpfuhl wie Kor- und Dathans Rotten!

Es ist der Juden Vorsinger, Henrich Israel, so ihm jetzo seine Leibstücklein vorpfeifet, – wahrlich ein Psalm für einen, so in der reinen Lehre geboren, erzogen und aufgewachsen ist. Wehe, wer wird ihm singen, wenn die Seele den körperlichen Leib verlassen hat? O Fraue, Fraue, wahrlich ist Ihr ein schwer Schicksal auferlegt worden!"

Der ehrwürdige Herr redete sich in immer größere Emotion, die Frau Mette rang mit Wimmern und Winseln die Hände, und beide Doktoren hatten das Kinn auf den Stockknopf gestützt und starrten ins Graue. Da schwieg die Stimme Judäas, und still ward's auch im betrübten Konklave, als ein hager und gelb Gesicht sich in die leise geöffnete Tür schob und ein breiter Mund sich vernehmen ließ:

„Madam, der Herr Kurator wünscht die pläsierliche Kompanie, so allhier bei Ihr versammelt ist, auch bei sich zu bekomplimentieren!"

Sotane Visage eignete Herrn David Bleichfeld, dem Famulo des Herrn Pedersen Gedelöcke, und zog sich ebenso schnell zurück, als sie sich langsam vorgeschoben hatte.

3.

Von dem Famulo Herrn David Bleichfeld

In einem ziemlich großen, dunkelgrün ausgeschlagenen Gemach stand das Bett des Kurators, zu Häupten vor allem bösen

Zugwind durch eine spanische Wand geschirmet, auf welcher allerlei chinesisches Volk Tee trank, auch in Gartenhäusern sich erlustierte oder mit großen Sonnenschirmen spazierenging. Von dem Kurator selber erblickte man wenig mehr als die mächtige Zipfelmütze, das rote indische Tuch, mit welchem die Stirn umwunden war, und die blaue Nase, welche eine nicht geringe Ähnlichkeit mit der einer dänischen Bulldogge hatte, deren Konterfei dem Bett gegenüber an der Wand zu sehen war. Beim Eintritt der Gattin, des geistlichen Herrn und der beiden Ärzte erhob sich die Nase um ein weniges; der Famulus schob dem Kranken noch ein Kissen unter den Kopf, worauf die hohe Nachtmütze mit recht freundlichem Nicken den Besuch begrüßte und der Kurator sprach:

„Ei guten Tag, Messieurs; ich gratuliere mir zu dieser schönen Gesellschaft. Davide, setze Er Stühle; mon coeur, frage, womit wir aufwarten können; ein Gläschen spanischen Weines wird eine Annehmlichkeit um diese Zeit des Tages sein, wie ich selber eine häufige Erfahrung davon habe."

Der Doktor Primus räusperte sich mit einem würdigen Lächeln, und der Doktor Sekundus klärte seine Kehle auf dieselbe Weise, allein Herr Hieronymus sprach mit abwehrender Handbewegung:

„Wir danken dem Herrn Kuratori, doch gelüstet unserer Zunge nicht nach irdischem Wohlschmack. Diese zwo Herren führt ihr leiblicher und mich mein geistlicher Beruf hieher."

„Ei, ei", sagte Jens Pedersen Gedelöcke. „Ehrwürden verpflichtet mich immer mehr; doch – was saget mon coeur, meine Eheliebste? Welch einen Beruf wendet sie für?"

„O Jens!" rief die Frau Mette, „du weißt, daß es immerdar nur meine Liebe und meine Sorge für dein irdisch und ewig Heil ist, welche mich bei dir festhält!"

„Ei, ei, ei!" wiederholte der Kurator und setzte hinzu: „Davide, was stehet Er und gaffet? Sein Gesicht wird dummer von Tag zu Tage; – lasse Er den Hispanischen bringen, die Herren Doktores werden mir nicht den Trost in meinem Jammer versagen."

„Man muß denen Patienten ihren Willen lassen, Herr Hieronymus“, sprach der Doktor Sekundus mit einem freundlichen Lächeln zum Pastor der Trinitatiskirche, und der Doktor Primus sah dem Famulo mit einem beifälligen Kopfneigen bis zur Türe nach. Dann, als der Wein gekommen war, ein jeglicher – selbst der Pfarrherr – sein Spitzglas auf dem Knie hielt und David Bleichfeld wiederum das Zimmer verlassen hatte, erhob sich der Kurator Gedelöcke auf den linken Ellenbogen, blickte im Kreise umher und verglich im Innersten die drei schwarzen Herren und die in ein trübes Grau gekleidete Gattin mit drei würdigen alten Raben und einer ältlichen Mantelkrähe und sich selber in seinem Leiden mit einem podagristischen Mops, welcher sich bewußt war, was er im Leben genoß, und deshalb die Kondolenzvisite mit Geduld und Humor annehmen konnte. Mit großer Gewalt, Beredsamkeit und Salbung rückte Ehrn Hieronymus Moekel von der Trinitatiskirche dem wunderlichen Heiligen auf den Leib, und die Frau Mette begleitete jeglichen Angriff mit leisem Gewimmer und lautem Beifall; die beiden Ärzte aber hielten sich mehr passiv und an den Spanischen, bis sich der Kampf auf ein Terrain wälzte, das weniger Gelegenheit gab, sich zu kompromittieren. Was den Famulus David Bleichfeld anbetraf, so stund derselbe draußen vor der Türe, hatte seine lange dürre Gestalt rechtwinklig eingeklappt und wechselte mit dem Auge und dem Ohr vor dem Schlüsselloch und begleitete das Spiel im Innern des Gemaches außerhalb desselben mit den verwunderlichsten Grimassen, Gesten und den allerkuriosesten Paraphrasen, Noten und Zitaten. Da er ein recht gelehrter Mensch war und seinen Herrn liebte, so wollen wir uns mit dem begnügen, was er aus der Unterhaltung der andern abzog, sintemalen es auch wohl nicht lohnen würde, ein jedes Wort der Konversation dem eiligen, atemlosen Publiko von neuem vor die Nase zu rücken.

„Philister über dir, Simson!“ murmelte der Horcher an der Wand. „Heißa, jetzt haben sie ihn zwischen den Kneifzangen, wie den Stürzebecher auf dem Markt zu Hamburg. Horch, da ist der Pfarrherr schon auf dem Wege gen Damaskon, und das

Gleichnis vom schnaubenden Saulo passet wie die Faust aufs Auge. Drauf, pro libertate christiana, gebt es ihm, Herr Kuratore! Ha, ha, an den Tod gläubet Ihr, sintemalen er alle Eure Vorfahren verschlucket hat? Ein hohes Konsistorium hätte es Euch nicht zugetraut, aber ein alter Heide und Ägyptier bleibt Ihr doch und nehmet Eure Gerippe auf Eure Gastmähler nur deshalb mit, um bei ihrem Anblick desto vergnügter das Leben zu genießen! Noch ein Gläschen Alikante, Herr Doktor Primus? Ist es keine ratio theologica, daß man die, so in der christlichen Kirche christlich gelebet, auch in der Versammlung der Kirchen, welche der Tempel ist, ehrlich begrabe? O Gedelöcke, Gedelöcke, du willst nicht durch die Gewölbe und Steinplatten verdampfen und jeglicher frommen Nase zum Ärgernis und Leibesschaden werden?! O Gedelöcke, welch ein heidnischer Jud bist du, da es dir einerlei ist, ob die Auferweckung der Auferstehung vorhergehe: ist es dir nicht bekannt, daß geschrieben stehet: resuscitatio est causa resurrectionis?' – Also um 9976 Meilen ist das Firmament jüngsthin eingesunken, Herr Doktor Sekundus? – Das ist freilich ein erfreulich Zeichen des kommenden Jüngsten Gerichtes; aber Er ist doch ein heimlicher Jude, Herr Jens Pedersen Gedelöcke, und wird dahin fahren, wohin Ihn der Herr Hieronymus von der Dreifaltigkeitskirche dirigieret. O, ruchlose Seele, ist die Hölle nicht so heiß, wie man sie machet? Gedelöcke, Gedelöcke, wie hast du den rechten Weg verfehlet mit deinem metaphorischen Feuer! – Wo Rauch ist, Apokalypse, vierzehntes Kapitel am zehnten und elften Vers – da ist auch Flamme – Lukas im sechzehnten Stück, Vers vierundzwanzig! Was soll's nunmehro mit unserm Meister Henrich Israel? O ha, anjetzo fangen wir an und ziehen erst die rechten Register. O Gedelöcke, o Herr Kuratore, jetzt geht's mit Ihme um die Ecke und kopfüber in den Pfuhl der Verdammnis; einen guten Stilum magst du schreiben, mit dem Mund magst du wohl spitz und scharf auf den rechten Fleck zufahren; aber besser wär's dir doch gewesen, so du nicht der Gelehrten, Weltweisen und verführerischen Rabbiner Schriften studieret hättest, sondern bei der lautern Milch des

Evangelii geblieben wärest! Das ist keine Sache für einen gläubigen Christen, daß er seinen Braten immerdar beim jüdischen Schlachter einkaufe; wer aber das Schwein und alles, was von ihm kommet, verachtet, der mag sich wahren, daß er nicht selber –"

Der Famulus schnellte im jachen Schreck zurück und in die Höhe; im Gemache seines Herrn hatte sich urplötzlich ein gewaltiger Tumult erhoben. Stühle wurden mit Gepolter zurückgeschoben; die Glocke des Kurators läutete gellend Sturm; die Stimme der Madam mischte sich schneidend in das dumpfe Gebrumm der Mediziner und den rollenden geistlichen Donner: Gedelöckes Stimme aber klang klar gleich einem Trompetenstoß durch die Schlacht:

„Davide! Davide! Wo steckt Er? Davide, eile Er herbei, komme Er Seinem geschlagenen Herrn zu Hülfe, Davide, Davide!"

Mit einem Sprunge stand der Gerufene im Krankenzimmer.

„Drauf, Davide!" schrie der Kurator. „Führe Er die Herren die Treppe hinunter, und sorge Er, daß niemand Schaden leide. Da – da, bei Moses und allen großen und kleinen Propheten, bei der schönen Judith und dem grausamen Feldhauptmann Holofernes, beim Bel zu Babel, beim Drachen zu Babel, bei der keuschen Susanne im Bade, die Herren werden's verzeihen, daß ich ihnen nur meine Nachtmütze auf den Weg mitgebe."

Herr Jens Pedersen Gedelöcke saß hochrot und tiefblau vor Ärger und Aufregung im Bett und ließ seinem Worte die Tat im nämlichen Moment folgen. In bedrohlichster Nähe flog die Zipfelmütze des Kranken an der Nase des Pastors vorüber, und Herr Hieronymus Moekel erhob die Hände, um den Himmel zum Zeugen dieser Verruchtheit aufzurufen, schüttelte den Staub von den Füßen und verließ das Haus des Kurators mit dem festen Entschluß, draußen noch einige Worte in dieser Angelegenheit zu reden. Die beiden Ärzte folgten dem Beispiele des geistlichen Herrn, nachdem noch der Doktor Sekundus in seiner Eigenschaft als Haus- und Leibarzt des Kurators versucht hatte, eine versöhnlichere Stellung ihm gegenüber einzunehmen. Die Frau Mette verschloß sich mit ihren Krämpfen und Konvulsionen in ihr Kämmerlein, und der heillose Sünder und Verächter jedes menschlichen und göttlichen Rechtes, Jens Pedersen Gedelöcke, ließ sich von seinem Famulus die Kissen zurechtschieben und sprach tiefaufatmend:

„Schenke Er Ihm auch ein Glas Spanischen ein, Davide, daß ich doch Einen anständlichen Menschen derer Gottesgabe genießen sehe. Tausend lappländische Donnerwetter!"

„Ihr zeitliches und ewigliches Heil und Wohlsein, Herr Kurator!" sprach der Famulus, mit tonloser Gravität das gefüllte Glas an die Lippen führend.

„Ich danke Ihm, Monsieur Bleichfeld", sagte Gedelöcke. „Hoffentlich hat Er nach Seiner Gewohnheit an der Tür das Notwendige erhorchet; – Herr Ludovikus hat keine bessere Komödie aufführen lassen, und Er hat's gratis gehabt, Davide. Ei, ei – riechet Er noch den Schwefel? – hat der Pfaff mir eingeheizt, wie der König Nebukadnezar den drei Männern im feurigen Ofen! Jetzt sage Er mir selber, Davide, bin ich ein Jud oder keiner? Ich will Ihm alles glauben."

„Ich halte Ihn so wenig für einen Juden, Monsieur, als für den Verfertiger der Berleburger Bibel oder sonst einen Chiliasten!" sprach der Famulus mit Überzeugung. – –

Der Regen fuhr in immer heftigeren Strömen hernieder; im Innern des Hauses des Kurators Gedelöcke vernahm man keinen Laut. Die Mägde und der Knecht kauerten verschüchtert um den Küchenherd, und Madam mit ihrem Töchterlein rührte sich nicht; – auf den großen Sturm war das tiefste Schweigen gefolgt. Ein schwarzer Kater stieg wie der Geist des Hauses langsam vom Bodenraum herab, schritt über den Gang und kratzte oder klopfte vielmehr an der Türe des Kurators.

„Öffne Er dem Mutz, Davide", sagte Herr Jens; „das Vieh wird auch kommen, um wegen der Emotion und des Tumultes zu kondolieren. Hierher, Mein Kater, mein guter Kerl, jaja, es ist eine tugendsame und fromme Welt. Jaja, mein armer Mutz, die Totenkäuze waren da, und es stehet dahin, wie lange Er mir noch den Magen wird wärmen dürfen."

Mit Geschnurr sprang der Schwarze auf das Bett seines Herrn, der ihm ganz zärtlich den Pelz streichelte und, als das Tier sich zum behaglichen Schlummer zusammengerollt hatte, plötzlich recht ernhaft gegen seinen Famulus begann:

„Davide, es ist eine alte Geschichte und nicht viel Besonderes daran; aber Er weiß, was ich an Ihm getan habe, wie ich Ihn von der Gasse in mein Haus nahm, Ihn wärmte, kleidete und fütterte und Ihm seine Kollegia umsonsten verschaffte. Ich weiß auch, daß Er mir zugetan ist von ganzem Herzen, und Ihm ist's nicht unbekannt, welch ein Trost mir Seine längliche Figur und hohe Sapienz zu jeder Zeit gewesen ist. Zur Lustigkeit ist Er nie geneiget gewesen, also wird Er auch anjetzt wohl ein bedächtiges Wort mit Ihme reden lassen. Famule, es ist aus und zu Ende mit dem Königlich Dänischen Untertan Jens Pedersen Gedelöcke, und der Kurator überläßt der Welt Cura und Gaudium denen, so nach ihm kommen. Ihm, Davide, habe ich meine Bibliotheka und zweitausend Reichstaler vermacht, Madam und das Kind werden das Ihrige erhalten – lasse Er das Heulen, Davide! Der Meister Henrich Israel ist ja gar nichts gegen Ihn! –, meine Seele gebe ich dem, welcher sie dem Erdenkloß einblus; was den Erdenkloß selber aber anbetreffen mag, das ist in diesem mit meinem Handsiegel pitschierten Skriptum enthalten, und lege ich solches mit Vertrauen in Seine Hände, auf daß Er es, sobald der Kurator Gedelöcke, Sein alter Patron, abgelaufen ist und Zeiger und Pendulum stillstehen, an die richtige Adresse abliefert. Was darauf zu tun ist, das wird sich finden, und mag auch Er, Davide, Seine Stimme im Consilio haben als ein treuer Diener und ein prudenter Kopf. Den Mutz vermache ich Ihm auch und weiß, daß Er fein lieblich mit ihm umgehen und sich keine Winterkappe aus seinem Pelz machen lassen wird. Nun gebe Er mir auch ein Glas Spanischen, einem jeglichen, so etwas dagegen zu sagen weiß, zum Trotz, – pereat materia peccans cum titulo pleno! Lege Er mir die Kissen zurecht und lasse Er mich ein Stündlein allein; wenn der Mensch es also kühl gegen den Magen heraufsteigen spüret, so hat er mancherlei zu bedenken, daß ihm seine allerbesten Freunde zum Überdruß werden mögen."

„Herr Kuratore", sprach der Famulus, „ich liebe Ihn von ganzem Herzen und von ganzer Seele; Er ist mir mehr als ein Vater gewesen, und Sein Vermächtnis rühret mich mehr als zu sagen ist. Ich verhoffe, daß ich Ihm noch lange Jahre mit Kopf und Hand und Herzen, mit der Feder und mit dem Maule zu Diensten sein darf; diesen Brief aber werde ich zur richtigen Stunde, wenn es nicht anders sein kann, an den Herrn Obristen von Knorpp abgeben, verlasse Er sich drauf."

„Optime!" sprach Gedelöcke, das Gesicht der Wand zukehrend. „Es ist eine kuriose Welt; bestelle Er mein Kompliment an den Benediktus, Davide; das Regiment ist auf dem Marsch von Altona her."

4.

Von dem Herrn Obristen Benediktus von Knorpp

Von den soeben beschriebenen Stunden an flossen natürlich nunmehr alle die verschiedenen bedenklichen Gerüchte über den Kurator in der einen entsetzlichen Gewißheit von der grausamen, abscheulichen und verruchten Apostasie des Mannes zusammen, und mit schauderndem Wohlbehagen sah ihm die Stadt Kopenhagen in die Fenster. Nun kamen die absonderlichsten Histörchen zu Haufen hervor wie die Regenwürmer beim Laternenschein, und hundert Leute, welche den Kurator in ihrem Leben nicht gesehen hatten, erinnerten sich an Dinge und Worte aus jeder Epoche seines Daseins, die wohl geeignet waren, die allgemeine christliche Betrübnis zu begründen und zu steigern. Die Herren Doktores segneten ihren abtrünnigen Patienten nach jeglicher Krankenvisite; denn wenn auch ihre Kunst sie dann und wann im Stiche lassen mochte, Jens Pedersen Gedelöcke ging ihnen nimmer aus, und wie nützlich und annehmlich ein solcher stets frischer Gesprächsstoff sein mag, das weiß der wohl, so selber eines solchen in seinem Berufe bedürftig ist. Auch der ehrwürdige Herr Hieronymus zog nach besten Vermögen seinen Vorteil aus dem halsstarrigen rationalistischen Sünder und wußte ihn an jedem Sonntag in seiner Trinitatiskirche in einer andern und stets feurigeren Beleuchtung als abschreckend Exempel auf die Kanzel zu bringen und fand nur einen Dorn an der Rose, nämlich den frommen Eifer der Kollegen, so den Kuratorem zu eigenem Gebrauch entlehnten, ohne das ius primae possessionis im geringsten zu achten. Was den Famulus David Bleichfeld anbetraf, so konnte derselbe nicht mehr über die Gasse gehen, ohne daß sich Mann und Weib an seinen Mantel oder Rockschoß hingen, um ihn mit Fragen, Kopfschütteln und guten Ratschlägen bis aufs äußerste zu torquieren.

Im Hause selber hockte die Frau Mette im Sack und in der Aschen, hielt ihr Töchterlein zwischen den Knieen, genoß wie die Stadt Kopenhagen den kitzelnden Schauder des unerhörten Zustandes und nahm dazwischen in zerknirschter Gehobenheit die wunderlichsten Kondolenzbesuche an. Es kamen Leute aus den höchsten wie aus den niedrigsten Ständen zu ihr: gottesfürchtige Kammerherrn und Hofdamen vom erleuchteten Hofstaat Seiner Majestät des Königs Christian des Sechsten, theologisierende Geheimräte, mystische Schuster, wohlmeinende Bürgerfrauen, besonders aber viele Pastorenwitwen mit den gedruckten oder ungedruckten Predigten ihrer Seligen und mehr als ein inspiriertes Waschweib. Die hohe und niedere Geistlichkeit hielt das Haus blockiert, wie der Türk den Russen Anno elf am Pruth; im Schoß der Universität summte und brummte es wie in einem Bienenkorb, der sich zum Ausschwärmen rüstet, und es war kein Teetopf, kein Bierkrug und keine Bettgardine, hinter welchen nicht das Pro und Contra in Sachen Gedelöcke mit Eifer abgewogen wurde.

Gedelöcke selber verbiß seine leiblichen Schmerzen hinter verriegelter Tür, ließ sich von seinem getreuen Famulo das Buch Koheleth, welches wir den „Prediger" Salomonis nennen, vorlesen, schlug noch einen Hauptsturm der Kopenhagener Prediger ab und machte am ersten Ostertage des durch ihn so denkwürdigen Jahres 1731 sein Wort wahr und ging mit dem Gefühl, als ob ihm ein eiskalter Teller auf den Magen gedrücket werde, hinüber in eine bessere Welt, um vor einer andern Stelle als dem dänischen Oberkonsistorio und dem Kopenhagener Polizeimeister und obern und untern Publiko von seinem Leben, Taten und Meinungen Rechenschaft zu geben. Er ersoff, verstockt wie Pharao, elendig im Roten Meere seiner Sünden, wie der Pastor Hieronymus Moekel sagte. Er zeigte, daß er zur richtigen Zeit seinen Abtritt zu nehmen wußte, wie der Professor Ludwig Holberg mit einem noch vieles andere sagenden Achselzucken bemerkte. Er schlug sich dreimal an die Brust und rief: „Ich weiß, daß ein allmächtiger Gott ist!" und verschied – wie Monsieur David Bleichfeld später auf dem Polizeiamt berichtete.

Nun weiß man aus der Geschichte, daß um die Stunde, da der großmächtige, grausame Tyrann und verruchte Königsmörder Olivier Cromwellius, so sich auch den Protektor von England heißen ließ, den Atem verhauchte, ein erschrecklich Unwetter sich erhob, welches viele Fensterscheiben und Schornsteine zerschlug, auch manchen Baum umwarf und sonst vielerlei betrübtes Unheil anrichtete: um die neunte Abendstunde des ersten Ostertages 1731, als der Kurator Gedelöcke seine Rechnung abschloß, entstand nur ein trockenes Wehen, das kaum den Staub und die Abfälle in den Gassen von Kopenhagen umherwirbelte, aber späterhin so gut wie das engelländische Sturmwetter zu den „Zeichen" gerechnet wurde. Es rasselte der Wind ein wenig an dem Fenster, als klopfe eine Hand an die Scheiben. „So lasse ich dich dem, welchem du angehören willst, Jens Pedersen Gedelöcke!" rief der Prediger von der Dreifaltigkeitskirche und entfernte sich mit seinem Küster Jesse Brägge; das Gesinde stürzte fort, die Frau verbarg sich mit dem Töchterlein in ihrem Gemache. Niemand harrte bei dem toten Manne aus als sein Famulus und sein Kater, welcher letztere später natürlich ebenfalls zu den „Zeichen" gezählt wurde. Und als David Bleichfeld eine halbe Stunde nach dem Tode seines Patrons in sein Kämmerlein hinaufstieg, um aus dem verborgensten Schubfach seines Schreibpultes das an den Herrn Obristen von Knorpp gerichtete Schreiben des Kurators hervorzunehmen, hielt der Kater die Leichenwache fürs erste ganz allein.

Mehr instinktmäßig und mechanisch als in klarer Überlegung dessen, was geschehen müßte, richtete der Famulus den letzten Auftrag seines Herrn aus; aber selbst die Gewißheit, nur der letzten Grille des Verstorbenen Vorschub zu leisten, würde ihn auf seinem Wege nicht aufgehalten haben.

Er verließ das Haus und trug das versiegelte Papier in beiden Händen vor sich her durch die finstern Gassen. An einer Ecke traf er auf die ehrwürdigen Herren von der Trinitatis- und der Frauenkirche, welchen ein Diener mit der Laterne vorleuchtete. Sie hielten den Verstörten an und sprachen, indem sie eine längere Zeit hindurch an seiner Seite schritten, heftig und hitzig auf ihn ein, ohne daß er sie anfangs verstand. Als er aber allmählich ihre Meinung und die Wege, welche sie gingen, begriff, da schob er das Schreiben Gedelöckes hastig in die Brusttasche und knöpfte mit zitternden Fingern jeden Knopf darüber zu; noch hastiger nahm er sodann seinen Abschied von den zwei Pastören und beschleunigte seine Schritte dergestalt, daß er fast gänzlich außer Atem vor der Wohnung des Obristen Benediktus von Knorpp anlangte und vor übermächtiger Aufregung und Mangel an Luft kaum imstande war, daselbst Einlaß zu begehren und seinen Namen zu nennen.

Da stand er denn auf dem Hausflur und murmelte: „Ah, so ist es gemeint! So ist es – o, ich konnte es mir denken! O, Jens Pedersen Gedelöcke! O, Herr Kurator! O, mein guter, guter Herr und Patron!“ und aus dem obern Gestock des Hauses drang ein rauher, kriegerischer Gesang herab, welcher sein erschüttert Gemüte auch wenig kräftigte und festigte. Nun führte ihn eine uralte, hexenartige Dienstmagd die Treppe hinauf; nun trat er aus der Kühle in die Hitze, nun stand er zwischen gepackten Soldatenkoffern in einem dichten Nebel von Tabaksqualm, und das Lied von der Schlacht bei Kjöge paßte fürtrefflich zu dem Manne, so in hohen schwedischen Stiefeln, mit der Tonpfeife im Munde, zwischen dem Fenster und dem hohen Steinkrug auf dem Tische hin und her schritt und jedesmal, wann er die Nase und den Schnauzbart in dem Kruge versenkte, wußte, was er tat.

„Der Herr Obriste sind heute mittag von Altona angelanget und gehen übermorgen mit dem Regiment nach Frederikshall", hatte die Wirtschafterin auf der Treppe dem Famulo mitgeteilt, und der Herr Obrister kommandierten sich selber „Halt!" und „Front", standen stocksteif vor dem Boten des Kurators Jens Pedersen Gedelöcke und schnarrten:

„Bonsoir, Monsieur Bleichfeld; ist Er's denn, oder ist Er's nicht? Bei allem, was lebet, wie siehet Er aus, Herr Studio! Ist Ihm der General Stenbock, der König Karl oder der Teufel selbst begegnet? Was bringet Er mir von Sich oder Seinem Herrn?"

„Der Herr Kurator lassen sich dem Herrn Obristen allergehorsamst rekommandieren; – vor einer Stunde sind sie sanft entschlafen."

„Halt!" schrie der Kriegsmann, beide Hände wie Klauen dem zusammenknickenden Famulus auf die Schultern schlagend und ihm die scharfe dünne Habichtnase so nahe als möglich unter die Augen rückend: „Ruhe im Glied! Was hat Er gesaget, Monsieur?"

Der Famulus wiederholte stotternd seine Nachricht, die hellen Tränen liefen ihm dabei jetzo über die hagern Backen, und der Kriegsmann ließ seine Schulterblätter frei, leerte im jähen Schrekken und Schmerz seinen Krug bis zum Grunde, setzte sich auf den nächsten Holzschemel und seufzte in tiefster Zerknirschung:

„O David Bleichfeld, das verdirbt mir mehr als diesen Abend! O Bleichfelde, mit diesem Wort hat Er mir mehr in der Hand zerbrochen als diese tönerne Pfeife, und Famule – holla – ich kenne den Jens Pedersen – und ich glaube Ihm noch nicht, Monsieur David! Er ist geschickt worden, mich anzulügen zum Willkommen, Kamerade, – sehe Er mir noch mal in die Augen."

Noch einmal packte der alte Kriegsmann den Unglücksboten und sah ihm in das klägliche Gesicht. Als er ihn aber zum zweiten Male freiließ, zweifelte er nicht länger, sondern seufzte:

„O Jens, Jens, du halsstarriger, widerborstiger, närrischer Bursch, so hast du mir denn den letzten Schabernack gespielt und bist vom Posten abgezogen, ohne Losung und Rapport zu hinterlassen. O du fahnenflüchtiger Bösewicht, die Hand hättest du wenigstens mir noch einmal drücken sollen! Monsieur Bleichfeld, ich sage Ihm, das hat mir nicht geschwanet, daß ich zu einem solchen Feste aus Holstein einrücken solle. O Jens, eine solche Freundschaft wie die unsrige ist nie erhöret worden, und nimmer haben zwo menschliche Kreaturen in solchem Hader, Ekel und Widerwillen miteinander gelebet, denn wir zwei beide! Monsieur Bleichfeld, seit wir uns vor unserer Väter Türen zu Helsingör um Ball und Kreisel die Köpfe blutig schlugen, seit wir in Rosenborg-Have Anno 1695 um die Mamsell Spegelmann einander in die Haare gerieten, sind wir wie zwo Zwillingsbrüder gewesen und haben kein Jahr verstreichen lassen, ohne uns gegenseitig aufs Eis zu führen, und nun ist er fortgegangen, Meister Bleichfeld, und hat seinen alten Kumpan allein im dänischen Dreck gelassen! Ich habe schon längst in Altona auf seine diesjährige Schnurre gewartet; aber solches geht doch über allen Spaß – ohne ein Aviso – ohne ein Wort zum Abschied –“

„Nicht ohne ein Wort zum Abschied, Herr Obrister!“ rief der Famulus, das Schreiben seines Patrons hervorziehend. „Dieses ist für Euch, Herr von Knorpp, und mir auf die Seele gebunden. Leset und lasset mich Eurer Opinion, Eures Rates und Trostes genießen; es ist seine letzte Meinung also gewesen.“

Mit eilfertiger, ein wenig zitternder Hand hatte der Oberst nach dem wohlversiegelten Brief gegriffen, ihn mehrfach von jeder Seite beäugt und endlich erbrochen.

Da saß er am Tisch, die Skriptur auf Armeslänge von sich abhaltend, und das wechselnde Spiel der Muskeln auf seinem runzligen, zähen, verwetterten Ledergesicht war wohl eines feinen und gewandten holländischen Pinsels würdig. Betrübnis, Erstaunen, Zornigkeit und helle Wut zerrten in solcher blitzesschnellen Folge Stirn und Nase, Schnauzbart, Kinn, Backen und Mundwinkel durcheinander, daß der kummerbelastete Famulus ob des mirakulosen Anblicks betroffen Schritt für Schritt zurücktrat und zuletzt, als der Kriegsmann mit einem wilden Fluch und einem donnernden Faustschlag auf den Tisch verkündete, daß dieses das Tollste und Heilloseste sei, was ihm seit dem Travendahler Frieden vorgekommen, – wie von dem Faustschlag selber getroffen zusammenfuhr und schier in sich selber verschwand.

„Weiß Er, David Bleichfeld, was er mir hier schreibt“, schrie der Obrist und brüllte, als der Famulus den Kopf schüttelte: „Er wendet sich an mich und an Ihn, Davide, um sechs ungehobelte Bretter und ein stilles Loch in der Erde! Er weiß, was für schwarzes Gevögel ihm über dem Kopfe fliegt und herabstoßen will! Wir beide sollen ihn begraben, Monsieur, bei Nacht und Nebel, still und fein säuberlich, Monsieur. Er hat uns seinen armen stinkenden Leichnam vermacht, Meister David Bleichfeld. Seinem Hausdrachen trauet er nicht über die Gasse und noch viel weniger bis auf den Kirchhof, und was den ehrwürdigen Herrn Hieronymus Moekel anbetrifft, so – – Himmel und Hölle, bei allen Gruben, an denen ich je auf einem dänischen champ de bataille gestanden habe, Jens Pedersen Gedelöcke, es soll geschehen, wie du es wünschest, und sollte ich das Haus mit meinen Füsilierern im Sturm nehmen müssen!“

Auch der Famulus las nunmehro das Schreiben des Kurators und rief sodann: „O Herr Obrister, er hat recht, und Eile tut wahrlich not! Der Herr Oberprediger von Trinitatis ist freilich schon auf dem Wege, ein hochehrwürdiges Konsistorium ist bereits zusammenberufen, und was die Dunkelheit dieser Nacht gebiert, das wird am Morgen gar schön und propre daliegen –“

„Und übermorgen segeln wir auf Alt-Norge!“ rief der Kriegsmann, den Dreimaster auf die Perücke stülpend; „Gewehr über! Marsch auf der ganzen Linie! O Jens, Jens, wie magst du von deiner Wolke herablachen, denn also hast du mich in deinem ganzen Leben noch nicht zum Narren gehalten; aber wer zuletzt lacht – ach Gott, es ist eine elende, nichtsnutzige Welt – marsch, Meister David, lasse Er die schwarzen Vögel nur zu Haufen fliegen; wir holen meinen Regimentsfeldscherer, Herrn Snorro Skalholt, aus seinem Garnisonsspital; dann können wir ihnen die Volte zu drei schlagen, und, Monsieur David Bleichfeld, wenn Er übermorgen mit mir und meinem Regiment an Bord des Själland gehen will, so soll Er mir hochwillkommen sein, und zu überlegen wär's!"

„Jawohl, zu überlegen wär's!" seufzte der Famulus; aber der Gedanke an das Testament des Kurators Gedelöcke, an die herrliche Bibliothek und die zweitausend dänischen Reichstaler legte sich ihm wie ein spanischer Reiter in den Weg; mit einem Ruck der Verzweiflung zog er den Hut in die Stirn, folgte unsicheren Schrittes dem Kriegsmann, welcher bereits die Treppe hinunterstapfte, und fand sich zwanzig Minuten später vor dem Spital der Kopenhagener Garnison unter dem Fenster des isländischen Doktors, welches der lange Oberst, auf den Zehen stehend, mit dem Stockknopf grad erreichte.

„Wach ist er; aber Danziger Goldwasser ist auch ein liebliches Getränke", sprach der Herr von Knorpp. „Da werden wir ihm doch wohl die Scheibe einschlagen müssen. Hallo, holla, da ist er!"

Auf das wiederholte Gepoch wurde mit einem grimmigen Getöse das Fenster in der Höhe aufgerissen, und, beleuchtet von einer flackernden Kerze, schob sich der dickste Kopf der dänischen Monarchie in die Nacht vor.

„Ist das nicht wie ein Nordlicht?" fragte der Oberst, seinen Ellenbogen dem Begleiter in die Seite stoßend. „Gut Freund, Meister Snorro Skalholt! Steige Er hernieder, Camarado, man hat eine Arbeit für Ihn!"

„Eheu, dux legionarius!" schnarrte die Erscheinung im Fenster, das zerwühlte flachshaarige Haar zurechtschüttelnd. „Seid Ihr es, Herr von Knorpp? Was habet Ihr für Euern Gehorsamsten? Mit oder ohne Messer, Obrister?"

„Herunter mit dir, Island!" schrie der Kriegsmann. „Das Weitere wird man dir schon auf dem Wege sagen!" Das Fenster schloß sich; der Doktor Snorro Skalholt trat in die Gasse und erfuhr, um was es sich handle. Fürderhin lachte er nur von Zeit zu Zeit grimmig in den Bart und rieb sich die Hände unter dem Mantel. Bereit, auch das Äußerste für ihre Pflicht zu nehmen, erreichten die drei Verbündeten das Haus des Kurators Jens Pedersen Gedelöcke.

5.

Von dem isländischen Regimentsfeldscherer Herrn Snorro Skalholt und von Mynheer van der Tromp, weiland zu Leyden

„Halt!“ kommandierte wiederum der Obrist. „In keinem Scharmützel, in keinem Treffen bin ich mit einem solchen Gefühl im Magen in die Schlachtlinie gerückt, und Er, Skalholt, lasse Er das abscheuliche Gegrunz und Gelach; hätt Er den Gedelöcke gekannt wie wir, es würde Ihme auch schwüler ums Herz sein.“

„He, he, he, ich lache nicht über den Herrn Kurator, monsieur le colonel; mich lächert Mynheer van der Tromp, den wir zu Leyden stahlen zur Ehre der Wissenschaft. Lasset mich sehen – Lemort, Hotton, Boerhave und ich teilten uns in ihn; – jaja, die drei andern sind als große lumina, als weltberühmte Lichter ausgegangen, und ich bin ein armer Feldscherer worden; aber was hat der Mensch von aller Gloria, wann er tot ist? Barbati praecedant, marschiere Er voran, Herr von Knorpp, doch trete Er leise auf: Mevrouw van der Tromp bot fünfhundert holländische Dukaten dem, so ihr ihres Eheliebsten Leib retourniere, und wir loffen schier an der Wand hinauf vor Ärger; denn wir hatten ihn allbereits verwürfelt und ausgeteilet, jeglichem nach seiner Fortun.“

„Das ist ja eine recht jokose Historia, Meister Snorro“, sprach der Oberst Benediktus. „Courage, Monsieur Bleichfeld!“

„Eine recht jokose Historia!“ murmelte der Famulus und schoß in die halb geöffnete Haustür, in welcher niemand ihm und seinen Begleitern entgegentrat.

„Niemand zu sehen und zu hören?“ sagte der Obriste. „Wahrlich, das siehet öde und kalt aus. O Jens, Jens, du hast uns sonsten hier in anderer Weise salutieret! Haben sie denn alle Reißaus genommen? Brr, im Schwedenlager vor Frederikshall Anno achtzehn konnt’s nicht kühler sein; – o Gedelöcke, Gedelöcke, was ist aus deinem lustigen Quartier geworden!“

Nichts regte sich in dem großen, weitläuftigen Hause. Auf einer Treppenstufe stand eine schwelende Küchenlampe, und dem Famulo schlugen die Kniee aneinander vor innerlichem Frost, als er die Hand nach dieser Lampe ausstreckte, um den beiden Herren den Weg zu zeigen. Auch in dem oberen Gestock rührte und regte sich nichts, außer den Mäusen hinter dem Wandgetäfel; die Tür des Sterbezimmers stand gleich der Haustür ein wenig geöffnet, doch brannte kein Licht in dem Gemache, und die kleine qualmende Flamme, welche David Bleichfeld auf Armeslänge zitternd vortrug, schien die Finsternis nur dichter und undurchdringlicher zu machen.

„Nun, Mann, da wir so weit sind, so rücket weiter", sagte der Oberst, doch nicht mit der gewohnten rauhen Kommandostimme. „Die Toten beißen nicht, und den Lebendigen kann man die Zähne weisen; – da!"

Der isländische Regimentsdoktor hatte den zaudernden Famulus durch einen jähen Stoß in das Gemach gedrängt; der Schein der Lampe fiel über das Bett des Kurators, und aus dem Lehnstuhl neben dem Bette erhob sich fauchend der Kater Mutz und sah mit grünleuchtenden, wilden Augen auf die Eintretenden. Unter dem weißen Laken, so man über den Leichnam geworfen hatte, guckte nur der rote Zipfel der Nachtmütze Gedelöckes hervor; der Lichtschein tanzte über dem Tische mit den Arzneigläsern, Schalen und Bechern; auf der spanischen Wand grinsten die bunten Chinesen wie phantastische Kobolde, und in dem kuriosen Gezweig schienen die kuriosen Vögel in dämonischer Lustigkeit mit den Flügeln zu schlagen. Schon aber hatte Herr Snorro Skalholt die Leinwand von dem Gesicht des Toten gezogen, und während die beiden andern noch in Betrübnis und Grauen bewegungslos standen, betastete er mit gierig-kundiger Hand den Leichnam, wandte sich um und sprach:

„Herr Obrister von Knorrp, der Mann spielt Euch sicher keinen Possen mehr."

„Ich wüßte nichts, so mir schwerer einginge!" seufzte der Oberst. „O Jens, Jens, das gehet noch über die Mamsell Spegelmann im Garten zu Rosenborg – ah, bah, hab ich damals meinen Willen gehabt, so sollst du jetzo den deinigen haben, Jens Pedersen Gedelöcke! Vorwärts im Schritt; – gebet Euer Wort dazu, Ihr Herren!“

„Messieurs sind also fest entschlossen, mit hier vorliegendem Korpus per fas et nefas denen, so ein mehreres Recht daran haben möchten, die elatio, will sagen, die Leichaustragung vor der Nase hinweg vorzunehmen?“ fragte der Doktor Snorro, sich von der Inspektion des Leichnams aufrichtend.

„Per fas et nefas, es war seine Meinung, und es soll so geschehen!“ rief schluchzend der Famulus, und der Oberst von Knorpp streifte stumm, mit grimmigem Ernst, die weiten Ärmelaufschläge zurück, zu jedem Anpacken mit Fäusten und Zähnen bereit.

„So ist mein Avis“, sagte der Regimentsfeldscherer, „die Herren halten allhier gute Wacht mit Ober- und Untergewehr; ich aber bringe vom Spital die Vespillones, will sagen, meine Bahrträger. Da gehen wir dann mit dem Herrn Kurator fein still und sittsam die Treppe hinunter, machen an der Tür dem Haus unser Kompliment, und hab ich ihn, will sagen, den Herrn Kuratorem, im Spital, so –“

Der Doktor brach ab und zeigte nur sein Gebiß; der Herr von Knorpp und Herr David Bleichfeld aber gaben nickend ihre Beistimmung kund, jedoch mit der geheimen Reservation einer kleinen Unterschiedlichkeit zwischen den allerletzten Schicksalen Mynheers van der Tromp und des Kurators Jens Pedersen Gedelöcke. Auf den Zehen schlich der Isländer aus dem Zimmer; der Obriste setzte sich zu Häupten des Lagers nieder, und der Famulus hielt Wacht an der Tür, nachdem er vorher noch eine Wachskerze, die er auf einem Nebentische fand, angezündet hatte. Schnurrend aber ging der Kater jetzo, nachdem er sich überzeugt hatte, daß Freunde seines toten Herrn gekommen seien, von einem der beiden Männer zu dem andern und rieb sein knisternd Fell an ihren Schienbeinen und Waden, bis er plötzlich ganz improviso mit einem Satz dem Obristen auf das Knie sprang und gravitätisch daselbst seinen Posten behauptete. Hätte der Kurator sich aufrichten und einen Blick in das weite, dunkle Gemach, auf den rotröckigen Herrn Benedikt von Knorpp, den schwarzen, bleichgesichtigen, zähneklappernden David Bleichfeld und den Mutz werfen können, er würde dessen gewiß merkwürdiglich froh geworden sein.

Von Zeit zu Zeit unterbrach ein lauteres Geseufz, ein dumpferes Knurren und Brummen des Kriegsmannes die Stille der Nacht. Der Wind zischte vor den Fenstern, es rieselte der Ruß im Schornstein hernieder, einmal wurde draußen auf dem Gange eine Tür schnell geöffnet und noch schneller wieder zugeschlagen.

„Da lob ich mir jeglichen Posten über jeder Flattermine", murmelte der Obriste, und der Famulus lobte noch manche andere Dinge und Zustände, welche behaglicher waren als dieses mitternächtliche Harren auf den isländischen Doktor Snorro Skalholt und seine Bahrträger. Endlich um zwölf Uhr weniger zehn Minuten legte der Herr von Knorp die Hand ans Ohr, und David schlich zum Fenster und flüsterte:

„Da sind sie! Der Himmel sei gepriesen!"

„Amen!" sprach der Obrist. Taktmäßige Schritte mehrerer Männer ertönten in der stillen Gasse und hielten vor dem Hause des weiland Kurators Gedelöcke an.

„Courage, Famulissime!" flüsterte der Herr von Knorpp. „Jetzo fasset einmal all Euern dänischen Heldenmut zusammen; denket an den ehrwürdigen Herrn Hieronymus Moekel und das hochehrwürdige Königliche Konsistorium; nehmt das Licht und haltet es hoch, ich nehme den Kurator! Courage, Jens Pe – wollte ich sagen David Bleichfeld! O Jens, Jens Pedersen Gedelöcke, ich hab schon manch einen also aufgegriffen vom Feld, aber keinen mit mehr Ärgernis und Jammer als dich! Komm, Alter, es war doch ein ander Ding, als wir in Rosenborg-Have uns im Sonnenschein unsere Meinung und die Mamsell Spegelmann um die Köpfe schlugen!"

Er hatte während dieser Stoßseufzer das Leinentuch fest um den Leichnam geschlagen und erhob denselben nun mit einem wilden Ruck von dem Pfühle. Im höchsten Schrecken fuhr David Bleichfeld gegen die Wand, und zischend, mit emporgesträubtem

Pelz, schoß der Kater auf und sah mit allen Zeichen des Entsetzens von einem hohen Eckschrank seinem toten Herrn nach.

„Horch, Island auf der Treppen! Hinaus, Monsieur, in des Satans Namen! – Leuchtet vor – Courage!" rief der Obrist, keuchend unter seiner absonderlichen Last; der Famulus riß die Tür auf, und der Herr von Knorpp sprang mit dem Leichnam auf den Korridor hinaus. In demselben Momento aber wurde auch die Tür der Frau Mette am Ende des Ganges geöffnet, und eine Magd, ein Teebrett mit Tassen und Töpfen in den Händen tragend, trat herfür, um einen Augenblick versteinert die verwunderliche Gruppe anzustarren und mit dem nicht ungerechtfertigten gellenden Gekreisch: „Er holt ihn, er holt ihn, er hat ihn! Der Teufel, der böse Feind, der Teufel holt den Herrn, der Teufel holt den Herrn Kurator!" zu Boden zu stürzen. Auf sie und die Trümmer ihres Porzellans sank mit eben solchem Geschrei die herzugeeilte trauernde Witib.

„Da haben wir's, Jens Gedelöcke, da hast du's, drin sind wir! Vorwärts, Monsieur Bleichfeld. Zehntausend finnische Nordlichter, wird das morgen einen Lärm geben in der Stadt Kopenhagen! Greift zu, Herr Snorro, und vorwärts im Galopp!"

„Ja, vorwärts im Galopp, das sagte Hermann Boerhave auch, als wir Mynheer van der Tromp durch die Hoftür zwängten", murmelte der Isländer. „Te drommel, das war im Jahr neunundachtzig, Obrister!"

Der Famulus sagte nichts; denn zuletzt trug er doch am schwersten an dem Gewicht seines guten toten Patrons. Wie Frau und Magd im obern Stockwerk des Hauses, so schrieen nun Knecht und Köchin im Erdgeschoß auf und stürzten im fernsten Winkel übereinander; aber vor der Tür warteten ein Gefreiter und vier Füsiliere mit der Spitalbahre: „Viktoria, heran ihr Leute!" rief der isländische Feldscherer. „Packt auf und sehet euch nicht um; greift aus, Herr von Knorpp, greift aus, Monsieur Bleichfeld, in meinem Quartier mögen wir das Weitere besprechen."

Schnell nahmen die Träger die Bahre auf, und im eilenden Laufe wurde der Leib des Kurators Jens Pedersen Gedelöcke durch die Gassen geführet. Weit ausschreitend eröffnete der Obriste Herr Benediktus von Knorpp den Zug, und der Famulus mit dem Isländer beschlossen ihn. Scheu wich zur Seite, wer dem gespenstischen Wesen begegnete, und mehr als ein guter Kopenhagener Bürger, an welchem das „Ding“ vorübergefahren war, sprach nachhero mit absonderlicher Inbrunst sein Vaterunser und zog die Bettdecke hoch über die Nase hinauf. Am andern Morgen in der grauesten Frühe, vor Eröffnung der Festungstore, rasselte ein Fuhrmannswagen gegen das Ostertor heran, und ein tief in seinen Mantel gehüllter Mann wies dem wachthabenden Korporal den Passierzettel vor, worauf die Gitter ohne Anstand geöffnet wurden und das Fuhrwerk ohngehindert seinen Weg durch die Osterbrogade fortsetzen durfte. Am Garnisonskirchhof hielt der Wagen abermals, drei Männer stiegen herab und trugen mit Hülfe des Fuhrknechts einen schlecht gezimmerten königlich dänischen Soldatensarg im tiefsten Schweigen durch den dichten Nebel über den Gottesacker zu einer Grube, an deren Rande der Totengräber mit seinem Gehülfen bereits wartete.

Im tiefsten Schweigen wurde der Sarg in die Erde hinabgesenkt; wie die drei Männer mit die Stricke gehalten hatten, so griffen sie auch mit zu den Schaufeln, und in kürzester Frist war die traurige Arbeit vollendet. Nachdem sich die Totengräber entfernt hatten, blieben die drei Leidträger allein an dem neuen Grabe; der Famulus des Herrn Kurators Jens Pedersen Gedelöcke, David Bleichfeld, schluchzte laut hinter dem vorgehaltenen Hute; der isländische Doktor Snorro Skalholt murmelte etwas von Mynheer van der Tromp, und der Obriste Herr Benediktus von Knorpp drückte mit einem Faustschlag den befiederten Dreimaster tief in die Stirn und sprach:

„So hast du denn wenigstens ein ehrlich Soldatengrab gekriegt, Jens, und Gott schenke dir und uns allen eine fröhliche Urständ! Wir haben unser Bestes getan, Messieurs, und für jetzt das Beste gewonnen; aber – Bleichfeld, nehme Er Vernunft an; gehe Er morgen mit mir und meinen Füselieren nach Norwegen. Bringe Er Seinen eigenen, magern Leichnam in Sicherheit, Famule; gehe

Er mit uns nach Friedrichshall; die Kommodité soll seit der schwedischen Berennung Anno achtzehn mächtig zugenommen haben; ich geb Ihm meine Parol, auf Fort Güldenlöwe soll Er sitzen wie in Abrahams Schoß, und wir wollen lachen über das Krächzen und Flügelschlagen jenseits des Wassers."

„Seine, meine Bibliotheka!" seufzte der Famulus. „Die zwotausend Reichstaler lass ich hinter mir wie einen Sack Nüsse; aber hat Er Raum an Bord für Opera omnia Lutheri, Melanchthonis, Brentii, Walleri, Erasmi, Clerici, Calvini, Cocceii, Launoii . . ."

„Hör Er auf, hör Er auf!" schrie der Obrist.

„Hat er Platz für des Cornelii a Lapide Bibelkommentare, sechzehn Folianten? Hat Er –"

Herr Benediktus von Knorpp hielt sich beide Ohren zu und stiefelte eilig über die Gräber der Kirchhofspforte zu, und verdrießlich folgte ihm der isländische Doktor. Der arme Famulus stand allein an dem traurigen Grabe des Kurators Jens Pedersen Gedelöcke, schlug die Hände zusammen und rief:

„O mein guter Patron, mein Freund, mein Vater, was werden sie aus mir machen? Was soll ich ohne Ihn anfangen in dieser ärgerlichen, giftigen Welt? O Herr Kurator, Herr Kurator!" Auf den Zaun des Garnisonsfriedhofes aber legten sich zwei hagere, haarige, knochige Fäuste, eine lange, schwarze Gestalt hob sich auf den Zehen, und eine spitzige, gerötete Nase roch in den Nebel hinein.

„Ei, ei! So, so, Monsieur Bleichfeld", sprach Meister Jesse Brägge, der Küster der Trinitatiskirche. „Solches wird man freilich ein Begräbnis Jojakims nennen! O profanatio, was werden wir dazu sagen im hochwürdigsten Konsistorio! Hat man Ihn, Monsieur? Ei, ei, ei, das war freilich ein lieblich Werk und wird einen guten Geruch geben."

6.

Von der Stadt Friedrichshall, der Feste Friedrichsstein und dem dänischen Postschiff

Im norwegenschen Amt Smaalenen, Stift Christiania, an der Mündung des Tistedal-Elfs in den Idefjord, dem Swinesund, liegt die Stadt Friedrichshall und daneben auf einem dreihundertundfünfzig Fuß hohen Felsen die in alle Zeiten berühmte und berüchtigte Feste Friedrichsstein mit ihren beiden Forts Oberberg und Güldenlöwe, vor welchem letztern, wie jedermann weiß, in der Nacht vom elften auf den zwölften Dezember 1718 der tapfere König Karolus, des Namens der Zwölfte, von einer Falkonettkugel durch den Kopf getroffen, das Leben ließ und Schwedens Macht und Herrlichkeit ein jäh und schrecklich Ende nahm. Wir setzen den Fuß auf diesen hochtragischen Boden im Herbste des Jahres 1731, als Herr Benediktus von Knorpp Kommandante auf Friedrichsstein war, und noch sind nicht alle Spuren der schwedischen Belagerung in der öden, felsigen Umgegend verwischt. In diesen wenig bevölkerten, rauhen Gegenden hielt es schwer, selbst nur das Notwendigste wieder aufzurichten, und überall zeigten noch die Rudera verbrannter oder zerschossener Gehöfte, die zu Laufgräben und Schanzen aufgewühlte Erde, wie Bellona hier hofgehalten hatte. Wie Trauerflor überzog das dunkle Gewölk den Himmel, mit klagendem Getön fuhr der Wind über Land und Sund: immer noch schwebte über den schwarzgrünen, spiegelnden Wellen, dem düstern, regungslosen Felsen und den Ruinen das Gespenst des gloriosen, wilden, nutzlosen Daseins, das hier in dieser Einöde nach so gewaltigem Lärm und Leuchten in der Welt in nichts versank; – noch immer schien die königliche Leiche mit der blutigen Stirn unter den Mauern von Güldenlöwe zu liegen und die frostige, graue Landschaft nur die Trauerdekoration des schwedischen Niederfalls zu sein.

Auf einer Bastion der Festung, von welcher aus man eine weite Aussicht über den Swinesund, die Stadt und die Berge hatte, stand an ein Wallgeschütz gelehnt der Kommandant und neben ihm sein Regimentsdoktor, Herr Snorro Skalholt der Isländer, während eine Schildwacht, ohngefähr zwanzig Schritte ab, mit geschulterter Muskete auf und nieder ging. Beide, der Gouverneur wie der Feldscherer, gähnten sehr, und dann sprach der Herr von Knorpp:

„Daß man am Abend, wann man die Nachtmütze über die Ohren ziehet, seine Kinnladen noch beieinander findet, ist doch ein Mirakul, Meister Snorro; und wann man hier vom Parapet heruntergudkt, pfui Teufel, man möchte der ganzen zahmen, lumpigen, lausigen Welt auf den Kopf speien. Aus Wams und Hosen möchte man fahren vor Ungeduld! 's war doch eine andere Zeit, als vor dreizehn Jahren der tolle Karl sein Hauptquartier da drüben zu Tistedalen hatte."

„Gebe Er Frieden, Kommandante; was hilft Ihm der Skandal und Lärmen? Die Jahre ziehen einem jeden zu seiner Zeit die Stiefeln aus", sagte der Isländer. „Sollte doch vermeinen, Er hab der wilden Wirtschaft genug gehabt in den dreißig Jahren, welche hindurch Er mich hinter sich fortschleppt! Man wird eben alt und kahl und – ‚plus le singe s'élève, plus il découvre' – Ihr wisset wohl, was. Sat, satis! Was fehlet dem bescheidenen, friedlichen Sinn und Gemüt allhier auf dieser hochgelobten königlichen dänischen jungfräulichen Feste Friedrichsstein? Lasse Er mir und lasse Er Ihm selber Ruhe, das Postschiff kommt heut auch von Christiania, und ich für mein Teil verlange nicht mehr von dem theatro mundi zu erfahren, als was es uns in seinem Neuigkeitensacke mitbringt."

„Jawohl, das Postschiff, das ist auch solch ein leidig Labsal", brummte der Oberst. „Was spinnen und haspeln sie anders als ihre elende pragmatische Sanktion? Wann der richtige Tanz darob beginnt, Meister Snorro, werden wir zwei beide wohl still genug liegen. Na, wie ist's mit dem Schiffe, Mann?"

Diese letzte Frage galt der Schildwacht, welche salutierend den Kolben der Muskete auf den Boden stieß und prompt rapportierte:

„Lief vor einer Viertelstunde allbereits in den Fjord!"

„Bon", sagte der Kommandant, „steiget hernieder, Doktor, ich glaub, wir haben für diesmal genug von diesem angenehmlichen point de vue; man kennt die Kuriosität zur Genüge. Was gibt es, Korporal?"

Der aus dem Innern der Festung emporsteigende Unteroffizier richtete sich ordonnanzmäßig und griff an den Hut:

„Hab dem Herrn Gouverneur zu vermelden, daß von der Stadt ein Subjektum sich heraufgeschleppt hat, so mit dem Boot von Christiania angelangt sein will und am Tor in Ohnmächtigkeit verfallen ist. Sitzet miserabel jetzt in der Kommandantur, winselt nach dem Herrn Gouverneur – halten zu Gnaden, ein erbarmungswürdig Stück Menschheit – nennet sich Monsieur David Bleichfeld, und –"

Mit offenem Munde blickte der Korporal Peter Pomperson seinem Vorgesetzten und dem Doktor Skalholt nach.

„Bleichfeld?! Gedelöcke?!" hatte der Oberst geschrieen, und schon hallten seine Schritte in dem nächsten bedeckten Wege, und der Isländer folgte ihm im Trabe auf den Fersen.

Gegen alle soldatische Würde langten in hastiger Atemlosigkeit die beiden Herren in der Behausung des Gouverneurs an, und David Bleichfeld, der Famulus des weiland Kurators Jens Pedersen Gedelöcke, wankte ihnen entgegen, wahrlich ein Bildnis des Jammers und aller Perdition des Leibes und der Seele!

In Lappen und Fetzen hing dem Armen sein schwarz Schulmeisterhabit um die Knochen, im Frost schlugen die Kniee aneinander, der bitterste Mangel starrte aus den geröteten, tief eingesunkenen Augen, und zu einem grimmen Hohn ward der Versuch der ausgemergelten Kreatur, dem Obristen und dem Doktor Skalholt entgegenzulächeln. Abermals sank der Exfamulus David Bleichfeld in Schwachheit zusammen.

„Packt ihn!" rief der Isländer. „Greifet dem Jammer sanfte unter die Arme, Herr von Knorpp! Ins Bett mit ihm! Den Grütztopf ans Herdfeuer, agite, agite! Das nennet man in extremis sein! He, he, he, Meister Bleichfelde, haben sie Euch das Fell über die Ohren gezogen? Habt Ihr Haare gelassen? Greifet zu, Herr Kommandante, habet Ihr Euch nicht gleich vorgestellt, daß es also kommen werde? Es ist ein bös Ding, in der Wespen Nest zu greifen, und es ist doch ein gut Ding um diese sichere und edle Feste Friedrichsstein. Bringet den Narren zu Bett, Herr Obrister von Knorpp!“

7.

Von dem Teufel, dem Herrn Polizeimeister und Seiner glorwürdigen Königlichen Majestät, Christiano dem Sechsten

Erst am folgenden Tage hatte sich der Famulus insoweit erholet, daß er, durch Kissen unterstützet, aufrecht im Bett sitzen und seine kläglichen Erlebnisse seit dem zweiten Ostertage dem Gouverneur von Friedrichshall und dem trefflichen Doktor Snorro Skalholt kommunizieren konnte.

„O meine lieben Herren“, seufzte er, „wie sind die Wasser über meinem Haupte zusammengegangen, wie haben sie mich geducket in die Tiefe!“

„Und die allmächtige Bibliotheka?“ fragte der Kommandant.

„Ist versunken mit allem, was an Fleisch und Philosophie, Mut und Lebendigkeit an mir war, und ist nichts übrig blieben, als was Messieurs vor Ihnen sehen; – horch, was war das?“

„Der Wind im Schornstein und des Kapitäns Storlands zahmer Bär. Fürchtet Euch nicht vor Gespenstern; man fordert denenselben schon am Tor die Parol ab. Referier Er weiter, Famulissime; nehme Er sich aber fortan Seinen eigenen Weg und Seine Zeit –“

„Und nehme Er noch einen Schluck Schiedam“, fügte der Doktor bei; und David Bleichfeld ließ das Gesicht in die Hände sinken, befolgte dann auch des Herrn Skalholt räsonabeln Rat und erzählte weiter, hatte aber fortan seinen eigenen Weg doch nicht ganz für sich allein, wie es denn auch von dem Obristen Benediktus von Knorpp nicht zu verlangen war, daß er während der lamentabeln Historia stillsitze und sich mit Wort und Gebärde nicht rege.

„Herr Gouverneur und Herr Doktor", sprach der Famulus, „es ist wohl das beste, daß ich dem Faden nach erzähle; mein Gedächtnis ist gar schwach worden durch die übermenschliche Trübsal und große Verfolgung; aber so wird sich wohl eines aus dem andern geben: wo lieget der Kurator Herr Jens Pedersen Gedelöcke begraben, Herr Obrister?"

„Auf dem Garnisonskirchhof vor dem Ostertor", antwortete der Gefragte; aber der Famulus schüttelte sich fast den Kopf ab; der Kommandant fuhr mit einem sehr bedenklichen Fluch in die Höhe, und der Feldscherer rückte mit Gekrach seinen schweren Stuhl näher an das Bett und horchte mit weit vorgestrecktem Halse.

„Jawohl auf dem Garnisonskirchhof!" winselte der Famulus. „Ein jeglich alt Weib hatte den Teufel, so den Herrn Kuratorem fortgeführet, rumoren hören in der Nacht; ein schweflicht Leuchten war über die Stadt hingezogen, und das Gewässer im Kallebrostrand wie im Sund hatte gesiedet und gebrodelt wie die Suppe im Hafen. Vom Drei-Kronen-Fort aus hatte man den Bösen auf einem schwarzen Gaul hoch in der Luft gesehen, und den Herrn Kuratorem hatte er wie einen Sack vor sich über den Sattelknopf geworfen, und bis nach Schoonen hinüber konnte man den feurigen Hufschlag in den Wolken verfolgen. Das war gut, und wenig war dagegen zu sagen, und ich lag im Fieber in meinem Kämmerlein, und die Witib mit dem Kind und alles Gesinde war vom Hause geflohen, ich hatt' es allein mit dem Mutz, des seligen Herrn Kater. Und das Fieber hatte mich, und war ich wie der Vogel Strauß, so den Kopf in den Sand stecket, und hatte eine große Furcht. Das Volk in der Gasse stund zu Haufen, steckte die Köpfe zusammen, flüsterte und deutete mit den Fingern, und als Ihr Herren vielleicht mit Skagen in Sicht segeltet, da klopften der geistliche und weltliche Arm a tempo an meine verriegelte Tür, und der Herr Polizeimeister kam in Persona, begleitet von Herrn Hieronymus Moekel und dem

Küster Jesse Brägge; da war ich wie der Maulwurf auf dem Spaten! Sie drangen herein im Namen Königlicher Majestät und riefen wehe über mich im Namen summi episcopi und in ihrem eigenen Namen, und Ihn, Herr Obrister von Knorpp, und Ihn, Herr Snorro, hätten sie gar zu gerne zurückgehabt; aber ich hab den Kelch allein saufen müssen bis zur Hefen. Die halbe Stadt Kopenhagen ist vors Verhör gezogen, und die geistlichen Herren haben natürlich das letzte und das höchste Wort gehabt und klar dargetan, daß Jens Pedersen Gedelöcke nicht als ein gläubiger Christ, sondern als ein ungläubiger Jud gestorben sei, daß ihm nicht gebühre ein christlich Begräbnis, sondern ein Eselsbegräbnis, und also ist das Zeugenverhör und Gutachten vom hochlöblichen Polizeigericht Königlicher Majestät untertänigst unterbreitet, und am Dreiundzwanzigsten Maji ist Königlicher Majestät allergnädigste Resolution dem Herrn Polizeimeister zugestellt worden."

„Da haben wir's! Himmel und Hölle, jetzt sehe ich es kommen! O Gedelöcke, Gedelöcke!" schrie der Obrist.

„O Mynheer van der Tromp, welch ein gut Los ist Euch zuteil worden!" sprach grinsend der isländische Doktor. „Weiter, weiter, Monsieur Bleichfelde, auch ich sehe es kommen, und es brauet dick in die Höhe. Wäre dem Herrn Ludovico Holbergio nicht der Fuchsschwanz hinten angebunden, er könnte ein fein Stücklein darüber in Reime bringen."

„Und am Fünfundzwanzigsten Maji", fuhr der Famulus fort, „bei Sonnenaufgang holten sie mich herfür aus dem Loch und stießen mich mit den Kolben durch die Gassen, und ganz Kopenhagen schwarmete vor, zur Seiten und hinterher, schrie Zeter und warf nach mir mit Kot und Steinen. Da hatten nach allergnädigstem hohen Königlichen Befehl der Herr Polizeimeister die Ältesten der jüdischen Nation zu ihme beschieden, und wurde ihres Volkes eine Menge von denen Polizeibedienten und Stadtwächtern zusammengeholet aus ihren Häusern, Schulen und Synagogen, und mußten sie auch die Trauerkutschen zahlen. Deren hielten eine Menge vor dem Polizeihaus, und als nun das neue Leichgeleit beieinander war, da zogen sie mich in die erste Kutsch als fürnehmsten Pullatum oder Leidträger, und der Juden Älteste setzeten sie zu zwei oder drei in die nachfolgenden Wagen mit Polizeibedienten zur Wacht untermenget. Dann führete die Miliz mit Ober- und Untergewehr die junge Judenschaft nach, und mit einer besonderen Wacht kam der Fuhrmann, so mit uns den Herrn Kuratorem zum Garnisonskirchhof fuhr; der Scharfrichter zu Pferde und seine Knechte mit dem Schinderkarren beschlossen den Zug. So zogen wir wieder zum Ostertor hinaus, und als wir auf dem Kirchhof ankamen, da war der Herr Polizeimeister schon angelanget, und es marschierte ein Kommando Grenadiers unter einem Oberoffizier heran. Da wurden drei Kreise um das Grab geschlossen, so wir unserm Freund und Patron dem Kurator Jens Pedersen Gedelöcke gemacht hatten; der erste von den Grenadiers, der zweite von den Wächtern mit ihren Morgensternen, der dritte und Hauptkreis von denen Beamten und Offizieren. Und wie alles in der Ordnung war, da wurde unter Trommelschlag das Gewehr präsentiert und vom Polizeimeister allergnädigste hohe Königliche Resolution verlesen, wie daß Jens Pedersen Gedelöcke, der, obwohl vorhero ein Christ, als ein Jude starb, nicht würdig und wert sei, auf christlichem Gottesacker zu ruhen unter denen christlichen Kriegesleuten, und daß er, Jens Pedersen Gedelöcke, derowegen von den Ältesten der jüdischen Nation sollte wiederum aufgegraben, nach ihrem eigenen Kirchhof transportieret und daselbsten von neuem beigesetzt werden – mit Hülfe des Scharfrichters und seiner Knechte, wann sie – die Juden – es nicht alleine verrichten könnten und wollten. Da wurden die Schaufeln dem Rabbiner vor die Füße auf das Grab geworfen, und wie es geschrieben stand, ist es geschehen, der Sarg ist aufgewühlet und mit Hammer und Zange eröffnet, und sie haben mich herzugerissen, den Leichnam zu erkennen, und unter Hohn und Spott, Lachen und Geschrei ist der Kurator fortgetragen bis zu dem jüdischen Leichenwagen, so auf vieles Flehen und Bitten anstatt des Schinderkarrens zugestanden war. Nun mußte der Rabbi als fürnehmster Sorgmann hinter dem Wagen gehen, dann trieben sie paarweise das andere verspottete Volk nach dem Alter, und die Miliz und die Polizeibeamten schritten zur Seiten, auf daß keiner ausweiche, und die Wächter mit den Morgensternen beschlossen den Kondukt. So ist mein teurer Herr zum zweiten Male beigesetzet worden auf dem Judenkirchhof und sein Testament kassieret. In böser Krankheit hab ich im Spital gelegen, und als ich des Bewußtseins wieder mächtig war, haben sie mich mit Schande aus der Stadt gejaget, und in Christiania hab ich wieder krank gelegen, und nun bin ich hier –"

„Heule Er nicht, Bleichfelde", sprach der Obriste Benediktus von Knorpp, welchem die Pfeife längst ausgegangen war. „Wir wollen Ihn schon wieder auf die Beine bringen; was aberst den Jens Pedersen betrifft, so möcht ich selbsten gradheraus heulen, denn niemalen sind vier so anständige und wackere Gesellen wie er und ich, und Er, Meister David, und Er, Doktor Snorro, so heillos und miserabel abgetrumpfet und mit der Nasen in den Sumpf gestoßen worden! O Gedelöcke, Gedelöcke; – was saget Er, Snorro?"

Ehe der isländische Doktor seine Opinion kundmachen konnte, wurde die Tür aufgerissen, und wieder stand der Korporal Peter Pomperson da, griff an den Hut und rapportierte –

8.

Zum Beschluß

„Vermelde dem Herrn Gouverneur zu Gnaden, daß wiederum ein Subjektum von der Stadt heraufgestiegen ist. Kam mit dem Schoner Margareth von Göthaborg, sitzet mit seinem Sack und mit Zähneklappen auf der Trepp und nennet sich mit seinen Namen Henrich Israel, weiland der Juden Vorsinger zu Kopenhagen."

Dieses Mal tat der Doktor Snorro einen langen Pfiff; der

Famulus David Bleichfeld schnellte gleich einem Lachs aus seinen Kissen auf, und der Obrist von Knorpp ächzte:

„Herein, herein, ich lasse alles über mich ergehen, und wo man mich in meinen Sünden vergraben wird, ist mir auch einerlei: Marsch, Korporal, bringe Er den Juden!"

Der Korporal trat ab, und nach einer Minute vernahm man draußen ein Zerren und Schlurfen und eine weinerliche Stimme, so sich höchlichst entschuldigte der großen Störung und Molesten halber; dann wurde die Türe zum zweiten Male geöffnet, und von der kräftigen Faust Peter Pompersons vorgestoßen, flog der Meister Henrich Israel in das Gemach:

„Gott Abrahams und Jakobs, welch ein Schicksal!"

Es vermag aber keine Feder das gegenseitige Anstarren zu schildern.

„Seid Ihr es? Seid Ihr's im Fleisch und Gebein, Meister Israel?" rief der Exfamulus. „Wie sehet Ihr aus? Wer hat denn Euch also mitspielen können? Eheu, eheu, welch ein Schauspiel, welch eine Wehmut!"

„Meine eigene Mutter möcht mich wohl nicht wiedererkennen; – was haben die Herren nötig – feine Seif, Haarband, den Zopf zu wickeln? Tausend Lieblichkeiten; – soll ich aufmachen den Kasten, soll ich aufbinden den Sack?"

„Wer schicket Ihn dergestalt durch das Land?" fragte der Doktor Skalholt. „Was ist aus Seinem Vorsingertum worden? Wer hat Ihn also in den Klauen gehabt?"

Des armen Teufels Standhaftigkeit hielt nicht länger; in lautes Weinen brach der wandernde Krämer Henrich Israel aus, und mit Händeringen rief er:

„Bin ich noch länger Vorsinger an der Synagog zu Kopenhagen, wie ich es bin gewesen an die zwanzig Jahr? Nein, ich bin es nicht. Der arme Jud hungert und friert auf der Landstraß; sie haben ihn ausgestoßen um den Kurator Jens Pedersen Gedelöcke; sie haben ihm den Ehrenrock ausgezogen und ihm den Bettelsack angehänget. Gott meiner Väter, weil er ein Gelehrter im Tempel war und Bescheid wußt im Gesetz und reden konnt darüber, haben sie ihn gestoßen vom Stuhl und seinem Gesang ein Ende gemachet –“

„Hoho, ich riech's, ich riech's“, rief der Kommandant, „da haben wir das Schwanzende! Auf ihn, Henrich Israel, ist's zu allerletzten ausgegangen, und weilen er mit dem Kurator den Mosen und die Propheten traktieret und ihm vorgesungen hat, hat seine Nation Ihm den Greuel in die Schuh geschoben und ist über Ihn hergefallen mit den Fingernägeln! Denn sintemalen nun der Jens begraben lieget auf der Jüden Kirchhof –“

„Lieget er begraben auf der Jüden Kirchhof?“ schrie der Meister Isreal im höchsten und kläglichsten Diskant. „Mit nichten lieget er auf der Jüden Kirchhof! Auf dem freien Felde liegt er, und das Vieh weidet über seinem Grabe.“

Der Exfamulus hatte seine Bettdecke von sich geschleudert und stand mit den nackten Füßen auf dem Boden; der Obriste Benediktus von Knorpp hatte seine tönerne Pfeife an die Wand geworfen und hielt den Exvorsinger an der Gurgel; der isländische Doktor Snorro Skalholt aber – griff ruhig nach dem Krug Schiedamer und sprach mit Gelassenheit:

„Simplex sigillum veri, sagte mein Freund, Herr Hermann Boerhavius zu Leyden; verzähle Er weiter, Monsier Israel.“

Mit einem tiefen Seufzer hatte der Obrist die Kehle des unglücklichen Hebräers losgelassen und war kraftlos auf den nächsten Stuhl gefallen; der Famulus des weiland Kurators Jens Pedersen Gedelöcke hatte die Füße von den kalten Platten wieder in die Höhe und die Decke über sich gezogen; der Exvorsinger von Kopenhagen sprach mit Zittern weiter:

„Bin ich nicht gekommen deshalb über Fels und Wasser, durch die Wüste und den Wald, zu sagen, wie es ausgegangen ist mit dem Herrn Kuratore? Mein, wie konnten sie ihn lassen liegen unter ihren Vätern, da er doch nicht ein Jud war, sondern ein christlicher Mann, wie es keinen bessern gab im Königreich Dänemark und Norwegen?! Wohl haben sie mich aufgegriffen, um daß ich den Spott über sie gebracht hätt, und sind über mir zu Gericht gesessen, weilen mich der Verstorbene als seinen Freund hielt und mit mir das Gesetz und die Zeremonien beredete. Es war ein groß Wehklagen und Wimmern in unserm Volk ob der Unreinigkeit, so auf es geleget war; und alt und jung hat im Sack und in der Asche gesessen bei Tag und Nacht und zum Herrn geflehet, wie die Väter vordem fleheten gegen den Antiochus, gegen Assyria und Babylon, gegen den König aus dem Land Chitim und die Stadt Rom. Und der Gott Abrahams hat den Jammer angesehen und sein Volk erlöset aus der Schmach um hundert Dukaten, die hat man erleget an den Konvent, so auch das Seidenhaus genennet ist. Ist um solche hundert Dukaten eine neue Resolution ergangen, des Sinnes, daß, weilen auch die Jüden des weiland Kuratoris Jens Pedersen Gedelöcken Leichnam nicht wollten, sie ihn zum zweitenmal wiederaufgraben dörften und zum drittenmal ihn beisetzen zweihundert Schritte von ihrem Totenacker auf dem allgemeinen Feld. Haben die Rabbiner und Ältesten mich herfürgezogen aus dem Winkel und mir die Schaufeln auf die Schulter geleget und mich hingeführet zu dem Ort der Unreinigkeit; da hab ich mit Tränen die steinichte Erd aufgegraben, und mit Stricken ist der vermoderte Sarg aufgezogen und dann zum drittenmal verscharret. Da hat die Stadt wiederum ihr Gaudium gehabt; ich aber bin mit Tränen hinausgegangen aus der Gemeinde, und sie haben mir nachgespieen in das Elend. Ich bin ausgestoßen worden aus der Gemeinschaft meines Volkes; wenn ich läge, wo der Herr Kurator lieget, so würde es besser um mich bestellet sein."

„Hat einer hierzu noch irgend etwas zu sagen?" rief der Doktor Snorro Skalholt, und als niemand den Mund auftat, sprach er selber:

„Wenn ich in Bedacht nehme, wie alt der Mensch werden kann, ohne aufzuhören ein Esel zu sein, so möchte ich mir selber zu einem Greuel werden. Da bin ich jung geworden zu Reykjavik im alten, klugen Island, und war auch meine Frau Mutter eine merkwürdig gescheite Frau. Da hab ich studieret mit dem weltberühmten Boerhavius zu Leyden auf der glorreichsten Universität, und sie haben mir ins Testimonium geschrieben, daß es nichts

Geringes sei um mein Ingenium, hab mir auch sonsten zu Paris, Bologna und in Teutschland mit Finessen, Schlauheit und guter Kapazität fortgeholfen, bin mit offenem Aug an die dreißig Jahr hinter diesem hier gegenwärtigen Herrn Benediktus von Knorpp, pro tempore Gouverneur von Friedrichshall, hergezogen, einerlei ob zur Viktoria oder Retirade. Hab mir fortgeholfen bis zu dem heutigen Tage, sintemalen ich mich immer ans Messer gehalten hab und niemalen an die Fiduz auf die Menschheit. O Jens Pedersen Gedelöcke, wie hat die Narrheit dem Snorro Skalholt das Bein gestellet! Pardauz, da stolpert der Tropf über deinen Leichnam und schlägt hin auf die kluge Nase, daß es krachet. Ja, der kluge, kluge Snorro Skalholt, dem Mynheer van der Tromp und ganz Holland nicht zuviel waren, wie hat er sich durch Ihn und für Ihn übertölpeln lassen, Herr Gedelöcke! O Kommandante, wie sind sie über uns gekommen, Christen und Juden, der Herr Hieronymus Moekel wie Meister Jakob Jakobson der Oberrabbiner! Pfui, pfui, das ist noch siebenmal schlimmer denn die Bataille bei Helsingborg, wo wir so wacker vor dem Stenbock liefen; – was saget Er jetzo zu diesem stillen Winkel hinter den Leuten, Obrister von Knorpp? Hat Er Lust, seine fürwitzige Nase noch einmal hinauszuschieben in die Welt nach solcher Blamage?"

„Tornea und Wardoehuus wären mir lieber!" stöhnte der Gouverneur von Friedrichshall. „O Jens, Jens, o Jens Pedersen Gedelöcke, du magst wohl lachen da drüben; aber unsereinem wird's doch schwarz vor den Augen, und wer nicht rabiat wird, wie der alte Benedikt Knorpp, der setzet sich in die Jammerecke wie dort der David, oder ziehet mit Winseln durch das Land, wie der dort mit dem Bettelsack. Holla, an die Gewehre! Auf Schloß Friedrichsstein bin ich Gouverneur, und wer sich hinter mich stellet, der soll fürs erste fein sicher stehen. O Gedelöcke, Gedelöcke, es war doch ein lustiger Sommertag in Rosenborg-Have; – rücke Er an den Tisch, Monsieur Henrich Israel, stelle Er den Stock hinter den Ofen; – o Jens Pedersen Gedelöcke, wer lange lebt, kann vieles erleben; schiebe Er den Krug herzu, Meister Snorro, die

Welt will einmal Fangball spielen, und wir können's nicht hindern; morgen geb ich's Ihm manu propria schriftlich, daß Er mit meinem abgelegten Pelz nach Seiner Kunst und Begierde anfangen mag, was Ihm beliebet!"

Hierauf sah der isländische Feldscherer Snorro Skalholt zum erstenmal in dieser Historie aus wie ein Mensch; und mit sonderbarer Vergnüglichkeit schmunzelnd sprach er:

„Kommandante, da hat Er doch endlich einmal einen verständigen Einfall! Hätt's Ihme fast nicht mehr zugetrauet."

IM SIEGESKRANZE

Ja, mein liebes Kind, ich wundere mich wahrlich oft selber darob, daß der Himmel über einer alten Frau noch so blau sein kann und daß das Lachen immer noch gern mit ihren lahmen Füßen Schritt hält und nicht längst weiter gesprungen ist, dem jüngeren Volk nach und zu, was ihm viele Leute gewiß nicht verdenken würden. Aber es ist so, trotzdem es wohl recht hätte, anders zu sein, und weil wir grad dabei sind, so will ich die gute Stunde benutzen, um dir einmal ein wenig von dem zu erzählen, was alles der Mensch erfahren und ertragen kann, ohne in der Hand des Schicksals zu vergehen wie ein Flöckchen Werg auf einem Kohlenbecken. Man hat wohl Gelegenheit gehabt, etwas zu erleben, wenn man im Jahre achtzehnhundertundeins geboren wurde und seine Tage bis in diesen unruhvollen und angsthaften Frühling des Jahres sechsundsechzig fortspinnen durfte; und was die Eltern und Großvater und Großmutter anbetrifft, so ist das, als ob man hinabsieht in eine große dunkle Tiefe und sieht Lichter in dem Dunkel und Gestalten und hört allerlei Töne, daß einem ein Sehnen und ein Grauen um das Vergangene zu gleicher Zeit ankommt.

Sieh, hier sitzen wir auf der Bank vor deines Vaters Hause, und du bist nun auch schon ein großes Mädchen geworden, und wer weiß, ob du nicht bald eine Braut sein wirst; das Plätzchen ist gut, und in den Wind werd ich auch nicht reden, du wirst's schon verstehen, wie ich's meine. Da drüben raucht des Nachbars Schornstein, und dort guckt seine weiße, dumme Zipfelmütze über die Hecke, der Nachbarin nichtswürdiger blauer Unterrock dorten auf der Leine gehört gleichfalls zu unserer Aussicht, und wir kennen alle Kinderstimmen um uns her. Ja, rings um uns her liegt das deutsche Land im Frühlinge, und du und ich, dein Vater und deine Mutter wissen es gar nicht anders, als daß wir immer und ewig dazu gehört haben, daß wir zu dem Boden, den wir betreten, gehören, gleichwie das Gras und der Baum, und daß wir daraus emporwuchsen wie der Weizenhalm, der wohl im Wind sich neigt und schwankt hierhin und dahin, aber nimmer seinen Fuß hervorziehen kann und mag.

Nun merke auf, mein Kind; es ist doch nicht ganz so, wie wir meinen, und wenn ich nicht eine alte dumme Frau wäre, möcht ich wohl zu manchem ein recht kluges Wörtlein darüber reden können. Es wird aber wohl grad so recht sein, daß die Menschen sich einbilden, sie seien mit ihren Zuständen immer in der Art dagewesen, wie sie am heutigen Tage vorhanden sind. Ist übrigens am End auch ein übel Ding, wenn einem das Leben nicht paßt und anwuchs wie der Schnecke ihr Schneckenhaus.

Was nun unsere Familie betrifft, so hat es damit folgendermaßen seine Bewandtnis. Als zu Ende des vorigen Jahrhunderts da drüben im Franzosenlande die große Revolution angegangen ist, ist es über die einen gekommen wie eine schnelle Wassersnot von einem Wolkenbruch und über die andern gleich einem Feuer, welches bei Nacht ausbricht. Und weil mit einem Male alles anders wurde und das Unterste zu oben kam, so haben sich viele, viele Menschen nicht darein finden können, haben sich nicht zu raten und zu helfen gewußt und sind in ein großes Unglück gefallen. Da ist alle Ruhe und Stille, alle Reinlichkeit und Zierlichkeit des Lebens plötzlich in Unruhe, Angst, Gefahr, Wüstenei und Verwirrung verkehrt worden, und Hunderttausende haben alles, was sie nicht auf den Schultern und unter dem Arm forttragen konnten, hinter sich gelassen und haben sich auf die Flucht begeben mit ihren Angehörigen oder auch wohl allein. Wenn die Flut heranschießt oder das Feuer aufgeht über Nacht, so verlieren die einen den Kopf, die andern das Herz und wieder andere beides, und es sind immer wenige, die beides zusammen behalten. Also ist's mit den Menschen in ihrer Schwachheit beschaffen, und also wird's auch fürs erste mit ihnen bleiben.

In jenen Zeiten nun kam mit den Fliehenden ein französischer Mann aus Frankreich über den Rheinstrom und führte mit sich seine Frau, ein klein Töchterchen und eine Magd und war noch glücklich vor Tausenden zu nennen, denn er brachte auch einen geringen Teil seines Vermögens mit. In seiner Heimat war er ein sehr reicher Mann gewesen, doch das ist heut alles einerlei; aber was anderes ist wohl in unserm Haus im Gedächtnis zu behalten, nämlich sein Kind ist meine Mutter und deine Urgroßmutter geworden. Ich hab sie aber nicht gekannt, denn sie ist mit ihrer Mutter, meiner Großmutter, nach ihrem Herzenswunsch in ein und derselben Stunde gestorben und in ein und dasselbe Grab gelegt worden; das ist mir alles wie ein ganz nebeliger Tag, oder als ob man durch ein dichtbeschlagenes Fenster auf die Straße hinaussieht, und für dich, mein Kind, hat es wohl gar keinen Sinn, keinen Klang und keine Farbe. Es haben mir alte Leute, die jetzt auch schon dreißig oder vierzig Jahre tot sind, von diesen Voreltern erzählt; allein auch die haben wenig mehr sagen können; es hat ja der Einfältigste so viel für sich selbst zu bedenken, daß er wenig Gedächtnis für andere übrigbehält.

Meine Mutter soll sehr schön gewesen sein, als sie zu einer Jungfrau herangewachsen war, zierlich und fein und nicht gar groß; sie hat jedoch in dem fremden Land, welches jetzt längst unser Mutterland ist, ein einsam Leben führen müssen, recht wie eine Nonne; denn ihr Herr Vater, dein Ururgroßvater, hat niemandem mehr in der Welt getraut. Er hat im Gegenteil eine hohe Mauer um sein Haus und seinen Garten gezogen und ist gar nicht so lustig und flink gewesen, wie du und ich uns heute die Franzosen vorstellen, sondern ein gar stattlicher und recht finsterer und langsamer Mann, der den Mund selten aufgetan und noch seltener den Leuten ein Kompliment gemacht hat. Was meine französische Mutter angeht, so hat sich denn das zu seiner Zeit doch gefunden – sie ist aus ihrem Versteck herausgezogen worden, grad so wie das auch heut noch geschehen mag, und auch davon will ich dir erzählen.

An deines Ururgroßvaters hohe Gartenmauer hat ein Haus

gestoßen, das hat ein einzig Stüblein gehabt, von welchem aus man den Garten des Nachbars überschauen konnte. In dem Hause hat mein Vater gewohnt, und der war schon ein Witwer und hatte drei Kinder, zwei Söhne und eine Tochter, und war der Arzt im Städtchen und ein guter Mann, aber auch still für sich hin und wenig freudig und nicht mehr recht voll Zuversicht in sein Leben. Zu dem, nämlich meinem Vater, ist einmal, und das war im Jahr achtzehnhundert, ein junger Mensch aus der Stadt, auch ein Mediziner, jedoch vorerst nur ein Herr Studiosus, gekommen, und hat ihn mit vieler Verlegenheit und großem Erröten himmelhoch gebeten, er möge ihm doch jenes Stübchen vermieten, von welchem ich dir eben gesprochen habe. Hat gesagt, er wolle nur gestehen, daß er auf Universitäten nicht so fleißig und sedat gewesen sei, als seine Verwandtschaft von ihm erwartet habe, daß er aber nun aus großer Furcht und Angst vor dem Examen in sich gegangen sei und still und zurückgezogen in dem besagten Stüblein sitzen wolle und arbeiten, daß ihm der Kopf brenne. Das hat meinem Vater natürlicherweise merkwürdig gut gefallen, und er hat dem jungen Herrn bestens zu seinem Vorsatz gratuliert; aber seine Gewohnheit ist ihm ebenso lieb gewesen, wie sie allen andern Menschen ist, und seine Stube hat er nicht gern hergegeben, denn er hat viele Bücher und sonst allerlei Sachen darin aufgestellt gehabt und oftmals, wenn die Kinder drunten im Haus ihm zu laut wurden oder sonst das Bedürfnis und die Stimmung ihn trieb, sich dahin zurückgezogen wie in einen Schlupfwinkel, aus welchem ihn nur die höchste Not hervorpochen durfte. So hat er also dem Herrn Studio angeboten, er wolle ihm mit Freuden ein noch viel stilleres Gemach mit der Aussicht auf den Hof, oder vielmehr gar keiner Aussicht zu seinem Gebrauch anweisen, und zwar ganz umsonst, das andere aber könne er nicht ablassen, denn es sei ihm selber zu seiner Bequemlichkeit unentbehrlich. Da ist mein junger Mann erst noch viel röter und dann ganz bleich geworden und hat sehr gestottert und noch viel flehentlicher gebeten, ihm seinen Willen zu tun; aber gestanden hat er nicht, weshalb er sein Herz so auf dieses

Zimmer gerichtet habe. Ich weiß es jedoch von einer alten Tante, die hat mir anvertraut, es sei das junge französische Mädchen, deine Urgroßmutter, schuld daran gewesen, solche habe er auf dem Kirchweg dann und wann zu Gesicht gekriegt und sie gar lieb gewonnen. Die alte Tante aus der Blasiengasse wußte die Umstände ganz genau, wie er sich vergeblich abgemüht habe, ihr nahe zu kommen, und wie alle seine Listen und Anschläge zu nichts halfen, wie er um das Haus und den Garten schlich und wie man gewissermaßen sehr fälschlich sage, daß die Liebe blind sei. Die alte Tante wußte ganz genau, daß die Liebe des Studiosen nicht blind gewesen sei, und hielt dafür, daß in Anbetracht der Verhältnisse der Anschlag mit dem Stübchen nicht der schlechteste gewesen sei; denn von da aus hätte er die schöne Jungfrau in ihrem Garten belauschen können, ohne jemand um die Erlaubnis bitten zu müssen, und wer weiß, was geschehen wäre, wenn er seinen Willen bekommen hätte! Er bekam ihn aber nicht; denn da er seinen Mund nicht zur rechten Zeit auftat, so hat mein Vater seine Bequemlichkeit nicht einer fremden Grille opfern wollen, und ich habe am allerwenigsten das Recht, zu sagen, daß es schade drum war.

Mit grollendem Herzen ist der junge Doktor fortgegangen und hat sich anderswo in den Winkel gesetzt; mein Vater aber hat sein Recht und Reich behauptet, ist über seinen Büchern sitzen geblieben und hat nach seiner Art in seiner Kunst und Wissenschaft weiter studieren wollen, nachdem er den betrüblich abziehenden armen Jungen insgeheim einen Narren geheißen hat. Mit dem Studieren ist's aber eine eigene Sache gewesen, und der Herr Vater hat an diesem Tage nicht in gewohnter Weise weiterkommen können. Er ist, wie gesagt, ein recht nachdenklicher, nachgrübelnder Mann gewesen, den man wohl auf manche Dinge recht mit der Nase stoßen mußte, der aber auch, wenn ihm einmal etwas im Sinne lag, schwer wieder davon losgekommen ist, der im Notfall jeden Stein auf seinem Wege dreimal umwendete und einer Wolke am Himmel vom Anfang bis zum Niedergang nachsehen konnte. Dazu war nun die Gelegenheit vorhanden, und der Herr Vater hat allgemach den Kopf immer stärker geschüttelt und hat sich denselben Kopf immer mehr zerbrochen um die Frage, was wohl den jungen Freund zu solchem Gebaren getrieben haben möchte. Da hat er alle vier Wände, den Fußboden und die Decke tiefsinnig beobachtet; aber nirgends stand die Auflösung des Rätsels angeschrieben. Nun ist er mit den Händen auf dem Rücken hin und her gegangen von einem Bücherbrett zum andern und hat wiederum keine Aufklärung gefunden. Er hat lange den Ofen angesehen, ohne daß es ihm etwas half, und weder die ausgestopfte Gabelweihe, noch was sonst an der Wand zum Aufputz diente, erleuchtete ihn mehr. Natürlich hat er das Richtige erst ganz zuletzt und durch Zufall entdeckt, und dann hat er den Kopf noch mehr geschüttelt. Es ist gewesen wie immer, wenn man etwas sucht: entweder liegt das Ding einem vor der Nase, oder es liegt ganz unten im Kasten.

Ganz zuletzt trat mein Herr Vater an das Fenster, und nachdem er eine halbe Stunde lang nach den ziehenden Wolken emporgestarrt hatte, sah er endlich auch in den Garten des französischen Nachbars hinunter.

Da hatte er's, und nun ist es ihm merkwürdig ergangen! –

Im allerersten Anfang hat er gelächelt und sich die Stirn gerieben und wieder leise gelacht und zu sich gesprochen: „Ja, das ist etwas anderes, ei, ei, ei, Herr Kollega; na, sintemalen sich die Sache also verhält, junger Mann, so soll er das Winkelchen haben und das Fenster obendrein; wünsch ihm viel Pläsier dazu!" – Hat also einen Briefbogen genommen, um dem betrübten Verliebten seine veränderte Meinung mitzuteilen. Er mag auch wohl schon die Feder ins Dintenfaß getaucht haben, aber dabei ist's geblieben; und, mein liebes Kind, so geht es mit den guten Vorsätzen der Menschen sehr häufig in dieser wankelmütigen Welt. Mein Herr Vater hat erst noch einen Blick in des Nachbars Garten tun wollen, und dann hat er sein Schreiben auf den folgenden Tag verschoben, und dann ist ihm der Zweifel gekommen, ob er auch recht an dem Nachbar handle, wenn er solche Liebelei begünstige, und so hat er die Ausführung seines guten Willens von einem Tage auf den andern und von einer Woche auf die andere verspart. Der Garten des Nachbars aber ist währenddem immer grüner und lustiger geworden; denn auf den Märzen folgte der April, und das war denn der rechte Monat für diesen Geisteszustand. Am Ende hat der Herr Vater nicht mehr mit Lächeln an den armen Studenten gedacht, sondern er ist ganz verdrießlich und hitzig geworden, wenn die Rede auf ihn gekommen ist, und der Student hätte doch ein viel größer Recht gehabt, ärgerlich auf den Herrn Vater zu sein; aber so ist die Welt, mein Kind, und so ist sie immer gewesen.

Ja, so geht's in der Welt, und es würde mir, wie gesagt, übel anstehen, meinen eigenen Vater und deinen Urgroßvater anzuklagen, weil er nicht tat, was er nicht zu tun brauchte, und tat, was er nicht lassen konnte. Daß ich es nur kurz sage, es hat ihn eine gar heftige Neigung und Liebe zu dem jungen französischen Mädchen, meiner Mutter und deiner Urgroßmutter, erfaßt, trotz seiner Witwerschaft und seiner drei Kinder; und nachdem er seine Zeit mit seiner Neigung gekämpft hat und von ihr überwunden ist, ist er zum Nachbar gegangen und hat um sein schönes Kind angehalten. Um den Studenten hat er sich dabei gar keine Sorgen gemacht.

Nun denke nach darüber, mein Kind! Es sind dein Ururgroßvater und deine Ururgroßmutter damals keine jungen Leute mehr gewesen, und die Not in ihrer eigenen Heimat, die Flucht mit ihren Drangsalen und Ängsten und der Aufenthalt in dem fremden Lande unter den fremden Menschen haben sie auch nicht jünger gemacht. Mit großer Furcht haben sie ihres Kindes wegen an ihren Tod gedacht und an die Verlassenheit, welcher es anheimfallen möchte, wenn es so allein und fremd in der Fremde zurückbliebe. Es war damals so viel Krieg und Blutvergießen von Mittag bis Mitternacht, von Morgen bis Abend, daß ein Elternpaar noch viel ungerner als heute solch ein arm, unschuldig, jung Wesen allein und ohne Hülfe ließ. Als deshalb der wackere, geachtete, vermögliche Mann kam und dem Ururgroßvater antrug, er wolle die Sorge um die Tochter, wie er es vermöge, von ihren Schultern nehmen und das Kind sein Leben lang halten wie sein Herzblatt, da haben sie sich nicht lange bedacht, sondern haben ihm nach einem kurzen Rat ihrer Tochter Hand zugesagt. Es ist nämlich im Franzosenland so die Sitte, daß man die Kinder niemals fragt, ob sie auch nicht einen andern lieb haben, sondern die Eltern wählen den Bräutigam oder die Braut nach ihrem Gefallen und Verstande, und die Kinder werden dann in die Stube gerufen, um ja zu sagen, und weil sie es nicht anders gewohnt sind, so fügen sie sich und nehmen ihr Los, wie's kommt. Ob meine Mutter sich um den Studenten ihr Herzlein sehr zerbrochen hat, weiß ich nicht; vielleicht hat sie wohl nicht eben mehr von ihm gewußt als sonst von der Welt; gewehrt hat sie sich nicht gegen ihrer Eltern Willen und ist also schon im Sommer des Jahres achtzehnhundert meines Vaters Frau geworden. Im Sommer des folgenden Jahres bin ich dann geboren, und so kommt eins aus dem andern, wie es Gottes Wille ist.

Von dem Studenten weiß ich weiter nichts zu sagen; heut ist's ihm sicherlich einerlei, ob er damals gewonnen hat oder nicht, und damals wird er sich gewiß auch getröstet und sein Herz anderswo unter Dach und Fach gebracht haben. Seltsam ist's aber doch, daß wir hier so sitzen, ich eine alte Frau und du meine Enkelin, und sehen seine Gestalt in der Ferne vorübergehen und schreiben das Jahr achtzehnhundertundsechsundsechzig!

Deine französischen Urureltern haben mit ihrer Eile, ihr Kind in eine gute Versorgung zu geben, wohl recht gehabt, insofern ihre Tage auf Erden freilich gezählt waren; sie haben aber doch nicht recht gehabt, denn der Tochter Tage waren ja mit den ihrigen gezählt; so etwas will jedoch das Alter zu keiner Zeit glauben. Grand-père ist bald nach der Hochzeit gestorben, und grand'-mère hat mit meiner Mutter meine Geburt nur um eine kurze Zeit überlebt. Sie liegen in dem Boden, aus welchem wir aufgewachsen sind; wo ihre Wiege stand, das weiß niemand mehr zu sagen. Das sind Schatten, nichts als Schatten, und wie einem von einem hohen Berge aus die Menschen, ihre Häuser und Dörfer und Städte verschwinden in der weiten Ebene, so sind uns ihre Not und Sorge verschwunden, daß wir uns ganz genau darauf besinnen müssen, um daran glauben zu können. Was aber nun kommt, das tritt klarer hervor aus der vergangenen Zeit; meine eigene Seele muß für alles eintreten, und wenn ich für so schwere Erlebnisse, wie sie mir beschieden waren, noch gar jung war, so mußt du bedenken, daß auch der Schmerz nur allzugern auf ein weißes Blatt schreibt. Doch ich will fortfahren, wie ich angefangen habe.

Mein Vater ist nun zum zweiten Male ein Witwer und diesmal ein tiefgebeugter und gebrochener Mann gewesen; ich sehe ihn in diesem Augenblick ganz genau vor mir, wie ich diese meine alte, trockene, runzelige Hand sehe. Hätte er dem Studenten seinen Willen gelassen, so würde er sich wenigstens einen großen Kummer erspart haben, es war ihm deshalben doch die Hülle und Fülle zugeteilt. Eine andere Person richtet sich auf und geht hervor aus der Dunkelheit; deren Geschick wurde mit feurigen Buchstaben in mein Herz gegraben, und war's bestimmt, daß sie um diese Zeit mein ganzes Leben einnehmen sollte. Das ist meine Stiefschwester Ludowike.

Liebes Kind, als ich geboren wurde, da war gewiß eine merkwürdige Zeit, aber die Zeit war noch viel merkwürdiger, als ich den Kopf aus der ersten Unmündigkeit erhob und anfing, über die Dinge nachzudenken. Ach, ich habe solches viel früher tun müssen, als es gottlob dir und manchem andern, glücklicheren Kinde beschieden worden ist. Damals hatte die Welthistorie das arme Deutschland im Schoß wie eine Kaffeemühle, und wir waren die Bohnen, deren durfte nicht die kleinste ausspringen. Die Franzosen, welche deine Ururgroßeltern und deine Urgroßmutter in unser Vaterland ausgetrieben hatten, waren ihnen dann in hellen Haufen mit Roß und Wagen nachgedrungen, und wie sie in ihrem eigenen Reiche alles auf den Kopf gestellt hatten, so schüttelten sie nunmehr auch bei uns alles nach ihrer Art und Lust zusammen, und da ist es gewesen, wie wenn man einen alten Rock wendet und daraus zurechtschneidet, was das Zeug hergibt und wie es passen oder auch nicht passen will. Sie hatten ihr Königreich Westfalen aufgerichtet, und des Napoleons Bruder, der auch Napoleon hieß, aber Hieronymus dazu, war unser König; denn wir gehörten mit zu jenem Königreich Westfalen, wie das in jedem Geschichtsbuch zu lesen ist und wie man es euch auch in der Schule erzählt haben wird, wenn man noch davon spricht. Ja, was mag man euch erzählen? Wenn der Schulmeister nicht selber dabei gewesen ist, so kann er doch nichts davon wissen, so etwas muß man selbst erleben; und wenn man auch nur ein zwölfjähriges Kind gewesen ist, so hat man doch sein volles Maß von der Welthistorie auf sein Teil bekommen. Der Mensch zieht sich jede Zeit nach seinen eigenen Schicksalen und denen der Personen, mit welchen er während des Tumultes oder auch während der Windstille verkehrte, zusammen, und so ist es auch mit mir. Von den großen Schlachten kann dir natürlich der Präzeptor hundertmal genauer Bericht geben als ich; aber von meiner Schwester Ludowike weiß er nichts, und mit ihr habe ich doch die Jahre achtzehnhundertdreizehn und -vierzehn wie in ein Tuch gefaßt und halte sie wie an den vier Zipfeln zusammen.

Anno zwölf waren die Franzosen nach Rußland gegangen und hatten unsere Landsleute zu Haufen mitgeschleppt, daß sie ihnen die Stadt Moskau mit erobern helfen sollten. Ihre Heeresmacht war gleich einer Schlange, wie die Welt sie noch nie gesehen hatte, denn während der Kopf mit den giftigen Zähnen schon längst den Leib des Feindes gepackt hatte, ringelten sich die letzten Glieder ihres Leibes noch immer durch unser Land. Und als der Herr der Schlange den Kopf zerbrach, da wand sich der zuckende Schweif noch über ein Jahr auf dem deutschen Boden in einem blutigen Knäuel, bis ihn der alte Blücher über die Schwelle gekehrt hat, wie es im Buche steht, oder noch besser in den Gassen gesungen wird. Wie solches zu unserem Weinen und Lachen, zu unserer Trauer und unserem Triumph sich ereignete, wie es damals in den Häusern und Herzen aussah, das will ich dir nunmehr beschreiben und kann es auch; denn der kleinste Ort war wie der allergrößte, und durch ganz Europa, wo der Franzos den Fuß niedergesetzt hat, sind der Menschen Gedanken, Wünsche und Taten auf die gleiche Art durcheinandergegangen.

Nun gehe ich weiter.

Es lagen in unserem Städtlein vier Schwadronen von einem Husarenregiment, und dabei standen zwei Leutnants, deren einer hat Wilhelm Kupfermann geheißen und der andere Honold, dessen Vorname ist mir nicht bewußt. Mit dem Kupfermann ist meine Stiefschwester Ludowike verlobt gewesen, und er hatte einen Bruder, der war Handlungs-Kommis in einem Kaufmannsladen am Markt, und der Polizeikommissarius in der Stadt hieß Schulz, der war ein böser, heimtückischer Gesell und ganz französisch gesinnt, denn sonst hätte das französische Regiment ihn ganz gewiß nicht in seine Stelle eingesetzt. Als ich im vergangenen Jahre zum ersten Male nach so langer, langer Abwesenheit auf Besuch dort in meinem Geburtsort war, da habe ich mit Staunen wieder erfahren, wie das Neue ganz leise und allmählich über das Alte kriecht und das Ganze doch so sehr denselben Anschein behält. Sie hatten hier gebaut und dort niedergerissen, hier das Morsche verputzt und dort das Wackelnde gestützt; aber heute wollte ich dir noch die Fenster der beiden Soldaten zeigen, mein Kind, und den Türpfosten, an welchem der Kommis zu lehnen pflegte, und das Haus des Polizeikommissärs und noch so manches andere, von welchem ich dir sagen werde. Es ist zum Kopfschütteln, wie solch eine alte, alte Geschichte nach fünfzig und mehr Jahren immer noch ihren Unterschlupf auf der Stelle findet, wo sie passierte.

O, es hat auch viel, viel Platz auf einem gar kleinen Raum: die Russen waren schon in Deutschland, die Preußen waren zu Hunderttausenden aufgestanden, wir aber waren noch gefangen in diesem Königreiche Westfalen und hielten uns selber gefangen, und das alles ging wie durch unser Gemüt, so durch unser Haus und Städtlein. Es mußte vieles, vieles Platz darin finden, und der Himmel behüte dich, mein Kind, daß du nicht gleichfalls erfahren mußt, wieviel solcher großen Verwirrungen, Angst und Hoffnung sich in eine Viertelstunde, in die blühende Fliederlaube oder an den Platz am warmen Ofen drängen kann.

Da hat man bei Tag und bei Nacht gehorcht und zu jeder Stunde geglaubt, den Schall der Kanonen zu vernehmen, da hat man die Suppe stehen lassen und die Stühle zurückgestoßen und ist vor die Tür gestürzt, und es fuhr doch nur ein Wagen über die Brücke, oder der Zimmermann klopfte auf seinem Zimmerplatz, oder es war sonst dergleichen alltäglich gewohnt Geräusch. Ich bin ein klein Mädchen gewesen und habe den Erwachsenen oft mit offenem Munde nachgesehen, aber mein Teil an aller Erwartung hab ich auch gehabt und weiß wohl Rechenschaft darüber zu geben. Und wenn ich, solang ich jung war, nicht viel zum Lesen kam, weil der Haushalt und mein seliger Alter und die Kinder es nicht litten, so habe ich doch den Kommis Kupfermann ganz genau gekannt, und das ist jetzt, wo es so still um mich her geworden ist und so lange Jahre vergangen sind, auch etwas recht Nachdenkliches und Verwunderungswürdiges, obgleich er nur ein ganz schmächtig Männchen mit ganz blöden Augen und einem zu kurzen Bein war. Sein Bruder Wilhelm ist der schönste Mann gewesen, aber in dem Kleinen und Schwachen war das Feuer und der Verstand und der mächtige Wille; er hat gut Bescheid gewußt in der Welthistorie, dieser Kommis Kupfermann, niemand hat gleich ihm die Zeit angeben können – ach, ach, er verrechnete sich zuletzt nur um eine Viertelstunde, ja nur um die Hälfte einer Minute, und zu blutig, zu schrecklich ist das ausgeschlagen!

Im März sind die Russen zum erstenmal in Hamburg eingerückt, und am zweiten April haben die Preußen bei Lüneburg einen Sieg gewonnen; sie ritten schnell, aber doch nicht schnell genug für die angekettete Ungeduld. Das war das Verderben für meine Ludowike.

In dem Kaufmannshause am Markte, in welchem der Älteste der Brüder Kupfermann diente, ist ein versteckt Hinterstübchen gewesen, darin hat der Kommis sein Bett und seinen Tisch gehabt, und darin hat er seine Verschwörung mit dem Leutnant Wilhelm und dem Honold gemacht. Nachher hat man viel darüber gesprochen, und jedermann hat sein kluges oder dummes Wort dazu gegeben, und mit dem Bedauern und der Trauer ist das Besserwissen und Besserkönnen aufgestanden und hat gedeutet und die Achseln gezuckt – das ist leicht und behaglich genug gewesen; wenn es uns heute noch etwas anginge, würde ich auch ein Wörtlein darüber zu sagen wissen. Ich war nicht unter den Leuten, welche in der Stille und Heimlichkeit in der Kammer des älteren Kupfermann zusammensaßen, ich weiß nur von meiner Schwester Ludowike und der Stunde, in welcher sie Abschied von ihrem Bräutigam nahm und ihn hinausreiten ließ und hieß in sein Verhängnis.

Der Himmel war rot im Schein der Abendsonne über unserm Garten, und an der Hecke hielten sich die Brautleute umfangen und küßten einander heiß und konnten nicht voneinander lassen. Ich saß im Grase an dem Schneckenhügel, und sie achteten nicht auf mich, noch sonst auf die Welt, bis ich ihnen zurief, der Herr Leutnant Honold komme auch. Der ritt auf der Landstraße her an die Hecke und beugte sich herüber und rief den beiden etwas zu, was sie sehr bewegte. Ich sah, wie meine Ludowike den Arm ihres Bräutigams fester ergriff, und ich sah, wie alle drei sich darauf die Hände reichten wie zu einem Schwur. Nicht genau weiß ich mehr, ob auch der Kaufmann Kupfermann zu ihnen trat, ich glaube es aber; ich weiß nur, daß an diesem Abend und in dieser Nacht eine große Unruhe in der Stadt herrschte und daß der Polizeikommissär an den Häusern hingeschlichen ist und auf die Gespräche und das Flüstern der Leute auf den Bänken vor ihren Haustüren gehorcht hat. Die Husaren, welche bei den Bürgern im Quartier lagen, saßen mit auf den Bänken; denn es sind ja lauter Landsgenossen gewesen, welche ganz zu uns gehörten, und die einen haben die Kinder ihrer Wirte auf den Knieen gehalten und die anderen in ihrer Hand eine andere Hand; – der Schulz hatte viel zu erhorchen, denn die Marwitzschen Reiter waren bis über die Vorberge des Harzes herangestreift. Jeden Augenblick erwartete man, die Lärmtrompete zu vernehmen und das Befehlwort zum Satteln und Aufsitzen gegen die, welche in jenen Stunden noch unsere Feinde genannt wurden. Es kam jedoch nichts dergleichen; ob aber auch die fernen, blauen Berge allgemach im Abendnebel versinken mochten, das Fieber und die Ruhelosigkeit in den Herzen wollten nicht stille werden.

Ich schlief mit meiner Ludowike in einer Kammer. Erst hatte meine Wiege neben ihrem Bett gestanden, und jetzt stand mein Bettchen daneben. In dieser Nacht sah die arme Schwester den Mond kommen und gehen, und wenn ich aus meinem Kinderschlaf emporfuhr, so lag sie entweder knieend neben einem Stuhl oder stand am Fenster, jetzt im hellen, weißen Licht, jetzt in der Dämmerung, und hielt die Brust mit der Hand. Wenn ich sie dann leise anrief, so merkte ich, daß ich sie stets aus einer Art von Verzückung erweckte; sie zitterte, schüttelte den Kopf, strich mit der Hand über die Stirn und kam auch wohl zu mir und setzte sich auf den Rand meines Bettes und flüsterte: „Sei still, sei still!" – Einmal hat sie mir auch die Hände zusammengelegt, wie man sie zum Gebet faltet, doch immer sprang sie gleich wieder von neuem auf und lief zum Fenster zurück, um zu lauschen. Ich hörte die Glocke Mitternacht schlagen und eins und zwei; dann bin ich mit dem nahen Morgen in einen festern Schlaf verfallen, und als ich daraus erwachte und jach aufrecht im Bette saß in einem kalten, fröstelnden Luftzug, da ging in diesem kalten Hauch es vorüber wie ein Gespenst und verkündigte das, was kommen sollte.

Die graue Helle blickte in die Kammer, Ludowike hatte die Fensterflügel weit aufgeworfen. Sie mußte laut gerufen haben; denn ich war mir nun deutlich bewußt, daß ein Ruf, ein Schrei mich erweckt habe; – von der Landstraße her, über den dämmerigen, nebeligen Gärten erklang scharf und klar eine Reitertrompete und verhallte in der Ferne, und das ist der Abschied des Leutnants Kupfermann gewesen.

„Ade, ade, mein Lieb, ich gebe dich hin, leb wohl in Ewigkeit, ich muß dich geben fürs Vaterland, – lebe wohl, lebe wohl!" Das hat die Schwester gerufen und umschlang mit beiden Armen das

Fensterkreuz. Ich weinte laut und habe die Hände nach ihr ausgestreckt, und sie ist auch zu mir gekommen, nachdem die Trompete verklungen und alles wieder still war. Das Rotkehlchen auf dem Dachfirst mochte wohl singen und sich auf den Sonnenaufgang freuen; wie die Ludowike und ich aber zusammengekauert gelegen und auf den Tag gewartet haben, das ist fast zu schlimm, um davon sagen zu können.

Mein Kind, mit diesem Sonnenaufgang ist es wie ein Sturmwind über die Stadt gegangen, daß die beiden Leutnants mit ihren Zügen statt auf den Exerzierplatz den Preußen entgegengeritten seien. Da haben sie denn wirklich die Lärmtrommeln an allen Ecken geschlagen und zum Nachsetzen geblasen, und die Kameraden mußten in hellem Galopp hinter den Kameraden drein, sie zu fangen oder zu Boden zu werfen. Das war ein arger Tag! Wie ein schönes, bleiches Bild ist die Ludowike ruhelos umhergegangen; sie war wie ein gefangenes Tier in seinem Käfig, ihre Augen waren so groß und so starr, und immer hat sie nach dem fernen Gebirge hinübergesehen – o wie muß sie ihren Schatz in ihren Gedanken begleitet haben! Vor unseren Fenstern vorüber führte der Polizeikommissarius mit seinen französischen Gendarmen den Kommis Kupfermann in Ketten geschlossen und grüßte höhnisch und drohend, und die Bürgerschaft stand und ballte nur die Faust in der Tasche, gezeigt hat sie aber niemand. Und nun flogen die Gerüchte wie die Schwalben, bald hoch, bald niedrig. Einmal hat es geheißen, ein Mann habe die Nachricht gebracht: des Herrn von der Marwitz Reiter kämen wirklich und mit ihnen im Triumph der Honold und der Kupfermann. Da ist ein verhalten Jauchzen im ganzen Städtchen gewesen; Nachbarn, welche zehn Jahre lang in Todfeindschaft lebten, haben sich die Hände über den Zaun gereicht, und der alte Stimmler, welcher der geizigste Mann im Orte gewesen ist, hat einen Sack voll Kartoffeln ins Armenhaus geschickt. Darüber hat man trotz aller Beklemmung so gelacht, daß ich dir heute noch davon erzählen kann; der Jammer aber kam doch über alles Lachen mit der richtigen Botschaft. Sie brachte keiner aus unserem Volke, sondern ein französischer Trompeter, welcher schwarz und verstaubt auf abgehetztem Gaul zum Marktplatz und zur Kommandantur gesprengt ist und mit seinem „Vive l'empereur!" verkündigt hat, daß die abtrünnigen Schwadronen samt ihren Führern eingeholt, umstellt und nach harter Gegenwehr gefangen seien und daß der Kaiser Napoleon auch sonsten noch wohlauf sei und sieghaft und großmächtig sich verhalte. Da konnte man wieder einmal recht die Menschen in ihrer Art sehen. Es hatte ein jeglicher solchen Ausgang vorhergesehen und vorhergesagt, ein jeglicher wusch wie Pilatus seine Hände in Unschuld. Sie verkrochen sich alle wieder im Dunkel, aus welchem sie die Köpfe erhoben hatten – das war, wie wenn ein Bub am Ufer mit dem Stock aufschlägt und die Frösche auf allen Seiten mit einem Satz ins Wasser springen und unterducken. Ein Wunder ist's gewesen, daß sie nicht ihre Häuser zur Feier des Ereignisses illuminierten, und wenn das der Kommissär Schulz verlangt hätte, so würden sie es gewiß getan haben. Mit Hohnlachen und grimmigen Drohungen ist dieser Schulz in seiner französischen Uniform in unser Haus gekommen, als könne er sich hier an seinem höchsten und besten Triumph weiden. Da hat er geschrieen, wie jetzt alle Verräter an dem Kaiser Napoleon und dem König Hieronymus ihren Lohn dahinnehmen müßten und wie er sich kein größeres Gaudium wisse, als daß es so gekommen sei. Denn nun habe man alles Recht, zuzugreifen und dem Verrat die Kehle zusammenzudrücken. Die Leutnants mit ihren Folgern seien schon auf dem Wege nach Kassel zum Kriegsgericht, und den Kommis Kupfermann werde er an diesem Tage noch expedieren, aber es sei noch manch anderer vorhanden, welchen er lehren wolle, wie es dem Menschen vor den neun Exekutionsflinten zumute sei.

So hat er geschrieen, und da ist ihm meine Schwester Ludowike entgegengetreten, von allen die einzige, daß ihr hohes Gedächtnis bis an den Tod in meiner Seele leuchtet. Ja, sie wußte wohl, daß sie am meisten hingegeben und verloren habe, daß keine Rettung für den gefangenen Bräutigam sei; aber sie hat sich nicht gebeugt, solange ihr Geist hell war, und der Schulz hat das auch verspürt; es ist ihm selber gezeigt worden, wie es einem vor dem Schwert des Richters zumute sein kann. Unter den Verschüchterten hat die Schwester aufrecht gestanden mit erhobener Hand und den wahren Verräter und Niederträchtigen mit ihrem Wort zurück und aus dem Hause getrieben; – es ist herrlich und schrecklich zugleich gewesen, und obgleich ich nur ein einfältig dummes Kind war, so hat sich doch mein Herz in allen Tiefen bewegt. Nachdem aber die Ludowike den Schalk fortgetrieben, hat sie sich umgewendet und ist still hinausgegangen; auch ich hab ihr nicht folgen dürfen, man hat sie ihren Weg allein gehen lassen wollen, denn sie haben gemeint, daß es gut sei, wenn sie sich nun in der Stille ausweine; – jawohl, für ein ander Mädchen hätte das wohl genügen mögen, aber nicht für meine Ludowike! Ja, hätte sich die Stadt anders gerührt, hätte man die Sturmglocken geläutet gegen die Unterdrücker, so wär's ein ander Ding gewesen, und die Schwester wär sicherlich gerettet worden. Da hätte auch sie hinausstürmen können, wie es nachher andere Frauen und Mädchen getan haben, die verkleidet in die Regimenter getreten sind und den ganzen wilden Krieg mit durchmachten. Aber es blieb ja alles still, und so mußte auch die Ludowike still bleiben, das war ihr Verderben. Freilich hat sie ruhig gesessen, aber schon in den ersten Tagen nach dem Unheil nicht als eine Ergebene, sondern als eine Geistesabwesende. Sie ist auch immer ruhiger geworden, wie die Zeit vorüberging bis zu der Stunde, in welcher die Nachricht gekommen und von dem Maire der Stadt bekannt gemacht worden ist, daß die beiden Leutnants Honold und Kupfermann samt einem Teil ihrer treuen Reiter vom Kriegsgericht verurteilt und erschossen seien, und folgende Umstände haben sich dabei in unserem Hause begeben und sind mir so klar in Erinnerung, wie wenn sie mir gestern gleich einem Stein auf den Kopf gefallen wären.

Es ist ein lieblicher, stiller Tag gewesen, an welchem die Sonne hell durch die Fenster schien, und an dem Tische zwischen den beiden Fenstern saß die Ludowike und schrieb. Sie hat einen

Trostbrief an den alten Vater ihres Bräutigams geschrieben, einen stolzen, tapfern Brief, denn einen andern hätte ihr das starke Herz nimmer zugelassen. Wir, die wir seit dem großen Unglück immer auf den Zehen, wie in einem Krankenzimmer, um sie herumgingen, taten das auch an diesem Morgen; wir wußten alle, was kommen mußte, aber keiner hat doch geglaubt, daß der Schlag so schnell herniederfallen werde, und mein jüngster Stiefbruder, der, mit hoch erhobenen Händen vom Markt hereinstürzend, die blutige Nachricht ausschrie, hätte sich auch zusammennehmen können. Er war aber außer sich und wußte nicht, was er tat, – mit einem Weheruf sahen wir alle auf die Schwester, welcher ja jetzt das Elend den Kranz aufsetzte.

Mein Kind, sie ist nicht vom Stuhl gesunken, sie hat nicht das Haar zerrauft, auch hat sie nicht wie wir andern laut aufgeschrieen. Sie saß mit dem Rücken uns zugewendet und hielt sich über ihren Briefbogen geneigt; – sie hat weiter geschrieben, und wir haben ihre Feder in der tiefen Stille, welche es jetzt in der Stube gab, leise kritzeln hören. Sie hat nicht den Kopf erhoben, sie fuhr nicht zusammen; es war, als habe sie weder die Botschaft noch unsere Wehklage vernommen; der Vater, der hinter sie trat und seine Hand auf ihre Schulter legte, zitterte wie im Fieber, aber Ludowike zitterte nicht. Mein Kind, mein Kind, es war viel schlimmer! – Bei der leisen Berührung wendete sie sich um, sah auf den alten Mann, sah auf uns, lächelte und zeigte ihre weißen Zähne. O, da hat man ganz genau gewußt, daß sie alles vernommen habe und daß das Schlimmste für sie und uns eingetroffen sei; sie ist nicht wieder bei sich gewesen von dem Augenblicke an, bis auf eine Minute vor ihrem Tod; ihr Leben und das meinige aber sind in dieser Zeit so zu einem gemacht, daß kein Jammer, welcher den Menschen hienieden treffen kann, darüber geht.

Sie zeigte ihre weißen Zähne, lachte und sagte: „Zu früh um eine Stunde, um eine Stund zu früh!“ Nichts weiter. Ich umklammerte sie mit lautem Angstschrei, aber sie kannte an diesem Tage keinen mehr, und der Vater machte mich los von ihr und trieb mich hinaus. Da bin ich bis zum Abend wie verstört umhergelaufen, habe an allen Türen und Fenstern gehorcht und gebeten und gefleht, man möge mich wieder hineinlassen zu der Schwester, mich habe sie doch am liebsten von allen, und wenn sie von niemanden mehr wisse, mich müsse sie doch noch kennen. – Vergebens; an diesem Tage hat keiner auf mich gehört; aber nachher hat es sich erwiesen, daß ich recht hatte, da habe ich meinen Willen bekommen, und wie sie mich in meiner Unmündigkeit verpflegte, so ist sie nunmehr mir zur Pflege hingegeben worden.

Zuerst hat mein Vater freilich alle Doktoren, deren er habhaft werden konnte, zusammenberufen, um ihre Meinung zu vernehmen, weil kein Arzt sich selber genug traut, wenn es sich um ihn selbst oder die Seinigen handelt. Da ist der Brief, über welchem sie das Schicksal mit seiner unbarmherzigen Hand schlug, wie ein schreckliches Wunder umhergezeigt und von einem zum andern gegangen; denn was in einem Nu aus dem Menschen werden kann, das hat man niemals klarer sehen können, als auf diesem Blatt Papier.

Die Schwester hat so schön geschrieben wie der beste Schreibemeister, und ihre Gedanken konnte sie mit der Feder so trefflich hinstellen, daß keiner es besser machen konnte. Wie sie ihre Füße immer so zierlich setzte und aufrechten Leibes so stolz und anmutig einhertrat und wie jeder Wink und jede Bewegung ihrer Hände gleich einem Zauber gewesen ist, so war es auch mit ihren Buchstaben und ihren Meinungen auf dem Papier. Sie sind dahingezogen, wie der Schwan auf dem Wasser schwimmt, und so auch in diesem letzten Briefe bis zu dem Punkt, bei welchem der Bruder in die Stube gestürzt ist und ausgerufen hat: „Am Freitag ist er erschossen worden!"

Von hier an ist's gewesen, als ob eine Kugel auch den schönen Schwan getroffen habe, daß er nun durch das Wasser taumele, mit den Flügeln schlage, versinke, sich wieder hebe und die Wellen mit seinem Blute färbe. Der Brief ist mit einem Male irr gewesen wie die, welche ihn schrieb, und in solcher Weise wohl noch eine halbe Seite hinuntergelaufen, Verstand und Unverstand, Sinn und Nichtigkeit durcheinander. Ja, sie konnten sich wohl die Köpfe darüber zerbrechen, die Herren Doktoren, was half es aber der armen Ludowike?

Und nun, mein Kind, wie es Finsternis wurde in der armen Seele der Schwester, so wurden auch die Wolken über aller Welt dunkler und dunkler; die großen Gewitter drängten von allen Seiten gegeneinander, und – noch ein Stündlein, so war's, wie wenn das Wetter einem grad über dem Haupte steht, daß man zwischen dem Blitz und dem Donnerschlag nicht einen Augenblick einschieben und nicht eins zählen kann. Jetzt hat jeder Tag, jede Stunde so allmächtig zugegriffen, daß selbst die allernächste Liebe nicht das Gesicht zur Seite wenden konnte zu einem Trostwort oder einer Wehklage über das kleinere Schicksal der Angehörigen. Und wie das bei dem einen war, so war's bei dem andern, und auch unser betrübtes Haus hat keine Ausnahme machen dürfen. Was in ruhigeren Zeiten die Stützen unseres ganzen Daseins zerbrochen hätte, das wurde nun mit wilder Dumpfheit als das Gleichgültigere angesehen, und kein Nachbar hat sich darüber verwundert; und ein Wunder war's auch nicht, daß die Alten, weil ihnen der Kopf von den großen Schlachten so sehr dröhnte, die häusliche Last auf die Schultern des Kindes, auf meine eigenen Schultern legten.

Achthundert französische Kürassiere waren an die Stelle unserer einheimischen Reiter in unser Städtchen und die umliegenden Dörfer eingezogen, und unser Haus war auch voll von ihnen. Sie rasselten freilich noch mit Harnisch und Schwert und sperrten immer noch die Mäuler auf, als wollten sie die ganze Welt hinunterschlucken; aber trotz alledem war's doch mit dem alten, übertrotzigen Mute vorbei, und unter den blanken Harnischen klopfte es oft lauter, als sie wissen lassen mochten. Sie stellten mehr Feldwachen und Vorposten als sonst aus, auf den Kirchturm hatten sie einen Wächter zum Auslug hingesetzt, und in einer Woche bliesen sie jetzt häufiger Alarm als sonst während ihrer Prachtzeit in einem ganzen Jahre. Da mußten mein Vater, mein Halbbruder, unsere Nachbarn und guten Freunde das Leben der Zeit leben; ich aber habe mein besonderes Dasein gehabt, und das war, wie ich ganz gewiß weiß, viel schlimmer als alles, was die andern erdulden oder womit sie sich quälen mochten; denn über ihnen regte immerdar die schönste Hoffnung die Flügel; aber ich war so jung, so jung und mußte die Wärterin meiner wahnsinnigen Schwester spielen – das war ein Spiel für ein Kind von dreizehn Jahren!

Ja, mein Liebchen, wenn ich heute um mich sehe und die Menschen von heute in ihrem Treiben und bunten Wesen betrachte, so kommt mich oft ein Staunen an um ihre Hast und Ungeduld. Ich sehe sie rennen und laufen, ich sehe sie auf ihren Eisenbahnen dahinfliegen; ich sehe sie ihre Gebäude aufrichten über Nacht und ihre Gewohnheiten und Meinungen, ihre Kunst und Wissenschaft, alles das, worin und wonach sie leben, ändern, wie man die Hand umkehrt. Ich höre ihr Sprechen und Seufzen, wie alles so schlecht bestellt und wie's kaum noch der Mühe wert sei, Atem zu holen; und mit all dem kommt mir der Wunsch und Gedanke, daß der Herr sie plötzlich mit Haut und Haar zurückversetze in die Welt vor fünfzig Jahren und sie da einmal acht Tage lang ihren Weg suchen lasse. Da würden sie schön in die Kniee fahren.

Es war mit den meisten Dingen anders bestellt als heute und mit sehr vielen gewiß nicht besser; aber wenn ich davon anfangen wollte, so möchte ich schwerlich an diesem Abend noch ein Ende finden. Ich will also nur von den armen Irren reden, wie die vor fünfzig Jahren behandelt wurden – das ist ein Greuel gewesen! Mit dem Lichte der Vernunft schienen sie in jenen Zeiten jeden Anspruch an das Licht des Tages, an die freie Luft, an die gewohnte Kost und Kleidung verloren zu haben, und die Menschheit, die ihren Verstand durch die Güte Gottes noch behalten hatte, stand ihnen ganz und gar ratlos gegenüber. Die Häuser, welche der Staat oder das Land oder die Regierung zu ihrer Aufnahme unterhielten, waren gewöhnlich mit den Zuchthäusern verbunden und sind solche Schreckensorte gewesen, daß es gar nicht auszusagen ist. Mit einer und derselben Peitsche hat man die Verbrecher und die Kranken geschlagen, und deshalb behielten die Leute, welche mit einem solchen unglücklichen Wesen von der letzteren Art in ihrer eigenen Familie behaftet waren, solches, wenn sie es irgend vermochten, bei sich im Hause und sperrten es selber ab. Es war ja eine Schande, ein Kind, einen Bruder, eine Schwester im Irrenhause zu haben, und jeder band im Notfalle lieber selber dem Verwandten die Hände zusammen und legte ihn an die Kette. Auch die stillsten Kranken wurden abgeschlossen gehalten wie die bösesten Tiere; man fürchtete sich eben viel mehr vor ihnen als heutzutage.

Unsere Ludowike war nun im Anfang so still, so friedlich und sanft in ihrer Verdunkelung wie ein Engel, oder besser wie ein gutes Kind, das dann und wann wohl auch seinen Eigenwillen hat und sein Stündlein weint und schreit und strampfelt, aber im ganzen doch nur Sanftheit, Lachen und Lust ist. Jaja, so viel hatte die hohe, stolze Jungfrau für das Vaterland gegeben, daß ihr nichts von ihrem schönen, jungen Leben übriggeblieben war; und sie, deren Gedanken mit denen der Höchsten und Edelsten zogen, sie mußte zu mir im kindischen Spiel niederkauern.

Daß die Kranke ihre Neigung für mich behielt, das haben die andern als ein Glück in allem Elend angesehen und sind darüber sehr froh gewesen. So haben sie mir die Schwester und mich ihr überliefert, und ach, ich glaube nicht, daß sie recht hatten; denn ob ich gleich die arme Ludowike so lieb, so lieb hatte, flößte sie mir doch ein fürchterliches Grausen ein. Ich war ein so junges Kind, und die Scheu der älteren Leute wurde bei mir durch meine Unmündigkeit vermehrt, welche das Schreckliche noch mit dem Geheimnisvollen umhüllte, und auch mir hätte man beinahe meine Seele gebrochen.

Sie sperrten uns zusammen für den Anfang in dem Stübchen, von welchem aus der Vater zuerst meine junge französische Mutter in ihrer Schönheit unter ihren Blumen lustwandeln sah, und an keinen Raum auf der weiten Erde gedenke ich mit solcher Angst wie an dieses enge Gemach. Ach, sie hatte mich so weich und warm in ihrer Liebe gehalten, die gute Schwester! Aus meiner toten Mutter Armen war ich in die ihrigen gefallen, und sie hatte mich aufgezogen, wie man wohl einen jungen Vogel, der aus dem Neste fiel, aufzieht. Wir hatten so gut zusammengehalten zu jeder Zeit, und ich wußte es nicht anders, als daß ich zu ihr emporsehen mußte in allen Dingen und daß ich in allen Dingen ihr folgen und gehorchen mußte. Ich hatte auch stets zu ihr aufgesehen wie zu dem schönsten Wunder, und nun kroch sie auf dem Boden und tändelte mit der Puppe, welche ich schon weggeworfen hatte, und schwatzte, wie ich vor zwei oder drei Jahren geschwatzt hatte! Da war's kein Wunder, wenn alles auch in meinem Kopf ins Schwindeln und Schwanken kam.

Und unterdessen ging es draußen immer wilder her. Der großmächtige Schlachtenherbst von Anno dreizehn war herangekommen, der Tod zog mit seiner Sichel durch das deutsche Land und mähte nach rechts und nach links in immer weiteren, weiteren Kreisen! Es ist gewesen, als ob fortwährend eine große Glocke Sturm läute über der Welt; es war ein Sausen und Brausen um alle Menschen, ein Dröhnen in jedem Hirn; wie ein gewaltig Wehen hat es jedem den Atem genommen. Die große unsichtbare Glocke läutete nun die rechte Stunde ein, auf welche der Schwester Liebster nicht hatte warten können; aber die arme Braut saß jetzt auf der Erde und hatte den Schoß voll Kinderspielzeug und begriff den Sturm, den sie so sehr ersehnt hatte, nicht mehr. Und der Sturm fuhr heran und auch über unsere Stadt.

Die Marwitzschen Kosaken, welchen der Leutnant Kupfermann um eine Stunde zu früh entgegengeritten war, sind nun im vollen Rosseslauf gekommen und haben des Feindes gepanzerte Reiter vor sich her getrieben, daß wir sie nimmer wieder sahen. Aber des Herrn von der Marwitz Kosaken sind auch eigentlich gar keine Kosaken gewesen, sondern es waren viel wildere und tollere Leute, es waren unsere eigenen guten oder vielmehr sehr bösen Landesgenossen, die meisterlosen Brauseköpfe, welche in den Feind brachen, wie sie vordem in des Nachbars Obstgarten oder Vorratskammer gebrochen waren, und auf die Franzosen schlugen, wie sie früher in den Gassen aufeinander geschlagen hatten. Das waren die jungen Wildfänge, welche dem ersten besten Bauer den Gaul aus dem Stall gerissen, die erste beste Bohnenstange zu einer Pike umgewandelt hatten und im Notfall ihrem eigenen Vater das Haus über dem Kopfe angezündet hätten, wenn sie dadurch eine welsche Streifschar ausräuchern konnten. Mit Gejauchz und Hurra kamen sie im Sturm an und fuhren durch die Tore, gleich ihren Namensgenossen weit vorgebeugt über die Pferde hängend. Es sind grimmige Rächer gewesen, und sie hatten ihren eigenen Weg; denn es war niemand da, ihnen einen Zügel anzulegen, und eben weil sie aus ganz Deutschland zusammengeweht und -geblasen waren, ist's gewesen, als ob jeder Ort einen gesendet habe, den anderen die rechten Türen zu weisen. Da wußten sie denn auch anzuklopfen nach ihrer Art, und die war gar nicht fein, und, liebes Kind, ich hab so einen gesehen und denke heute noch mit Schauder daran; das hängt aber wieder mit dem Bruder Wilhelms, mit dem Kommis Kupfermann zusammen.

Diesen hatten sie endlich doch frei lassen müssen in Kassel; denn trotzdem der Kommissarius Schulz alles, was er wußte und vermochte, dransetzte, um ihn zu verderben, konnten sie ihn nicht erschießen wie den Bruder, und so haben sie ihn zu aller Leute Verwunderung heimgehen lassen. Zu langen Prozessen hatten sie eben auch in Kassel keine Zeit mehr.

Dieser Kommis Kupfermann ist denn also wirklich zurückgekommen, noch ein wenig magerer und finsterer als sonst, übrigens aber ganz der vorige, und er ist wieder in sein Geschäft eingetreten und hat wieder wie früher an seinem Türpfosten gelehnt und mit seinen blöden Augen in die Welt hinausgestarrt. Umgang hat er aber gar nicht mehr gehabt und gesucht, und die Stadt hat sich fast vor ihm gefürchtet. Was ich aber erzählen wollte, das ist folgendes.

Ich bin auch in der Gasse gewesen, die Marwitzschen zu sehen, und ich habe sie gesehen und vorzüglich einen von ihnen. Der kam, angetrunken und zerlumpt, auf einem kleinen, abgehetzten, zottigen Gaul um die Ecke; die Lanze ließ er über das Pflaster nachschleifen, die Zügel hielt er mit den Zähnen, und mit der rechten Faust hielt er den Polizeikommissarius am Kragen gepackt und schleppte ihn ebenfalls an dem Boden nach. Das war ein betrübter Anblick, denn der schlechte Mann hatte seine Perücke verloren und ist halb tot gewesen unter der Faust des wilden Reiters. Und dicht vor dem Kommis Kupfermann an seinem Pfosten hat dieser Reiter sein Pferd so plötzlich angehalten, daß es schier mit dem Hinterteil zu Boden lag und daß die Funken aus dem Pflaster sprangen. Mit einem jähen Schwung schleuderte er den Kommissarius dem Bruder des Leutnants Kupfermann vor die Füße, hob sich im Sattel, die Lanze über dem Kopf schwingend, und schrie: „Da hast du ihn, Fritz, nun spuck ihm ins Gesicht!" Der Kupfermann aber hat sich gottlob nur umgewendet und mit der Hand abgewinkt; da hat der Reiter den bewußtlosen elenden Menschen wieder von der Erde aufgegriffen; es sind seine Kameraden, die auch schon halb betrunken waren, mit lautem Geschrei herzugekommen, und so haben sie den Franzosenfreund zwischen den Pferden weiter geschleift. Niemand hat erfahren, was dann unter ihren unbarmherzigen Händen aus ihm geworden ist, aber zu einem Spuk ist er nachher in dem Hause, welches er bewohnt hat, geworden. Der Reiter, der ihn zuerst gepackt hielt, soll ein Stadtkind gewesen sein, der wilde Reichert genannt. Bei Waterloo wird ihm das Bein zerschossen, und als die Chirurgen ihn nach der Schlacht auf ihrem Tische haben, um es ihm abzusägen, da sieht er ihnen ruhig ohne einen Laut zu, mit der Pfeife im Munde; als sie ihn jedoch verbunden haben und alles soweit gut ist, da tut es plötzlich einen Ruck in ihm, als wolle er aufspringen, und dann fällt er zurück und ist tot. Der gehörte auch recht in die Zeit; allein ganz sicher ist's doch nicht, ob er's war, welcher den Kommissarius dem Fritz Kupfermann zum Gericht brachte; denn andere wollen sagen, es sei Franz Hornemann gewesen, der sich nach dem Kriege in der Fremde aus Eifersucht vor den Augen seiner

Braut erschoß und auch zu den wüstesten, aber lustigsten und gutmütigsten Burschen im Städtchen gehört hat.

Ist das aber heute nicht eins wie das andere? Ach Gott, mein Kind, fünfzig Jahre sind eine lange Zeit! Niemand, der den nassen Rock zum Trocknen an den Ofen hängt, gedenkt noch des einzelnen Tropfens; nur solch eine alte, müßige Frau gleich mir, die in dem Leben des Tages wie in einem Halbschlummer sitzt, hat die Zeit und die Kunst, sich solcher Einzelheiten zu erinnern. Die Erde hat sich ihres Rechtes auch wieder erinnert, nachdem die großen Geschwader vorbeigerauscht waren; sie hat die Verwüstung mit Blüten und Erntekränzen gedeckt, hinter dem Feldgeschütz ist der Pflug gegangen, und die Krähen, die auf den Schlachtfeldern sich sättigten, sie hüpften wieder hinter dem Bauer in der Ackerfurche her. Über alle Gräber ist Gras gewachsen und auch über das unserer Ludowike.

Aber vor den neuen Frühlingen zog erst der Winter von dreizehn auf vierzehn. Der Feind war aus den Grenzen des Landes getrieben, und die Wetterwolken, die früher im Osten standen, die hatten sich nun nach Westen gezogen, und ihr Donner verrollte immer ferner. Alle Sommer- und Herbstblumen aus dem Garten meiner seligen Mutter waren in dem Wasserglase in unserm Gefängnisstübchen verblüht; das Gezweig wurde kahler, der Himmel grauer, die Winde kälter, und mit der Verwandlung des Jahres ist auch allgemach eine Verwandlung über meine Kranke gekommen. Sie wurde mürrischer, heftiger, boshafter und fing an, nach den erwachsenen Leuten zu schlagen oder sie zu beißen, wenn sie sich ihr zu nahe wagten. Sie ist auch recht weinerlich geworden, nicht wie jemand, der aus einem großen Kummer oder sonst aus Melancholie weint, sondern wie ein krankes, unzufriedenes Kind, das selbst nicht weiß, was es will und dem nichts recht zu machen ist. Mit der Schwester Zustand hat sich natürlich auch der meinige verändert, und dieses Zusammensein mit der Irrsinnigen, diese ewige geheime Angst und Unruhe, dieses Aufmerken auf jede ihrer Bewegungen den ganzen Tag über mußten mich ihr allmählich ganz gleich machen.

Ach, mein Kind, wie hat man meine Kindlichkeit zerbrochen, als man mich, die eben noch mit der Puppe spielte, zum Spiel mit diesem allergrößten Unglück und Kreuz, welches den Menschen treffen kann, einschloß! Ich hatte keinen, der mir half; meine Mutter, die es gewiß getan hätte, lag unter ihrem grünen Hügel, und den anderen allen hatte die wilde Zeit so sehr den Sinn eingenommen, daß es ihnen nicht möglich gewesen ist, auf etwas so Kleines zu achten. Da haben wir denn gesessen, die Kranke und ich, stundenlang, halbe Tage lang, jedes in einer Ecke, und haben einander angestarrt, bis für mich jeder Ton im Hause jenseits der verriegelten Tür wie ein Geräusch aus einer Welt war, mit der ich nichts mehr zu tun hatte. Ich habe auch meine Gespielen in der Gasse lachen hören und habe mir die schmerzenden Augen zugehalten und die Ohren verstopft; ich war noch ein junges Kind, aber den Tod hab ich mir doch wünschen können, und das hat gewährt bis zu dem Tage, der mich freilich von meiner grausigen Wache erlöste, aber die arme Ludowike in ein noch viel größeres Elend stürzen sollte.

Das ist ein dunkler Tag zu Anfang des Dezembers Anno dreizehn gewesen; die Kranke zeigte sich an demselben noch ruheloser und unzufriedener als gewöhnlich, und alle meine schwachen Bemühungen, sie zu besänftigen und zu erheitern, sind vergeblich gewesen. Sie stand jetzt am Fenster, blickte stier und gleichgültig nach dem langsam ziehenden Gewölk und nahm nur von Zeit zu Zeit eine Flechte ihres langen, vollen, schönen Haares und zog sie durch den Mund. Sie könnte dort unter dem Apfelbaum stehen, ich würde sie darum nicht deutlicher erblicken, als ich sie jetzt vor mir habe. Sie hatte ihr Gewand zerrissen in ihrem Unmut, die eine Schulter war entblößt; sie griff öfters mit den Fingernägeln in das weiße Fleisch und achtete es nicht, daß das Blut schon hervorquoll. Ich hatte am Morgen aus ihrer kleinen Bibliothek Schillers Gedichte mit mir heraufgenommen in unser Gefängnis, saß in meinem Winkel und las laut und eintönig ein Gedicht nach dem andern her, denn wir hatten gemerkt, daß sie das wohl mochte, obgleich sie nichts mehr davon verstand. Dieses Lesen schläferte sie häufig ein, oft aber hörte sie auch stundenlang zu, indem sie vor mir knieete, den Kopf in meinen Schoß gelegt, und mich jedesmal, wenn ich ermüdet das Buch zuklappen wollte, in das Bein kniff und mich so zwang fortzufahren.

Heute jedoch hatte mein Lesen keinen Einfluß auf ihre Stimmung, sie war und blieb, so wie ich sie dir beschrieben habe, mein Kind, stand am Fenster, drehte mir den Rücken zu und wiegte den Oberkörper verdrießlich hin und her. Plötzlich stößt sie einen Ruf aus, wie vor Überraschung und Freude. Sie tritt zurück, und ich springe auf, um zu erfahren, was sie draußen gesehen haben könne; aber in demselben Augenblick hat sie bereits das Fenster aufgerissen und sich in die Fensterbank geschwungen. Sie will hinaussteigen, und ich, in Todesangst, unter gellendem Hülferuf, suche sie zu halten; aber sie schlägt mir lachend mit der Linken auf die Hände und setzt mir die Zähne in das Handgelenk, aber zugebissen hat sie nicht!

Es zog sich ein Lattenwerk für den wilden Wein an der Hausmauer bis zu unserem Fenster empor; dasselbe hätte unter meinem eigenen leichten Gewicht sicherlich zusammenbrechen müssen, aber die Ludowike hat es wie durch ein Wunder getragen. Gleich einer Katze hing sie daran, und nachdem sie sich von meinem schwächlichen Griff frei gemacht hatte, setzte sie ihren Willen geschickt durch, wo jeder andere den Hals gebrochen haben würde.

Im Hause vernahmen sie endlich mein helles Rufen und achteten darauf. Sie eilten schnell genug die Treppe empor, allein in ihrer Aufregung vergaßen sie natürlich, daß sie selber uns eingeschlossen hatten, und so mußten sie vor der Tür warten, bis der Schlüssel geholt war. Bis dahin hatte die Irre übergenug Zeit, ihren gefährlichen Weg fortzusetzen, und als die Hausgenossen endlich in die Stube drangen, da stand sie schon in dem Garten meiner Mutter, warf triumphierend die Hände über das Haupt, lachte wild und schrie lauter als wir alle. Sie jauchzte in ihrer Freiheit gleich einem wilden Tier, rannte im Kreis umher und warf sich zu Boden und wälzte sich. Nun stürzte man schnell wieder die Treppe hinab, und die Leute, welche zu dieser Zeit in dem Hause meines Großvaters wohnten, kamen ebenfalls hervor; aber es dauerte eine Weile, ehe man sich genug gefaßt hatte, um Jagd auf die Kranke machen zu können, denn das Entsetzen und die Scheu waren zu groß. Ich für meinen Teil habe mich auch zu Boden geworfen und die Augen mit den Händen bedeckt, als man sie endlich doch jagen und fangen mußte. Sie schrie so laut, daß auch die Leute in der Gasse stehenblieben und horchten, und als man sie wieder in ihr Gefängnis halb trug, halb schleifte, da hab ich mir wohl die Ohren verstopft, aber ihr Geschrei drang doch durch, und jetzt noch höre ich es dann und wann in einer schlaflosen Nacht und muß danach den Tag über in großer Zerschlagenheit umhergehen.

Es hat sich ein preußisches Militärhospital damals in unserer Stadt befunden, und ein ganz berühmter Arzt war demselben vorgesetzt; auch dieser gelehrte Mann wurde nun von meinem Vater herbeigerufen; aber auch seine Meinung ist gewesen, daß die Kranke jetzt in Dunkelheit, Hunger und Kälte gehalten werden müsse, um ihre Tobsucht und Raserei zu bändigen. Da ist denn ein Strohlager in der schwarzen Rauchkammer, wo sonst die Schinken und Würste im Rauch aufgehängt wurden, zubereitet worden und meine Schwester in diese Kammer gesperrt, die nur durch den Schornstein erwärmt wurde und die ihr Licht durch ein einziges, winziges Fenster bekam, welches so hoch in der Wand angebracht war, daß niemand ohne eine Leiter dazu gelangen konnte. Und alles, alles, was der Mensch sonst zu seinem Leben nötig hat, ist der Schwester genommen; sie wurde mit sich selber allein gelassen, und auch ich durfte nicht mehr zu ihr.

Liebes Kind, ich konnte nichts dafür, daß ich fast alles Mitgefühl mit den Menschen verloren hatte. Meine Jugend war mir so zerstört und zunichte gemacht, daß es gewesen ist, als ob niemals die Sonne über mein Kinderspiel geschienen, niemals die Lerche über meiner Wiege gesungen habe. Ja, ich hatte endlich selbst ein gut Teil von dem Gefühl für die kranke Schwester, der man mich zugesellt hatte, verloren; doch das kam in der Zeit der Trennung von ihr schnell zurück.

Nun saß ich wieder unter den Vernünftigen und Verständigen und hörte in dumpfer Gleichgültigkeit ihren klugen Reden, ihren Späßen und ihrem Gezänk zu und begriff fast nichts mehr von ihrem Leben; denn alles, was man sagte und tat, war mir gleich dem Kratzen an einer Kalkwand. Aber das begriff ich klar, daß man die Ludowike schier zu den Toten rechnete und daß ein jeder jeden Gedanken an sie so hastig als möglich aus seinem Sinne zu verscheuchen bemüht war und daß man stillschweigend ein Übereinkommen getroffen hatte, die dunkle, kalte Kammer, in welcher sie gefangen saß, so wenig es sein konnte, unter sich und gar nicht gegen andere zu erwähnen. So war denn die Schwester rein eine Lebendigbegrabene geworden; aber mit mir ging man sehr lieb und zärtlich um, denn sie sahen wohl ein, was sie angerichtet hatten, und sie mochten sich wohl häufig im geheimen bittere Vorwürfe machen. Was sie aber auch taten, das Verlorene ließ sich nicht so leicht wieder ersetzen, das Verworrene und Verunstaltete ließ sich nicht so leicht wieder ins Rechte zurückführen. Ich fürchtete mich vor ihrem Lachen fast noch mehr, als ich mich vor dem der Irrsinnigen gefürchtet hatte, und als sie nach Neujahr, um den Übergang der verbündeten Heere über den Rhein zu feiern, zum Tanz auf das Rathaus gingen, als ob alles im Haus und im Herzen in der schönsten Ordnung sei, da hab ich mich die Bodentreppe hinaufgeschlichen und saß nieder auf der letzten Stufe vor der verschlossenen Türe der armen Verlassenen und saß da im tiefsten Gram. Ich war leise, leise gekommen und dachte, niemand solle mich aufjagen, aber die Kranke drinnen merkte bald wie durch Instinkt meine Gegenwart und kratzte an dem Schloß und rief mich bei meinem Namen. Freilich biß ich die Zähne aufeinander und wollte nicht antworten, denn man hatte mir ja jetzt allen Verkehr mit ihr streng untersagt; aber ich mußte es doch, und die Stimme von drinnen klang mir nun wieder vertrauter als all der Lärm des

Tages unter den Vernünftigen drunten in der Wohnstube. Die Kranke sang in ihrem Gefängnis, und dann sang ich ebenfalls in meiner Betrübnis lauter Lieder aus dem Gesangbuche, bunt durcheinander, wie sie mir grad einfielen; das dauerte wohl über eine Stunde, bis wieder der böse Augenblick kam und die Wahnsinnige anfing, wie ein Hund zu bellen und mit den Fäusten gegen die Tür zu schlagen. Da bin ich im allergrößesten Schauder dann wieder treppab geflohen zu der Magd in die Küche, und während die Schwester heiser durch das Haus schrie, sind wir am Herde zusammengekrochen und haben fort und fort gebetet, ich das Vaterunser, und die Magd, welche aus der katholischen Gegend gewesen ist, „Gegrüßet seist du Maria", und was sie sonst noch wissen.

Das war ein harter Winter, liebes Kind, und unsere Heere befanden sich nun in Frankreich, und dort wurden immer noch die blutigsten Schlachten geliefert; denn der Napoleon wollte sich noch lange nicht geben, obgleich man schon in Deutschland seiner Niederlegung wegen, wie ich dir eben erzählt habe, zum Tanze ging. Sonst aber ist es doch ganz still bei uns gewesen im Gegensatz zu der jüngstvergangenen Zeit. Das einzige kriegerische Leben brachten die Hörner und Trommeln der Haufen, welche den andern gen Westen nachzogen; aber das war doch ein ganz anderer Klang als in jenen Tagen, da der Feind noch in unsern Häusern und auf unsern Wegen lag. So sind der Januar und Februar des Jahres vierzehn vorübergegangen, und oft genug kam's noch von Sonnenuntergang herüber wie ein heißes Wehen mit dumpfen Gerüchten, mit Ahnungen und Grauen und bösen Ängsten. Ganz glatt ist es in dem fernen Franzosenland nicht abgelaufen, und es hat noch viel Blut gekostet bis zum April und dem großen Jauchzen der Völker über die eroberte Hauptstadt des Feindes. Im April jedoch haben sich alle Leute wie die Kinder auf den Maien freuen dürfen, denn nun war ja alles gut, und Friede war wieder in der Welt; – selbst die, welche Brüder oder sonst liebe Verwandte auf den Schlachtfeldern verloren hatten, wollten es sich nicht nehmen lassen, zu Christi Himmelfahrt einen grünen Busch vor die Tür zu stellen. Es ist ein Aufatmen in der Welt gewesen, wie die Welt es seit langer Zeit nicht mehr gekannt hat; und du, mein Kind, wirst's auch wohl dann und wann noch erfahren, wie leicht der Menschen Sinnen und Fühlen sich bewegt und mit dem Wind wechselt. Du wirst es erfahren im Guten wie im Bösen, und es muß wohl recht verständig in solcher Weise bestellt sein, denn der verständige Mensch siehet solches je klarer ein, je älter er wird.

Jaja, es war auch ein schönes Jahr, und wer irgend vergnügt sein konnte, der nahm nur sein volles Recht, wenn er sich aus vollem Herzen der guten Tage freute und kein eisern Gitter mehr gelten ließ. Es wäre ja auch zu betrübt gewesen, wenn das Volk die Kettenglieder, welche es denn doch immer mit sich hinausschleppt in das junge Grün, in ihrem vollen Gewicht hinter sich gespürt hätte.

Ich habe es häufig bedenken müssen, ob wohl jemals, auch jenseits des Kirchhofes, ein Augenblick kommen könne, in welchem ich diesen Himmelfahrtstag des Jahres vierzehn vergessen haben würde, – es müßte jedenfalls eine entlegene, entlegene Zeit sein! – In frühester, grauer, warmer Stunde bliesen sie schon einen Choral von dem Kirchenturm, ich lag in meinem kleinen Bett, erwachte davon, horchte und hörte, wie die Hausgenossen sich regten, hin und wider liefen, einander fröhlich begrüßten und sich zu ihrer Waldfahrt rüsteten. Man klopfte auch an meine Tür, und der Vater rief mich; aber wie gewöhnlich hatten mich so böse Träume in meinem Schlafe geschreckt, daß ich mich nicht mit den andern ermuntern, nicht mit ihnen freuen, nicht mit ihnen in den Wald hinausgehen konnte. Meine trüben Sinne drückten mir den Kopf wieder in die Kissen hinab, und ich schlief von neuem ein, während alle das Haus verließen. Sie drängten mich nicht, mit ihnen zu gehen, sie ließen mir in allen diesen Dingen meinen eigenen Weg, und das war auch gut.

In diesem zweiten Schlafe vernahm ich nun die Lieder der fröhlichen Menschen draußen, darauf die ersten Kirchenglocken, und als ich endlich zum zweiten Male erwachte, war's heller Tag und ein so blauer, so lichter Tag, wie die arme Erde sich ihn zu ihrer schönen Frühlingsfeier nur wünschen konnte. Da hab ich noch eine ziemliche Weile aufrecht im Bette gesessen und mich auf mein Dasein besonnen, dann bin ich aufgestanden. Es ist nun ganz still, still im Hause und auch im Städtchen gewesen; denn auch die Mägde hatten sich natürlich fortgeschlichen, und wer nicht in den Wald gegangen war, der rüstete sich nunmehr zum Kirchgange; ich aber hatte alles verschlafen, war ganz allein in der Stille, und wie ich mich auch auf mein Dasein besinnen mochte, ich konnte es sozusagen an diesem Morgen in keiner Weise wiederfinden; ich hatte an diesem Morgen mein ganzes Leben vergessen, und das war mein Geschenk vom Himmel für diesen Festtag.

Ich bin jetzt aufgestanden und habe mich langsam, noch immer schläfrig und träumerisch, angekleidet; dann saß ich nieder am Fenster vor der armen Schwester Nähtischchen, hielt die Hände untätig im Schoß gefaltet und sah den Sonnenschein auf dem reinlichen Straßenpflaster liegen; und das Glas mit Maiblumen, das neben mir in der Fensterbank stand, ist allein schon ein ganzes Reich der Wunder gewesen.

Nun ist eine Unruhe wieder leise durch meine Glieder gekrochen; ich bin in den Garten gegangen. Im Hause auf dem Hausflur war es dunkel und kühl; in dem Garten schien die Sonne so hell und warm, und grad darum hat es mich gefröstelt; aber das hat nicht lang dauern können. Es blühte alles bis tief unter die Hecken, und die Bienen summten, ein süßer Schwindel griff mir an die Stirn; es war auch ein Bienengesumm in meinen Ohren, wie man es hat nach einer unruhigen, ängstlichen Nacht, wenn man hinausgetreten ist aus der dumpfen Kammer in solche freie, warme Luft, in solchen Duft von Buchsbaum und Holunder.

Der Kirschenbaum ließ seine ersten weißen Blütenblätter fallen; die Apfelbäume und Kastanienbäume standen in weiß und roter Pracht, und ich stand zwischen den Stachelbeerhecken und beugte das Gesicht nieder in das Leuchten und Duften. In diesem Augenblicke, diesem kurzen, kurzen Augenblicke hat mir die

Schönheit und Lieblichkeit der Welt alle meine Kindermärchen wiedererzählt; es war ein Zauber, der alle Süßigkeit und alle Wehmut, alle Kraft und alle Müdigkeit in sich schloß. Und immer seltsamer wurde mir zumute; ich vernahm eine singende Stimme, und nun ist es mir gewesen, als sei diese Stimme schon ganz lange Zeit in mein Ohr geklungen und ich habe nur nicht darauf geachtet. Jetzt aber horchte ich, aber ohne daß mich der märchenhafte Zauber verließ. Ich hörte mich mit meinem Namen rufen, ganz weich und klagend und wie aus weitester Ferne, wie wenn einer fern, fern im Walde sich rufen hört. War das der singende Baum oder der sprechende Vogel? War das Schneewittchen oder das verlorene Kind? . . . Ich fuhr zusammen und ließ den blühenden Zweig, den ich gefaßt hielt, jach zurückschnellen – die Schwester, die unselige, kranke, gefangene Schwester rief – rief mich – rief meinen Namen, und ich, ich hatte sie vergessen um die bunte, warme Frühlingsmorgenstunde – wie die andern!

Da bin ich zurückgesprungen mit einem wilden Sprung durch ein rot und gelbes Tulpenbeet in die dämmerige Kühle des Hausflurs. Da hielt ich mich am Türpfosten und hörte die Stimme im Hause; – die Schwester, die Schwester rief mich!

Das Herz klopfte mir in fieberhafter Aufregung; so allein wie heute war ich noch nie im Hause gewesen seit jenem Tage, an welchem man meine arme Ludowike in diese schreckliche dunkle Kammer eingeschlossen hatte. Ich war die Herrin heute, und niemand war da, mich in meinem Tun zu belauschen oder gar mich daran zu hindern. Da ist dann wieder eine neue Stimmung über mich gekommen, und die war auch sehr kurios; aber doch kann ich sie jetzt noch ausdeuten.

Es ging mir ganz wild und zornig durch den Kopf, daß ich beide Hände ballte und mit dem Fuße fest auftrat und mit den Zähnen knirschte – alles im Hohn und Trotz gegen den Vater, die Stiefbrüder und die ganze übrige Verwandtschaft, welche es am letzten Ende doch so gut mit mir meinten und nur aus großer Not an mir gefehlt hatten.

Was für ein Recht haben sie, dich jetzt auszuschließen von der

Schwester? habe ich mich gefragt. Sie haben kein Recht; denn ihr beide ganz allein in der weiten Welt gehört doch nunmehr ganz zueinander; – ihr beide seid einander von dem lieben Gott im größten Elend anvertraut, niemand kann euch scheiden!

Niemand soll dich jetzt hindern, der Schwester die Freiheit wiederzugeben und sie aus ihrer Finsternis herauszulassen in die Sonne, unter die Blumen, in den Garten, in den Frühling! so schallte es in mir, und mein Herz hämmerte; und horch, horch, von neuem hörte ich meinen Namen mit wehmutsvollen, leisen, leisen Klagen und Bitten aus der Höhe. Da bin ich geduckt, an der Wand hin, in die Stube geschlichen und habe mit einem hastigen Griff den Schlüssel zu der Kammer der Gefangenen von dem Nagel neben der Uhr herabgerissen; dann in Sprüngen die Treppe hinauf!

O liebes Kind, die Ludowike hatte ihren Mund an das Schlüsselloch gelegt, als ich mich halb bewußtlos hinüberbeugte und durchlugen wollte; – ich spürte ihren Hauch, und sie bat: „Schließ auf, schließ auf, schließ auf!" – O liebes Kind, da hat eine andere Hand als die meinige den Schlüssel geführt und umgedreht, denn ich weiß nichts davon; aber eine gütige, eine barmherzige, sanfte Hand ist es gewesen – ich segne sie zu jeder Stunde, und alle Freude, alle Wonne, die ich nachher in meinem langen Leben bis zu dem heutigen Tage genossen habe, werden aufgewogen durch das Gedenken an jene hohe Vergünstigung, welche damals in meine kindische, unwissende Macht gelegt worden ist.

Das Schloß hat nachgegeben, die Tür ist aufgesprungen, und auf der Schwelle ihres Jammerortes kniete die Schwester und hat mich nicht mit den Zähnen und Nägeln angegriffen und zerfleischt, wie es mir die verständigen Leute vorgemalt hatten.

Sie ist auf den Knieen liegen geblieben mit weit ausgestreckten Armen. O, wie sah sie aus, wie sah sie aus! Es ist nun nichts, gar nichts mehr von der schönen Ludowike an ihr gewesen, der hohen, stolzen Braut, die ihren Bräutigam mit ihrem vollen freien Willen in den Tod für das Vaterland sandte. Nichts ist mehr an ihr gewesen von jener Holdseligkeit, die sie auch dann noch behielt, als wir schon in dem Studierzimmer meines Vaters zusammengesperrt waren.

Ich rief sie nun auch, ich nannte sie mit allen liebkosenden Namen, ich sank nieder zu ihr und umfaßte sie mit meinen Armen. Ich hielt sie und drückte sie; aber sie rührte sich eine lange, lange Weile gar nicht und war wie ein kaltes Bild aus Stein, bis sie plötzlich aus der Erstarrung erwachend in die Höhe sprang und wild die geballte Rechte erhob, daß ich mich im Schreck zurückbeugte und den Kopf mit den Ellbogen schützte, weil ich glaubte, nun werde sie doch zuschlagen. Sie hat es aber nicht getan, sie hat nur meine beiden Handgelenke gefaßt und mich mit übermächtiger Kraft emporgerissen von den Knieen. Sie hat mich zur Treppe gezogen und schnell ihr nach, die Treppe hinab; ich aber habe mich nicht gewehrt, auch nicht wehren können; ich war wie ein Spielzeug in ihrer Gewalt; aber auch wenn ich stark wie eine Riesin gewesen wäre, ich würde in diesen Augenblicken mein Leben, meine gesunden Glieder ihr doch haben überlassen müssen.

So hat sie mich jetzt zuerst in die Wohnstube gezogen und hier mich freigelassen; da ist sie im Kreise umhergelaufen, immerfort mit den Händen abwehrend oder sie wie im grimmigen Schmerz gegen die Stirn drückend. Auf einmal ist sie vor dem Spiegel stehen geblieben, aber schnell wieder zurückgefahren, als sie sich darin erblickte. Mit dem Finger auf dem Munde schlich sie auf den Zehen zum zweitenmal heran und sah sich zum zweitenmal in dem Glase. Da schüttelte sie hastig mit dem Kopfe und floh aus der offenen Tür, wie gejagt von ihrem eigenen Abbild; ich aber stürzte ihr nach durch den Hausgang in den Garten, so schnell, daß ich meine Schuhe auf der Schwelle verlor. Bin aber doch nicht schnell genug gewesen; denn als ich in das Freie kam, mußte ich mich nach ihr umsehen, nach ihr suchen; denn der Garten war voll hohen Gebüsches aller Art, und sie hatte sich untergeduckt wie ein Kind im Versteckspiel. Ich rief ihren Namen: Ludowike! Ludowike! so schmeichelnd und lockend, wie ich konnte, und da hörte ich sie hinter einem dichten Gesträuch lachen und schluchzen, und hastig brach ich durch das Gezweig zu ihr. Ach, da lag sie in dem hohen Grase, in dem Schein der warmen Sonne, und einen blütenvollen Zweig von einem Zwergapfelbaum hatte sie über sich hingezogen, und ihre großen, dunkeln Augen leuchteten durch die Blüten. Als ich vor ihr stand, ließ sie diesen Zweig los, ergriff wieder meine Hände und zog mich herab auf die Kniee, doch nicht mehr heftig und ungestüm, sondern sanft und gemach. Es ging plötzlich wie ein Krampf über ihr armes, gelbes, hageres Gesicht, doch nach dem Krampf kam eine Stille, und da ist es gewesen, als ob für einen kurzen Augenblick ein Schleier von ihr gezogen werde: – sie hat mich lange, lange mit ernsten, ernsten Blicken angesehen, und darauf hat sie mit ihrer Hand meine Stirne berührt und mit einer Stimme, die verklungen war seit jener Stunde, in welcher sie den Brief an den Vater ihres erschossenen Bräutigams schrieb, gesprochen:

„Es soll dir gut gehen, dein ganzes Leben lang, liebe Schwester, denn du hast mich nicht verlassen in meiner Not! Lege deine liebe Hand auf mein Herz, was müßte ich dir alles sagen, wenn ich Zeit hätte! Du hast Barmherzigkeit an mir geübt und sollst viel Freude haben. Sei still, liege still, rühre dich nicht, daß das Schrecknis nicht erwache! Wir wollen einschlafen, und du sollst neben mir liegen wie sonst, als du noch ein ganz klein, klein Kind warst, und im Glück wollen wir beide erwachen!"

Nun zieht sie mein Gesicht an ihren Busen und küßt mich, und ich liege weinend neben ihr, und sie hält mich so fest an sich gedrückt, daß mir fast der Atem entgeht: sie hält mich immer fester, und ich darf mich nicht rühren; aber es ist eine große Freude in mir, mein Herz klopft in aller jauchzenden Hoffnung.

Jetzt ist ihre Seele licht, die Dunkelheit ist vergangen, und ich, ich habe sie in die Sonne, in den Frühling, in die Freiheit führen dürfen, ich habe in ihrer Gefangenschaft mit ihr gespielt, und ich habe ihr Gefängnis aufgeschlossen, als sie von allen andern verlassen und vergessen war!

Wieder ist ein Krampf durch ihren Körper gegangen, und noch einmal hat sie mich fester ergriffen und an sich gedrückt; dann aber haben sich ihre Arme gelöst; sie seufzte tief und schwer, ihr Haupt schlug auf den Boden. Ich fuhr empor und starrte ihr in das Gesicht; – da war wieder alles anders, und so mußte es nun bleiben, – der ganze Friede war herabgekommen, – die Schwester Ludowike war tot. Wohl lange hab ich in Ohnmacht über ihr gelegen, und lange wieder hab ich in halber Bewußtlosigkeit von der Landstraße her über die Hecke die Lieder der aus dem Walde Heimkehrenden vernommen.

„Zur Brautnachts-Morgenröte
Ruft festlich die Trompete;
Wenn die Kanonen schrein,
Hol ich das Liebchen ein."

– – – – – – – – – – – – – – –

„Laß mich nicht lange warten!
O schöner Liebesgarten,
Voll Röslein blutigrot
Und aufgeblühtem Tod!"

so sind sie singend in unsern Garten durch die kleine Pforte, die von der Chaussee hineinführte, getreten, und als ich die Augen öffnete, hab ich sie alle um uns stehen sehen mit grünen Zweigen auf den Hüten und grünen Zweigen in den Händen. Sie haben aber nicht mehr gesungen, sie haben aufgeschrieen, und ich habe ihre Gesichter im Kreise gesehen, – – – also hat unser Haus im Jahr achtzehnhundertvierzehn die Himmelfahrt unseres Herrn Jesu Christi gefeiert! –

Mein liebes Kind, wie die sterbende Schwester es mir gewünscht und vorausgesagt hat, ist mir nachher noch viel Gutes in meinem Leben widerfahren. Ich habe mein Teil von allem hingenommen, und daß ich heute hier sitze und dir bei so holdem Glanz des Abends von der Welt vor fünfzig Jahren erzählen kann, ist auch eine nicht kleine Vergünstigung des Himmels.

Komm, laß dir die Haare aus der Stirn streichen, – weine nicht, halt dich wacker zu jeder Zeit; denn wer kann sagen, was du dereinst zu erzählen haben wirst, wenn deine Enkel zu deinen Knieen kommen und eine Geschichte aus den Tagen, in welchen auch du noch jung warst, von dir zu hören verlangen? –

DER MARSCH NACH HAUSE

1.

Am siebenten August des Jahres sechzehnhundertvierundsiebenzig als am Geburtstagsfeste des Schutzheiligen des Ortes und der Gegend, des heiligen Gebhard, herrschte ein reges Leben in der alten Stadt Bregenz am Bodensee und rings um dieselbe. Seit langen Jahren hatte das Volk diesen Tag nicht mit solchem Eifer und so fröhlichen Herzens gefeiert wie heute.

Schon am frühen Morgen hatte kaiserliches Geschütz von der Klause über der Unnoth und bürgerliches Böllergeknall von den Mauern der Stadt und den umliegenden Höhen dem Heiligen die gebührende Ehre gegeben, und Glocken und Glöcklein aus Kirchen und Klöstern waren schier den ganzen Tag über nicht still geworden. Und es war ein schöner, ein heiterer Tag, der ebenfalls dem Heiligen alle Ehre gab. Leise spielten die Wellen des großen Sees an die Ufer, und die fernsten Berggiebel und Hörner des Graubündner Landes südlich über dem Rheintal, die Roja, die Schwestern von Frastanz, die Scesa plana, der Calanda und die Grauhörner blitzten mit ihren Schneefeldern im heitern Licht herüber, während die näherzu aufgetürmten Riesen von St. Gallen und Appenzell, der Gonzen, der Alwier, der Kamor, der Hohenkasten und der alte Säntis mit allen Zakken und Rissen, ein mächtiger Bergkamm, in wundervoller Klarheit sich vom blauen Himmel abhoben. Wer die Hand über die Augen hielt, um dieselben gegen das Glänzen und Leuchten des Wassers zu schirmen, der mochte selbst im fernen Hegäu die dunkeln Kegel des Hohentwiel und Hohenkrähen deutlich erkennen.

An der Kapelle am See, wo die Gebeine der im Jahre 1407 gegen die Appenzeller Hirten Gefallenen ruhen und wo der Graf Wilhelm von Montfort mit allen Rittern des St. Jürgenschildes nach dem gewonnenen Siege kniete und der Ruf „Ehrguta! Ehrguta!“ zum erstenmal hell hinausgerufen wurde, um durch Jahrhunderte in den Gassen der alten Römerstadt Bregenz nicht zu verhallen, waren die Schiffe und Kähne der Gäste aus dem Allgäu und dem Thurgäu mit Seilen und Ketten angelegt. Viel Volk war aus dem Walde gekommen, und die Benediktiner von Mehrerau und die Pfaffheit in der Stadt mochten den Tag wohl loben; denn wie bei allen solchen, vom Wetter und dem Lebensmut der Menschen begünstigten feierlichen Gelegenheiten fiel mancherlei für sie ab, was sie gar wohl gebrauchen konnten und mit Dank und gutem Gegenwillen gern hinnahmen.

Wenn nun schon am Seeufer, wie gesagt, ein munteres Leben herrschte, so nahm dieses mehr und mehr zu auf allen Wegen, die zu dem grauen Mauerviereck der Römerstadt emporführten, wurde aber am buntesten auf den waldigen Pfaden, auf welchen man rechts von der Stadt die Höhe des Pfannenberges erreicht; denn dorthinauf oder -hinab mußte ja alles Volk, welches den heiligen Gebhard zu seinem Geburtstag grüßen wollte oder ihn bereits gegrüßt hatte. Wir gehen mit den Emporsteigenden, um nachher mit einem einzelnen Gaste des guten Bischofs wieder herabsteigen zu können.

Der Heilige würde sich sicherlich nicht wenig gewundert haben, wenn er heute die Stätte gesehen hätte, wo einstmals seine Wiege stand. Die Natur hatte wohl Zeit gehabt, ihre verschönernde Hand an das schlimme Denkmal der schwedischen Furie vom Jahre sechzehnhundertsechsundvierzig zu legen; allein alles hatte sie doch längst nicht auszugleichen vermocht. Da blickten die gewaltigen, zerrissenen, von der Flamme geschwärzten Mauern und Türme von Hohen-Bregenz immer noch grimmig auf den jungen, freudigen Waldwuchs, der sich zwischen und an sie gedrängt hatte, herab. Und wie manches gefiederte Samenkörnlein Wurzeln geschlagen haben mochte in den Schießscharten und leeren Fensteröffnungen, die grause Göttin Bellona lachte doch nur höhnischer durch die schwankenden Kräuter und den kletternden Efeu. Das Gras und die Herbstastern, die Königskerzen und die Sternblumen hatten noch nicht den Sieg gewonnen über den Brandschutt des wilden Feldmarschalls Karl Gustav Wrangel. Hätte das Volk eine ebensolche Miene gemacht wie die Geburtsstätte seines Heiligen auf der schönen, vorspringenden Kuppe des Pfannenberges, so wäre das Fest gewißlich nicht so heiter anzuschauen gewesen.

Aber die arme, gequälte Menschheit vergißt gottlob leicht und schnell. Die frohe Menge, die innerhalb der niedergeworfenen Burgmauern lagerte, den Wald ringsum füllte und auf allen Pfaden zog, ärgerte sich heute gar wenig an dem, was vor mehr als siebenundzwanzig Jahren geschehen war, und das historische Faktum diente höchstens noch einigen älteren Leuten zu einer nicht unannehmlichen Unterhaltung.

Freilich war die schwedische Hand auf den armen Mann und kleinen Bürger am Schluß des Jahres sechsundvierzig verhältnismäßig ziemlich leicht gefallen, denn der General Wrangel hatte an dem Adel und der Geistlichkeit so gute Beute gemacht, daß er das Geringere gern und willig an Ort und Stelle beließ. Die Geistlichkeit und der Adel hatten nämlich alle ihre Schätze und besten Habseligkeiten weit aus dem Lande umher in die feste Römerstadt geflüchtet, und als der falsche Kommandant der Klause am See seine Tore verräterischerweise öffnete, da fand der Schwede alles recht ordentlich, hübsch und lieblich beieinander und mochte sich wohl die Hände reiben. Wer heute Schweden bereist und nach Skogkloster kommt, der wird daselbst wohl noch allerlei gute Dinge finden, welche der Wrangel damals aus Brigantium mit sich nahm und welche die Erben aus dem Allgäu und dem Vorarlberg nun doch wohl vergeblich zurückfordern möchten.

In der Mitte der Ruinen, auf der Stelle, wo seit dem Jahre 1723 die Kirche des einstigen Burgherrn von Hohen-Bregenz und spätern Heiligen steht, war heute am 7. August 1674 der

Boden von Schutt und Trümmern gereinigt und für den festlichen Tag ein mit Blumen geschmückter, mit Lichtern besteckter Altar errichtet, an welchem die Benediktiner von Mehrerau der Feierlichkeit vorstanden. Hier befand sich der Mittelpunkt des Gewimmels, doch im weitern Umkreise war dasselbe auch nicht viel geringer. Da waren in den verwüsteten Räumen der Burg, im grünen Grase, unter den Bäumen Tische und Bänke aufgestellt und Fässer zusammengerollt und aufgelegt, da gab es mancherlei gute Sachen für den Mund und die Augen, und die Geburtstagsgäste saßen an den Tischen und lagerten im Grase und drängten sich um die Fässer und feilschten an den Tischen der Verkäufer von Rosenkränzen und Kreuzen und Heiligenbildern, und an einem der Tische saß einer der Helden dieser Historia einsam und allein vor der Flasche und dem Glase und nickte mit dem Kopfe und blinzelte in das Gewühl seliglich, im Rücken gedeckt von einem rauchgeschwärzten Mauerwinkel, überschattet von einem Ahornstrauch, unbekümmert um das Glöckleinklingeln der Geistlichen, die Töne der Musik im Walde, das Jauchzen und helle Lachen der Buben und Mädeln, – einer der beiden Helden dieser Historia, der brave Korporal *Sven Knudson Knäckabröd* aus Jönköping am Wettersee, welcher zuerst mit dem großen Feldmarschall Karl Gustav Wrangel hierher gekommen war.

2.

Der Korporal hatte das Kinn auf beide Fäuste gestützt, er blinzelte lächerlich-nachdenklich mit den schwimmenden Augen, und von Zeit zu Zeit schüttelte er den grauen Kopf und fuhr mit der Rückseite der Hand über die braunrote, ehrliche, wenn auch nicht ehrwürdige Nase; es kam ihm selber ganz verwunderlich vor, daß er hier saß, und zwar zum zweitenmal, und zwar unter gänzlich veränderten Um- und Zuständen. Er hatte des guten Tirolers manchen ehrlichen Schoppen genossen, und es war eben kein Wunder, wenn er das bunte, bewegte Treiben vor und um sich in einem phantastischen Zauberlicht sah; aber sein seltsam Geschick hatte ihn wahrlich berufen, an dieser Stelle auch ohne den roten Tiroler mancherlei Gesichte zu erschauen. Er schüttelte den Kopf, wehmütig und doch lustig, wie er daran gedachte, auf welche Art er damals in der Burg des heiligen Bischofs Gebhard anlangte. Wahrlich nicht, um sich wie heute breit und bequem im Schatten eines grünen Ahorns vor dem Becher niederzulassen! Damals war die Welt verschneit, und die Eiszapfen hingen an den Fichtennadeln und Tannenzweigen, an den kahlen Ästen der Eichen und Buchen und an den Bärten der zehntausend Kameraden, welche durch den Allgäu zum Bregenzer Sturm heranmarschiert waren. Damals handhabte er, der Korporal Sven Knudson Knäckabröd, seine Arkebuse wie die andern, stand wie die andern in Rauch, Dampf und Feuer und stieg bergan den Pfannenberg über Leichen und Verwundete. Damals half er den Geschützmeistern die Kartaunen in die rechte Position bringen und war unter den ersten an der Zugbrücke, als das Tor von Hohen-Bregenz zersplitterte, die Mauer schwankte und vornüberbrach und den Graben für den verlorenen Haufen weg-, sprung- und sturmgerecht machte. Er befand sich natürlich auch unter dem verlorenen Haufen und schlug mit umgekehrter Muskete wacker drein, als das kaiserliche Kriegsvolk immer noch den Eingang streitig machte; er erwarb sich großes Lob bei seinem Hauptmann, und als der Feldmarschall nachher auf den Berg kam, die gemachte Arbeit in der Nähe zu sehen, da war der Korporal Sven voran unter denen, welche am lautesten Viktoria schreien durften.

„Ooooh!“ stöhnte der Korporal am Nachmittag des siebenten Augusts 1674, in allen Reizen der Erinnerung schwelgend, und legte sich schwer auf die linke Seite und schlug mit der rechten Faust gewaltig auf den Tisch. Um seine Gefühle deutlich zu machen, hatte er nichts weiter hinzuzusetzen; aber *wir* haben noch einiges über seine Vorgeschichte zu berichten, um *unseren* Gefühlen gegen ihn gerecht zu werden.

Den Fürberg hinauf und um den Fürberg herum, in den verschneiten Wäldern und Klüften dauerten die Scharmützel zwischen den Schweden und den Kaiserlichen auch nach der Einnahme von Stadt und Schloß Bregenz tagelang fort, und heute noch richtet auf dem Pfänder der Tourist den Blick oder das Fernrohr auf eine der großartigsten Landschaftsrundsichten Europas aus den halbversunkenen Verschanzungen jener blutigen Wochen.

Ein beträchtlicher Haufen der Sieger drang plündernd, sengend und brennend tiefer in den Wald, scheuchte das Volk dörferweise vor sich her oder jagte es vereinzelt in unwegsame Felsenschluchten oder versteckte Täler, wie solches seit dem Jahre 1618 bei allen kriegführenden Parteien auf des Römischen Reiches heiligem Boden Brauch, Sitte und Gewohnheit geworden war. Auch unter dieser Heldenschar befand sich der Korporal Sven Knudson Knäckabröd, und dieser Expedition hatte er es zu verdanken, daß er im August des Jahres 1674 sich noch immer in der Gegend befand und am Tage des heiligen Gebhard auf dessen von ihm, Sven, selber zerstörten Burg friedlich und gemütlich vor dem Becher saß. An diesen schwedischen Streifzug in den ersten Tagen Anno Domini 1647 knüpft sich nämlich einer jener gar nicht seltenen schönen Züge weiblichen Mutes, weiblicher Wut und weiblicher Tapferkeit, von denen uns die von den Männern geschriebenen Geschichtswerke in verlegener und etwas bänglicher Bewunderung Kunde geben.

Zwischen Lingenau und Hüttisau schlugen am 4. Januar 1647 die vorarlbergischen Ehefrauen und Schmelgen – das ist: die jungen Mädchen – die eingedrungenen Schweden bis auf den letzten Mann tot, und nur der letzte Mann entkam, das heißt, er – der Korporal Sven Knudson Knäckabröd – wurde schwerverwundet von der Wirtin zur Taube in Alberschwende, Frau Fortunata Madlenerin, gefangengenommen und unter sonderlichen Umständen von ihr gegen das blutdürstige Andringen der erbarmungsloseren Kampfgenossinnen mit Erfolg verteidigt.

Die Männer, welche sich von diesem Überfall am Roten Egg wahrscheinlich aus Bescheidenheit ferngehalten hatten, durften natürlich auch nicht in die dem Kampfe folgenden Verhandlungen dreinschwatzen; sie läuten jedoch heute noch je am 4. Januar nachmittags zwei Uhr die Glocken zur Ehre und zum Gedächtnis der Heldentat ihrer besseren Hälften.

Um zwei Uhr nachmittags lagen im blutigen Schnee am Roten Egg die schwedischen Grobiane, zerschmettert von Kugeln, Baumstämmen und Felsentrümmern, zerhackt von Beil-, Schwert- und Hellebardenhieben, still, und die Weiber vom Walde tanzten wutentbrannt um die Leichen. Die Frau Wirtin zur Taube aber, eine junge Wittib, die keine geringe Rolle in der Schlacht gespielt hatte, brachte eben ihr Beutestück, nämlich den Korporal Knäckabröd, in Sicherheit.

Das hatte seine Schwierigkeiten! Denn kurz nachdem sie entdeckt hatte, es sei noch einiges Leben in dem gleichfalls arg mitgenommenen armen Sven, war dieselbe Bemerkung von drei anderen Kriegsgesellinnen gemacht worden, und diese drei befanden sich noch nicht in der Stimmung, den alten, lieben Beruf der Frauen, die barmherzigen Schwestern und Krankenwärterinnen zu spielen, schon jetzt wiederaufzunehmen. Im Gegenteil! Mit den Waffen in den Händen hatten sie sich auf den unseligen, zappelnden Tropf gestürzt und wie die Frau Fortunata zugepackt, und es gab ein arges Gezerr an Arm und Bein, an den Fetzen des Wamses oder am Bandelier, und die Taubenwirtin hatte alle Mühe, die erbosten Hiebe und Stöße durch ihr Geschrei oder mit dem guten Schwerte, welches ihr seliger Gatte im Winkel hatte stehenlassen, abzuwehren. Es war ein großes Glück für den Korporal Sven, daß ihr Ansehen mächtig war unter den Wäldlerinnen, daß sie den Plan zum Überfall angegeben hatte und daß ihr Haus und Zeichen in Alberschwende einen herrlichen Ruhm und Ruf besaß, weit hinaus nach allen vier Weltgegenden; denn dem allein verdankte er sein Leben nach der Niederlegung seiner Genossen an dem Fallenbache am Roten Egg!

Als doppelte Siegerin führte ihn seine Retterin auf einem Karren in ihr Haus zu Alberschwende unter der Lorena, ließ ihn da zuerst hinter verriegelter Tür auf ein Strohlager neben ihrem Schanktisch, dann in ein besseres Bett legen und besorgte den ersten Verband seiner Wunden selber. Er aber erwachte erst nach längeren Wochen aus seiner Betäubung und wußte dann durchaus nicht anzugeben, was mit ihm vorgefallen sei und wo er sich befinde.

Der Korporal Sven Knudson Knäckabröd wußte eigentlich noch heute, d. h. im Jahre 1674, nicht, wo er sich eigentlich befinde, und das war gar nicht so sonderbar. Seit er Anno dreißig mit dem großen Gustavus Adolfus, dem streitbaren Löwen aus Mitternacht, auf Usedom in der Pommerschen Bucht landete, war er sechzehn Jahre lang durch solchen Wirrwarr hin und her marschiert, daß für einen Mann, der nicht Gelegenheit gehabt hatte, die Geographie zu studieren, sich das Bild der Welt wohl verwirren mochte. Hatte doch selbst der Oberst Wrangel, unter dessen Kommando er damals seine Kriegszüge begann und der während der Zeit längst Feldmarschall geworden war, Mühe, sich in dieser Beziehung die Landkarte klarzuhalten.

„Donner und Nordlicht!“ sagte der Korporal am 7. August 1674, legte sich schwer auf den rechten Ellenbogen und schlug mit der linken Faust auf den Tisch. Jawohl, ein Mann, dessen Leben dicht an der Grenze des ewigen Eises, dem Nordpol nahe, begonnen hatte, der den Krieg mit allen Nationen Europas, mit Deutschen, Franzosen und Hispaniern, mit Italienern, Dänen, Polen und Moskowitern sah, der dann sechsundzwanzig Jahre des tiefsten Friedens unter dem Hirtenvolk des Vorarlberges vollendet hatte, mochte wohl bei einiger Überlegung seines Daseins „Donner und Nordlicht!“ sagen.

Die Frau Fortunata hatte am Fallenbach wohl nicht gedacht, welch eine schwere Last sie sich für die nächsten Zeiten durch ihr gutes Herz auf den Hals lud. Sie bekam ihre große Not mit ihrem Schweden, dem noch drei Jahre lang nach dem Sturm auf Bregenz das ganze Land ringsumher nach dem Leben stand. Es fand sich, daß sie ihn nur dadurch vor allen den verschiedenen Nachstellungen retten konnte, daß sie ihn zur Kindsmagd machte, dem wilden Arkebusierer ihr unmündig Töchterlein zur Wartung in die Arme gab und ihn im Haus an ihr Schürzenband geknüpft hielt, bis das erste Gras über die Blutzeit gewachsen war, bis die Alten den „schwedischen Mann" ohne Mordsinn ansehen konnten und die Jungen ihn als ein natürlich gegeben Ding nahmen.

Da saß der Korporal Sven Knäckabröd denn in den Bergen verzaubert neben der Wiege der kleinen Aloysia: er, der mit dem glorreichen und sieghaften König Gustavus Adolfus über das Meer gefahren war und in hundert grimmigen Schlachten in die Linie rückte gegen den Tilly, den Wallenstein, den Pappenheim und hundert andere gewaltige Kriegshauptleute! Da saß er und spann nicht nur Trübsal, sondern auch wirklichen Flachs und Werg, und wenn das Kind schrie, so rief die Frau Fortunata: „He, Schwen, sing ihm!", und der Korporal Sven Knudson Knäckabröd sang.

Potz Lappland und kein Ende – dabei ließ sich dann recht hübsch an allerhand anderes denken! Zum Beispiel an die graue, nebelige, flammende Ebene von Breitenfeld oder von Lützen, an den Kommandoruf vor der Front, an die rasselnden Reitergeschwader, die blauen und gelben Fußregimenter, wie sie gegen die kaiserlichen Batterien am Floßgraben vorstürzten, zurückfluteten, wieder vorstürzten und unter den Hufen und Füßen die Toten und die Verwundeten in Harnisch und in Büffelwams zerstampften!

Wenn dann wieder der Kommandoruf der Wirtin zur Taube in solche Träumereien klang, gab es wohl ein sonderlich Auffahren, und ohne die kleine Aloysia hätte das Ding am letzten Ende doch noch einen traurigen Ausgang mit dem armen, verlorengegangenen schwedischen Mann genommen.

3.

Du lieber Himmel, eine Zeitlang, so um das Jahr 1655 herum, trug er, der Korporal, sich mit dem Gedanken, ob er sich nicht dadurch am leichtesten ranzionieren und zugleich seinem dankbaren Gemüte am angenehmsten Genüge leisten könne, wenn er die junge Wittib freie und selber Taubenwirt zu Alberschwende werde. Eine Weile lang hatte der gute Sven die größte Lust, auch einmal das Wagstück auszuführen und zu rufen: „Ho, Frau Fortuna, sing!", aber zuletzt wagte er es doch nicht, abgesehen davon, daß er seinen lutherischen Glauben oder vielmehr den Glauben hochseliger Königlicher Majestät Gustavi Adolfi – denn er selbst machte sich nicht viel daraus – doch nicht gern in die Schanze schlagen wollte.

Es blieb also dabei: „He, Korporal, sing!", und Sven Knudson Knäckabröd sang; aber wie melodisch, das wollen wir lieber doch nicht weiter aufrühren. Er war eine gute Kindsmagd, und als seine Dienstjahre in dieser Hinsicht als beendet angesehen werden konnten, da tat ihm das fast leid, und als braver Veteran behielt er für alle Zeiten eine tiefe Zuneigung zu dem früheren Dienstverhältnis. Als die kleine Aloysia zehn Jahre alt geworden war, hatte das Gebirgsvolk so ziemlich vergessen, auf welche Art und Weise der schwedische Mann in seine Mitte geraten war, und die Frau Fortunata konnte ihn allein laufen lassen.

Er lief aber noch immer nicht allein; auch die kleine Aloysia Madlener hielt fürderhin in Treuen an ihm, und die beiden schickten sich gar wohl ineinander im Dorf, im Wald und auf den Matten bei jeglicher Lust und Arbeit.

Wer jene holdselige Gegend kennt, der weiß, daß im Süden des Dorfes Alberschwende der Pfad sich steil, anfangs durch Gehölz und dann über schöne Wiesen, zu einem Bergsattel emporzieht, die Lorena geheißen. Wer ihn heute geht, der findet unterwegs, ehe er zu dem herrlichen Gipfel gelangt, drei Sennhütten; um die Mitte des siebenzehnten Jahrhunderts aber lag nur eine dort, und diese ein wenig höher, der Kuppe näher am Rande eines Tannenwaldes, und die Hütte, der Wald und die Wiesen ringsumher gehörten dem Taubenwirtshaus drunten im Dorfe, und die Frau Fortunata hatte das Besitztum einst als ein trefflich Nestei dem jetzo seliglich abgeschiedenen Gatten mit in die Ehe gebracht.

In dieses Haus auf der Lorena versetzte die Taubenwirtin ihr Beutestück aus dem Schwedenkriege um das Jahr 1656, gab ihm Vieh und Weide zu bester Pflege und Wartung unter, wie sie ihm vordem ihr Töchterlein anvertraut hatte, und verwendete den Korporal wiederum also geziemlich und nützlich.

„Sie sagen, Ihr treibt auch daheim sonderliche Zucht mit allerlei absonderlichen Kreaturen in Milcherei und Käserei, Schwen. Nun seid Ihr lang genug bei uns, um zu wissen, was eine Kuh ist, und könnet wohl einen Ochsen von einem Kalbe unterscheiden. Einen Bub krieget Ihr mit auf den Berg; also jetzt zeiget Euch als einen mit Verstand begabten Menschen, haltet mir gute Ordnung und zeigt den Nachbarn, daß ich mir keinen Narren in Euch großgezogen habe“, sprach die Frau Fortunata Madlener, und Sven Knudson Knäckabröd zeigte sich wahrlich als einer, der nicht nur mit Rentieren, Elentieren und der Luntenbüchse, sondern auch wie mit dem Kinderwiegen, so mit der Milch, der Butter und dem Käse umzugehen wußte. Es hätte nun bald wenig gefehlt, daß er jetzt ebenso berühmt wurde, wie er vordem berüchtigt war.

Nun ließ es sich freilich auf der Lorena lustiger hausen als in der niedrigen, dumpfigen, holzvertäfelten Stube drunten in der Taube, vorzüglich für einen, welcher von früher Jugend an die frische Luft gewöhnt war; und der Korporal Sven saß manch lieb langes Jahr dort oben, und ein undankbarer, hartherziger Gesell von Grund aus hätte er sein müssen, wenn er jetzt nicht sein Geschick allmählich gelobt hätte. Wir wollen zwar nicht behaupten, daß gerade er vor den andern Sterblichen der damaligen Zeiten berufen war, jubilierenden Herzens in die Pracht und Schönheit der Natur zu blicken; allein er hatte doch auch seine Freude an dem, was er von seiner Tür aus überschaute. Da hatte er zu seiner Linken den mächtigen See bis in die fernste, verschleierte Ferne; zu seiner Rechten aber, über dem Tal von Schwarzenberg, da hob es sich empor: Giebel an Giebel, Zacken an Zacken, Wand über Wand; und die Glocken seiner Kühe klingelten um ihn her, und Aloysia Madlener kam, erst ein jung, leichtfüßig Kind, dann eine hübsche Jungfer, und saß wieder bei ihm und suchte ihm jetzt die Zeit zu vertreiben, wie er früher sie ihr vertrieben hatte.

Tagelang saß sie oft bei ihm auf der Lorena, und bald kam die Zeit, wo der kriegerische Kuhhirt Besuche bekam, die ihm gar schön um den Bart gingen und doch nicht seinetwegen von allen Höhen herab und aus allen Tälern hinauf zu ihm stiegen. Eitel jung Volk besuchte ihn, die besten Buben weit umher, und einige gab es darunter, die kamen mit der Mette und gingen erst mit dem Abendgeläut, bis die Katz aus dem Sack war und der Fidel Unold, der reiche Sägmüllerssohn, es allen anderen abgewonnen hatte. Da gingen denn dem Korporal Sven Knudson Knäckabröd auch wieder einmal die Augen auf, und als er seiner Verblüffung gegen die Frau Fortunata Luft machte, da stemmte diese auch wieder einmal die Arme in die Hüften und sprach:

„Schwen, daß ich einen Esel am Roten Egg aufgehoben habe, das wußte ich nach den ersten drei Tagen unserer Bekanntschaft. Na, Alterle, laßt's gut sein, ich habe hier unten die Augen offen gehalten, während Ihr da oben nur das Maul aufsperrtet und vermeintet, das ganze junge Volksspiel gehe nur deshalb zu Euch her, um Eure Lügen und Heldentaten anzuhören. In acht Wochen ist Hochzeit, und Ihr seid freundlich geladen."

In acht Wochen war wirklich die Hochzeit der schönen Aloysia Madlener und des glücklichen Fidel Unold, und der Korporal Knäckabröd spielte, obgleich er ein Esel war, doch keine geringe Rolle an dem hohen Tage. Er tanzte sogar – erst zu allgemeiner Bewunderung einen schwedischen Tanz, dann unter lautem Aufkreischen der Weiber und brüllendem Gelächter der Mannsleute einen Kroatentanz und zuletzt zu seinem allereigensten Vergnügen einen zierlichen Ländler mit der Brautmutter, der Frau Fortunata Madlener; und nur verschiedene alte Weiber, die ihm einst am Roten Egg mit aufgegeigt hatten, schüttelten jetzt noch den Kopf über ihn.

Nach den Hochzeiten pflegen die Taufen zu folgen, und so geschah es auch hier. Gar häufig holte man ihn auch zu solchen Feierlichkeiten von seiner Höhe herunter, und dann stiegen wiederum kleine Füße zu ihm hinauf, und – so gingen die Jahre vorüber und hin, und der Korporal Sven Knudson Knäckabröd, der in seinen jungen Jahren so vieles durchgemacht hatte mit Märschen, Stürmen, Schlachten, Hunger und Durst und es gar nicht besser gewußt und gewollt, der saß nun im Fett und im Frieden und wußte und wollte nichts mehr von der Welt da draußen vor den Bergen.

4.

„Wenn sie mich zu Hause und in Ruhe gelassen hätten, wär's besser und mir lieber gewesen", brummte der schwedische Mann an seinem Tische auf dem Gebhardsberge unruhig auf- und abrückend. „Das Weibsvolk, das Weibsvolk – gibt es wohl Frieden? Nimmer! Kann es wohl einen in seinem Winkel sitzenlassen? Niemalen! Das muß immer herumwuseln und zerren und zupfen und einem den Bart streicheln und einen im Notfall mit Gift anschrillen wie eine Million Heugeißen, bloß um seine eigene Million Grillen durchzusetzen. Da sitze ich nun, aber wo sind sie jetzt, meine Weibsen? Da geht es mir doch wie Königlicher Majestät mit den lappländischen Regimentern Anno dreißig. Die sollt man gegen den Feind führen?! Kaum hatt' man sie zusamm, so hupft's auseinander mit Gequak und Gegecker wie ein Sack voll Frösch, und der Hauptmann steht allein vor der Batterie und kann aus der Haut fahren. O potz Käs und Kuhglocken, als die Kleinen gestern nachmittag heraufkrabbelten und einen Gruß brachten von Mutter und Großmutter und die Nachricht, heute gehe es nach Hohen-Bregenz zum heiligen Gebhard, da hab ich mir bei ihrer Lust gleich gedacht, daß das für mich ein sonderlich Vergnügen werden würde. Der Tiroler ist es nicht, die Erinnerung ist's, was mich auf den Kopf stellt.

Dem Roten Egg bin ich seit einem Menschenalter nicht nahe gekommen, und nun muß ich der Alberschwendener Weiberstreifpartei hierher als Führer dienen! Ja, sicher wär's besser gewesen, wenn sie einen andern dazu kommandiert hätten, und doch – o, o, es ist, es ist ein sonderlich Vergnügen. Da hielt der Wrangel! Und dort fanden wir den Fähndrich Olafsson mit eingeschlagenem Schädel. Ja, klingelt nur und räuchert nur; ihr klingelt und räuchert uns nicht weg! Es war eben eine gloriose Wirtschaft, und es ist nur ein Elend, daß man nicht einen hat, mit welchem man anstoßen könnte: trink, Bruder, die schwedische Gloria soll leben – alle guten Gesellen zu Roß und zu Fuß sollen leben, und du sollst auch leben, Bruderherz! – Wo stecken nur die Weibsen? Das ist doch keine Art, einen mit der alten Zeit an einem solchen Ort alleine zu lassen! Ja, wenn ich nur die Kinder hätt', da könnt ich mich doch woran halten – ho, ho, der rote Tiroler und der General Wrangel, die haben nun die Oberhand über dich, Sven Knudson Knäckabröd – o Käs und schwer Geschütz, Sven, es ist *doch* eine Lust und Annehmlichkeit, heut allhier auf Hohen-Bregenz zu sitzen und Anno sechsundvierzig mit dabeigewesen zu sein, als man es mit Sturm nahm; Herrgott, die Tränen kommen einem vor Wehmütigkeit in die Augen, und wann ich heut schwedisch reden hört, ich glaub, das Heimweh stieße mir das Herz ab."

Die „Weibsen", welche der Korporal Sven zum heiligen Gebhard hatte führen müssen, nämlich die Frau Fortunata, die Frau Aloysia und die kleinen Mädchen der letztern, hatten ihn natürlich sogleich nach der Ankunft auf dem Pfannenberge seinem Geschick und eigenen Gaudium überlassen. Den schwedischen Mann hatten sie immer zur Hand, aber um den Altar des heiligen Gebhard da gab es Bekannte und Verwandte, Freunde und Freundinnen, die man nicht immer zur Hand hatte.

„Ich vertret mir die Füß", sagte der Korporal, „es hilft nichts, hier festzuwachsen. Sie werden mich heute nicht als Spionen hängen, wenn ich des Ortes Gelegenheit wieder einmal erkunde. Donner, es war doch eine tüchtige Arbeit, damals bei dem gefrorenen Boden, Schnee und Eis die Artillerie den Berg hinaufzubringen!"

Er hatte sich erhoben und reckte und dehnte sich und wandelte schwerfällig durch das Getümmel und betrachtete von neuem und von allen Seiten aus den Schauplatz, auf welchem er selber einst mit der Pike in der Hand so tapfer mitagieret hatte. Er stieg um die Ringmauern.

„Da kamen wir mit den Leitern und verloren manchen guten Mann. Da wollten die Herren Generals zuerst Bresche legen lassen; aber wir besannen uns eines Bessern und führten das Geschütz weiter ab. Dorthinein kamen wir! Vivat, vivat! Sieh, sieh, dort stürzt ich die zehn Schuh tief hinunter auf den Kopf und dacht, es wär mein Letztes; aber ich kam doch schnell genug wieder auf die Füße und war mit unter den ersten im Tanz! Es ist nicht zum Aushalten – man muß vor seinen lieblichsten Erinnerungen Reißaus nehmen, wann es einem so ergangen ist wie mir. Da sollt man ja ersticken. Die Mauern fallen einem auf den Kopf. Ich denk, ich nehme wirklich Reißaus und steige nieder zum See. Solch groß Wasser hab ich ja auch seit dem Elend am Fallenbach nimmer wieder in der Näh zu Gesicht gehabt."

Wer des Veltliners zur Genüge trank, der weiß wohl, wie blau ihm der Himmel werden mag. Dem braven Korporal Sven wurde mehr als eine Fiedel auf dem Wege, welchen er jetzo ging, gestrichen; aber es klang ihm wie der Schall von hunderten in das Ohr, und dazu viel andere Instrumente, Pauken und Posaunen, und dann durch alles ein fernes Grummeln gleich schwerer Konstablerei in geordneter Feldschlacht. Alle Leute, die ihm begegneten, freuten sich über ihn; er aber ging so gravitätisch seines Pfades, als es sich bei der Steilheit des Berges eben tun lassen wollte, und so kam er hinab an das Ufer des Sees und blickte mit ernstem Kopfschütteln auf die breite Wasserfläche und wandelte langsam am Gestade hin bis zu der Seekapelle, allwo, wie wir bereits sagten, die Kähne der Gäste, die über das Wasser gekommen waren, an Stricken und Ketten lagen.

Wenn es in Bregenz und auf Hohen-Bregenz, in der Stadt und auf dem Pfannenberg hoch, lustig und lebhaft zuging, so war es desto stiller am Wasser um diese Zeit. Klar und ruhig lag der See da; die Enten und die Gänse ruderten und tauchten am Ufer, und fern auf der Höhe des Spiegels schwangen sich blitzend wie silberne Punkte die weißen Seeschwalben im Kreise, und weiße Segel stiegen über den Horizont herauf oder tauchten über ihn hinab, und die Stadt Lindau zur Rechten der Bucht streckte ihre Türme und Giebel so klar in die Tiefe, wie sie dieselben gegen den lichten Himmel emporhob.

Der schwedische Mann von der Lorena nahm den Hut ab, trocknete sich die schweißtriefende Stirn und atmete tief und erleichtert; dann aber schüttelte er mehr denn je den Kopf, nachdem er sich auf einen Stein am Ufer gesetzt und die Hände auf die Kniee geschlagen hatte.

„Ich hätt' auch dem nicht nahe gehen dürfen", murrte er nach einer Weile. „Vom Berg aus darauf hinzusehen, hat mir nichts gemacht; aber in der Nähe ist's ein anderes und schlimmer als da oben die Rudera. Die Weibsen können es nimmermehr verantworten, daß sie mich hierher geschleppt haben; denn wenn ich sie darhingegen nach Jönköping am Wetternsee setzen wollt, so würd ich mir wohl allerlei in die Ohren stopfen müssen von wegen ihres Geheuls und Heimweh. Jönköping! Da bin ich umhergezogen mit dem großen Gustav und nachher mit dem Banér, dem Torstenson, dem Königsmark und dem Wrangel und hab nimmer an den Wetternsee und meines Vaters Haus zu Jönköping gedacht, und heut hab ich selber Lust, darüber zu heulen wie ein Weib. Jetzt ist mir das Wasser noch ärger als das Land; – ja wahrlich, als ich mit dem großen Gustavus Adolfus über das Meer fuhr, da hab ich noch nicht gewußt, daß es doch zuletzt nur zum Kühmelken und Käsemachen ging, – o Donner und Nordlicht, hab ich das nur geträumt diese langen sechsundzwanzig Jahre, oder hab ich es wirklich und wahrhaftig erlebt? O ja, da möcht man doch auf Nimmerwiederaufgucken in den See untertauchen!"

Er war wild aufgesprungen, und dann tat er noch einen Sprung hinab vom Uferrande, doch nicht in das Wasser, sondern in den nächstliegenden Kahn, den er durch die mächtige Erschütterung fast zum Sinken gebracht hätte. Schwer fiel er auf die Bank und sah beinahe erschrocken nach der Stadt Bregenz und dem Berge des heiligen Gebhard hinüber. Aber niemand hatte ihm auf seine Schliche gepaßt, niemand auf seine Tat achtgegeben. Im nächsten Augenblick schon hatte er das Messer gezogen und mit einem Hieb das haltende Seil zerschnitten. Er war im Rausch, als er die Ruder ergriff, doch nicht vom roten Tiroler. Drei kräftige Schläge führten das leichte Fahrzeug hinaus auf den jetzt im linden Südwest sich kräuselnden See. Es gelang dem Korporal Sven Knudson Knäckabröd, den kleinen Mast aufzurichten und – er hatte nicht umsonst in seiner Jugend dem Herrgott halbe Tage mit dem Fischfang auf dem Wetternsee abgestohlen! – das Segel schiffermäßig zu entfalten und zu richten. Er war nicht im geringsten schuld daran; allein es war richtig – er war seinen Weibsen, der Frau Fortunata, der Frau Aloysia und den kleinen drei Schmelgen durchgegangen und befand sich bei günstigem Winde auf der Fahrt nach des Heiligen Römischen Reiches Freier Stadt Lindau im See.

5.

Es war gar lieblich auf den Wassern, vorzüglich für einen, der in so seltsamer Gemütsstimmung darüber hinfuhr wie der schwedische Hirt von der Lorena. Wenn es still am Ufer unter dem Fürberge war, so war's noch viel stiller auf der von der Nachmittagssonne beglänzten Bucht von Bregenz, und der Korporal Sven hatte eine gute Fahrt. Er saß und hielt die Hände vor dem Bauch gefaltet und ließ sein Schifflein gleiten vor dem Winde. Wie jetzt das Ufer hinter ihm versank oder die Berge sich vielmehr heraushoben, so hob sich nun auch vor ihm das niedrigere Hügelland des Allgäus und vor allem wie eine Stadt aus dem Wunderschatz der Frau Saga die Freie Reichsstadt Lindau.

Die grauen Mauern, deren Grund der römische Kaiser Tiberius Claudius Nero legte, als er hier die Rätier und Vindelicier besiegt hatte, lagen noch stiller da als der See. Die alten Linden nickten freundlich-schläfrig von den Bastionen, und die grün und silbern, rot und goldfarbig glänzenden Turmdächer von Sankt Peter und der Heiligen Dreifaltigkeit – den Diebsturm nicht zu vergessen – luden förmlich behaglich wie aus der Luft, so aus dem Wasser den braven Korporal Sven Knudson Knäckabröd zum Näherkommen ein. In dem kleinen Hafen lagen ruhig, nur da und dorten von einem weißen Spitzhund bewacht, die Lädinen und Halblädinen, die Segner und Halbsegner und dazwischen die Lustgondeln der wohlhabenden Reichsstädter, soweit sie sich nicht zu Bregenz befanden. Nur eine Bürgerschildwacht war auf der Mauer zu erblicken, und die schlummerte sanft auf ihre Partisane gestützt. Das Lebendigste auf dem Wall zu Lindau im See waren um diese Stunde die Fliegen, welche in Scharen über den erwärmten Geschützrohren summten.

Der Kahn des Schweden schoß durch den Schatten der Lastschiffe hin in den Hafen hinein und an die Hafentreppe, und als der Korporal sein Schifflein mit einem letzten Ruderschlag dort antrieb, fragte ihn niemand um das Wohin und Woher, und das war recht gut; denn im Augenblick hätte er vielleicht auf beides keine Antwort zu geben gewußt. Seit dem Kolbenschlag am Roten Egg war ihm nicht so verworren zumute gewesen, aber trotz allem war ihm heut doch die Welt behaglicher als damals, wo er sich auf dem blutigen Strohlager am Schanktische in der Taube zu Alberschwende vergeblich auf sich selber und seine Umstände zu besinnen suchte.

Doch wer auf eine solche Weise wie er im Hafen von Lindau anlangte, der mochte, nachdem das Schifflein am Lande lag, wohl selbst den Hut hin und wider rücken um die Frage: Was nun? und wohin nun? Der Korporal Sven stand und blickte an der nahen Stadtmauer empor und durch den dunklen Bogen, welcher in das Innere der Stadt führte, hindurch und rieb sich die Stirne. In dem nämlichen Augenblick aber erschien über der Mauerbrüstung ein dicker, roter, von schneeweißem Haar umflusterter Kopf, der sich ächzend auf zwei gewaltige Fäuste legte und entsetzlich gähnend auf den See hinausstarrte. Dasselbige Haupt spie verächtlich von der Mauer der Freien Reichsstadt hinab; ein nicht geringer Mund öffnete sich, und – plötzlich – ganz unvermutet, und von einer solchen Erscheinung auch gar nicht zu vermuten, fing das Ding an zu singen, und zwar eine Weise, welche im Munde des schwedischen Volkes schon seit mehr denn hundertfünfzig Jahren umging.

Und in schwedischer Zunge sang das Unding auf der Mauer heiser und gräßlich:

„König Gustav reitet nach Dalarne
Zum Thing mit den Dalkarlen sein;
Doch Christiern liegt vor Södermalm
Und frißt gestohlene Schwein“;

und wie heulend in Verdruß, Ärger, Entrüstung und Wehmut:

„König Christiern sitzt in Stockholmschloß
Und säuft unsern Met und Wein!“

„Blitz und Donner! Alle guten Geister!“ stöhnte der Korporal Sven Knudson Knäckabröd, versteinert nach dem Sänger aufstarrend; doch der da oben gähnte noch einmal und scheußlicher als zuvor und fuhr fast noch unmelodischer fort:

„Hört alles, was ich euch biete an,
Vom Tal, ihr meine Mannen:
Wollt ihr mir folgen nach Stockholm
Und schlagen die Jüten von dannen?“

Mit beiden Händen griff der Korporal Sven Knudson Knäckabröd nach seinem Haupte, wie im wilden Zweifel, ob er dasselbige auch noch auf den Schultern trage; und als er es noch an Ort und Stelle fand, tat er einen Satz und brüllte seinerseits zu dem Sänger auf der Mauer hinauf:

„Ums Rebhuhn und ums Eichhorn ist's,
Sobald wir zielen, geschehn;
Und dem Blutracker Christiern,
Dem soll's nicht besser gehn";

und die Wirkung nach oben hinauf war nicht geringer als die von oben herunter.

Auch der da oben schnellte empor und beugte sich über die Brüstung und schrie:

„Bei der blauen Fahne Wasas, ist ein Spuk, ein Trold aus dem See aufgestiegen, oder ist's ein Landsmann? Ho Landsmann? Landsmann!"

„Ho Landsmann!" rief der Hirte von der Lorena; aber da er einmal im Zuge war, so brüllte er weiter, daß die Bastionen der Freien Reichsstadt Lindau wie im Schrecken widerhallten:

„Das reißt nun in meiner Seite,
Ich fühle mich so beengt;
Auch ich hab von den Fischen gekostet,
Die man in Dalarne fängt."

Die Bürgerschildwacht im Lindenschatten erwachte bei den Mißtönen aus ihrem süßen Schlummer und faßte zusammenfahrend die Pike an. Die Mauertreppe aber herab stürzte der Hafenwärtel der freien, frommen und biderben Reichsstadt Lindau im See, Rolf Kok, umfaßte mit beiden Armen den Mann von der Lorena, schüttelte ihn heftig und rief:

„Kerl, in aller Welt Namen, Kerl, Kerl, wo kommst du her? wo bist du jung geworden? wer bist du?"

„Arkebusierer Korporal Sven Knudson Knäckabröd im gelben Regiment Oxenstjerna – versprengt im Gebirge – dorten! Melde mich zurück, Korporal Rolf Rolfson Kok, denn der seid Ihr und kein anderer! Die Finne da auf Eurem linken Nasenflügel habe ich sechzehn Jahre lang beim Aufmarsch in die Linie zur Rechten gehabt, und die Schmarre da habt Ihr von dem Nürnberger Malhör, Korporal Kok. Melde mich zurück, Korporal!"

„Und wir schreiben vierundsiebenzig! Mensch, o Mensch, Mensch, du bist der Sven, den wir hinter seinem Rücken Hahnentritt nannten, von wegen seiner Gangart? Und das passieret einem, nachdem man sich seit Anno sechsundvierzig nicht mehr zu Gesicht gekriegt hat, heut hier zu Lindau an der Hafenmauer? O Sven, wo ist die Kumpaneia? wo Hauptmann, Leutnant und Fähndrich? wo sind die Fahnen und Trommeln? wo der Herren Generale Gnaden? Sven Knäckabröd, wo du herkommst, weiß ich noch nicht; aber ich, ich sitze hier seit dem Lindauer Sturm – erst als Invalid, dann als Bürger und Ehemann – und als Witwer und Hafenvogt, und sie haben mir noch nicht einmal meinen Namen gelassen: Meister Gockele nennen sie mich! Ja, das Gockele nennen sie mich; und du bist Sven Knudson Knäckabröd, und wir sind beide mit dem König herübergekommen und standen mit bei Breitenfeld, bei Lützen und liefen mit bei Nördlingen und zogen mit dem Wrangel gegen die Schneeberge, o Sven, Korporal Sven, Kamerad Sven, ich heule wie ein Kind!"

„Und ich heule mit, Korporal, Kamerad Rolf", schluchzte der andere. „Siebenundzwanzig Jahre habe ich bei dem Vieh sitzen müssen, und nach so großer Gloria und gewaltigen Schlachten habe ich die Kühe gemolken und Käse gemacht, siebenundzwanzig Jahre durch. Rolf, o Rolf Rolfson Kok, am Fallenbach, am Roten Egg haben die Weiber uns alle totgeschlagen, nachdem wir Bregenz da drüben genommen hatten, und heut hat mich erst die gute alte Zeit in den Ruderibus verwirret, und nachher hat mich der Nix über den See gelockt. Im Traum bin ich über den See gefahren, und der Nix hat gewußt, daß Ihr hier auf der Mauer von Lindau auf mich wartetet, Korporal Rolf Rolfson Kok."

Sie hielten sich in den Armen, die beiden alten Schweden. Sie küßten sich, und die Tränen rollten ihnen über die gelbbraunen Backen. Sie tätschelten sich zärtlich die breiten Buckel und hatten eine Freude aneinander wie ein Brautpaar im Maienmond. Es war aber auch keine Kleinigkeit, was ihnen begegnete an diesem Festtage des heiligen Bischofs Gebhard, den sie und ihre Kriegsgenossen vordem so hart mit Geschütz und Sturmanlauf bedrängt hatten und dessen Wiege und Burg der eine von ihnen mit niederwerfen half.

Sie waren sehr gerührt, die beiden braven schwedischen Korporale; aber nach der Rührung kam natürlich wieder um so heftiger der Durst, und dessen wurden sie nunmehr mit großer Lust inne. Da faßte der Korporal Gockele den Korporal Hahnentritt unter den Arm und sprach: „Komm, Herzensbruder, ich weiß unsern Ort und will dir daselbsten etwas zeigen, so dir das Herze erfrischen soll, besser als der kühlste Trunk aus des Kronenwirtes Keller."

Er führte ihn in das Wirtshaus „Zur Krone".

6.

Wer heute zu Lindau im See sei's mit dem Dampfboot landet oder mit dem Bahnzug anpfeift, der findet die Krone noch immer an ihrer Stelle. Einst zog sich die Stadtmauer dem Wasser entlang davor her: die Mauer ist längst gefallen, aber das gute, alte Wirtshaus steht noch fröhlich aufrecht.

Wer heute durch den gewölbten Torweg geht und die Treppe hinaufsteigt, der findet auch heute noch zu Anfang eines langen, hellen, weißen Ganges das, was der Korporal Rolf dem Korporal Sven zu höchster Herzerfrischung weisen wollte, und mag sich ebenfalls daran erfrischen. Da hängt nämlich von der Decke herab eine eiserne Kugel an eiserner Kette – eine Bombe des Feldmarschalls Karl Gustav Wrangel, und das Bild des Feldmarschalls hängt an der Wand daneben.

Beides gehört zu dem Hause seit dem Jahre 1647, seit dem Momente, in welchem der Herr Feldmarschall diese Bombe in die Freie Reichsstadt Lindau hineinschoß und Grimmiges mit ihr im Sinn hatte, was sich gottlob nicht erfüllte, denn das Untier durchschlug nur das Dach des guten Wirtshauses und blieb, ohne weitern Schaden anzurichten, auf dem Hausboden liegen – 180 Pfund schwer.

Damals hat man den unfreundlichen Gast vorsichtig aufgehoben, ihn seiner verderblichen Füllung entledigt und ihn bei ruhigerer Zeit an besagter Kette am Gebälk aufgehängt zum ewigen Gedächtnis des Generals Wrangel und seines groben Geschützes. Der Korporal Rolf aber hatte vollständig recht: im Jahre 1674 gab es keinen bessern Augentrost für den schwedischen Mann der Wirtin zur Taube in Alberschwende als diese Kugel und dies Bildnis in der Krone zu Lindau.

Im Jahre 1674 sah die Krone nicht so hell und freundlich aus als heute. Die Wände waren nicht mit Kalk getüncht und noch weniger al fresco mit heidnischen und christlich-ritterlichen mittelalterlichen Festivitäten bemalt. Aber das Haus war schon damals gut und verdiente seinen Ruf weit übers Allgäu hinaus, und der Hafenwärtel Rolf Kok, genannt das Gockele, kannte das Getränk und hatte sein Kerbholz fröhlich hinter der schwarzbraunen Eichentür der Zechstube. Fürs erste aber stellte er den wiedergefundenen Kriegskameraden unter die Schwedenkugel, wies auf sie hin und wies auf das Bild des Feldmarschalls und sagte:

„Da, Herzbruder, da!"

Der Hirt von der Lorena rieb sich die trüben Augen, starrte auf die Bombe, starrte auf das Bildnis seines Generals, tat einen Sprung und schüttelte sich, als ob er die Jahre und sein Leben unter dem Kommando der Frau Fortunata und sein Leben auf der Lorena mit einem Ruck abschütteln wolle. Er streckte die ausgebreiteten Arme dem Feldmarschall und der schwedischen Kugel zu und rief aus vollem Halse:

„Vivat Gustavus Adolfus! Vivat Gustavus Wrangel! Es leben die Löwen aus Mitternacht!"

Und er tat einen zweiten Satz und schrie zum zweitenmal,

daß die Wände erzitterten und ein einsamer Zecher nebenan in der Trinkstube sich von seinem Tisch im Winkel erhob, aufstand und den Kopf aus der offenen Tür in den Gang vorstreckte. Dem Kopfe nach folgte der übrige Mann, und das Ganze war wohl einer Schilderung wert.

In dem alten, langen, hagern und gelben Gesichte mit dem eisgrauen, spitzgewichsten Knebel- und Schnurrbart umfunkelten zwei kohlschwarze Augen eine lange, scharfe Nase. Zwei lange, einknickende Beine in engen schwarzen Hosen und schwarzen Strümpfen trugen den mit schwarzer Schoßweste und schwarzem Rock angetanen dünnen Leib, und als die Kreatur den Hut abnahm und in die Luft schwang, da entblößte sie einen ratzenkahlen gelblichen Schädel:

„Cospetto! O Jesus Maria! Vivat Ferdinandus!"

Wie auf ein Kommandowort fuhren die beiden Korporale herum, als ihnen so unvermutet auf ihren eigenen schwedischen Schlachtruf das wohlbekannte Feldgeschrei und die Losung des kaiserlichen Heeres entgegenschrillte. Und siehe, schon kam der schwarze, lange Mann, auf sein spanisch Rohr mit dem Messingknopf gestützt, herangehinkt, fegte in tiefer Verbeugung den Boden mit dem Hutrande und sprach höflichst:

„Bitte um Permission, Signori, – Kriegskameraden von der andern Seit? Groß Ehr! groß Ehr! – – Hab das Vergnügen, mich denen Herren zu rekommandier. Signor Tito Titinio Raffa, Zahlmeister im Regiment zu Pferd Strozzi. Hatt' schon die Ehr vordem bei Breitenfelda – groß Ehr, groß Ehr, groß Battaglia! Woll die Herren eintret und niedersitz zu einem Trunk und freundlich Diskurs? Groß Ehr, viel Vergnügen und gut Kameradschaft!"

Mit allem Eifer schüttelten die beiden versprengten schwedischen Kriegsleute dem versprengten Reitersmann vom Regiment Strozzi die dargebotene Rechte, und im nächsten Augenblick saßen sie mit behaglichem Ächzen nieder an dem Tische, von welchem der Herr Zahlmeister aufgestanden war, um sie zu begrüßen: die Frau Wirtin zur Taube in Alberschwende hatte um diese Tageszeit, das heißt um Sonnenuntergang, auf dem Gebhardsberg gut suchen und rufen nach ihrem treuen Knecht Sven Knudson Knäckabröd aus Jönköping am Wettersee.

7.

Die Lichter des Tages waren längst verglüht auf Gefild, Berg, Wald, Tal und See. Die glänzenden Spitzen des Kamor, des Hohenkasten und des Säntis drüben im Appenzellerland hatten sich in der Nacht verloren: der Mond sollte erst später aufgehen.

Die Lichter in den Wohnungen der Menschen waren angezündet worden, und der Tisch der drei Helden in der Krone zu Lindau bot jetzt ein seltsam Schauspiel dar.

Wenn der aus dem Land Tirol, der Rote, ein sauber Getränk ist, das des Menschen Herz erhebt, so hat der Bayern Bier auch seine löblichen Verdienste, und die drei Krieger tranken davon und hatten davon getrunken. Die beiden wackeren Schweden saßen wie aus Granit zurechtgehauen fest, mit den kurzen Tonpfeifen im Munde; aber der italienische Sprachlehrer Tito Titinio Raffa, vordem Zahlmeister im Regiment Strozzi, stand aufrecht, soviel ihm das möglich war, focht wild mit beiden Händen in der Luft umher und beweinte gellend die schönere Vergangenheit und das Elend der Gegenwart, ja die schönere Vergangenheit, deren er Genuß gehabt hatte von dem Tage an, wo sich bei Breitenfeld nach des Schwedenkönigs Wort eine Krone und zwei Kurhüte an einem alten Korporal rieben.

„Da ging es freilich mit Sang und Klang, mit Pauken und Posaunen herum im deutschen Lande“, winselte er. „Die güldenen Ketten fielen einem aus dem Pulverdampfe um den Hals, und die güldenen Dukaten raffte man zu Haufen vom Erdboden auf und kümmerte sich wenig drum, wie arg er zerstampft war. Die Fackeln und Lichter brannten im Tanzsaal von einem Jahre ins andere – und die Lust war immer dieselbe, ob man den Feind schlug oder ihm die Fersen zeigte. Im letzten

Grund gab es ja gar keinen Feind, sondern nur einen lustigen Bruder, der auch zum Fest von der dummen deutschen Nation eingeladen worden war, einen vergnügten Bruder und Kriegsgesellen, mit dem man bei Geigen- und Trompetenklang eben sein Tänzlein machte, wie es sich schicken wollte: heut oben an der See, morgen mitten im Land, heut am grünen Rheinstrom, morgen an der gelben Weser und übermorgen an der blauen Donau. Gute Kameraden, nichts als gute Kameraden in jedem Lager, unter jeglicher Fahn und Standarte! Das war ein Leben, wie es die Welthistorie noch niemalen aufgezeichnet hatte und wie kein Kriegsmann zu Roß und zu Fuß es sich jemalen lieblicher ausdenken mag. Das Herz geht mir heut noch im Galopp gegen die gute alte Zeit durch, wenn ich daran denk, wie der Leutnant Schneeberg von Götzen Kavallerieregiment nach der Lützner Schlacht, nach verlorener Bataille, des Königs Gustavi Adolfi goldene Kette in Halle auf den Tisch warf und für sich allein Viktoria rief!"

„So ist's, obgleich Ihr davon grade nicht reden solltet, Zahlmeister", murrte der Korporal Sven. „Ein Türkis hing dran von der herrlichsten Art. Sie hatten ihn ausgegraben in dem Gebirg Piruskua, zehn Meilen von der Stadt Moscheda; ich hab ihn tausendmal blitzen sehen, wenn die Majestät die Front hinabritt, und wir vermeinten alle, der Stein mache schuß-, hieb- und stichfest; doch es war nicht an dem, wie sich ausgewiesen hat; aber der Teufel soll Euch doch holen, Zahlmeister, weil Ihr gewagt habt, die Hand daran zu legen!"

„Di grazia, prego perdono! Verzeihung, ihr Herren; ich rede nur davon um des Elends von heute willen. Der Domeneddio stand damals auf jeder Seite. Ihr hattet den Sieg, wir den Türkisen schwedischer Majestät. Jeglichem seinen Spaß und — freie Hand überall! Das war die Parol bis zum Jahr achtundvierzig. Nun ist es lange für alle aus, und keiner hat dem andern einen Groll nachzutragen."

„Nein, keine Feindschaft um das, was vergangen ist; ich trinke auf Eure Gesundheit, Herr Zahlmeister vom Regiment

Strozzi!“ rief der Korporal Rolf Rolfson Kok. „Was uns schwedische Männer insbesondere betrifft, so brauchen wir uns wenig zu grämen. Wir haben behalten, was wir gewonnen, und dekken ein gut Stück deutschen Landes von Greifswald bis Verden mit unsern Piken und Musketen.“

In demselben Augenblick setzte sich der Italiener kurz nieder, und ein Grinsen der Schadenfreude überzog, trotz aller guten Gesinnungen gegen seine früheren Feinde, sein gelbes Gesicht. Er pfiff auch einen langen Pfiff und zischelte:

„Decket es mit, Camarado, es tut not. Dorten werden freilich bald genug die Trompeten noch einmal zum Antraben rufen: aber für unsereinen ist keine Freude mehr dabei, so wenig als bei des französischen Louis und des Kaisers Spektakul drüben am Rhein. Diesmal sollet ihr die Prügelsuppe für euch allein haben, ihr nordländischen Bären.“

Vier Fäuste krachten auf einmal auf den Tisch; ein halb Dutzend grausamlicher schwedischer Flüche schmetterte dazwischen, und auf den Füßen standen nunmehr die zwei Korporale und riefen wie aus einem Munde:

„Was singet der Herr da?“

Der Italiener lachte und winkte begütigend dem Hafenvogt:

„Könnt Ihr es leugnen, Camarado, daß ihr euch da unten Gewaltiges und Tückisches vorgenommen habt? Der Signor aus der Wildnis hat freilich bei seinen Murmeltieren geschlafen; aber wir andern wissen doch noch ein wenig, wie es in der Welt zugehet, und meine Opinion ist augenblicklich, daß ihr euch diesmal bei dem Handel tüchtig die Pfoten verbrennen werdet. Ha, leugnet es nur, aber es ist so! Ihr werdet ihn mitnichten halten, den zehenjährigen Neutralitätsvertrag, nun da die Katz vom Haus ist und die Kurfürstlichen Gnaden von Brandenburg mit dero hohen Sposa, dero Kurprinz und dero glorreicher Armada zum Kaiserlichen Kommandeur, dem Duc de Bournonville, am Rhein aufgebrochen sind.“

„Man wird ihn halten!“ rief der Hafenwärtel.

„Ich sage no! Und ich sage dazu, nehmet euch in acht! Die

Welt ist älter geworden seit unsren jungen Tagen, und neue Hände sind an einem neuen Werke."

„Zahlmeister! Zahlmeister!" rief Rolf Rolfson Kok drohend.

„Pazienza, adagio! Möcht wohl einmal in eure Magazine in Stettin hineingucken. Das wird schon jetzt ein lustig Zufahren von Piken und Musketen, Pulver, Blei und Geschütz im Hafen von Wismar sein. Ohe, Signori, das wird ein lustiges Klingen von französischem Geld auf den Tischen von Stockholm und in den Taschen eurer Generale geben!"

„Ihr seid ja ein recht feiner, politischer Kopf, Herr Kamerad vom Regiment Strozzi", brummte Sven Knudson Knäckabröd, ungewiß, ob er das Ding für eine Schmeichelei oder das Gegenteil nehmen solle.

„Bin ich doch Zahlmeister gewesen!" lächelte Signor Tito Titinio Raffa. „Erzürnet euch nicht, wir haben es auch nie anders gehalten. Cospetto, wünsch euch aus vollem Herzen, daß ihr euern Wunsch durchsetzen möget. Der Herr Turennius mit Eisen und Stahl am Rheinstrom und der klingende französische Sack in Stockholm werden wohl nach Kräften dazu helfen; aber – aber nehmet euch in acht, daß euch der Brandenburger nicht doch die Karten aus der Hand schlage."

„Er wird es wohl nicht", meinte Rolf bärbeißig.

„Will es euch wünschen; aber – aber saget doch: mit dem Herrn Feldmarschall Carolo Gustavo Wrangelio, dessen Bild und eisern Gastgeschenk da draußen aufgehängt ist, seid ihr vordem hierher gekommen?"

„Mit demselbigen!"

„Nun denn; wann ihr heut abend noch von hier abreiset, so trefft ihr ihn vielleicht schon auf dem Marsche nach Berlin."

„Vivat! Es lebe der Held aus Mitternacht!" schrie der Korporal Sven, der bis jetzt mit immer steigender Verwunderung von einem der beiden Politiker auf den andern gesehen hatte und nur mit Mühe den Sprüngen ihrer Unterhaltung gefolgt war. Jetzo aber war es ihm auf einmal ganz klar geworden, wieviel Welthistoria er im Bann und Dienste der Frau Wirtin zur Taube in Alberschwende und bei seinen Kühen und Geißen auf der Lorena versäumt habe.

„Schultert's Gewehr! An die Piken! Aufgesessen, Kürassiers und Dragoner!" brüllte er und fügte im leiseren Ton hinzu: „Aber es gehet mir auf wie ein Nordlicht, daß ich schon einmal darbeigewesen bin mit denen Brandenburgern, und damals war's nichts Großes, und wir lachten auch allsamt über den Spaß. Ja, es war Anno einunddreißig, Korporal Rolf, Ihr wisset, als auch wir zuerst auf Berlin marschierten, fünfzehnhundert Mann zu Fuß und zu Pferde mit dem Könige und vier Kanonen. Wir kamen von Köpenick, allwo das große Lager war und hatten unsre Lust mit dem damaligen Kurfürsten Georg Wilhelm und seiner Kurfürstin. Sie handelten mit uns bis zum letzten Augenblick und kamen zum Vergleich erst, als die Konstabler die Lunte aufschlagen wollten, um ihnen das Verständnis zu wecken. Jawohl, jetzt fällt es mir genau bei. Sie gaben uns nach endlich abgeschlossenem Pakt das Geleit vor die Stadt, und da wollten ihnen beim Abschied Königliche Majestät doch noch eine unverdiente Ehre antun und ließen eine Generalsalve geben aus großem und kleinem Gewehr. Das war der Spaß! Der Feuerwerker hatte vergessen, das Geschütz von der Stadt abzurichten, und weil wir zuerst als Feinde gekommen waren, so schossen wir nun auch als Freunde scharf und deckten ihnen ganz ohne bösen Willen die Dächer ab. Das gab denn freilich ein groß Geschrei der Damens, und Königlicher Majestät war's sehr unangenehm."

„Ich war nicht dabei, Korporal Sven", sprach der Korporal Rolf, „ich stand damals in Köpenick mit der Hauptmacht. Aber die Sache ist so, und zuviel ist da auch niemandem geschehen; denn während wir ihnen nur ein paar lumpige Schindeldächer abdeckten, deckte uns der alte Korporal, der Tilly, die ganze Stadt Magdeburg ab. Der Gustavus Adolfus hat es dem Brandenburger nie vergeben."

„Das sind alles alte Geschichten", meinte der Signor Raffa gähnend. „Auch ist es nicht weit von Mitternacht, und morgen früh reis ich zurück nach Augsburg, sintenmalen niemand der hiesigen Barbaren, weder Mann noch Weib, ein Gelüst zeigt, die bella lingua toscana zu erlernen. Cospetto, um nichts Ärgeres zu sagen! Die Herren und Kameraden mögen einen guten Schlaf tun; – es war mir ein groß Ehr und Vergnüg, mit meiner angenehm Conversazione aufzuwarten."

„Möge dem Herrn unsere schlechte Gesellschaft gleichfalls gefallen haben", sprach der Korporal Rolf, während der Korporal Sven stumm, aber mit militärischem Anstand salutierte. Die Schenkstube der Krone hatte sich allmählich mit Gästen sehr gefüllt; aber die drei Kriegsmänner hatten wenig davon gemerkt und gar nicht sich darum gekümmert. Sven und Rolf verwunderten sich dann erst darüber, als der Zahlmeister vom Regiment Strozzi zierlich Abschied genommen hatte.

8.

Wer in dieser Nacht durch die Gassen der alten Freien Reichsstadt Lindau wandelte und, was freilich nicht zu vermuten stand, einen Sinn für Naturschönheit hatte, der mochte wohl über der augenblicklichen Lieblichkeit der Erde vergessen, wie wild es auf eben dieser Erde immer noch aussah, trotzdem die drei greisen Kriegsgesellen sich soeben erst über die nichtswürdige Friedensseligkeit und jammerhafte Langeweile, die ihnen in ihrem Alter zuteil geworden waren, so herzzerbrechend beklagt hatten. Im silbernen Mondenglanz lag jetzt der See rund um die Inselstadt her und spülte nur lind und leise an die uralten Mauern. Drüben kam der junge Rhein wahrlich friedlich aus dem Graubündnerland hervor; aber auch der, nachdem er den großen See durchströmt, Konstanz gegrüßt und bei Schaffhausen den lustigen Sprung gewagt hatte, sah und vernahm in seinem fernern Laufe mancherlei, was nicht nach Frieden klang und aussah. Sie waren hart am Werke miteinander: der Kaiser Leopoldus, daß er das Elsaß, um der ewigen Verdrießlichkeiten darob entledigt zu werden, so anständig und still als möglich losschlage, – König Louis, daß er es mit größtmöglichstem éclat,

Jubel und Feuerwerksgeprassel in Empfang nehme. „Uns gefällt nicht ein mächtiger Fürst der Wenden an der Ostsee!“ hatte der allezeit Mehrer des Römischen Reiches Deutscher Nation in Wien gesagt und seinem Feldherrn im Lager bei Straßburg, dem Herzog von Bournonville, Befehl gegeben, sich lieber dreimal von den Franzosen schlagen zu lassen, als einmal dem brandenburgischen Kurfürsten Friedrich Wilhelm Gelegenheit zu geben, seine Pflicht gegen das Reich mit Gloria zu erfüllen. Da hatte denn der Herr von Turenne natürlich ein leicht Spiel und hat es auch trefflich benutzt; – doch das sind alte Geschichten, wie Signor Tito Titinio Raffa sagen würde, und wir haben uns an dieser Stelle nicht weiter damit zu beschäftigen.

Auf den Mauern der Inselstadt Lindau schritten die wenigen Wachen unter den Linden und zwischen den Geschützen langsam auf und ab, und auch auf ihren Partisanen und Musketen blitzte das Mondenlicht. Der berühmte Gasthof „Zur Krone“, dicht hinter der Stadt- und Hafenmauer gelegen, lag im tiefsten Schatten bis auf die gleichfalls weiß glänzenden Giebel und die Wetterfahnen. Die beiden späten Zecher, welche jetzt aus demselben hervortraten, standen anfangs ziemlich unschlüssig ob ihres Weges in dem Dunkel.

„Nicht unter Dach“, schluchzte der Korporal Sven Hahnentritt. „Bruderherz, nicht unter Dach! Ich hielt's nicht aus! Mir summt's im Kopfe, als ob zehentausend Trompeten drin zum Angriff bliesen, mir kocht es in den Adern, als ob die Regimentssudler drin für eine Armee von zwanzigtausend Mann die Feuer schürten. Unter Dach, und wäre es von purem Golde, müßt ich ohne Gnad und Ranzion elend ersticken.“

„Nicht unter Dach, Bruder“, schluchzte auch der Korporal Rolf, zu Lindau genannt das Gockele. „Du hältst mich und ich dich, und so kommen wir ohne Halsbrechen jene Walltreppe hinauf, und da setzen wir uns und reden weiter vom glorreichen Schweden und dem großen Könige und dem großen Kriege. Hupp – marsch – hoho, ich glaube, die Weiber nennen das Wehmut, was uns beide am Schopf gepackt hält; ich glaub, wenn's möglich wär, käm ich heut nacht zum erstenmal in meinem Leben zum Heulen und Greinen."

Sie schwankten hinein in den Mondschein und kamen glücklich auf die Mauer, und da saßen sie nieder auf der Bastion auf einer alten bronzenen, wirklich schlangenhaften Wallschlange, die vielleicht schon den Kaiser Maximilian begrüßt hatte, als er zum Reichstag nach Lindau kam, um „die Reichskammergerichtsordnung zu Faden zu schlagen".

Da saßen sie, ein Paar alter, grauer, nordischer Seebären, im Mondenlicht und sahen hinüber nach den Schweizer und Tiroler Bergen und unterredeten sich gar lieblich von neuem. Es waren zwei sehr unromantische Burschen; allein sie hatten beide genug erlebt, daß ihr Gespräch, ohne daß sie es wußten, fühlten und wollten, im hohen Grade romantisch war, vorzüglich der Teil, welchen der Korporal Rolf auf sich zu nehmen hatte.

„Das wird allmählich anjetzo ein Aufsehen um mich da drüben geworden sein", sagte Sven. „Hui, lug, da geht noch eine Rakete auf, als ob sie mich zurückriefe. O Rolf Rolfson, es wird mir wunderlicher von Minute zu Minute."

„Das macht der Mond und die Feuchtigkeit in der Krone und der welsche Signor, Kamerad. O Sven, Sven, auch mir steigt es warm und heiß und immer heißer herauf. Stelle dir vor, daß das alte Schweden da so ruhig an seiner Stelle liegengeblieben ist mit allem, was darzu gehört, und daß wir so weit in der Welt herumgekommen sind zu Roß und zu Fuß, als Sieger und als Gefangene der Weiber und Spießbürger! Es drückt mir das Herz ab, wenn ich jetzt auf das helle Wasser sehe und denke an die Ostsee und die große Flotte und den großen König Gustav, und wie wir landeten, die Mannen aus allen Provinzen, Ost- und Westgoten, Dalkarlen, Finnen und sogar die einfältigen, albernen Lappen! Wenn ich dran gedenk, wie wir niederknieten, Gott zu danken, dann wiederaufstanden und an die Arbeit gingen und darbei blieben achtzehn Jahre, achtzehn lange, glorreiche Jahre durch! O Bruder Sven, die Schweizer dorten, die reden immer von ihrem Heimweh, auch wenn's niemand verlangt; aber du, Sven, hast mir das Heimweh heute mitgebracht! Ach Schweden, Schweden! Sven, möchtest du nicht auch nochmalen die blauen und die gelben Regimenter in Linie sehen mit der Sonne auf den Helmen und Kürassen und den Herren Generals und Obristern vor der Front?“

„Sei still, ich komme um!“ winselte der Korporal Sven Knudson Knäckabröd. „Ich habe die Kühe gemelkt und saß zwischen den Käsen, bis gestern morgen; und *sie* schulterten bis an die Weser vor den gewonnenen Städten, sie schlugen weiter gegen die Polen und gegen die Jüten! *Sie* schlugen bei Warschau drei Tage lang, sie marschierten über das Eis nach Seeland; um Kopenhagen lagen und ritten sie. *Sie* schlugen die Russen, und ich hab das alles erst heut abend durch dich und den welschen Signor erfahren, und ich ließ mich von den Weibern fangen und zum Kinderwarten abrichten, anstatt den Verband abzureißen und in Ehren zu sterben!“

„Du hast es doch noch gut gehabt, Kamerad. Du saßest da in deiner Wildnis und sahest nichts und hörtest nichts, und alle die guten Dinge, von denen du eben sprachst, sind dir freilich erst heute abend zu Kopf gestiegen. Mir aber hat bis zu dieser Stunde die Kugel unseres Feldherrn in der Krone auf dem Herzen gelegen. Ach Korporal Knäckabröd, was meinet Ihr, wenn wir den Weg fänden?“

„Den Weg wohin?“ schrie der Hirte von der Lorena atemlos.

„Den Weg nach Hause! Den Weg zu den Fahnen mit dem Löwen von Mitternacht!“ schrie der Hafenwärtel von Lindau emporspringend. „Korporal – Kamerad, Herzbruder, wenn wir zur rechten Zeit kämen, um noch einmal – vor Torschluß, Sven! – noch einmal, einmal in Reih und Glied zu treten?! Der Karl Gustav, der Wrangel, unser General ist ja wieder an der Spitze, der nicht jünger ist als wir! Der Wrangel marschiert, der Wrangel, mit dem wir hierher kamen! Das ist das Heimweh, Kamerad, und wir gehen, Kamerad, – wir marschieren, Herzbruder; wir desertieren – wir gehen zum Wrangel – in dieser – Nacht noch!“

„In dieser Nacht noch!“ ächzte der Kriegsgefangene der Frau Fortunata Madlener zu Alberschwende und drückte beide Fäuste auf die Augen. Dann sprang er von dem Geschützlauf empor und sang im halben Wahnsinn des höchsten Jubels in die Mondenscheinnacht hinaus:

„Auf Dovrefjeld im Norden
Liegen die Kämpfer ohne Sorgen.

Ruhe im Glied!... Wir gehen zum Wrangel! O wenn es doch wahr wär, wann ich morgen früh aufwache!“

„Hast du ein Eigentum, drüben bei den Hirten im Gebirge, Sven?“

Der Korporal schüttelte den Kopf und schob die Hände tief in die leeren Hosentaschen.

„Ich hab in meinem Turm dorten aller Welt Schätze“, grinste Rolf Rolfson Kok; „einen Tisch, einen Stuhl, einen Strohsack, eine Muskete, ein halb Dutzend Angelruten und allerhand Netzwerk, drei Töpfe, eine Pfanne und einen Finken im Bauer. Den Vogel laß ich fliegen, denn wir fliegen ja selber; – dreißig Gulden hab ich auch, die hol ich, und alles andere vermach ich dem Rat und der Bürgerschaft von Lindau. In zehn Minuten sind wir reisefertig. Dort liegt mein Kahn – in zehn Minuten schwimmen wir auf dem See und, weißt du, in Nonnenhorn landen wir und müssen dann sehen, wie wir den Weg weiter finden. Courage, Alter; sitze still, bis ich wiederkomm. Jetzt mach ich den Kehraus in meinem Quartier, und morgen früh sind wir weit hinaus auf dem Marsche nach Hause!“

9.

Am folgenden Morgen war die Verwunderung nicht nur des Rates, sondern auch der ganzen Stadt Lindau im Bodensee groß ob des Verschwindens ihres schwedischen Hafenvogtes. Die Kinder in den Gassen kannten den Meister Gockele, und die Alten waren mit seiner bärenhaften Erscheinung und seinem zerfetzten und zusammengeflickten Deutsch auf dem vertraulichsten Fuße. Es war in der Tat kein Wunder, daß man den Korporal Rolf Rolfson Kok sehr vermißte, sowohl in den Gassen der Stadt wie in ihren behaglichsten und berühmtesten Schenken und Gaststuben.

„Und zur Zeit der Rädle noch gar?!" murmelten die erfahrenen und gewiegten Zechkumpane. „Zur Zeit, wo der Neue schon an die Türe pocht! Es ist nicht auszudenken. Ja, wenn der See den Leichnam nicht bald ausspült, so ist es sicher, daß der böse Feind das Gockele am Fittich nahm. Aber er war doch ein guter Kamerad; – schade um ihn."

War die Aufregung groß ob des Verschwindens des Korporals Rolf in der Freien Reichsstadt Lindau, so trat sie doch vollständig in den Schatten vor dem Lärm und Aufruhr, welchen das Verschwinden des Korporals Sven jenseits des Fürberges hervorrief. Es war eben ein anderes, ob jemand für die volkreiche Stadt Lindau, und ein anderes, ob jemand für das Dorf Alberschwende und die Lorena verlorenging. Die gesellschaftlichen Zustände litten an den letzten beiden Orten viel mehr darunter als an dem erstern, und die Wirtin zur Taube war nicht ohne einige Berechtigung um ein bedeutendes giftiger, betrübter und jähzorniger als der Rat und die Bürgerschaft der Freien Stadt.

Wir müssen darauf verzichten, die Gefühle der Frau Fortunata, der Frau Aloysia und der drei hübschen Schmelgen zu schildern, als sie am Abend des verhängnisvollen siebenten Augustes anfingen, nach dem Korporal sich umzusehen, und sie ihn nicht fanden.

Anfangs suchten sie mit Lachen, allein das dauerte nicht lange. Mit dem Ingrimm einer erzürnten Löwin hub die Frau Fortunata an, ihr Beutestück im Kreise ihrer Bekannten und Freunde auszuschreien. Auch die Freunde und Bekannten machten sich auf die Jagd, wenn auch mit einem geheimen Mitleid in betreff des Geschickes des schwedischen Mannes, sofern er in ihre und der Taubenwirtin Hände gegeben werde. Da blieb kein Busch am Gebhardsberge ununtersucht, sowie auch keine Schenke in der trefflichen Stadt Bregenz unter dem Gebhardsberge. Wenig hätte gefehlt, so wäre die Bürgerschaft aufgeboten worden, den Flüchtling (denn daß der Gesuchte ein Flüchtling sein mußte, war am folgenden Tage jedermann klar) zu verfolgen und tot oder lebendig einzubringen.

Drei Tage und drei Nächte hielt sich die Taubenwirtin am Gestade des Sees auf der Suche, und erst am vierten Tage gab sie in vollkommener Verzweiflung die Hoffnung auf, den Deserteur und Verräter an Treu und Glauben wiederzuerlangen; sie trat in Grimm und Zorn die Heimfahrt in den Wald an, und für längere Zeit hatten nun die Hausgenossen und Hausfreunde für das zu büßen, was der undankbare Schwed, der nichtsnutzige Korporal Sven Knudson Knäckabröd, gesündigt hatte. Und was das schlimmste war, es existierten noch einige verwitterte und verwetterte Veteraninnen aus dem Jahre 1647, welche sämtlich nunmehr vor die Wirtin zur Taube, die Oberkommandantin, hintraten, das glorreiche Gefecht am Roten Egg wie in der Chronika nachschlugen und kreischend behaupteten: *das* hätten *sie* schon damals vorausgesagt, und jedes ordentliche Wäldlerweib hätte schon damals sagen können, daß *das so* kommen würde.

Aber wie es in allen menschlichen Zuständen und Angelegenheiten zu gehen pflegt, so ging es auch hier. Der Lauf der Tage nahm seinen gewiesenen Gang, und selbst ein so großes, merkwürdiges und unerhörtes Ereignis wie dieses Verschwinden eines Menschen, der sich über sechsundzwanzig Jahre hinaus so brav hielt, versank in dem Strudel der Arbeit, in dem täglichen Kampfe mit den tausend Verdrießlichkeiten und Freuden des Daseins. Man sprach allmählich immer weniger von dem Korporal Sven, wenn man auch noch häufig genug an ihn dachte und er immerhin ein ausgiebiges Thema der Unterhaltung für jegliche müßige Stunde blieb. Die Kinder der Frau Aloysia Unold grämten sich zuletzt doch am meisten um den alten, grauen, wackern Spielkameraden, den guten Gesellen von der Lorena; wir aber werden vor allen Dingen jetzo sehen, wo er mit seinem eigenen grauen, alten, wackern Kameraden, dem Korporal Rolf Rolfson Kok, geblieben war und was er befuhr, nachdem er sich aus der Heimat in die Fremde fortgeschlichen hatte, um in der Fremde die Heimat, das heißt die alten glorreichen Kriegsfahnen und den alten Feldherrn Carolus Gustavus Wrangel aufzusuchen.

10.

Pasewalk ist eine schöne Stadt; fraget nur die geborenen Pasewalker darnach! Im Jahre 1674 soll es eine noch viel schönere Stadt gewesen sein, doch das ist schwerlich heute noch auszumachen. Jedenfalls war es im November des ebengenannten Jahres eine recht lebhafte Stadt, denn der Feldmarschall Karl Gustav Wrangel hatte sie zum Sammelplatz der Truppen, mit welchen er im folgenden Monat in die Mark Brandenburg einfallen wollte, auserkoren. Von Pasewalk aus war er denn auch richtig im Dezember mit 14 000 Mann über die Grenze aufgebrochen, hatte Stargard, Landsberg, Wriezen, Ruppin und so weiter genommen, brandschatzte und plünderte nach alter gewohnter Art sachverständig und mit Vergnügen und ließ es sich in Abwesenheit Kurfürstlicher Durchlaucht so wohl als möglich innerhalb Dero Grenzpfählen sein.

Auch Rathenow ist eine schöne Stadt und wurde im Anfange des Monats Juni des Jahres 1675 ebenfalls recht lebendig; denn um jene Zeit rückte der Herr Obrister von Wangelin mit sechs Kompanien Dragoner von seinem eigenen Regiment und einiger Infanterie von einem andern Regiment dort ein, machte es sich gleichfalls darin recht gemütlich und dachte an nichts Böses. Die Seinigen aber folgten in allen Dingen seinem Beispiele, ohne auf die Gefühle und Behaglichkeit der Bürgerschaft die mindeste Rücksicht zu nehmen.

In oder vielmehr vor der Stadt Rathenow finden wir unsere beiden guten Freunde aus der Krone zu Lindau im Bodensee, die Korporale Sven Knudson Knäckabröd und Rolf Rolfson Kok, genannt Meister Gockele, richtig und für jetzt gottlob noch in guter Gesundheit wieder. Aber um die Stelle zu beschreiben, an welcher wir sie finden, ist eine Beschreibung der Lage der Stadt Rathenow unbedingt notwendig, obgleich wir das ziemlich kurz machen können. Die Stadt Rathenow liegt nämlich an der Havel, welche in zwei verschiedenen Armen daran vorüberfließt; und um zu den morschen, an verschiedenen Stellen eingefallenen Mauern und zum Tor zu gelangen, hatte man die beiden Arme und den dadurch gebildeten Werder zu passieren, und zwar vermittelst zweier größerer Zugbrücken und mehrerer kleinerer Brücken.

An der ersten Zugbrücke, das heißt, der am meisten nach Westen zu gelegenen, hatte in der Nacht auf den 15. Juni alten und 25. neuen Stils der Korporal Rolf Kok von Wangelins Dragonern die Wacht mit sechs Mann, und der Korporal Sven Knäckabröd leistete ihm Gesellschaft.

Da waren sie denn! –

In Wehr und Waffen, wie sie es auf der Hafenmauer von Lindau geträumt hatten, saßen sie wieder an einem schwedischen Wachtfeuer und hielten sie wieder einmal den vorgeschobenen Posten gegen den Feind.

Sie saßen dicht nebeneinander an den verglimmenden Kohlen, die beiden braven alten Grauköpfe, und wachten hellen Auges, während ihre Mannschaft, bis auf den Posten unter dem Gewehr, ruhig auf den zusammengetragenen Strohbündeln im tiefen Schlafe lag. Es war gegen zwei Uhr morgens, der Havelnebel lag weiß und dicht auf dem Flusse und den weiten Bruch- und Moorgegenden ringsum; aber man merkte doch, daß die Dämmerung nicht fern sein konnte. Die hohen Pfeiler der Zugbrücke standen bereits ziemlich klar hervor aus dem weißen Nebel, und die schwedischen Reitersmänner hatten bis jetzt eine ruhige Nacht gehabt.

„Wie die machten wir es auch sonst, Bruder Sven“, sprach jetzt der Korporal Rolf, auf seine schnarchenden Dragoner weisend. „Das ist vorbei; wir sind zu alt dazu geworden, Kamerad; aber es hat auch sein Gutes, man sitzt und schwatzt, und eine

Pfeif Toback am Feuer ist auch was Liebliches. Vor dreißig Jahren schmauchte man noch nicht so stark in den Armaden als heute. Das ist auch was Neues."

Er reckte und dehnte sich, während der Kamerad nur behaglich wie ein alter Hund unterm Ofen knurrte.

„Sven", fuhr der Korporal Rolf fort, „tu auch was zur Unterhaltung. Jetzt haben wir doch das Leben wieder durchgeprobt; nun sag, wo sitzest du lieber – hier unter den Kürassen und Eisenhelmen oder dort – da – dahinten, da oben in deinen Bergen zwischen den Ziegen und Böcken und sonstigem Rindvieh? Bruderherz, sag an, wie gefällt dir dein jung-alt Leben?"

„Es ist nicht auszusagen, Wachtkommandant! Man kann nur immer von neuem darüber nachsinnen und hat dann doch auch dazu wieder keine Zeit. Ich bin noch lange nicht mit der glücklichen Stunde fertig, wo wir wieder unter der Fahne anlangten und der Posten uns im Lager von Pasewalk die Parole abforderte. Ja Parole hin, Parole her! Die Parole hatten wir freilich nicht, aber unsern Ausweis hatten wir doch parat, und die Kniee beben mir jetzt noch, wenn ich an die Rührung denk, mit welcher wir ihn von uns gaben. Versprengt beim Sturm auf Lindau! Gefangen in den Bergen Anno siebenundvierzig, nach dem Sturm auf die Bregenzer Klause und Burg Hohen-Bregenz! Das gab ein Zulaufen und Maulaufreißen bei Offiziers und Gemeinen! Und es war dazu ein Weg gewesen, ein richtiger Weg im Zickzack, auf welchem wir angelangt waren vom Bodensee bis an den Ukerfluß! Und lauter junge Gesichter in den Regimentern, und selbst die alten unbekannt, und kein Hauptmann, Leutnant oder Feldweibel, so uns den weitern Weg in das gute alte Leben weisen konnte vor Staunen und Wunder. Das Herz zittert mir immer von der Stunde, Korporal Rolf! ... Ach, der Wrangel, der Wrangel, das war das größte Glück, daß der Feldmarschall oder, wie sie ihn jetzt nennen, der Connetable zu Handen war und uns aufnehmen konnt! Ja, des Feldmarschalls Gnaden, die mit uns und dem König über die See gekommen waren, wußten, was mit uns anzufangen sei, Preis und Glorie über den Karl Gustav! Er hat uns die Hände geschüttelt und in seinem Quartier an seinem Tische niedersitzen lassen. Alle großen Offiziers und Kommandanten haben uns als reine Wundertiere angestarrt, und der Connetable hat uns zugetrunken, und alle großen Generale haben uns auch zugetrunken, und nachher hat uns das Volk, Reiter und Infanterie, auf den Schultern durch die Lagergassen getragen. Vivat Schweden! Schweden und die schwedischen Helden zu Roß und zu Fuß immerdar! Rolf Kok, nachher hab ich oft gedacht, in *der* gloriosen, leuchtenden Stunde hätten wir sterben sollen. Ich glaube, sie hätten alle Fahnen über uns gesenkt und mit allem Geschütz uns nachgefeuert, als ob wir selber die allerberühmtesten Generale gewesen wären."

„Freilich wäre dieses eine großmächtige Ehre für uns gewesen", meinte der andere nachdenklich, „aber, Sven Knudson Knäckabröd, es ist auch so, wie es jetzo ist, recht angenehm. Hat nicht der Oberst Wangelin vor der Front von seinem Regiment gesagt, es sei eine mächtige Ehre für ihn, daß wir bei ihm zu Pferde stiegen? Und wir sind zu Pferde gestiegen, Sven, du, weil du in deinen Bergen eben lange genug auf der Kuh geritten bist, ich, weil ich vordem dem Rate zu Lindau auch als Feuerreiter aufgewartet habe. Wir sind zu Pferde gestiegen, Korporal Knäckabröd; – nachdem wir lange genug im verzauberten Schlaf lagen, sind wir endlich als junge Burschen wiederaufgewacht und -aufgesessen. Ist es nicht so? Und als es neulich über die Grenze ging, nach alter Weise mit fliegenden Standarten, Pauken und Trompeten, haben wir uns da nicht gefühlt wie die Jüngsten? Haben wir da nicht die Hüte geschwenkt wie die jüngsten Jungen bei der Bagage? Daß wir heute einen roten Rock tragen, ist mir freilich nicht so lieb, als wenn wir noch im gelb und blauen Koller auszögen; aber es ist einerlei: vivant die Helden aus Mitternacht! Vivat der glorreiche, ewig siegreiche Karl Gustav, der Feldmarschall Wrangel! Und eine Lust war's doch auch, daß wir mit einreiten durften in die Städte nach alter Art: in Landsberg, Krossen, Wriezen, und wie sie sonsten heißen; und ein Pläsier ist es, daß wir – wir, Korporal Sven, heute diese Wacht halten an der Havel gegen die Brandenburger."

„Gegen die Brandenburger", lachte höhnisch der Korporal Sven Knäckabröd. „Bah, wo sind sie denn, diese Brandenburger? Wirf einen Groschen da in den Nebel hinein, so weit du kannst, und such ihn nachher! So kannst du auch nach den Brandenburgern suchen, Rolf Rolfson Kok."

„Nein, Sven, sie sollen sich doch ziemlich brav gehalten haben am Rhein gegen die Franzosen. Ich hab mich hier und da umgehört und mancherlei vernommen; die Herren Offiziers und Politici munkeln allerlei. Wir haben uns eigentlich diesmal das Spiel doch ein wenig zu leicht gemacht. Der welsche Signor in der Krone war auch ein Politicus, und was er von der Katz und den Mäusen gesagt hat, das ist nicht ohne. Bruderherz, ich gäb viel darum, wenn dieser Kurfürst Friedrich Wilhelm bald zu Hause wieder einsähe, und zwar mit Macht und Gewalt. Um Kinderspiel sind wir doch den weiten Weg nicht hergekommen, und ich sage dir, Kamerad, ich hoff auf den Kurfürsten wie auf eine Braut, und ich hoffe, er bringt das Doppelte unserer Armada mit, daß wir doch Ehre davon hätten. Bruder Sven, es wär mir ein Ekel, wenn das Spiel bis zum Ende zu leicht blieb und wir ‚Gewonnen!' schrieen wie ein Lagerweib über einen gestohlenen Unterrock."

„Da tröst dich, Herzbruder Rolf; auch ich habe mich unter den Politikern umgehört und das Meinige in Erfahrung gebracht. Auf dem Marsche nach Hause und gegen uns sind sie; aber daß es ein weiter Weg vom Rhein bis an die Havel ist, das haben wir ja auch gespürt. Mir ist's auch lieber, wir rufen Viktoria auf einem ordentlichen Felde, als daß wir uns wie der Fuchs in den Taubenschlag geschlichen haben sollten und niemand vorhanden wäre, dem es am Herzen läge, uns zu verjagen."

„Wie geht ihr Weg eigentlich? Kannst du das mir in den Sand malen?"

„Nein, solches vermag ich nicht; aber ich zähl an den Fingern unsern eigenen Marsch ab und vermeine, wir haben auch unsere Zeit gebraucht. Sie kommen wie wir durch der Schwaben Land, auch durch des Bischofs von Würzburg Grenzen und nachher durch der Thüringer Berge. In der Stadt kalkulierten sie gestern beim Landrat von Briest, sie möchten vielleicht schon bei Erfurt stehen. Geduld dich noch ein paar Tage, Kamerad Rolf; dann magst du nach deinen Pistolen sehen und das Schwert in der Scheide lockern."

„Das gebe der Himmel zu unserem und Schwedens Ruhm", sprach der Korporal Rolf Kok, und –

„Halt! Werda?" rief in dem nämlichen Augenblick der Posten an der niedergelassenen Brücke und warf den Karabiner schußgerecht vor.

11.

Der Nebel lag noch dicht und schwer auf Fluß und Land, der Morgen zögerte noch immer; man sah kaum zehn Schritte weit hinaus auf die Landstraße, die nach dem Dorf Böhne und weiter nach Genthin und über Parchen nach der Elbe und der Stadt Magdeburg zu führte.

„Wacht heraus!" schrie der Korporal Rolf aufspringend und zugleich den nächsten seiner süß schlafenden Dragoner an der Schulter rüttelnd. Wie ein grauer Schatten trabte ein Reiter durch den Dunst an, zwei andere folgten, dann ein Haufen, und man vernahm das Stampfen einer größern Kavallerieabteilung im raschen Anmarsch.

Das kleine Häuflein der Schweden hatte sich schnell auf der Brücke in Linie gestellt; die beiden Korporale mit dem Posten in der Front. Aber schon parierte der vorderste der schattenhaften Reiter seinen Gaul dicht vor den Karabinermündungen und rief:

„Versprengte vom Regiment Bülow! Haben die Brandenburger dicht auf den Fersen! Gebt Raum, die Pferde sind abgehetzt, wir halten die Straßen nicht länger und müssen in die Stadt!"

Es war ein alte, heisere Stimme, eine Stimme wie die der

beiden alten Korporale Sven und Rolf, welche das hervorstieß, und der Mann auf dem wirklich schweißtriefenden, abgehetzten, schnaubenden Gaule war auch alt und grau und verwettert. Er trug einen dunkelblauen Rock über dem Brustküraß, einen breiten, an der Seite aufgeklappten Dragonerfilz, doch ohne Feder und Kokarde. Er trug mächtige Stulphandschuhe und Reiterstiefeln, doch keine Feldbinde, und wie seine nun allgemach auch heranreitenden Begleiter trug er das Schwert in der Scheide.

„Schnell, schnell, Kamerad von Wangelin! Wir hängen seit dreien Tagen in den Sätteln und halten uns kaum mehr. Es pressiert — laßt uns durch!"

Die beiden Korporale sahen sich zögernd an.

„Gebt die Parole, Herr!"

„Wir sind drei Tage von der Armee. Sahen die Brandenburger bei Burg auf dem Marsche. Wie können wir euch die Parol vom gestrigen Abend geben? Macht Platz, ich sag Euch, Wachtkommandant, der Oberst Wangelin ist mein guter Freund. Er liegt zum Wahrzeichen mit euch drüben in Rathenow, und ich bin Leutnant im Regiment Bülow. Jetzt haltet uns nicht länger auf!"

„Was sagt Ihr dazu, Korporal Knäckabröd?" fragte der Korporal Kok.

„So arg wird's doch nicht pressieren!" sagte der Korporal Sven; in demselben Augenblick aber richtete sich der alte Blaurock im Sattel auf und schrie krächzend:

„Also nicht? Na, dann hol der Teufel die Höflichkeit! Wer ist denn hier eigentlich zu Hause? Ihr oder wir?"

Ein Faustschlag krachte nieder auf die unglückselige Nase des weiland Kriegsgefangenen der Frau Fortunata Madlener, Wirtin zur Taube zu Alberschwende im Bregenzer Walde, daß er besinnungslos zu Boden stürzte. In dem nämlichen Moment stießen sämtliche Reiter ihren Pferden die Sporen in die Flanken; zur Rechten und zur Linken flog die schwedische Wache an der ersten Havelbrücke vor Rathenow zur Seite oder wurde niedergeritten.

„Der Derfflinger, der Derfflinger!“ rief einer der drei Leute, welche sich mit dem Korporal Rolf Rolfson Kok im eiligen Laufe der zweiten Brücke und der Stadt zu retteten und ihre Büchsen im Lauf hinter sich abschossen.

„Der Derfflinger, der Derfflinger!“ murmelte der Korporal Kok, zu Lindau im See das Gockele genannt, betäubt, fortgerissen, unfähig sich zu besinnen, unfähig selbst, einen Augenblick an das Schicksal seines guten, alten Kriegskameraden zu denken. Und es war wirklich der Generalfeldmarschall Derfflinger, der vom Rhein her als der erste an der Havel anlangte, das Hausrecht gebrauchte, die erste Brücke vor Rathenow auf die eben beschriebene Weise nahm und nun vor der zweiten Brücke, welche er natürlich aufgezogen fand, seine Dragoner absitzen ließ und in Hast und Ungeduld über der trübe unter seinen Füßen dahinschießenden Flut fast vergehen wollte.

Es hätte des Faustschlags des greisen Generalfeldmarschalls gar nicht bedurft, um den armen Korporal Sven zu überzeugen, daß die Welt im Begriff sei unterzugehen. Nah und fern klangen die Trompeten oder, wie der Korporal, mühsam und zwischen die Pfeiler der Zugbrücke gedrückt sich aufrappelnd, meinte, die Posaunen des Jüngsten Gerichts. Immer mächtiger wogte und dröhnte es durch den Morgennebel heran, und Zug an Zug rasselte es über die erste Brücke und ergoß sich über den Werder zwischen den beiden Armen des Flusses, allwo der Derfflinger, den Degen in der Faust, Schwadron über Schwadron durch die Furten trieb, während von den Mauern der Stadt schon das Gewehrfeuer blitzte und krachte und Generalmajor Götze und Oberstleutnant Kanne bereits den Fuß in die erstaunten Gassen setzten.

„O heiliger Olaf!“ stöhnte Sven Knudson Knäckabröd, sich das strömende Blut von der Nase wischend und sich aus seiner geschützten Lage dicht an der Brüstung der Brücke mit Vorsicht aufrichtend. „Träume ich *das,* so habe ich auch *so* noch niemalen geträumt! Aber mit einer solchen Nase träume da einer! Wetter, mir wächst ein Kürbis im Gesicht – also das war der

Derfflinger!? O Rolf, Rolf, Rolf, das ist wieder eine Geschichte, wie sie nur uns beiden passieren kann; – o Korporal Kok, wenn es nur dem großen Marschall Wrangel nicht ebenso ergehet wie uns zweien!“

Es hatte allen Anschein, daß das wohl der Fall sein könne. Um diese Zeit nämlich war an dem Havelübergang, von Genthin her, ein Reiter mit großem Gefolge von, wie es sich anließ, hohen Offizieren, die alle ihre Pistolen auf den Sattelknopf gestützt hatten, – mit einem mächtigen Gefolge von Wachen, Trompeten und Standarten erschienen und hielt, nach der Stadt hinüberhorchend. Dort hörte das Feuer allmählich auf, und einzelne Reiter sprengten von ihr wieder zurück: die zweite Zugbrücke mußte demnach auch genommen sein. Und einer dieser Kavaliere näherte sich dem hohen Befehlshaber, riß den Hut ab und neigte sich bis auf die Mähne seines Gauls:

„Kurfürstliche Durchlaucht, wir haben Rathenow, wir haben den Wangelin und den Weg zum Rhin!“

„Der Brandenburger, der Brandenburger auch!“ ächzte der schwedische Mann an der Brüstung zwischen dem Pfahlwerk der Brücke, und ohne die Antwort Kurfürstlicher Durchlaucht abzuwarten, kroch er über den Rand, rutschte die Böschung hinab, glitt in das Weidengebüsch der Havelinsel und fand daselbst trotz Nebel, Betäubung, Aufregung und Blutverlust noch zwei von den Dragonerpferden der Wachtabteilung des Korporals Gockele, angstvoll an ihren Strängen zerrend. Im nächsten Moment schon saß der brave Alte im Sattel des einen Tiers und jagte über den Werder hin, links ab. Da die Passage auf Rathenow von dem Generalfeldmarschall Derfflinger jetzt vollständig frei gemacht war, so ging der Marsch der sechstausend vom Rhein her zu Hause anlangenden brandenburgischen Reiter über die Brücken. Der Werder, über welchen die Obersten Kanne und Kanowski zuerst an die Stadt gelangten, war wieder leer; der Nebel hatte sich allmählich in einen feinen Regendunst verwandelt, und der sumpfige Boden dröhnte nur wieder von dem Stampfen einiger verwundeten Pferde, die wie Geistererscheinungen durch den grauen Dunst taumelten, strauchelten und schossen.

Die Furt, welche die Dragoner des Derfflingers erst mit einiger Mühe gefunden hatten, kannte der Korporal Sven von mehreren Rekognoszierungen aus gut genug. Er befand sich mitten im Strom und erreichte den Steindamm am linken Ufer, ohne sich umzusehen.

„Es ist aus, Rolf Kok! Sie haben dich mit dem Obristen tot oder lebendig!“ rief er jammernd und jagte weiter. Unschlüssig, ob er sich gegen Havelberg zum Feldmarschall Karl Gustav oder gegen Pritzerbe zu dessen Stiefbruder, dem Grafen Waldemar, wenden solle, jagte er fürs erste gradaus in die lieblichen Sümpfe und Heiden der wackern Mark Brandenburg hinein, im Sinn und Ohr verfolgt von einem ganz andern Klingen als dem melodischen Läuten der Kuhglocken im Lande vor dem Arlberg und dem ermutigenden Wort der Taubenwirtin zu Alberschwende: „He, Korporal, sing!“

Das waren eilige Tage, und nimmer ist in der Welt so scharf geritten worden wie in diesem Juni des Jahres 1675 in der Mark, sowohl vom Kurhut Brandenburg als auch von der Krone Schweden!

Neun Tage schon hatte die kurfürstliche Kavallerie nicht abgesattelt, und nun sprangen auf die Kunde von der Einnahme von Rathenow, im jähen Schreck und aller Verstörung, auch die schwedischen Herren in die Sättel. Von Havelberg brach eilends der Feldmarschall Wrangel auf, von Brandenburg und Pritzerbe sein Stiefbruder. In aller Hast ging der Marsch der beiden so unvorsichtig geteilten Heeresflügel, ein spitzwinkelig Dreieck durch Bruch, Moor, Heide und Kiefernwald ziehend, auf den durch alte Schlachten berühmten Kremmer Damm zu, um eine Vereinigung daselbst herzustellen und, was noch zu retten war, vor dem zornigen Hausherrn zu retten, ehe Kurfürstliche Durchlaucht, die in der Mitte der beiden Schenkel dieses Dreiecks gradaus ebenfalls einen Strich auf Fehrbellin zogen, den ungebetenen Gästen auch da an der Tür aufwarteten.

Drei Tage ritten sie noch, da trafen sie zusammen und geschah die wundervolle Schlacht, die wir leider hier nicht zu beschreiben haben: unsere Aufgabe ist es, uns nach dem tapfern Korporal Rolf Rolfson Kok umzutun und zu erkunden, wie es ihm zu Hause weiter erging.

Wir haben gesehen, wie auch er sich eilends aufmachte, als er die Ankunft der Brandenburger in Erfahrung gebracht hatte. Obgleich ihn mehr als sechzigjährige Beine trugen, so beflügelte die Vorstellung, daß der Generalfeldmarschall Derfflinger mit seinen neunundsechzig Jahren hinter ihm sei, seine Schritte auf den Havelbrücken nicht wenig, und er kam richtig noch vor dem alten Herrn in der Stadt Rathenow an.

„Alarm! Alarm! Feindio! Feindio!“

Ach, der Korporal Rolf Rolfson Kok hatte leider bei seinem Ruf zu den Waffen nicht auf den Herrn Landrat von Briest gerechnet. *Der* hatte nämlich in Erwartung der Dinge, welche von Südwesten her kommen sollten, seinen schwedischen Gästen eine große Bewillkommnungsfestivität zurechtgemacht, den Offizieren selber und mit Beihülfe eines löblichen Magistrates zugetrunken und auch der gemeinen Soldateska durch gemeine Bürgerschaft auf seine Kosten wacker zutrinken lassen. Die Folge davon war, daß die Brandenburger, als sie unter dem Derfflinger und dem Prinzen mit dem silbernen Bein, dem Prinzen von Homburg, eindrangen, die meisten der Helden aus Mitternacht im tiefsten Rausch und süßesten Schlummer vorfanden und sie somit ohne viele Mühe totschlagen konnten. Die, welche in etwas bei Besinnung waren, wehrten sich freilich tapfer genug in den Gassen und auf und an den alten, morschen, mittelalterlichen Mauern und Toren; allein auch sie wurden mit verhältnismäßig geringer Mühe niedergemacht oder gefangen. Von den sechs Kompanien, die mit dem Obristen von Wangelin in Rathenow eingerückt waren, retteten höchstens ein Dutzend Leute das Leben und die Freiheit, und unter diesen von Glück Begünstigten befand sich gottlob auch unser guter Freund, der Korporal Rolf. Wie der Korporal Sven an der Böschung des Haveldammes, so glitt er an Wall und Mauer der Stadt Rathenow hinunter, fiel, von Fortuna noch einmal in Schutz genommen, auf ein ledig Reiterpferd des Herrn Obristleutnants Kanne und galoppierte nunmehr gleichfalls, und ebenso betäubt und schwindelnd wie der Kamerad, in den Morgen und in die Mark Brandenburg hinein.

12.

Am siebenzehnten Juni alten und siebenundzwanzigsten neuen Stils, nachdem am Tage vorher der Schwed im Zug auf Nauen gesehen worden war, regnete es schlimm, obgleich es am folgenden glorreichen Tage, solange die Schlacht dauerte, noch viel schlimmer regnete. Was aber die Sümpfe zwischen der Havel und dem Rhin bei anhaltendem Regen zu bedeuten haben, das erprobe ein jeglicher, der Lust dazu hat, selber und lobe nachher seine Erfahrungen, wann er wieder im Trockenen sitzt!

Und von der Havel bis zum Rhin ritten bereits seit dem sechzehnten die Streifparteien der beiden schwedischen Heeresteile und der vorwärts dringenden Brandenburger gegeneinander und umeinander herum, während überall das aufgeregte, wütende Landvolk mit allerhand Gewehr und Gewaffen der Not auf den Beinen war: kurz, es war ein schwer Durchkommen selbst für zwei alte Korporale des Königs Gustav Adolf, die dem Überfall von Rathenow entwischten und nun die Ihrigen suchten, ein jeglicher bis jetzt noch für sich allein.

„Wenn mir heute einer sagte, daß ich einmal Hafenvogt zu Lindau im Bodensee gewesen sei, so schlüge ich ihm die Zähne in den Hals hinein, so wenig glaube ich dran“, brummte der Korporal Rolf Rolfson Kok, indem er am 17. Juni am Spätnachmittag zum drittenmal seit der letzten Viertelstunde vor einem neuen Sumpf vom Pferd stieg, um das Terrain als vorsichtiger Mann zu untersuchen, bevor er sich ihm mit seinem ermüdeten Gaul anvertraute, nachdem er wieder einmal mit Mühe einer nachsetzenden Patrouille des Herrn Generalmajors Lüdecke entgangen war. Ritterlich hatte er einen seiner Verfolger erlegt und dadurch den Jagdeifer der übrigen ungemein erhöht; allein einen einzelnen Mann zu jagen, lohnte sich heute eigentlich unter keinen Umständen, und so hatten die kurfürstlichen Kürassiere zuletzt doch in einem Kieferngehölze die Verfolgung aufgegeben, und der Korporal Rolf stak naß, triefend, hungrig und durstig zwischen Sumpf und Moor und suchte vorsichtig, wie wir gesagt haben, einen Übergang gen Nordost. Das war keine geringe Aufgabe, und mit steigendem Verdruß tastete und platschte er und rettete sich von neuem auf festeren Grund, bis er endlich eine Art von Fußpfad durch das tröpfelnde Gebüsch fand und ihn behutsam beschritt, seinen abgehetzten Gaul am Zügel hinter sich dreinziehend. Immerfort mit sich selber redend oder vielmehr in den Bart brummend, tappte er zu; aber schon nach zehn Minuten hielt er horchend von neuem an; denn plötzlich vernahm er vor sich aus dem Dickicht ein Schnauben und Stampfen, vermischt mit lauten und halblauten Schimpfworten und Verwünschungen, die sämtlich nicht auf dem märkischen Boden gewachsen waren. Der Korporal Rolf stand und horchte atemlos. Derjenige, welcher dort hinter den Rüstern, wie es schien, gleichfalls im Sumpfe feststeckte, verwünschte sein Schicksal in schwedischer Zunge, und nachdem der vormalige Hafenwärtel der Freien Reichsstadt Lindau nochmals die Hand hinter das Ohr gehalten hatte, schrie er:

„Vivat Schweden! Ich komme, Kamerad!“ und drang mutvoll tiefer in das Moor ein, den kläglichen und verdrießlichen Kundgebungen nach.

Aus dem Gebüsche hatte ihm ein Gegenruf geantwortet und der erboste Wunsch: wenn der Kamerad wirklich ein gutes schwedisches Herz habe, so möge er eiligst kommen, es sei Not vorhanden. Der Korporal Rolf hatte geantwortet: „Hier auch!“, war aber doch drauflosmarschiert, und wieder nach einigem beschwerlichen Durchwinden drang er aus dem Gebüsch hervor und hatte das Schauspiel, das er erwartete, vor sich, wie er es sich vorgestellt hatte.

Ein großes Gestampf und Geplatsch in Moor und Röhricht –

zerstampfte Binsen und Gesträuche – ein halb versunken Roß und darauf ein rotrockiger schwedischer Reitersmann, mohrenfarbig vom Sumpfwasser – triefend wie alles umher vom Regen – und dem glänzlichen Versinken in die schlammige Tiefe nahe!

„Wenn es mein leiblicher Vater wär, so würde ich ihn nicht in dem Kerl erkennen!“ murrte der Korporal Rolf; dagegen erkannte der Mensch im Röhricht den Korporal Rolf sofort und schrie:

„Alle guten und bösen Geister – bist du es, Rolf Rolfson Kok? O du himmlische Güte, kommen wir wirklich noch einmal zusammen auf dieser niederträchtigen Welt? Ich bin es, Wachtkommandant! Kennt Ihr mich nicht? Ja, Herzbruder, meine eigene Mutter möcht mich wohl nach einem solchen Ritt und in solcher Farb und Zerzausung nicht erkennen!“

„Sven Knäckabröd?! Sven, Sven?“ schrie der andere. „Hat dich der Derfflinger nicht ganz und vollständig geholt? Das ist freilich bei allem Elend das beste Abenteuer, was mir noch zuteil werden konnte. So schickt sich alles, und darum bin ich vorgestern von der Rathenower Stadtmauer auf einen brandenburgischen Profosengaul gefallen, um dir heute hier aus dem Malheur helfen zu können! Halt gut, noch einen Augenblick halt den Kopf über dem Wasser, Sven! Gleich hab ich dich auf dem Trockenen, soweit es bei diesem Regen von oben und diesem Morast von unten zu machen ist.“

Er hatte sofort nach dem Bündel Hanfstricke, welches von dem Sattelknopfe seines Vorgängers an eben diesem Sattel herabhing und für die Hälse der Marodeurs, Spione und sonstigen soldatischen Übeltäter beider Heere bestimmt war, gegriffen, es heruntergerissen und auseinandergewickelt. Mit vielem Geschick verknüpfte er die einzelnen Stricke miteinander und hatte bereits im nächsten Augenblick dem armen Korporal Sven Knudson Knäckabröd ein tüchtig und haltbar Seil zugeworfen – nicht um ihn damit in die Ewigkeit hineinzubefördern, sondern um ihn so sanft als möglich aus dem Sumpfe der Mark Brandenburg herauszuziehen. Nach einem ängstlichen und schweißtriefenden Abzappeln von einer Viertelstunde waren beide gerettet – der Korporal Sven wie sein Roß – und standen beide keuchend und schnaufend am Rande des verräterischen, grün überwachsenen Schlammes. Selbst der Frau Fortunata Madlener hatte Sven Knudson Knäckabröd, als er nach der Schlacht am Roten Egg unter ihrer Pflege erwachte, nicht so zärtlich die Hand geschüttelt, wie er sie jetzt dem guten Kameraden aus der Krone zu Lindau schüttelte.

„Und nun, Bruder Sven, wie ist dir außerdem, daß du aussiehst wie ein Mohrenpauker bei einer Leibtrabantengarde?" fragte der Korporal Rolf.

„Danke für die Nachfrage! Dumm, leer im Magen und jammerhaft im Sinn, Rolf Kok. Ach, Rolf Rolfson Kok, schauderhaft verbiestert!"

„In Lindau in der Krone haben sie eine Art Würste, an welche ich jetzo schon anderthalb Tage lang habe denken müssen. Und was den Wein vom vorigen Herbst betreffen möchte –" der Korporal Sven ließ ein dumpfes Geheul vernehmen gleich einem angeketteten Hofhund, welchem man ein Stück Schinken von ferne zeigt; glücklicherweise geriet der Korporal Rolf schnell auf etwas anderes.

„Und Rathenow haben sie; und wer weiß, was sie noch alles haben. Zu Hunderten liegen die Unsrigen vom Regiment Wangelin in den Gassen und in den Häusern. O Sven, ich gäb heut noch mehr darum als damals auf der Bastion zu Lindau, wenn ich den Weg zum Wrangel fände. Bei solchem Hunger und Durst solche Wehmütigkeit und solchen Grimm erdulden zu müssen, das hält nicht einmal ein Mensch aus, der mit dem großen Gustavus Adolfus auf Usedom landete und nachher alles mit durchmachte."

„Das nächste Mal reiß ich nicht wieder aus, wenn die Brandenburger mich zu Gesicht kriegen; – ich halte stand und lasse dem Trübsal ein Ende machen", ächzte Sven.

„Das beste ist's; ich bin mit von der Partie, Bruder", sprach

Rolf ebenso verzweifelt-grimmig. Im nächsten Moment horchte er wieder und rief sodann:

„Sieh, da ist die angenehme Gelegenheit schon. Horch, da sind sie wieder aneinander! Zu Pferde, zu Pferde und darauf los! Die Mähren brauchen eben doch nicht länger bei Atem zu bleiben als wir. Heraus mit den Plempen, und: Vivat ein ehrlicher schwedischer Reitertod! Was aber das übrige anbetrifft, so wär es mir allmählich einerlei, wer den Weltball hinnähme, ob die Kron Schweden oder dieser Kurfürst von Brandenburg mit seiner verwetterten Kavallerie!"

Sie stiegen mühselig von neuem auf ihre Gäule, die auch wieder und zwar fast menschlich seufzten. Um den verräterischen Sumpf herum ritten sie abermals in den Kiefern- und Rüsternwald hinein, dem vernommenen Schall des fernen Kanonendonners und der nahen Büchsenschüsse, Trompetenstöße und Menschenstimmen nach.

„Das ist Nauen, um welches die Konstabler spielen; und jetzo weiß man wenigstens wieder, nach welcher Richtung man die Nase zu drehen hat. Das ist auch ein Trost; aber der andere Lärm beweist mir, daß Schweden noch immer auf dem Rückzuge ist. Vorwärts, Bruderherz; einmal müssen wir unsere Löffel noch in den Brei tunken!"

„Sprich mir nicht von Brei, Rolf Rolfson Kok!" bat Sven Knäckabröd kläglich. „Du könntest ebensogut von einem gebratenen Ochsen reden. Das Herz wendet sich mir jedesmal, wenn ich dich von Löffel, Messer und Gabel diskurrieren hör, im Leibe um. Ja, vorwärts, Kamerad, und wollt, es würde endlich einmal wieder licht vor uns, was wir auch auf der Landstraße finden möchten!"

Der Wunsch, welchen der Korporal Gockele vollkommen teilte, sollte ihnen noch vor Sonnenuntergang – wenn man an einem solchen Regentage von Sonnenuntergang reden konnte – gewährt werden. Nachdem sie noch manche Fährlichkeit des Weges überwunden hatten, kamen sie endlich wirklich aus dem Walde heraus, und zwar mit immer heftiger pochenden Herzen, und das war wahrhaftig kein Wunder.

Es war ein Brausen, Schwirren, Brüllen, Rufen und Kreischen in den Lüften, als ob sich auf der Erde Tausende und aber Tausende auf einem engen Pfade in höchster Not drängten – ein Brausen und Geschrei wie von Tausenden auf dem Marsche, und zwar auf einem Rückzugsmarsche! Das hallte von ferne unter den schweren, grauen Regenwolken her, als ob der Himmel es nicht hören wolle und das Gewölk wie eine Wand zwischen sich und den irdischen Jammer gelegt habe.

Näher und näher erscholl's, je weiter die beiden Korporale vorwärts drangen, und als sie endlich den Wald sich lichten sahen, da erblickten sie schon zwischen den letzten Kiefernstämmen den Grund des Getöses, und als sie hervorritten aus der Dämmerung des Gehölzes, da spielte das große, aber schreckliche Schauspiel auf Entfernung von einigen hundert Schritten vor ihren Augen sich ab!

In der graufahlen Beleuchtung des abendlichen Regenhimmels dehnten sich die großen Sümpfe, das Havelland-Luch, – und durch das Luch zog sich der schmale Damm, und auf demselben, soweit das Auge reichte, von einem Horizont zum andern, wälzte sich der schwedische Rückzug – Reiterei und Fußvolk, Geschütz, Bagage, Weiber und Schlachtvieh durcheinander – im wirren grausigen Getümmel vorüber; fern im Süd aber klang und donnerte das Gefecht der Nachhut. Die Brandenburger taten dort ihr möglichstes, den Schrecken und die Verwirrung in den Gliedern des Feindes zu erhalten und den Kehraus nach besten Kräften vorzunehmen.

Wie zwei Bildsäulen saßen die zwei alten Kriegsgenossen des großen Königs Gustav Adolf auf ihren Pferden und starrten auf das erstaunliche Spektakel. Hunger, Durst und Ermüdung waren vollständig vergessen. Für sich und an sich selber fühlten sie nichts mehr. Sie starrten – stierten – und dann nickten sie beide zu gleicher Zeit mit ihren Köpfen, und dann – rollten wirklich ihnen die Tränen hell aus den Augen und verloren sich mit den ihnen ins Gesicht schlagenden Regentropfen in den weißen Bärten. – –

„O Sven", stöhnte endlich Rolf Kok, „sind wir darum so weit hergekommen? Sind wir darum aus dem Schlaf auferwecket, um *das* zu erleben? O Sven, o Sven, es ist aus mit uns, und ich wollte, der Hergott hätte uns in unserer Versprengung belassen und uns nicht das Herz erregt durch einander und durch den welschen Signor Tito Titinia Raffa, oder wie er hieß, der Ruffian!"

„Ich wollte es auch, Rolf", seufzte der Korporal Sven Knudson Knäckabröd. „Auf mich und dich kommt es wohl nicht an, und was wir darüber denken, ist auch gleichgültig; aber daß dieses dem Karl Gustav, dem gewaltigen Connetable Wrangel passieren muß, das ist das Elend! Sieh, und da sind die Kürassiers von Wachtmeisters Regiment. Da sieh nur, wie die Schufte in den Sätteln hängen und wie reitende Feldhasen über die Schultern gucken. Und das trägt Harnisch und Schwert! Da, da – sieh – da drängen sie sich gar gegenseitig von der Straße, um nur ja die eigene Schande unversehrt in Sicherheit zu bringen! Ach Schweden, Schweden, an manchem Sommerabende hab ich dich über die Berge und den See weg gesehen, sitzend wie eine Königin in Purpur. Da hab ich mein Heimweh stillen müssen, und nun sehe ich dich als ein Bettelweib, wie mit dem Knittel aus einem fremden Hause gejagt! Was sagst du, Bruder? Ich sage, wir reiten nun eben mit bis zum Ende."

„Wir reiten mit bis zum Ende!" rief der Korporal Rolf Kok, und blind trieben die beiden tapfern Grauköpfe unter den letzten Bäumen und aus dem letzten Gestrüpp des Waldes ihre Rosse mit wilden Sporenstößen hervor und hinab in den Sumpf, der sie von dem berühmten Damme trennte. Ihr Fatum aber schien sie wirklich bis zum Schlusse der Tragödia mitspielen lassen zu wollen. Der Sumpf verschlang sie nicht, sie erreichten den betrüblichen Strom von Menschen und Vieh, der in dem dunkelnden Abend durch die verregnete Mark heranwogte, und so wurden sie fortgerissen und fortgewirbelt – zwei Tropfen in der kläglichen Flut der schwedischen Retraite – fortgewirbelt, dem Rhin entgegen.

13.

Der Herbst des Jahres 1675 war gekommen, lachend wie ein rechter Bruder des Frühlings. Im weichverschleierten Sonnenlicht lag die Rheintalebene zwischen den Bergen des Bregenzer Waldes und den Bergen von St. Gallen und Appenzell. Lachend tanzte der junge Fluß dem Bodensee zu, als ob er nie Felsentrümmer und Hochwaldsbäume vor sich her geschleudert, als ob er nie die Felder und Wiesen schwerarbeitender Menschen mit haushohem Schlamm und wüstem Steingeröll bedeckt habe oder als ob er doch wenigstens die Absicht habe, von jetzt an es nicht wieder zu tun.

Es war ein Sonntag in den letzten Tagen des Septembers. In jeder Schenke am Wege klang die Fiedel. Von der Höhe des Steusberges glänzten hell und weiß die Türme von Maria-Bildstein herab; es war auch ein Wallfahrtstag zu Maria-Bildstein, und alle Wege weit umher waren mit den bunten Gruppen der frommen Christen und Christinnen bedeckt, die entweder noch zum Gebet auf der Höhe emporstiegen oder bereits wieder herunter und hinab in das irdische Jubelgetümmel.

Zu Schwarzach im Löwen herrschte vor allem ein lustiges Leben; aber da das muntere Treiben hier, wie in jeder andern Schenke, sich wenig von dem zu Anfang dieser ziemlich historischen Geschichte beim Geburtstagsfeste des heiligen Gebhard geschilderten unterschied, so haben wir nicht nötig, uns an dieser Stelle auf eine abermalige Beschreibung einzulassen. Wir haben Sonderbareres zu berichten und gehen sofort ans Werk.

Den ganzen Morgen hindurch hatte unter den Kastanienbäumen vor dem Wirtshause „Zum Engel“ an der Achbrücke bei Oberrieden ein Mann gesessen, der, ein wenig scheu, einen gewaltigen Durst zu löschen hatte und der jetzo langsamen und müden Schrittes durch das Dorf Schwarzach zog und, dem Anschein nach, auch auf dem Wege am liebsten niemandem ins Gesicht gesehen haben würde.

Es war ein alter, weißköpfiger, gebückter Mensch, der schwerfällig auftrat und seinen Stab nicht als eine überflüssige Zierde trug und handhabte. Er war bekleidet mit einem abgeblichenen roten Tuchkoller, über dem ein rostig-gelblicher Schimmer lag, als ob sich lange Zeit ein Eisenküraß dran gerieben habe. Er trug ein gelbledern Wehrgehäng, doch fehlte das Schwert; er trug desolate hohe Reiterstiefeln, an welchen die Sporen fehlten, und er trug einen breitkrempigen, an der Seite aufgeschlagenen Filzhut, welchem jedoch Feder und Kokarde ermangelten, der dafür aber mit einigen Rissen und Schrammen, die nur von naher Berührung mit blanken Waffen herrühren konnten, geziert war.

Die Wirtsleute und die Gäste vom Engel an der Ach hatten ihn mit ziemlicher Verwunderung beobachtet, wie er geduckt vor seinem Schoppen saß. Sie hatten natürlicherweise auch mehr als einmal versucht, ein Gespräch mit ihm anzuknüpfen; allein er hatte selbst auf die höflichste Frage nicht Rede und Antwort stehen wollen, sondern nur grimmig in seinen Krug gesehen oder denselben stumm zu neuer Füllung hingereicht. Kopfschüttelnd hatte das gutmütige Volk ihm nachgeblickt, als er sich endlich schwer ächzend erhob, ohne Gruß aus dem Schatten der Bäume fortschritt und weitermarschierte auf dem Wege durch die Felder Schwarzach zu; und alle, die ihm begegneten, blieben gleichfalls stehen und sahen ihm verwundert und kopfschüttelnd nach. Einige Male sagte auch wohl jemand: „Den sollte ich ja doch kennen!“ Aber wohin er ihn tun sollte, das wußte er dann doch nicht, und erst, als der Alte auf seinem Marsche durch das große Dorf Schwarzach vor der Tür des Löwen angelangt war, fand sich einer, der es wußte.

Auch hier wollte der Rotrock verstohlen an der entgegengesetzten Seite der Straße vorüberschleichen; allein es sollte ihm nicht gelingen.

„Halt ihn, halt ihn! Bigott, da, da! Er ist es! Halt ihn!“ schrie eine quäkige Stimme aus dem offenen Fenster herab, und rückwärts sich in die Stube wendend, schien der Schreier eine seltsame Neuigkeit dem gedrückt vollen Raume zu verkünden.

Es entstand ein gewaltiges Gepolter und Aufstehen, ein lachendes, verwundertes Durcheinander von Stimmen in der Zechstube des Löwen, und hervor aus dem Hause quollen die Gäste, und die Treppe hinunter hüpfte hinkend Meister Macedon Trafojer, ein armselig, halblahm, dürr Schneiderlein, welches von Zeit zu Zeit auch nach Alberschwende auf die Flickarbeit kam und die Frau Fortunata Madlener, sowie ihren Haushalt und ihre Wirtschaft zum genauesten kannte.

„Er ist es! Da ist er wieder! Halt ihn, halt ihn!“ schrie das heldenmütige Schneiderlein und jagte dem Korporal Sven Knudson Knäckabröd vom Regiment Wangelin Dragoner einen gewaltigen Schrecken ein, einen panischen Schrecken in der vollsten Bedeutung des Wortes; der Korporal fuhr zusammen, sah auf, sah die Bewegung in der lachenden Gruppe sonntäglich geputzter Gäste auf der Treppe des Löwen, sah aller Blicke auf sich gerichtet, sah den koboldhaften Schneider Macedon im glühenden Eifer, der Frau Fortunata einen Gefallen zu tun, heranspringen und — — — riß aus!

Er lief. Er lief, so schnell ihn die alten, müden Beine tragen wollten, und ihm nach klang es jubelnd, lachend und höhnisch:

„Halt ihn, halt ihn! ’s ist der Schwed von Alberschwend! Halt ihn; die Taubenwirtin hält den, so ihn tot oder lebendig bringt, ein Jahr lang frei in Kost und Getränke!“

Das mochte nun der tapfere Meister Trafojer ganz ernsthaft nehmen; aber die andern begnügten sich doch mit dem baucherschütternden Hinterdreinlachen und stellten nur verwunderte Fragen über das plötzliche Wiedererscheinen des schwedischen Mannes untereinander. Auch das Schneiderlein mußte in Anbetracht seiner lahmen Füße die Jagd an der nächsten Ecke aufgeben, und nur die Kinder von Schwarzach gaben sie fürs erste noch nicht auf, sondern verfolgten selbstverständlich in hellen Haufen den Mann von der Lorena bis zum Dorfe hinaus, allwo er zuerst den Mut fand, sich zu stellen, und sie mit donnerndem Zornesruf und geschwungenem Stocke zurückzuscheuchen versuchte.

Das gelang ihm aber schlecht. Sie schrieen nur ärger:

„Der Schwed von Alberschwend! Ho he, der Schwed vom Roten Egg! Er ist wieder da! Er kriegt's, jetzt kriegt er es, der Schwed von Alberschwend!“

Mit diesen Worten, doch auch mit einigen Steinwürfen begleiteten sie ihn bis hoch hinauf in die Berge, immer den rauschenden Bach entlang. Und als sie dann endlich doch zurückblieben, als die Felsen drohender, der Hochwald dunkler wurde und es wieder still hinter und um den armen Korporal Sven geworden war, da hielt auch er an, hielt sich den Kopf mit beiden Händen, wie auf der ersten Rast nach der Flucht von der Havelbrücke bei Rathenow, und warf sich unter einem Baume nieder, zerschlagen und wie gerädert, und was das schlimmste war, voll großer Sorgen wegen seines Empfanges – zu Hause.

Damals führte noch keine Kunststraße durch den Wald, und wer den Weg bei dämmerndem Abend oder gar bei Nacht zu machen hatte, der mußte wohlbekannt in der Gegend und dazu recht sicher auf den Füßen sein, wenn man ihn nicht am andern Morgen mit zerbrochenen Gliedmaßen am Ufer der Schwarzach finden sollte. Der Korporal Sven Knudson Knäckabröd war eigentlich beides nicht; aber um keinen Preis in der Welt wäre er heute noch bei hellem Tageslichte in Alberschwende eingezogen.

Da lag er denn unter seiner Tanne, zerschlagen und hinfällig, und es war ihm sehr schlecht zumute. Ein uralter nordischer Waffensegen fiel ihm gerade jetzt ein, und er summte ihn vor sich hin:

„Sieg in deine Hand! Sieg in deinen Fuß!
Sieg in alle deine Glieder gut!
Gott der heilige Herr segne dich!
Wach und regiere über dich!“

Aber viel Erquickung und Ermunterung zog er nicht heraus. Sehr kläglich war ihm zumute, und so lag er, mit beiden Händen unter dem Kopfe, bis die rote Abendsonne erst von den Stämmen, dann von den höchsten Wipfeln und zuletzt von den allerhöchsten Felsenkuppen sich verzog. Dann erst erhob er sich tief seufzend und wankte weiter bergan, durch die beginnende Nacht. Gegen elf Uhr abends erreichte er Alberschwende.

In der Taube war natürlich ebenfalls Musik und Tanz, und der arme Sven sah schon von weitem die hellen Fenster und vernahm schaudernd die lustigen Jauchzer.

„Das ist schlimmer als der Angriff des Homburgers, des Prinzen mit dem silbernen Bein, bei Fehrbellin!" murmelte er. „Der Faustschlag Seiner Exzellenz des Herrn Generalfeldmarschalls Derfflinger an der Rathenower Bruck war nichts Geringes; aber – o du liebster Himmel, was wird *sie* sagen?!"

Die Tür des Wirtshauses ‚Zur Taube' stand weit offen, und der Korporal stieg die Treppe, welche zu ihr emporführte, langsam und mit eingezogenen Schultern hinauf. Der Hausflur war augenblicklich leer, und da die Stubentür ebenfalls offen stand, so hinderte ihn nichts, geduckt und vorsichtig um die Ecke in das weite, trüb erleuchtete, niedere Gemach, in das kreischende, jubelnde Tanzgewirbel zu lugen. Er fuhr sofort zurück; denn als in diesem Moment die Reihen der Tanzenden sich lösten, da sah er *sie* – da sah er *sie* mit in die Hüften gestemmten Armen neben ihrem Schenktisch stehen, an demselbigen Tische, neben welchem er Anno 1647 nach dem Überfall am Fallenbach aus seiner Ohnmacht erwachte und sie, die Frau Fortunata Madlener, ebenfalls mit in die Seiten gestützten Armen vor sich stehen sah.

„Es ist nicht menschenmöglich", stöhnte der Deserteur. „Selbst der tapfere Karl Gustavus, der Feldmarschall Wrangel, würde es nicht fertigbringen! Selbst der große Gustavus Adolfus, der streitbare Löwe aus Mitternacht, brächt es nicht zustande, ihr jetzo unter die Augen zu treten!"

Rückwärtsschreitend zog sich der Korporal Sven Knudson Knäckabröd von Wangelins Dragonern zurück und schlich sich wieder aus dem Hause, stieg die Treppe wieder herab und verlor sich von neuem in der dunkeln Nacht.

Um die zwölfte Stunde hörte der Bub in der obersten Hütte

auf der Lorena, plötzlich aus dem Schlafe erwachend, erst ein wildes, wütendes Anschlagen des Hundes, dann ein unterdrücktes Freudewinseln des Tieres und zuletzt ein Gepoch an der Tür. Zitternd und entschlossen zu gleicher Zeit, griff er nach dem Handbeil neben seinem Bett und schrie:

„Wer ist draußen? Hex, Unhold und Strolch soll draußen bleiben – gut Freund komm eini!"

Da antwortete ihm eine heisere Stimme:

„Gut Freund, gut Freund!", und der Bub schlug Licht und kam mit dem Kienspan an die Tür und öffnete. Eine schwere, harte Hand legte sich ihm auf den zu einem lauten Schrei aufgerissenen Mund, und Sven Knudson Knäckabröd flüsterte:

„Ja, Bursch, ich bin's. Schrei nur nicht. Den Hund nehm ich mit herein – schließ die Tür, Melchior; ich bin's in Fleisch und Blut; marsch auf dein Stroh zurück, ich krieche in meinen eigenen Winkel dorten; morgen früh wird sich ja wohl das übrige finden."

Das war der festeste Schlaf, den der Korporal Sven Knudson Knäckabröd je schlief; aber der Bub Melchior Rädler schlief gar nicht wieder ein in dieser Nacht. Solange es noch dunkel war, saß er aufrecht auf seinem harten Lager und horchte auf das donnernde Geschnarch aus entgegengesetzter Ecke der Hütte. Und als es dann allgemach licht wurde, saß er noch aufrecht und blickte stier nach dem Schlafgenossen hinüber. Als aber die Spitzen der Berge im ersten Lichte des neuen Tages zu scheinen begannen, da erhob er sich; fuchsartig, verstohlen beugte er sich noch einmal über den heimgekehrten Korporal und schlich aus der Tür. In dem Augenblick, wo er sich draußen fand, fing er an zu laufen; in den weitesten Sätzen sprang er bergab, nach Alberschwende hinunter, und klopfte und hämmerte wie wahnsinnig an der Pforte seiner Brodherrin. Nach zehn Minuten befand sich das ganze Haus im hellen Alarm, und nach einer weitern Viertelstunde, als sich schon der Himmel im Osten mit schönster Glut färbte, hatte sich der Lärm bereits durch das ganze Dorf verbreitet.

Noch sprachen zwar die Bequemsten und Ungläubigsten von ihrem Bette aus: „Der Bub Melchior hat geträumt!“ Allein der Bub Melchior war seiner Sache eben gewiß, und die Frau Fortunata Madlener war um diese Zeit schon – auf dem Marsche zur Lorena empor.

Sie stieg bergan, gestützt, geschoben und gezogen von den stärksten Händen ihres Haushaltes. Aber auch der schwächere Teil ihres Haushaltes stieg mit. Daß die Hunde sich nicht ausschlossen, verstand sich von selber; aber auch das halbe Dorf folgte dem Zuge, und es war freilich ein sonderlicher Zug durch die graue Frühe, über die taufeuchten Halden und durch den noch phantastisch in Wolken und Nebel gehüllten Tannenwald.

„Ich will sanft gegen ihn sein wie ein eintägig Lämmle“, murmelte die Taubenwirtin. „O, er soll es schon verspüren, wie sanft ich gegen ihn sein will; aber gestehen soll er, wo er sich umgetrieben hat. Was meinst, Aloysle, ob ich es wohl aus ihm herausschmeicheln und -streicheln werd? Ei, er soll sich schon wundern, wie schön man einem solchen wie er tut, wann er endlich nach Hause kommt. Ah – oh – uh, den Stein überleb ich nicht; stemm die Schulter an, Kasperle! Sachte, Fridolin, den Arm brauchet Er mir nicht auszureißen; – uh – oh – da – jetzt noch einmal zum letzten – da wä–ren – wir – o–ben!“

14.

Aus dem tiefen Schlafe des Korporals Sven war allmählich ein sehr unruhiger geworden. Der Bub hatte die Tür der Hütte offenstehen lassen, und die scharfe Gebirgsluft, die eindrang, mochte wohl mit schuld daran sein, daß sich der Schläfer unruhig hin und her warf; allein an dem kuriosen Traum, den er jetzo träumte, war sie jedenfalls nicht schuld.

Er befand sich mitten im Schlachtgetümmel von Fehrbellin, und sein guter Kamerad Rolf Rolfson Kok hielt zehn Schritte von ihm ab in derselben Linie, und er sah ihn dann und wann deutlich durch den Dampf und Regennebel. Sie hatten sich zum letztenmal gestellt vor dem brandenburgischen Andrang, ehe sie über die pommersche Grenze zurückwichen. Er sah alles wie in einem sich wandelnden Bilde: den weiten Weg von der Havel her, bedeckt mit abgeworfenen Kürassen und Eisenhüten, zerbrochenen Wagen, halb versunkenen Kanonen und Leichen von Mensch und Tier, – und zugleich sah er rundum den letzten Kampf der Trümmer der tapfern Armada des großen Feldmarschalls Wrangel, die letzte Aufstellung hinter der Landwehr zwischen Ribbeck und Hackeberg. Er winselte in seinem Traum; über seinem Haupte flatterten die Standarten des Regiments Dalwigk, und er sah sie deutlich mit ihrer goldenen Inschrift „Auro et ferro!“ Da brauste es heran, und er schrie auf im Traum – um ihn her schwankte und schwirrte es, er lag unter den Haufen der Gäule, der Feind ritt über ihn weg, und da – war er allein auf dem Felde mit dem guten Kameraden, kniete neben ihm, hielt seinen zerschossenen Kopf im Arme; aber der Korporal Rolf konnte ihm nimmer wieder die Hand drücken und zunicken, der Korporal Rolf war tot und nun freilich zu Hause angelangt nach so langem, beschwerlichem Marsche.

Wie war denn das? Der Traum verwirrte alles zu sonderbar! Nun war der Korporal Rolf wieder nicht tot, sondern der Korporal Sven erblickte ihn in einem betrüblichen Zuge eiliger Männer, die mit einer Sänfte fliehend über graue Heidehügel dahinzogen. In der Ferne lag es noch grauer – aber das regte sich und bewegte sich – die See dehnte sich dorten, und große Orlogsschiffe unter schwedischer Kriegsflagge kreuzten hin und wider. Aber aus der Sänfte beugte sich ein verwelkt, kummervoll Greisengesicht – das war der glorreiche, sieghafte Feldherr Carolus Gustavus Wrangel selber, den der Korporal Sven schon als junger Mensch gekannt hatte in allem Glanz und Triumph. Der Korporal Rolf war aber doch tot; denn wie er neben der Sänfte des Generals einherschritt, zog er plötzlich den Reiterhandschuh ab und legte eine fleischentblößte Faust, die Hand eines Gerippes, auf den Fensterrand. Da schwankte und schwirrte es wieder um den ächzenden Sven Knudson Knäckabröd. Die Wolken zogen sich zusammen und stiegen nieder, aber des Meeres Horizont stieg immer höher auf, immer dunkler, schwärzer. Und aus den Wassern wurden steinerne graue Mauern, die Mauern eines alten, festen schwedischen Schlosses; – der Korporal Sven stand unter einer großen Menge bewaffneter Männer in einem düstern Saal, und in der Mitte dieses Saales stand ein Block und daneben ein Mann im schwarzen Kleide und Mantel. Es kniete aber ein anderer Mann vor dem Block, und wieder ein anderer hatte ihm sanft auf die Kniee niedergeholfen; – beide waren alt, sehr alt, und beide waren auch Kameraden seit langen, langen Jahren: der mächtige Connetable Wrangel und der brave Korporal Rolf Rolfson Kok. Der Mann im schwarzen Kleid hob sein mächtig Beil und schlug – – da mußte der Korporal Sven Knudson Knäckabröd in der Sennhütte auf der Lorena freilich wohl erwachen; denn sie schüttelten ihn, die Leute von Alberschwende, und vor allen andern schüttelte ihn derb die tapfere Freundin, Frau Fortunata Madlener, die Wirtin zur Taube in Alberschwende, und der alte heimgekehrte Sünder saß aufrecht auf seinem Strohsack und sah sich verstört und blinzelnd um! –

Natürlich, nachdem sie ihn nach Herzenslust und Bedürfnis abgeschüttelt hatten, überschwemmten sie ihn mit einer Flut von Fragen! Er aber brauchte längere Zeit, um ihnen alles mitzuteilen, was sie, nicht ohne einige Berechtigung, zu wissen verlangten. Er hatte für manchen Winterabend, wenn der Schnee erst bis zum Dachrande hinauf lag, genug erlebt; wir jedoch haben hier uns nur an das Zunächstliegende zu halten.

„Wo will Er gewesen sein, Er Landläufer?“ schrie die tapfere Wirtin zur Taube. „Saget es noch einmal und lüget nicht, Schwen; – Ihr kennet mich und werdet nicht verlangen, daß ich in dieser Stunde Spaß verstehen soll.“

„Auf Ehre und Gewissen, Frau Fortuna“, ächzte der Korporal. „Am Rhin war ich – zu Hause war ich – bei den Fahnen, bei dem Feldmarschall – ja, auf Ehr und Gewissen.“

„Schwen, Schwen, Ihr lügt, wie Ihr es weder vor unsern katholischen noch Euern lutherischen lieben Heiligen verantworten könnet. Stellt Ihr Euch auf die Zehen, so könnet Ihr den Rhin aus dem Graubündnerland herfließen und in den See gehen sehen: hab ich Euch nicht auf sechs Meilen in die Rund suchen und aufbieten lassen? Wie wollt ich Euch nicht gefunden haben, wenn Ihr nur am Rhi' die Straßen und die Wirtshäuser unsicher gemacht hättet! Schämet Euch, schämet Euch, Schwen; das hat niemand vor dem Arlberg um Euch verdienet und ich am wenigsten! O Schwen, hab ich Euch darum an die dreißig Jahre wie meinen Bruder, wie meinen Sohn, wie meinen allerbesten Freund gehalten?"

„Bei meiner Ehr und Gewissen, Frau; sie nannten im Generalstab das Wasser, wo wir die schlimmen Schläge kriegten, den Rhin. O nun lasset mich ausschlafen; nachher will ich Euch gern auf alles des fernern dienen. Nimmer in meinem Leben bin ich so gelaufen und hab so mächtig Herzeleid erlitten wie in diesem Jahr. Ich habe sie liegen sehen im Sumpf und auf den Sandhügeln zu Tausenden und ich hab sie in heller Flucht gesehen, daß ich blutige Tränen wein im Wachen und im Schlafe."

„Wen habet Ihr liegen und auf der Flucht gesehen?"

„Uns – die wir den Sieg behalten hatten vom ersten Sprung auf den deutschen Boden an – Nördlingen ausgenommen."

„Und wer, saget Ihr, hat euch niedergeleget?"

„Der Brandenburger, Frau. Der Kurfürst Friedrich Wilhelm, der Fürst von Homburg mit dem silbernen Bein und der Derfflinger, Frau. Ja, da möcht ich wahrlich wohl lügen, wenn es anginge! Die Brandenburger haben das Feld behalten."

„Sehet Ihr, Schwen, da habe ich Euch schon! Eine solche Völkerschaft, als Ihr da nennet, gibt es gar nicht! Nun verantwortet Euch noch einmal vor Gott und den Menschen, da vor der Aloysia und vor den Kindern drunten im Ort, die sich nach Euch schier die Augen aus dem Kopfe gegreint haben."

„Frau, bringet mich nicht auch zum Greinen! Ach ich wollte, Ihr könntet den Wrangel fragen, dem würdet Ihr ja wohl glauben; denn er war ja hier bei euch Anno siebenundvierzig. Wisset Ihr nicht, wie er Bregenz da unten nahm und wie wir über den Pfänder aus purem Übermut zu euch auf Besuch kamen und wie ihr uns so übel aufnahmet am Roten Egg?! O Frau Fortuna, jetzo lieget der Wrangel tief zu Boden; und obgleich euch die Geschichte dort bei Fehrbellin nicht so nah auf die Haut brennt als der Bregenzer Sturm, so möget ihr wohl noch ärger Viktoria schreien als damals am Fallenbach über unsern blutigen Leibern. Auf Ehr und Gewissen, Frau Fortuna, die Brandenburger haben den großmächtigen Connetable Wrangel niedergeleget in dem Rhinluch, und der Generalfeldmarschall Derfflinger hat über mich gelacht nach der Schlachtung und mich aus Spaß ranzionieret auf dem Markte zu Fehrbellin, als ich mich bei ihm bedankte, weilen er mich auf der Rathenower Brück nur mit der Faust traktierete. Er hat mir auch sechs Brandenburger Taler aus Generosität geschenkt, damit bin ich heimkommen zu Euch – ach Gott! ohne den Rolf, den tapfern Herzbruder, den Korporal Rolf Rolfson Kok, den die Spießbürger zu Lindau das Gockele nannten und zum Hafenvogt gemacht hatten, weil sie nicht wußten, was er wert war. Ach Gott, wir haben ja beid zusammen das Heimweh zu Lindau in der Krone gekriegt; aber ich allein bin zurückkommen von unserm Marsche zu den Fahnen – der gute Korporal Rolf Rolfson Kok, der liegt verscharrt an der Landwehr bei Hackeberg."

Die alte Taubenwirtin und Oberkommandantin vom Fallenbach schüttelte bedenklicher denn je den Kopf:

„Jetzt wär's mir am End gar noch ein Gaudium, wenn ich ihm glauben dürft", murmelte sie. „Als wir um die Weihnacht sechsundvierzig allhier bei Tag und Nacht zu Haufen standen und bei Tage den Rauch, bei Nacht den roten Feuerschein rund um den See sahen, da war's ja freilich der Wrangel, der uns die grausame Angst, das Zittern und Beben schuf. Schwen, Schwen, Euch traue ich noch lange nicht; aber wenn das wahr wär mit dem Wrangel – – – Schwen, ich sage Euch, ich erfahr es noch, ob es wahr ist, daß es solch ein Volksspiel gibt, von welchem Ihr gelogen habt und was euch eure Sünden so derb heimzahlte! Ich erfahr es, und nachher wollen wir weitersehen."

„Geträumt habe ich es nicht, Frau, verlasset Euch drauf, obgleich es mir jetzo wahrlich so zumute sein könnt, als sei das alles, was ich erleben mußte auf dem Marsche, nur das Gespinste einer boshaftigen Trold gewesen, so sie mir nächtlicherweile über den Kopf und das Hirn geworfen hätt'. Ich hab wahrhaftig nicht gewußt, wie weit ich von Euch und der Aloysia und den Kindern abkäm, als ich Euch vorm Jahr auf dem Gebhardsberg bei den Gevatterinnen ließ und allein meines Wegs am See hin lustwandeln ging! Ich konnt es doch sicherlich nicht wissen, wer zu Lindau auf der Hafenmauer sechsundzwanzig Jahre lang auf mich wartete! Und dann – dann war da die Krone und der vom Regiment Strozzi, der Titinio Raffa, und die Kugel – unsere Kugel am Gebälk und das Bildnis des Feldmarschalls – unseres Feldherrn! Saget selber, wie weit wäret Ihr gelaufen, Frau Fortuna, wenn Euch das Heimweh also ans Herz gegriffen hätt'? Und saget, bin ich nicht um Euch heimkommen, als alles aus war, in alter Freundschaft und Dankbarkeit?"

„Nun soll ich ihm gar noch eins drauf zugute tun", sprach die Frau Wirtin zur Taube, aber der Korporal Sven Knudson Knäckabröd faßte jetzt plötzlich ihre Hand, schüttelte sie wakker und rief:

„So ist es, und es wird das beste sein. Und Fraue – es ist doch ein Vergnügen, Euch allda so dick und stattlich sitzen zu sehen, und jetzo – saget, wie ist es denn Euch ergangen in dem Jahre, wo ich mit dem armen Korporal Rolf auf dem Marsche nach Hause war?"

„Lieber Himmel, Schwen, bei uns hier im Walde ist noch alles beim alten. Seit wir Anno siebenundvierzig gegen euch auszogen, hab ich nichts von Merkwürdigkeiten erlebt als heut Eure verwunderliche Historie. Nach dem andern müßt Ihr die Aloysia und die Kinderle fragen, und – na – weil es denn eben so ist und ich es doch nicht ändern kann, so – *grüeß di Gott daheim, du alter Schwed!*"

DES REICHES KRONE

Am dreiundfünfzigsten Tage der Belagerung — anderthalb Jahrtausende nach dem Untergange der römischen Republik, neunhundertsiebenundsiebenzig Jahre, nachdem der König der Heruler den Knaben Romulus Augustulus auf das Landgut des Lucull in Kampanien gesendet hatte, — war Konstantinopel gefallen. Zwei Kaisertümer und zwölf Königreiche gab Gott in die Hand des zweiten Mohammed, Morads Sohn. Was die Christenheit in dumpfem Stumpfsinn, sich selber zerfleischend in Religionskriegen und Fehden der Fürsten und Völker, nicht abwehren wollte, das war nun vollendet. Der große Schrecken war da. —

Am Tage des heiligen Laurentius in diesem Jahre 1453 sitzt in einem engen Gemach in einem Hause am Paniersberge in Nürnberg ein greiser Mann, der schreibt, was wir nachher lesen. Das tiefe Fenster ist dem Hausgärtlein und darüber hin der Stadtmauer zugewendet. Das Stüblein ist kahl und ohne jeglichen Schmuck, doch über dem Garten liegt die Sonne, und der Tag ist freundlich und der Himmel blau.

Es ist still und doch nicht still. Freilich ist das Gemach des Schreibers der Stadt und den Gassen abgewendet; aber ein seltsam Tönen und Summen schwirrt durch die Lüfte, und die alten tapfern, hohen Schutzmauern und Türme werfen den Schall gar eigen zurück; — es ist auch das Gemach des Schreibers mit dem Summen und Klingen, dem wunderlichen Rauschen gefüllt. Wer nicht seiner Gedanken und seiner Feder sicher und mächtig wäre, der möchte heute in Nürnberg wohl schwerlich ein künstlich Werk mit Griffel, Dinte, Papier und Pergament vollenden.

Der graue Mann stützt wohl auch dann und wann die Stirn mit der Hand und horcht dem Getön; aber wahrlich, es hat nicht die Macht, ihn zu wirren; sein Auge sucht nur zeitweilig ein wenig nachdenklicher den lichten Himmel, aber er legt die Feder nicht nieder; er weiß mit Schreiberskunst Bescheid und hat wohl etwas zu sagen, was auch seine Macht behalten mag ob allem Schall und Farbenspiel der Erden.

Tolle! lege! Nimm und lies! Siehe, so schreibt der heilige Augustinus: „Siehe, da hörte ich von einem nahegelegenen Hause her eine singende, immer sich wiederholende Stimme, als wenn sie von einem Knaben oder Mädchen käme: ‚Tolle, lege! Nimm und lies!', und die Farbe entwich mir, und ich sann, ob etwa in einem Kinderspiel diese Worte vorkämen, und konnte mich nicht erinnern, sie jemals gehört zu haben. Und die Tränen stockten mir plötzlich, ich stand auf und deutete es als eine göttliche Stimme!" — — Siehe, *das* ist es! Durch die große Vergünstigung, durch die Gnade Gottes habe auch ich die singende Stimme, halb wie die eines Kindes und halb wie die eines der Boten des Höchsten, vernommen und das Wort gefunden, das mir der Welt Wirrwarr deutete und mir den Frieden gab. Wie Divus Aurelius Augustinus habe ich von mir getan der circensischen Spiele Lust, des Kaisers Waffenglanz und Ehre und alle Pracht von Rom.

Ich habe gehört und gesehen — Dinge, wunderbar zu erzählen und zu beschreiben. Da ich noch jung war, hab auch ich ein helles Licht im Trübsal gesehen; — da ich noch jung war, hat sich auch mein Leben wenden müssen.

Was will Benedikta auf Sankt Sebald mit ihrem feierlichen Ruf? Was wollen die andern Glocken auf allen Türmen meiner Vaterstadt? Ich höre sie durcheinander nah und fern; ich höre meine Brüder und Schwestern sich drängen in den Gassen und über die Märkte mit Psalmen und Wehklagen — wie ein fernes großes Wasser im Aufruhr höre ich das Volk.

Nach Sankt Sebaldus Kirchhof strömt's auf den ehernen Ruf:

Vox ego sum vitae, voco vos, orate, venite! Bruder Johannes Kapistranus stehet auf dem steinernen Predigtstuhl an der Mauer der Kirchen, zu predigen von der Heiden Sieg, des oströmischen Kaisers Fall, von des Antichrists Nahen und dem Untergange der Welt. Sein Ruf zur Buße ist über alle Glocken erklungen; in allen Städten, durch welche er gezogen ist, hat man Feuer angezündet und des Tages Tand und Eitelkeiten — Würfel und Brettspiel, Schellen und Schlitten, Wulsthauben und spitzige Schuhe — mit Geschrei und Weinen hineingeschleudert: so wird man heute auch in Nürnberg tun, hundertfache Üppigkeit von sich abstreifen und — in Hoffart und Lust der Welt sich morgen wiederfinden, wie man gestern war und heute ist.

Wahrlich, der eifrige franziskanische Mönch redet gut; alle Christenheit, zu der er gesprochen hat, hat das erfahren. Er redet nicht um Lob und Dank der Toren und Schwachen, er greift den Stärksten an das Herz, er schonet nicht. Die Männer im Harnisch packt er, und die eisernen Platten auf ihrer Brust werden wie das linde Gewand über den Brüsten der Weiber. Er fasset zu, und die, so gekrönte Helme tragen, müssen nieder auf die Kniee wie die Frauen, so von den Wiegen ihrer Kinder hergekommen sind, wie die Jungfrauen, so vom Kranzwinden und Sträußleinpflücken, von der Spindel oder dem Webstuhl kamen. Der Bruder Johannes redet gut, er übertönet die Glokken; aber mit welcher Zunge müßte er reden, wenn er die sanfte Stimme übertönen wollte, die vordem zu mir gesprochen hat?!

Ich habe nicht mehr Brettspiel und Würfelspiel, Schnabelschuhe und Geckengewand in die Flammen zu werfen; es ist nicht not, daß ich mich mit den andern auf Sankt Sebaldi Kirchhofe dränge; aber gewaltig ist der feuerige Mönch Johannes Kapistranus! Die große Unruhe, welche er über der Stadt Gemüter brachte, hat auch mich ergriffen; ich habe mich ihrer nicht erwehren mögen, und so sitze ich an diesem Tage Sancti Laurentii im Jahre, da Byzantium gefallen ist, und schreibe nieder, was ich erlebte in meiner Jugend, da auch des deutschen Volkes Krone beinahe verlorenging und da ich mit den andern stritt für die Krone. Während die Stadt sich bewegt und rauscht wie ferne Meeresflut, schreibe ich auf, was die sanfte Stimme sagte, die so frühe mich auf dem Wege durchs Erdenleben umrief und die auch aus wildester Zeit und verworrenstem Schrecknis mir zu Ohr und Herzen drang. —

Ich bin aus altem, ratsfähigem, nürnbergischem Geschlechte, habe die Rechte nicht ohne Fleiß und Verstand studieret zu Prag, bis ich bei begonnenen hussitischen Wirren auszog mit den andern gen Leipzig. Ich habe das Schwert geführt für die Stadt und das Reich, habe der Stadt Gleven befehligt in harten Schlachten und bin der Stadt Gesandter gewesen bei der Republik Venedig und bei der Königin von Neapolis, der zweiten Johanna. Marsilius Ficinus hat mich seinen Freund genannt, und Kosmus, der Mediceer, hat mich zu Florenz in seine Platonische Akademie aufgenommen. Ich bin der Herr meines Leibes und meines Hauses, ich bin ein reicher Mann und bin des Lebens müde.

Des Lebens müde? .... Nein; aber ich bin seit langen, langen Jahren des Lebens erfahren, und Bruder Johannes heute bei Sankt Sebald hat mir nichts zu sagen.

Ich bin wahrlich nicht des Lebens müde; aber wie der heilige Bischof von Hippo, Aurelius Augustinus, weiß ich, daß die Spiele der Erwachsenen Geschäfte genannt werden, und wie ich frühe die Spiele der Jugend von mir getan habe, so habe ich nun auch des Alters Spielen entsagt. Ich bin zur Ruhe gekommen durch die Gnade Gottes.

Zur Ruhe! Noch freue ich mich dieser meiner großen und trefflichen Vaterstadt, ihrer Kunst und Klugheit, ihrer Gunst und ihres Ruhmes bei den Nationen. Ich freue mich in der Erinnerung der Schönheit der Erden, wie ich das Glänzen des Tyrrhenischen Meeres im Sonnenlicht heut im Gedächtnis mir wecken kann. Ich freue mich der edlen Männer und Frauen, die mir begegnet sind unter Germaniens Himmel wie unter dem Himmel Italias. Wahrlich, ich sah vieles in der Welt, wahrlich, ich habe gelebt, und ich lebe; nur ist es heute nicht der Erden

Gepränge, von welchem ich unter dem Glockengeläut des Bußpredigers bei Sankt Sebald schreibe.

Mit herzlicher Neigung habe ich immerdar an meiner Vaterstadt gehangen und sie keiner andern Stadt, sei sie noch so schön in Lorbeerwäldern gelegen gewesen, nachgesetzet. Mögen andere sich ihres Arno, ihrer blauen adriatischen Flut rühmen: ich preise die Stadt meines Vaters und meiner Mutter; — es ist immer still in mir geworden, wenn ich ihrer auf dem Wege gedacht habe. Ich preise hier an dieser Stelle und in dieser Stunde die Stadt, welche Mechthilden, die Grossin, geboren werden sah!

Als ich noch jung war, ist ein volkreich Leben in meines Vaters Hause gewesen; doch das ist nach und nach verstummet — eine Stimme nach der andern. Die alten Leute sind tot und die Brüder und Schwestern auch; ich bin allein übriggeblieben, und mein Tritt in dem alten Hause ist der einzige von vielen aus einer großen Freundschaft und Verwandtschaft, der den Widerhall erweckt auf den Stiegen und in den Gängen und Gemächern. Darum bin ich auch zurückgewichen aus den Gemächern, welche einst von so holdem Lärm erfüllt waren und welche in die bunte Gasse hinabsehen. Ich sitze wiederum in dem Stüblein, das mein gewesen ist, da ich ein Knabe und nachher, da ich ein Prager Student war. Ein enger Raum genügt mir, die ungeschmückte Wand ist mir lieber als die gezierte; ich liebe mein Gärtlein mehr als der Straßen Tumult, und die Baumwipfel, so bis zu meinem Gesims aufreichen, ergötzen mich mehr als aller Pomp der Aufzüge der Geschlechter und gemeinen Bürgerschaft, des Rates und der Geistlichkeit dieses erlauchten nürnbergischen Gemeinwesens.

Ich habe die stolzen Gemächer des Vorderhauses mit ihrem Geschmuck, Zierat, Schnitzwerk und aufgehängten Waffenwerk den Spinnen und Mägden überlassen: es ist die Jugendzeit, welche mich im hohen Alter in mein winzig Schülergemach zurückgezogen hat, es ist mein Garten und der, in welchem Mechthilde Grossin als ein klein Mägdlein spielte und als eine Jungfrau lustwandelte, die mich zu sich hinübergezogen haben.

Aber ich hauste damals auch nicht allein in dem kleinen Gemach. Im Jahre 1390 hatte Ritter Hans Groland mit seinem Bruder Ulrich seinen Burgstall Laufenholz der Stadt Nürnberg zu einem offenen Hause verschrieben, und verbunden hatten sich beide Brüder, daß weder sie noch einer ihrer Nachkommen das Haus an einen andern als einen Nürnberger Bürger oder eine Nürnberger Bürgerin verkaufen sollten. Als man aber im Jahr zweiundneunzig die große Schlagglocke auf Sankt Sebald einweihte, da sind schon beide Brüder gestorben gewesen, und des Ritters Hans Sohn, Michel Groland, ist meines Herrn Vaters Mündel geworden und zu uns ins Haus gebracht, da niemand sich seiner annehmen wollte. Mein Herr Vater aber hatte wenig mehr zu bemündeln als den wilden Junker selbst; denn das Geschlecht hatte von alten Zeiten her schlimm gewirtschaftet, und es war für den letzten daraus wenig übriggeblieben von Lehen und Allod, wie denn die Grossen schon seit Kaiser Ludwigs des Bayern Zeiten Burgglessen, so denen von Laufenholz eignete, innehatten.

Der wilde Junker Michel ist mein Freund gewesen, und Mechthilde Grossin die Braut des Junkers. Auch ihre Stimmen sind verstummt, ihre Fußtritte verhallet: Tolle! lege! — tolle! lege! —

Seit Konrad Hainzen, den man Conradum Leprosum und nachher Conradum Magnum, d. i. Grosse, nannte, ist kein stattlicher Geschlecht in Nürnberg aufgekommen und an dem starken Baum mit hundert Ästen keine schönere Blüte als Mechthild Grosse, deren Vater am Paniersberge der Nachbar meines Vaters gewesen ist. Mir ist es ein Wunder, wenn es auch sonst kein Wunder ist, daß ich heute welk und grau über der schönen Dirne sommerlichen Garten in ihr Fensterlein sehe, während auch sie nun schon seit Jahren hinweggegangen ist aus dem Leben, wie sie in aller Jugendschöne aus ihrem Stüblein hinwegging.

Ja, sie ist hinweggegangen, und niemand hat sie aufhalten können — nicht Vater, nicht Mutter, nicht der großen Stadt und des großen, ehrbaren Geschlechtes Macht, Kraft und Ansehen!

Der Liebe hat sie gehorchet, und des Ahnherrn Winke ist sie gefolget, tolle! lege!—

Es war ein jährig Büblein, das man meinem Herrn Vater in das Haus brachte, und ist gewesen wie ein junger Adler, der den Alten aus dem Nest fiel und von einem Zeidler unter dem Arme heimgenommen wurde. Es hat mein Vater wohl erfahren müssen, was es sagen will, Adlerbrut aufzuatzen; — ich aber, der nur wenig älter war als der Junker Michel, habe wohl meine Freude an dem guten Spielgesellen gehabt, bis aus den Buben Junggesellen und aus den Spielgenossen Freunde für das Leben und den Tod geworden waren.

Ja, bei des lustigen, wilden Königs Wenzel Zeiten waren wir Knaben; und wie es auch im Reiche ging und welche Fehden auf eigene Faust die Stadt zu führen hatte mit Heinrich von Buchteck, Georg von Wichsenstein, mit Sybold Schelm von Bergen und manchem Dutzend anderer Placker, selbst meines Herrn Vaters sorgenvoll Losunger-Gesicht, das doch gemeiner Stadt Schatzkammer, Siegel und Urkunden in so wüsten Tagen zu bewachen hatte, konnte oft nicht beharren in den grimmen Falten ob der Jugendlust in dem Hause am Paniersberge. Und der Tag bei Rense, der auf deutschem Boden der Herrlichkeit des Königs Wenzel ein wunderlich Ende machte, hat wahrlich *unserer* Bubenherrlichkeit kein Ende machen können.

Anno Christi 1400 ist Mechthild Grossin in unserm Nachbarhause in diese Welt des Leidens hineingeboren worden; — unter dem römischen König Ruprecht sind der Junker Groland von Laufenholz und ich in das Jünglingsalter hinübergekommen. —

Siehe diese Sonne! Sie liegt wie Gold auf der grauen Mauer der Stadt und der Zinne des Mauerturmes, meinem Fenster gegenüber; in mein nördlich Gemach kann sie freilich nicht dringen; aber ich sehe sie, wie ich sie sah in den Tagen meiner Jugend. Was predigt der Mönch bei Sankt Sebald vom Weltuntergang? Die Welt geht nicht unter, weil Konstantinopolis in der Heiden Hand gefallen ist, weil der Deutschen Reich in seinen Grundvesten wankt, weil die arme Menschheit in Sünden wandelt, wie sie in Schmerzen und unsäglichem Elend wandeln muß! Ein freundlich Wehen bewegt die Bäume meiner Jugend; sie neigen sich einander zu über die Gatter, so der Nachbarn Gärten scheiden. Die unsteten Schatten von Zweig und Blatt tanzen auf dem Boden, es hüpfen und flattern die fröhlichen Vögel in den hohen Kronen; die Sommerblumen meiner Jugend blühen in meinem Garten und in der Nachbarn Gärten: die Welt wehrt sich heute noch wie in den alten Tagen durch Schönheit und Lieblichkeit gegen des zornigen Mönches Wort. Tolle! lege! Nimm und lies und verstehe recht und hüte dich wohl, einen falschen Sinn in das Wort zu legen, das vor dir aufgeschlagen wurde und dein Leben und das Leben deiner Zeitgenossen bedeutet!

Als wir, der Michel und ich, Junggesellen geworden waren und unser mutwillig Teil nahmen an Fackeltänzen und Schönbartlaufen, da schlupfte des Nachbar Grossen klein Mädchen durch die grüne Hecke und kam scheu und doch auch mutwillig in die Laube, wo wir damals zuerst saßen mit dem Meister Theodoros Antoniades, dem vertriebenen Mann von der Insel Chios, den sein böses Gestirn zu meinem hohen Segen nach Nürnberg geleitet hatte. Er hatte vor dem türkischen Feinde nichts gerettet als etliche Rollen und selbstgeschriebene Bücher und seine Sprache, davon es ausging wie eine Offenbarung und gleich einem siebenfarbigen Lichtstrahl in meine Seele fiel. Ich half dem Heimatlosen zu leben, und er lehrete mich seine griechische Zunge und wollte sie auch den Freund lehren, und es wäre auch vielleicht angegangen, wenn das Kind nicht sein lockig Häuptlein in die grüne Laube gesteckt hätte. Der Meister Theodoros malte uns eben mit einem Stück Kreide das erste Gamma auf den Tisch, da kam das Kind, und das Griechische war verloren für den wilden Junker Michel Groland von Laufenholz. Er fing das Kind mit Lachen und hob es kosend in die Luft und störte uns mächtig. Ich schalt ihn ernstlich, doch er lachte nur mehr und hat es um das Dirnlein nicht über das Alphabet hinausgebracht: da aber schon bildete sich sein Schicksal heraus und das meinige.

Das Dirnlein ist zu jeder Lektion gekommen, so wir in dem Garten hielten, und wenn der Michel uns fernerhin auch nicht viel störete, so hielt er doch die kleine Freundin auf dem Knie, und die Mechthild hat wohl mehr von dem Meister Theodoros Antoniades gelernt als der Michel; denn sie hörte aufmerksam und still genug zu und sah mit großen, ernsten Augen auf das kummervolle Gesicht des weisen, verbannten Lehrers. Nach der Lektion war auch sie freilich wild genug, und der Michel Groland und sie haben Jagden gehalten durch den Garten um Busch und Baum, daß alle Nachbarn die Köpfe aus den Fenstern schoben und die Grundherrschen Frauen und Jungfrauen aus dem Hause Zum Güldenen Schilde mit fröhlicher Verwunderung sich an ihr Gartengitter lehneten und dem Spiele zwischen dem jungen Kind und dem erwachsenen Kind lächelnd zusahen. Selbst die uralte Mutter, die Altmutter des Hauses Zum Schilde, die ein jung Eheweib war, als Kaiser und Reich in ihrem Hause über die Güldene Bulle zu Rate saßen, die vor dem Altar des Hauses neben den Kurfürsten des Heiligen Römischen Reiches gekniet hatte, selbst die kam, auf ihren Stab und ihrer Enkelin Arm gestützt, an den Zaun und hatte ihre Lust an der Jugend Lust.

Tolle! lege! Diese Altmutter, die Anna Grundherrin, die vor Kaiser und Reich so großer Ehren gewürdigt wurde, hat nachher noch eine größere Ehre auf sich genommen in Barmherzigkeit und Demut. Sie ist der ersten Mater Leprosorum, der ersten Mutter der Sondersiechen, der Ußlingerin, Helferin gewesen; und da ich nicht Kaiser- noch Reichshistorie schreibe, sondern von mir und den Meinigen, so brauche ich von der Güldenen Bulle nicht weiter zu reden, wohl aber von den Sondersiechen, und wahrlich habe ich ein traurig Recht dazu, wie man wohl erkennen wird, wann ich heute abend diese Feder niedergelegt haben werde.

Im Jahre unseres Heilands 1394 hat sich das christliche Herz zuerst auf die Sondersiechen gewendet. Damals war ein gar frommer Prediger in der Stadt, der Meister Niklas im Spital

Zum Heiligen Geist. Dem gelang es zuerst, die Gemüter des Volkes von Nürnberg zu erwecken mit Gottes Beistand. Er fing an zu predigen in seiner Kirche für die Leprosen und schrie laut um Handreichung für das große, unsägliche Elend und schrie vor allen zu den milden Frauen, rührete ihnen das Herz, und sie antworteten seinem Rufe.

Da kamen zuerst drei andächtige Weiber, die Ußlingerin, dann die große Anna Grundherrin aus dem Güldenen Schilde und die Anna Weidingin, die huben an, die Sondersiechen zu speisen: im Anfang drei Tage in der Marterwochen, am Mittwoch, Grünen Donnerstag und am Karfreitag. Und andere folgten und immer andere, und ward ein leuchtend Werk im Jammer. Da kamen sie, mehr denn zweitausend Verlorene, auf Sankt Sebaldi Kirchhof, wo der feurige Bruder Johannes Kapistranus auf dem Predigtstuhl stehet, und saßen nieder nach der Ordnung zu Tisch, und ward eine Stiftung im ersten Eifer für alle Zeiten, der Sondersiechen Stiftung, und ward nach Recht und Billigkeit den Weibern die Führung gegeben. Deren Älteste aber ist der Sondersiechen Mutter genannt worden.

Das war alles im Eifer! Und wenn in der Frauen Busen die milde Flamme blieb, bei dem Rat nahm sie balde an Licht und Wärme ab und erlosch schon im Jahre 1401. Da kam ob des gewaltigen Zudrängens eine Verordnung, daß die Leprosen nicht mehr in die Stadt gelassen werden sollten, auf daß die Gesunden vor ihnen verschonet blieben, und der Herr mußte selbst zufahren aus der Höhe, daß das gute Werk und Wort Domini Magistri Nicolai am Heiligen Geist nicht zu größerem Elend denn vorher verkehret würde.

Ja er fuhr baldig und scharf zu, schickte Siechtum über die Stadt ohne der Sondersiechen Verkehr, schickte Sterbensläufe, wie sie bei Menschengedenken nicht vorgekommen waren. Wie Tolle rannten die Kranken durch die Gassen; denn die Geißel nahm ihnen Sinn und Verstand, und war kein Unterschied zwischen Armut und Reichtum, zwischen Adel und Gemeinen, zwischen Ratsfähigen und Unratsfähigen.

Der Herr fuhr scharf zu aus der Höhe, und von neuem wurde in den Kirchen gepredigt für die Leprosen, und ein jeglicher Kanzelherr hielt dem bußfertigen Volke vor, das sei die Strafe von Gott für die Grausamkeit, so man an denen geübet habe, die sich nicht selber helfen können. Ist also sowohl der große wie der kleine Rat in sich gegangen, und ist von neuem beschlossen und öffentlich verkündiget worden, daß die Sondersiechen aus ihren Siechkobeln vor den Mauern wiederum zu ihrem Almosen in die Stadt zugelassen werden sollten. An der Stelle der Ußlingerin aber ist die gute Frau Anna, die Grundherrin, der Leprosen Mutter geworden. —

Die Grundherrin hat nicht lange mehr dem Spiel des jungen Kindes der Grossen mit dem Junker Groland zugeschaut. Sie ist seliglich abgeschieden und hat ein hochherrlich Begräbnis empfangen. Das Kinderspiel ist dann auch einem Ende zugeeilet; denn als die Zeit herangekommen war, sind wir beide nach Prag auf die Universität gezogen, der Herr Michel von Laufenholz und ich, und haben daselbst verharret, ein jeder auf seine Weise, bis in das Jahr 1409.

Nun weiß ein jeglicher, was in dem Jahre vorgefallen ist, wie der Streit zwischen den Realisten und den Nominalisten zum Austrag kam, wie der König Wenzel der deutschen Zunge zwei von den drei Stimmen nahm, die sie bei allen akademischen Wahlen nach des Kaisers Karl des Vierten Stiftungsbrief zu geben hatte, und wie wir auszogen, bei fünftausend ausländische Professoren und Studenten, und den Flor der berühmten Schule brachen. Was aber dem einen ein tiefer Ernst gewesen ist, das war dem andern nur ein gar lustiger Spaß, und zu denen, so die Sache am fröhlichsten nahmen, gehörte mein guter Stubengesell, der Michel, und wäre wohl viel Papier zu beschreiben, wenn man alle die Torheiten und Tollheiten verkündigen wollte, so er verübte auf dem großen Zuge von Prag gen Leipzig. Damit der neuen Universität nichts fehlte, wessen sich die alte gerühmet haben mochte, so mußte auch der Junker Michael Groland von Laufenholz mit uns in Leipzig einziehen, und hat ihn der

Markgraf Friedrich der Ernsthafte wohl oder übel mit den andern willkommen heißen müssen.

Aber auch in Leipzig ist der Michel mein treuer und guter Freund geblieben und hat um mich und mit mir in dem gelehrten Wesen ausgehalten bis in das folgende Jahr 1410. Dann sind wir beide nach Hause zurückgekommen, haben alle die Unsrigen noch am Leben getroffen, den griechischen Meister Theodoros Antoniades nicht ausgenommen. Die Mechthild Grossin trafen wir als ein zehnjährig Mägdlein, also der Wärterin noch nicht lange entwachsen; aber wahrlich — pulcherrima puella infans!

Und von neuem hat das alte Spiel zwischen dem Kinde und dem Junker Groland angehoben. Wir andern alle, die wir auch mit herzlicher Neigung an dem kleinen Mädchen hingen und uns seiner Schönheit erfreuten, wir wurden alle mit fast lustiger Eifersucht durch den tollen Studenten und Kriegsmann von seinem erwählten Liebling weggedrängt; der Liebling aber erwiderte die wunderliche Neigung ganz und gar und hing sich mit ganzem Herzen und in allem zierlichen Eigenwillen an den stattlichen Freund.

Das hat häufig ein gar fröhlich Lachen gegeben; aber die beiden haben sich nicht irren lassen, und viel Liebliches wäre darüber zu sagen, wie die Neigung von Tage zu Tage wuchs, sich veränderte und doch dieselbe blieb bis zu dem Jahre 1415, allwo der Junker Michael Groland von Laufenholz den ersten Dienst im Ernste für die Stadt tat und nachher für weitere fünf Jahre in der Welt wunderlich der Freundschaft und der Nachbarschaft am Paniersberge abhanden kam.

Am 20. Oktober 1414 ist der böhmische Magister Herr Johannes Huß auf seiner Fahrt zum Konzilium unter kaiserlichem Geleit in Nürnberg angelanget. Der ward wohl empfangen und ließ an alle Kirchentüren der Stadt in deutscher und in lateinischer Sprache folgendes anheften:

„M. Johann Huß ziehet nach Costnitz, daselbst seinen Glauben, den er gehabt hat, noch hat und haben wird, durch Gottes Hülfe zu verteidigen bis an sein Ende.“ —

Und der Ruf zum Streit fand denn auch alsogleich seinen Widerhall. Magister Albertus, der Pfarrherr bei Sankt Sebald, hat mit dem böhmischen Meister vier Stunden lang eifrig disputieret, bis sie beide zu einem friedsamen Schluß gekommen sind und der Magister Johannes mit freundlichem Gedenken der guten Aufnahme, so er in Nürnberg gefunden hatte, seines Weges zum Konzil, zum Kerker und zum Feuertode fürder gezogen ist. Um das Konzilium aber ist uns eben auf lange Jahre der Junker von Laufenholz, mein lieber Freund, abhanden kommen; denn als im folgenden Jahr 1415 der Rat von Nürnberg Herrn Peter Volkhamer, Herrn Johann von Hollfeldt, den Prediger bei Sankt Lorenz, samt seinem Schaffner, dem Herrn Ulrich Teuchsler, ebenfalls nach Costnitz abfertigte, da ist ihnen aus der Stadt Mitte der Junker Groland als Glevenbürger und Führer des Geleits mitgegeben, hat sie glücklich und wohlbehalten abgeliefert, hat von Kaiser Sigismundi eigener Hand den Ritterschlag empfangen und ist verschollen in Italia bis zum Jahre 1420. —

Die Herren, die vom Rate gesendet waren, sind heimgekehrt und haben erzählt, was sie wußten: der wilde Freund hat der Stadt seinen Dank sagen lassen für gütige Aufatzung, einen fast spöttischen Dank; denn er hat beigefügt, er hoffe noch alles Gute dem gemeinen Wesen doppelt und dreifach heimzuzahlen, man solle nur Geduld haben und mit gutem Willen warten; — wie es sich aber machen werde, wisse er — Michel Groland von Laufenholz — freilich fürs erste selber nicht; aber die Zeit sei glücklicherweise darnach angetan, daß sich zuletzt alles zum Rechten schicken werde.

Da hat man die Köpfe weidlich geschüttelt, ich aber habe wohl noch am besten gewußt, wie es in des Freundes Sinn und Gedanken aussah; denn ich hatte ja auch am meisten davon erfahren, wie der junge Adler an den Ketten zog seit dem Tage, an welchem man den unflüggen Nestling in meines Vaters Haus trug. —

Nun saßen wir allein, der griechische Mann Theodoros Antoniades und ich, im Winter im Stüblein, im Sommer in der

Laube, und der Michel störte uns nimmer dadurch, daß er uns mit dem Ellenbogen die Pergamente auf dem Tische zurückschob und uns die kleine Mechthild zwischen die Handschriften stellte und mit Lachen rief: „Sehet die an, auf daß ihr merket, wie die Welt heut noch so lustig ist wie vor tausend Jahren! Ein ganzer Sack voll Eurer Aristoffel, Meister Theodor, wieget die nicht auf. Lache sie aus, Kind, die mürrischen Narren; — lache und wachse und warte auf mich — wir beide wollen dereinst der verdrießlichen Welt noch zeigen, daß man mit einem mutigen Herzen und fröhlichen Sinn ihr selbst am Tage vor dem Jüngsten Gericht noch einen Blumenkranz abgewinnen mag!" — —

Mechthildis, das ist Heldin — mächtige Kämpferin, und es ist kein anderer Name unter den Menschen, der für mich einen so edlen Klang hat als dieser! Ich bin alt geworden und sehe jedes Jahr die Jugend und die Schönheit der Weiber mit den Blumen von neuem heraufkommen; aber es hat sich keine Knospe, so weit meine Augen reichten, zur Blüte entfaltet, die schöner und süßer war denn die, so in des Nachbar Grossen Garten unter den Schwestern aufwuchs und auf die Erfüllung ihres Lebens wartete.

Und sie wuchs und entfaltete sich, während der mutige Freund auf Rittertat und Abenteuer in der Fremde abwesend war, und was wir alle bis zuletzt für ein Kinderspiel genommen hatten, das ist zu einem Ernst geworden, der weit über das arme Erdenleben hinausreichte. Was der Freund mit lachendem Munde gesprochen hat von Treue und Ausharren, das hat die Jungfrau in tiefem Herzen bewahret und hat gewartet auf den Freund geduldig und still, ein Wunder für uns alle, denn wir wußten alle nichts davon, bis uns in der Nacht auf Simon und Juda im Jahre 1420 das süße Mysterium unter Feuerschein und Waffenlärm offenbaret wurde.

In der Nacht auf Sankt Simon und Juda 1420 hat Christoph der Leininger, des Herzogen Ludwig des Bärtigen von Ingolstadt Lehensmann, mit List und Gewalt die Nürnberger Burg eingenommen, nachdem er vorher einen heimlichen Bund mit dem Rat gemacht hatte, von welchem wenige wußten, obgleich nachher tausend Stimmen darüber in die Welt hinausgeschrieen haben.

Die Stadt möge sich stille halten, ließ der Leininger dem Rate entbieten, — er, Ritter Christoph, komme, die Burggrafen heimzusuchen, und das Beste, so aus der Fehde gewonnen werde, solle denen von Nürnberg zugute werden.

Da hat sich der Rat nicht nur stille gehalten, sondern er hat noch ein mehreres getan, worüber nachher die von der Burg vor Kaiser und Reich nicht geringe Klage erhoben. Nämlich da ihres Feindes Scharen allbereits versteckt im Hinterhalt unter ihren Mauern lagen, hat der Rat der Bürgerschaft und den Geschlechtern einen Tanz auf dem Rathause zugerichtet, und ist daraus freilich eine gar lustige, aber auch gar sonderliche Tanznacht geworden. Damals haben die Alten, die Patres, das Wort von der Geschwätzigkeit der Greise wahrlich nicht von neuem zu einer Wahrheit gemacht, und nicht einer aus der Jugend hat geahnet, zu welch einem Spiel die Fäden hinter seinem Rücken durcheinanderliefen. Wir haben uns nicht im geringsten über die plötzliche Lust zur Kurzweil, so über den ehrbaren Rat samt den Losungern, Hauptleuten und über das ganze gestrenge Collegium Septemvirorum gekommen war, verwundert, sondern ohn weiter Gefrage nach der Jugend Art die Lust am Flügel gegriffen. Mit den schönen Jungfrauen der Stadt sind wir aufgezogen, und ich habe die Mechthild, die Allerschönste im Reihen, geführet. Die Burgmannen, so der Klang der Zinken und Pauken von der Veste herablockte, haben wir diesmal kaum beachtet, obgleich man sonsten nur allzugern mit ihnen auf Schwert, Kolben und Spieß anband. Wie unsere Graubärte die Herren des Burggrafen ansahen und wie sie, während der Tanz sich drehete, mit allen Sinnen nach der Veste hinaufhorchten, konnten wir freilich nicht wissen.

Nur noch einmal habe ich des Nachbar Grossen Kind in einer größern Schönheit erstrahlen sehen, als in dieser Nacht auf

Simon und Juda des Jahres 1420. — Das war dann an einem andern Tage, im Glanz der Abendsonnen unter dem Portal zum Heiligen Geiste, vor dem Schrein, der des Reiches Krone barg, und die dunkle Nacht folgte alsobald auf diesen noch glorreichern Glanz.

In dieser Nacht auf Simon und Juda ist sie nur in der freudigen Pracht der Jugend erschienen, und als sie unter dem Schein der Lichter und Fackeln durch die Windungen des Reigens lächelnd und stattlich schlupfte, da ist wohl kein Auge gewesen, welches nicht mit Freude und Stolz dem holdseligsten Kinde von Nürnberg nachfolgte. Ich glaube, selbst die in so grimmigem Ernst stehenden und harrenden Alten hatten einen Blick und ein Wort für die schöne Jungfrau übrig.

Aber die Stunde ist gekommen, die der Rat mit dem Leininger besprochen hatte, und der Leininger ist so gut gewesen als sein Wort. Plötzlich ist mitten in der höchsten Lust ein großer Schrecken, ein Auffahren und Aufzucken durch das Fest gegangen; ein wilderer Lärm hat sich in den Zinken- und Flötenschall gemischt, in den Gassen hat das Volk aufgeschrieen; ehe sich noch einer besann, fiel schon der rote Feuerschein von der gewonnenen Burg in die Fensterbogen und über die schreckensbleichen Gesichter der Gäste des ehrbaren Rates von Nürnberg.

Von ihren Sitzen sind die Wissenden, die Alten, aufgesprungen und haben „Sieg!!" und „Libertas!" gerufen. Über den bekränzten Häuptern der Jungfrauen haben die Schwerter der Jünglinge gefunkelt, und alle Glocken der Stadt haben den Sturm und Waffenruf aufgenommen, haben die Kranken und die Kinder erweckt, die Männer aber mit der Wehr in die Gassen hinausgerissen und dem Rat und dem Leininger das gefährliche Spiel gewinnen helfen.

Da ist das Fest und der Tanz auf dem Rathause freilich zu Ende gewesen; aber ein anderes, tolleres Fest und Tanzen hat begonnen. Die Burgmannen, die nach ihrer Art spöttiglich und höhnisch herniedergestiegen waren, die bürgerliche Lust womöglich zu stören und zu kränken, sind mitten im Saale niedergeworfen und entwaffnet worden. Sie mochten wohl „Verrat!" schreien, doch die Stadt jauchzte mit Recht, als sie erfahren, um was in dieser Nacht man die Würfel warf.

Nur wenige Jahre später verkaufte der Burggraf Friedrich, der erste Kurfürst von Brandenburg, die ausgebrannte Ruine der Veste der Stadt Nürnberg mit allem Zubehör inwendig und auswendig, die Freiung, der Pforten Öffnung und Verschluß samt allen Rechten auf den Sebalder und Lorenzer Forst und behielt sich nur den Wildbann, Lehen und Geleit und der burggräflichen Leute Güter und Rechte vor. — Und so hat von dieser glückseligen Nacht an niemand ein größer Recht in Nürnberg aufweisen können als Nürnberg selber und der Kaiser; doch davon will ich weiter nicht reden, sondern davon, daß in eben dieser Nacht auf Sankt Simon und Juda mit dem Ritter Christoph von Leiningen ein anderer Ritter, ein Verschollener, Schwert in der Hand, über die Mauer gestiegen ist der Stadt zu großem Dienst nach seinem Wort: mein lieber Freund und Bruder, Michel Groland von Laufenholz — der wilde Junker Groland, auf welchen die schöne Tochter des Nachbarn seit dem Kinderspiel im Gärtlein wartete! —

Durch den Wirrwarr der Stadt, die Burggasse hernieder, von der flammenden Veste herab, tanzten, die gezückten Schwerter und Streitkolben schwingend und Fackeln in den Händen, die ersten der glücklichen Eroberer. Durch den großen Rathaussaal wälzte sich Welle auf Welle des erregten Volkes, und wir hatten genug zu tun, die Matronen und die Jungfrauen vor dem Erdrücktwerden zu schirmen. Die Alten waren aufgestanden von ihren erhöheten Sitzen, strichen vergnügt die grauen und weißen Bärte und nickten mit Behagen jedem guten Bekannten in der Menge zu; aber es währete noch eine gute Zeit, ehe einer von ihnen zu einem verständlichen Wort in dem übermächtigen Getöse kam. Das geschah erst, als auf den Schultern der Bürger die ersten der Boten des Leiningers in den Saal hineingehoben wurden, und da fühlte ich, wie der Arm Mechthildis', der in dem meinigen lag, plötzlich erzitterte. Die Jungfrau hatte den Freund im wogenden Getümmel über den Köpfen der Menge, im roten Widerschein der brennenden Burg und der Fackeln zuerst erkannt; aber auch mein Herz jauchzte hoch auf ob des unerwarteten Anblicks. Vor der mächtigen Stimme des Ritters Michel Groland von Laufenholz ist es dann auch still geworden im Saale, und der Freund hat der Stadt die geschehene Tat im einzelnen verkündiget; dann aber hat der Schall der Posaunen und Zinken alles wieder übertönet; die Freundschaft und Verwandtschaft hat uns den Ritter entgegengeführet, und so sind in dieser wilden Nacht der Freund und die Freundin zum erstenmal seit Jahren wieder zusammengekommen, und wunderliche Tage sind dem wunderlichen Wiedersehen gefolget. —

Der Ritter Groland hatte der Stadt Nürnberg einen guten Dienst geleistet, und mit Dankbarkeit hat die Stadt das auch anerkannt; aber wenn er sich in das Herz des Kindes Mechthild fast wie in die Nürnberger Burg geschlichen hatte, so mußte er doch nun um das Herz der Jungfrau Mechthildis eine neue und lange Belagerung anfangen, ehe es gestehen mochte, daß es sich ihm schon seit dem Kinderspiel gegeben habe. Das ist der Frauen Art und gehört zu den Listen, durch welche der Erde Schönheit und Lieblichkeit sich erhält in allem Zorn, Hader und Wüten der Zeiten. Wie schlimm und blutig es rund um uns her aussehen mochte, wir sind still und glücklich und in großer Ruhe gewesen durch die beiden Frühlinge einundzwanzig und zweiundzwanzig.

Jetzt schob in der Laube der Ritter von Laufenholz unsere Handschriften nicht mehr mit dem Ellenbogen zurück, um das blühende Leben an ihrer Stelle uns auf den Tisch zu heben. Die Jungfrau blieb sittsam in dem Bereich ihres Gartens, verborgen durch dichtes Gezweig, und nur selten erglänzte ihr Gewand von ferne durch das Grün. Aber der griechische Meister Theodoros Antoniades von Chios hatte jetzt eben des Anakreon Gedichte in die lateinische Zunge übertragen und las sie uns vor und hatte nunmehr keinen aufmerksameren Zuhorcher als den einst so wilden Freund Michel Groland. Der Michel hat mir damals manches gute Blatt edlen Pergaments gestohlen, und jetzt bin ich mit Lachen über ihn gekommen, wenn er saß, sich die Haare zerwühlte und deutsche Lieder machen wollte wie Herr Wolfram von Eschenbach, Herr Walther von der Vogelweide und Meister Heinrich Frauenlob, den die Frauen von Mainz auf ihren Schultern zu Grabe trugen und dessen Leichenstein sie mit so vielem köstlichen Wein begossen, daß die Kirche überfloß und die Männer die Hände rangen und die Haare zerrauften.

Wahrlich, so haben wir gelebt bei schon begonnenem hussitischen Wüten! Und es ist die Jungfrau gewesen, so uns hinausgewiesen hat aus der Weltvergessenheit in die verwüstete, blutige, flammende Welt, in den Kampf um des Reiches Krone! —

Wir hatten nach deutscher Männer Art plötzlich alles vergessen um die gegenwärtige Stunde. Da uns wohl war in dem Augenblick, so sahen wir nichts und hörten wir nichts anderes. Wir wußten kaum, daß allbereits Johannes Ziska vom Kelch, der Hauptmann in der Hoffnung Gottes der Taboriten, im Felde gegen uns stand, und mit müdem Verdruß hatten wir sogar kaum auf das acht, was sich Seltsames und Großes in den Mauern unserer eigenen Vaterstadt begab. Und wahrhaftig, es ereignete sich des Wundervollen viel in der Stadt.

Schon im Jahre 1421 war der Kardinal Brando Placentius de Regniostoli, des Papstes Nuntius, in Nürnberg eingezogen, um mit den Kurfürsten und Fürsten des Kaisers zu warten. Aber der Kaiser Sigismund, durch des Reiches Not auf dem Wege gehindert, mußte den Reichtstag nach Wesel legen und kam erst im folgenden Jahr zweiundzwanzig nach Nürnberg auf den Tag, und ist dann freilich eine stattliche Versammlung vorhanden gewesen.

Während der Michel und ich mit dem Meister Theodoros der Griechen Poeten lasen, sind die Kurfürsten von Mainz, von Trier und von Köln eingeritten, sind der Pfalzgraf und Kurfürst bei Rhein, der Kurfürst von Sachsen und Friedrich von Hohenzollern, der Kurfürst von Brandenburg, gekommen und mit ihnen, nach und vor ihnen eine unzählbare Menge von Fürsten und Prälaten, Grafen und Rittern, der Freien Städte Gesendete nicht zu vergessen. In Sankt Sebald hat vor Kaiser und Reich der Propst Hermann von Neunkirchen das Hochamt de Sancta Cruce gehalten, ist der Kreuzzug wider die Hussiten ausgerufen worden und hat des Papstes Legat, der Kardinal von Regniostoli, dem Kaiser des Kreuzes Fahne in die Hände gegeben. Der Kaiser wiederum aber legte mit dem Panier das Schwert in die Hände Friedrichs des Ersten, des Kurfürsten von Brandenburg, auf daß er des Reiches Heer führe und des Reiches Krone erlöse.

Das war ein Geläut der Glocken in Nürnberg! Und unter dem Klingen und Dröhnen in den Lüften hat sich die verborgene Pforte geöffnet, die aus des Nachbar Grossen Garten in den unsrigen führte, und durch den engen, eingefriedeten Weg her ist die Jungfrau, die als klein Mägdlein so viel lieber unter dem Gezweig der Hecken durchschlüpfte, aufgerichtet, ernst und stolz hergeschritten und hat uns aufgetrieben von unsern Sitzen wie eine Erscheinung der Engel des Herrn.

Im Zorn ist sie vor uns gestanden und hat geredet ohne Scheu. Der Ritter Groland und ich haben uns knapp auf den Füßen gehalten; aber der griechische Heimatlose, der Meister Theodoros Antoniades, hat balde das Gesicht mit beiden Händen bedecket, und die Tränen sind ihm zwischen den Fingern niedergerollt.

„Wisset ihr nicht, wie es gehet um des Reiches Krone?“ hat die Jungfrau gerufen. „Was sitzet ihr und treibet Kurzweil mit fremder Völker toten Zeichen und Schriften, weil daß eures eigenen lebendigen Volkes Krone, Zepter und Schwert so hart berannt und bedränget wird von dem Feinde, von dem man nichts wußte, ehe *wir* ihn groß machten durch unsere Schuld! Um was werbet ihr, während Kaiser und Reich und alles Volk um Hülfe ruft für die Krone, die der große Karl in Aachen auf seinem heiligen Haupte trug? Meister Theodor, saget Ihr es ihnen doch, daß man heute im eisernen Harnisch bleiben muß, wenn man sein Weib, seine Kinder und sein Haus vor Schmach, Tod und Verwüstung schützen will, wenn man nicht heimatlos umfahren will, ein Fremder in der Fremde! Wie lange glänzt noch der goldene Reif des Kaisers Konstantin, ihr Männer von Byzantium? Habet ihr nicht gestritten für die Krone, wie es sich gebührte, ihr griechischen Leute? Wehe euern Frauen und Töchtern, wenn sie euch nicht das Schwert in die Hand drückten, da es noch Zeit war!" — —

Da brach die Jungfrau ab mit lautem Weinen; aber der wilde Freund, der tapfere Ritter Michel, lag zu ihren Füßen und küßte auch mit Tränen in den Augen den Saum ihres Gewandes; sie aber legte ihm leise die Hand auf das Haupt und entfloh. Mit zitternden Händen suchte der Verbannte, der heimatlose Grieche, seine Schriften zusammen, seine Kniee bebten; gleich einem vom Armbrustbolz Getroffenen sah er auf uns und rief:

„Wehe euch, wenn ihr nicht höret, was die Kinder, die schwachen Mägdlein und die Gräber eurer Vorfahren euch in die Ohren gellen, — wehe euch!"

Und auch er entwich in taumelnder Eile aus der Laube; und so wurden der Ritter Michel und ich gewonnen für den Kampf um des Reiches Krone. — —

Mitten im tobenden Böhmerlande, an dem Wasser, die Beraun geheißen, lag das stolze Schloß, welches der Kaiser Karl, des Namens der Vierte, der Böhmer Abgott, erbauete und es nach seinem Namen den Karlstein nannte. Dorten bei der böhmischen Krone Heiligtümern lagen auch die viel größeren Heiligtümer des Heiligen Reiches Deutscher Nation, lag die Krone Caroli Magni, sein Zepter, Schwert und Reichsapfel bei dem heiligen Eisen des Speeres, der die Seiten unseres Herrn und Erlösers öffnete, und allem andern. Und wider Recht und Versprechen lagen sie da.

Wider Recht und Versprechen; denn gegen sein den Kurfürsten gegebenes Wort, daß er sie immerdar lassen wolle in Nürnberg oder Frankfurt am Main, hatte der Luxemburger sie schnöde nach seinem Karlstein geführet, weil er seinem Böhmerreich alles Glück und alle Gunst und dem Reiche der Deutschen, dessen höchster Vorstand er doch war und dessen Mehrer er doch allezeit sein sollte, wenig oder nichts gönnete oder doch nur das, was bei seinen Böhmen grad vom Tische fiel.

Seit dem Jahre 1350 lagen des Volkes uralte Kleinodien auf dem Karlsteine, den nun im Jahre 1422 die Prager mit aller Macht, mit Sturm auf Sturm umlagerten und berannten, auf daß sie des deutschen Reiches Krone in ihre Gewalt brächten und des deutschen Volkes Schmach, so doch kaum mehr auszusagen war, vollendeten, wenn sie sich seiner hochheiligsten Heiligtümer nach ihrem Willen bemächtiget haben würden.

Um die Krone, den Mantel, das Schwert und Zepter Caroli Magni bewegte sich aber das Herz von Nürnberg am heftigsten; denn das war die größeste Ehr der teuern Stadt, daß sie vordem gewürdigt gewesen war, die Kleinodien zu bewahren; und um sie wiederzuerlangen, hätte doch ein jeglicher, so gering oder stumpf von Sinnen er sein mochte, Blut und Leben mit Freuden hingegeben.

So ward, nachdem Kaiser und Reich dem Rat und der Bürgerschaft von Nürnberg aufgegeben hatten, zweihundert wehrliche Mannen, dreißig Gleven, das ist Ritterhaufen, und dreißig Schützen dem Kurfürsten Friedrich von Brandenburg für den Zug zu stellen, ein mächtig Zudrängen aller jungen Helden innerhalb der Ringmauern.

Auf der Jungfrau schönes Wort sind auch wir, der Michel Groland und ich, zu den andern getreten, und im Anfang September des Jahres 1422 da saßen wir drei zum letztenmal in Hoffnung und Glück beisammen und ergötzeten uns an unsern lichten Gedanken in die wirre Zukunft hinein. Was aber der Michel und die Mechthilde einander versprochen haben, das wurde gar leise gesagt; aber sie beide hatten die allerlichtesten Gedanken und versprachen sich das allerseligste Glück, wenn des Reiches Krone von dem schlimmen Feind erlöset sein würde.

Nicht lange, so sind wir von dannen mit dem Heer. Alle

Freunde und Verwandten haben uns am Laufer Tor und von den Mauern nachgesehen, und oft noch im Reiten haben wir uns gewendet und zurückgeschaut; denn von der hohen Mauer hat auch die holde Maid mit dem Tüchlein gewehet, und neben ihr hat mein Meister, der Mann von Chios, Theodoros Antoniades, das kummervolle Haupt an der Brüstung auf die Hand gestützet und seiner eigenen bedrängten Heimat schmerzensreich gedacht.

So kam ich dazu, zum erstenmal das Schwert für das Reich unter dem Banner der Stadt zu führen, und wahrlich war *der* hochbegnadet, dem es vergönnt war, daß er von diesem Streit und Mühsal sein Teil auf sich nehmen durfte.

Das wurde der wildeste Krieg, den ich jemalen gesehen habe, und das Land, das wir nun durchzogen, sahe freilich aus, als ob der Welt Untergang daselbsten schon begonnen habe. Im schwarzen Brandschutt lagen alle Dörfer und die meisten der Städte. Mit Leichen und Knochen waren die Felder bestreuet. Eine Rauchwolke bei Tage und eine Feuersäule bei Nacht, wandelte auch vor der Hussiten Heereszügen der Herr, die Sünden der Erde zu strafen. Alle Farbe verblich vor dem heißen Atem der Taboriten, und blieb nichts übrig hinter ihnen als die Wüste und die Finsternis. Und mitten in der Wüste, der heulenden Wüste, wußten wir die hohe Burg gelegen, die unseres Volkes Kleinodien wider Recht, doch nun von guten Wächtern geschützet, barg! Mit heißem Atem, mit keuchender Brust rangen auch wir uns durch, die Kronenwächter zu befreien, die Krone zu erlösen. —

Auf Saaz zogen wir zuerst, doch mit wenig Glück, wie denn das deutsche Volk in diesem grausen Kriege immer wenig Glück gehabt hat. Die große Sünde von Costnitz sollte gebüßet werden, und sie ist gebüßet!

O Bruder Johannes Kapistranus, merke: Konstantinopolis ist gefallen, ist in der Heiden Hand gefallen; des oströmischen Reiches Krone ist versunken; aber des deutschen Reiches Krone haben wir errettet, wir, die Bürger der edlen Stadt Nürnberg, und Friedrich von Hohenzollern, der erste Kurfürst von Brandenburg, der uns führete und auf seinen Schultern den güldenen Schrein, so des großen Kaisers Karl Zepter und Schwert barg, wegtragen half vom Karlstein, den der Fremdling erbauet hatte zum Gefängnis für des deutschen Volkes höchsten Schatz! —

Auf Saaz zogen wir zuerst, doch mit wenig Glück. Da war ein Herr von Plauen im Heer, der wollte die Hussitenstadt durch Tauben und Spatzen, denen er Feuer anband, entzünden. Doch die Vögel, vom Schmerz getrieben, flatterten auf unser eigen Lager zurück und setzten es in Brand, daß wir eilends von der Stadt weichen mußten und wieder ein großer Triumph der Taboriten darinnen war. Sie schrieen uns nach von den Wällen; doch mit Zuzug vom Pfalzgraf Ludwig rückten wir weiter durch den Wald, im immerwährenden Gefecht, Tag für Tag.

Schild bei Schild, Schulter an Schulter wanden wir uns durch, bei jeglichem Schritte tapfere und liebe Kriegsgenossen wund oder tot zurücklassend. Die Wunden streckten wohl die Hand uns nach und winkten zum Abschied; doch nicht einer hat die Hand ausgestreckt, die Weiterziehenden zurückzuhalten. Die schlechtesten Gesellen im Heer setzten ihre letzte Kraft ein für des Reiches Krone, und in übermenschlicher Anstrengung drängte der Hintermann den Vordermann auf dem grimmen Wege. Wir ritten und stritten wie im Fieber; wir lachten der Pfeile, die aus den Tiefen der Wälder, hinter jedem Gebüsch und Felsen hervor auf uns einflogen. Wie im Fieber glänzten die Augen, die Arme und Fäuste gewannen gedoppelte Kraft, und je kleiner das Heer wurde, desto herrlicher stieg in uns der Glaube an das Gelingen unseres Vornehmens in jeglicher Brust auf. Wir wollten alle sterben um die Kleinodien Caroli Magni, und so, da niemand diesmal den Tod achtete, so haben wir diesmal auch unsern Willen erlanget, sind durchgebrochen durch die feindlichen Haufen, durch den schlimmen unbekannten Wald, über Strom und Gebirge und haben den Karlstein zu Gesichte bekommen wie das erste Kreuzesheer die Zinnen der heiligen Stadt Jerusalem!

Da ward erst ein Geschrei und dann eine große Stille, als der wilde Wald vor uns sich lichtete und aus der Höhe die goldenen Kreuze der Türme, die unsern Hort bargen, auf uns niedersahen. Doch ein Geschrei ging auch auf aus der Tiefe zu unsern Füßen; da dehnte sich der Hussiten Lager, und wir sahen und hörten sie in wütender Arbeit mit schweren Büchsen, Wurfmaschinen und Sturmleitern; — wir sahen die Kronenwächter des deutschen Reiches auf den hohen Mauern der Veste, und der Kurfürst Friedrich wandte sich, das Schwert erhebend, und winkte.

Dann brachen wir hervor aus dem Walde hinunter in das Tal, auf der Hussiten Lager ein, dem Kurfürsten nach, ein Feuerstrom des Zorns. Da fielen wir auf die Taboriten und schleuderten den Brand in ihre Gezelte und schritten über ihre Leiber durch den Qualm und die Flammen. Schon stritten wir unter den steilen Felsen, so die gewaltige Burg tragen, und sahen über uns, über dem Rauch und Gewühl von der Hochwacht des Reiches Banner wehen, vernahmen den Jubelruf der Kronenwächter auf den Zinnen und durch allen Lärm der Schlacht feierlich und klangvoll das hehre Läuten der Glocke Zum Heiligen Kreuz, den Ruf der Glocke, so über dem Schrein der Kleinodien des deutschen Reiches schwingt.

Und die Schlacht währete nicht lange; wir würgten die Feinde, die nicht weichen wollten. Wir schlugen die Prager und trieben sie zurück von den Mauern, welche sie so arg bedrängt hatten; wir gewannen das erste und das einzige Glück, so der Deutschen Schwert in diesem schaudervollen Kriege gegen den Glauben der Wiklifiten gehabt hat: wir erretteten dem deutschen Volke seine Heiligtümer vor der äußersten Schmach in der Fremden Hand, und wir brachten sie heraus aus dem Böhmenland, daß sie für eine bessere Zeit dem Reiche unversehret blieben!

Die Prager flohen, und wir drangen aufwärts den steilen Pfad hinan. Sie streckten uns von oben die müden Hände von den Zinnen entgegen; wir sahen sie knieen und sahen sie tanzen auf den Türmen, die tapfern Wächter der Krone! Wir drangen aufwärts auf dem engen, steilen Pfad, ein jeglicher in seinem Harnisch geschoben und gehoben von den Nachklimmenden; wir drangen aufwärts bis zu dem ehernen Tore, welches so lange und so gut gegen den hussitischen Ansturm gehalten hatte. Der Hohenzoller, der uns so gut für des Reiches Krone geführt hatte, ließ die blutige Streitaxt sinken und nahm den Helm vom Haupt. Die eherne Pforte tat sich auf vor ihm und uns; die Vordersten drängten jetzt die Nachfolgenden in plötzlicher Scheu und heiligem Schauder zurück; ein Stillstand kam in das Heer, so des großen Kaisers Karl Zepter und Reichsapfel erlöset hatte; wir sahen den ersten Burghof gefüllt mit den verwundeten und kranken Wächtern, wir sahen die Gesunden müde von der Schlacht und vom Hunger entkräftet; — wir waren mit dem Kurfürsten von Brandenburg zur richtigen Stunde gekommen — o daß das gleiche geschehen möge in allen kommenden Jahrhunderten bis zu der Welt wirklichem Ende! — — —

Sie riefen Heil und Segen über uns, als sie uns auch hier die müden Hände entgegenstreckten und die ersten des hülfebringenden Heeres an die keuchende Brust zogen.

Ja Heil und Segen! Das war uns wahrlich eine hohe und segensreiche Stunde! Da ward wieder in der Nähe eine große Stille, daß man nur das leise Rasseln der Rüstungen und Klirren der Wehren hörte und aus dem Tal herauf unter der hohen Torwölbung durch den nimmer verhallen wollenden Siegesruf der Tausende deutscher Männer, die mit uns gekommen waren, doch nicht der Ehre teilhaft werden konnten, als die ersten die Burg zu betreten.

Mit Staunen sahen wir nun rings um uns her die himmelhohen Wände aufsteigen, hinter denen der Luxemburger den entlehnten Schatz als sein Eigentum geborgen hatte. Wir sahen die drei Zwinger, einen über den andern, bis in die Wolken ragen, wir sahen die Königliche Pfalz in aller ihrer Herrlichkeit vor uns, und geführet von den Hauptleuten, dem Dechanten, den vier Canonicis und den Kaplänen der Burg, durchschritten wir Tor um Tor, über eine dröhnende Zugbrücke um die andere, bis zu der Kirche der heiligen Katharina, allwo wir, dicht aneinander gedränget, mit dem Kurfürsten im stillen Gebete knieeten, ehe wir es wagten, dem größern Heiligtum, der Kapelle des heiligen Kreuzes, uns zu nahen.

Mit deutschen Helmen, Sturmhauben, Speeren und Schwertern waren nunmehr alle Höfe und Gänge, alle Hallen und Gemächer der Burg erfüllet. Wo sonsten nur des Böhmenlandes vornehmste Männer und edelste Herren leise wandeln durften, wo selber der König nur leise ging, da hatte heute der geringste Mann, der um die Krone mit ausgezogen war, ein höher Recht. In des Königs Zimmern lehnten die Bürger von Nürnberg ihre Spieße an die buntgemalten Wände oder hingen ihre Äxte an das reich vergoldete Getäfel. —

Noch war eine Brücke aufgezogen, noch war eine Pforte mit neun Schlössern versperret. Das war die Brücke, die zu der Kirche des Kreuzes führte, das waren die neun Schlösser, so des deutschen Reiches Krone hüteten. Diese Brücke senkte, diese Schlösser öffneten sich für niemand als die Kronenwächter und den König; mit gezückten Wehren hielten die geharnischten Mannen hier bei Tage und bei Nacht Wache.

Wer aber hatte heute hier ein größer Recht, der König Sigismund oder wir?

Auf das Winken des Kurfürsten senkten sich alle unsere Banner; aber auch die Zugbrücke, die uns noch den Pfad sperrte, fiel hernieder. Dann rasselten die neun Schlösser der Pforte, und im tiefen Schweigen traten wir in den geweiheten Raum. Da leuchtete es uns aus der Höhe und von allen Wänden und Pfeilern wie rotes, grünes und blaues Feuer entgegen; im Schmuck der köstlichsten Steine glänzte jeglicher Ort, und nun schied uns nur noch ein hohes, kunstreiches goldenes Gitter von dem Allerheiligsten.

Da fühlte ich eine schwere Hand auf meiner Schulter; es war die in Eisen gewappnete Hand und der Arm des Freundes, die sich um meinen Nacken legten.

Wir hatten einander gestützt, wenn einer von beiden strauchelte auf dem Wege. Wir hatten einander mit den Schilden gedeckt, und hundertmal hatte die Waffe des einen den Tod vom andern abgewehret; aber was sollte ich Großes von mir und dem Michel Groland schreiben, so lange ich eben geschrieben habe von des Reichsheeres Zuge zum Karlstein? Wir beide waren ja doch nur zwei Tropfen in dem Strome, und alles, was wir erleben mochten auf dem Wege, erfuhr in Leid oder Freude, in Schmach oder Ruhm das ganze Heer.

Plötzlich hier, auf der Hochwacht der Burg des vierten Karls, in der Kirche Zum Heiligen Kreuze, vor dem Schreine, der die Reichskleinodien barg, gewannen wir unser eigen einzeln Leben zurück.

Der Freund und Bruder, der starke Michel, neigte seinen Mund zu meinem Ohr und sprach leise: „Lieber, nun sage einen Spruch für mein Glück! Hier an diesem Orte, hier, hier, nach so großen Mühen für des Reiches Krone, — hier vor des deutschen Volkes hohen Heiligtümern bitte für mich, daß ich des deutschen Volkes allerhöchste Kron für mich selber gewinnen möge!“

Ein Blitzstrahl fuhr nicht aus der goldenen Nische hervor, herüber vom Schwert des heiligen Ritters Mauritius, vom Schwerte des großen Kaisers Karl und schlug den wilden Freund um des wunderlichen, verwegenen Wortes. Aber ein tiefer Schauder, eine Kälte und eine feuerige Flamme gingen mir durch die Gebeine.

In dem Augenblick jedoch stimmte der Burgdechant mit seinen Canonicis und Kaplänen das Gloria deo an; alle Gegenwärtigen fielen ein in den Gesang, die Bilder an den Wänden, die gemalten und mit köstlichem Gestein besetzten Bilder aller Gestirne am Gewölbe, die Adler des Reiches schwankten im roten flammenden Lichte, welches die Abendsonne durch die bunten Fenster warf: es schwankte alles um mich her, nimmer hat der Lärm der größesten Schlacht mich also sehr betäubt, als diese Stunde es tat; aber das Gebet für den Freund und seine Liebe habe ich auch gesprochen vor des Reiches Krone. —

Tolle! lege! Horch, des Volkes Geschrei von Sankt Sebaldi Kirchhofe her! Die ganze übrige Stadt ist stille wie das Grab; auf einen Fleck sind die Nürnberger Sünden und Eitelkeiten zusammengeflossen — horch, wie sie rufen die Tausende um ihr Elend! Der Mönch dorten auf der Kanzel greifet ihnen wahrlich scharf in die Herzen! Sie mögen wohl schreien, sie mögen sich wohl die Brüste zerschlagen ob des grimmigen Franziskaners Bußpredigt: was aber will sein kreischend Wort gegen die süße, sanfte Stimme, die mich umgerufen hat? Was ist und bedeutet das, was der Mönch sagt, gegen die Mahnung, so ich vernommen habe in den Tagen meiner Jugend?

Die Schriftkundigen in den Klöstern und den Städten haben des deutschen Volkes Jammerhistoria, wie wir sie um die Costnitzer Schande erleben und erproben sollten, aufgezeichnet auf Pergament und Papier Jahr für Jahr, Tag für Tag, daß kommende glücklichere Geschlechter mit Grauen die blutigen Blätter umwenden werden. Ein jeglicher weiß, wie es aussahe im Reich, wie nirgendwo eine Stelle für das Glück und die Ruhe der Menschen zu finden war als hinter den höchsten Mauern der gefestigten Städte, und auch da nicht einmal, sondern dann nur unter den Steinplatten der Kirchen, unter dem Rasen der Kirchhöfe. Ein jeglicher weiß, wie die Hussiten sieghaft und immerdar sieghaft kamen und gingen und wie der Feuerschein, der zu Konstanz am Bodensee aufgegangen war, durch lange, lange scheußliche Jahre nicht erlosch über dem deutschen Volke. Und wie für die Menschen, die Bürger des Reiches, so war auch für des Reiches Krone keine Ruhestelle an keinem Ort auf der Heimaterde. Das Schwert Caroli Magni hatte seine Kraft verloren, das Schwert Sancti Mauritii regte sich nicht mehr in seiner Scheide für die Herrlichkeit des Römischen Reiches Germanischer Nation. Nach der Blindenburg im Ungarlande mußte der Kaiser Sigismundus die Heiligtümer flüchten, bei den Hunnen mußte er sie bergen, und dorthin hat ihnen von dem Karlstein aus mein lieber Freund und Bruder, der gute Ritter Michel Groland von Laufenholz, für die Stadt Nürnberg das Geleit geben müssen, und hat er den Dienst nicht versagen können, obgleich er vor dem Altar der Kreuzkirche in des Luxemburgers Böhmenveste sich eben erst siegesfreudig dem Dienst um eine andere Krone geweihet und gelobet hatte.

Des Kurfürsten Wort und Befehl hielt ihn zurück vom Heimritt mit uns andern. Nach Ungarn ging sein Weg — in das Verderben ist sein Weg um des Reiches Kleinodien gegangen. Erst im Jahre 1423 ist er von Ofen zurückgekehret zu gräßlichstem Wehe; aber nimmer auch ist einem Manne eine größere Herrlichkeit von einem Weibe gegeben worden als ihm, da er im Elend versunken war und die Wellen alles irdischen Jammers über ihm zusammenschlugen. Er hat die Krone, so er die allerhöchste nannte, wahrlich für sich selber erworben! —

Nur noch ein winzig Häuflein gesunder und streitbarer Männer sind wir aus dem Böhmenlande von der Heerfahrt nach dem Karlsteine wiederum in das Laufer Tor eingezogen, und die Stadt ist auch der wenigen, die heimkamen, froh gewesen, und mit hohem Jubel hat man uns den Empfang zubereitet. Wie uns der Rat, die Bürger und die schönsten Jungfrauen das Geleit bis vor das Tor hinaus gegeben hatten, so warteten sie auch jetzo wieder dorten auf uns, und am Tore schon rief ich der um des Freundes Abwesenheit erbleichenden Freundin die frohe Mär vom Roß zu, daß der Michel Groland nicht in der Hussitenschlacht verlorengegangen sei, daß er in Mut und Freudigkeit lebe und nur zu neuem Ehrengang entboten worden sei.

Die Jungfrau neigete sich, mit der Hand auf dem Herzen; wir aber ritten weiter durch die Gassen, an Sankt Ägidien vorbei nach dem Herrenmarkt. Und es reichten mir unterwegs wohl hundert Leute die Hand auf das Pferd, und auch der Meister Theodoros Antoniades, der Grieche. Wie ein wildes Träumen lag die Heeresfahrt hinter uns, und wohl mochten wir uns der Heimkehr erfreuen; denn wer hätte in dem Volksgewühl der starken, reichen Stadt nicht vergessen, auf wie schlimmem, schwankendem Grunde auch diese Pracht von Nürnberg gestanden gewesen ist! Wäre der griechische Mann von

Chios nicht vorhanden gewesen, auch ich hätte wahrlich vergessen, daß diese starken Männer, diese hohen Mauern doch nicht stark und nicht hoch genug geachtet wurden, um ihnen des Reiches Heiligtümer, die wir mit so großer Mühe errettet hatten, anzuvertrauen.

Von der Herren Markt aus suchten wir ein jeglicher sein Haus, und da fand ich am Paniersberg die ganze Verwandtschaft und Freundschaft versammelt und sie alle im größesten Eifer, das zu vernehmen, was ich ihnen von dem schweren Kriegszuge zu erzählen hatte. Auch die Grossen aus dem Nachbarhause waren zu uns gekommen, und unter ihnen die Mechthild. Da redete ich, als spräche ich für den ganzen weiten Kreis andächtiger Männlein und Weiblein, im letzten Grunde redete ich aber doch nur für die Jungfrau Mechthild, und die hat das auch gar wohl verstanden. Doch das Geheimste, was vor der Krone des großen Kaiser Karls gesprochen worden in der Kreuzkapelle auf dem Karlsteine, das durfte ich ihr in diesem heftigen Gewühl der Neugier nicht bekannt machen; das mußte ich aufsparen auf ein stilles Stündlein, wo niemand aus der Verwandtschaft und Freundschaft uns den Hals über die Schulter reckte. Auch dies Stündlein ist gekommen, und da sind wahrhaftig aus den weißen Rosen auf den Wangen der Jungfrau gar rote geworden; und rote Rosen blieben es um den Schwur, so vor der Krone getan worden war, und rote Rosen blieben es durch Winter, Frühling und Sommer, und war es eine Herrlichkeit Gottes um die Freude und den Stolz der jungen, liebesfrohen Maid. Nun war kein Geheimnis mehr zwischen mir und ihr und konnte auch nicht sein; aber daß wir ein so lieblich Geheimnis gegen die ganze übrige Welt hatten, das band uns mit goldenen Ketten aneinander, und mitten in der grausamen, verwüsteten Welt wußten wir unsere höchsten Kleinodien in Sicherheit.

Wahrlich, das verwegene Wort, das vor dem Sanktuarium des deutschen Volkes auf dem Karlstein der tapfere Ritter Michel mir in das Ohr geflüstert hatte, das gab einen hochedlen, hochherrlichen Widerklang in dem Busen der stillen Jungfrau, in dem Herzen, welches der Ritter Michel seine allerhöchste Krone genannt hatte!

So lebten wir nun wieder als gute Nachbarn zusammen durch den Winter zweiundzwanzig und den Frühling und Sommer des Jahres 1423; und kein Märlein, keine goldene Legende war der Wunder voller als das Reich der Seligkeit, welches sich die Jungfrau in der Stille auferbauete. Sie hatte nicht das geringste Bangen um den Geliebten, sondern ein wunderhold, unerschütterlich Vertrauen auf die Erfüllung jeglicher süßen Hoffnung hielt sie umfangen.

Wie konnte von Gott das getäuscht werden, was im Schimmer der Heiligtümer des deutschen Volkes hochmutig und siegesgewiß gesprochen worden war? Es war ja diese Liebe jetzt wirklich und wahrhaftig mit dem kaiserlichen Mantel bedecket, von der Krone des großen Karls überfunkelt! Es war kein Zweifel für Mechthilde Grossin, daß die Schwerter des heiligen Kaisers und des heiligen Ritters Mauritius ihre Liebe durch alle Fährlichkeiten sicher durchführen mußten und daß das Gelöbnis, so in der hohen Burg im Böhmerlande getan worden war, diese Liebe über Welt und Zeit geheiliget und unversehrlich gemacht habe.

Über Welt und Zeit hinaus! Freilich wurde das nicht getäuscht! Über Welt und Zeit hinaus hat der Schwur in der Kreuzeskirche auf dem Karlstein, der Schwur vor dem Sanktuarium des heiligen Reiches seine Blüte und seine Frucht getragen; aber für diese arme Erde war die Frucht doch in Jammer und Elend verloren. —

Wir haben nachher vernommen, wie des Reiches Kleinodien auf der Blindenburg, fünf Meilen von der Stadt Ofen gelegen, mit großer Herrlichkeit angelanget sind. Herr Eberhard von Windeck hat uns davon geschrieben, wie sie am Mittwochen vor Weihnachten des Jahres 1422 daselbsten köstlich empfangen und eingeführet wurden. Und unser Freund und Bruder, der gute Ritter Michel Groland von Laufenholz, ist dabeigewesen, wie sie zu neuer zweijähriger Rast in der Fremde niedergesetzet worden sind, und wir haben seiner gedacht ohne Sorgen, sowohl in den Stürmen des Winters als beim Aufgange des Schnees, und als es Frühling geworden war.

Es ist aber ein gar holdseliger Frühling im Jahre dreiundzwanzig geworden. Ich saß wiederum über den griechischen Schriften des Meisters Theodoros Antoniades, und weilen ich durch die Zuversicht und das Glück der Jungfrau selber ohne alles Bangen und ganz herzensruhig war, so ist mir die schwere Arbeit des Erlernens der edlen Sprache leichter denn je von Handen gegangen; doch den Anakreon haben wir jetzo nicht mehr gelesen.

Über des Homeros Gedicht und über dem Kampfe um die Stadt Troja habe ich der Hussiten Wüten wiederum mir aus dem Sinne geschlagen; und der alte Lehrer, der noch mehr der Schmerzen und Greuel zu vergessen hatte denn ich, hat mich und meine Gaben ziemlich belobet. Wiederum haben wir im Sommer in der schönen Rosenlaube an der schirmenden Mauer der Stadt Nürnberg unsern Studiertisch gehabt, der Mann von Chios und ich, und jetzo hat sich die Maid, wie in den Kindertagen, nicht mehr gescheuet, zu uns herüberzukommen aus den Blumen, dem Grün, dem Sonnenschein des eigenen Gärtleins, und hat neben uns still gesessen und dem Bericht von den Kämpfen des edlen Hektors, des unverfehrlichen Achilleus, des biedern Ajas gelauschet und hat des ritterlichen Freundes im singenden Herzen gedacht und seiner Heimkunft von der neuen Heerfahrt in Liebe und Treue gewartet.

Die Bäume haben ihre Blüten über unsere Schriften herabgeschüttelt; ich habe das Pergament weggeworfen, um mit der Mechthild einem buntfarbigen Schmetterling nachzujagen, und selbst der Meister, der alte, graue Lehrer, der Verbannte, vom heidnischen Feinde Vertriebene, der Heimatlose, dessen letzte Burg und glorreiche Stadt Konstantinopolis von dem Verderben noch schlimmer und heftiger bedrohet war als unsere Heimat, hat an unserem Mutwillen seine Freude und über unser leicht und glücklich Herz sein Lächeln haben mögen.

Nimmer ist mir jede Blüte so lieb gewesen, jeder Sonnenstrahl im grünen Gezweig so wunderlich hell erschienen als in diesem Sommer. Zwischen Vergessenheit und Hoffnung, durch des Homeros Buch und der Jungfrau Glück ist mir das Leben sanft vorbeigegangen; ich habe ganz und gar die eiserne Zeit um den goldenen Traum aus den Gedanken verloren. —

Tolle! lege! — Tolle! lege!

Ja, nimm und lies! Das Wort habe ich dann vernommen aus dem Blasen des Herbstwindes, und wie dem heiligen Augustinus ist mir die Farbe entwichen, und — „ich habe gesonnen, ob etwan in einem Kinderspiel diese Worte vorkämen, und ich konnte mich nicht entsinnen, sie jemals gehört zu haben; — die Tränen stockten mir, und ich bin aufgestanden und habe es als eine göttliche Stimme gedeutet."

Im Herbste, im Oktober des Jahres unseres Herrn 1423 ist der Freund und gute Ritter Michel Groland von Laufenholz aus Hungarn heimgekehret nach Nürnberg als ein armer, kranker, verlorener Mann, der sein Schwert nur noch als einen Stab, sich darauf zu stützen, brauchen konnte, und folgendes ist die Art, wie er kam.

Es ist ein trüber Nachmittag gewesen, und ich hab in seltsamer Melancholey am Fenster gesessen, doch nicht in meinem eigenen Stüblein, sondern in dem Saal, so nach der Gassen hinausgehet, und habe still gesessen, unlustig zu jeglichem Werk und Wort. Über die Zacken und Giebel der Dächer hat das schnelle Wehen das graue Gewölk eilfertig hingetrieben, und das Volk ist auch eilfertig gewesen in der Gassen, denn es hat einen jeden gelüstet, zu Hause zu sein; mir aber war es sonderlich angstvoll im Hause.

Die Wände sind auf mich eingerückt, die Decke hat sich gesenket, und der Wind, der die gewirkten Bilder auf den Teppichen an den Wänden bewegte und leise mit den Gewaffen der Vorväter an den Pfeilern klirrte, hat mir den Atem mehr benommen als die Angstbirne, so der Henker den armen Sündern in der Marterkammer in den Mund schiebt. Da ist ein Bote gekommen, ein Bub, im eiligen Lauf von meiner Frau Base Cäcilia, der Stollhoferin, der hat auch mühsam Atem geschöpft und hat in Gottes Namen einen Gruß von der Stollhoferin bestellet und ausgesaget, draußen beim Siechkobel von Sankt Johannes vor dem Neuen Tore sei jemand vorhanden, der verlange, mit mir zu reden. — Die Stollhoferin ist damals gewesen, was man nennet der Sondersiechen Mutter — Mater Leprosorum —, die älteste derer mildtätigen Frauen aus patrizischem Geschlechte, so nach den guten Predigten des seligen Bruders Magister Nikolaus beim Heiligen Geist zuerst den armen Kranken um Gottes willen Handreichung taten, wie ich das auf einem vorigen Blatte schon geschrieben habe. Es hat mich daher diese eilige Entbietung wohl ein wenig gewundert; doch bin ich ihr willigen Gemütes sogleich gefolget und hätte ihr, wie jegliches brave Herz in der Stadt Nürnberg, zu jeglicher Stunde des Tages oder der Nacht Folge geleistet, einerlei, ob mich der Leprosen Mutter vom Hochzeitmahl, vom Taufschmause oder aus der Reihe der Leichengänger zu ihrem höhern Dienst abgerufen hätte.

In dieser trübsinnigen Stunde ist mir die Entbietung der Base sogar als das Zuträglichste erschienen, das mir geschehen konnte; die Bedrückung der Seele schwand vor dem ernsten Ruf; der graue Himmel und der böse Geist hatten keine Macht mehr in meiner Seele. Ich entließ den Boten vorauf mit einem Gruß an die Frau Base, nahm eiligst den Mantel über den Scheckenrock und trat hinaus in den dunkeln, herbstlichen Tag.

Der Menschen Getümmel, das mich alsogleich in der Gasse empfing, erlösete mich gänzlich von der Dämonen Angriffen. Aus dem Erker des Nachbar Grossen grüßte Mechthild freundlich lächelnd hernieder; ich mochte mich wohl wundern, daß ich nun ein ganz anderer war als vor einem Stündlein; aber ich tat das nicht, sondern nannte mich kurzweg einen Narren und schritt weiter fürbaß, unter der seit dem Überfall des Leiningers immer noch wüst und verlassen liegenden Burg vorbei, dem Neuen Tore zu.

Es grüßte mich unterwegs mancher gute Freund und hielt mich an mit: „Woher?“ und: „Wohin?“ Wenn ich gesagt hatte, welches Weges ich gehe, so zuckte man wohl die Schultern und sah nach dem drohenden Gewölk, und der eine und andere lud mich ein für den Abend in diese Trinkstube oder in jene; ich aber, der ich wußte, daß ich heut für den Meister Theodoros doch nicht mehr tauge, nahm die Einladung des ersten guten Gesellen an und versprach mir einen muntern Abend, weit über das Nachtglöcklein hinaus.

So kam ich vor das Tor und gedachte, meine gute Laune trotz allem, was die Base mir auflegen mochte, wohl festzuhalten. Aber der Tag, der mir zu Hause wenig gefallen hatte, der gefiel mir noch weniger draußen vor der Mauer. Da lag das Feld schon kahl, und die Bäume stunden blätterleer, und der Wind, so in den Gassen schon seinen Willen gehabt hatte, den bändigte nun nichts mehr; er tummelte sich und trieb sich um, wie es ihm gelüstete, scheuchte trockenen Staub in heftigen Wirbeln in die Luft und lachte höhnisch den kommenden Abend an. Doch ich nahm den Mantel fester um die Glieder und schritt rüstig weiter, dem Spital von Sankt Johann zu.

Damals stand nur der Siechkobel, Anno 1323 samt dem Kirchlein von den Herren Tezeln errichtet, im freien Felde. Der große Kirchhof Zum Heiligen Grabe war noch nicht vorhanden. Ein jedermann mag heut hinausgehen und nachdenken über den ersten Grabstein, der den heiligen Sebastian an seinen Baumstumpf gebunden vorstellet und mit der Jahreszahl 1427 die Inschrift trägt:

War das nit ein sehnliche und jämmerliche Klag,
Ich starb aus meinem Haus selb dreyzehend auf einen Tag; —

der große Kirchhof ist wahrlich nicht vergeblich eingerichtet worden seiner Zeit!

Im Jahre dreiundzwanzig stand das Haus mit seinem Kirchlein alleine im Feld, von wenigem Gebüsch umgeben, — ein niedrig, langausgestreckt Gebäude, von dem der Wanderer gern das Gesicht abwendete, wenn er auf der Landstraße daran vorüberzog. Die Stätte war selbst im holden Sommer kein freundlicher Anblick, denn von diesem Orte konnte selbst die lieblichste Blüte des Jahres den großen Schauder nicht tilgen! Heute aber war der Himmel grau, die schwarzen Wolken zogen über das Dach des Siechkobels hin, und die schwarzen Raben flatterten um ihn wie um einen Galgenberg. Eine schlimmere Schädelstätte konnte sich aber auch keine Menschenseele ausdenken.

Es ging auch ein Hag um einen weiten Raum rund um das Haus, und gegen den Heerweg war ein Gatter gemacht. Ein steinern Kreuz war aufgerichtet neben dem Tor, und unter dem Kreuze war eine Bank, auch von Stein.

Als ich näher kam, sah ich zwei Gestalten unter dem Kreuze. Auf der Bank saß ein Mann, angetan mit einem langen braunen Rock wie ein Kappenmönch, der hielt das Haupt tief gesenket und hatte es ganz mit der Kapuze verhüllt. Einige Schritte von ihm ab stand die Stollhoferin, meine Base; die hatte auch das Haupt gesenkt und hielt die Hände zusammengeschlagen, wie in großem Jammer. Und wiederum vier Schritte von den beiden ab, gegen den Weg zu, war ein Schwert in den Boden gestoßen, gleich als eine Abwehr und Warnung gegen das Näherkommen.

Da wußte ich nun schon von weitem, was das alles bedeutete und weshalb und wozu die Base Cäcilia mich aus der Stadt abgerufen hatte. Aber wer der verhüllte Mann war, wußte ich nicht; ich stand still neben dem Schwert und sagte: „Gott grüße Euch, Base, da bin ich zu Eurem Dienst. Um der Barmherzigkeit, wer ist es?“

Ein jäher Schrecken durchschütterte mich, doch ahnete ich noch nicht, was ich erfahren sollte.

„Wer ist es, Base Stollhoferin?“ fragte ich zum zweitenmal. Da erhub die alte Frau laut schluchzend die Hände zum dunkeln Himmel; doch der Mann im Mönchsgewande stützte das mit der Kappen verhüllte Haupt auf die linke Hand und deutete mit der andern auf das im Boden aufrecht stehende Schwert.

Da ging ein neuer Schrecken — ein Schrecken der Schrecken —

mir durch Leib und Seele, ich sahe auf die Waffe — und taumelte rückwärts wie unter dem Schlag eines Streithammers. Es verwirrte sich das Bild der Welt vor meinen Augen; ich taumelte auf den Füßen und schrie laut, ja laut, laut auf.

Das war ja das Schwert, das gute Schwert, welches so oft und so lustig das alte Haus am Paniersberge erschüttern machte! Das war ja das Schwert, das neben mir geleuchtet hatte in der Hussitenschlacht, die gute Wehr, die des deutschen Reiches Krone erlösen half aus der Feinde Hand! Das war das Schwert des Freundes, des Bruders! ... Der verhüllte, auf der Steinbank zusammengekrümmte Mann im braunen Pilgerrock war der stolze Ritter Michel Groland von Laufenholz — mein Bruder — mehr als mein Bruder! — mein Freund, mein freudiger Mitschüler und Kriegsgesell, der arme Michel Groland!

Ich schwankte auf den Füßen, ich taumelte und fiel. Ich fiel mit der Stirne in den Sand und hörte einen großen Donner im Ohr und ein Klingen, gleich dem Pfeifen der alten Schlange, im Busen. Und als ich mich wieder aufrichtete, da war das fürchterliche Gespenst von der Bank verschwunden und auch das Schwert aus dem Boden; doch die Stollhoferin, der Sondersiechen Mutter, stand noch neben mir, in ihren schwarzen Mantel eingewickelt; ich aber blieb auf den Knieen und faßte ihr Gewand und schrie:

„Mutter, es ist nicht so! Saget, daß es nicht so ist, Mutter!"

Die Base hat die eine Hand aus den Falten ihres Mantels gezogen, als wollte sie meine Hände losmachen; doch dann bedeckte sie nur die Augen und sagte mit tiefem Seufzen: „Es ist so! ... Wer will gegen Gottes Willen ankämpfen?"

Nun hob sie mich empor und legte mir den Arm um die Schulter und wendete sich mit mir der Stadt zu. Ich riß mich loß und stieß sie unsanft zurück und eilte der Pforte von Sankt Johannis Siechkobel zu; doch sie ereilte mich noch und hielt mich auf und rief:

„Komm, Sohn; ich leide es nicht, und *er* will es auch nicht leiden! Laß ab; er hat es geschworen: es soll niemand aus der

Welt der Lebendigen ihm nahe kommen. Mein Herz blutet wie das deine, mein Sohn; doch er hat recht, wir müssen nach seinem Willen tun."

Ich rief: „Michel! Michel!"

Es antwortete nur der scharfe, zischende Wind in den dürren Gräsern. Die alte, greise Frau mußte mich, den starken Mann, stützen und leiten wie ein Kind auf dem Wege zur Stadt zurück. Meine Füße waren wie Eisen, doch meine Kniee gleich gebrochenem Rohr, und das Chaos war vor meinen Augen.

Wehe, was war aus der Erde geworden? Dort ragten die hundert Zinnen und Zacken, Giebel und Türme der großen, teuern Stadt Nürnberg und darüber zur Linken die Burg, welche der tapfere Ritter Michel auch mit erobern half für das geliebte Gemeinwesen. Nie hatte mein Auge anders als mit Freude und Hoffnung darauf geruht, auf welchem Wege ich der Heimat nahen mochte. Das war jetzt alles nichts mehr; wenn die Flamme mit tausend roten Zungen plötziglich über die Dächer geleckt, die Türme umringelt und wie beim Weltuntergang in einem Hui das Ganze verschlungen hätte, so würde der Anblick mich nicht mehr vernichtet haben.

Mir grauete vor Nürnberg, wie es war, wie es dalag dunkel unter dem dunkeln Abendhimmel. Um die Burg hatte die Flamme ja schon geleckt; die Burg lag ja bereits dorten, geschwärzt von der Brandfackel, mit geborstenen Dächern, gebrochenen Türmen, niedergeworfenen Mauern! Was kümmerte es mich, daß die Stadt noch aufrecht stand?

Es war alles ein Spott und Hohn. Kein grünes Blatt, keine Blume, kein Lichtstrahl war übriggeblieben für den Trost der Menschheit. Es war zum Lachen, daß wir ausgezogen waren, um eine Krone zu erretten für ein Reich, so nicht mehr vorhanden war. Der griechische Mann von Chios, der kluge Meister Theodoros Antoniades, hatte das Richtige getroffen. Er war aus seiner Heimat geflohen, ehe die letzten Säulen und Pfeiler niederbrachen; und ich fand in dieser schlimmen Stunde nur *ein* Behagen, und das war in dem Gedanken, wie *er* zu tun und wie er fürderhin ohne Heimat, Eigentum, Wunsch und Hoffnung durch die Fremde zu pilgern.

Ich war also erniedriget, daß ich in diesem Augenblick an Mechthild Grossin gar nicht einmal dachte; aber das sollte auch kommen. —

Wir gingen langsam, und die Mater Leprosorum hat immer auf mich eingesprochen, doch ich habe wenig vernommen in dem Taumel; aber das wenige war jedwedes Mal gleich dem Blitz in der Gewitternacht. Der Sondersiechen Mutter hat mir erzählet, wie der Arme sie plötzlich und leise angeredet habe vor dem Siechkobel von Sankt Johann.

In Ofen im Ungarlande ist der Aussatz auf das deutsche Volk, so seine Krone begleitet hat, gefallen. Viele aus dem Zuge sind dorten gestorben, viele dorten geblieben. Manche aus dem Zuge sind auf dem Wege gestorben; nur Michel Groland hat, auf sein ritterlich Schwert gestützt, die Heimat wieder erreicht.

„Niemand kennet ihn bei Sankt Johann", sagte die Base. „Seine leibliche Mutter würde ihn nicht mehr kennen. Ich habe ihn nicht erkannt, du würdest ihn auch nicht kennen. Gottes Hand greifet gräßlich; der Freund ist untergegangen, er ist lebendig begraben im Elend — heut ist die eitle irdische Lust für ihn verloren; sage du nun, mein Sohn, was wir tun sollen! Sein Wille ist, verschollen zu bleiben; — willst du dich seinem Willen fügen? Willst du die Last des Stillschweigens auf dich nehmen der Jungfrau am Paniersberge gegenüber?"

Mechthilde! Mechthilde! Da war das Wort, das mich noch um so vieles tiefer in den Abgrund stürzte und doch — doch allein mich wieder in die Höhe hinaufreißen konnte! Um diesen Namen habe ich zuerst wieder angefangen mich zu besinnen.

Ich fragte der Stollhoferin entgegen: „Ihr habet ihn nicht erkannt, Base Cäcilia, aber Ihr habet ihn gesehen. Ihr seid der Sondersiechen Mutter, bei Euch stehet die Antwort. Ist eine Hoffnung, daß er genese? Ist eine Hoffnung, daß wir ihn wiederhaben werden, wenn wir warten — ein Jahr — zwei Jahre — zehn Jahre?"

Die Stollhoferin senkte das Haupt tiefer und bedachte sich lange. Wir standen auf der Brücke am Neuen Tor, und die Wächter hatten schon die Köpfe entblößt vor der Mater Leprosorum. Die Stollhoferin neigete sich zu mir und sprach: „Der Wille Gottes geschiehet, und er ist voll Güte, wie er der Schrecken voll ist: ich rede nicht zu der Grossin von der Heimkehr des Verlobten.“

Da gedachte ich an die Nacht, die schlaflose Nacht, so dem heutigen Schreckenstage jetzo folgte, und ich wog meine Kräfte, das Geschick des Freundes und der Freundin in Verschwiegenheit durch die Jahre zu tragen.

„Er träget es!“ sprach die Stollhoferin, als ob sie meines Herzens innerste Gedanken wie von einer Tafel abläse. „Er träget es. Er ist ein rechter Ritter, hat geworben um die Krone und wird die Krone erlangen!“

Ja, ich habe es auch getragen. — —

Die Sommerlüfte sind noch immer voll der Klagen, die von Sankt Sebalds Kirchhofe herüberschwirren. Wie aber würden diese selben Lüfte erzittern, wenn der wilde, feurige Franziskaner dorten so eindringlich redete wie der Tropfen schwarzer Dinte, so mir hier aus der Feder auf das weiße Blatt fließt! Auf diesem Gange aus meinem Stüblein bis zum Spital von Sankt Johann und zurück hatte sich mein Leben geändert; es war nichts überblieben von dem Menschen, der vor zwei Stunden ausgegangen. Jedwedes Ding sah mich fremde an, und als ich in der Nacht auf meinem Bette ausgestreckt lag, da war die Finsternis gleich einem steinernen Grabesdeckel über einem Grabgewölbe. Ich lag die Nacht durch wach, aber ich konnte mich nicht regen. Im Siechkobel von Sankt Johann lag der Freund und Bruder ja auch wach unter dem verlorenen Volke und wartete, wie ich, im Elend auf den neuen Morgen!

Und die Dämmerung kam, es ward Tag, und ich begriff nicht, daß die Menschen ihr Tagewerk wieder aufnahmen. Es war mir ein Wunder, daß die Leute in der Paniersgasse nicht stehenblieben und auf mein Haus schmerzensvoll mit den Fingern deuteten. Ich meinte, mein ärgster Feind hätte das tun müssen.

Daß die Menschen ihre harte Arbeit um das Leben wieder anfingen, das begriff ich erst, als ich des Freundes arme Braut aus der engen Tür ihres Hauses in den Garten treten und sie ruhiglich unter den herbstlichen Bäumen, im gefallenen Laub durch die braunen Büsche wandeln sah. Es kam der griechische Meister Theodoros, der sah zuerst, daß ich krank war, und forschete voll Sorgen und Bekümmernis. Kopfschüttelnd nahm er Urlaub. Nun kam ein Bote von den beiden Herren Konrad und Peter den Mendeln mit einem Schreiben; das verlangte von mir einen rechtlichen Beistand und einen Rat wegen der Stiftung der Herren für die Seelnonnen, und das war gut; denn damit faßte auch mich der ewige Wirbel des Tages wieder und ließ mich nicht frei, wie sich der grimme Schmerz auch dagegen sträuben mochte. Andere Leute, deren nichtige Nöten und Zwiste ich vor den Gerichten der Stadt zu vergleichen und auszutragen hatte, kamen und gingen, und allen hatte ich Red und Antwort zu stehen bis wiederum zum Abend, bis in die zweite Nacht tief hinein. Das war sehr gut; aber vor den Schrecken der Finsternis rettete es mich nicht.

Am zweiten Tage nach der Begegnung unter dem Steinkreuz an der Pforte von Sankt Johannis bin ich zum erstenmal der Jungfrau im Nachbarhause unter die Augen getreten, und ich nahm es für ein Glück, daß der Meister Theodoros Antoniades schon vor mir dorten gewesen war und ängstlich davon gesprochen hatte, wie mich eine schwere Krankheit bedrohen müsse. Zärtlich hat die Jungfrau Mechthild um mich gesorget, und ich hab mit blutendem Herzen lachen müssen, und mit leichter Rede habe ich ihr entgegnet, daß kein leiblich Gebresten mich drücke, daß keine verborgene Liebesqual und keine schnöde Abweisung mir so schnell die Wangen gebleicht und die Stirn gefurcht habe.

Das war die Zeit der Umkehr! Das waren die Tage, so die Knochen morsch und mürbe und das Blut in den Adern erstarren machten! Ruhelos bin ich bei Tage und bei Nacht im Felde gewandelt und hab im Hin- und Widerlauf zähneknirschend mit dem greulichen Gespenst gestritten. Nimmer ist der Schatten des Verhüllten von meiner Seite gewichen.

„Er tötet sich, wenn du zu ihm eindringst in seiner Verlorenheit. Er hat es geschworen!“ sagte die Stollhoferin. „Er ist ein rechter Ritter; er will sein Schicksal allein tragen. Du sollst fröhlich sein, läßt er dir sagen, mein Sohn. Du sollst denken, er sei gefallen in der Schlacht oder gestorben bei den Ungarn. Du sollst im Kreise deiner Genossen freundlich seiner gedenken und dich nicht härmen.“

„Und Mechthilde?“ fragte ich dagegen. Und die Base Cäcilia hat mir abgewinket und ist schweigend von dannen gegangen. —

Die Freundschaft und Verwandtschaft hat sich damals mehr um mich bemühet als sonsten in Jahren; doch den härtesten Streit hab ich allerwegen bestehen müssen gegen die liebliche Sorge der Jungfrau. Es kam der November und mit ihm der Winterschnee. Da tanzte und schmauste man viel und hoch in Nürnberg, und sie zogen auch mich hervor aus jeglichem Versteck, und sie zerrten mich mit Gewalt und Drohen auf die Feste, um mir die Grillen zu vertreiben und das schwere Blut wieder gesund und leicht zu machen. Ach, sie ahnten ja nicht, was ich sah in ihren Festsälen und wovon ich nicht reden durfte! Das Schwert Michel Grolands, das Schwert des Freundes und Bruders stand überall in den Boden gestoßen vor mir — stand abwehrend vor jeder Freude und jeglichem Genügen. Wie konnte ich dem schönen, lächelnden Mädchen, das mir so freundlich die Hand zum Tanze bot, die eigene Hand reichen? Das Schwert stand mir überall im Wege, nicht nur im Festsaale, sondern ebenso in der Kirche, in der Gerichtsstube, in meinem eigenen stillen Gemache. Ich kam nicht darüber hinaus — es stand da und wehrte, und die Lust des Lebens fiel von mir ab; — es war keine Rettung vor diesem Schwerte, das einst der liebe Freund so froh und mutig geführet hatte! —

Die Braut des Lebendigtoten ist währenddem durch den November und Dezember des unseligen Jahres in ihrem süßen Vertrauen auf Gottes Güte fürder gewandelt. Auch sie hat nach alter Weise die Tänze und Feste der Jugend nicht verabsäumen dürfen; auch sie, die mit ihrer lieblichen Hoffnung viel lieber in der Stille und Einsamkeit ihres Stübleins geblieben wäre, hat mit den andern hinaus müssen, und so sind wir uns überall begegnet, und ihr schönes Vertrauen und Zutrauen hat die schaurige Last auf meiner Seele schwerer gemacht von Tag zu Tage. Als sie mir dann plötziglich abfiel, da war's mir, als wenn einem Wunden der Armbrustbolzen aus der Seite gezogen wird und in der roten Flut nachstürzenden Blutes das trümmer- und leichenvolle Schlachtfeld ringsum versinkt, alles untergeht, die ganze Welt vor den Augen verschwindet.

Gegen die heilige Weihnacht zu ist an einem Abend die Jungfrau strahlend in aller Fülle ihres Glückes heimgekommen aus Herrn Sigmundi Stromers Hause, allwo Jungfrau Barbara Stromerin den andern Spielgenossinnen eine Fröhlichkeit zubereitet hatte. Atemlos und geheimnisvoll hat mich noch an dem nämlichen Abend eine Magd aus der Grossen Hause zu ihrer jungen Herrin entboten. Mit dem Finger auf dem Munde, zwischen Lachen und Weinen hat Mechthildis dann mir zugeflüstert: eine große, teure Neuigkeit sei in Herrn Stromers Hause unter den Mägdelein von Ohr zu Ohr gegangen. Es sei noch ein Geheimnis, aber doch eine Wahrheit: des Heiligen Römischen Reiches Krone, das Schwert und der Mantel Caroli Magni komme zurück nach Nürnberg; alle höchsten Heiligtümer kämen zurück nach Nürnberg in das alte Recht — es sei kein Zweifel daran; der Kaiser wolle es, und der Rat wisse es, und Barbara Stromerin habe es auch schon gewußt, und wegen des guten Ritters Michel Groland sei das große, hochherrliche Geheimnis unter den jungen Dirnen in des Herrn Bürgermeisters Hause, doch ohne sein Wissen, umgegeben.

„Der Sommer ist zurückgekehrt, mein Freund!“ hat die Grossin gerufen. „Gesegnet sei der Kaiser, daß er die Krone uns wiedergibt in treue Hut! Sie haben mich alle geküßt, die Gespielinnen, und wir haben uns mehr gefreuet als die Bürgermeister und die Dreimänner, wir Mägdlein; — nun freue du dich auch, mein treuer Freund, und schüttele ab den Gram, der dich drückt und von dem ich dich mit meinem Herzblut erlösen möchte. O du, weshalb willst du nicht mit deinem Bruder und mir glücklich sein, da nun die alte Zeit wiederkehrt und ein neues, doppeltes Glück?!" —

Sie haben wirklich von der Reichsheiligtümer Rückkehr zuerst gewußt in Nürnberg — die Spielgenossinnen der Jungfrau Barbara — sie und die Bürgermeister und Collegium Triumvirorum, die drei obersten Hauptleute, so die Schlüssel zu den Heiligtümern früher und die Schlüssel der Stadttore und der Stadt Paniere immerdar in Verwahrung gehabt haben.

Als ein groß Mysterium brachte es die Jungfrau aus dem Spinnkränzelein der Stromerin heim und hat es mir also auf die Seele gebunden, obgleich es natürlich zum Feste schon durch die ganze Stadt lief und hellesten Jubel in jeglichem Gemüte aufregete.

Da war es denn! Was ich nach dem Willen des unglücklichen Freundes und der Mater Leprosorum allein getragen hatte, solange es sich im geheimen verbergen ließ, das mußte nun hervorbrechen, und keine Dämme ließen sich dagegen aufwerfen. Die große Herrlichkeit, die meiner Vaterstadt beschieden war, setzte unserem Unglück nur den letzten Dornenkranz auf, und an demselben Abend noch, an welchem die Jungfrau aus Herrn Sigmundi Stromers Hause so selig heimgekehret war, hab ich dem Meister Theodoros Antoniades meine Angst und mein Leid kundgemacht. Unter all den Hunderten, so ich kannte und mit denen ich umging, war er der einzige, welchem ich meiner Seele Jammer offenbaren mochte und konnte.

In Stillschweigen und finsterem Ernst hat mich der heimatlose griechische Mann angehöret; dann hat er gesprochen: „Auf Chios, unter dem Brandschutt meiner Vaterstadt und meines Hauses ließ ich die Leichen meines Weibes und der blühenden Söhne und Töchter. Mein Vaterland geht unter, ist untergegangen; — auf müden Fittichen umkreist des oströmischen Reiches Adler die alten Mauern der hohen Imperatoren; es ist keine

Rettung mehr für Konstantinopolis, die große Stadt. Ich trage eine tote Sprache unter fremden Völkern um, und wenn die Fremden ihrer Schöne sich freuen, so wird mein Leid nur größer dadurch. Ich trage auch mein Leid in Schweigen, mein Sohn, und warte, was Gott tun wird. Die Welt neiget sich zum Abend nicht nur für der Byzantiner uralte Macht und Prächtigkeit; — wer will noch viel sorgen für das Stündlein, das eben vorhanden ist? Die jüngste Jugend ist alt; — was läßt sie sich viel bange machen? Wer will sich wehren gegen den Jüngsten Tag? Ich gedenke jenes Tages, an welchem die schöne Maid zu uns trat und euch junge Gesellen hinaustrieb in den Kampf, in den vergeblichen Streit: wenn du willst, mein Sohn, so will ich der Jungfrau verkündigen, was das Schicksal ihr bereitet hat."

Ich habe den griechischen Mann zu der Base Cäcilia, der Stollhoferin, geführt, zu der Sondersiechen Mutter, und am folgenden Morgen sind wir alle drei zu der Verlobten Michel Grolands gegangen, haben ihr das Buch des Todes aufgeschlagen und auf die Stelle gedeutet, die ihr Geschick in flammenden Schriftzügen wies. — —

Es klingt mir wie ein Klang der Zinken und Posaunen im Ohr; aber der kommt nicht herüber mit dem Volksgeschrei von Sankt Sebaldi Kirchhofe. Horch, die Glocken von neuem — Benedikta voran! Ja, nun hat der Prediger Johannes das Seinige gesagt; mit Psalmen und Litaneien zieht das Volk von Nürnberg durch die Gassen, in den dunkelsten Winkeln seiner Häuser heute Asche auf die Häupter zu streuen und morgen das alte Leben von neuem zu beginnen. Der Schall der Zinken und Posaunen, der durch die Historie meines Lebens gehet, der klinget herüber vom Mittwochen nach unserer lieben Frauen Verkündigung in den Fasten des Jahres 1424, an welchem Tage die Krone des Reiches der Deutschen zurücke kam nach Nürnberg.

Wirklich waren vom Rate der Stadt die Herren Sigmund Stromer und Sebald Pfinzing nach Ofen zum König Sigismund gesendet worden, und in aller Stille und Heimlichkeit hatte der Römische König ihnen die Heiligtümer überantwortet —

in solcher Heimlichkeit, daß nicht mehr denn sechs Personen darum wußten. Und am achten Tage nach Lichtmessen haben die beiden Herren die großen Kleinodien nach Nürnberg abgeführet auf einem Wagen, dessen Fuhrleut vermeineten, daß sie eine Last der Fische, so man Hausen nennet, führten. Erst eine Meile vor Nürnberg haben diese Fuhrleut erfahren, welcher Ehr und Herrlichkeit sie gewürdiget gewesen seien, und haben sich im freudigen Schrecken von den Rossen in den Staub des Weges niedergestürzt und haben auf den Knieen das Heiligtum verehret.

Glocken und Gesang des Volkes! Zinken und Trompeten! Wir sind alle hinausgezogen auf das Gerücht von dem Nahen der Abgesandten und des Schatzes, den sie mit sich brachten. Zu Tausenden und Zehntausenden — Männer und Frauen, Greise und Kinder, sind wir der Krone entgegengezogen: ein größerer Tag ist seit Menschengedenken nicht in den Chroniken der Stadt verzeichnet worden. Vor allen andern aber sind die Beladenen gekommen, so jedes Jahr in festo armorum Christi, solange die Kleinodien in der Stadt Hut gewesen sind, ihr Leid vor den Waffen des Herrn niedergelegt und um Erlösung gebeten haben. Alle Kranken, die gehen konnten, knieeten mit den übrigen am Wege, und alle die, so im Herzen bedränget waren, haben sich niedergeworfen bei denen, deren Leib nur geängstet war. Da hat kein Unterschied unter den Leuten gegolten, kein Stand hat dem andern sich vordrängen dürfen; vor des heiligen deutschen Volkes Krone, Zepter, Schwert und Apfel, vor dem heiligen Eisen des Speeres, der Christi Brust eröffnete, vor den fünf Dörnern aus seiner Dornenkrone sind alle gleich gewesen, alle Brüder und Schwestern im Erdenjammer. Mit den Jungfrauen ist die traurigste unter den Jungfrauen, ist die Grossin zur Kirche vom Heiligen Geist gegangen, allwo inmitten der Stiftung ihres Ahnherrn Konrad Grossen, in des Leprosen Garten, die Reichskleinodien vordem ihre Wohnung hatten und nunmehr von neuem niedergesetzt werden sollten.

Es ist wohl ein Jahrhundert her, da schlief einer — ein reicher

Mann, ein armer Mann, der Sondersiechen einer, Konradus aus dem Geschlechte der Hainzen, auf der Stelle, wo heute des deutschen Volkes Reichsheiligtümer in Sicherheit geborgen ruhen. Er schlief in seinem Garten unter einem Lindenbaum, und im Schlafe kam ihm ein Traum von einem großen Schatze, so in diesem, seiner Väter Erbe, in der Erde liege. Und der Ort des Schatzes wurde ihm auch gezeiget, und der Leprose ging im Traum und folgte einem lichten Führer; aber die Stelle zu zeichnen, die ihm angedeutet war, griff er eine Handvoll Blätter von der Linde und legte sie auf den Ort; dann erwachte er und besann sich. Als er aber zweifelnd im Garten umherwandelte und nicht wußte, ob er dem Gesicht glauben sollte, da fand er das Häuflein Lindenblätter und mit dem den Glauben an die Wahrheit seines Traumes wieder. So sind die Seinigen zu ihm gekommen, haben mit Staunen die wundersame Mär von ihm vernommen und mit ihm angefangen, in die Erde zu graben. Er aber, der sondersieche Mann, hat alles, was man finden würde, zur Ehre Gottes den Armen und den Kranken versprochen, und siehe, es ist wahrlich ein großer Schatz gehoben worden in dem Garten der Hainzen an der Pegnitz, und der Herr Konradus hat sein Gelübde gehalten. Das Spital und die Kirche Zum Heiligen Geist sind von den gefundenen Reichtümern gegründet und erbauet worden, und ruhet also jetzo des deutschen Reiches Krone auf der Stelle, so des Leprosen Hand und Wille dem Baumeister und den Steinmetzen zu ihrem Werke anwies. Den aussätzigen Mann aber hat man, wie ich schon bemeldet habe, fürderhin Konrad den Grossen genannt, und zum ewigen Gedächtnis hat ihm und seinen Nachkommen der Kaiser Ludwig der Baier die vierundzwanzig Lindenblätter zusamt dem Berglein, auf welches er sie im Traume trug, in das Wappen gegeben.

Während nun Mechthild Grossin mit den andern Jungfrauen zum Portal vom Heiligen Geist gegangen ist, die Krone zu erwarten, bin ich mit den Genossen und dem Volke ihr vor das Tor hinaus entgegengezogen. Eine halbe Meile von der Stadt sind wir des Wagens und seines Geleites ansichtig worden.

Da gingen die Rosse stattlich in ihren Geschirren und neigeten die Köpfe, als wüßten auch sie nun, was sie führeten. Und die Herren Sigismundus Stromer und Sebaldus Pfinzing zogen barhaupt zur Rechten und zur Linken des Wagens. Im Schweigen ritt das gewappnete Gefolge, und in der Menge, die aus der Stadt kam, wurde es auch still. Es schwieg der Lobgesang des Volkes, und nur die Glocken aller Türme von Nürnberg vernahm man noch aus der Ferne. Die zu Pferde waren, die stiegen ab und knieeten am Wege, die Zügel in der Hand. Es knieete jedermann, und langsam sahen wir den Wagen, der so große Herrlichkeit trug und von der Blindenburg im Ungarlande ausgefahren war, an uns vorüberziehen. Und als er vorüber war, da hat sich ein jeglicher wieder erhoben von den Knieen, und ein jeglicher ist im Zuge gefolget, und von neuem hat alles Volk den Lobgesang angestimmet. Von der Stadt her sind aber alle Glocken immer heller und freudiger erdröhnet, und von den Wällen und Türmen haben auch Tausende gejauchzt; — da hat man einmal recht gesehen, ein wie groß, gewaltig Volksspiel das alte Nürnberg in seinen edlen Mauern hausete! Es ist ein Gedränge gewesen vom Tore durch alle Gassen und über die Märkte wie ein brandend Meer; doch ist in dem heftigsten Gedränge an diesem Tage kein bös Wort, kein Schlag gefallen; es ist kein Messer oder Schwert in der Scheide gelockert worden. Ein jeglicher hat es wie eine eiserne Hand auf seinem Herzen gespüret, und die Wildesten haben sich geduldig in die Ecken und Winkel drücken lassen.

So zogen wir ein mit der Krone, so zogen wir durch die Gassen bis auf den Platz vor der Kirche Zum Heiligen Geist. Wie mir zumute gewesen ist in dem großen Gewoge, das mich willenlos hob und schob, das kann ich nicht mit Worten sagen. Es war eine tränenvolle und doch süße Entrückung; — meine Seele war gefangen in allem Erdenleid, und doch schwebete sie hoch darüber, und es war ein Fühlen in mir von einer herrlichen Begnadigung, der ich zugerissen wurde; — so kamen wir auf den Kirchplatz Zum Heiligen Geiste, allwo mit den edlen Jungfrauen, dem Rat und der Pfaffheit die Unglücklichsten des Volkes auf der Kleinodien Nahen warteten.

Ja, da ist keine Schranke aufgerichtet gewesen. Alle Kranken und Elenden, so kommen wollten, durften kommen. Und sie waren vorhanden, die Unseligen von Sankt Johann, die Heimatlosen von Sankta Martha, die Armen aus allen Stiftungen. Sie alle sind zugelassen, den Schrein des Heiligtumes mit den Händen zu berühren und um Hülfe zu flehen; denn es ist kein Sanktuarium so gnadenbringend gehalten als dieses, welches des deutschen Volkes Krone und die Waffen Christi barg!

Tolle! lege! Die eiserne Hand, die ein jeder auf seinem Herzen fühlte, die ward auf dem meinigen plötziglich wie glühend und dann wie Eis: mit vorgestreckten Armen bereitete der Sondersiechen Mutter einem verhüllten Manne einen Weg durch das Gedränge, und auf den Stufen der Kirche hab ich einen kurzen Augenblick den Meister Theodoros neben einem bleichen Mädchengesicht erschauet. Mit pochendem Herzen schreibe ich nieder, was geschah.

Wie eine Mauer trennte mich das Volk von den Geliebten, doch wie eine Mauer hielt mich auch das Volk aufrecht. Ich sah den Meister Theodoros, den Verhüllten und die Base Cäcilia nicht mehr; aber über die Häupter der Menge sah ich noch die schöne weiße Jungfrau auf den Treppenstufen, wie sie im letzten Strahl der Abendsonne inmitten ihrer Verwandtschaft stand und niederblickte auf den Wagen mit dem heiligen Schrein und das schlimme, schauerliche Gewühl der Kranken und Verlorenen. Da ist mir eine Erinnerung gekommen von jener Stunde, als in der Kreuzkirche auf dem Karlsteine der gute Ritter Michel Groland vor des Reiches Krone neben mir kniete und den Schwur tat, nun zu werben um des Reiches andere Krone, das beste Weib der besten Stadt des Reiches. Und mit dem ist ein Ruf des Staunens und ein Zurückweichen der Menge eingefallen, und im Lichte des Abends hab ich über den Häuptern des Volkes die Mechthild lächeln sehen und ein Winken nach der Tiefe tun! Der letzte Schrecken ging an mir vorüber; ich sahe die

Maid niedersteigen und verschwinden aus dem roten Lichte, so das Portal der Kirche Zum Heiligen Geist färbte; aber ein urplötzlich Getöse hat das Volk mächtig beweget. Unter dem Portal haben die andern Jungfrauen die Arme erhoben und laut gerufen; die Herren vom Rat sind auch vorgeeilt und herabgestiegen; mich aber hat es vorangerissen durch die wogende Flut der Menschen, und ein Arm hat mich noch im rechten Augenblick erfaßt und unter den Hufen der Rosse, so des Reiches Heiligtümer herbeigeführt hatten, vorgezogen. Die Rosse stiegen auf und schlugen aus; doch der Meister Theodoros Antoniades hat mich errettet vor ihren Hufen und den Füßen des Volkes. Und siehe — und ich sahe vor dem Schreine, der des deutschen Volkes höchste Heiligtümer barg, daß die Liebe wahrlich den Tod überwindet, ja Schlimmeres als den Tod zu einem Lachen macht!

Vergebens hat der Freund und Bruder in das grausige Gewimmel seiner Leidgenossen zurückweichen wollen: das Schwert, so am Kreuze Sankt Johannis zwischen ihm und der Welt im Boden stand, das hatte hier keine Macht der Abwehr. Vergebens hat sich mit hellem Schreckensruf die greise Mutter der Leprosen dem schönen Mädchen in den Weg geworfen und es mit ausgebreiteten Armen zurückdrängen wollen. Vergebens sind die Verwandten, die Eltern und die Brüder herzugeeilt — niemand hat die Jungfrau halten dürfen; ruhigen Schrittes ist sie vorgetreten und hat dem Verlorenen beide Arme um die Schultern gelegt und ihre schöne bleiche Wange an die härene Kutte auf seiner Brust. Da ist ein Zurückdrängen der Gesunden gewesen, aber ein Zudringen der Kranken von Sankt Johannis Siechkobel, und ist eine tiefe Stille worden.

„Michel", hat die Jungfrau gesprochen, „Michel, siehe, du hast dich vor mir verborgen, aber hier auf meiner Ahnherrn geheiligtem Boden hab ich dich mir wiedergewonnen. Siehe, ich wußte, daß diese Stunde kommen werde, wo jegliche Macht nichtig sein würde gegen mich. Wie hätte ich sonsten das Leben getragen? Willst du dein Wort nun nicht halten, mein Freund?

Das Wort, was du gesprochen hast vor der Krone des Reiches? Heute vor der Krone des Reiches mahne ich dich daran, du Lieber. Die Erde ist für uns beide untergegangen; aber wir beide — du und ich, sind doch gerettet. Du stößest mich nicht von dir! Du verbirgst dich nicht mehr vor deiner Braut, vor deinem Weibe!“

Sanft und doch fast wild und mit großer Gewalt hat sie ihm die Mönchskappe von der Stirn zurückgeworfen, und zum erstenmal, seit wir auf dem Karlsteine Abschied voneinander nahmen, hab ich des Freundes geliebtes Antlitz wieder erschauet. Die Geißel, mit der Gott die Völker straft, hatte den stolzen Ritter schlimm getroffen, das schöne Haupt furchtbarlich versehrt. Die Lepra, die ihm die starken Arme und Füße und das tapfere, treue Herz verzehrte, die hatte ihn im Gesicht uralt und hager gemacht und alles Feuer aus den Augen weggefressen. Und die vordem so festen Füße trugen den armen Kranken nicht länger in dem Jammer und dem unsäglichen Glück; er sank hinab an der lichten Gestalt der Verlobten, und sie beugte sich zu ihm nieder wie zu einem Kinde.

Und weil sie nun alle in Nürnberg Bescheid wußten um die Liebe und das grausame Schicksal des Grolanders und der Grossin, so ist nun ein Geschrei aufgestiegen — ein Schreien sondergleichen. Plötziglich haben alle Kranken angestimmet: „Herr, erbarme dich unser!“ Doch aus der Kirche vom Heiligen Geiste her hat man in dem nämlichen Augenblick angefangen zu singen: „Gloria in excelsis Deo!“ Die Türen sind aufgeworfen, und vom Hochaltar herüber haben die Lichter und Kerzen in den Abend hinein geflimmert. Von allen Seiten ist des Volkes Flut angeschwollen, und ein Wogen ist worden um den Schrein mit des Reiches Kleinodien. Aus allen Gassen ist ein Hindrängen zum Portal des Heiligen Geistes gewesen, als das Heiligtum hoch auf den Schultern der Auserwählten die Treppenstufen hinaufgetragen wurde. Da ist niemand mehr seiner mächtig gewesen im Gewühl; die Stollhoferin hab ich vom Boden aufgezogen, und der griechische Meister Theodoros und ich haben sie mit unsern Leibern geschützet. Die schöne Mechthild aber ist in der Sondersiechen Haufen hineingezogen worden und nicht mehr gesehen, als des Reiches Krone am Altar niedergesetzet war und man nach ihr suchen konnte, da des Volkes Stürmen und Drängen sich gesänftiget hatte. —

Wie suchte man nach ihr in den Gassen von Nürnberg! Mit gezogenen Schwertern haben die Gevettern und Freunde der fürnehmen Grossen-Familie an den Toren gewartet; aber in schwarzen Haufen, Hunderte mit Hunderten, sind die Sondersiechen an Unserer Lieben Frauen vorüber, über der Herren Markt, vorbei am Rathaus und über den Weinmarkt dem Neuen Tor wiederum zugezogen durch die Nacht. Den Ritter Groland von Laufenholz und die holdselige Mechthildis hat niemand an diesem Abend oder in dieser Nacht in den grausigen Zügen erblickt.

Am Neuen Tore habe ich geredet zu den Vettern und Freunden. Wahrlich, der Bruder Johannes Kapistranus hat heute auf seinem Predigtstuhl nicht mehr seines Herzblutes in seinen Worten vergossen als ich in jener Nacht. Mit Weinen und Zähneknirschen sind die edlen Herren zurückgewichen, und edle Frauen und Jungfrauen aus der Verwandtschaft haben mir dazu geholfen, daß keine wilde Tat im Wahnsinn und in der Ratlosigkeit und Trauer getan worden ist.

Als alles still geworden war, bin ich allein dem Wege der Leprosen gefolget vor die Stadt hinaus bis zu dem Spital von Sankt Johann. Es war schon Nacht, aber doch noch ein Schein im Dunkel; und als ich dem steinernen Kreuz, bei dem vor einem Jahr das Schwert im Boden stand, nahe kam, hat wiederum eine dunkle Gestalt auf der Bank gesessen.

Schaudernd habe ich gezögert und von ferne den Schatten angerufen.

Da antwortet mir durch die Finsternis eine Stimme: „Μακάϱιοι οἱ πενϑοῦντες, ὅτι αὐτοὶ παϱακληϑήσονται!" Selig sind die da Leid tragen, denn sie sollen getröstet werden.—

Es war der alte treue Lehrer, der heimatlose griechische Mann von der Insel Chios, der die Worte aus unseres Herrn Jesu Christi Bergpredigt zu mir sprach, und ich trat in Schweigen zu ihm heran, und er faßte meine Hand, sprach fürder auch nichts mehr, sondern zog mich zu sich herab auf die Steinbank und deutete nach dem Lichtschein aus den Fenstern von Sankt Johann hinüber.

Dorten summete es, und war ein Gewühl in dem Hause und um das Haus, schauerlich zu hören und noch schlimmer zu ahnen in der Nacht. Wir aber saßen bis über die kalte, dunkle Mitternacht hinaus und hörten den Gesang der Verlorenen und hörten die Klagetöne verhallen gegen das Grauen des Morgens zu; — wir saßen gefühllos gegen die Nacht, den Frost und den scharfen Wind; — wir saßen schweigend, der byzantinische hohe Meister und ich, der Alte und der Junge, und es war kein Unterschied zwischen unsern Seelen.

Das war die Nacht, in der sich mein Leben wendete. Durch den Klagegesang von Sankt Johann habe ich die süße, kindliche Stimme gehört, wie Sanctus Aurelius Augustinus sie auch vernommen hat. Von den frühesten Zeiten an bis in die gegenwärtige schaurige Stunde ist alles, was ich erfahren hatte, solange ich atmete, an mir vorbeigezogen, und siehe, aus dem großen Leid ist die große Ruhe erwachsen. Ja, ich bin ein Mann und bin ruhig geworden; die Buße, so der Bruder Kapistranus heute von dem Volke von Nürnberg verlangt hat, ist eine andere als die, so mir durch die Gnade Gottes auferlegt worden ist in den Tagen meiner Jugend, da wir um des Reiches Krone kämpften und da des Reiches Krone zu uns zurücke kam. Geduldig hab ich fortan in der Erde wilden Schlachtenlärm hineingesehen, geduldig in der Natur Spiel und Wandel. Ich hab mich nimmermehr gegrämet, wenn die Blätter im Herbste falb geworden sind; wenig aber hab ich mich auch gefreuet, wenn ein neuer Lenz ein neues, grünes Gras, die Welt zu schmücken, hervorgelocket hat. Ich habe die Angst von mir abgetan und bin fürderhin unentwegt geblieben in der Zeiten Drangsalen.

Der Zeiten Drangsale waren freilich entsetzlich. Noch einmal zog ich aus wider die Hussiten und sahe abermals bei Außig das deutsche Volk zu Boden liegen. Aus dieser schlimmen Schlacht bin auch ich wund heimgekommen und hab den Freund und guten Ritter Michel Groland von Laufenholz nicht mehr in der Erdennot funden. Der Braut bin ich begegnet in den Gassen, die ging aufrecht in der Seelnonnen Gewand, stützete die greise Stollhoferin, der Sondersiechen Mutter, und grüßte still herüber. Die Narren bekreuzigten sich ihres Geschickes halben; doch die Zeit war schon vorhanden, da die Weisen auch sie um ihres Herzens Frieden beneiden mußten. Die Grossin hat noch ein gar schönes Leben gehabt. Mater Leprosorum! Sie hat den Namen wie einen Kranz mitten im Elend von Sankt Johann vom Boden aufgehoben und hat ihn wie eine Krone getragen bis an ihren Tod, und es sind viele gewesen, die haben sie selber des Reiches Krone genannt, doch zu ihren Ohren ist das Wort wohl nicht gekommen, es hätte auch keinen Sinn für ihr schönes Herz gehabt.

Viel Herrlichkeit hab ich noch gesehen: — den Reichtum und der Völker Gewirr zu Venedig, der Römer uralte Arbeit und Neapels Sonnenschein und blaues Meer. Mit offenen Augen hab ich alles wahrgenommen und mit Wissen und Willen nichts dessen verabsäumet, was meine Wege durch den Tag mir anboten. Ich habe geredet vor Fürsten und vor hohen Senaten stolzer Republiken; nicht ungesegnet sind auch zu Hause meine Mühen für der edlen Vaterstadt Nutzen und Heil gewesen. Jetzo lieget auch das hinter mir — wahrlich, es ist Abend worden!

Im Mai dieses Jahres 1453 ist Konstantinopolis in des heidnischen Feindes Hand gefallen; der Diana Halbmond, das Wappen von Byzanz, stehet auf der Türken Feldzeichen dem Kreuz der Christenheit entgegen. Doch die Bücher und Rollen, von der Mönche und Schreiber Hand mühesam geschrieben, die edlen Manuscripta, so uns der gute Freund Michel Groland, da wir noch jung waren, mit dem Ellenbogen in der

Laube vom Tische schob, die werden nun der Menschheit durch die rechte schwarze Kunst in die Hände gegeben: — tolle! lege! —

Es ist dem Meister Theodoros Antoniades ersparet blieben, des oströmischen Reiches vollen Untergang zu erleben; doch das erste mit Lettern gedruckte Buch hat er noch mit Augen gesehen und weise Worte darob gesprochen.

Des deutschen Reiches Krone lieget noch in Nürnberg — wer wird sie wieder zu Ehren bringen in der Welt?

DEUTSCHER MONDSCHEIN

Erzählen wir ruhig und ohne alle Aufregung. Ich bin ein selbst für Deutschland außergewöhnlich nüchterner Mensch und verstehe es, meine fünf Sinne zusammenzuhalten. Außerdem bin ich Jurist, der Mann meiner Frau und der Vater meiner Söhne. Weder zur Zeit der Holunderblüte noch zur Zeit der Stockrosen, Sonnenblumen und Astern pflege ich mich sentimentalen oder romantischen Anwandlungen ausgesetzt zu fühlen. Ein Tagebuch führe ich nicht; aber sämtliche Jahrgänge meines Terminkalenders halten in meiner Bibliothek wohlgeordnet ihren Platz fest. Dieses alles vorausgeschickt, teile ich mit, daß ich mich im Jahre 1867 auf ärztlichen Rat, der Seeluft und des Meerwassers wegen, auf der Insel Sylt befand und daß ich daselbst eine Bekanntschaft machte — eine ganz außerordentliche Bekanntschaft.

Selbstverständlich kann ich mich nicht dabei aufhalten, das oft Empfundene und noch häufiger Geschilderte und in Briefen oder durch den Druck Verbreitete von neuem durch eine schriftliche Wiedergabe meiner eigenen Erfahrungen und Gefühle zu berichtigen oder zu bekräftigen. Wogenschlag, Sandhafer und Sandroggen, Möwenflug und vor allem der Westwind machten auf jeden, der von einer deutschen Beamtenexistenz den Schweiß und den Staub abzuspülen hat, einen angenehmen, erfrischenden Eindruck. Sie verfehlten ihre Wirkung auch auf mich nicht, zumal da die Anstrengungen, die der erwähnten Erfrischung vorangingen, nicht gering waren.

Ich wohnte auf der Grenze der beiden Dörfer Tinnum und Westerland und hatte also, um zum Strande und in die heilige Salzflut zu gelangen, einen Weg von mindestens einer halben Stunde zurückzulegen. Ein nicht kürzerer Weg führte dann zu dem edlen Mann, der uns allmittäglich für einen soliden Preis von innen aus wieder auferbaute. Auf häuslichen Komfort oder gar Luxus mache ich als an Genügsamkeit gewöhnter deutscher Staatsdiener überhaupt keinen Anspruch. Da ich von meinen einundzwanzig Pfeifen sieben mit mir führte, würde ich mich selbst in einem Hünengrabe behaglich eingerichtet haben.

Gut; — ich wohnte bei einem Bäcker, der seinen Backofen mit Strandholz, das heißt dem in den Strandauktionen von gestrandeten Schiffen erstandenen Gebälk und Sparren- und Balkenwerk heizte. Ich half ihm dann und wann, dieses Holz zu spalten, und fühlte mich hier gemütlich dadurch angeregt — daheim widme ich mich dem Geschäft mehr aus sanitätischen Gründen.

Daheim säge und spalte ich in meinen Mußestunden mein Brennholz, hier trieb ich Allotria oder studierte einige vorsichtigerweise im Gepäck mitgeführte Abhandlungen über die braunschweigische Erbfolge. In den Geschäftsstunden ging ich am Strande spazieren.

Bei einem solchen Badeaufenthalt zieht sich alles in die Länge. Zu Hause wandle ich jeglichen Tag und in jedem Wetter rund um die zu Spaziergängen eingerichteten Wälle meiner Amtsstadt; auf Sylt speiste ich, hielt eine Stunde auf einer Düne Siesta und lief dann geradeaus gen Norden den Strand entlang, manchmal bis zum Roten Kliff, jedoch gewöhnlich nur bis zu den Badehütten von Wenningstedt.

Da das Meer wie ein Waschweib beiderlei Geschlechts nichts bei sich behalten kann, sondern alles wieder auswirft, so waren diese Gänge nie ohne ihre Reize; denn wenn ich auch ein Mann der Prosa bin, so kann ich doch einen toten Seehund mit einer gewissen Melancholie vom Rücken auf den Bauch wenden und meine Gedanken dabei haben.

Gut — oder diesmal vielmehr: besser! Ich befand mich ungefähr drei Wochen auf dieser lang von Süden nach Norden oder umgekehrt hingestreckten Insel, als ich die zu Anfang meiner Relation erwähnte Bekanntschaft machte.

Es war gegen Abend. Die Sonne war untergegangen, und ich kam — heute — vom Roten Kliff zurück, und zwar nicht wenig müde, denn die Ebbe hatte den Weg am Strande nach besten Kräften für alle auf Sylt anwesenden am Unterleib leidenden Patienten gangbar gemacht. Wenn man zehn Schritte lang auf ziemlich festgeschlagenem Sande wandelte, versank man während der nächsten zweihundert Schritte desto tiefer, und *die* Gattin, Tochter, Kusine oder Geliebte meiner Leser, die über diesen der Gesundheit so ungemein ersprießlichen Pfad graziös weggeglitten wäre, würde ich in der Tat gern einem Poeten zur lyrischen oder epischen Verwendung empfehlen, wenn mir ein solcher außer — dem Kreisrichter Löhnefinke unter meinen Kollegen und sonstigen Freunden und Feinden bekannt wäre.

Ich sagte: die Sonne war untergegangen, und verbessere mich. Sie ging eben unter, als ich bei den Dünen südlich von Wenningstedt, dem Riesenloch gegenüber, anlangte. Ein Blankeneser oder Cuxhavener Fischerboot verschwand mit ihr in den Nebeln des Meereshorizontes, und ein trübes Grau wurde aus dem erfreulichen und dem Auge so wohltätigen Grün des Wassers. Auch die gelbrote Färbung der Sandhügel zur Linken des gesunden, aber beschwerlichen Weges verschwand, und die graue Farbe gewann zur Linken wie zur Rechten die Oberhand. Das Dünengras fing an, in einem kühlern Winde zu lispeln; es war Abend geworden, und es war gegründete Aussicht vorhanden, daß es demnächst Nacht werde.

Stolpernd und trotz der Abendkühle in Schweiß gebadet, beschleunigte ich meine Schritte der abendlichen Pfeife zu, als mir das Unerwartete passierte und ich den Kollegen Löhnefinke kennenlernte. —

Jedermann, der den westlichen Strand der Insel Sylt kennt, weiß auch, wie schroff oft die Dünen gegen den sandigen Gesundheitspfad an der See abfallen, und an einer der schroffsten Stellen fiel mir der Kollege auf den Hals und setzte mich für alle Zeit meines Erdenwandels in Erstaunen: der geehrte Leser erlaube mir, daß ich mein Protokoll mit gewohnter Ruhe und ohne Aufregung weiterführe.

Ich befand mich, wie gesagt, dem Riesenloch gegenüber, und die Sonne hatte vor fünf Minuten Abschied genommen, als plötzlich auf der Höhe der Düne zur Linken, ungefähr siebenzig Fuß über meinem Kopfe, ein Mensch erschien, der unbedingt im eiligsten Laufe an dem Abhange anlangte, die Arme gegen den Abendhimmel emporwarf, dann sich niederkauerte und mit einem Male zu meinem haarsträubenden Grausen den schroffen, fast senkrechten Hügel herab rutschte — schurrte — schoß!

Ehe der Ruf des halben Schreckens und ganzen Erstaunens, den ich ausstieß, verhallt war, saß der Mensch schon am Fuße der Düne im weichen Sande zwischen einem dorthin angespülten halbzertrümmerten Faß und einer zerbrochenen Schiffslaterne und sah mit weitoffenem, schreckensbleichem und doch zugleich zu einem offenbaren Grinsen sich verziehendem Munde mich, den Herbeieilenden, an und rief, schrie oder vielmehr heulte:

„Er — sie — ist hinter mir! Ich bitte um Entschuldigung, mein Herr, aber — wer kann gegen seine Nerven —"

„Wer? was? wer ist hinter Ihnen?" schrie ich, an der grauen Dünenwand emporstarrend, ohne etwas irgend Bedrohliches zu erblicken. Nichts zeigte sich, was die gewagte Rutschpartie des noch immer im Sande vor mir sitzenden, ziemlich wohlbeleibten und höchst anständig gekleideten Individuums und die grenzenlose Bestürzung desselben rechtfertigen konnte.

„Wer ist hinter Ihnen? Niemand, wie mir scheint! So reden Sie doch! Wer jagt Sie? Was treibt Sie zu solchen Sprüngen? Ich sehe wahrhaftig nicht das geringste da oben!"

„Doch, doch! Er — sie — der Mond — Luna — Selene! Nein, nein, nicht Luna und Selene, sondern er, der Mond, der verruchte deutsche Mond! Eben geht er hinter den Watten auf und wird in einigen Minuten dort über die Höhe hinter mir her sein! Und hier kein Dach, kein Schirm — nicht einmal ein Regenschirm — und der nächste Badekarren zum Unterschlüpfen eine Viertelstunde weit ab! Das ist mein Tod!"

Einen Regenschirm führe ich gewöhnlich mit mir und so auch jetzt; der Unbekannte in seiner Verstörung hatte ihn jedoch nicht bemerkt, und ehe ich ihn dem Narren anbot, überlegte ich natürlicherweise.

Es war mir klar, juristisch klar, daß ich einen Wahnsinnigen vor mir hatte, und schnell gefaßt überdachte ich, wie unter solchen Umständen von mir gegen ihn zu handeln sei. Sollte ich den Mann, da ich an seinen eigentümlichen Fiktionen nichts ändern konnte, seinem Schicksal überlassen und es seinen Wächtern anheimstellen, ihn einzufangen; oder sollte ich ein Gespräch mit ihm anknüpfen und auf die Gefahr hin, in persönlich unangenehme Auseinandersetzungen mit ihm zu geraten, seine Zustände näher zu ergründen suchen?

Als Mensch würde ich das erstere vorgezogen haben, als Jurist, als Kriminalist zog mich das letztere an. Ich folgte der Verlockung und führte die Unterhaltung weiter.

„Mein lieber Herr“, sprach ich, „wenn Sie sich unter einem Regenschirm gegen Ihren — Feind gesichert glauben, so bin ich mit dem meinigen gern zu Diensten. Nehmen Sie meinen Arm.“

Ich hatte bereits das seidene Wetterdach ausgespannt, und der Irrsinnige war ebenfalls bereits mit einem Freudenruf in die Höhe gesprungen.

„O mein Herr, der Himmel hat mich Ihnen entgegengeführt!“

Er nahm meinen Arm und sagte, den Hut abziehend:

„Erlauben Sie aber auch, daß ich mich Ihnen vorstelle. Mein Name ist Löhnefinke — Königlich Preußischer Kreisrichter zu Groß-Fauhlenberge, Provinz —“

Jetzt tat ich in vollkommener Stupefaktion einen Seitensprung:

„Mein Herr — das ist nicht möglich!“

„Mein Herr?“

„Sie? Sie, der Sie, um dem Mondaufgange zu entrinnen, sich kopfüber, auf die Gefahr den Hals zu brechen, eben da — dort hinunterstürzten, der Kreisrichter Löhnefinke aus Groß-Fauhlenberge? Unmöglich, ganz unmöglich sind Sie der Kreisrichter Löhnefinke!“

„Doch, doch! Wenn Sie es ein Vergnügen nennen wollen, so habe ich es und bin der Genannte.“

Mühsam faßte ich mich, indem ich mir sagte: Jetzt ist es außer allem Zweifel, es ist ein Wahnsinniger mit mehreren fixen Ideen. Der Unglückliche hält nicht nur den Mond für seinen Feind, sondern er hält sich unbedingt dazu für einen andern.

„Ja, mein Name ist Löhnefinke, und ich würde es für eine Ehre halten, wenn Sie, mein werter Herr, mich nunmehr auch mit dem Ihrigen bekannt machen würden.“

Was war dagegen zu machen? Ich stellte mich vor und nannte meinen Namen und Titel. Sofort zog der Irrsinnige von neuem den Hut, griff nach meiner Hand, drückte sie herzlich und rief:

„Ach, mein lieber Kollege, sehen Sie, wie das Fatum die Leute zusammenführt! Wahrhaftig, das hätte ich mir vor einer Viertelstunde nicht träumen lassen. Mein Gott, so sind wir ja schon seit geraumer Zeit die besten Bekannten! Erinnern Sie sich doch! Haben wir nicht in Sachen Johann Peter Müllers, des nachgemachten Zigeunerhäuptlings aus Langensalza, Akten gewechselt und eine geschäftliche Korrespondenz geführt? Nicht wahr, es fällt Ihnen ein? O, wie mich das freut!“

War das ein Traum, oder war's Wirklichkeit? War dieser Mensch verrückt, oder war ich es?

Die Sache verhielt sich in der Tat so, und meines Schriftenwechsels mit dem preußischen Kreisgericht zu Groß-Fauhlenberge erinnerte ich mich sofort auf das deutlichste. Und mein sonderbarer Begleiter (wir schritten bereits nebeneinander her) hielt sich auch gar nicht allein an das bloße Sicher- und Feststellen dieser Tatsache; nein, er vertiefte sich augenblicklich in die Einzelheiten des betreffenden Falles, legte mir jetzt mündlich alle die Bedenken vor, die er mir früher schriftlich mitgeteilt hatte, und — ich erwiderte ihm, als ob es wirklich keinem Zweifel mehr für mich unterliege, daß er der fragliche Königlich Preußische Beamte sei und wirklich den Namen Löhnefinke führe. Der Vollmond war währenddem in der Tat am östlichen Horizonte emporgestiegen und schien uns auf die Köpfe, ohne daß mein Begleiter sich um ihn kümmerte. Arm in Arm gegen den Badestrand von Westerland anwandelnd, vertieften wir uns immer mehr in unsere hohe Wissenschaft und ließen den Mond scheinen, wie es ihm beliebte. So hatten wir fast das Herrenbad erreicht und näherten uns jetzt der Treppe, welche von dem Strande zu der Höhe der Dünen hinaufführte, als der Kollege, der sich seiner ersten Exaltation zum Trotz mir nunmehr als ein höchst klarer Kopf und scharfer Jurist ausgewiesen hatte, plötzlich, im Sande steckenbleibend, sich umsah, aufguckte und geisterbleich werdend stöhnte:

„O ihr Götter, da sind wir ja mitten drin!"

Daran war kein Zweifel: wir waren mitten drin; die fixe Idee packte von neuem den Unglückseligen, wütend und angstvoll zog er sich meinen ausgespannten Schirm dicht auf den Hut herab, und ich — ich konnte nichts weiter tun, als ihn — den Kreisrichter Löhnefinke — fester am Ellbogen zu halten und dem erbost sich Windenden und Abzappelnden eindringlichst zuzureden:

„Aber Verehrtester, ich bitte Sie! Fassung! Fassung! Dieses ist doch zu toll, Kollege! Was hat Ihnen denn dieses unschädliche Beleuchtungsinstitut eigentlich zuleide getan? Oder was haben Sie gegen es verbrochen? Nehmen Sie Vernunft an, Kollege, überzeugen Sie sich doch: die harmlose Kugel macht durchaus keine Miene, uns auf den Kopf zu fallen."

„O mein Kopf! mein Kopf!" stöhnte der Kreisrichter, den fraglichen Körperteil mit beiden Händen haltend.

„Kommen Sie, Kollege, niemand jagt Sie, niemand treibt Sie. Welch ein ganz verrückter Raptus! Nehmen Sie mir das nicht übel!"

„Niemand? Niemand?" ächzte Löhnefinke.

„Niemand! Und wissen Sie, jetzt lassen Sie uns dort hinaufsteigen; im Pavillon finden wir noch Menschen — Gesellschaft, irgendein ermutigendes Getränke und unbedingt eine Petroleumampel, gegen welche Ihr Feind oder Ihre Feindin sicherlich den kürzeren zieht."

„Petroleum!" murmelte Löhnefinke, das Wort fassend und festhaltend wie ein Verbrecher auf dem Hochgericht den Ruf: Gnade!

„Horchen Sie nur, es ist sogar noch Musik im Pavillon. Was meinen Sie, wenn wir uns daselbst bei einem Glase Grog noch eine Weile niederließen und —"

„— den Untergang des Mondes abwarteten?! Jaja, das ist das rechte!"

„Würde uns aber doch ein wenig lange da fesseln. Der Mond geht erst nach dreiviertel auf sieben Uhr morgens unter; aber ein anderer Trost steigt uns herauf. Sehen Sie, dort über der See erhebt sich dunkles Gewölk; — Kollege, warten wir ab, bis eine Wolke vor den Mond gezogen ist."

„Jaja, angenommen! Gern, nur zu gern eingeschlagen! Kollege, ich stelle mich ganz und gar unter Ihre Vormundschaft. Treten wir ein in die Bude, warten wir, bis eine Wolke vor das grinsende Scheusal gezogen ist, und trinken wir Grog derweile!" rief der aufgeregte preußische Staatsbeamte, und so erkletterten wir die steile Treppe, langten, ohne den Hals gebrochen zu haben, auf der Höhe an, wandten uns rechts durch das Dünengras dem erleuchteten, von Musik durchschmetterten und mit Badegästen dicht gefüllten Dünenpavillon zu.

In dem Augenblick aber, als wir in die Tür des hölzernen Rundbaus traten, schwieg plötzlich die Badeblechmusik. Die Musikanten packten ihre Instrumente ein oder nahmen sie einfach unter den Arm. Sie nahmen auch noch einen Gratisschnaps am Büffet und zogen ab, und der größte Teil des Publikums folgte ihnen seltsamerweise auf dem Fuße, ohne sich erst von dem Kunstgenuß erholt zu haben. Nur einige Gruppen verständiger Männer hielten sich noch bei ihren Gläsern.

Über die Nordsee strich jetzt ein ziemlich lebendiger Wind. Die Wellen rauschten lauter und bedeckten sich mit weißern und krausern Schaumkronen. Das belebende und erwärmende Getränke, welches wir bestellten, bevor wir uns niederließen, mußte unbedingt von dem wohltätigsten Einfluß auf unsere seelische Stimmung und unser körperliches Behagen sein.

Nun saßen wir, und während am nächsten Tische eine muntere Gesellschaft lustig durcheinanderschwatzte, sah ich mir meinen neuen Bekannten, und zwar durchaus nicht verstohlen, genauer bei Lampenbeleuchtung an, und meine Verwunderung stieg unter dem Scrutinio.

Der Kreisrichter Löhnefinke aus Groß-Fauhlenberge war ein Mann von ungefähr fünfzig Jahren, korpulent, wie schon bemerkt, und sonst ohne alle äußerlichen Absonderlichkeiten. Ein breites Kinn, ein kurzgehaltenes, graugesprenkeltes Haupthaar, ein preußischer Beamtenbart und zwei graue, kluge Augen, die jeden Gegenstand, auf den sie sich hefteten, scharf festhielten, gaben mir sicherlich keinen Anlaß, den Mann für einen Tollhauskandidaten zu erklären, und doch — — ich hielt es nicht aus! Meine Hand auf den Arm des Kollegen legend und dicht an ihn heranrückend, sagte ich:

„Nehmen Sie es mir nicht übel, lieber Löhnefinke, aber in diesem Moment glaube ich nicht mehr daran."

„Woran nicht?"

„An Ihr Auftreten vorhin. An — na ja, an Ihre halsbrecherische Flucht über die Düne, an jene Rutschpartie bei Wenningstedt, an — kurz an Ihre Mondfeindschaft, Kollege."

Sofort kam eine außerordentliche Veränderung über den ganzen dicht neben mir sitzenden Menschen. Er duckte sich wieder einmal, und wie vorhin nach meinem Regenschirm griff er jetzt nach dem vor ihm stehenden Glase, zog die darin befindliche heiße, dampfende Mischung auf einen Zug in sich hinein und flüsterte durch die Zähne:

„Es ist aber doch so! Ich hasse den Mond; er ist mein Todfeind, und ich ziehe den kürzern gegen ihn, wie er gegen die Lampe da über uns."

Ich winkte der Kellnerin, welche meinen Wink verstand und dem Kollegen ein zweites dampfendes Glas vor die Nase setzte.

„Danke!“ sagte der Kreisrichter. „Und auch Ihnen Dank; denn wäre ich vorhin Ihnen und Ihrem Schirm nicht in die Arme gefallen, so weiß ich wahrlich nicht, was auf diesem schattenlosen Strande aus mir geworden wäre.“

„Kollege“, sprach ich, „ich bin ein ruhiger Mann, amtiere seit langen Jahren zur Zufriedenheit meiner Amtseingesessenen und meiner vorgesetzten Behörden. Ich habe den Landesorden zu Hause im Schubkasten und bin noch nie einem mir anvertrauten Geheimnis gegenüber feloniter vorgegangen: würden Sie es sehr übelnehmen, Kollege, wenn ich Sie aufforderte, mir mitzuteilen, wie Sie mit jenem unschuldigen Trabanten unserer sündigen Erde in Konflikt geraten sind?“

„Ich werde das durchaus nicht übelnehmen“, sagte der Kollege. „Im Gegenteil, von Zeit zu Zeit fühle ich das intensivste Bedürfnis, meinem Haß und Zorn und leider auch meiner grimmigsten Beklemmung und Angst gegen eine fühlende Seele Luft zu machen. Lassen Sie sich ebenfalls noch ein Glas Grog geben und hören Sie zu. Nachher mögen Sie richten und werde ich mich auf Ihr Urteil verlassen, um so mehr, als ich Sie bereits aus unserem amtlichen Schriftenwechsel als einen tüchtigen Juristen kennengelernt habe.“

„Ungemein verbunden“, sprach ich, aufs äußerste gespannt, und sah jetzt dem Kollegen in die Augen, wie ich vor fünfundzwanzig Jahren meiner Braut nicht in die ihrigen gesehen hatte. Er schlürfte von neuem vom dampfenden Getränk und begann und legte sein Bekenntnis ab.

„Zuerst“, sagte er, „muß ich Ihnen bemerken, daß mein Arzt mich hierher ins Seebad geschickt hat auf den Antrieb meiner Frau gerade dieses meines Zustandes wegen, wie sie sagt, — meiner Nerven wegen, wie er sagt. Jahrelang hat der Mann, der mich von Jugend auf kennt, der mit mir aufgewachsen ist, über diesen Zustand gelacht; — erst durch die Insinuationen meiner Gattin ist ihm die Sache bedenklich geworden. Auf einmal hat er gefunden, daß es jetzt die höchste Zeit sei, etwas gegen die bedauerlichen Zustände zu tun, und — hier bin ich und gehe pflichtgemäß täglich ins Wasser, wie Sie heute abend erfahren haben, bis jetzt ohne den geringsten Erfolg. Zur Sache! Mit einem Wort, ich büße für meine Jugendsünden."

„Aha!" murmelte ich, doch der Kollege schüttelte, meine Meinung sofort erkennend, nachdrucksvoll den Kopf und seufzte:

„O nein, nein! Ach, wie glücklich würde ich mich schätzen, wenn es *das* wäre! Das ist ja gerade mein Elend, daß ganz das Gegenteil dessen, was Sie im Sinne haben, den Grund meiner Verstörung bildet. Ich versichere Sie, weder der Wein noch die Weiber haben es mir in meinen Jünglingstagen angetan. Ich bin nur zu solide gewesen und bereue es heute in Kummer, Schmerz und im Sylter Badekostüm. O, hätte ich mich doch ausgetobt in den Tagen meiner Jugend! Hätte ich doch meiner Phantasie die Zügel auf den Hals geworfen und die Gefahr, abgeworfen zu werden und das Genick zu brechen, zur rechten Zeit auf mich genommen! Kollega, Kollega, unterdrückte Poesie ist es, welche mich verrückt macht — verrückt weit nach dem vierzigsten Lebensjahre. Der deutsche Mondschein rächt sich an mir, und ich bezweifle, daß mir irgendein Bad, Sauer- oder Bitterwasser helfen werde."

„Der deutsche Mondenschein?"

„Freilich, und sechsmal ja! Der Mond grinst mich aus meinem Verstande heraus, mich den Königlich Preußischen Kreisrichter Friedrich Wilhelm Löhnefinke zu Groß-Fauhlenberge, und nicht nur für eigene Verschuldung büße ich, nein, ich habe auch noch dazu die Schulden ungezählter Generationen meiner Vorfahren an das glänzende Ungeheuer abzutragen. O Kollega, ich fühle mich stellenweise sehr unglücklich!"

„Kollege, Sie sind jedenfalls ein sehr interessanter Mensch. Mit aufgespanntesten Seelenkräften bitte ich um eine genauere Erklärung."

„Welche ich Ihnen geben werde. Mein Vater war königlicher Beamter, mein Großvater gleichfalls, und es wäre lächerlich von mir, wenn ich daran zweifeln wollte, daß auch mein Urgroßvater königlicher Beamter gewesen sei, selbstverständlich

Provinzialbeamter wie wir alle. Meine Mutter war ein deutsches Weib, ebenso meine Großmutter und natürlich meine Urgroßmutter nicht weniger. Auch sie stammten sämtlich aus königlichen Provinzialbeamtenfamilien ab. Von Poesie wußten sie nichts, und auf den Mond achteten sie nur insofern, als er so gefällig war, sie zu benachrichtigen, wann es Zeit sei, die Haare zu verschneiden oder zur Ader zu lassen. O, sie überließen es einfach mir, für die Vernachlässigung zu büßen! — Meine Mutter las Clauren, meine Großmutter Bibel und Gesangbuch, meine Urgroßmutter konnte wahrscheinlich gar nicht lesen. Meine Vorväter lasen und schrieben ihre Akten, lasen das Amtsblatt und vielleicht auch die Zeitung, und ich war bis in die jüngste Zeit ihr würdiger Nachkomme. Da kam das Jahr achtundvierzig, und der Mond ging mir auf."

„Aha!" rief ich wiederum; aber der Kollege Kreisrichter schüttelte abermals das Haupt und sagte:

„O nein, nein und zwölfmal nein! Sie irren sich jetzt nicht weniger als vorhin. Sie wissen, was wir unter dem Worte ‚altliberal' verstehen?"

Ich nickte mit der Energie einer chinesischen Pagode.

„Sie werden mir also zugestehen, daß man als Altliberaler noch weit davon entfernt ist, den Mond zu hassen und vor dem Monde Reißaus zu nehmen?"

Es wäre töricht von mir gewesen, dieses Zugeständnis nicht zu machen, und ich machte es, tat aber dabei die Gegenfrage:

„Wie alt waren Sie im März von Achtundvierzig?"

„Ich hatte eben das Alter eines preußischen Auskultators erreicht."

„Bravo! Erzählen Sie ruhig weiter."

„Im März kam er also über die Dächer und schien in meine Stube zu Berlin, und ich rieb mir die Augen, wie gesagt, ohne ihnen zu trauen. Noch hatte ich nicht die geringste Ahnung von der Gefährlichkeit des Burschen, aber im folgenden Jahre neunundvierzig bekam ich mehr als eine Ahnung davon. Mit heißem Kopfe aus einer erregten Volksversammlung heimkehrend, schlief ich mit eben diesem Kopfe in der Fensterbank liegend ein, und das hämische Gestirn schien mir während mehrerer Stunden drauf."

„Und?"

„Und am folgenden Morgen hatte ich nicht nur Kopfweh, sondern auch einen ausgesprochenen Ekel an manchen Dingen und Menschen, die mir sonst sehr hoch in Empfindung, Gefühl und Achtung gestanden hatten. Die Poesie brach durch — und — Kollege, wissen Sie, was das bedeutet, wenn die Poesie des Lebens bei einem Königlich Preußischen Auskultator zum Durchbruch gelangt?"

„Gottlob nein; erinnern Sie sich nur, daß wir über unsere respektiven Landesgrenzen miteinander korrespondiert haben."

„Das ist wahr; aber ich wußte es auch nicht, doch heute kann ich darüber reden. Sie haben die ganze Nacht ruhig und solide von den Pandekten und dem Landrecht geträumt, und Sie erwachen und suchen sich den Inhalt Ihrer Träume wieder zu vergegenwärtigen. Es gelingt Ihnen nur zu gut, und der Jammer beginnt. Sie sehen von Ihrem Kopfkissen aus nach Ihrer Bibliothek hinüber, und plötzlich ergreift Sie eine kaum zu bezwingende Lust aufzuspringen, den ganzen Trödel in die Arme zu fassen — und — und — und — Dinge — unsagbare Dinge damit vorzunehmen. Sie bezähmen sich aber, denn es fällt Ihnen ein, wieviel Geld Sie in den Wust gesteckt haben, — und Sie bezähmen sich auch zum Glück für Ihre weitere Karriere und gehen an die Bereitung Ihres Kaffees. Dabei ergreift Sie dann die Vorstellung, daß Sie noch immer ohne die entsprechende Vergütung dem Staate zur Verfügung stehen, mit erschütternder Gewalt; und darüber wieder kocht Ihnen nicht nur die Galle, sondern auch Ihr Gebräu über, und — Sie fressen die eine in sich hinein und schütten das andere nicht in die Dachrinne, sondern ebenfalls in sich hinein. — Sie haben Illusionen verloren und Sie machen sich neue: sehen Sie, da haben Sie eine der ersten Wirkungen unseres Feindes, des Mondes! Ja, Sie machen sich sonderbare Illusionen, und was das sonderbarste ist, Sie verdenken es sich selber gar nicht. — Nachher gehen Sie zum Büro, begegnen unterwegs Ihrem Vorgesetzten, grüßen ihn höflichst, und jetzt — mit einem Male — fällt Ihnen ein anderes Träumen ein! Sie erinnern sich dessen, was Sie träumten, als Sie mit dem Kopfe im offenen Fenster lagen und der Mond Ihnen auf den Kopf schien. Sie stehen und sehen dem Präsidenten nach; und nun, und einzig und allein durch des deutschen Mondes Schuld, fällt Ihnen bei, daß Sie für Ihre Person doch mehr gelesen haben als Ihre Vorfahren: nicht die Zeitung, sondern Zeitungen, außerdem Schiller und Goethe, Voltaire und Rousseau, Börne und Stahl, Ranke und Raumer und ein inkommensurables Gemisch neuester Poeten höchst liberaler Art. Sie erinnern sich an manches, was Sie auf Universitäten beim Kommersch sangen, und der sanfte, liebliche Mond, der vielleicht gerade als zarte Sichel über Ihnen im Hellblau des Morgenhimmels steht, verzieht den Mund höhnisch und wächst — wächst — wächst von neuem zu Vollmond an, während Sie Tag für Tag, Woche für Woche Ihren Amtsgeschäften nachgehen. Sie fühlen sich grenzenlos unbehaglich, Sie kommen sich unsagbar dumm, albern und abgeschmackt vor und protokollieren auch dumm, wofür Sie eine ganz gehörige Nase besehen. Mit der letztern gehen Sie nach Hause und besehen zufällig Ihren abnehmenden Haarwuchs im Spiegel, und wenn Sie dabei in Ihrem Bart ein weißes Haar entdecken sollten, so kommt auch das Ihrem guten Freunde, dem Monde, ganz gelegen; denn er ist imstande, Sie daran fester zu fassen und leichter seine Wege zu führen als an irgend etwas anderem. Das nächste Mal, wenn Sie wieder einsam in der Nacht am Fenster sitzen, nimmt er Sie bei diesem Haar: Sie sehnen sich nach einem Busen, einem zarten, gefühlvollen, weichen Busen, in den Sie alle Ihre Wehmut ausschütten können, dem Sie Ihren Gram sagen, dem Sie Verdruß und Ärgernis mitteilen können. Sie träumen wachend, und der Mond hohnlacht ärger denn zuvor —"

„Halten Sie einmal, Löhnefinke!" rief ich, beide Hände auf die Stirn drückend. „Muß denn immer erst ein anderer kommen und einem seine eigensten vergangenen, gegenwärtigen und zukünftigen Zustände klar und objektiv hinstellen? Kollega, Sie haben vollständig recht; — nervös, wie Sie selber, folge ich Ihrer Auseinandersetzung! Fahren Sie fort; — wahrhaftig, der Mond ist ein Ungeheuer!"

„Er ist es, der Mond, und vor allem dieser deutsche Mond! Da kommt er abermals über das Dach, und Sie legen den Kopf auf die Schulter und blinzeln ihm blöde und verlegen in die breite Fratze. Und plötzlich schwankt hohes Weizenährenfeld vor Ihren Blicken, die Nachtigall oder sonst ein Vogel piept im Gebüsch, es blitzt der Teich, der Bach murmelt, und Sie, Kollega, fangen gleichfalls an zu murmeln. Was murmeln Sie? Natürlich irgendeinen wohlklingenden Taufnamen, auf E oder A auslaufend, — Klothilde, Josephine, Maria, Amalia — was weiß ich?! Einerlei! Es ist entschieden — er hat Sie; er hat Sie mit allem, was an Ihnen ist, dieser heimtückische, hinterlistige Schleicher, der Mond, der deutsche Mooond! Sie fühlen sich in der Stimmung, ihn Ihren Freund zu nennen, die Arme nach ihm auszustrecken, eine Träne ihm hinzuweinen, und Sie sind ohne allen weitern Zweifel grenzenlos blamiert."

„Ja!" sagte ich und nichts weiter. Der Kollege aber schwieg in melancholischem Tiefsinn eine geraume Weile, bis er von neuem auf- und fortfuhr:

„Ich war Landbote, als während des Militärkonflikts Seine Majestät unserem Ministerpräsidenten den berühmten symbolischen Stock schenkte; ich stimmte selbstverständlich mit der Majorität und jetzt — jetzt im Jahre siebenundsechzig — habe ich ein Sonett — bedenken Sie, ein Sonett! — ein Lobsonett auf den allverehrten Herrn Ministerpräsidenten gemacht und dasselbige im Inseratenteil der Nationalzeitung abdrucken lassen. Verstehen Sie mich und meine Stellung zu dem Monde, dem deutschen Monde?"

„Vollkommen!" sagte ich nach einigem Nachdenken.

„Dann kann ich mich kurz fassen und werde es tun. Man kennt — und der Mond weiß es — einen passabel wohlklingenden, auf E oder A auslaufenden Namen und die Trägerin natürlich dazu; — oder man sucht sofort nach einem solchen Namen und seiner Trägerin, und daß der Mond bereitwilligst hilft, ihn und sie zu finden, versteht sich von selber. Kein Kuppler bietet in derartigen Fällen eilfertiger und geschickter seine Hand. O, er leuchtet uns auf den lyrischen Dichter, mit welchem wir uns plötzlich mehr als wahlverwandt fühlen. O, er scheint uns auf das Blatt, auf welchem wir selber der Muse die Cour machen. O, er greint auf uns herab, wenn wir am Ausgange des Ball-, Konzert- oder Theatersaales auf sie warten. O, o, o, er geleitet uns später auch nach Hause, wenn die Alte nichts dagegen einzuwenden hatte, daß wir sie dahin bringen. O, o, o, o, wer versteht es besser als er, dem Esel, dem Menschen, heimzuleuchten? Gleichgültig ist es, aber doch eine wohl aufzuwerfende Frage, ob er die Schuld davon trage, wenn der Alte eines schönen Morgens ‚Ja!‘ sagt. Sind Sie auch verheiratet, Kollege?“

Die Frage drang so abrupt auf mich ein, daß sie mich fast vom Stuhle warf und ich mich wahrhaftig erst einen Moment durch sammeln mußte, ehe ich sie bejahend beantworten konnte.

„Wohl! Dann wollen wir über dieses Thema kein Wort weiter verlieren. Ist er auch an der Alliteration schuld? Sehen Sie, da ist er und guckt ins Fenster — die Wolken, auf welche Sie mich vorhin vertrösteten, haben auch nichts gegen ihn vermocht. Die Wiesen liegen im weißesten Lichte — o wie schön, wie wunderbar! Lieber Kollege, wie reizend ist doch die Welt — wie großartig in Krieg und Frieden! Poesie trieft von oben herab und sprießt von unter herauf! Horchen Sie — hören Sie die Musik des ewigen Meeres! Die Wogen tanzen den unsterblichen Tanz im deutschen Mondschein, weshalb sollten wir nicht mittanzen? Meine Seele ist im harmonischen Fließen der Welt ein Tropfen, ein glänzender, lichterfüllter Tropfen. Kollege, lassen Sie uns hinaustreten in die holde Natur; es ist eine Sünde, in diesem dumpfen Gemache zu sitzen, während Erde und Wasser da draußen vor dem Pavillon im deutschen Mondenschein so außerordentlich schön daliegen; kommen Sie, trinken Sie aus, lassen Sie —"

„Sie fürchten nicht mehr . . .?"

„Was sollte ich fürchten? Liebster, guter Freund, das ist es ja eben! Er siegt uns allen ob, und in seinem Lichte gewinnen wir alle unsere Siege."

„Auch die Schlacht bei Königgrätz?"

„Auch diese, was man auch dagegen einzuwenden haben mag. Und künftige große und merkwürdige Siegesschlachten ebenfalls! Ach, welche Luft, welches Licht! Bitte, lassen Sie uns noch einmal die Düne besteigen, noch einen Blick auf das heilige Meer zu werfen."

„Und nachher, mitten im Mondschein stehend, werden Sie mir weiter von Ihrer Lebensentwicklung sprechen?"

„Gern, mit Vergnügen, sofort, obgleich es meiner Meinung nach doch eigentlich gar nicht mehr nötig ist. Sehen Sie, Bester, das Faktum steht ebenso fürchterlich wie behaglich fest — der Mond übermannt dann und wann den Königlich Preußischen Justizbeamten Löhnefinke, und letzterer hat zu guter Letzt selber nicht die geringsten Einwendungen gegen den ihm aufgedrängten Rausch und Taumel zu erheben. Ja, ich habe im deutschen Mondenschein auch ein deutsches Mädchen gefunden, mich mit Einwilligung der Eltern desselben demselben verlobt und es später geheiratet. Heute noch befinde ich mich mit Zugabe einer achtzehnjährigen Tochter im unangefochtenen Besitz, und vielleicht kann ich nachher beide Damen Ihnen vorstellen."

„Also — also Sie laufen wirklich nicht allein — nicht sich selber überlassen hier auf Sylt herum?"

„Keineswegs. Ich wohne mit Weib und Kind dort in Westerland und bin unter ihrer Aufsicht hierher ins Bad gekommen. Was denken Sie auch?"

„Entschuldigen Sie meine törichte Frage, Kollege. Dieses ist ein so wunderbarer Abend, ein so erfreuliches Zusammentreffen, und eine so überinteressante Unterhaltung, daß da alles zu entschuldigen ist."

„Beruhigen Sie sich nur; wir verstehen uns vollkommen. Auch habe ich Sie schon tagelang, unbemerkt von Ihnen, ins Auge gefaßt; als Mensch fielen Sie mir auf, und den Juristen erkannte ich sofort in Ihnen, und das Schicksal ließ mich vorhin nicht ohne Absicht und vollgültige Berechtigung Ihnen in die Arme rutschen. Wir mußten uns heute abend gegeneinander aussprechen; es gehört mit zur Kur und ist auch zum großen Teil eine Wirkung des Salzwassers. Aber der Mond — ich muß Sie immer von neuem auf diesen herrlichen Mond aufmerksam machen! Ja, ich bin in seinen Banden und werde darin bleiben müssen, bis der Tod mich erlöst. Kollege, durch ihn und mit Beihülfe der gegenwärtigen Zeit und der Weltlage bin ich — der Poet in meiner Familie geworden. Fassen Sie das ganz und begreifen Sie mich ganz, sowohl in meiner Stimmung bei unserem Begegnen am Strande wie in meinem augenblicklichen Geisteszustand."

Löhnefinke der Poet in seiner Familie! Ich trat mehrere Schritte zurück. Obgleich der tolle Mensch klar wie die Insel Sylt im deutschen Mondenschein vor mir lag, frappierte mich das Wort doch. Es war wie der Kanonenknall, der einen auch frappiert, trotzdem daß man mit der Lorgnette vor den Augen beobachtete, wie der Kanonier die Lunte anblies.

„Ich, der Erbe so unendlicher Prosa", fuhr der Kollege fort, „ich bin besiegt von meinem Feinde und ihm jedesmal, wenn er über den Horizont guckt, verfallen trotz allem Gesperr und Gezappel. Ich bin Idealist in der Politik, Dichter in der Führung meines Haushalts. Ich sehe die Zeit kommen, wo ich mein Abrechnungsbuch in Hexametern und Ottave Rime führen werde. Ich schwärme für Gemüt und Gemütlichkeit in den Vorgängen der Stunde, und — Kollege, Kollege! — ich werde von meinen Weibern — meinen Damen nicht verstanden, nicht begriffen. Das ist es, was meine Nerven zerrüttet und mich unter ihrer — meiner Damen — Führung hieher nach Westerland gebracht hat, und jetzt lassen Sie uns gefälligst nach Hause gehen, es wird allmählich sehr kühl."

Er hatte mich untergefaßt — zärtlichst; und wir wandelten Arm in Arm über die mondbeglänzte Heide von Sylt. Nimmer war ich in meinem Leben mit einem so poetischen preußischen Kreisrichter Hüfte an Hüfte geschritten. Er, dieser exaltierte Kollege, deklamierte laut, immer lauter. Er zeigte eine wahrhaft staunenerregende Belesenheit in deutscher und fremder Lyrik. Gedichte an den Mond wechselten mit Hymnen auf die Freiheit und Schlachtliedern gegen alle möglichen und unmöglichen Feinde. Tropische Landschafts- und Stimmungsbilder wechselten mit abgerissenen Strophen aus bekannten und unbekannten Romanzen und Balladen jeglichen historischen und unhistorischen Inhalts. Löhnefinke war göttlich, und sein Feind, der Mond, konnte wirklich seine Freude an ihm haben; aber mehr als einem seiner und meiner Vorgesetzten würde er in diesem Zustande nicht nur moralische, sondern auch physische Übelkeit erregt haben. In der Ferne nordwärts blinzelte das wechselnde Licht des Leuchtturms von Kampen wie das Auge eines Spötters, der seine Umgebung auf irgend etwas außergewöhnlich Drolliges aufmerksam macht. Die Schafe auf der Heide, über deren Tüder, das heißt Haltestricke, wir stolperten, standen auf, sahen uns verwundert an und staunend nach.

So kamen wir dem Dorfe Westerland immer näher, jedoch bevor wir es erreichten, wurden wir angerufen und, der äußern Erscheinung und dem Tone nach, auf die allerlieblichste Weise aus dem Traum-, Nacht- und Mondscheinwandeln in die Wirklichkeit zurückgerissen. Vom Dache konnten wir glücklicherweise beide nicht fallen.

Wie aus den Strahlen des Mondes gebildet, stand auf einer Bodenanschwellung der Heide eine ungemein zierliche, graziöse Mädchengestalt vor uns, und ein ganz reizendes Mädchengesichtchen neigte sich im Mondenscheine wahrhaftig märchenhaft hübsch uns entgegen. Daß der Kreisrichter Löhnefinke aus Groß-Fauhlenberge ein reizendes Gesichtchen aufzuweisen gehabt habe, kann ich nicht sagen, aber er besaß eine biedere, gewissermaßen auch joviale Visage, und der Enthusiasmus der letzten Stunden hatte dieselbige sogar noch sehr verschönert: um so heftiger mußte ich mich jetzo über den Ausdruck verwundern, mit welchem er sein süßes Töchterchen ansah. Statt noch heiterer und noch glücklicher zu werden, fielen plötzlich seine sämtlichen Züge schlaff auseinander, um sich sofort zu einem Gewirr verdrießlicher Falten zusammenzuziehen.

„Da bist du endlich, Papa? Na, das muß ich sagen!" rief die elfenhafte Huldin uns entgegentretend.

„Ja, da bin ich endlich", brummte der Kollege, „und hier —"

Er vollendete nicht; denn die junge Dame schnitt ihm kurz das Wort ab:

„Wir haben recht lange auf dich gewartet, Papa, und die Mama ist sehr böse auf dich!"

„So? hm!" brummte der Kollege, und „hm!" sagte auch ich in der Tiefe meiner Seele.

„Komm her, Helene, wir wollen zusammen heimgehen", sprach der Vater des schönen Kindes begütigend; allein die Elfe im Mondschein entgegnete noch kürzer:

„Ich danke, Papa; ich werde mit der Mama gehen. Da kommt sie schon und wird dir sagen, wie sie auf dich gewartet hat. Mama, hier ist der Papa endlich!"

Ei freilich, er war in der Tat hier, der Vater Löhnefinke, und er zitierte in diesem Augenblick keine deutschen Dichter und keine auswärtigen mehr. Aber ebenfalls durch den deutschen Mondschein kam die Mama heran, und zwar ziemlich rasch und energisch. Ich hätte mit Vergnügen Abschied genommen und mich empfohlen, ehe sie uns erreichte; doch der Kollege hielt meinen Arm mit einem wahren Landdragonergriff fest und flüsterte:

„O, ich muß Sie vorstellen, Freund. Wo wollen Sie hin? O Kollege, erlauben sie, daß ich Sie meiner Gattin vorstelle!"

Was konnte ich anders ausdrücken als die größte Sehnsucht, auch die Kollegin kennenzulernen?

Zwischen den ersten Häusern der Ortschaft Westerland vorschreitend, hatte die Würdige uns jetzt erreicht und den Arm ihrer Tochter genommen. Mich übersah sie zu Anfang natürlich vollständig und widmete sich einzig und allein den Angelegenheiten der Familie.

„Also endlich, Löhnefinke?! Deine alte, gewohnte Rücksichtslosigkeit! Aber ich sage dir, Löhnefinke —"

„Aber liebe Johanna, so sieh doch! Erlaube mir, dir hier meinen Freund und Korrespondenten —"

So wird man nicht selten als spanische Wand zwischen den Zugwind und den Lehnstuhl des Rheumatismuskranken geschoben! Die Vorstellung fand statt, und ich fügte mich mit der mir angebornen Bonhomie in die mir zugeteilte Rolle. Nach etlichem höflichen Wortaustausch schritten wir vier nun doch miteinander den biedern, niedern, friedlichen, friesischen Hütten zu, und wenn mir bis jetzt in den Seelenzuständen meines Kollegen ein letzter Punkt dunkel geblieben war, so wurde derselbe mir nun auf diesem kurzen Wege vollkommen klar.

O, wie der Mond, der deutsche Mond auf die beiden Frauen und den Königlich Preußischen Kreisrichter herunterlachte! O, er weiß sich zu rächen, der deutsche Mond! Er hat seine Mittel, er kennt seine Mittel, und er weiß seine Mittel zu gebrauchen! Mein Freund Löhnefinke hat vollständig recht: es ist ein Elend, die Erbschaft von Generationen, von Jahrhunderten antreten zu müssen, ohne vorher von der Rechtswohltat des beneficii inventarii Gebrauch machen zu dürfen. Es ist ein Jammer, jenen bleichen, ab- und zunehmenden Gesellen erst nicht zu beachten, dann zu verachten und endlich seinem Einflusse ohne erklecklichen Widerstand hingegeben zu werden und — sich hinzugeben!

Man muß eben ein Mann — ein deutscher Mann und Beamter sein, um das Entsetzliche im ganzen und vollen an sich zu erleben. Frau Johanne und Fräulein Helene Löhnefinke, ohne je die Ansprüche des Mondes an den Menschen berücksichtigt zu haben, hatten sich ganz auf die Seite des Mondes gestellt und rächten ebenfalls ihn an seinem Verächter. Es war nicht abzusehen, wieweit sie den Gatten und Vater noch hinunterbringen konnten, — tief genug herunter hatten sie ihn bereits gebracht.

Als ich spät am Abend wieder bei meinem Bäcker saß, rauchte ich ein halb Dutzend Pfeifen über den Erlebnissen und Erfahrungen des Tages und kam gegen Mitternacht zu dem Entschluß, meinem augenblicklich in Göttingen Mathematik studierenden Jungen ein Exemplar von Jean Paul Friedrich Richters sämtlichen Werken zu seinem nächsten Geburtstage zu schenken. —

ANHANG

Vorbemerkung: *Im Unterschied zu der Behandlung der vorangehenden Texte sind die im Anhang mitgeteilten Tagebuch-, Notizbuch- und Brieftexte in der Schreibweise Raabes wiedergegeben, doch mit folgenden Einschränkungen: unzweideutige Schreibfehler sind verbessert, Abkürzungen sind im allgemeinen aufgelöst, aus Flüchtigkeit ausgelassene Satzzeichen sind ergänzt. Tilgungen sind durch eckige Klammern [ ], Zusätze des Bearbeiters durch Winkelklammern ‹ › gekennzeichnet.*

Abkürzungen: *Tgb.: Tagebuch Raabes, im Besitz der Nachkommen Raabes. – Nb.: Notizbücher Raabes, im Besitz des Stadtarchivs Braunschweig. – Br.: Briefe Raabes, im Besitz des Stadtarchivs Braunschweig. – Br.F.: „In alls gedultig“, Briefe Wilhelm Raabes (1842–1910). Im Auftrage der Familie Raabe hg. v. W. Fehse, G. Grotesche Verlagsbuchhandlung, Berlin 1940. – Mitt.: Mitteilungen für die Gesellschaft der Freunde Wilhelm Raabes, Wolfenbüttel 1911 ff. – L.: Lesarten.*

Sankt Thomas

I. Das Werk

1. Zur Entstehung

Am 7. April 1865 hatte Raabe die „Drei Federn“ beendet, und eine Woche später – am 14. April 1865 – hatte er „Abu Telfan“ begonnen. Die Arbeit an dem großen Roman erfuhr jedoch mehrfache Unterbrechungen, so zunächst durch die Abfassung von „Sankt Thomas“. Der Plan zu dieser Erzählung war schon vor Jahren gefaßt: in seiner „Generalbeichte“ (Magazin für die Literatur des In- und Auslandes, 50. Jg., Nr. 30 v. 23. Juli 1881, S. 441 f.) hat Raabe den 22. April 1861 als den Beginn seiner Beschäftigung mit dem Thema bezeichnet.

Zur Ausführung gelangte der Plan aber, wie gesagt, erst 1865. In einem seiner Notizbücher (NB. 2, S. 37–39) skizzierte Raabe vorerst den Verlauf der Handlung, die er in acht Abschnitte gliederte. Die drei ersten Abschnitte schrieb er am 9. Februar 1865 nieder, die folgenden fünf am 15. April 1865. Die Eintragung lautet:

Sanckt Thomas
v.
Wilh. Raabe. 9 Februar 1865

1

Inez liegt in einer Hängematte und hält Siesta. Sie träumt von ihrer Jugend wie sie eine Gefangene war bei den Niederländern. Ihr Vater fiel daselbst bei XX sie wurde von ihrem Oheim dem Portugiesisch. Ob‹erst› Cavansos ausgelöst weit durch das Land geschleppt und ging mit ihm zu letzt nach St Thomas, wo der Oheim Gouverneur geworden war. Bilderreihen.

2

Der Gouverneur kommt und findet das schlafende Mädchen. Betrachtungen über Jugend etc. Ein Diener meldet den Capitän XX und dieser erscheint verstört u aufgeregt. Er ist ebenfalls ein alter Mann ein Jugendfreund des Gouverneurs u ist mit seinem Schiff von Cadix her vor dem niederländischen Geschwader her geflohen und berichtet alles über die niederländische Armada u wie sie jetzt im Anzug auf Sanckt Thomas sei.

3

Inez hat in einem schweren Halbschlaf zugehört (sie ist krank am Tropenlande) und den Namen van der Does vernommen, konnte sich jedoch nicht ermuntern. Sie fragt sich ob sie gewacht oder geträumt habe; aber die Lärmkanone u das Wirbeln der Trommeln überzeugen sie daß das große Geschick nahe.

4

15 April 1865

Beim letzten Strahl der Sonne sind die niederländischen Segel auf der Meereshöhe erschienen. Sie kreuzen während der Nacht vor der Insel und die Geschichte führt auf die Flotte und das Admiralsschiff Oranien wo Jan Gerbrand der Admiral befehligt; der seinen Vetter Gerhard van der Does neben sich hat. Es wird die Expedition geschildert und Kriegsrath gehalten.

5

Der Morgen. Wie sich die Nachricht in die Insel verbreitet hat. Wie die Indier von ihren Bergen die fremden Schiffe sehen, und wunderliche Gedanken darob haben. Wie ein Theil die Portugiesen unterstützt, ein anderer dagegen in den Fremden die von den Göttern verheißenen Befreier sieht. Die Schiffe der Niederländer beginnen das Feuer auf Pavaosa und setzen Landungstruppen ans Land.

6

In der belagerten Stadt. Die Hitze. – Inez und ihr Oheim. Die Spanier wollen sich nicht ergeben. Die Eingeborenen haben die Angreifer verstärckt. Inez liegt kranck in Fieberphantasien und vernimmt das Kampfgetöse des letzten Sturmes.

7

Die Niederländer dringen in die Stadt der Oheim fällt, ebenso der Kapitän. Gerhard van der Does dringt in das Gemach der Inez. Erkennung. *‹Nachträglich hinzugefügt:›* Auch Gerhard befindet sich wie in einem Fiebertraum. Er ist krank wie das Mädchen.

8

Hütte der Eingeborenen im Innern der Insel. Um ein Feuer lagern die Schwarzen und hier wird der Ausgang des großen niederländischen Unternehmens von den Wilden erzählt.

Es vergingen mehrere Monate, ehe sich Raabe für die Ausführung seiner Skizze freimachte. Zwar trug er bereits am 21. April 1865 in sein Tgb. ein: Nachm. Beginn von „Sanckt Thomas“, *auch wird er die folgenden Tage verwendet haben, um – wie üblich – zunächst einen Entwurf anzufertigen. Aber schon bald gewannen andere Arbeiten den Vorrang. Am 13. Mai 1865 begann er,* die Heimkehr zu schreiben *(Tgb.), und dann entwarf er den Plan zu den* Gänsen von Bützow, *(Tgb.), beendete ihn am 9. Juli 1865 (Tgb.) und blieb dann bis zum 29. bzw. 31. Juli mit der Ausarbeitung bzw. Durchsicht der neuen Erzählung beschäftigt (Tgb.). Am 2. August 1865 war es schließlich so weit, daß Raabe in seinem Tgb. vermerken konnte:* Angefangen, die Novelle St Thomas auszuarbeiten. *Die Arbeit schritt nunmehr schnell voran: in kurzen, im Tgb. genau verzeichneten Zeitabständen vollendete er einen Abschnitt nach dem andern, und am 26. September 1865 lag die schließlich auf zwölf Abschnitte angewachsene Erzählung fertig vor. Die Eintragung im Tgb. lautet:* Nachm. 5 Uhr 5 Min. Beendigung der Erzählung: Sanckt Thomas. *Am Tag danach erfolgte die Durchsicht der* Novelle *(Tgb.), und wieder einen Tag später ging Raabe daran,* den Roman Hagebucher *‹Abu Telfan›* auszuarbeiten *(Tgb.). –*

„Sankt Thomas“ ist eine historische Erzählung. Die Quelle, der Raabe in den geschichtlichen Begebenheiten, die er in die dichterische Darstellung einbezog, folgte, war die von Karl Curths verfaßte Fortsetzung zu Schillers „Geschichte des Abfalls der Niederlande von der Spanischen Regierung“, Leipzig 1823. Ihr hatte Raabe auch die Motive für die historischen Erzählungen „Der Junker von Denow“ (beendet am 26. 12. 1858) und „Die schwarze Galeere“ (beendet am 12. 10. 1860) entnommen. Jede der drei Erzählungen behandelt Geschehnisse, die sich im Jahr 1599 ereigneten und in Beziehung zu den Kampfhandlungen standen, die die Niederländer damals zur Wahrung ihrer religiösen Freiheit und ihrer staatlichen Selbständigkeit auszufechten

hatten. Neben der Schrift von Curths benutzte Raabe im ersten Kapitel von „Sankt Thomas“ – in dem Bericht über die Dreikönigsschlacht bei Alcassar – die von Bünting verfaßte und von M. H. Meybaum neu herausgegebene „Braunschweigische und Lüneburgische Chronica“, Magdeburg 1620, 3. Teil, S. 548. (Raabes Vater besaß die Büntingsche Chronik in der Neuauflage von 1620.) Zur Quellenfrage vgl. im übrigen: W. Brandes, Mitt. 1914, S. 16; W. Fehse, Mitt. 1914, S. 95 ff.; W. Fehse, Mitt. 1915, S. 18; W. Brandes, Mitt. 1924, S. 97.

2. Veröffentlichung und Aufnahme

Am 30. September 1865 begab sich Raabe zu Moritz Hartmann, dem Herausgeber der im Stuttgarter Verlag Krais und Hoffmann erscheinenden Zeitschrift „Freya“, und überbrachte ihm das Manuskript von „Sankt Thomas“ (Tgb.). Am 7. Oktober folgte in Gegenwart von Hartmann eine Unterredung mit Krais (Tgb.), die zur Annahme der Erzählung führte. Am 31. Oktober erhielt Raabe vom Verlag 96 Rth. für „Sankt Thomas“ (Honorar-Liste). Im folgenden Jahr erschien die Erzählung in der Stuttgarter Zeitschrift (s. Textgeschichte).

„Sankt Thomas“ gehörte zu den Erzählungen, die Raabe 1869 unter dem Titel „Der Regenbogen“ zusammenfaßte (vgl. Bd. 9,1 S. 447 f.), sowie zu den „Gesammelten Erzählungen“, die er 1896 herausgab (vgl. Bd. 9,1 S. 412 u. 449).

II. Der Text

1. Textgeschichte

H: Handschrift von Sanckt Thomas. Eine Erzählung von Wilhelm Raabe (Jakob Corvinus). *Format: 16 x 20,5 cm. 64 beschriebene Seiten, dazu ein Umschlagblatt. Das Manuskript ist sorgfältig niedergeschrieben; es weist wenig Verbesserungen und Zusätze auf. Im Besitz des Stadtarchivs Braunschweig.*

Z: Sankt Thomas. Eine Erzählung von Wilhelm Raabe (Jakob Corvinus). – *In: Freya. Illustrirte Blätter für die gebildete Welt, Jg. 6, Stuttgart 1866, S. 233–240 u. 273–286. Jedem Teil war ein Kupferstich vorangestellt; der erste zeigte eine Kolonialsiedlung iberischen Stils, eingerahmt durch eine üppige Vegetation, der zweite eine zwischen Palmen angebrachte Hängematte, in der eine junge Spanierin ruht.*

B1: Sankt Thomas – *In:* Der Regenbogen. Sieben Erzählungen von Wilhelm Raabe. Stuttgart, Verlag von Eduard Hallberger, 1869, Bd. 1, S. 175–258.

B2: *Desgl.* – *In:* Der Regenbogen. Sieben Erzählungen von Wilhelm Raabe. 2. Auflage, Stuttgart und Leipzig, Druck und Verlag von Eduard Hallberger (o. J.), Bd. 1, S. 175–258.

G1: *Desgl.* – *In:* Gesammelte Erzählungen. Von Wilhelm Raabe. Berlin, Verlag von Otto Janke, 1896, Bd. 2, S. 94–138.

G2: *Desgl.* Zweite Auflage. *Ebd.* 1901, Bd. 2, S. 94–138

G3: *Desgl.* Dritte Auflage. *Ebd.* 1905, Bd. 2, S. 94–138

W2: Sankt Thomas. – *In:* Wilhelm Raabe. Sämtliche Werke, 23. – 27. Tausend. Zweite Serie, Bd. 1, S. 98–141. Verlagsanstalt Hermann Klemm A-G, Berlin-Grunewald *(1934).*

H bildete die Druckvorlage für Z und ging an Raabe zurück. Von Z las Raabe allem Anschein nach keine Korrektur, jedenfalls findet sich im Tgb. kein Vermerk, der auf das Gegenteil schließen läßt. In seinem Nachlaß hat sich ein Belegexemplar des Zeitschriftendrucks erhalten, in dem verschiedene Druckfehler von Raabes Hand mit Bleistift verbessert sind, Druckfehler also, die Raabe wohl behoben hätte, wenn er von Z vor der Drucklegung Korrektur gelesen hätte.

Von B1 las Raabe vom 25. Juli bis 30. September 1868 Korrektur (Tgb.). Daß er von B2 Korrektur gelesen habe, ist im Tgb. nirgends vermerkt. B2 stellt vermutlich nur eine Titelauflage von B1 dar (vgl. Bd. 9,1 S. 449) und ist textkritisch ohne Belang.

B1 (B2) bildete die Druckvorlage für G1. Von G1 las Raabe in der Zeit vom 7. Februar bis 28. April 1896 Korrektur und Revision (Tgb.). Von G2 las er in der Zeit vom 17. Oktober bis 4. Dezember 1901 wiederum Korrektur und Revision, desgleichen von G3 in der Zeit vom 18. September bis 4. November 1905 (Tgb.). Von G3 ließ Janke Platten herstellen; vgl. hierzu Bd. 9,1 S. 415.

2. Textbefund und Textgestaltung

H entspricht orthographisch und grammatikalisch den aus dem gleichen Zeitraum stammenden Handschriften des „Letzten Rechts" und der „Keltischen Knochen"; vgl. dazu Bd. 9,1 S. 415 ff. u. S. 479 f. Beispiele:

Bewahrung altertümlichen Sprachguts: 10,13 sechszehnten; *14* sechszigsten; *17 f.* zur Ruhe legen; *15,33 f.* Da erhub sich; *16,6* eilf; *28,1* anständlich; *29,26* Vorwachten *(= Vorposten); 35* Besitznehmung; *37,1* fieberisch; *33 f.* die Nestel knüpfen *(vgl. Anm. zu 33 f.); 38,4 u. ö.* darnach; *50,15* Härtigkeit; *24,2 f. u. 54,18* Landesgenossen. *Der altertümliche Charakter der Sprache wird gelegentlich durch die bewußte Archaisierung bestimmter Verbalformen in den Gesprächen verstärkt:*

20,4 Es freuet mich; *21,2* Gehet; *27,20* gedenket; *28,28* Lebet ... nehmet *usw. Im Erzähltext begegnet die Archaisierung nur ausnahmsweise, so 35,10* zerkauete; *59,2* drohete. – *Eigenheiten im Wortgebrauch: In der Schreibung eines Wortes wie* Contre-Admiral *25,32 wahrt Raabe den fremdsprachigen Charakter, desgl. auch in der Aussprache, so daß seine Schreibweise beizubehalten ist. In Wortzusammensetzungen tritt das Bestimmungswort vereinzelt noch ohne Beugung vor das Grundwort, so 37,8* Befehlwort; *andererseits mit voller Genitivendung 24,2 f. u. 54,18* seiner Landesgenossen. – *Im Gebrauch des Relativpronomens überwiegt* welcher *gegenüber* der; *zuweilen wird noch das Demonstrativpronomen* derselbe *verwendet, so 46,12. Beim Gebrauch der Adverbien* herab *und* hinab *bevorzugt Raabe am unpassenden Ort die mit* her *zusammengesetzten Formen, so 28,14 f.* wenn ich hereinkomme; *41,16 ff.* blickte... auf das wilde Durcheinander ... in der Tiefe herab. – *Bei Adjektiven, die von Hauptwörtern abgeleitet sind, wird das e der auf -er auslautenden Hauptwörter gern noch gewahrt, so 9,17* Breitblätterige; *44,25* feuerigen.

Bei der Deklination von Adjektiven scheidet das Endungs-e im Positiv wie Komparativ in der Regel aus, desgl. auch bei Pronominaladjektiven: 10,26 wackern; *13,16* Euern; *13,21* weitern; *14,4* tapfern; *25,6* besondern; *28,7* unsern; *28,16* Euerm; *33,11* andern; *37,12* schwerern *usw. Es fehlt aber nicht an Ausnahmen: 12,6* roheren; *13,33* jüngeren; *17,33* schnelleren; *47,8* mächtigeren. *Unter dem Einfluß des Niederdeutschen dekliniert Raabe Eigenschaftswörter nach Präpositionen und bei fehlendem Artikel in der Regel schwach, so 9,9* in ziemlichen Respekt; *15,32* nach abgehaltenen Kriegsrat; *22,24* mit günstigen Winde; *24,7 f.* vor versammelten Heer; *26,9 f.* mit tausendstimmigen Jubelruf; *32,1 f.* in allen Guten; *36,31 f.* mit ohrenzerreißenden Geheul; *39,10* in großen Grauen *usw. Verwandter Fehler tritt auf 40,4* „Stopft ihn den Mund!" *Raabe war sich solcher Verstöße gegen die hochdeutsche Schriftsprache durchaus bewußt, wie aus dem noch ungedruckten Briefwechsel mit Jensens hervorgeht; auch räumte er den Setzern ohne weiteres das Recht zur Korrektur ein, er selbst ging aber nicht von seiner Eigenheit ab. Nach dem Zahlwort* sämtlich *verwendet Raabe, wie heute üblich, die schwache Deklination, so 36,19 f.:* Sämtliche eisernen und stählernen Schutzwaffen. *Bei der Konjugation der Verben bildet Raabe das Perfekt im Passiv vielfach unter Weglassung des Hilfsverbs* worden, *so 13,6 f.* Nachdem die heulende Dueña ... abgeführt war; *37,17 f.* auf einem Hügel, der ... ausgewählt war.

In der Interpunktion pflegte sich Raabe, seinem Sprechstil folgend, über die geltenden Regeln hinwegzusetzen, wie dies folgende Beispiele zeigen: Nach einem hitzigen Angriff und einem heftigen, aber ebenfalls vergeblichen Bombardement, hielt man einen Kriegsrat, in welchem man beschloß vor Lissabon den Versuch nicht zu wiederholen; sondern einen Überfall der Glücklichen Inseln, zu wagen *(22,20 ff.).* - Wie kann ihr Übeles begegnen; wenn ich im rechten Augenblick an ihrer Seite bin?... Es wäre nur schlimm gewesen; wenn mich der Oheim... nach Hause geschickt hätte. *(43,19 ff.).* – Auf dem Rande des Grabens, welcher die flammende Stadt von dem Schlosse trennte; erschienen... die ersten Weißen. *(45,6 f.). Vgl. zur Zeichensetzung Raabes Bd. 8, S. 423 ff. u. Bd. 14, S. 498 f.*

Z weicht von H in zahlreichen Fällen ab, teils infolge der Verbesserungen von Raabes Hand, teils infolge von Setzereingriffen oder auch Setzerfehlern.

Raabe griff aus sachlichen und stilistischen Gründen in nicht wenigen Fällen verbessernd in den Wortlaut ein; vgl. L. zu 12,20; 12,22; 13,3; 14,2; 19,13 f.; 20,7; 24,23; 24,25; 25,32; 27,25; 31,9; 32,7; 32,8; 34,15; 39,6; 45,6; 46,13; 49,16; 52,20; 56,17 f. u. 59,2. Außerdem behob er einige Flüchtigkeitsfehler, die ihm bei der Niederschrift von H unterlaufen waren, so u. a. 9,5; 10,4; 11,7; 37,19 und 40,4. Auf Raabe wird es auch zurückzuführen sein, daß er 38,14 Mittagsbrot *entsprechend seiner vielfach bezeugten Gewohnheit in* Mittagsbrod *abänderte.*

Die Eingriffe des Setzers waren großenteils orthographischer und grammatikalischer Natur; soweit sie dies waren, wurden sie von Raabe offenbar gutgeheißen. Der Setzer ersetzte sämtliche ausgeschriebenen Jahresangaben u. dgl. durch Ziffern (z. B. 7,9 vierzehnhundertzweiundsiebenzig >1472), *ebenso verfuhr er bei Ordnungszahlen als Teil eines Namens (z. B. 8,26* Philipp der Zweite > Philipp II.). Für eilf *schrieb er* elf *(so 16,6 u. 53,35), was Raabe zuließ; für* siebenzig *schrieb er entgegen Raabes Billigung* siebzig *(so 22,12 u. 48,14). Er ersetzte 13,18* Geißel *durch* Geisel, *25,10* Pabst *durch* Papst, *23,12* wadete *durch* watete, *allerdings 16,4 auch* Heide *durch* Haide *und 27,3* Herrgott *durch* Herr Gott. *28,1 ersetzte er* anständlich *durch die zeitgemäße Form* anständig, *ebenso* welche letztern *durch* welch letztere *(17,9). Vor allem verbesserte der Setzer die fehlerhafte Deklination der Adjektiva nach vorangehender Präposition und fehlendem Artikel, so 9,9; 15,32; 22,13 f.; 22,24; 24,7 f.; 26,10; 32,1 f.; 36,31 f; 39,10; 40,16; 41,19; 45,25.*

Oftmals griff der Setzer aber auch ohne hinreichenden Grund in die Textgestalt ein. Hauptsächlich ging es ihm dabei um Angleichung der Genitiv- und Dativendungen von Substantiven an seine gewohnte Ausdrucksweise sowie um die Einfügung des Endungs-e bei Adjektiven und Pronominaladjektiven, ebenfalls entsprechend seiner eigenen Schreibweise (z. B. 13,6 Euern > Euren *usf. oder 37,12* schwerern

> schwereren *usf.). Die für Raabe charakteristische Superlativform* größeste *änderte er in* größte *(58,25) ab. Nach* sämtlich *ging er zur starken Deklination über (36,19 f.).*

Darüber hinaus unterliefen dem Setzer zahlreiche Versehen; vgl. L. zu 7,20; 8,7; 11,22; 13,16; 15,8; 16,13; 17,10; 21,3; 21,3; 23,22; 24,33; 32,24; 33,1; 43,19; 45,13 u. 47,1 f. Mehrfach trat Textverlust ein, vgl. L. zu 9,11; 46,12; 48,20 u. 49,8.

Die Interpunktion wurde, wie dies auch sonst der Fall war, weitestgehend den geltenden Regeln angeglichen.

Für B 1 unterzog Raabe die Erzählung einer sorgfältigen Durchsicht. So beseitigte er eine Reihe von Fehlern, die sich in Z eingeschlichen hatten; vgl. L. zu 7,20; 8,7; 13,16; 17,10; 27,5; 30,26; u. 49,8. Außerdem griff er verbessernd in den Wortbestand ein; vgl. L. zu 8,28; 11,13 f.; 12,17 f.; 15,5; 20,32; 25,12 f.; 27,5; 29,23; 35,26; 39,7; 42,6; 44,32; 47,10 f.; 50,29; 56,18; 59,20 u. 23. Der Setzer verbesserte in einem Fall die fehlerhafte Deklination eines Adjektivs (vgl. L. zu 57,10), fügte entgegen Raabes Ausdrucksweise bei Adjektiven und Pronominaladjektiven mehrfach das Endungs-e ein (so 28,7 unsern > unsren; *28,20* Euern > Euren *usf.). Außerdem unterliefen ihm verschiedene Versehen; vgl. L. zu 8,3; 8,4; 8,9; 8,14; 39,8; 39,28; 44,6; 59,5.*

In G 1 nahm Raabe eine Anzahl von Verbesserungen vor. In neun Fällen ersetzte er das Relativpronomen welcher *durch* der *(vgl. Text 8,24; 14,6; 41,27 (2×); 45,29; 48,20; 53,29; 54,22 u. 58,30),* dieselbe *änderte er in* sie *ab (48,16). Mehrfach griff er verbessernd in den Wortlaut ein: vgl. L. zu 13,8; 19,6; 25,33; 35,29; 36,30; 46,35 u. 47,5.*

Auf Raabe oder den Setzer geht die Einfügung des Hilfszeitworts worden *zurück (vgl. Text 13,7 u. 37,17). Wohl dem Setzer ist die Abänderung von* herab *in* hinab *(41,18) zuzuschreiben.*

Im übrigen nahm die Angleichung von Raabes Sprache an das Schriftdeutsch in der gleichen Richtung wie in Z und B 1 ihren Fortgang. In fünfzehn Fällen wurde davon die Deklination der Adjektiva und Substantiva betroffen. Außerdem unterliefen dem Setzer in vier Fällen Versehen: vgl. L. zu 19,19; 20,34; 25,34; 39,28 u. 40,17.

In G 2 stellte Raabe zwei in G 1 eingedrungene Fehler richtig: vgl. L. zu 19,19 u. 25,34. Zudem änderte er in fünf Fällen den Wortlaut ab: vgl. L. zu 20,11; 37,26; 45,17; 50,8 u. 50,22. – Von seiten des Setzers nahm die Angleichung an die Schriftsprache in acht Fällen ihren Fortgang; bemerkenswert ist dabei, daß in den Wortzusammensetzungen Orlogszug *(21,16) und* Orlogsschiffe *(26,9 u. 55,14) nunmehr das Genitiv-s wegfiel. Die Zahl der Fehler erhöhte sich weiterhin, vgl. L. zu 8,23; 29,3; 36,13 u. 51,28.*

G 3 unterscheidet sich von G 2 nur ganz geringfügig. Auf Raabe gehen zwei Verbesserungen zurück: vgl. L. zu 51,26 u. 54,22. Dem Setzer unterlief ein Versehen: vgl. L. zu 14,30 f.

3. Lesarten

In das Lesartenverzeichnis sind alle wesentlichen Varianten von H bis G 3 mit Ausnahme der unter II,2 summarisch behandelten Setzereingriffe aufgenommen; von W 2 sind nur die Lesarten angeführt, die von der gesamten Überlieferung, wie sie in H bis G 3 vorliegt, abweichen. Die Varianten in der Zeichensetzung sind bis auf wenige nicht berücksichtigt; dasselbe gilt für handgreifliche Druckfehler. Ein vollständiges Lesartenverzeichnis ist im Stadtarchiv Braunschweig niedergelegt.

1) 7,20 Pavaoso Z · **8**,*3* von Portugals seiten *B 1 ff.* · *4* Bischöfe *B 1 ff.* · *7* Fest Z · *9* Edelsteinen *B 1 ff.* · *14* wollt *B 1 ff.* · *23* würde *G 2 f.* · *24* welches seine *H–B 2* · *28* Herzog von Alba] Herzog von Toledo *H Z* · **9**,*5* ablegenen *H* · *9* ziemlichen *H* · *11* Kolonisten und] *fehlt Z ff.* · *17* Breitblättrige *G 1 ff.* · **10**,*4* Giebel *H* · *27* von den Türmen *W 2* · **11**,*7* einer solche *H* · *13 f.* worüber das Folgende nachzulesen sein wird.] leset! *H Z.*

2) **11**,*22* angefallen *(Lesefehler)* Z *ff.* · **12**,*17 f.* augenblicklich von der *HZ* · *20* augenblicklich] *fehlt H* · *22* und er] – er *H* · **13**,*3* welches immer *H* · *7* worden] *fehlt H–B 2* · *8* Obristen] Hauptmanns *H–B 2* · *16* den Herzogenbusch Z · **14**,*2* und] *fehlt H, für* und *hier Komma* · *6* welcher viel zu *H–B 2* · *30 f.* nachdem ihm *G 3* · **15**,*5* schon um der *H Z* · *8* blaue Luft *Z ff.* · *32* abgehaltenen *H* · **16**,*6* Varaz *Z ff* · *13* hochvermögenden *Z–G 1* · **17**,*10* Stirne Z.

3) **17**,*22* fest] fast *Z B 1 2* · **19**,*6* seufzte] sagte *Z–B 2* · *13* für die] für diese *H* · *19* auch immer] ja immer *G 1* · **20**,*7* ein wohlerfahrener *H* · *11* wenig erfreut] sehr verwundert *H–G 1* · *32* Fahrzeugs] Brigantine *H Z* · *34* noch] *fehlt G 1 ff.* · **21**,*2* Geht *B 1 ff.* · *3* Fluß *Z ff.*

4) **22**,*12* Fünfundsiebzig Z · *13* an diesen *H* · *24* günstigen *H* · **23**,*11* Herrn Z · *12* wadete *H* · *18* Arm *Z ff.* · *22* Hellebardierer *Z ff.* · **24**,*7 f* vor versammelten *H* · *23* bereits] ebenfalls *H* · *25* ebenfalls] *fehlt H* · *33* so er] die er *Z ff.* · **25**,*12 f.* eifrigen Teilnehmer *H Z* · *32* hatte *H* · *33* anders] *fehlt H–B 2* · *34* konnte *G 1.*

5) **26**,*10* tausendstimmigen *H* · **27**,*5* wer noch Luft *H Z* · *25* zu Boden haben *H* · **28**,*28* Lebt wohl *G 2 f.* · **29**,*3* Unterhandlungen *G 2 f.* · *23* am Nachmittag *H Z* · **30**,*9* Schultern *W 2.*

6) **30**,*26* und den *H Z* · **31**,*9* kostbaren] wahren *H* · **32**,*1* in allen *H* · *7* bedenckt *H* · *8* regt *H* · *24* nun ist's *Z ff.* · **33**,*1* könnt *Z ff.* · **34**,*15* Landsgenossen *H* · *30* erweckte *W 2* · *33* vor den Fenstern *W 2* · **35**,*26* Kopfzerbrechens *H Z* · *29* Gouverneur *H–B 2.*

7) **36,***13* getrocknete *G 2 f.* · *30* Marschreihen] Gliedern *H–B 2* · *31 f.* ohrzerreißenden *H* · **37,***19* Neffens *H* · *26* nach Wasser] *fehlt* H–G 1 · **39,***6* gesäugt *H* · *7* Schwester *H Z* · *8* wandle *B 1 ff.* · *10* großen *H* · *13* wandle *G 2 f.* · *28* wendet euch, wendet euch] wendet euch *B 1 ff.* · **40,***4* „Stopft ihn *H* · *16* größern *H* · *17* gegen *G 1 ff.*

8) **41,***18* in der Tiefe herab *H–B 2* · *19* ernstem *H* · *27* die auf] welche auf *H–B 2* · **42,***6* demütigen und unsern *H Z* · **43,***19* Übles Z ff. · **44,***6* aus] auf *B 1 ff.* · *32* Del Oriente] Abreojos *H Z* · **45,***6* Jenseits des Grabens *H* · *13* gebt *Z ff.* · *17* ist tot *H–G 1.*

9) **45,***25* christlichen *H* · *29* welches eine Weile *H–B 2* · **46,***12* einst] *fehlt Z ff.* · *13* hochgeschürzt *H* · *35* Gouverneur *H–B 2* · **47,***1 f* auf unseren *Z ff.* · *5* Euer Gnaden] Sennor Don Franzisko *H–B 2* · *10* mehr] *fehlt H.*

10) **48,***16* und dieselben *H–B 2* · *20* von Ysselmünde] *fehlt Z ff.* · **49,***8* Storms] *fehlt Z* · *16* fiebrische *H* · **50,***8* andern] *fehlt H–G 1* · *22* stille *H–G 1* · *23* nur] *fehlt* W 2 · *29* auf ihren *H Z* · **51,***26* würde *H–G 2* · *28* löste] legte *G 2 f.*

11) **52,***20* Flamme *H* · **53,***29* aus welcher *H–B 2* · **54,***22* welcher seine Seele gewonnen *H–B 2*, der seine Seele gewonnen *G 1 f.*

12) **56,***17* Er versuchte es mit seinen Leuten die Körper seiner *H* · *18* einige] zwei *H Z* · **57,***10* Mit wilden lachenden *H Z* · *20* in den Bergen] *fehlt B 1 ff.* · **58,***30* auf welcher *H–B 2* · **59,***2* drohete *H* · *5* heimgekehrt *B 1 ff.* · *20 u. 23* o Sankt Thomas] Insel Sankt Thomas *H Z.*

III. Anmerkungen

5 Sankt Thomas] *Die Erzählung erhielt ihren Titel nach der Insel São Thomé im Golf von Guinea. Diese Insel ist 857 qkm groß und von der Gabun-Mündung, dem nächsten Küstenteil des afrikanischen Kontinents, 268 km entfernt. Sie ist vulkanischen Ursprungs und wird von Bergen durchzogen, deren höchster, der Pico Grande, 2024 m erreicht. Ihr Name rührt davon her, daß sie wohl am Thomastag, am 21. Dezember, 1472 von den Portugiesen ihrem Herrschaftsbereich eingegliedert wurde.*

1) 7,5 f. Fernao do Po, *benannt nach ihrem Entdecker, wurde wahrscheinlich 1472,* Isola do Principe, *die Prinzeninsel, ursprünglich S. Antao genannt, wurde am Antoniustag, am 17. Januar, 1473 und* Annobon, *in der Bedeutung gutes Jahr, wurde wohl am Neujahrstag 1471 entdeckte. 7 Die* Karthager und Phönizier *kannten die Guineainseln nicht. 11 f.* Fernao do Po *und* Annobon *wurden 1778 an die Spanier abgetreten. 19 ff. Ursprünglich hatten die Portugiesen an allen von ihnen entdeckten Gebieten Besitzansprüche erhoben, doch 1494 kam es zwischen den Portugiesen und den Spaniern zu einer Abgrenzung ihrer Ansprüche, und zwar in der Weise, daß im Atlantischen Ozean eine Linie 370 Seemeilen westlich von den Kapverdischen Inseln die Grenze zwischen den überseeischen Besitzungen beider Mächte bilden sollte; die Guineainseln blieben danach bei Portugal. Infolge der Personalunion, die Ende des 16. Jahrhunderts zwischen Portugal und Spanien zustande kam, wurde die portugiesische Kolonie São Thomé allerdings dem Spanier* Franzisko Meneses *unterstellt. Philipp II. von Spanien hatte zwar, als er 1580 die portugiesische Krone beanspruchte, ausdrücklich zugesagt, in den portugiesischen Überseegebieten nur Portugiesen einzusetzen, doch hielt er sich nicht an seine Zusage.* 20 Pavaosa] *Der Name lautete in der von Raabe benutzten Quelle (s. o. S. 407) Pavoasa. Es war der Name einer Niederlassung, die von den Portugiesen im 16. Jahrhundert an einer Flußmündung angelegt war; aus ihr ist die Stadt São Thomé hervorgegangen.* 22 Schlacht von Alcassar] *Der König Sebastian von Portugal wollte Marokko, das sein Großvater Johann III. preisgegeben hatte, wiedererobern. Thronstreitigkeiten im Lande schienen die Erreichung dieses Ziels zu erleichtern. So hatte der rechtmäßige Sultan Abu Abdallah Mohammed von Maghreb von König Sebastian Hilfe gegen seinen Oheim Abd-el-Melik erbeten. Trotz der Warnung des Papstes und des Königs von Spanien ließ sich Sebastian auf diesen Krieg ein. Er brachte ein aus spanischen, deutschen, holländischen und italienischen Söldnern bestehendes Heer von 18 000 Mann zusammen, wurde jedoch schon in der ersten Schlacht, die am 4. August 1578 bei Alcassar stattfand, besiegt. Sebastian fiel, was u. a. zur Folge hatte, daß sein Onkel, Philipp II. von Spanien, 1580 seine Nachfolge antrat. Unter den Portugiesen ging der Glaube um, Sebastian sei nicht gefallen. Es traten auch verschiedene Männer auf, die sich als König von Portugal oder in späteren Zeiten – der Glaube blieb bis zum 19. Jahrh. lebendig – als Nachkommen Sebastians ausgaben.* **8**,*17* Der ehrliche deutsche Geschichtsschreiber] *Anspielung Raabes auf M. Heinrich Büntings „Braunschweigische und Lüneburgische Chronica“, neu herausgegeben von M. H. Meybaum, Magdeburg 1620, 3. Teil, S. 548. Raabe folgte dem Bericht über die Schlacht von Alcassar fast wörtlich. Wilhelm Raabes Vater besaß die Ausgabe aus dem Jahr 1620. 27 f.* Ferdinand Alvarez von Toledo, Herzog von Alba, *1507–1582, war Feldherr und Staatsmann im Dienst Karls V. und Philipps II. 29* Kardinal Heinrich *übernahm als Großoheim des gefallenen Sebastian nach der Schlacht bei Alcassar 1578 die Regierungsgeschäfte in Lissabon. Er war 67 Jahre alt. Da bei seinem Tode (am 31. 1. 1580) noch immer nicht geklärt war, in welcher Verwandtschaftslinie sich die* *portugiesische Krone vererben würde, hatte er als Übergangslösung einen fünfköpfigen Verwaltungsrat eingesetzt. Es meldeten sich viele Anwärter auf den Thron, so neben Philipp II. von Spanien auch Dom Antonio, der* Prior von Crato, *ein unehelicher Sprößling des zweiten Sohnes von Emanuel I., der 1521 verstorben war. Ihm gelang es, mit einer kleinen Truppenmacht Lissabon zu besetzen. Er ließ sich krönen und sogar Münzen mit seinem Bilde schlagen. Er erlag jedoch dem schnellen Zugriff des Herzogs von Alba, der auf Befehl Philipps II. in Portugal eingerückt war. Die Herrschaft des* Königs Anton *war in der Tat nur ein kurzer Traum.* 9,6 Bai von Biafra] *der innere Teil des Golfs von Guinea. 8* das Volk der Eingeborenen] *Bei der Entdeckung von Sankt Thomas hatten die Portugiesen keine Eingeborenen auf der Insel angetroffen. Da sie für die Plantagenbetriebe aber Arbeitskräfte benötigten, führten sie Negersklaven ein. Teile dieser Schwarzen entzogen sich der unbequemen Fremdherrschaft durch die Flucht in das gebirgige Innere. Außerdem entliefen im Jahr 1544 einem Sklavenschiff, das von Angola kam und an der Küste scheiterte, die für den Sklavendienst bestimmten Neger. Sie waren als „Angolares" lange Zeit bei den Weißen wegen ihrer Überfälle auf die Niederlassungen an der Küste gefürchtet. Erst 1693 wurden diese Neger in den Schlupfwinkeln der mit dichter Vegetation überzogenen Berge aufgestöbert und unterworfen.* 10,27 mit den Löwen und den Türmen] *Das spanische Wappen hat im Mittelschild links unten und rechts oben einen roten Löwen (auf das alte Königreich Leon zurückgehend), rechts unten und links oben ein goldenes Kastell mit je drei Türmen (auf das alte Königreich Castilien zurückgehend).*

2) 11,*21f.* Prinz Moritz *von Oranien, 1567–1625, Statthalter der Niederlande, Sohn Wilhelms I. von Oranien und Annas von Sachsen. Er eroberte im Unabhängigkeitskampf viele spanische Festungen in den Niederlanden und besiegte die Spanier 1557 bei Turnhout und 1600 bei Nieuport.* 12,*17* Heraugière ... Breda] *Der niederländische Oberst H. hatte Breda in Nordbrabant 1590 mit Hilfe eines listigen Handstreichs überrumpelt. Vgl. Anm. zu 13,25 ff. 24 ff.* Signor Petruchio aus Verona ...] *Vgl. Shakespeare, Der Widerspenstigen Zähmung I,2. Die ganze Stelle schließt sich bis zur Wahl der Wortbilder an Shakespeare an.* 13,*5 f.* Geusenritter] *Geusen, von franz. gueux = Bettler hergeleitet, wurden z. Z. Philipps II. die niederländischen Freiheitskämpfer genannt. Die Benennung hat ihren Ausgang in einer Bemerkung des Grafen von Barlaimont gegenüber Margarete von Parma, die seit 1559 Generalstatthalterin der Niederlande war. In diesem Gespräch wurden die niederländischen Adligen, die gegen die spanisch-katholische Bedrückung Einspruch erhoben, 1566 spöttisch zu Brüssel als gueux bezeichnet, vor denen man sich nicht zu fürchten brauche. Daraufhin gaben sich die Empörer selbst diesen Namen. Unter Meer- oder Wassergeusen verstand man die Niederländer, die zur See gegen die Spanier kämpften. 16* Herzogenbusch] *niederländ. Hertogenbosch, Hauptstadt der Provinz Nordbrabant, bis 1876 Festung. 26 ff.* wie damals im Raume ...] *Wie Carl Curths (s. o. S. 407) mitteilt, wurde* Breda *im März 1590 durch die Niederländer mit Hilfe folgender Kriegslist eingenommen: Ein Schiffer aus Bergen op Zoom brachte mit seinem Schiff Torf und Brennholz auf das Schloß in Breda. In dieses Fahrzeug wurden in einem Raum unter dem Torf eine Anzahl Soldaten versteckt, die unter dem Befehl des niederländischen Obersten* Heraugière *aus Cambrai standen. Nachdem die Soldaten unbemerkt nach Breda gebracht waren, bemächtigten sich die Niederländer um Mitternacht von dem Torfschiff aus der Festung und mit schnell eintreffenden Verstärkungen der Stadt Breda. Heraugière trug durch seine Besonnenheit und Ruhe wesentlich zur glücklichen Durchführung dieses Handstreichs bei. Den Befehl in Breda über die zumeist aus* Italienern *zusammengesetzte Besatzung führte* Paolo Antonio Lansavechia. **14**,*16* Nina] *Span., Mädchen. 19* meisje] *Holl., Mädchen.* **15**,*1* Margarete] *M. von Österreich war 1480 zu Brüssel als Tochter des Kaisers Maximilian I. geboren. Sie vermählte sich 1496 mit dem Infanten Juan von Spanien und, nach dessen frühem Tode, mit dem Herzog Philibert II. von Savoyen, der 1504 starb. 1507 ernannte sie ihr Vater zur Generalstatthalterin der Niederlande, ein Amt, das sie bis zu ihrem Tode (1530) ausübte. Sie war eine kluge, geistig regsame Frau; die Erinnerung an sie blieb in den Niederlanden lange lebendig. Ihre Reden, Gedichte und Witzspiele, aber auch der Briefwechsel mit ihrem Vater Maximilian wurden veröffentlicht und viel beachtet. 3* Wilhelm von Oranien, *1533–1584, stand ursprünglich im Dienst Karls V. Seit 1555 war er Statthalter der Provinzen Holland, Seeland und Utrecht, außerdem Oberbefehlshaber in den Niederlanden. Er trat an die Spitze des Widerstands gegen die spanische Herrschaft, bekannte sich öffentlich zum Protestantismus, später zum Calvinismus, und nahm meist maßgebend an den wechselvollen Unabhängigkeitskämpfen teil. 1584 wurde er im Schloß zu Delft meuchlings ermordet.* Egmont] *Graf von E., 1522–1568, war Feldherr im Dienst Karls V. und Philipps II. Mit Wilhelm von Oranien opponierte er gegen die spanische Fremdherrschaft, schreckte jedoch vor offener Empörung zurück. Gleichwohl wurde er 1567 durch den Herzog von Alba festgenommen und im folgenden Jahr als Hochverräter auf dem Markt zu Brüssel hingerichtet.* Hoorn] *Philipp Graf von H., 1518–1568, hielt anfangs ebenfalls zu Wilhelm von Oranien. Später trennte er sich, zusammen mit seinem Gesinnungsfreund Egmont, von den Aufständischen. Er wurde zusammen mit Egmont verhaftet und hingerichtet.*

4 Juan d'Austria] *Er war ein Sohn Karls V. und der Augsburgerin Barbara Blomberg, 1547–1578. Er hatte sich in Kämpfen gegen afrikanische Seeräuber und insbesondere im Krieg gegen die Türken ausgezeichnet. 1576 wurde er Statthalter in den Niederlanden, kämpfte hier gegen Wilhelm von Oranien, erhielt aber von seinem Halbbruder, Philipp II., keine genügende Unterstützung. Er starb wahrscheinlich an der Pest, nach anderer Version durch Gift.* *18* Schlacht bei Turnhout] *Die Schlacht fand am 24. Januar 1594 in der Nähe von Antwerpen statt. Das spanische Heer wurde durch die Niederländer unter Moritz von Oranien vernichtet. Raabes Schilderung von dieser Schlacht hält sich an Carl Curths (s. o. S. 407). Dort wird auch* Alonso Drago *als einer der spanischen Offiziere genannt.*

3) **17**,*23 f.* Armleuchter-Pandang] *Pandang, malaiisch, wird die Schraubenpalme genannt, die in den Tropen der Alten Welt mit etwa 160 Arten heimisch ist. Viele Arten besitzen Stelzwurzeln, die in ihrer Form mit einem Armleuchter zu vergleichen sind.* *26 f.* Whydafinken] *Sie sind benannt nach dem namentlich im Negersklavenhandel viel benutzten Hafen Whyda, Whijda, Widah, Weida, Quidah, franz. Dahome. Sie gehören zur Gruppe der Weber- oder Prachtfinken Afrikas und zeichnen sich durch farbenprächtiges Gefieder aus. Sie wurden in der Mitte des 19. Jahrhunderts aus westafrikanischen Häfen, darunter besonders aus Whyda, massenweise nach Europa eingeführt.* **18**,*21 f.* Brigantine] *ein dreimastiges Segelschiff im Unterschied zum Schoner, der zwei Masten besitzt. Die Brigantine entstammt der Mittelmeerschiffahrt, auf der die Seefahrt der Portugiesen und Spanier beruhte.* **20**,*23* Joseph von Arimathia] *Er setzte den Leichnam Jesu in seinem eigenen Grabmal bei; vgl. Markus 15,43 f.* **21**,*3* Gabon] *das buchtenartige Mündungsgebiet des Como in Franz.-Westafrika, ein vorzüglicher Naturhafen.*

4) **21**,*16* Orlogszug] *Orlog: niederländische Bezeichnung für Krieg. Orlogsschiff oder auch nur Orlog war eine bis zum Ausgang des 18. Jahrhunderts weithin bekannte Bezeichnung für ein Kriegsschiff.* *30* Erzherzog Albert, *gewöhnlich Albrecht VII. genannt, 1559–1622, war der jüngste Sohn des Kaisers Maximilian II. 1595 wurde er Statthalter der Niederlande und vermählte sich 1599 mit* Clara Isabella Eugenia, *der ältesten Tochter Philipps II. von Spanien, an die ihr Vater die Niederlande abgetreten hatte. Im Kampf gegen die Nordprovinzen wurde Erzherzog Albert 1600 durch Moritz von Oranien bei Nieuport geschlagen. 1609 schloß er einen zwölfjährigen Waffenstillstand mit den abgefallenen Provinzen ab, deren Selbständigkeit damit durch Spanien endgültig anerkannt war.* **22**,*1* Christian IV. von Dänemark, *1577–1648, war in Deutschland durch seine Feldzüge im Verlauf des Dreißigjährigen Kriegs bekannt. Mit Tatkraft förderte er den däni-*

schen Überseehandel, besonders nach Ostindien, wo er in Trankebar die erste dänische Kolonie gründete. *16* Schout by Nacht] *holländischer Titel für Konteradmiral.* *18* Coruna] *spanischer Hafen an der Atlantikküste im Nordwesten der Iberischen Halbinsel, wo sich die berühmte spanische Armada Philipps II. versammelte.* *24* Glückliche Inseln] *So benannten die Römer die* Kanaren, *zu denen sechs größere und sieben kleinere Inseln gehören. Die bekanntesten unter ihnen sind Teneriffa, Grand Canaria – die* Große Kanaria –, *Gomera und Ferro. Der Name* Glückliche Inseln *(lat. insulae fortunatae) beruhte auf der Vorstellung, daß es die Inseln jenseits der Säulen des Herkules seien, die ein glückliches Leben gestatteten. Den Namen* Kanaren *wählten die Spanier nach den einst dort gezüchteten Hunden (lat. canes), die sie in Westindien als Bluthunde gegen die Indianer zu verwenden pflegten.* **23**,*16* Prädikant] *holländische Bezeichnung für den Prediger.* Almosenierer] *Eigtl. Almosenier, ursprünglich der Titel für Ordensgeistliche, von denen die Almosengelder verwaltet wurden; der Begriff wurde später zu der Bedeutung Beichtvater erweitert.* **24**,*13* opperkerkvoogd] *holländischer Titel für einen mit Verwaltungsaufgaben betrauten Geistlichen.* *32 ff.* Die sollen dem Herrn danken ...] *Vgl. Psalm 107,21 und 23.* **25**,*1* das Dunkelmeer] *In den Wintermonaten, zwischen November und März, wehen, oft ununterbrochen zwei Wochen lang, aus der Sahara in nördlicher und östlicher Richtung sehr trockene Winde auf das Meer. Sie sind mit Staub von meist rötlicher Farbe beladen. Diese Winde, von den Arabern Harmattane genannt, werden wegen ihres in der Tat alles durchdringenden Staubes gefürchtet. Nach der feuchtheißen Regenzeit bringen sie zwar erfrischende Kühle, verdunkeln jedoch infolge der Staubmengen die Sicht, weshalb früher, namentlich während des 16. und 17. Jahrhunderts, der Bereich vor der Saharaküste Westafrikas als* Dunkelmeer *in der Schiffahrt gefürchtet wurde.* *10* Innozenz IX.] *Papst vom 29. 10. bis zum 30. 12. 1591, ein bettlägeriger Greis, der als Parteigänger der Spanier galt.* *11* Murad III.] *Er bestieg 1574 den Thron, widmete sich zumeist seinem Harem und überließ die Regierung seinen Großwesiren.*

5) **30**,*16* heilige Agnesen] *Die hl. Agnes gilt als Verkörperin jungfräulicher Keuschheit. Bilder von ihr wurden daher von Jungfrauen gern gemalt.*

6) **30**,*18* Die Galatea ...] *Im Jahre 1585, zwanzig Jahre vor dem „Don Quijote", verfaßte Cervantes den Schäferroman „Galatea", dessen Handlung am Tajo spielt; vgl. hierzu im Text besonders S. 32,32 ff. und 33,4 ff.* **31**,*4 ff* O Turm Davids ...] *Die preisenden Anreden an die Jungfrau Maria sind der Lauretanischen Litanei entnommen, die, aus etwa 50 Ehrentitel Mariens zusammengesetzt, schon 1558 in Loreto nachweisbar war und möglicherweise schon dem 15. Jh. entstammte. Lo-*

reto (Lauretanum) ist ein berühmter italienischer Marienkult- und Wallfahrtsort südlich von Ancona unweit der Mündung des Musone in das Adriatische Meer. *23* Barbara] *die Schutzheilige der Artilleristen, Waffenmeister und Bergleute.* *30* Gomera] *Vgl. Anm. zu 22,24.* **32**,*13* Holofernes] *Zum Hinweis auf H. vgl. Judith 3.* 25 Pillo ... Bribon] *spanische Worte mit der Bedeutung Spitzbube, Tunichtgut.* **33**,*6* Ximena Gomes] *die tapfere Frau des Cid* Campeador. *Cid ist der maurische Beiname des spanischen Nationalhelden Rodrigo Diaz aus der Zeit um 1075, von den Spaniern el* Campeador *(der Kämpfer) genannt. Cid ist der Mittelpunkt der spanischen Heldendichtung des Mittelalters, die gerade durch seine Gestalt auf die übrige europäische Dichtung, auf die deutsche namentlich durch Herder, gewirkt hat.* *31* Alcala de Henares] *Geburtsort des Cervantes.* *35 f.* englischer Gruß] *Gegrüßt seist du, Maria (Ave Maria), nach Lukas I, 28 der Gruß des Engels Gabriel an Maria.* **35**,*18 f.* Drei-Engel-Bai] *Der Name ließ sich nicht nachweisen.*

7) **37**,*33 f.* Nestel] *eine Schnur zum Festknüpfen von Kleidungsstücken. Einem die Nestel knüpfen besagt seit dem frühen Mittelalter, durch Knüpfung eines Knotens, verbunden mit einem zauberkräftigen Spruch, eine Person an ein Unglück binden.* **39**,*13 f.* Und da sie sich ...] *Vgl. 2. Könige 19,35 und Jesaias 37,36.*

8) **41**,*33* Gianibelli] *Federigo G., ein Italiener aus Mantua, Kriegsbaumeister des 16. Jahrhunderts. Er schlug 1585 vor, Antwerpen, das der Herzog von Parma eingeschlossen hatte, von einer als Sperre erbauten Schiffsbrücke zu befreien durch Brander- und Minenschiffe, die er eigens für diesen Zweck konstruierte. Die Feuerschiffe explodierten, und eines derselben zerstörte in der Tat die Schiffsbrücke des Feindes, doch ohne die von G. erwartete Wirkung auszuüben. Raabe verdankt den Hinweis auf G. Schiller und Curths (s. o. S. 407)* **42**,*7 f.* sie haben Augen ...] *Vgl. Matthäus 11,15.*

9) **47**,*3* Madorka] *eine pestartige Seuche, die von den Portugiesen nach den von Raabe benutzten Quellen La Madorca genannt wurde.* *5 ff.* welch ein stattliches Geleit ...] *Don Juan d'Austria (vgl. Anm. zu 15,4) wurde unter Beteiligung der ganzen spanischen Besatzung, des Fußvolkes und der Reiterei, in der Kathedrale zu Namur beigesetzt; im Frühjahr darauf wurde er auf Wunsch Philipps II. nach Spanien gebracht.*

10) **48**,*6 f.* mit Ruten schlug, so peitschte ...] *Vgl. 1. Könige 12,11.*

11) **55**,*6* Oration] *Lat., in der katholischen Liturgie der Name für das Tagesgebet.*

12) **55**,*22 ff.* Man hatte ...] *In dem folgenden Bericht hat sich Raabe eng an die Schilderung vom Ausgang des Unternehmens bei Curths (s. o. S. 407) angeschlossen.* **57**,*10* eines cordovanischen Goldschmieds] *Die Gold- und Silberschmiede von Cordova, der Hauptstadt der südspanischen Provinz Cordova in Nieder-Andalusien, waren seit der maurischen Zeit durch ihre Kunstfertigkeit berühmt.* **58,4** *und* **6** Abambu *und* Onarika] *Ob es sich in den Worten der Häuptlingstochter um echte mythische Vorstellungen der Negerbevölkerung von Sankt Thomas handelte oder welchen Quellen Raabe sonst gefolgt ist, ließ sich nicht ermitteln.*

Karl Hoppe, Hans Plischke

Die Gänse von Bützow

I. Das Werk

Zur Entstehung und Veröffentlichung

Über Entstehung und Quellen der Gänse von Bützow *sind wir genauestens unterrichtet durch die Untersuchungen von Wilhelm Brandes (Mitt. 7, 1917, 106 ff. = Raabe-Studien, 1925, 238 ff.), der die Quelle erschlossen hat, und durch W. Barnewitz (Mitt. 20, 1930, 114 ff.), der darüber hinaus die Ratsprotokolle der Stadt Bützow heranzog. Auf beide Untersuchungen sei ein für allemal verwiesen; ihr Ergebnis ist folgendes:*

Raabe begann mit der Arbeit an der Erzählung am Morgen des 12. Juli 1864 (Tgb.). Er befand sich damals auf Besuch bei seiner Mutter in Wolfenbüttel; Brandes vermutet daher wohl zu recht, daß Raabe die Quelle, die ihn zu Die Gänse von Bützow *anregte, durch seinen Bruder Heinrich oder durch einen anderen seiner juristischen Freunde erhalten hat, während Fehses Vermutung (S. 251) auf Raabes Schwager Karl Leiste geht. Diese Quelle ist „Merkwürdige Rechtssprüche der Hallischen Juristen-Fakultät“. Herausg. von D. Ernst Ferdinand Klein I. Berlin u. Stettin: Nicolai 1796. VIII + 366 S. 8°. Dieses Buch enthält unter anderen Rechtsgutachten unter Nr. XXVII (S. 193–213) eine von der Herzoglich Mecklenburgischen Justizkanzlei eingeholte Entscheidung in Sachen der Bützower Tumulte (s. S. 131; 141). Diese Entscheidung ist Raabes einzige Quelle für die geschilderten Vorgänge.*

Die Arbeit blieb zunächst liegen, erst am 16. April 1865 nahm Raabe sie wieder auf (Tgb.). Doch läßt die Lektüre von Reuters „Festungstid“ und „Stromtid“, die Tgb. für den dazwischen liegenden Winter bezeugt, erkennen, daß Raabe den Plan zu der Erzählung bei sich bewegte und versuchte, sich mit mecklenburgischen Verhältnissen vertraut zu machen. Jetzt wurden die Gänse *mitten in der Arbeit an* Sankt Thomas, *und während schon die Vorbereitungen für* Abu Telfan *im Gange waren, vom 24. Juni an in einem Zuge niedergeschrieben und am 29. Juli 1865 abgeschlossen (Tgb.). Kurz darauf erschien die* obotritische Historia *in „Über Land und Meer“ (Januar bis März 1866).*

Wie gesagt, war die genannte Rechtsentscheidung der Hallischen Fakultät Raabes einzige Quelle. Er entnahm ihr nicht nur die Grundzüge der Handlung; auch der Vergleich mit der Französischen Revolution liegt schon in der Quelle vor: der Bürgermeister Hane hatte in vollem Ernst in seiner Klage bei der Herzoglichen Justizkanzlei die Parallele gezogen, die Pfändung (der Gänse) sei das Signal zu einem dem französischen Unwesen nahekommenden, schrecklichen und in Bützow noch unerhörten Tumult geworden. Dagegen faßte der Herausgeber der „Merkwürdigen Rechtssprüche" die Angelegenheit humoristischer auf. Das kommt ebenso in der Überschrift zum Ausdruck, die er dem Falle gab – „Es lebe die Gänse Freyheyt!" – als auch in seiner Vorrede (abgedruckt Brandes a.a.O. 110 bzw. 242), die die Parallele zur Französischen Revolution wenigstens andeutet.

Im einzelnen ergibt die Quelle noch folgendes: Nach vorangegangenen Spannungen zwischen dem Magistrat und der Bürgerschaft von Bützow wegen der Verteilung des Holzes und der Gewohnheit, die Gänse frei in der Stadt laufen zu lassen, kam es 1794 aus unbekannten Gründen zu der Anordnung, die Gänse in Höfen und Ställen zu halten, und der Viertelsmann Graebedunkel erhielt den Auftrag, Gänse, die ohne Aufsicht in den Straßen herumliefen, in seinen Pferdestall einzusperren. Als daraufhin die ersten Gänse eingefangen wurden, kam es zu einem Tumult. Unter Führung des Schneiders Schmidt erschien eine Deputation bei Dr. Hane, die mit gewaltsamer Befreiung der Gänse gedroht haben soll. Hane gab nach und versprach endgültige Entscheidung durch die Herzogliche Polizeikommission in Güstrow. Diese gestattete, die Gänse täglich einmal auf die Warnow zu treiben. Inzwischen aber waren die Gänse schon gewaltsam aus dem Stall geholt, und unter dem Ruf: „Es lebe die Gänsefreiheit!" hatte die Menge Graebedunkels Fenster eingeworfen, worauf er floh. Nun erhob der Magistrat Klage bei der Herzoglichen Justizkanzlei in Schwerin, und die Regierung schickte ein Kommando Husaren in Stärke von 1 Unteroffizier und 10 Mann. Erst einige Monate später, nachdem die Untersuchung fortgeführt war, fällte die Justizkanzlei das S. 140 wiedergegebene Urteil. Weil dessen Härte Fluchtverdacht nahelegte, erschien ein neues Kommando Husaren in Bützow und nahm 11 Angeklagte fest. Ein auswärtiger Anwalt der Angeklagten erreichte dann, daß ein Rechtsgutachten der juristischen Fakultät in Halle eingeholt wurde. Es entschied für Freispruch der Angeklagten, die aber die Kosten zu tragen hätten.

Raabe hat vereinfacht, die mehrfachen Verhandlungen um die Gänse hat er zu einer Magistratsverordnung zusammengezogen, der nach entsprechender Vorbereitung Aufstand und Sturm des Pfandstalles als e i n *Ereignis folgen. Dieses wird allerdings kunstvoll zweigeteilt: die Rede des Magisters* Albus *führt unmittelbar zum Aufbruch des Volkes. Aber durch Zwist und Schlägerei zwischen* Albus *und* Dr. Wübbke *wird die Handlung zunächst kupiert und setzt sich erst am nächsten Tage im Aufruhr fort. So gewinnt Raabe Raum für* Albus'

Rettung. Das alles ist Raabes Erfindung. Von dem zweimaligen Erscheinen der Husaren berichtet Raabe nur das erste. Auch die Örtlichkeit hat er vereinfacht, indem er das Volk, das sich in Wirklichkeit bei Brauer Thiele versammelte, ebenso wie die Honoratioren im Erbherzog zusammenkommen ließ, ein Name des Wirtshauses, der erst während der Niederschrift anstelle des ursprünglichen goldenen Bären getreten ist. Ebenso wie die Grundzüge der Handlung entnahm Raabe der Quelle auch die Gestalten des Dr. Hane, des Kämmereiberechners Bröcker und Graevedünkels (mit leichter Namensänderung), indem er zugleich aus ihnen bestimmt charakterisierte Persönlichkeiten machte. Am stärksten ist die Änderung bei Grävedünkel. Dieser war als Viertelsmann keineswegs der Stadtbüttel, sondern einer der vier Verwalter des städtischen Grundbesitzes und saß als solcher zusammen mit den Ratsverwandten in den wichtigsten Ausschüssen (vgl. 73,14 Ausschußbürger). Außerdem entnahm er der Quelle (nicht ohne ein Versehen, Brandes a.a.O. 108 bzw. 241) die Namen der Aufrührer. Wie Raabe die überlieferten Gestalten z. T. aus Eigenem zu lebendig gezeichneten Persönlichkeiten wandelte, so erfand er zu ihnen – in der konservativen Gruppe durfte die Geistlichkeit nicht fehlen – den Pastor Primarius des Ortes. Ursprünglich hieß er Susekind, während der Niederschrift wurde dieser Name in Klafautius geändert, eine Bestätigung der Vermutung Richard M. Meyers (Die deutsche Literatur des neunzehnten Jahrhunderts, Berlin 1912, S. 355), daß Raabe diesen Namen im Anschluß an den des Konsistorialpräsidenten Kliefoth gebildet habe, eines in den fünfziger und sechziger Jahren des vorigen Jahrhunderts als „Mecklenburger Papst" bekannten orthodoxen Geistlichen.

Darüber hinaus erfand er die ganze Gruppe der eigentlichen Veranlasser der Gänserevolution, Magister Albus, Dr. Wübbke und Julia Hornborstel. Ferner legte er den Vorschlag des Gänseverbotes Bröcker in den Mund. Dieser war in Wirklichkeit der eigentliche Beherrscher der Stadt. Indem Raabe ihn zum schwächlichen Pantoffelhelden machte, der nur unter dem Eindruck des „Sieges" über Wübbke in der Holzangelegenheit aktiv wird, und indem er die ganze Gruppe der Gegenspieler erfand, erreichte er eine ursächliche Erklärung für die Entstehung des Tumultes, die in der Quelle fehlt. Ebenso erfand er die Gestalt des Leutnant von Schlappupp und als Krönung des Ganzen den Erzähler der Geschichte, den emeritierten Rektor J. W. Eyring; den Namen entnahm er wahrscheinlich einem anderen Kapitel der „Merkwürdigen Rechtssprüche".

Nicht für die Handlung, wohl aber für das Zeitkolorit benutzte Raabe noch eine andere Quelle. Die ausgedehnte Kenntnis zeitgenössischer Literatur, die ebenso der Charakteristik der Zeit wie der des

Erzählers Eyring *dient, verdankt er nicht allein seiner ja gerade für diese Epoche großen Belesenheit. Einen Teil davon fand er in den Collectanea seines Großvaters August Raabe, in denen dieser Lesefrüchte und Erzeugnisse eigener Schriftstellerei vereinigte. Über diese Collectanea s. Brandes, Mitt. 8, 1918, 25–27 = Raabe-Studien, 1925, 248–250, und Hahne, Mitt. 26, 1936, 35 ff., über die Benutzung durch Raabe s. die Anmerkungen.*

Nach der Veröffentlichung in „Über Land und Meer" wurden Die Gänse von Bützow *in die Sammlungen* Der Regenbogen *und* Gesammelte Erzählungen II *aufgenommen und teilten deren Schicksale (s. Bd. 9,1, S. 447 ff.). Anläßlich der Siebenhundertjahrfeier der Stadt Bützow schuf Enoch Prohl eine Bearbeitung für die Bühne, für die er außer Raabes Erzählung auch die städtischen Akten heranzog (Enoch Prohl, Die Gänse von Bützow. Volkstümliche Komödie. O.O.u.J. [Bützow, Buhs Ratsbuchdruckerei 1931]. Außer bei dem Bützower Jubiläum wurde die volkstümliche Komödie anläßlich der Raabe-Feier am 6.–10. September 1931, mit der die Gesellschaft der Freunde Wilhelm Raabes die hundertste Wiederkehr von Raabes Geburtstag beging, im Lessing-Theater zu Wolfenbüttel aufgeführt (Mitt. 22, 1932, 25).*

II. Der Text

1. Textgeschichte

H: *Handschrift von* Die Gänse von Bützow. Eine obotritische Historia. Von Wilhelm Raabe (Jakob Corvinus). *Im Stadtarchiv Braunschweig (Sign. H III 10,13). 100 S. 4°. Tinte. Korrekturen.*

Z: Die Gänse von Bützow. Eine obotritische Historia von Wilhelm Raabe. (Jakob Corvinus.) *In: Über Land und Meer, Jg. 8, Stuttgart 1866, Bd. 15, Nr. 17, S. 257–259; Nr. 18, S. 274–275; Nr. 19, S. 289–291; Nr. 20, S. 305–307; Nr. 21, S. 322–323; Nr. 22, S. 338–339.*

B1: Die Gänse von Bützow. *In:* Der Regenbogen. Sieben Erzählungen von Wilhelm Raabe. Stuttgart: Hallberger 1869, Bd. 2, S. 1–126.

B2: *Desgl.* Zweite *(Titel-)* Auflage. Stuttgart und Leipzig: Hallberger *(1871).*

G1: *Desgl. In:* Gesammelte Erzählungen. Von Wilhelm Raabe. Berlin: Janke 1896. Bd. 2, S. 138–206.

G2: *Desgl.* Zweite Aufl. *Ebd.* 1901.

G3: *Desgl.* Dritte Aufl. *Ebd.* 1903.

B3: Die Gänse von Bützow. Eine Historia von Wilhelm Raabe. Berlin: Janke 1906. *138 S.*

B4: *Desgl.* Zweite Aufl. *Ebd.* 1909. *142 S.*

B5: Desgl. Dritte Aufl. *Ebd.* 1909. *142 S.*
B6: Desgl. Berlin: Janke 1906. *138 S. (Kollektion Janke).*
B7: Desgl. Berlin: Janke 1909. *142 S. (Bibliothek August Scherl. Bd. 542 [1.]).*
W2: Desgl. In: Wilhelm Raabe. Sämtliche Werke. 23.–27. Taus. Berlin-Grunewald: Klemm *(1934),* Ser. 2, Bd. 1, S. 142–208.

Von den zu Raabes Lebzeiten erschienenen Ausgaben sind für die Textherstellung ohne Gewicht B2 und B3–7. B2 ist Titelauflage von B1; B3–B7 sind Nachdrucke von G3, die sich nur durch vereinzelte Druckfehler (z. B. 91,24 Throne *B3 statt* Tore *G1–3; 116,8* Frauen *B4–5 statt* Faune) *und ein eindeutiges Setzerversehen (99,3* diese heimtückischen *statt* solche h.) *von G 3 unterscheiden. Sie können daher im folgenden unberücksichtigt bleiben.*

Von Z hat Raabe zwischen dem 11. 11. und 18. 12. 1865 Korrektur gelesen (Tgb.). Über B1, G1 2 3 s. Bd. 9,1, S. 449 ff.

2. Textbefund und Textgestaltung

Der Text der Gänse von Bützow *nimmt insofern eine Sonderstellung ein, als Raabe in dieser Erzählung in einem sonst nicht erstrebten Maße und mit allgemein bewundertem Erfolg bemüht gewesen ist, im allgemeinen Stil der Zeit zu erzählen und zugleich einen individuellen Stil zu entwickeln, der zur Charakteristik des Erzählers* Eyring *beiträgt. Hinter dieser bewußt geschaffenen Sprache treten die spezifisch raabischen Spracherscheinungen zurück; in manchen Fällen muß es auch dahingestellt bleiben, ob eine Spracherscheinung raabischem Sprachgebrauch oder bewußtem Archaisieren entspringt.*

Wenn H mehrfach die altertümlichen Formen darzwischen *und ähnl. bietet, so entspricht das dem Sprachgebrauch Raabes in dieser Zeit. Dagegen überwiegen* hier *und seine Ableitungen (z. B. 107,34; 130,33; 131,17; 143,1)* hie *(108,21; 126,7). Die Nebensilbe flektierter Adjektive auf -er (63,8* anderer*; vgl. 86,8; 118,7 u. ö) und -el wird in raabischer Weise bewahrt (106,31* dunkeln*; 102,1* unaimabeln*; 105,30* indeskriptibeln *u. ö). Aber es entspringt dem Streben nach Zeitstil, wenn Raabe bei Wörtern, die aus dem Französischen abgeleitet sind, das e der Nebensilbe unterdrückt (128,32* raisonablen, *vgl. 102,11; 122,21; 134,12). Das -e- der Flexionsendung bei den Adjektiven auf -er fehlt in den allermeisten Fällen (z. B. 66,1* andern*; 107,29* unserm*; nur 75,25* sicheren*; vgl. 84,18; 112,6), so auch 122,30* Prätorn*; ähnliche Kurzformen 82,5* Kränzlein *neben 9* Kränzelein*; 107,13* ehlich*; 112,33* Aufsehn*; 124,14* Darlehn, *aber 141,30* Vermittelung. *Bei den Adjektiven auf -en und den Pronominaladjektiven und Komparativen auf*

-er wird das -e- der Nebensilbe bewahrt (z. B. 111,29 eigenes; *109,2* anderes, Nützlicheres*). Die raabischen Formen* dran, drauf *und ähnl. stehen etwas hinter* daran *usw. zurück; vielleicht soll die Bevorzugung der schriftdeutschen Formen den Philologen* Eyring *charakterisieren. Auch hier schreibt Raabe immer* grade, Brod, Hülfe, eilf, sechszehn, siebenzehn, siebenzig. *Der Plural von Knie heißt 119,20* Kniee *neben 122,1* Phantasien*; 95,2* überschrien. *Im Dativ Singular eines Hauptwortes sind die Formen mit Endungs-e etwa 3½mal so häufig wie die Kurzformen, im Genitiv Sing. fehlt das -e- der Endung nur 106,31* Hofraums. *Der Genitiv des Eigennamens 63,7* des jungen Werthers *ist durch Goethe gesichert; raabisch ist 108,27* des Doktors Wübbke. *Dativ Sing., Nominativ und Akkusativ Plural von Herr heißt stets Herrn, nur die Anrede lautet* meine Herren *(z. B. 107,13), während 111,6* O Herre, Herre, Herre *wohl als Provinzialismus anzusehen ist. Raabes Eigenheit, das Adjektiv im Dativ Sing. auch bei Fehlen des Artikels mit schwacher Endung zu flektieren, findet sich auch in H (z. B. 72,11* mit dumpfen Gemurr; *aber 71,33* dem dirigirendem Herrn; *83,24 f.* dem folgendem Auftreten *u. ö.). Wie auch sonst fügte sich Raabe hier der Verbesserung des Setzers. Dagegen wird 95,12* nach besten Wissen und Kräften *(*bestem *Z G2 ff.)* besten *als Dativ Plur. anzusprechen sein und muß im Text belassen werden, wie es Raabe in H schrieb und in B1 und G1 wiederherstellte. H schreibt immer* die (Haus)flur. *83,14 ist in H der Genitiv* der Hausflur *aus* des H. *verbessert, ein Beweis, daß Raabe das Femininum mit Recht für altertümlicher und dem Stil der* Gänse *für angemessener gehalten hat. Beim Relativpronomen ist* welcher *weit stärker vertreten als* der, *z. T. wird es in G1 in* der *abgeändert, beides nebeneinander 121,12 f. aus klanglichen Gründen. Auffällig ist, daß das von Raabe gern angewandte endungslose Neutrum des Adjektivs nur 140,34 vorkommt (*ein immer deutlicher Gemurmel*), auch das wohl ein Charakteristikum des Philologen* Eyring. *Besonders häufig ist das -e- vor den Endungen der Konjugation: im Imperfekt z. B. 67,32* auslöseten. *Läßt die große Häufigkeit auf bewußtes Archaisieren schließen, so zeigen Stellen wie 123,2* reiheten sich ... und reckten, *daß Raabe in den* Gänsen von Bützow *wie sonst der klanglichen Wirkung Gewicht beimaß. Ähnlich in der 3. Person Sing. Präsens, z. B. 64,24* ablöset, *im Imperativ (132,19* verlasset) *und im Partizipium Perfekt, z. B. 66,1* geahnet, *aber 104,16* gesenkt *(neben* ruheten*), 140,19* zitieret *u. ö., aber 139,28* remittiert, *140,31* kondemniert*). Ebenso finden sich häufig Superlative mit e-Erweiterung wie 102,29* größeste, *aber 106,28* geheiligtste.

Zu diesem sprachlichen Befund, bei dem es vielfach offenbleibt, ob raabischer Sprachgebrauch vorliegt oder bewußtes Archaisieren, kommen eine Reihe von Erscheinungen, die eindeutig dem Streben nach einem der Zeit entsprechenden Stil ihre Entstehung verdanken. Aus der Fülle solcher archaisierenden Wörter und Formen seien hervorgehoben verhoffen *statt hoffen, das sich ebenso wie* verzählen *für erzählen mehrfach findet, ferner 98,25* sich aufheben *für sich erheben, sich überheben, 132,27* einspundieret, *99,34* ersichtigen, *132,17* vagabondieren, *129,5* den Weg verrennen *sowie die Formen 74,19* sahe *und 139,9* blus; *ältere Namensformen wie 92,27* Egyptier, *93,32* Longobarden, *69,27* Greifswalde; Toback *und* Bronnen *finden sich mehrfach, ferner 102,12* Beliebung, *106,31* Käficht, *136,32* Justiz-Canzeley *(aber 63,19; 140,18; 26* Kanzlei*), 82,3* Kämmerierer, *121,29* Knieplatten, *136,17* Melancholei, *124,32* Sabel, *138,31* Spektakul, *64,4 die weibliche Form* in der Zehen; teutsch *ist häufig, ferner 112,21* fürsichtig, *124,30* krummbeinicht, *126,28* wütenhaftig; *97,3* anitzt, *139,27* balde, *126,7* hiehero, *94,21* niemalen, *82,22* ohnverzüglich; *99,1* dieselbigten *und* so *als Relativpronomen (86,13; 114,20 u. ö); 129,1* um ... wegen, *110,17* vermittelst *und schließlich das Zahlwort* zwo *statt zwei mehrfach (wobei Raabe 118,21 ein Fehler unterläuft, wenn er das weibliche* zwo *mit dem Maskulinum* Schellenbuben *verbindet – statt zween). Mehrere dieser älteren Formen sind in den Lexika nicht nachweisbar. Man darf annehmen, daß Raabe manche davon selbst gebildet hat. Dem Zeitstil entspricht auch die häufige Verwendung von Fremdwörtern, besonders aus dem Französischen, z. B. 102,1* unaimabeln; *103,30* kommode; *115,14* mankieren, *die Verwendung französischer Wörter, z. T. unter Beibehaltung der französischen Orthographie, z. B. 89,21* Mouvement; *96,19* antique; *123,35* Douleurs; *127,32* tendre, *oder die Verwendung französischer Formen für Namen, die aus anderen Sprachen stammen, wie 81,7* Valkyrien; *140,2* Hegira *statt Hedschra. Auch die Verwendung des Komparativs nicht zum Vergleich, sondern um einen stärkeren Grad als normal auszudrücken, entspricht dem Zeitstil (z. B. 72,21* dem kühleren Beobachter; *84,18* heitereren Auges *u. ö, dagegen wird 123,26* mit leichterem Herzen *(als vorher) echter Komparativ sein. Schließlich dienen die zahlreichen Zitate und Anspielungen aus der zeitgenössischen Literatur dem Zweck, die Zeit des Schreibers mit Hilfe der Form der Erzählung zu verlebendigen.*

Zugleich aber charakterisieren diese Zitate Eyring *als belesenen und gelehrten Mann. Das gilt besonders von den zahllosen Zitaten aus der antiken Literatur. Derselbe doppelte Zweck liegt vor, wenn viele lateinische Wörter und Namen lateinisch flektiert werden. Hierher gehört der erlesene Genetiv 63,18* senati, *Formen wie 63,19* Serenissimi *u. ö., 90,23* dem Universo; *107,10* den Kasum; *135,5* auf Gesners Bibliotheca universali; *135,7* Gesticulationes. *Auch griechische Wörter kommen vor wie 115,22* Poterion. *Zum Stil des Philologen passen auch die zahlreichen in homerischer Art gebildeten Beiwörter und andere homerische Wendungen – die Raabe allerdings auch sonst parodistisch verwendet, wenn auch nicht in so großer Zahl, vgl. z. B.* Abu Telfan *Bd. 7, S. 30,32 m. Anm. – z. B. 82,24* die Wasser schöpfende Magd; ...Phylax, dem Wächter des Hofes, *doch dienen sie auch der Charakteristik des Zeitstils, vgl. Brandes, Mitt. 8, 1918, 22 f. = Raabe-Studien, 1921, 245 f. Demselben Zweck dienen Anklänge an den Tonfall des Hexameters wie 111,7* entschwand, den Fliedertee zu bereiten *u. ö. Andererseits läßt Raabe aber auch bei dem Gelehrten* Eyring *einzelne Vulgarismen und Provinzialismen zu wie 109,11 (er)* möge... alle werden; *111,4* nochmal; *135,35* denn *(= dann) u. ö.*

Von diesen charakterisierenden Spracherscheinungen sind sehr viele, sei es in Z, sei es später, durch Unachtsamkeit des Setzers verschwunden. Z bietet außerdem eine ganze Reihe von Verlesungen (s. z. B. L. zu 70,24), Auslassungen (136,19 f. ist Ich... Bürgermeister *in H hinzugefügt, vielleicht erst nach Druck von Z s. u.; 65,34 ff. fehlt in Z die Anmerkung, die auch der Stilform des Gelehrten entspricht; 134,23–26 ist eine größere Auslassung, die vielleicht wegen des Inhalts erfolgte). Daneben Auslassungen einzelner Worte 65,4; 96,26; 107,29; 34 u. ö. Andererseits findet sich in Z eine ganze Reihe von Verbesserungen (64,1; 8 u. ö).*

B1 weist gegenüber Z eine Reihe von Veränderungen auf, die die Sorgfalt Raabes bei der Bearbeitung der Druckvorlage erneut beweisen (Bd. 9,1, S. 451). Sie beseitigen Fehler in Z, z. T. unter Wiederherstellung von H (s. z. B. L. zu 65,4; 136,19 f.), sie verbessern den Ausdruck in H Z (s. L. zu 63,13; 106,22; 123,9; 138,24; 139,2), behalten aber auch wieder Änderungen, Verbesserungen und Lücken von Z bei (s. L. zu 65,34; 134,23–26; 65,4; 107,29). Das führt zu der Vermutung, daß wie bei Die Hämelschen Kinder *ein durchgesehenes Exemplar von Z die Druckvorlage für B1 gebildet hat (Bd. 9,1 S. 449). Aber auch hier schlichen sich neue Setzerfehler und -versehen ein. So verschwindet 67,14 u. ö die Dativ-Endung -e (*Jahre *H Z* Jahr *B1 ff.) oder das archaische 78,8* Bronnen *H Z* Brunnen *B1 ff.*

In G1 nahm Raabe einige Verbesserungen vor, s. L. zu 70,20; 73,9; 76,16; 121,11; 12 und stellte altertümliche Formen wieder her, z. B. 121,34 Tobackspfeife *H G1–3,* Tabakspf. *Z B1. Vor allem wurde in vielen Fällen das Relativpronomen* welcher *durch* der *ersetzt und durchgehend statt* die (Haus)flur *das männliche Geschlecht gesetzt, wie es Raabes eigener Sprachentwicklung entsprach. Daneben finden sich nur wenige Setzerfehler, z. B. 76,19* Blumen auf den *(H Z B1,* dem *G1 ff.)* Altar *oder 74,2* im höhern Ton *H Z B1,* im höheren Ton *G1. Hier hat G2 dann* in höherem Ton, *auch dies Setzereingriff, denn die Lesung H Z B ist gesichert als Anspielung auf die Überschrift Psalm 120 ff.; ähnliche Fehler 79,32 u. ö. Doch nahm Raabe auch in G2 Ver-*

besserungen vor (L. zu 109,1; 124,10; 137,14) und stellte 111,28 die ältere Form Grävedünkeln *(HZ,* Grävedünkel *B1–G1) wieder her. G3 bringt nur die Verbesserung 73,19.*

Die Textgestaltung der Gänse von Bützow *stellt eine besondere Aufgabe. Die der Zeit und dem Schreiber angepaßte Sprache, in der Raabe diese* Historia *erzählt, ist wegen der Besonderheit und Ungewohntheit der Formen einer von Druck zu Druck wachsenden Verwitterung durch Setzerversehen und -fehler ausgesetzt gewesen. Auch Raabes fortgesetztes Bemühen, die altertümlichen Formen wiederherzustellen, hat daran nicht viel ändern können. Dieses Bemühen wird bewiesen durch Fälle wie 95,12 (s. o.), 121,34 (s. o.), 88,19* unserm *H B1 ff.,* unserem *Z. Noch in G2 findet sich ein Beispiel solcher Wiederherstellung älterer Formen 11,28 (s. o.). Ja gelegentlich hat Raabe noch in G1 eine Lesung hergestellt, die zur Charakteristik* Eyrings *beiträgt, s. L. zu 121,11/12, 125,26.*

Angesichts dieser Beweise für Raabes Willen, den ungewöhnlichen Sprachcharakter zu wahren, der je länger je mehr bedroht war, kommt H für die Textgestaltung überragende Bedeutung zu. H ist deshalb dem Text durchweg zugrunde gelegt, mag Raabe auch später einzelne Verlesungen und Fehler der Setzer hingenommen haben. Nur da wurde von H abgewichen, wo der Wille Raabes zur Änderung eindeutig ist. Ein solcher Fall liegt z. B. nicht für die Wahl des männlichen Geschlechts bei Hausflur *vor; hier entspricht das weibliche Geschlecht der altertümlichen Sprachform von H.*

3. Lesarten

Über die Gestaltung des Lesartenverzeichnisses s. o. S. 413.

61,*2* Eine... Historia] *fehlt B1–W2* · **63**,*7* Werther *Z–W2* · *13* gebracht *H Z* · *18* Senats *Z–W2* · *24* niemanden *Z H* · *29* allem *W2* · **64**,*1* Abtritt *H* · *8* Studium *H* · **65**,*4* Herrn] *fehlt Z–W2* · *29* echter *W2* · *34/5* Es soll...eintrifft] *fehlt Z–W2.* **66**,*7* schreckliche *W2* · *15* Hökerkram *W2* · *16* sagt *H Z,* fragte *G2–W2* · **69**,*7* ich auch *G2–W2* ·

70,*20* ergrimmter] *fehlt H Z B1* · *24* mit dem *Z–G3* · *33* ehm noch de *W2* · **71**,*33* dirigierendem *H–G3* · *34* er erhob *Z–W2* · **72**,*15* Zweites *Z–W2* · *27* Arzneiwissenschaft *Z–W2* · **73**,*9* schwuren *G1–W2* · *19* räuberischen] ruchlosen *Z–G2 (Dittographie zu 18),* heillosen *G3–W2* · *30* Bützower *H,* bützowschen *G1–W2* · *34* in *H* · **74**,*12* jenseit *G1–W2* · *21* hätte *Z–W2* · *32* gickgackende *G2–W2* · **75**,*8* schwuren *Z–W2* · *25* sicherer Stimme *Z–W2* · **76**,*10* und deklamierte *Z–W2* · *16* sprach ich *H Z B1* · **77**,*1* der Höhe *H Z* · **78**,*8* Friede *Z–W2* · *34* anhiedurch *B1–W2* · *35* sei *Z–W2* · **79**,*6 u. 14 u. 20* sei *Z–W2* · **79**,*8 u. 12* oder ihrem] *fehlt H* · *11* Hofraum *H* · *15* oder ihre] *fehlt H* · *16* oder sie] *fehlt H* · *32* was *G1–2.*

80,*9* erschröckliche] großartige *H Z B1* · *18* erhuben *G1–W2* · *22* aus ihren Fenstern *H* · *31* vagitus!... Er – *Z* · **82**,*29* ösch] uns *G1–W2* · **83**,*21* Tür *W2* · *31* zwei *Z–W2* · **84**,*13* Windsgesäusel *Z–W2* · **85**,*30* Anstrengung] Aufregung *Z–W2* · *33* entgegenkomme *H Z B1 G1 2*, entgegenkomm*t G3* · **87**,*2* Amtsstuhl *H Z* · *9* Dirigens *verb. aus* Dirigente *H*, Dirigent *Z–G3*, Dirigens *W2* · *15* Stalle *G1–W2* · *16* guter bützow'scher *H Z* · *25* Moments und Doktor *Z–W2* · *32* Ihm jetzt *G1–W2* · allem *Z–W2* · **88**,*6* empor] hervor *Z–W2* · *14* ein peccatum *Z–W2*.

90,*5* dieses] es *H* · **91**,*12* vermittels *W2* · *26* Maximus *W2* · *29* unterschoben *Z–W2* · *34* Zehentgänse *Z–W2* · **92**,*30* sagte der *W2* · kommen *Z–W2* · **93**,*2* und] *fehlt B1–W2* · *14* Kollega *W2* · *20* College.. College *H* · *27* auch] *fehlt Z–W2* · *32* Langobarden *W2* · **94**,*6* schlimmer *Z–W2* · *7* italienischen *Z–W2* · **96**,*26* mit] *fehlt H–G1* · *29* und grau] *fehlt Z–W2* · **97**,*27* blitzte mit Verachtung *Z–W2* · *28* vom *H* · **98**,*25* aufheben] erlauben *Z–W2* · **99**,*1* dieselbigen *Z–G3*, dieselben *W2* · *11* ehrabschneidender *B1–W2* · *19* den... Platten] dem... Pflaster *Z–W2* · *35* als Gewährsmann aufzuschreiben *G3–W2*.

100,*30* 1794 *H* · **101**,*6* Julie *H* · *21* frühen] frohen *Z–W2* · *30* etwas] *fehlt Z–W2* · **102**,*25* verrückt *B1–W2* · **103**,*6* Lalagen *H–G3* · **104**,*25* der] er *H–B1* · **105**,*10* auch der M. *G1–W2* · *19* zu einem] wie einen *H B1* · *33* der] *fehlt B1–W2* · **106**,*2* jetzigen] *fehlt H* · *17* deut' *Z (verlesen) – W2* · *22* herab *H Z (so mehrfach)* · *25* Freiheit] Wahrheit *W2* · *31* Käfige *Z–W2* · **107**,*13* ehliche] *fehlt Z–W2* · *19* ächzte] schrie *H B1* · *29* in unserm Hofe] *fehlt Z–W2* · *34* die Stunde *bis* in] *fehlt Z–W2* · **108**,*8* gellender *Z–W2* · lalenburg'sche *Z–W2* · *22* vor] *fehlt Z–W2* · **109**,*1* Laertiaden *H–G1* · *2* an] *fehlt H* · *26* des Jahres *Z*.

110,*8* aufgespannte *H Z* · **111**,*13* Momenten] Minuten *Z–W2* · **112**,*4* das] mein *Z–W2* · *7* aber] *fehlt Z–W2* · *28* Kollega *(zweimal) W2* · *31* Kollega *B1–W2* · **114**,*2* hatte *G1–W2* · *3* konnte ihn nur *Z–W2* · *10* den Schultern *H* · *17* jener *verb. aus* dieser *H*, dieser *Z*, jener *B1–W2* · *27* entströmenten *H*, entströmten *Z–W2* · **115**,*8* kann] wird *Z (verlesen) – W2* · *12* erzählen *Z–W2* · *14/5* dazwischen *G1–W2* · *14* nur] *fehlt Z–W2* · *16* Kollega *Z–W2* · *21* geistigen *G1–W2* · **116**,*11* Erdenbewohner *G2–W2* · *12* wenn sie] *fehlt H* · *19* noch] *über d. L. H*, *fehlt Z* · **118**,*7* ein] *fehlt G1–W2* · *10* hielt, ich hielt *Z–W2* · *20* und in der *G3–W2* · **119**,*9* zu] in *B1–W2* · *24 f.* sein wird] ist *B1–W2* · *18* hat *G1–W2* · *27* Bequemlichkeiten *Z–W2*.

120,*16 f.* mit unruhigem Gemüte *Z–W2* . *17* und müden *fehlt Z–W2* · *18* eine Stunde *B1–W2* · **121**,*11* vor leerer Krippe] *fehlt H Z B1* · *12* und Hirten] *fehlt H Z B1* · *29* und hatte *Z–W2* · **122**,*11* von Bützow] *fehlt Z–W2* · *12* sonst *B1–W2* · *15* aber] *fehlt G3–W2* · *25* leisen *Z*, leiseren *B1–W2* · **123**,*4* der] *fehlt Z–W2* · *9 f.* zappelnd] athemlos

H Z · *20* schwarzer] *fehlt* Z–*W2* · *26* nachher] sodann *Z* · **124,***10* Laertiaden *H–G1* · *22* Jena'schen *Z*, Jeni'schen *B1*, Jene'schen *G1 2 3* · *26 f.* im Hinterstübchen] *fehlt* Z–*W2* · *31* Säbel *G1–W2* · **125,***16* unheilverkündenden Z–*W2* · *26* Gallus] Hane *H Z B1* · **126,***12* wer] was *G1–W2* · *14* mir] *fehlt Z–W2* · *34* ei] *(letztes Wort) fehlt Z–W2* · **128,***1* ihre Hand Z–*W2* · *10* jetzt] *fehlt B1–W2* · **129,***14* keuchend] athemlos *H Z* · *24* vom Z–*W2*.

130,*16* erlebte] roch *H* . *27* versteht] weiß *Z* · **131,***2* wird] tut *G3 W2* · *19* ihrem *B1–W2* · **132,***11* heute] *fehlt H* · *24* dei Schlöttel *Z B1*, dei Sl. *G2–W2* · **133,***1* weiten] *fehlt G1–W2* · sich her *Z–W2* · *3* er] dieser *Z–W2* · einmal] *fehlt B1–W2* · *30* von] aus *G1–W2* · **134,***8* wa] wo *Z–W2* · *9* ich] mir *G2–W2* · *23* mit Mecklenburg *bis 26* für] wir wollen für *Z–W2* · *30 f.* ausführlicher] *G1–W2* · **135,***14* oder] und Z–*W2* · *18* darunter *bis* Hemd] und die letzten reinen Hemden *H Z B1* · *32* Kollega *W2* · **136,***19 f.* Ich *bis* Bürgermeister] *fehlt Z* · **137,***14* hockte] saß *H–G1* · erneuerte *Z–W2* · *23* traf ich den] hockte der *Z* · *23 f.* Heuboden und sah furiose *Z* · *25* ohne *bis* haben] *fehlt Z* · **138,***8* Ewigkeit Z–*W2* · *9* Rektore] *fehlt H Z* · *19* Schlupfwinkel *Z–W2* · *24* auf mich gestützt] *fehlt H Z* · *33* unbeschützten *Z–W2* · **139,***1* an die *Z–W2* · *2* allergnädiges *H Z* · *7* Rektore] *fehlt H Z* · *12* gelagert Z–*W2* · **140,***6* erzählen Z–*W2* · *8* dießmal Z–*W2* · *29* vierwöchigem *G2–W2* · **141,***29 f.* Vermittlung *B1* · **142,***13* boshafte *B1–W2* · *14* sich zu *H Z* · **143,***4* ihr] ihm *Z–W2*.

III. Anmerkungen

63,*2* Auctor] *Lat., Urheber, Autor.* *4 ff.* Zorn des *bis 8* Erlösung] *Ansp. auf die Anfänge von Homers Ilias (I 1) und Odyssee, von Vergils Aeneis, auf den Amadisroman (um 1400 in Spanien entstanden, über Frankreich nach Deutschland verbreitet, bis zum Barock Modetypus des heroisch-galanten Romans), auf Wielands Epos „Der neue Amadis" (1771), auf den Titel von Goethes berühmtem Roman (1774) und auf den Anfang von Klopstocks Messias.* *10* im ... Ton] *Ansp. auf den Beginn mehrerer Psalmen (120 ff.) „Ein Lied im höhern Chor".* *17* Jubilationes und Tribulationes] *Lat., Jubel und Nöte.* *18* Senati] *Lat., des Senats, gemeint ist der Magistrat von Bützow. Erlesene, u. a. bei Sallust belegte Form des Genitivs statt senatus, schon in Z vom Setzer oder Redakteur nicht verstanden und durch* Senats *ersetzt.* *21* Gutachten] *s. o. S. 422.* *24* pro laurea] *Lat., für den Lorbeerkranz, d. h. für den Ruhm.* *26* Warnow] *Fluß in Mecklenburg, der ndl. von Parchim entspringt und bei Warnemünde in die Ostsee mündet.* *26* Obotriten] *untergegangener Stamm der Elbslawen,* *im frühen Mittelalter im Land der* Wagrier *im SO Holsteins, die* Welataben = *Wilzen um 600 im Osten des heutigen Mecklenburg.* *28* Winkel der Erden, mir vor allen lacht] *Zit. aus Horaz Od. II 6,13 f.* **64**,*3* otia] *Lat., Muße, Ruhestand. Ansp. auf Vergils Bucolica 1,6.* *4* Vexationes] *Lat.*, *Qualen. 15* Latium in compendio] *Lat., Latium im Abriß. 22* Museo] *hier in der urspr. gr.-lat. Bedeutung = Musentempel, als welchen Eyring seine Wohnung ansieht. 31* Kothurnus] *der hohe Schuh des tragischen Schauspielers in der Antike im Gegensatz zum 33* Soccus, *dem leichten Schuh des Schauspielers in der Komödie, beides stellvertretend für die betr. Dichtgattungen.*

65,*2* Candide] *Roman von Voltaire (1759), vgl. Bd. 16, 569 zu 301,17.* Leben *bis 3* Tristram Shandys] *humoristischer Roman von Lawrence Sterne (engl. Schriftsteller, 1713–1768). 3 f.* Musarion] *oder die Philosophie der Grazien, heiteres Versepos (1768), Geschichte der* Abderiten] *Roman (1781) von Wieland. 6* ich kenne *bis* Pastöre] *Zitat aus G. A. Bürger, Neue weltliche hochdeutsche Reime, enthaltend die ... Historiam von der ... Prinzessin Europa (vermutl. 1773) V. 300.* *14* V*(ide)* Thucydid*(is)* bel*(li)* Pel*(oponnesiaci)* Lib*(ri)* I c*(aput)* 1] *Lat., s. Thucydides (gr. Geschichtsschreiber um 500 v. Chr.), Peloponnesischer Krieg Buch I, Kap. 1. Die Worte 10* Folgendes *bis 14* werden *sind Anspielung auf den Anfang von Thucydides' Werk. 21* Ganz Welschland *bis 33* davon] *4., 6. und 7. Strophe des Liedes „Beim jetzigen Zeitlaufe" von Raabes Großvater August R., veröffentlicht im Holzmindener Wochenblatt 31. 12. 1785. Raabe entnahm es einem Heft „Collectanea" seines Großvaters. Brandes, Mitt. 8, 1918, 25 = Raabestudien, 1925, 248 f.; Hahne, Mitt. 26, 1936, 35 ff. 24* Ziehens großer Teich] *Anspielung auf Prophezeiungen des Superintendenten K. S. Ziehen (1727–1780) in Zellerfeld (Harz), der für Februar 1786 Erdbeben und Erdfall voraussagte, infolgederen das Wasser einer neuen Sintflut einen großen Teil Europas und Asiens bedecken würde (Brandes aaO., Hahne aaO.). 25* Lied vom Luftballon] *Ansp. auf den Anfang des Liedes „Beim jetzigen Zeitlaufe" („Hinauf im runden Luftballon Zum hohen Firmament").* **66**,*4* 1793] *Das Jahr brachte im Verlauf der Französischen Revolution die Verurteilung und Hinrichtung Ludwigs XVI. und Marie Antoinettes, die Einsetzung des Wohlfahrtsausschusses und den Beginn der sog. Schreckensherrschaft.* neufränkischen] *französischen. 11 ff.* Vox viva docet *(lat., das lebendige Wort lehrt),* warum *bis 16* könnte] *Zitat aus J. K. A. Musäus (1735–1787), Physiognomische Reisen, 3. Aufl., 1781, IV 99. 15* Hökkenkram] *Hökerkram, von Höcke = Kleinverkauf, vgl. Höckenfrau u. ähnl. Grimm, Dtsch. Wörterb. IV 2, 1877, 1648; 1651. 27* clavis magnae sapientiae] *Lat., Schlüssel der großen Weisheit.* **67**,*1* tobakswolkenumwogten] *Bildung nach homerischen Beiwörtern wie tränen-*

benetzt (Il. I 360), erzumschirmt (372), vgl. Bd. 7, 416 zu 30,32 f. 2 weise *bis* 3 Götter] *Ansp. auf Homer Il. I 423.* 4/5 Kymmerier] *ältere Schreibung für Kimmerier, der gr. Sage nach ein am nördl. Rande der Welt in Skythien nördl. des Schwarzen Meeres lebendes Volk.* 5 *ff.* Berliner *bis* gewillt sei] *R. verdankt die Kenntnis auch dieser Ankündigung den Collectanea seines Großvaters (zu 65,21), ebenso die Verse 16 ff.* Savez *bis* raisins] *Frz., Kennt ihr die schöne Geschichte von diesen berühmten Preußen? Statt Ruhmespalmen haben sie Weintrauben [= Gewehrkugeln] gepflückt; Spottvers „Über den Rückzug der combinierten Armeen 1792", speziell auf den Rückzug nach der Kanonade von Valmy. Derselben Quelle entstammt 23* die Zeiten *bis 29* sein] *Anfang von „Gesellschaftslied", als dessen Verfasser Hahne, Mitt. 26, 1936, 35, Raabes Großvater erschließt.* **68**,2 Bischof] *in Mecklenburg und Holstein (Lübeck) beliebter roter, süßer Punsch, der kalt getrunken wird.* 3 *ff.* daß Vater *bis* sein] *2. Strophe von „Gesellschaftslied", s. zu 67,23.* 21 Suwarow] *Aleksander Wassiljewitsch Suvorov, russischer General, warf im Bündnis mit Preußen die Polen nieder, die sich nach der 2. Teilung Polens 1793 erhoben hatten. Entscheidend war die Erstürmung von* Praga, *einer Vorstadt von Warschau auf dem r. Weichselufer.* 30 Konventssitzung] *Der Nationalkonvent war die französische Volksvertretung während der Revolutionsjahre 1792–1795; ihre Sitzungen verliefen oft sehr stürmisch.* 33 Burke] *engl. Politiker (1729–1797); Raabe entnahm das Zitat den zu 65,21 erwähnten Collectanea.* Vindication of natural society] *Engl., Rechtfertigung der natürlichen Gesellschaft.* **69**,3 Mangelsdorf] *Carl Ehrgott, Historiker und Pädagog, schrieb u. a.* Hausbedarf *aus der allgemeinen Geschichte der alten Welt für meine Kinder und andere von 15 Jahren, allenfalls auch etwas darüber (1796–97[!]).* 4 *f.* Kuh's *bis* Gedichte] *deutscher Dichter 1731–1790. Der Titel entstammt den Collectanea (zu 65,21), die auch eine Gedichtprobe bieten.* 16 Laternenträger] *auf diese Stelle bezieht sich die mehrfach, zuletzt von K. Hoppe, Wilhelm Raabe als Zeichner (1960) 107, abgebildete Zeichnung Raabes.*

70,12 *ff.* Die Pflicht *bis* Brüder sein] *5. Strophe von „Gesellschaftslied", s. zu 67,23. In den Collectanea heißt das vorletzte Wort „Menschen", Hahne Mitt. 26, 1936, 37.* 29 *f.* wat *bis* Spölk] *Mecklenburgisches Sprichwort, Wander, Dtsch. Sprichwörter-Lexikon 3, 1873, 1562 Nr. 202.* **71**,7 Berg] *die radikalste Partei im Konvent (68,30), so genannt, weil ihre Mitglieder ihre Plätze in den oberen Reihen des Sitzungssaals hatten.* 18 Beutelperücke] *Perücke mit Haarbeutel zum Einbinden des Nackenhaares.* 72,1 Beiers] *Georg B., aus Lemberg in Schlesien, Anf. 17. Jahrh. Prediger zu Schernitz b. Lemberg.* 17 in anseres] *Lat., gegen die Gänse.* 26 Dirigens] *Lat., leitend, hier für* der dirigierende Bürgermeister *(71,26).* *32* Lutetischen] *pariserischen, gebildet von Lutetia Parisiorum, dem keltisch-lat. antiken Namen von Paris.* *73,5* Stolberg] *Fr. Leopold Graf zu St. (1750–1819); Zitat aus seinem Gedicht „Die Westhunnen", Str. 5, (4* Woge *Stolberg). Auch dieses Zitat entstammt den Collectanea (zu 65, 21).* *12* Raspelhaus] *Zuchthaus; vgl. Grimm, Dtsch. Wörterb. 8, 141; in Süddeutschland auch heute gebräuchlich.* Septembriseur] *Frz., Septembermörder, Teilnehmer an den sog. Septembergreueln, der Niedermetzelung politischer Gegner durch die Anhänger der Schreckensherrschaft in den Gefängnissen von Paris am 2. und 3. September 1792.* *14* Ausschußbürger] *s. o. S. 424.* *27 f.* aera *bis* sonum] *Lat., Die Priester verlangen von uns oft Geld und geben für das Geld nur den Ton der Luft; Distichon eines unbekannten nlat. Dichters – nicht John Owens, wie Brandes Mitt. 8, 1918, 26 Anm. 2 = Raabestudien, 1925, 249 Anm. 3 vermutet –, von Raabe den Collectanea (zu 65, 21) entnommen. Collectanea, H u. Z haben* aëris, *was zu der Übersetzung „Luft" zwingt. Doch muß* aëris *des Verses wegen zweisilbig gelesen werden, mit sog. Synizese. Deshalb konnte das Trema nicht in den Text aufgenommen werden. Es liegt Wortspiel vor mit aes, aeris, lat. Erz, Geld und aër, aëris, gr.-lat. Luft. Anders Brandes aaO.* *32 ff.* Nothgedrungenen *bis* Goeze] *Untertitel von Lessings Anti-Goeze, Streitschrift gegen die von dem Hamburger Hauptpastor Goeze an den „Fragmenten eines Ungenannten" geübte orthodoxe Kritik.* *74,2* im höhern Ton] *s. zu 63, 10.* *8* unserer Wohlbehäbigkeiten] *scherzhafte Titelbildung nach „Eure Wohlweisheit" z. ähnl.* *13* Suwarow-Rimnitzkoi] *Suvorov (zu 68, 21) erhielt 1789 den Titel eines Grafen S.-Rymnitskij.* *19* Nimmer sahe...] *Vgl. über solche parodistisch gemeinte pathetische Ausdrucksweise Brandes, Mitt. 8, 1918, 22 = Raabestudien, 1925, 245 f.* *34* mauerumschlossenen] *s. zu 67,1.*

75,2 anser] *Lat., Gans.* *5* ξενία τράπεζα (xenia trapeza)] *Gr., der gastliche Tisch, Ansp. auf Homer, Odyssee 14, 158.* Fürsten der Männer] *bei Homer stehendes Beiwort des Agamemnon, z. B. Il. 1, 172.* *6* göttergleich] *bei Homer häufiges Beiwort von Helden.* *7* Hogarth] *William, engl. Maler und Kupferstecher (1697–1764), schuf sittenschildernde und satirische Werke.* *10* episkopalisch] *bischöflich, weil der Inhalt „Bischof" (zu 68,2) war;* chinesisch] *weil die Schale aus Porzellan war.* *17* Viertelsmann] *s. o. S. 424.* Bürgerstunde] *Polizeistunde, in den gängigen Lexika nicht angeführt.* *27 ff.* Wer nach *bis* weise sein] *3. Strophe von „Gesellschaftslied" (zu 67,23), 28* froh Gewissen *die Collectanea.* *76,10* Genieseuche] *das Geniewesen als Krankheit, welche eine Weile die Zeit ergriffen hatte. Seltenes zeitgenössisches Wort, Grimm, Dtsch. Wörterb. IV 1, 3450.* *13 ff.* Laura *bis* dich an *und* Blumen *bis* Buchhandlung] *Raabe entnahm Zitat und Herkunftsangabe den Collectanea (zu 65,21).* Schatz] *Georg, dtsch. Dichter (1763–1795); Erscheinungsjahr der* Blumen *1787. Derselben Quelle entstammen 25 ff.* Trunken *bis* Freudentränen. *Die Collectanea geben auch den Titel des Gedichts „Seufzer an die Rose". 31* Johann Hamann] *Johann Michael H. (1763–1813), Sohn des Philosophen Johann Georg H.; er ließ 1791 seine ersten Gedichte als „Poetische Versuche" erscheinen. 32* Sacharissa] *Auch diesen Namen fand Raabe in den Collectanea, und zwar in einem Zitat aus Kuhs (69,4) Gedicht „An Sacharissa". 77,4* gratulor] *Lat., ich wünsche Glück. 7 ff.* Ich würde *bis* gleich] *als Zitat aus Schatz' Blumen usw. (76,19) in den Collectanea angeführt. 18 f.* Turmknopf] *Anspielung auf eine bekannte Anekdote, s. z. B. M. Kronenberg, Kant, sein Leben und seine Lehre, 5. Aufl. 1918, 95.* 22 Ossmannstädt] *Gut bei Weimar, Eigentum Wielands.* 78,*5* historias urbis et orbis] *Lat., Geschichten der Stadt und der Welt, Anspielung auf die kirchliche Formel, nach der der Papst seinen Segen „urbi et orbi" erteilt. 10 f.* das harmloseste *bis* verrichteten, *12* patriarchalische Idee, *12 ff.* wie sie *bis* schweben, *15 ff.* O, der *bis* kann] *Zitate aus Goethe, Leiden des jungen Werthers 1, 12. Mai.* 27 Präkone] *Lat., Herold, Ausrufer. 30* insupportabel] *Lat.-frz., unerträglich. 35* pro primo] *Lat., zum ersten.* 79,*6* pro secundo, *14* pro tertio, *18* pro quarto] *Lat., zum zweiten, dritten, vierten.*

80,*1* jene Feder] *Anspielung auf Wielands humoristischen Roman „Die Abderiten" (1781), in dem der gr. Philosoph* Demokrit *eine der Hauptpersonen ist. Mit den Abderitinnen zusammen kommt er in Buch 1, Kap. 12 und 13, vor.* 2 Heinrich Füßli] *in Deutschland und England tätiger Maler (1741–1825), dessen Werke düstere Lichtstimmung und leidenschaftlichen Ausdruck zeigen. Das* Gespenst des Dion *ist eine in seinen römischen Jahren 1770–1778 entstandene Radierung,* Herkules *usw. eine lavierte Federzeichnung von ca. 1800 (vgl. Katalog Ausstellung Zürich 1969, Nr. 237). 14 f.* justifizieren] *Lat.-frz., rechtfertigen. 15 f.* Maratist] *Anhänger von Jean Paul Marat, (1744–1793), fr. Revolutionsführer, der die Zeitung* L'ami du peuple *(frz., Der Volksfreund) herausgab. 27* Buhurt, Tjost] *Kampfarten im mittelalterlichen ritterlichen Turnier. 28/9* Vociferationen] *Lat., Geschrei. 29* Quiritationen] *Lat., Hilferufe.* tumultus *bis* vagitus] *Lat., Aufstand, Geschrei, Wehgeschrei, Streit, Wehklagen, Gezwitscher, Gelächter, lautes Lachen, Gemurr, Lärm, Krachen, Wimmern.*

81,*14* so ward *bis* vollendet] *Zitat aus Homers Ilias 1,5, in der Übersetzung von Voß.* 27 Hohn, Tod und Verderben] *Reminiszenz an Freiligrath, Die Trompete von Gravelotte 1: Sie haben Tod und Verderben gespien. 32* Friedrich Wilhelm] *II., König von Preußen 1786–1797, „der dicke König", machte Wilhelmine Enke, die dem*

Kammerdiener Rietz *(***82***,4) ohne Trauung verbunden war, zu seiner Maitresse und ernannte sie zur* Gräfin Lichtenau *(2 f.). 3* Kämmerierer] *Kammerdiener; vgl. Grimm, Dtsch. Wörterb. V 1, 121. 10 f.* Füchsen *bis* sauer] *Anspielung auf das Sprichwort bei Wander, Dtsch. Sprichwörter-Lexikon 4, 1876, 1284 Nr. 8, das seinerseits wieder auf eine Fabel des Aesop (gr. Fabeldichter) zurückgeht. 13* vestalische Feuer] *Feuer des häuslichen Herdes, den nach römischem Glauben die Göttin Vesta beschützte. 23* patriarchalischen Königs] *s. zu 78,12. 31* siebente Szene] *die Schlußszene des zweiten Akts mit dem Zusammenstoß zwischen Ferdinand und dem Präsidenten; Raabe scheint von der Szene sehr beeindruckt gewesen zu sein, er spielt auf sie noch an in* Die Leute aus dem Walde *Bd. 5, 54 und in dem Aphorismus Hoppe, Raabe-Jb. 1960, 106 vom 9. 4. 75.* **83**,*10* virgo, virago] *Lat., Jungfrau, Heldenjungfrau. 21* schön gegürtet] *homerisches Beiwort, z. B. Il. 1, 429. 35* Mitteln *bis 84,1* können] *Ansp. auf das Wort des Marschalls Trivulzio zu Ludwig XII. von Frankreich (1498–1515), zum Kriegführen seien dreierlei Dinge nötig: Geld, Geld, Geld.* **84**,*1 f.* unde *bis* habere] *Lat., woher ers hat, fragt niemand, es genügt, daß er es hat. 4* summum *bis* iniuria] *Lat., das höchste Recht ist das höchste Unrecht; Rechtssprichwort, Wander, Dtsch. Sprichwörter-Lexikon 3, 1873, 1518 Nr. 17. 6* milesisches Märchen] *unterhaltsame erotische Novelle, Titel einer Novellensammlung des gr. Schriftstellers Aristeides von Milet (wahrscheinlich 1. Jahrh. v. Chr.); hier Anspielung auf Friedrich von Matthisons gleichnamiges Gedicht (zw. 1787 und 1793). 9* Austreibung *bis* Teufel] *Ansp. auf Ev. Matth. 8, 31 f., wo Jesus Teufel aus Besessenen austreibt. 13 ff.* Banges *bis* Gebein] *Ansp. auf Stimmungselemente, die Matthison häufig verwendet, z. B. in Das Kloster 3 Die Winde seufzen bang im Heidekraut, 16 Grabmal trümmer, 19 Flug der Eule; Grablied 1 Schlummerndes Gebein; Das Totenopfer 3 Rohrgeflüster u. a. m. 21 ff.* Horch *bis* entflieht] *Zitat aus einem noch nicht ermittelten Dichter, das anspielt auf Washingtons Erfolge bei Yorktown (Übergabe der Engländer) 1781, auf G. A.* Elliots *(engl. Feldherr 1717–1790) Verteidigung Gibraltars gegen die Franzosen 1782/3 und auf das Erdbeben von* Messina *1783. 38* Lysistrate] *Komödie des gr. Dichters Aristophanes (ca. 450 bis ca. 385 v. Chr.), deren Titelheldin ihre Mitbürgerinnen gegen ihre Männer aufwiegelt.*

85,*1* Zehntgänse] *Gänse, die als Zehnter, d. h. als regelmäßige Naturalabgabe, geliefert werden mußten. 5 f.* lehnte *bis* Aschenkrug] *Ansp. auf Matthison, Trost an Elisa (zw. 1778 u. 1787) V. 1: Lehnst du deine bleichgehärmte Wange Immer noch an diesen Aschenkrug? 7 f.* Trost *bis* Schwermut] *Ansp. auf dass. 7: die der bangen Schwermut Trost verleiht. 12* hinter *bis* Sorge] *Ansp. auf Horaz, Ode III 1,40;*

hinter dem Reiter sitzt die schwarze Sorge. *18 ff.* Horch *bis* Ach] *Zitat von Schiller, Gruppe aus dem Tartarus (1782) V. 1–4.* **86**,*9 f.* Abraham *bis* opfern] *Ansp. auf 1. Mos. 22.* *13 f.* Grenze *bis* gezogen ist] *Ansp. auf Horaz, Ode 1, 18, 10: wenn sie Recht und Unrecht durch eine schmale Grenze scheiden.* **87**,*14* wie *bis* befiehlt] *anachronistische Reminiszenz an die Übersetzung, die Schiller, Der Spaziergang 98, von der Grabschrift der Gefallenen von Thermopylae gibt: wie das Gesetz es befahl. Der Spaziergang wurde erst im September 1795, fast ein Jahr nach den hier geschilderten Ereignissen, gedichtet und erschien zuerst in den Horen 1795.* *15* inkarzerieret] *Lat., eingesperrt.* *21* tschippewäisches] *Die Chippeway-Indians sind ein Indianerstamm in Minnesota (USA) und Ontario (Kanada). Bedeutung an dieser Stelle unbekannt.* **88**,*1* Senator] *Ansp. auf die u. a. von Livius 5, 41,9 erzählte Geschichte von der Eroberung Roms durch die Gallier 390, bei der die ältesten Senatoren die eindringenden Feinde in Amtstracht auf ihren Sesseln sitzend ruhig erwarteten. Die Gallier waren zuerst von ihrer Würde beeindruckt, als aber einer den Senator Marcus Papirius am Barte zupfte, schlug dieser ihn mit seinem Stabe, worauf die Gallier die Senatoren niedermachten.* 2 plus de galanterie] *s. Nachtrag.* *4 f.* fiat *bis* conjugalis] *Lat., die Gerechtigkeit soll ihren Lauf nehmen, mag auch das eheliche Schlafgemach und Bett zugrundegehen. Parodistische Ansp. auf den Wahlspruch Kaiser Ferdinands I. (1558–1564) „Fiat i., p. mundus" (lat.) = die Gerechtigkeit muß ihren Lauf nehmen, sollte die Welt darüber zu Grunde gehen.* *8/9* Impolitesse] *Frz., Unhöflichkeit.* *11* platonische Konjunktion] *unsinnliche, ideale Verbindung.* *16* gelben Hosen] *Ansp. auf das von Goethe, Leiden des jungen Werthers, B. 2, 6. September, geschilderte Kostüm Werthers.* *22* das Feld behalten] *Reminiszenz an Luthers Choral „Ein feste Burg", Str. 2, Schluß: Das Feld muß er behalten.* *34 f.* auch der *bis* nannten] *hexametrische Wortfolge, parodistische Anspielung auf homerische Ausdrucksweise, z. B. Il. 1, 403: den Briareos nennen die Himmlischen (Voß).* **89**,*1* schwankte *bis* Trotzes] *Hexameter.* 2 Söhring] *Bützower Flurname „die Soring vor dem Rostocker Tor", Barnewitz, Mitt. 20, 1930, 117.* *15* Madame Roland] *Jeanne Marie Roland de la Platière geb. Philipon (1754–1793), Politikerin der Französischen Revolution, unter dem Einfluß ihres Studiums der Antike leidenschaftliche Republikanerin, beeinflußte seit 1791 die Girondistenführer. Hingerichtet am 8. November 1793.* *21* Mouvement] *Frz., Bewegung.*

90,*1* hesperischen Früchte] *die Äpfel der Hesperiden, nach der gr. Sage Nymphen, die auf einer Insel ganz am westl. Rande der Erde in einem Garten mit goldenen Äpfeln wohnten, die ein furchtbarer Drache hütete.* *14* plaisant] *Frz., gefällig.* *22* scheußliches *bis* Bützow] *fünf Daktylen.* 23 Schlangenhaare] *Nach der gr. Sage hatten die Erinnyen Schlangenhaare.* **91**,*4 f.* es lebe *bis* unter] *s. zu 88,4.* *20* heilige Martin] *Martin von Tours, Apostel Galliens, geb. 316/7 zu Steinamanger (Ungarn), zuerst Soldat, dann Mönch, 371* Bischof zu Tours *(24), teilte nach der Legende am Stadt*tor von Amiens *(24) seinen Mantel mit einem frierenden Bettler.* 22 tribunus militum] *Lat., Militärtribun, Offizier in der römischen Legion, etwa unserem Oberst entsprechend.* 26 Maximinus] *Der Kaiser Maximinus Daia kommt aus zeitlichen und örtlichen Gründen (er regierte 305 bis 313 in der östlichen Reichshälfte) nicht in Frage, und Sulpicius Severus, Vita S. Martini 20, der die Geschichte erzählt, nennt den Kaiser Maximus (384 bis 388); diesen Namen setzt deshalb W 2 ein. Doch wird man angesichts der einhelligen Überlieferung nicht ändern dürfen und muß den Irrtum hinnehmen.* 28 professio *bis* trinitate] *Lat., Bekenntnis des Glaubens über die Dreieinigkeit.* 29 jovialisch] *jovial.* **92**,*7 ff.* Rote *bis* Wind] *Zitat aus Johann Gaudenz von Salis-Seewis, Schweizer Lyriker (1762–1834), Herbstlied (1782) V. 4–6. 11* Blockade] *Infolge des seit 1793 dauernden Krieges blockierte England die Küsten Frankreichs.* 33 Winckelmann] *Johann Joachim, Kunsthistoriker, Begründer der Archäologie (1717-1768); er war in seiner Geburtsstadt* Seehausen *1743–1748* Konrektor *in den allerbedrängtesten Verhältnissen. Über Dresden kam er* nach Rom *(34) (1755), nachdem er* katholisch *(35) geworden war, trat 1785 als Bibliothekar in die Dienste des* Kardinal Albani *(***93**,*12), wurde 1763 Oberaufseher aller Altertümer in und um Rom und wurde 1768 in* Triest *(20) von Francesco* Arcangeli *(21) ermordet.* 4 Rubikon überschritt] *Anspielung auf Caesars Übergang über den Rubikon (Fluß zum Adriatischen Meer), womit er in Italien einfiel und damit die entscheidende Auseinandersetzung mit Pompeius und dem Senat eröffnete.* 16 Lavater] *Johann Kaspar, philosophisch-theologischer Schriftsteller (1741–1801), berühmt durch seine in der „Physiognomik" dargestellte Lehre von der äußeren Ausprägung der Seele in den Merkmalen des Gesichts und des Schädels.* 22 Casanova] *Giovanni Jacobo, italienischer Abenteurer (1725–1798), mit Winkelmann in Rom bekannt.* 24 matrimonium *bis* conubium] *verschiedene lat. Ausdrücke für Ehe bzw. Ehegemeinschaft.* 35 Frundsberg] *Georg von, dtsch. Landsknechtsführer (1473–1528), kämpfte u. a. in Italien (1625 Schlacht von Pavia).* Bourbon] *Karl von B.-Montpensier (1490–1517), seit 1515 Conétable (Oberbefehlshaber) von Frankreich, beteiligt an der Schlacht von Pavia. Unter seiner Führung erstürmte das Heer Karls V. 1527 Rom, wobei er fiel.* **94**,*1* Ludovico *il* Moro] *aus dem Hause Sforza (1452–1508), 1494–1499 Herzog von Mailand.* Cäsar Borgia] *Cesare B. (1475–1507), Sohn des Papstes Alexander VI. Borgia, italienischer Fürst und Söldnerführer.* 31

Konstitution] *Während des Jahres 1790 faßte die Verfassunggebende Nationalversammlung die grundlegenden Beschlüsse über die staatliche und soziale Umgestaltung Frankreichs, die dann in der Verfassung vom 4. September 1791 ihren Niederschlag fanden.*

95,*4* γιγγραίνω (giggraino)] *Gr., bezeichnet den kreischenden und klagenden Ton der phönikischen Flöte Gingras, hier in Analogie zu dem verwandten lat. gingrire, gingritus, Schnattern (der Gänse) als solches verstanden.* *5* Diogenes Laertius] *gr. Schriftsteller (3. Jahrh. n. Chr.), Verfasser von Biographien der gr. Philosophen. Raabe verwechselte 109,1 und 124,10 den Beinamen mit dem Vatersnamen des Odysseus und schrieb* Diogenes der Laertiade; *erst in G2 verbesserte er es in* Laertier, *entsprechend der früheren irrigen Auffassung,* Laertius *sei Herkunftsbezeichnung.* *7* politisches Tier] *Ansp. auf Aristoteles, der den Menschen als zoon politikon – gr., politisches, gesellschaftsbildendes Tier – bezeichnet (Politik 1,2 u. ö.).* *8* Menschenrecht] *Schlagwort der Französischen Revolution. 26. August 1789 Erklärung der Menschenrechte durch die Nationalversammlung (nach nordamerikanischem Vorbild).* *13* vierte August] *am 4. August 1789 schaffte die franz. Nationalversammlung das Feudalsystem ab.* *20* lyäischen *bis* Rheinstrom] *Rheinwein, dem Weingott Dionysos gehörig, nach dessen Beinamen Lyaios (Sorgenlöser).* *22–25* Gironde... Sumpf... Montagne] *Parteien im franz. Konvent, die Girondisten gemäßigte Republikaner, zu denen* Madame Roland *(23) und* Vergniaud *(franz. Politiker 1759–1793) gehörten; der* Sumpf *war noch gemäßigter, die* Montagne *(Berg s. zu 71,7) die Radikalen, zu deren Führern* Marat *(26) gehörte.* *32* Incivismus] *gebildet nach frz., incivisme, Fehlen des civisme = Bürgersinn.* **96**,*4* Robespierre] *Maximilien M. J. (1758–1794), einer der Führer der Bergpartei und Gebieter der Schreckensherrschaft.* *8* Lamm *bis* kann] *Ansp. auf die Fabel vom Wolf und dem Lamm, zuerst bei Phädrus 1,1.* *9* Schütt] *ndd. Nebenform für Schütz = bewegliches Wehr.* *12* Klub der Feuillants] *revolutionärer Klub in Paris; weshalb Raabe aus den verschiedenen revolutionären Klubs gerade diesen rechtsstehenden, der schon 1792 verschwand, gewählt hat, bleibt unklar.* *21* Dreifuß] *Gr., Opferbecken mit drei Füßen. Auf einem solchen saß die Priesterin in* Delphi *beim* Prophezeien. *24* Winfeld-Adler] *Das Winfeld bei Detmold galt im 18. und 19. Jahrh. als Stätte der Varusschlacht 9. n. Chr. (Schlacht am Teutoburger Walde), Raabe wahrscheinlich aus Klopstocks Gedicht „Hermann" 1767 bekannt. Plischke, Mitt. 35, 1948, H. 1,22.* *33 f.* die *bis* liberté] *Frz., Lieber Gott, lieber Gott, gib der Erde den Frieden, die Freiheit! Raabe entnahm den Vers den Collectanea (zu 65,21). Das* Fest des höchsten Wesens *(31 f.), dessen aufklärerischer Kult durch Beschluß des Konvents vom 7. Mai 1794 ein-*

geführt wurde, fand am 8. Juni 1794 (Pfingstsonntag) statt. **97**,*2* certum est] *Lat., es ist gewiß.* *3* ehrlichen Pfarrer von Grünau] *Anspielung auf J. H. Voß (1751–1836) und sein Gedicht „Luise“ (III 1 redlicher, I 38 ehrwürdiger Pf. v. Gr.); das Ganze Anspielung auf die Szene I 286ff.; 302.* *17* Necker] *Jacques, franz. Bankier und Staatsmann (1732–1804); 1776 Minister, 1781 entlassen, kehrte 1788 unter großem Jubel der Bevölkerung zurück, löste 1789 durch Einberufung der Reichsstände die Revolution aus.* *33* Flußgott erhob] *Reminiszenz an das Auftauchen des Flußgottes aus dem Tiber, Vergil, Aeneis 8,31ff.* **98**,*4* Der Adel *bis 8* Aristokraten] *Auch diese „Aristocratenwuth“ überschriebenen Verse entnahm Raabe den Collectanea (zu 65,21).* *21* immatrikulierter] *eingeschriebener.* **99**,*8ff.* lex contra nomenclatores] *Lat., Gesetz gegen Namennenner;* lex Cornelia de falsis] *G. gegen Testamentsfälschungen, erlassen von Sulla;* lex Julia majestatis] *G. gegen Majestätsverletzung, von Augustus;* lex Julia de sacrilegio] *G. gegen Tempelschändung, nicht von Augustus, wohl Abkürzung des Digestentitels 48,13 ad legem Juliam peculatus et de sacrilegis et de residibus.* *18* Cranium] *Gr.-lat., Schädeldach.* Cerebellum] *Lat., Gehirn.* *26ff.* mit jedem Blick *bis* Seele] *scheint nach 32 von Matthison zu stammen. Ich kann die Verse aber weder in der Ausgabe letzter Hand, Zürich 1825, noch in der Ausgabe der Gedichte Zürich 1808 finden.*

100,*9* Eispunkt] *Schmelzpunkt des Eises, 0°Cels., gelehrter Ausdruck.* *9f.* in *bis* Flandern] *Im 1. Koalitionskrieg fiel* Pichegru *(11), franz. Feldherr (1761–1804), 1794 mit 70000 Mann in Holland ein. Der Frost war so stark, daß „Husaren Schiffe erobern konnten“. Friedrich,* Herzog von York *(12), der zweite Sohn König Georgs III. von England, 1763–1827, wurde 1793 Befehlshaber der engl.-österreichischen Truppen in den Niederlanden. Infolge der Erfolge Pichegrus, der* Grave *(13), Stadt in Nord-Brabant nahe Nymwegen,* Breda, *bekannte Festung in Nord-Brabant, die* Bommelinsel, *Bommelerwaard, von* Maas, Waal *(10f.) und St.-Andries-Kanal umschlossenes Gebiet in Geldern, und das* Fort Sankt Andreas *(14), St. Andries, eine von den Spaniern angelegte Schanze am gleichnamigen Kanal, der Maas und Waal verbindet, besetzte,* ging *er* mit *dem* Erbstatthalter *(Prinz Wilhelm V. von Holland)* nach England *(15).* *26* Sulzer] *Joh. Georg S., Philosoph und Pädagoge (1720–1779); seine* Allgemeine Theorie der schönen Künste *erschien 1771–1774.* **102**,*1* unaimabel] *Frz., unliebenswürdig.* 2 unkonvenabel] *Frz., unpassend.* *4* Konnäsancksen] *gebildet von connaissances (Frz.) = Bekanntschaften.* *8* Gott *bis* Herz] *Ansp. auf das Sprichwort „Gott siehet das Herz an“ u. ähnl.; Wander, Dtsch. Sprichwörter-Lexikon 2, 1870, 44 nr. 1002, vgl. auch 1. Sam. 13,14; Apgsch. 13,22.* *11* raisonable] *Frz., verständige.*

30 ff. Pelion *bis* draufzusetzen] *Ansp. auf Großtaten der gr. Sage. Beim Kampf gegen die Götter türmten die Giganten den* Pelion *und den* Ossa, *Berge in Thessalien, aufeinander, um den Olymp an Höhe zu übertreffen, die Überwindung der* lernäischen Schlange *Hydra und die Reinigung des* Augiasstalls *gehören zu den zwölf berühmten Taten des Herkules.* *35* Adonide] *Raabe entnahm diese weibliche Form zu Adonis, Namen eines schönen Jünglings der gr. Sage, Matthisons Gedicht „Milesisches Märchen" (zu 84,6).* **103**,*1 f.* Cathbat fällt..., Tochter von Cormac..., Turas Höhle] *Zitate aus Ossian, Fingal I (S. 216–220 Tauchnitz).* *23* Hampsons *bis* Wesley] *Raabe verdankt die Kenntnis dieses Werkes den Collectanea (zu 65,21). W. war der Stifter der Methodistensekte (1703–1791).* **104**,*13* die trojanischen Greise] *Ansp. auf Homer, Il. 3,146 ff., wo die tr. Gr., auf der Stadtmauer sitzend, die Schönheit Helenas bewundern.* *18* Untergang *bis 19* Plinius] *Anspielung auf die Schilderung dieser Ereignisse durch Plinius den Jüngeren, Brief 6,16, 5–6.* *27* Fortschritte der Gallier] *s. zu 100,9.* *28* Weißenburger Linien] *Befestigungen bei W. im Elsaß, 1794 von den Preußen erobert und von den Franzosen zurückerobert.* *34 f.* Danaiden, Sisyphus, Tantalus] *in der gr. Sage Büßer in der Unterwelt, die als Strafe erfolglose Arbeiten verrichten mußten: die D. schöpften Wasser in ein Faß mit durchlöchertem Boden, S. wälzte einen Stein auf einen Berg, wobei der Stein immer wieder herunterrollte. T. griff hungernd nach Früchten und neigte sich dürstend zum Wasser, doch immer vergebens.*

105,*15* Stirnschild Aaronis] *Anspielung auf die Tracht des Hohenpriesters 2. Mos. 39,8 ff.* *21* Cagliostro] *Alexander Graf von, eigentl. Giuseppe Balsamo, it. Abenteurer (1743–1795); er diente Schiller als Vorbild für seinen Roman „Der Geisterseher" (1789).* *23* der *bis* Episkopal] *Zitat aus J. H. Voß' „Rundgesang beim Bischof".* *30* indeskriptibel] *Frz., unbeschreiblich.* *32* Winfeldsieger] *s. zu 96,24.* *34* Custine] *Adam Philippe Graf von, franz. General (1740–1793); eroberte 1792 Mainz.* **106**,*3* Forster] *Joh. Georg Adam, Natur- und Völkerkundler (1754–1794), 1788 Bibliothekar in Mainz, 1793 Abgeordneter der Mainzer Republikaner in Paris. Raabe entnahm die Anekdote den Collectanea (zu 65,21.* *5* Graf von Nassau] *Adolf II. von Nassau, Erzbischof und Kurfürst von Mainz, eroberte 1462 Mainz und machte es zur erzbischöflichen Stadt.* **107**,*18* intentieret ist] *darauf gerichtet ist.* **108**,*1* gestus] *Lat., Gebärde.* *2* Danton] *radikaler franz. Revolutionsführer (1759–1794).* *15* schildburgsche, lalenburgische] *Lalenburg ist der angebliche Druckort des 1594 im Elsaß erschienenen dtsch. Volksbuch von den Lalen, den Vorgängern der Schildbürger, das 1598 unter dem Titel „Die Schildbürger" wiederholt wurde.* *22* Wohlfahrtsausschuß] *am 6. April 1793 unter dem Vorsitz*

Robespierres eingesetzter Ausschuß, der eigentliche Träger der Schrekkensherrschaft. *23* Revolutionstribunal] *am 10. März 1793 auf Vorschlag Dantons eingesetztes Schnellgericht der franz. Revolution.* *34 f.* umschließt *bis* Erz] *Anspielung auf Horaz Od. 1,3,9: dem umgab Eichenholz und dreifaches Erz die Brust.* 109,*4* Desmoulins] *franz. Revolutionsführer (1760–1794), rief am 12. Juli 1792 im* Palais Royal *(Palast mit öffentlichem Arkadengarten in Paris) das Volk zu den Waffen und ernannte sich in der Presse zum* Generalprokurator der Laterne *mit Ansp. auf die ungesetzliche Hinrichtung von Revolutionsgegnern durch Hängen an eine Laterne.* *14 ff.* wie wenn *bis* läßt] *Anspielung auf den Sturm (Vergil, Aeneis 1,81 ff.), der dadurch entsteht, daß Aeolus (gr. Gott der Winde) allen Winden gleichzeitig freie Bahn gibt.* *25 ff. In dieser* Konventsitzung *wurde Robespierre gestürzt.*

110,*25* Herzogs von Zweibrücken] *Gustav Samuel Leopold, Herzog von Pfalz-Zw. († 1731).* *30* Schnarrwerk] *die Zungenstimmen in der Orgel auch = Regal, kleine tragbare Orgel mit Zungenstimmen und durchdringendem Ton, im 16.–18. Jahrh. als Begleitinstrument benutzt; Raabe scheint an dieses gedacht zu haben.* 111,*3* jener *bis* Eurykleia] *Zitat aus Homer, Od. 22,492.* *7* und *bis* bereiten] *hexametrisch, ebenso 13 f.* jagt's *bis* Fenster. *19 f.* distribuieret] *Lat.-frz., verteilt.* *20* imaginierte] *Frz., stellte ich mir vor, dachte aus.* 112,*13* letzte Winseln] *Ansp. auf den Schluß von Bürgers Ballade „Des Pfarrers Tochter von Taubenhain".* *30* Desperation] *Lat., Verzweiflung.* *31* vae misero mihi] *Lat., Wehe mir Unglücklichem.* *32* pro dii immortales] *Lat., o ihr unsterblichen Götter.* 113,*21 ff.* nie *bis* geflammt] *ungenaues Zitat aus Klopstocks Ode „Hermann und Thusnelda" 2 ff.: „so schön war Hermann niemals! So hat's ihm Nie von dem Auge geflammt."* *33* Hamlet] *Anspielung auf Shakespeare, Hamlet 2,1: die Strümpfe schmutzig Und losgebunden auf den Knöcheln hängend.* 114,*6* pro aris et focis] *Lat., für Altar und Herd, Zitat aus Cicero, de natura deorum 3,40,94.*

115,*10* meinen Lohn dahin] *Ansp. auf Ev. Matth. 6,2.* *22* Poterion] *Gr., Trinkgefäß.* *28* Trulla *usw.] Schimpfwörter (lat.)* trulla = *Nachtbecken,* Janua = *Tür,* Mamurra *Name einer Familie in der ital. Stadt Formiae; eines ihrer Mitglieder griff Catull (röm. Dichter gest. etwa 54) wegen unsittlichen Lebenswandels an;* Rufa = *Rothaarige.* 116,*7 f.* Dryaden *bis* lauschen] *Zit. aus Horaz Od. 2,19,3/4.* *17* Experienz] *Lat., Erfahrung.* *20* Ramler] *Karl Wilhelm R. (1725 bis 1798); Ansp. auf „Glaucus Wahrsagung" 5/6: „Unglücklicher! der schon von Hoffnung trunken, des Oceans Gebieter ist."* *24* Tod des Ugolino] *Hungertod, Anspielung auf Dante, Göttliche Komödie, Inferno 33,1 ff.* *27 f.* Aristarch, Timarch] *Timarchia (gr.) Herrschaft der Vermögenden = Timokratia. Danach ist zu Aristokratia = Adelsherrschaft gebildet Aristarchia und A. = Aristokrat.* *29 f.* kapitolinischen Vogel] *Gans, Ansp. auf die röm. Sage, nach der das Geschnatter der heiligen Gänse der Juno den Versuch der Gallier, das Kapitol heimlich bei Nacht einzunehmen, verraten hat.* *31* Fiesko] *Anspielung auf Schillers Trauerspiel „Die Verschwörung des F. zu Genua", besonders auf Fieskos Monolog angesichts der aufgehenden Sonne 3,2.* *34* Abdera] *das gr. Schilda, Ansp. auf Wielands Roman „Geschichte der Abderiten".* **117**,*2* Suffet] *höchster Beamter im antiken Karthago.* *21 f.* alle Wohlgerüche *bis* spülen] *Ansp. auf Shakespeare, Macbeth 5,1: Alle Wohlgerüche Arabiens werden diese kleine Hand nicht wohlriechend machen.* *23* ça ira, ça ira] *Frz., wird schon gehen, wird schon gehen, franz. Revolutionslied 1789.* *25* allons *bis* patrie] *Frz., auf, Kinder des Vaterlands; Beginn der Marseillaise.* *33* Dilatio] *Lat., Aufschub.* *34* Io triumpho] *Lat., o ich triumphiere.* *34 f.* O *bis* Hymenaee] *Gr., Anrufung des Hochzeitgottes Hymenaios, Kehrreim gr. und lat. Hochzeitslieder.* *35* die Haare *bis* **118**,*1* empor] *Zit. aus Vergil, Aeneis III 47.* **118**,*4* Sponsa] *Lat., Verlobte, Braut.* *12* Lamia] *Gr., Gespenst.* Falsaria] *Lat.,* Fälscherin. *16* Einnahme von Troja] *Reminiszenz an deren Schilderung in Vergils Aeneis Buch 2.* *23* lästrygonisch] *Die Lästrygonen sind in Homers Odyssee ein Volk von Riesen (B. 10).* **119**,*4 ff.* O wie *bis* Mitleid] *Zitat aus Aristophanes' Komödie Lysistrate 959–961 (übers. von Seeger); auch dort gelten diese Worte einem Mann, den seine Frau geprellt hat.* *15* ich *bis* führten] *Zitat aus* Ramlers *Übersetzung von Horaz Od. 3, 11, 49.* *19* umklammere, umfasse] *bei Griechen und Römern Gebärde der Schutzflehenden.* *23* Themistokles] *athenischer Staatsmann und Feldherr (ca. 520 bis nach 460 v. Chr.), floh, aus seiner Heimat verbannt, als Schutzflehender zu dem* Könige der Molosser *(nordgr. Stamm)* Admetus, *der ihn zwar nicht an seine Verfolger auslieferte, aber auch nicht bei sich behielt.* *26* sich eklipsiere] *Frz., verschwinde, sich entferne.* *30* Tusculanische Unterredungen] *philosophische Schrift Ciceros über die Unsterblichkeit der Seele.* *30 f.* Boëthii *bis* Unglück] *B., röm. Staatsmann und Philosoph (um 480 bis 524), wegen angeblicher Verschwörung gegen die herrschenden Goten gefangengesetzt und hingerichtet; er schrieb im Gefängnis „Über den Trost durch die Philosophie", eines der berühmtesten philosophischen Bücher des Altertums.*

120,*15* Responsabilität] *Lat.-frz., Verantwortlichkeit.* **121**,*6 f.* wer *bis* etc.] *Anfang eines Chorals von Georg Neumark (1621–1681).* *21* inkarzerierten] *eingesperrten, gefangengesetzten.* *24* delabriert] *verdorben.* *27* insignifikant] *Lat.-frz., unbedeutend.* **122**,*21* intrepide] *Lat., furchtlos.* irascible] *Lat., reizbar, zum Zorn geneigt.* **123**,*8*

Eurykleia] *die Hausverwalterin im Hause des Odysseus in Homers Odyssee, hier für Hausmädchen.* *20* Perquisition] *Lat., gerichtliche Untersuchung.* *35* Douleurs] *Frz., Schmerzen.* **124**,*2 f.* Newtonischen Lehre] *Isaac Newton, engl. Physiker und Mathematiker (1643–1727), erklärte Weiß als das Ergebnis des Zusammenwirkens aller Spektralfarben, die hier mit den* sieben Farben *(Regenbogenfarben) gemeint sind.* *3 f.* Sündflut *bis* Gebirge] *Die hier geschilderten Folgen der Sündflut finden sich nicht in der biblischen Schilderung 1. Mos. 8, sondern spielen auf die Beschreibung der großen Flut durch Ovid, Metamorphosen 1, 250 ff., besonders 309 f. an, wonach das ungebändigte Meer die Hügel einebnete und die unerhörten Fluten Berggipfel emportrieben.* *13* Nicolai] *Friedrich, Schriftsteller und Buchhändler (1733–1811), Mittelpunkt der Berliner Aufklärung; er gab 1765 bis 1792 u. 1800–1805 die Zeitschrift* Allgemeine deutsche Bibliothek *(17) heraus, die nach ihrem Eingehen 1792 in der in* Kiel *erscheinenden Neuen A. d. B. (1793–1800) ihre Fortsetzung fand.* *22* Weimarschen und Jenischen Leute] *außer an Professoren der Universität Jena einschl. Schillers ist zu denken an Goethe, Herder, Wieland u. a.* *28* terrifizieret] *erschreckt.*

125,*2* testamentum nuncupativum] *die mündliche Errichtung eines Testaments durch nuncupatio (lat., feierliche Erklärung vor Zeugen), die nach römischem Recht jederzeit möglich war und nicht eine besondere Gefahr bezeichnete; es liegt hier Verwechslung vor mit dem testamentum in procinctu, dem Soldatentestament, der nur Soldaten in der Schlachtreihe erlaubten formlosen, vor Kameraden erklärten Bestimmung über die Hinterlassenschaft. Auf das testamentum in procinctu spielt Raabe an in* Das Odfeld, *Kap. 14 Ende.* *6* Matthäi am letzten] *aus Luther, Kl. Katechismus, 4. Hauptstück 1 stammende Redensart, die unter Anspielung auf den Schluß des Ev. Matth. „bis an der Welt Ende" bedeutet „seinem Ende nahe sein".* *9* evaporierte] *Lat., verdampfte, hier scherzhaft = verduftete in der übertragenen Bedeutung verschwand.* *11* Alguacil] *Span., Gerichtsdiener.* *19* in vinculis] *Lat., in Fesseln, vielleicht Reminiszenz an die römische Kirche St. Peter in vinculis.* *24* Larva] *Lat., Schreckgesicht, Maske.* *26* Furius Quadratus Gallus] *scherzhafte Namensbildung, wohl mit Anspielung auf furere (lat.) = wütend sein, quadratus (lat.) = viereckig., gallus (lat.) = Hahn; statt* Gallus *haben HZB1* Hane. *35* Atlas] *nach der gr. Sage trug der Riese Atlas das Himmelsgewölbe.* **126**,*11* Tribulationes] *Lat., Drangsale.* *13* quaestionieret] *Frz., fragt.* *16* O tempora] *Lat., o Zeiten; Zitat aus Ciceros 1. Rede gegen Catilina 1,1.* *16 f.* Schock *bis* gefahren] *Ansp. auf Ev. Matth. 8,32 (die Teufel) fuhren in die Herde Säue.* *18* Malevolenz] *Frz., Übelwollen.* *26* Expresser] *Eilbote.* *27* malą fide] *Lat., böswillig.* *35* magis *bis*

127,*1* veritas] *Lat., mehr ist die Wahrheit meine Freundin. Anspielung auf das lat. Sprichwort „Amicus Plato, sed magis amica veritas“ (Plato ist mein Freund, aber mehr ...), das seinerseits gr. Vorbilder hat.* *11* Catilina] *röm. Revolutionär, dessen Verschwörung 63 v. Chr. von dem* Konsul Cicero *unterdrückt wurde.* *24* Aimabilité] *Frz., Liebenswürdigkeit.* *26* plaisant] *Frz., anmutig, gefällig.* *32* tendre] *Frz., zart, mürbe.* **128**,*6* Reprimandationen] *Tadel.* *27* Vivacität] *Lat.-frz., Lebhaftigkeit.* *32* raisonablen] *Frz., vernünftigen.* **129**,*3* Consilium] *Lat., Rat.* *17* wilzischer] *s. zu 63,26.* *23 ff.* Wie hat *bis* Gespielin] *Zitat aus Stolberg, Die Westhunnen, 7. Str., s. zu 73,5.* *28* Gidith] *Githit, hebräisches Musikinstrument, z. B. Psalm 8.*

130,*1* Impudenz] *Lat., Unverschämtheit.* *16* Oeil de Boeuf] *Frz., Ochsenauge, rundes Dachfenster, speziell das durch ein O. erhellte Vorzimmer im Schloß von Versailles, in dem sich die* Hofleute *(17) vor dem Eintritt beim König versammelten und in das am 5. Oktober 1789* das Volk *von Paris eindrang und Ludwig XVI. zur Übersiedlung nach Paris veranlaßte.* *25* Scaliger] *Joseph Justus, klass. Philologe 1540–1609.* **131**,*6 f.* Freiheit *bis* Brüderlichkeit] *Schlagworte der franz. Revolution, Devise der franz. Republik.* *10* Büxen wie Jacke] *sprichwörtlich, Wander, Dtsch. Sprichwörter-Lexikon 1, 1867, 528,8; 2, 1870, 974,5.* *18* Ausschußbürgers] *s. o. S. 424.* *34* Dömitz] *mecklenburgische Stadt an der Mündung des Kanals Neue Elde in die Elbe.* *35* Juristenfakultät] *s. o. S. 423.* **132**,*10* prudenter] *Lat., klug, klüglich.* *33* verpestifizieret] *verpestet.* *35* Desperation] *Lat., Verzweiflung.* **133**,*5* Vociferationes] *Lat., Ausrufe.* *15* Carnicculum principium causae] *Lat., das Karnickel ist der Anfang der Ursache, Ansp. auf das Sprichwort „Karnickel hat angefangen“, Wander aaO. 2, 1870, 1194 Nr. 2.* *24* Schneider] *katholischer Theolog, elsässischer Jakobiner, 1794 Ankläger beim Straßburger Revolutionstribunal.* **134**,*2* Geheimenrates des Königs Theodorich) *gemeint ist Boethius, s. zu 119,30.* *12* pro primo ...] *s. zu 78,35.* *34* Lavater] *s. zu 93,16.* **135**,*5* Geßner] *Konrad von Gesner, Naturforscher (1516–1565); seine* Bibliotheca universalis *(lat., Universalbibliothek, ein Katalog der gr., lat., hebräischen Schriftsteller), erschien 1556.* *23* Amorosa] *It., Geliebte.* **136**,*9 ff.* Lösch *bis* Haus] *Schlußverse (115–119) von Schillers Gedicht „Melancholie. An Laura“ (1782).* *17* Melancholei] *altertümlich für Melancholie, wohl Reminiszenz an Klopstocks Gedicht „An Ebert“ 2 „in die Melancholey“.* *22* Developpement] *Frz., Entwicklung.* *27* Wer warf *usw.*] *homerische Wendung wie Il. 11, 219: Welcher kam zuerst Agamemnons Händen entgegen?* *33* Historiographus Buetzoviensis] *Lat., Geschichtsschreiber von Bützow.* **137**,*4* Chänoboskos] *Gr., Gänsehirt, gebildet nach Syoboskos, Schweinehirt, Reminiszenz an den Sauhirten Eumaios in Homers Odyssee.* *7* Quis Herculem vituperet] *Lat., wer wird Hercules tadeln.* *17* Wenn *bis* ist] *Anfang eines Chorals von Nikolaus Hermann († 1561).* *24* furiose] *Lat., wütend.* **138**,*7* Gout] *Frz., Geschmack, Gefallen.* **139**,*15* Copia] *Mlat. Abschrift.* Auctoris] *Lat., des Autors.* *23 f.* auspiciis *bis* Guilelmi II] *Lat., unter der Leitung und Herrschaft des hochberühmten Königs Friedrich Wilhelms II., Formel, mit der behördliche lateinische Urkunden, z. B. Doktordiplome, anfingen.* *25* labores] *Lat., Arbeiten.* taliter qualiter] *Lat., einigermaßen.* *31* kimmerisch] *s. zu 67,4/5.*

140,*2* Hegira] *ältere Schreibung nach frz. Vorbild (hégire) für Hedschra, arab., Flucht, speziell die Flucht Mohammeds von Mekka nach Medina.* *10* Machinationes] *Lat., Machenschaften, Ränke.* *12* Katechumene] *Gr., Taufbewerber in der altchristlichen Kirche; er erschien nach der Ostern erfolgten Taufe am nächsten Sonntag in weißem* Gewande *in der Kirche (Weißer Sonntag). Dieselbe Anspielung im* Hungerpastor *Bd. 6, 129,19.* *19* Sophokles Antigone] *V. 264–267.* *31* kondemniert] *Lat., verurteilt.* *32* Condemnati] *Lat., die Verurteilten.* **141**,*2* ex lege diffamari] *Lat., auf Grund des Gesetzes gegen Verleumdung (wörtl. „verleumdet werden").* *11* Senatus Buetzoviensis] *Lat., der Rat von Bützow.* *16* Zieten] *Hans Joachim von, Reitergeneral Friedrichs d. Gr. (1699–1768), erwarb durch die überraschende Plötzlichkeit seines Erscheinen den Beinamen* aus dem Busch. *25 Quintus Caecilius* Metellus Numidicus, *102 v. Chr.* Censor, *hielt als solcher eine Rede vor dem Volk (!) über das Heiraten, in der er ausführte, die Männer könnten mit den Frauen nur unbequem, aber ohne sie überhaupt nicht leben (Gellius 1, 6,1).* **143**,*4* Hesiod] *in dessen Theogonie V. 411 ff.* *13* von Wöllner] *Johann Christoph,* preußischer Staatsmann (1732–1800), verfaßte unter dem Pseudonym Chrysophiren *(26) „Die Pflichten der Gold- und Rosenkreuzer alten Systems".* *14* komplaisant] *Frz., gefällig.* *17 f.* Pourriture avant Maturité] *Frz., Fäulnis vor der Reife.* *19* Mirabeau] *Honoré Gabriel Victor Riquetti Graf von, franz. Staatsmann und Revolutionär (1749 bis 1791).* *27 ff. Leben und Meinungen des Magisters* Sebaldus Nothancker] *Roman von Nicolai (zu 122,13), 1773–1776, ebenso Lebens*geschichte eines dicken Mannes *1794.* *35* Rect*(or)* emer*(itus)* Buetzoviensis] *Lat., Rektor von Bützow im Ruhestand.*

Nachträge

Zu: Entstehung und Veröffentlichung: Brandes' Angaben über die Entstehungsgeschichte lassen sich dahin präzisieren, daß Raabe vom 16. April bis 9. Juni 1865 den Plan der Gänse von Bützow *anfertigte; am 24. Juni begann er* die Gänse auszuschreiben *(Tgb.).*

Zu: Anmerkungen.

Außer den oben nach Brandes angegebenen Zitaten entnahm Raabe den Collectanea seines Großvaters (S. 425) noch folgende Stellen: **69**,*3* Mangelsdorfs Hausbedarf; **88**,*2* Plus de galanterie, *das die Collectanea als Beispiel für einen besonderen Gebrauch von „plus" anführen und übersetzen: „Weg von allen Schmeicheleien der Galanterie!"*; **106**,*3* Forster; **110**,*25* des ... Herzogs von Zweibrücken Katzenmenagerie, *die sich auf dessen Lust- und Residenzschloß Carlsberg befand;* **124**,*2 die* Newtonsche Lehre; **134**,*2 die Schreibung* Theodorich *statt „Theoderich"*; **141**,*25 das Zitat aus der Rede* des Censors Metellus Numidicus *und die irrige Angabe, sie sei* vor versammeltem Senate *gehalten.*

77,24 f. Johannes der Evangelist ...] *Anspielung auf Acta Sanctorum, Joh. Evang. Kp. 56–57 (Frdl. Hinweis von Herrn Michael Winter). Raabe entnahm die Erzählung nicht den Acta Sanctorum. Von den beiden möglichen unmittelbaren Quellen kommt wohl nicht Herders Gedicht „Sankt Johannes. Eine Legende" (Bd. 28,229 Suphan) in Frage, sondern der Brief von Goethes Mutter an Christiane Vulpius vom 14. 12. 1807 (Schrift. d. Goethe-Ges. 4, 1889, 382), da bei Herder die Geschichte nicht in* Patmos, *sondern in Ephesus spielt, während Frau Rath Goethe sich Johannes bei der Niederschrift der Offenbarung vorstellt (S. 383). Das Spielen mit dem* Rebhuhn *meint die Augenblicke, in denen „die Seele ... abgespannt" wird.*

116,*7* Aristarch] *Raabe entnahm den Ausdruck vermutlich Musäus, in dessen „Physiognomischen Reisen" er mehrfach begegnet.*

Hans Oppermann

Theklas Erbschaft

I. Das Werk

1. Zur Entstehung

Zur Entstehung von „Theklas Erbschaft" berichtet Raabe im Verlauf seiner Erzählung, er habe sich an einem schwülen Julinachmittag des Jahres 1865 einer kühlen Erinnerung aus dem Monat Dezember zur Zeit seines Berliner Studienaufenthaltes überlassen und habe dann seinen eigenen Faden dazu gesponnen (vgl. S. 149, 151, 163). Es mag sehr wohl so gewesen sein, zumindest spricht für die Richtigkeit von Raabes Angaben, daß er das Bild von dem Tertianer, der sich im Nachbargarten mit seiner Grammatik abquält und ihr schließlich entrinnt, an einem warmen Sommertag in sich aufgenommen hat; es steht in unmittelbarer Beziehung zu seinem eigenen Entschluß, sich seinen Pflichten und Verbindlichkeiten *(S. 149) zu entziehen und dafür heiteren Erinnerungen aus seiner Studentenzeit Raum zu geben.*

Angenommen, es handelt sich in der Rahmenerzählung von „Theklas Erbschaft" tatsächlich nicht um eine dichterische Fiktion, so vergingen immerhin mehrere Monate, ehe Raabe den Faden, der ihn in die Berliner Zeit zurückleitete, wirklich ausspann. Im Jahr 1865 drängten und kreuzten sich die bereits begonnenen Arbeiten und die neu auftauchenden Pläne in einer Weise, daß Raabe ihrer nur schwer Herr zu werden vermochte. Nach Beendigung der „Drei Federn" am 7. April, der „Gänse von Bützow" am 29. Juli und von „Sankt Thomas" am 26. September (vgl. Bd. 9,1 u. 2) begann Raabe am 28. September den Roman: Hagebucher auszuarbeiten *(Tgb.). Bis zum 26. Oktober schrieb er vier Kapitel nieder, dann unterbrachen andere Pläne seine Arbeit an „Abu Telfan": am 1. November wandte er sich der kleinen Erzählung zu, die später den Titel „Theklas Erbschaft" erhalten sollte und von der sich in seinem Nb. Nr. 2, S. 130 f. ein erster, in den Tagen bis zum 5. November bruchstückweise niedergeschriebener Entwurf erhalten hat. Er lautet:*
S. 130

1 Nov. 65

Der Himmel ist grau und ich bereits ein gelesener Schriftsteller. Es liegt schwer auf der Hirnschale, unter der sich wenig Merkwürdiges und Neues bewegen ‹?› will. Alte abgetragene Gedancken werden langsam hin und her gewälzt. Man haßt die Schwärze der Dinte, die Weiße des Papiers und findet selbst in den Wolken der Cigarre nicht den Trost wie sonst. Dazwischen dumpfe Erinnerungen, daß einmal die Sonne schien, daß man von Ländern las, wo stets die Sonne scheint. Sehnsucht nach diesen Ländern.

Man drückt die Stirn an die Scheiben und starrt hinaus. Der Nachbargarten ‹,› der Herr Tertianer mit seinem Schulbuch, der auf die verschiedenste Art zu lernen sucht ‹:› auf dem Stuhl sitzend, auf der Lehne des Stuhls ‹,› im Kreise laufend, auf dem Bauche im Grase liegend ‹,› auf dem Fuße ‹?› einer Leiter kauernd, auf dem Dache des Pavillions. Spectakel über dem Kopfe. Die dünnen Wände der modernen Häuser. Einzelheiten des Gesprächs. Lauschen. Das unterdrückte Weinen, nachdem der männliche Poltertritt verstummt ist. Die Hauswirthin erscheint und meldet:

Helene hält es bei ihrem Mann nicht länger aus und will durchbrennen. Sie fordert den Ritterdienst des Erzählers und dieser ist mit Freuden bereit, ihr denselben zu leisten. Er steigt die Treppe herauf. Schilderung der Haushaltung.

S. 131

„Jüngling, Sie studieren Theologie?"

„Nein".

„Nun das freut mich sehr. Als Geistlicher müßten Sie mich zu vertrösten suchen. Aber ich werde mich nie vertrösten lassen."

Erzählung: die Eröffnung des Testaments des Onkels ‹,› der silberne Löffel ‹,› der Zanck auf der Straße und im Hause. Der Gemahl ‹*Schreibfehler:* Gemahlin› hat sich mit dem Löffel entfernt. Helene will zu ihrer Mutter ‹,› und der Erzähler, der in diesen Sachen Erfahrung hat, hilft ihr packen.

An der nächsten Straßenecke der Gemahl: mit einer Flasche Punschessenz etc. etc. Scene ‹,› Versöhnung. Punsch. 5 Nov. 1865.

Es heben sich in dieser Skizze drei Schreibweisen voneinander ab: Der Anfang ist mit sehr spitzer Feder und auf eilige, die Worte weithin abkürzende Weise entworfen, der mittlere Teil, mit Die Hauswirthin *beginnend, ist mit breiterer Feder, in kräftigen Zügen und ohne Abkürzungen niedergeschrieben, der Schluß, ab* Erzählung, *ähnelt wieder dem ersten Teil. Oben auf S. 131 finden sich die Worte* Helene's Aussteuer; *sie stehen für sich, auch sind sie – sieht man von der nachträglichen Verbesserung des zweiten Wortes ab – besonders deutlich geschrieben. Die Seite schließt mit einer kleinen Federzeichnung ab, die in knappen Strichen eine weite Landschaft andeutet, mit dem Entwurf zur Erzählung aber in keinem Zusammenhang steht, wie dies für Raabe typisch ist (Vgl. K. Hoppe, W. Raabe als Zeichner, 1960, S. 27). In die Federzeichnung sind die Worte* bojari bojoar boijarischen *hineingeschrieben; vgl. Anm. zu S. 151,23.*

Der Entwurf entspricht der Erzählung in ihren Grundzügen, weicht in Einzelheiten aber von ihr ab, so in der Namenswahl (Helene *statt* Thekla) *und in dem Motiv der Ehegefährdung (im Entwurf* hält es H. bei ihrem Mann nicht länger aus und will durchbrennen). *Bemerkenswert ist auch, wie fest sich von allem Anfang an eine bildhafte Szene wie die von dem Tertianer im Garten (vgl. Anm. zu S. 148,1 ff.) und eine Gesprächswendung wie die von der Theologie und ihrer abgelehnten Vertröstung auf das Jenseits (vgl. im Text S. 159/60) der Erzählung eingefügt hat.*

Im Tgb. finden sich aus der Entstehungszeit der Erzählung folgende Eintragungen: am 1. November, nachträglich eingefügt: (Theklas Erbschaft), *am 2. November:* Angefang. den „Frühling" umzuarbeiten!, *am Abend des gleichen Tages:* Angefangen Gedelöcke auszuschreiben, *am 3. November:* Plan von Thekla's Erbschaft. *Auch diese Notiz ist nachträglich eingefügt; im Entwurf heißt die leidtragende Erbin noch im letzten, am 5. November niedergeschriebenen Abschnitt* Helene. *Es gelang Raabe in der ersten Novemberwoche nicht, sich auf eine bestimmte Arbeit zu konzentrieren. Erst am 8. November vermerkte er im Tgb.:* Thekla's Erbschaft angefangen auszuschreiben, *aber auch jetzt schritt die Arbeit nur langsam voran. Erst am 4. Dezember 1865 konnte er notieren:* Beendigung von Thekla's Erbschaft. *Die Fertigstellung der kleinen Erzählung verzögerte sich offenbar durch die Verhandlungen, die Raabe mit dem Verlag Vieweg über die Freigabe der Restbestände von der 1. Auflage des „Frühling" zu führen hatte, und durch Sorgen, die ihm eine nicht ungefährliche Erkrankung seiner Frau bereitete.*

2. Veröffentlichung und Aufnahme

Die Veröffentlichung von „Theklas Erbschaft" zögerte sich zwei Jahre hinaus. Laut Tgb. begab sich Raabe am 23. Oktober 1867 mit dem Manuskript zu Hallberger, der die Zeitschrift „Über Land und Meer" unterhielt und in ihr bereits die „Holunderblüte" (1863) und „Die Gänse von Bützow" (1866) hatte erscheinen lassen. Aus der Tgb.-Eintragung Vor Hallbergers Thür (Theklas Erbschaft) *ist zu schließen, daß der Gang vergeblich war. Es ist nicht erkennbar, ob oder wann Raabe den Besuch wiederholte, jedenfalls nahm Hallberger die Erzählung an, so daß sie im Jg. 1868 der Zeitschrift ihre Veröffentlichung erfuhr.*

Als Raabe die Sammlung „Deutscher Mondschein" zusammenstellte, nahm er an letzter Stelle auch „Theklas Erbschaft" in sie auf (vgl. Textgeschichte und S. 476 ff.). Ebenso ordnete er sie in den 2. Band der „Gesammelten Erzählungen", diesmal an chronologisch richtiger Stelle, ein (vgl. Textgeschichte und Bd. 9,1 S. 412 u. 499).

II. Der Text

1. Textgeschichte

Z: Thekla's Erbschaft oder die Geschichte eines schwülen Tages. Von Wilhelm Raabe. – *In: Über Land und Meer, Jg. 11, Stuttgart 1868, Bd. 21, Nr. 8, S. 113–116*

B1: Thekla's Erbschaft oder die Geschichte eines schwülen Tages. – *In:* Deutscher Mondschein. Vier Erzählungen von Wilhelm Raabe. Stuttgart, Hallberger 1873, S. 233–261.

B2: *Desgl.* Zweite Auflage. *Ebd.* 1875, S. 233–261.

G1: Thekla's Erbschaft oder die Geschichte eines schwülen Tages. – *In:* Gesammelte Erzählungen. Von Wilhelm Raabe. Berlin, Verlag von Otto Janke, 1896, Bd. 2, S. 274 – 288.

G2: *Desgl.* Zweite Auflage. *Ebd.* 1901, Bd. 2, S. 274–288.

G3: *Desgl.* Dritte Auflage. *Ebd.* 1905, Bd. 2, S. 274–288.

W2: *Desgl.* – *In:* Wilhelm Raabe. Sämtliche Werke, 23.–27. Tausend. Zweite Serie, Bd. 2, S. 424–437. Verlagsanstalt Hermann Klemm A-G, Berlin-Grunewald *(1934)*

Raabe las von Z am 4. 11. 1868 Korrektur.

Von B1 las er Korrektur zwischen dem 11. August und dem 1. Dezember 1872. B2 bildet eine Titelauflage von B1 (vgl. S. 479).

Von G1 las Raabe zwischen dem 7. Februar und dem 28. April 1896 Korrektur und auch Revision, von G2 zwischen dem 17. Oktober und 4. Dezember 1901 ebenfalls Korrektur und Revision, von G3 nur Korrektur zwischen dem 18. September und 4. November 1905 (vgl. Bd. 9,1 S. 450).

2. Textbefund und Textgestaltung

Der Text weist einige für Raabe charakteristische Spracheigenheiten auf: 148,17 vor dem morgenden Tag; *150,14 f.* das Gras, welches über den Geschichten wächst; *154,8 f.* ich versichere Sie; *154,27* den Fuchsschwänzer spielen *(vgl. Anm. dazu); 156,21 f.* eine Vergnügensjacht; *157,15* der Seiger *(vgl. Anm. dazu); 162,17* im vollen Laufe. *Ab Z zieht sich durch alle Auflagen ein Fehler hindurch: 151,4 kann es nur* luftiger *und nicht* lustiger Dezember *heißen, denn es geht hier um den Gegensatz zu dem* schwülen und bewegungslosen *Juli (147,18).*

Gegenüber Z nahm Raabe in B1 (B2) einige Verbesserungen vor; vgl. L. zu 147,12; 148,33 f.; 149,14; 150,15; 157,21; 157,26 und 163,15. Andererseits schlich sich auch ein Fehler in B1 (B2) ein: vgl. L. zu 156,26.

Für G1 nahm Raabe erneut verschiedene Veränderungen im Wortlaut vor; vgl. L. zu 148,12; 149,34; 157,18; 160,6; 160,19; 161,15; 162,9 f.; 162,32 u. 163,15. Mehrfach ersetzte er welcher *durch* der, *vgl. L. zu 150,15; 156,1; 157,13 u. 159,25. Dem Setzer unterliefen zwei Fehler: vgl. L. zu 150,7 u. 162,35.*

In G2 gehen auf Raabe zwei Verbesserungen zurück; vgl. L. zu 158,14 u. 160,24. Die Zahl der Druckfehler vermehrte sich um drei; vgl. L. zu 152,26; 158,6 u. 162,5.

In G3 finden sich keine bemerkenswerten Veränderungen mehr.

3. Lesarten

147,*12* betrachtet *Z* · **148,***12* als] *wie Z-B2* · *33* hin] *fehlt Z* · **149,***14* das heißt] *fehlt Z* · *34* umherlaufe *Z-B2* · **150,**7 Monatsrechnungen *G1 ff.* · stets] *fehlt Z* · *15* geworden ist] gemacht wurde *Z.* · die] welche *Z-B2* · **151,***4* luftigen] lustigen *Z ff.* · **152,***26* Aufrechterhaltung *G2 ff.* **156,***1* das] welches *Z-B2* · *26* auf] unter *B1 ff.* · **157,***13* die] welche *Z-B2* · *18* achtungsvoll Ihr ergebenster] Ihr Sie liebender *Z-B2* · *21* schwarzer] blauer *Z* · *26* auch] *fehlt Z* · **158,***6* Beste] Böse *G2 f.* *14* an] auf *Z-G1* · **159,***25* die] welche *Z-B2.* · **160,***6* zu] *fehlt Z-B2* · *19* barbieren *Z-B2* · *24* der] welcher *Z-G1* · **161,***15* Doktor] Student *Z-B2* · **162,***5* Treppe *G2 ff.* · *9 f.* meinem Schulbuch] der Fabel *Z-B2.* *32* sehen] blicken *Z-B2* · *35* allzu] *fehlt G1 ff.* · **163,***15* ein Stuttgarter] ein *Z*, ein süddeutscher *B1 2* ·

III. Anmerkungen

147,*10* prädestiniert: *durch individuelle Veranlagung schicksalhaft in seinem Tun bestimmt; vgl. zu dieser Auffassung Raabes Bd. 14, S. 120, 17 ff.* **148,***1 ff.* In einem Garten meinen Fenstern gegenüber...: *Raabe wohnte im Jahre 1865 in Stuttgart in der Hermannstraße 11. Von seinem Arbeitszimmer aus blickte er auf einen Garten, der zu dem Grundstück Rotebühlstraße 85 und 87 gehörte. Der Besitzer dieses Grundstücks hatte einen Bruder, der Tertianer war.* *9* Accusativus cum infinitivo: *eine grammatikalische Konstruktion der lateinischen Sprache.* *16* Modus: *Lat., eine der möglichen Aussageweisen im Gebrauch des Zeitworts.* *26* Flora: *altrömische Frühlingsgöttin.* *27* Zephyr: *Gr.-lat., milder Südwestwind.* *29* Auf dem Bauche liegend...: *ein bei Raabe mehrfach wiederkehrendes, seinen eigenen Jugendgewohnheiten entstammendes Motiv; vgl. z. B. „Alte Nester", Bd. 14, S. 51, 19 ff.* *29* Blaise Pascal: *franz. Religionsphilosoph und Mathematiker, 1623–62; seine Lettres à un provincial (1656/57) wa-*

ren eine in Briefform abgefaßte Streitschrift, vornehmlich gegen die Jesuiten gerichtet. *32* Vater Zumpt: *Karl Gottlob Z., 1792–1849; Herausgeber einer vielbenutzten lateinischen Grammatik.* **149**,*1* homerische Epopöe: *Heldengedicht nach Art der erzählenden Gedichte Homers.* *2* ein chinesischer Pavillon: *Ein solcher Pavillon befand sich bis Ende der sechziger Jahre in dem S. 148,1 ff. erwähnten Garten.* *12* Evasit – erupit: *Lat., er war verschwunden – er war durchgebrannt; Zitat aus Ciceros Rede gegen Catilina II, 1.* *14* die Würfel waren gefallen: *nach Cäsars Worten beim Überschreiten des Rubikon, s. Sueton, Cäsar, 32.* *29 ff.* Ich war ein Student...: *Raabe studierte in Berlin von 1854–56.* **150**,*4 f.* Königlicher Tafeldecker: *Raabe wohnte in Berlin in der Spreegasse Nr. 11; sein Mietsherr war Schneider und daneben königlicher Tafeldecker.* *34 f.* ad absurdum führen: *Lat., den Widersinn einer Aussage aufzeigen.* **151**,*18 ff.* Thekla ...: *Anspielung auf Thekla in Schillers Wallenstein-Trilogie;* wandelnd an Ufers Grün: *Piccolomini III,7;* Überfall bei Neustadt: *Wallensteins Tod IV,10.* *23* Bojoarier: *germanische Völkerschaft im heutigen Bayern.* **152**,*5* So und nicht anders mußte Elisabeth ...: *Anspielung auf Schiller, Maria Stuart.* *25* des Ministeriums Manteuffel: *Freiherr v. M. bildete von 1850–58 ein reaktionäres Kabinett.***153**,*6* eine Tachtel gestochen: *eine Ohrfeige verabreicht.* **154**,*27* Fuchsschwänzer: *Bezeichnung für jemand, der einem anderen nach dem Munde redet.* **156**,*24 f.* Tribulation: *Lat., Ängstigung, Quälerei.* **157**,*13 f.* eine Frage ... an das Schicksal: *nach Schiller, Wallensteins Tod II,3.* *15 f.* der Seiger hat vollbracht den Lauf: *Zitat aus Schillers Gedicht „Die Kindesmörderin" (Seiger: Sanduhr).* **158**,*18* ‚Ach du lieber Augustin': *aus Wien stammender Gassenhauer.* *24* Tailleur Stibbe: *Der Name begegnet bereits in den „Leuten aus dem Walde", vgl. Bd. 5, S. 301, 19 ff.* · **159**,*18* Philosophie au naturel: *Frz., Ph. nach der Natur, Naturphilosophie.* *25* Iris: *die Götterbotin in der griech. Mythologie.* **160**,*27 f.* Ein guter Mensch...: *Zitat aus Goethes Faust, Prolog im Himmel.* **161**,*24* Emil Devrient: *Dresdener Hofschauspieler, 1803–72.* *24 f.* ‚Königin, das Leben...': *Zitat aus Schiller, Don Carlos IV,21.* **162**,*8* neben meinem zerbrochenen Milchtopf ...: *Anspielung auf Lafontaines Fabel VII,10.*

Karl Hoppe

Gedelöcke

I. Das Werk

1. Zur Entstehung

Raabe hatte, wie er im 1. Kapitel, S. 167, von „Gedelöcke" selbst berichtet, im Jahr 1865 zu Stuttgart auf dem Trödelmarkt um neun Kreuzer ein Buch erstanden, das den Titel trug: Der sonderbare Glaube, Leben, Erstaunlicher Tod Und Merkwürdige Begräbniß des Curatoris Jens Pedersen Gedelöcks, welcher Am ersten Oster- und Auferstehungs-Tage JESU CHristi in Copenhagen als ein vorhero gewesener Christ Wie ein ungläubiger Jude gestorben, deren darinnen vorkommenden sonderlichen Begebenheiten halber der curieusen Welt mitgetheilet Von J.H.K.Cölln. 1731.

Es war eine Druckschrift von 71 Seiten in Sedez-Format, deren unbekannter Verfasser Theologe gewesen sein muß, wie seine in den Bericht eingestreuten Kommentare vermuten lassen. Er besaß eine gründliche Kenntnis der Bibel, der lateinischen, griechischen und hebräischen Sprache, auch war er als Zeuge in der Untersuchung des Falles Gedelöcke „bei dem hochwohllöblichen Polizey-Gericht" (S. 8) aufgetreten. Die am Anfang der Schrift und bei mehr oder weniger passender Gelegenheit eingefügten Gedichte in würdevollen Hexametern zeugen von geringer poetischer Begabung. In seiner Vorrede versicherte der Verfasser: „dasjenige, was du hier liesest, ist die Wahrheit." Es handelt sich in der Tat um eine wahre Begebenheit, die nicht nur in Kopenhagen und Dänemark, sondern auch darüber hinaus beträchtliches Aufsehen erregte. Die Vossische Zeitung hat in vier Nummern, vom 26. April bis 2. Juli 1729, darüber ausführlich berichtet (vgl. F. Sack, Mitt. 1927, S. 94). Die 1731 in Cölln an der Spree erschienene Schrift – im folgenden als QI bezeichnet – hat Raabe im wesentlichen als Quelle für seine Novelle gedient (Vgl. dazu W. Fehse, Mitt., Jg. 1914, S. 74–84).

Neben der Hauptquelle hat Raabe noch eine zweite, von ihm nicht erwähnte Quelle (QII) benutzt. Es handelt sich um eine Schrift, die Bestandteil des umfangreichen Konvoluts ist, das auch QI enthält und das den Titel trägt: „Der medicinische Bernhäuter, vorgestellet in einem lustigen Discours... durch Septimum Podagra M.D. 1720." In dieser Schrift fand Raabe ein Streitgespräch zwischen zwei Ärzten, Dr. Primus und Dr. Secundus, und einem Dr. Podagra, sowie eine Reihe von Einzelheiten, die er, z.T. wörtlich, übernommen hat. Vgl. zu QII E. A. Roloff, Mitt., Jg. 1948, S. 25–27.

Ein genaues Datum des Erwerbs von Q I und Q II gibt Raabe zwar nicht an, es kann aber angenommen werden, daß unter den antiquarischen Varia, die er nach dem Tagebuch am 20. September 1865 auf dem Trödelmarkt erstand, sich auch das Buch befand, das er zu eifrigem nächtlichem Studium nach Hause trug (1. Kap., S. 167). Die Lektüre muß ihn so gefesselt haben, daß er neben den Arbeiten, die ihn beschäftigten (s. o. S. 449, Theklas Erbschaft), noch „Gedelöcke" in Angriff nahm. Das Tagebuch meldet unter dem 17. 10. 65: Nachm. Beginn von Gedelöcke, *und unter dem 2. 11. 65.* Abds angefangen, Gedelöcke auszuschreiben. *Allein schon am folgenden Tage faßte Raabe den Plan von „Thekla's Erbschaft" und beendete diese Erzählung am 4. Dezember (s. o. S. 451). Am 26. Dezember schrieb er die Skizze „Der Altstadtmarkt in Braunschweig" (Tgb.), am 1. Januar 1866 vollendete er die Umarbeitung des „Frühling", und erst am Sonntag, dem 28. Januar 1866, konnte er in seinem Tagebuch notieren:* Beendigung von Gedelöcke.

2. Veröffentlichung und Aufnahme

Am 29. Januar sah Raabe das Manuskript durch und schickte es noch am Nachmittag an Adolf Glaser, den Herausg. v. Westermanns Monatsheften, nach Braunschweig. Bereits am 5. Februar bestätigte Glaser den Empfang und schrieb an Raabe: „Lieber Wilhelm! Beifolgend wird Dir das Honorar für Gedelöcke zugehen. Die Correctur wird bald folgen. Wenn Du wieder eine dieser Geschichten fertig hast, so vergiß uns nicht. Ich habe mich s. Z. zu sehr in den eigenthümlichen Zauber der „Scheibenhart", „Junker von Denow", „Heiliger Born" u. s. w. eingelebt, um so ganz mit dieser neueren Gattung befriedigt zu sein – es fehlt die wehmütige Saite, die Dein junggeselliges Herz damals aufgezogen hatte. Nichts destoweniger finde ich mich auch in das Neue und verkenne die Vorzüge nicht ... Herzlich grüßend Dein A. Gl." Raabe empfing den Brief und das Honorar am 8. Februar (Tgb.) und antwortete dem Freund am 16. Februar: Lieber Adolf! Ich sage Dir meinen Danck für die übersendeten 80 Thaler in Sachen Gedelöcke, und schicke Dir zugleich eine Quittung darüber. Deine Bemerkungen über die Veränderung, die in meiner Schriftsteller-Anschauungsweise allmälig sich vollzieht, erkenne ich als begründet an; – man wird eben älter und auch ich glaube meine mehr lyrische Periode glücklich hinter mir zu haben. So putze ich denn meine epische Rüstung und gedencke als deutscher Sitten-Schilderer noch einen guten Kampf zu kämpfen. Es ist viel Lüge in unserer Literatur, und ich werde auch für mein armes Theil nach Kräften das meinige dazu thun, sie heraus zu bringen; obgleich ich recht gut weiß, daß meine Lebensbehaglichkeit dabei nicht gewinnen wird. *(Br.) Wichtig ist in diesem Schreiben der Hinweis auf die Überwindung der mehr lyrischen Periode, die sich nach dem „Hungerpastor" in Raabe vollzogen hat.*

Der Text von „Gedelöcke" wurde sofort gesetzt, aber erst am 19. Juni 1866 erschien die Erzählung in Westermanns Monatsheften (s. Textgeschichte). Danach wurde „Gedelöcke" als sechste Erzählung in die Sammlung „Der Regenbogen" aufgenommen (vgl. hierzu Textgeschichte und Bd. 9,1 S. 447 ff.) und später in die „Gesammelten Erzählungen", 2. Bd. (vgl. hierzu Textgesch. und Bd. 9,1 S. 412 u. 449). –

II. Der Text

1. Textgeschichte

H: Handschrift von „Gedelöcke", im Besitz des Verlages Westermann in Braunschweig. Sie besteht aus 52 eng beschriebenen und mit häufigen Streichungen und Änderungen versehenen, beiderseits beschriebenen Blättern aus grauem Papier. Format 16×20 cm.

Z: Gedelöcke. Eine absonderliche, doch wahre Geschichte. Von Wilhelm Raabe (Jakob Corvinus). *In: Westermanns Illustrirte Deutsche Monatshefte. Nr. 21 der zweiten Folge, Juni 1866, Seite 297–317. Braunschweig, Druck und Verlag von George Westermann.*

B1: Gedelöcke. *In:* Der Regenbogen. Sieben Erzählungen von Wilhelm Raabe. Zweiter Band, S. 127–195. Stuttgart, Verlag von Eduard Hallberger 1869, *8°*

B2: Desgl. Zweite Auflage. Stuttgart und Leipzig, Druck und Verlag von Eduard Hallberger o. J. *(1871) 8°*

G1: Desgl. In: Gesammelte Erzählungen. Von Wilhelm Raabe. Zweiter Band, Seite 206–242. Berlin 1896. Verlag von Otto Janke, *8°*

G2: Desgl. Zweite Auflage. Berlin 1901. Verlag von Otto Janke. Seite 206–242. *8°*

G3: Desgl. Dritte Auflage. Berlin 1903. Verlag von Otto Janke. Seite 206–242. *8°*

W2: Gedelöcke. *In:* Wilhelm Raabe. Sämtliche Werke, 23.–27. Tausend, Zweite Serie, Band 1, Seite 209–244. Berlin-Grunewald, Verlagsanstalt Hermann Klemm *(1934).*

H bildete die Druckvorlage für Z. Raabe las lt. Tgb. die Korrektur vom 20. bis 22. Februar 1866.

Z bildete die Druckvorlage für B1. Raabe hat die Drucklegung sorgfältig überwacht und zwischen dem 12. und 30. September 1868 von B1 (2. Band) Korrektur gelesen. Daß er auch von B2 Korrektur gelesen habe, ist im Tgb. nirgends vermerkt. B2 stellt vermutlich nur eine Titelauflage von B1 dar.

Von G1 las Raabe in der Zeit vom 7. Februar bis 28. April 1896 Korrektur und Revision (Tgb.). Auch von G2 las er – in der Zeit vom 17. Oktober bis 4. Dezember 1901 – sowohl Korrektur wie Revision, desgl. von G3 in der Zeit vom 18. September bis 4. November 1905 (Tgb.).

2. Textbefund und Textgestaltung

Raabe hat den Wortlaut von H für Z nur an wenigen Stellen verändert: 179,5 verbesserte er und *in* aber, *185,25* von Trinitatis *in* von der Dreifaltigkeitskirche; *zweifelhaft ist, ob 180,23 das in H schwer leserliche Wort* aufrecht *vom Setzer in Z weggelassen oder von Raabe gestrichen wurde; da bereits* hochrot *und* tiefblau *vorangehen, wird* aufrecht *wohl von Raabe gestrichen sein. 195,17 übersah der Setzer die Worte* Jens Gedelöcke.

Da die amtliche Neuordnung der Rechtschreibung erst 1880 bzw. 1902 erfolgt ist, war der Unterschied zwischen der von Raabe angewandten Rechtschreibung und der im Verlag Westermann geltenden im Jahr 1866 noch gering. So erklärt sich, daß Z mit H in der Rechtschreibung weitgehend übereinstimmt. Das gilt besonders für die damals noch als Fremdwörter empfundenen Haupt- und Zeitwörter, die mit c beginnen: Curator, curioser Casus, communiziren, compromittiren, condoliren, cassiren, tractiren. *Gleichzeitig wurde die Schreibung der Endung der Zeitwörter auf -iren beibehalten, wie u. a. die angeführten Fremdwörter zeigen. Fürwörter und Zahlwörter behielten ihren großen Anfangsbuchstaben:* Jene; sie Beide; das Erste; Andere; ein Weniges, ein Jeglicher. *Es blieb ferner das* th *in Wörtern wie* Blüthe, Thräne, thun *usw., sowie* das ß *in der Endung* -nis, *z. B.* Betrübniß.

Dagegen änderte der Setzer verzähle *(207,21) in* erzähle, Gebehrden *und* Ungebehrdigkeit *in* Geberden *und* Ungeberdigkeit, Widerhall *in* Wiederhall, Triumpf *in* Triumph *und* Waagschale *in* Wagschale. *In Unkenntnis der holländischen Sprache läßt er Skalholt 195,24* De drommel! *ausrufen, während Raabe richtig* Te drommel! *geschrieben hatte. Auch setzte er 171,8 f.* Moliére *und verwandte damit einen Akzent, der in H ganz fehlte und falsch war.*

B 1 weist gegenüber H und Z, aber auch im Vergleich mit den folgenden Ausgaben, wesentliche Änderungen auf. Zunächst strich Raabe den Untertitel Eine absonderliche, doch wahre Geschichte, *und den*

Zusatz zu seinem Namen Jakob Corvinus. *Dann aber fügte er einen neuen Schluß hinzu unter Weglassung des in H und Z das Ende der Erzählung bildenden Wortes* basta!, *s. L. zu 210,1 f. Dieser neue Schluß ist in alle folgenden Ausgaben übergegangen und bedeutet zweifellos eine glückliche Abrundung.*

An zwei Stellen wollte Raabe offenbar die Darstellung drastischer gestalten: er fügte 189,10 f. zu seinem armen Leichnam *das Wort* stinkenden *hinzu und verwandelte 203,6* trinken *in* saufen. *Er entdeckte den Irrtum 179,1, der dem Setzer von Z entgangen war, und änderte nun* Saulo *in* Paulo; *für* dürfen *wählte er 208,14 die dialektische Form* dörften *und an zwei Stellen für die Relativpronomina* der *(186,32) und* das *(192,19) das altertümliche* so. *An 14 Stellen setzte er einen anderen Ausdruck ein; vgl. die Lesarten 179,7; 179,18; 180,9; 180,19; 184,21; 186,1; 186,28; 191,16; 192,1; 192,25; 195,3 f.; 197,16 f.; 209,9 an 8 Stellen trat Textverlust ein: vgl. die Lesarten 178,10 f.; 179,33; 182,26; 184,11; 193,21; 196,35; 202,12; 203,11 f. oder stellte den ursprünglichen Wortlaut wieder her: 207,21* verzähle, *wo Z* erzähle *hat; 195,17 setzte er* Jens Gedelöcke *wieder ein und fügte hinzu* da hast du's!; *den verstümmelten Ausdruck* fortan eigenen Weg *verbesserte er in* fortan Seinen eigenen Weg *(201,25). In Lehnwörtern wie* Curiator, curios, compromittiren *ersetzte die Druckerei das* c *durch* k. *Dagegen wurde die Schreibung* -iren *in der Endung der Verben beibehalten, auch blieben die großen Anfangsbuchstaben bei Fürwörtern und Zahlwörtern wie* sie Beide, an Andern, ein Jeglicher, außer Acht, das Erste *u. ä. Die von Z eigenmächtig vorgenommene Veränderung des von ihm in H richtig geschriebenen Ausdrucks* Te drommel *in* De drommel *übersah er, und so ist die falsche Schreibweise* De drommel *durch sämtliche Ausgaben bis zu W 2 bestehen geblieben.*

In G 1 griff Raabe an 6 Stellen verbessernd in den Wortlaut ein; vgl. L. zu 182,1; 182,34; 183,31; 184,11; 200,22; 203,8. Auf den Setzer gehen Angleichungen an den Sprachgebauch (s. L. zu 173,14 u. 201,20) sowie 2 Versehen (187,29 u. 194,5) zurück.

G 2 weist einige Verbesserungen von Raabe auf: s. L. zu 180,29 u. 192,29. Auf den Setzer wird die Abänderung von mannigfaltige *in* mannigfache *(167,9) zurückgehen. Die Zahl der Fehler erhöhte sich, vgl. L. zu 185,31; 187,15 u. 210,3.*

G 3, die letzte zu Raabes Lebzeiten erschienene Auflage, ist ein unveränderter Abdruck von G 2.

In dem vorliegenden Text sind Rechtschreibung und Zeichensetzung den heute geltenden Regeln angepaßt, nur die von Raabe ausdrücklich bevorzugte Form von Hülfe *und* Hülfsbereitschaft *ist beibehalten worden.*

3. Lesarten

Über die Gestaltung der Lesarten s. o. S. 413.

Titel: *H und Z haben den Untertitel* Eine absonderliche, doch wahre Geschichte. Von Wilhelm Raabe (Jakob Corvinus).

1. Kapitel: **167,***9* mannigfache *G 2 f.* · **170,***32* schon früher] schon hieher *Z ‹Lesefehler›*

2. Kapitel: **171,***30* herbeschieden *HZ* · **173,***14* wann] wenn *G 1 ff.* · **174,***29* darzu] *fehlt HZ.*

3. Kapitel: **178,***9* und] *fehlt HZ ‹dafür Komma› 10 f.* drei Raben *B 1 ff.* · Saulo] Paulo *H Z* · **179,***5* zugetraut, aber] zugetraut und *H* · *7* des Lebens *HZ* · *18 Dreifaltigkeit B 1 ff.* · *33* wohl] *fehlt B 1 ff.* **180,***9* dumpfere *HZ* · *19* bei Bel *HZ* · *23* aufrecht im Bett *H* · *29* draußen] *fehlt H–G 1* · **182,***1* welcher ihm *H–B 2* · *20* anbetreffen] betreffen *HZ* · *26* im consilio] *fehlt B 1 ff.* · *34* so mancherlei B 1 2.

4. Kapitel: **183,***31* Herr] *fehlt G 1 ff.* · **184,***11* die Mette *B 1 2*, Frau Mette *B 3 ff.* · *21* und mehr] also mehr *B 1 ff.* · **185,***25* von der Dreifaltigkeitskirche] von Trinitatis *H* · *31* des Patrons *G 2 f.* · **186,***1* instinktartig *B 1 ff.* · *28* Dienstmagd] Eurykleia *H Z* · *32* so] der *HZ* · **187,***15* die Schulter *G 2 f.* · *29* der Kriegsmann *G 1 ff.* · **189,***10 f.* stinkenden] *fehlt HZ* · *17* Füselieren *W 2.*

5. Kapitel: **191,***16* von aller Gloria] vom Leben *HZ* · **192,***1* innerlichem] innerm *HZ* · *19* so man] das man *HZ* · *25* Lustigkeit] Heiterkeit *HZ* · *29* um] *fehlt H–G 1* · **193,***21* aber] *fehlt B 1 ff.* · *30* gekommen waren *W 2* · *31 f.* rieb knisternd sein Fell *B 1 ff.* · **194,***5* ein langes Geseufz *G 1 ff.* · **195,***3 f.* in drei Teufels Namen *HZ* · *17* Jens Gedelöcke] *fehlt Z*, da hast du's] *fehlt HZ* · *24* De drommel *Z ff.* · **196,***34* Füselieren *B 1 2* · *35* magern] *fehlt B 1 ff.* · **197,***16 f.* verdrießlich] grinsend *HZ.*

6. Kapitel: **200,***22* weiland] *fehlt H–B 2.*

7. Kapitel: **201,***20* geblieben *G 1 ff.* · *25* Seinen] *fehlt Z* · **202,***12* schweren] *fehlt B 1 ff.* · **203,***6* saufen] trinken *HZ* · *8* und höchste *H–B 2* · *11 f.* sondern ein Eselsbegräbnis] *fehlt B 1 ff.*

8. Kapitel: **207,***7* in den Schuh *B 1 ff.* · *21* erzähle *Z* · **208,***14* dörften] dürfen *HZ* · **209,***9* die Narrheit] das Alter *HZ* · **210,***1 f.* hindern; basta! *H ‹in H Schluß der Erzählung› 3* meinem / einem *G 2 f.*

III. Anmerkungen

Titel: *In Q I,66 wird der Name folgendermaßen erklärt:*
Er heißet Gedelöck, der Name gleicht dem Leben
So auch zugleich in sich sein Todesurteil hält:
Das Leben war verkehrt, bis er es aufgegeben,
Deswegen wird er auch den Böcken zugesellt.
Wer Gottes Heil verlacht, muß bei den Böcken stehen,
Wenn man den Richter wird in's Himmels Wolken sehen.

Fußnote: Gedelöcke bedeutet auf Deutsch soviel als Bocks-Glück oder der dasselbe mit den Böcken gleich hat. – Fr. Sack dagegen glaubt, den Namen mit „Ziegenkamp" wiedergeben zu sollen (Mitt. 1927, 96).

1. Kapitel: **167**,2 Kurator] *in der Vossischen Zeitung Nr. 54 v. 26.4.1729 auch Prokurator genannt (vgl. Fr. Sack, a.a.O., S.95), Bezeichnung für einen Vormund, Berater oder rechtl. Vertreter.* *7* Fortifikationes] *Lat., Befestigungen.* *17* Relation] *Lat., Bericht.* *24* „Furchtlos und trew"] *Aufschrift auf der genannten Münze.* **168**,*22* Satisfaktion] *Lat., hier: Genugtuung.* *28* a priori wie a posteriori] *Lat., aus Vernunftgründen wie aus konkreter Wahrnehmung.* *31* kommunizieren] *mitteilen.* *33* Ludwig Holberg] *Schöpfer des dänischen Lustspiels, seit 1714 Professor an der Universität Kopenhagen.* **169**,*1* kuriös] *Frz. curieux, seltsam, merkwürdig.* *16* antagonistisch] *gegnerisch.* *27* Berüchtigung] *veraltet, svw. schlechter Ruf.* *33* Philosophenstein und Menstruum universale] *aus Q II, S. 40 ff. entlehnt;* Menstruum universale] *Lat., ein Universal-Lösungsmittel, wie es die Alchimisten suchten.* **170**,*1 ff.* O schädlich Acidum ...] *wörtlich zitiert aus Q II, 46.* Acidum] *Lat., Säure.* corrodiren] *Lat., ätzen, zerfressen.* Sal sulphur] *Lat., schwefelsaures Salz.* Mercur] *Lat., nach dem röm. Gott des Handels alchimist. Bezeichnung für Quecksilber.* praecipitiren] *Lat., stürzen.* Sol] *Lat., die Sonne.* Luna] *Lat., der Mond.* *5* Frau Mette, geborene Niels] *Diesen Namen fand Raabe in Q I, 8.* *7* kompläsant] *Frz., gefällig.* *10* Dormeuse] *Frz., Haube zum Schutz der Frisur.* *14* Opinion] *Frz., Meinung.* *15* ad prognostica propinqua] *Lat., zu den nächsten Voraussagungen.* *16 ff.* Diese guten Nachbarn ...] *Diese Schilderung Gedelöckes und seiner Hinneigung zum Judentum hat Raabe Q I, S. 9–15, entnommen.* **171**,*6* „politischer Kannegießer"] *Titel eines Lustspiels von Holberg, in dem er die über Politik schwatzenden Spießbürger verspottete. Das Wort „Kannegießer" im Sinne von „Bierbankpolitiker" wurde von Holberg erfunden und ist seitdem in den deutschen Sprachgebrauch überge-*

gangen. *19* der „dänischen Komödie Leichenbegängnis"] *satirische Komödie von Holberg, die sich gegen Christian VI. richtete, der nach seiner Thronbesteigung 1730 mit pietistischem Eifer gegen das Theater vorging.*

2. Kapitel: **171**,*24: Die Doktores Primus et Sekundus sowie die Szene am Krankenbett Gedelöckes hat Raabe z. T. wörtlich Q II entlehnt.* *31 f.* prästieren] *Lat., leisten, aufbringen.* **172**,*15* bonus dies] *Lat., guten Tag, wörtlich aus Q II.* *16* quid agis?] *Lat., wie geht es?, wörtlich aus Q II.* *18* deprezieren] *Lat., abbitten, sich entschuldigen.* **173**,*5* dem decoro] *Lat., dem Anstand.* *12* die salia zu koagulieren] *Lat., aus Q II: die Salze zum Gerinnen zu bringen.* *13* Podagristen] *Septimus Podagra M. D. (Medicinae Doctor) nennt sich der Übersetzer von Q II. Er tritt in Q II, S. 54, mit seiner Frau – „Madame Doctorin" – auf und klagt über sein Leiden. Sie nennt ihn mit dem von Raabe auf Gedelöckes Frau übertragenen Kosewort „mon coeur" (177,15).* *17 f.* Tinctura solis] *Lat., aus Q II, 14 u. 60: Sonnentinktur.* *18* das Acidum obtundieren] *Lat., aus Q II, 71: die Säure abstumpfen.* *20* „Die da sündigen ... fallen"] *wörtlich aus Q II, 59.* *26* Indigestion] *Lat., Verdauungsstörung.* **174**,*4* der böse Feind] *der Teufel.* *21* Conclusiones] *Lat., Schlüsse.* **175**,*18* in allen ... Morbis] *Lat., in allen Krankheiten.* *26 f.* sich zu den Böcken gesellet] *Anspielung auf die Erklärung des Namens Gedelöcke in Q I, 66 (vgl. oben S. 461).* *34 f.* Expektanz] *Lat., Erwartung.* **176**,*8 f.* Die, so den großen Gott ... Rotten!] *Zitat aus Q I, 4.* Kor- und Dathans Rotten] *Korah war Führer der nach ihm benannten Rotte, der sich Dathan, ein Enkel Rubens, anschloß. Sie lehnten sich nach 4. Moses, 16. Kap., gegen Moses auf und wurden von der Erde verschlungen.* *10* Henrich Israel] *wird Q I, 14 erwähnt: „Auch der Jude Henrich Israel, so 31 Jahre Vorsänger in der Jüdischen Synagoge gewesen ..."* *16* Emotion] *Frz., Erregung.* *20* Konklave] *Lat., Versammlung und Beratung von Geistlichen.* *26* David Bleichfeld] *tritt in Q I, 53 auf, ist jedoch dort nicht Famulus, sondern Studiosus. Seinen Namen will die Quelle nicht nennen, fügt aber hinzu: „doch wenn einer sich nur Mühe gibet und will aus der Norder Tor ins Feld auf die Bleich Dämme gehen, so kann er seinen Namen leicht finden." Nach dieser Andeutung hat Raabe den Namen Bleichfeld geprägt (Fehse, Mitt. 1914, 78) und den Vornamen David hinzugefügt. In Q I, 54 heißt es dann, daß dieser Studiosus Gedelöcke „aus dem Ostertore auf einem Fuhrmanns Wagen heimlich hinausbringend, ‹ihn› auf dem Garnisonkirchhof ‹hat› begraben lassen."*

3. Kapitel: **177**,*27* mon cœur] *s. Anm. zu 173,13.* **178**,*32* Philister über dir, Simson!] *Zitat aus der Bibel, Buch der Richter 16, 19.* *34*

Stürzebecher] *Gemeint ist der 1401 in Hamburg mit der Zange gefolterte und hingerichtete Seeräuber Klaus Störtebeker.* *35* gen Damaskon] *Nach Apostelgeschichte 13, 9 ging die Bekehrung des Saulus zu Paulus auf dem Wege nach Damaskus vor sich.* **179**,*2* pro libertate christiana] *Lat., für die christliche Freiheit.* *9* ratio theologica] *Lat., theologischer Vernunftsschluß.* *17* resuscitatio est causa resurrectionis] *Lat., die Auferweckung ist die Ursache der Auferstehung, von Raabe aus Q I, S. 26, übernommen.* **180**,*17 f.* bei der schönen Judith ...] *Anspielung auf Judith, 3. Kap.* **181**,*12* Herr Ludovikus] *Ludwig Holberg.* *14 f.* wie der König Nebukadnezar ...] *Anspielung auf Daniel, Vers 3.* *36* Berleburger Bibel] *eine in den Jahren 1726–1742 von J. H. Haug verfaßte Bibelübersetzung in 8 Bänden, die wegen ihrer theosophischen Anmerkungen und ihrer Auszüge aus Schriften früherer Mystiker berühmt geworden ist und noch heute eine Sehenswürdigkeit der Stadt Berleburg bildet. Raabe fand sie in Q I, S. 47, erwähnt. Der Verf. rechnet „den, der die Bibel zur Berleburg anno 1726 in folio herausgegeben und mit chiliastischen, mystischen, fanatischen und pietistischen Noten hat erklären wollen", zu den „neuen fanatischen Übersetzern und Verkehrern der Heiligen Schrift".* *19* Chiliasten] *Anhänger des Glaubens an ein künftiges, mit Christi leiblicher Wiederkehr beginnendes tausendjähriges Gottesreich auf der Erde.* **182**,*9* Sapienz] *Lat., Weisheit.* *21* pitschieren] *mit Petschaft versehen, versiegeln.* *26* im consilio] *Lat., im Rate (der Erben).* *41* pereat materia ... pleno] *Lat., es möge die sündige Materie mit vollem Rechte zugrunde gehen.* **183**,*7* von Knorpp] *Der Name ist von Raabe nicht erfunden; er kommt in Stuttgart ziemlich häufig vor.* *9* Optime!] *Lat., vortrefflich!*

4. Kapitel: **183**,*7* Apostasie] *Gr., Lossagung von der christlichen Kirche.* **184**,*5* ius primae possessionis] *Lat., das Recht des Erstbesitzes.* *11* im Sack und in der Aschen] *Zitat aus Buch Esther, 4, 1.* *19* mystische Schuster] *Anhänger des Mystikers Jakob Böhme (1575 bis 1624), der Schuster war.* *22* hielt das Haus blockiert ... Pruth] *Am Pruth, einem Nebenfluß der Donau, wurde Peter der Große im Juni 1711 von den Türken eingeschlossen und zu einem schimpflichen Frieden gezwungen.* **185**,*2 f.* Leben, Taten und Meinungen] *Anspielung auf Kortums komisches Heldengedicht „Leben, Taten und Meinungen von Hieronymus, dem Kandidaten" (1784).* *3 f.* verstockt wie Pharao ...] *Anspielung auf 2. Mose 14, 28.* *13* Ollivier Cromwellius] *Die Legende, nach der in Oliver Cromwells Todesstunde (3. 9. 1658) „ein erschrecklich Unwetter sich erhob", hat Raabe in der Lebensbeschreibung Cromwells von Guizot gefunden, von der eine deutsche Übersetzung 1853 erschienen war.* *23 f.* „So lasse ich dich

dem ...] *nämlich dem Teufel; aus Q I, S. 51: „Wie nun gar keine Hilfe mehr bei ihm zu tun, so wurde er dem überlassen, welchem er zugehörte."* **186**,*31* Schlacht bei Kjöge] *Stadt an der Ostküste der dänischen Insel Seeland. Dort landete Karl XII. zu Beginn des Nordischen Krieges (1700–1721), an dem Raabe den Obristen von Knorpp teilnehmen läßt; er besiegte die Dänen im August 1700 und zwang sie zum Frieden von Travendahl (vgl. S. 188 f.).* **187**,*1* von Altona] *Magnus Graf von Stenbock, Feldherr Karls XII., hatte am 20. 1. 1713 Altona einäschern lassen.* *2* Frederikshall] *norwegische Hafenstadt an der Grenze von Schweden und Norwegen, am Skagerrak.* *12* rekommandieren] *Lat.-frz., empfehlen.* **188**,*8 f.* Rosenborg-Have] *Park und Schloß in Kopenhagen.* *16* Aviso] *It., Ankündigung.* **188**,*35 f.* Travendahler Frieden] *s. o. zu 186,31.* **189**,*15* champ de bataille] *Frz., Schlachtfeld.* *34* die Volte ... schlagen] *ein Schnippchen schlagen.* **190**,*3* Danziger Goldwasser] *mit Goldblattflittern versetzter Likör.* *24* Eheu, dux legionarius!] *Lat., von Raabe z. T. nach Horaz (Eheu, fugaces ...), z. T. als Übersetzung von „Obrister" gebildet.*

5. Kapitel: **191**,*10* mich lächert] *mich bringt zum Lachen.* *12* Lemort] *franz. Theologe,* Hotton] *holländ. Theologe.* Boerhave] *Hermann B., 1668–1738, berühmter Mediziner und Professor an der Universität Leyden, wo Skalholt sein Schüler war. Der S. 207,21 zitierte Wahlspruch Boerhaves „Simplex sigillum veri" (Das Einfache ist das Siegel der Wahrheit) befindet sich auf dem Denkmal Boerhaves in der Peterskirche und vor dem Krankenhaus in Leyden.* *15* Barbati praecedant] *Lat., die Bärtigen mögen vorangehen.* *21* Fortun] *Lat.-frz., Glück (beim Würfeln).* *24* jokos] *Lat., scherzhaft.* **193**,*4* per fas et nefas] *Lat., zu Recht und zu Unrecht.* *13* Avis] *Frz., Meinung.* *33* improviso] *It., unversehens.* **195**,*23* Te drommel] *Holl., etwa: Zum Donnerwetter!* **197**,*1* Kommodité] *Frz., Bequemlichkeit.* *9 f.* Brentius] *Johann Brenz, schwäbischer Reformator (1499–1570).* Wallerus] *Edmond Waller, engl. Dichter, Vetter Cromwells (1605–1685).* Erasmus] *E. von Rotterdam, Humanist (1466–1536).* Clericus] *Jean le Clerc, reformierter Theologe (1657–1736).* Calvin] *Schweizer Reformator (1509–1564).* Cocceius] *Koch oder Koken, holländischer Theologe (1603–1669).* Launoius] *Jean de Launoy, franz. kath. Theologe (1603–1678).* *12* Cornelius a Lapide] *Cornelius van den Steen, holländischer kath. Theologe (1598–1637).* *28* Jojakim] *König von Juda, 609–598 v. Chr.; sein Begräbnis wird Jeremias 22, 18–19 geschildert.* profanatio] *Lat., Entweihung.*

6. Kapitel: **198**,*12* Falkonettkugel] *Falkonett: ein altes Geschütz.* *14 f.* im Herbst des Jahres 1731] *Aus Q I, Einl. S. 5, erfahren wir, daß Gedelöcke in Helsingör „vor 60 Jahren", also 1671, geboren*

wurde, denn der Verf. von Q I gibt an, daß er seine Schrift am 10. Oktober 1731 abgeschlossen habe. *20* Rudera] *Lat., Trümmer, Reste.* *22* Bellona] *Kriegsgöttin der Römer.* **199,***9* Mirakul] *Lat., Wunder.* Parapet] *Frz., Brustwehr.* *13* der tolle Karl] *Karl XII. von Schweden.* *20* plus le singe s'élève, plus il découvre] *Frz., je mehr der Affe sich aufrichtet, desto mehr enthüllt er, Zitat aus Voltaire.* *21* Sat, satis!] *Lat., Genug, übergenug!* *26* theatro mundi] *Lat., Welttheater.* *30* pragmatische Sanktion] *Verordnung eines Landesherrn, hier Christians VI.* **200,***4* point de vue] *Frz., Aussichtspunkt.* *18* in dem ... bedeckten Wege] *abgedeckter Gang in einer Festung.* *24* Perdition] *Frz., Schaden, Not.* *34* agite, agite!] *Lat., handelt, tummelt euch!* *34 f.* in extremis sein] *Lat., in äußerster Not sein, in den letzten Zügen liegen.*

7. Kapitel: **201,***27* Schiedam] *in der holländischen Stadt Schiedam hergestellter Branntwein.* **202,***1* lamentabel] *Lat., jammervoll.* **203,***3* summus Episcopus] *Lat., eig. der höchste Bischof, hier: der dänische König. Die Stelle ist aus Q I übernommen, wo es heißt: „... haben sie solches Ihro Königl. Majest. als Summo Episcopo übergeben.“* *14* am Dreiundzwanzigsten Maji ...] *aus Q I, S. 57.* *23* nicht der Fuchsschwanz hinten angebunden] *D. h.: wäre es Ludwig Holberg nicht verboten worden, weitere politisch-satirische Komödien zu schreiben, so ...* *29 ff.: Die befohlene Ausgrabung des Sarges Gedelöckes hat Raabe fast wörtlich Q I entlehnt.* *32* und wurde ihres Volkes eine Menge ...] *Q I, 60: „Einesteils derselben wurden durch die Policey-Bediente und Wächter aus ihren Schulen und Synagogen herausgehohlet.“* **204,***2 ff.* der Juden Älteste setzeten sie ... untermenget] *Q I, 60: „In denen nachfolgenden ‹Wagen› fuhren die Ältesten der Jüdischen Nation 2 à 3 in einem jeden Wagen untermenget.“* **204,***35 f.* Nun mußte der Rabbi ... gehen] *Q I, 64: „Der Rabbi war der vornehmste Sorgmann so hinter dem Wagen folgte.“* **205,***4* und die Wächter mit den Morgensternen] *Q I, 64: „Zuletzt kamen die Wächter mit ihren Morgensternen und beschlossen den ganzen Leichen-Conduct.“*

8. Kapitel: **207,***20* Simplex sigillum veri] *Vgl. Anm. 191,10.* **208,***5 f.* Antiochus] *A. tötete viele Juden und plünderte ihren Tempel; vgl. 1. Makkab. 1,23 f.* 6 Assyria und Babylon] *Die Assyrer und die Babylonier unterdrückten mehrfach das jüdische Volk.* *6 f.* der König aus dem Lande Chitim] *Gemeint ist Alexander der Große.* *7 ff.* Und der Gott Abrahams ... so auch das Seidenhaus genennet ist] *Q I, 69: „Deßwegen waren sie bedacht, ihn wieder aus der Erden zu scharren, welches sie auch vor Erlegung von 100 Dukaten an den convent oder so genandten Seyden-Haus frei krigten, doch aus und*

ohngefehr ein paar 100 Schritte von ihrem Todten-Acker auf dem allgemeinen Felde wieder einzugraben.“ Nach der S. 455 genannten Vossischen Zeitung von 1729, Nr. 83, hatten im Konvent oder Seidenhaus „die Committirte (Bevollmächtigten) der Armen-Gelder ihre Zusammenkunft“. 208,*19* mit Stricken ... verscharret] *Q I, 69: „und mit Stricken ist der vermoderte Sarg aufgezogen und dann zum drittenmal verscharret ... Es war kurz vor Martini an einem Abend, da in Beisein der Policey Gedelöcke zum drittenmal eingescharret wurde, wobei dieses merkwürdig, daß der Sarg meistenteils vermodert gewesen, und haben die Juden, damit solcher nicht auseinanderfallen sollte, selben untergraben und mit Stricken zusammengebunden herausziehen müssen.* 209,*5* pro tempore] *Lat., zur Zeit.* *18* Bataille bei Helsingborg] *Hier siegten die Schweden unter Marschall Stenbock am 28. Februar 1710 über die Dänen (vgl. 186,31).* *23* Tornea] *finnische Stadt am Tornea-Elf.* Wardoehuus] *Festung bei der norwegischen Stadt Wardö.* 210,*2* manu propria] *Lat., mit eigner Hand.*

Constantin Bauer, Karl Hoppe

Im Siegeskranze

I. Das Werk

1. Zur Entstehung

Raabes Novelle „Im Siegekranze" *verdankt ihre Entstehung*[1]) *einem Besuche, den Raabes Schwiegermutter – Frau Leiste – im Frühjahr 1866 in Stuttgart machte. Diese war die jüngste, 1799 geborene Tochter des Ratskellerwirtes Otto Martin Heyden in Oebisfelde, der 1782 in zweiter Ehe Elisabeth Philippine Antoinette Friederike Claude du Tell et de la Jeunesse geheiratet hatte. Sie stammte aus einer vornehmen Familie französischer Refugiés, die in bescheidenen Verhältnissen in Öbisfelde lebte. Ihre älteste Schwester Christiane, 1793 geboren, war geisteskrank und starb 1817 in Vorsfelde „an Epilepsie". Von ihr hat Frau Leiste bei ihrem Besuche in Stuttgart erzählt. Ob der Anlaß dazu der Besuch der befreundeten Auguste von Bosse am 19. April und die Erinnerung an eine gemeinsame, in einer Irrenanstalt weilende Bekannte war, wie es Fehse 266 vermutet, läßt sich nicht mehr mit Sicherheit feststellen. Auf alle Fälle hat die Erzählung seiner Schwiegermutter Raabe zu seiner Novelle angeregt. Das beweist das Tagebuch, das beim Beginn der Arbeit an der Novelle (20. IV. 1866) sie als* „Geschichte der Familie La Jeunesse (Im Siegeskranze)" *bezeichnet und bei Abschluß der Arbeit im Konzept notiert (13. 5. 1866):* Beendigung der Gesch*ichte* der *Mutter* Leiste im Concept. – Im Siegeskranze. *Einen Monat später, am 17. 6., heißt es dann:* Beendigung der Erzählung: Im Siegeskranze.

Aus dieser Entstehungsgeschichte ergibt sich, daß Raabe schriftliche Quellen nicht benutzt hat – auch das Tagebuch erwähnt sie nicht. Das gilt auch für den zweiten Überlieferungsstrom, der in die Erzählung eingeflossen ist, für die Tat des Leutnants Kupfermann. Ein Leutnant dieses Namens, Angehöriger der Garnison Wolfenbüttel, hatte am 24. Februar 1813 25 Husaren aus Wolfenbüttel weggeführt. Allerdings scheint diese Tat durchaus nicht den patriotischen Charakter gehabt zu haben wie in der Erzählung. Über den historischen Leutnant Kupfermann hat A. Woringer[2]) *folgendes ermittelt: Wilhelm*

---

[1]) Zur Entstehung und den Quellen: W. Brandes, Mitt. VI 91 = Raabe-Studien 29. Vgl. jetzt auch F. Neumann, Raabe-Jb. 1962, 114—117.

[2]) A. Woringer, Westfälische Offiziere. III. Leutnant Wilhelm Kupfermann. Hessenland, Zeitschr. f. hess. Geschichte und Literatur, 23 (1909), 14; dazu 61 Anm. Laut Tagebuch erhält Raabe das betr. Heft der Zeitschrift am 22. Januar 1909 und schickt es am gleichen Tage an den Leiter des Landesarchivs in Wolfenbüttel, Geh. Archivrat Dr. Paul Zimmermann. Vgl. auch die Berichte des „Westphälischen Moniteur", die Brandes Mitt. VI 93 = Raabe-Studien 30 abdruckt. Vgl. auch Leonhard Müller, Lebenserinnerungen eines alten Kurhessen. Herg. von A. Müller. 1903, S. 29—31; Friedrich Müller, Kassel, seit 70 Jahren Bd. 1., 2. Aufl. 1893, S. 56.

Kuppermann(!) wurde 1792 zu Guben in der Lausitz geboren, und diente seit 1808 in der sächsischen Armee. Bei Wagram wurde er verwundet. Am 16. 8. 1811 aus unbekannten Gründen als Souslieutenant entlassen, trat er am 26. 3. 1812 im gleichen Rang in das 2. westfälische Husarenregiment ein. Am Feldzug 1812 nahm er nicht teil. Ende 1812 war er bei der mobilen Kolonne, die zur Neubildung der in Rußland aufgelösten westfälischen Truppen nach Thorn geschickt wurde. Dabei geriet er in den Verdacht der Soldunterschlagung. Ob er deswegen zurückgerufen wurde, ist nicht festzustellen. Jedenfalls befindet er sich Februar 1813 mit einer kleinen Husarenabteilung in Wolfenbüttel. Um sich dem wegen der Soldunterschlagung anhängigen Verfahren zu entziehen, führte er seine 25 Husaren am 24. 2. 1813 aus Wolfenbüttel heraus und zog mit ihnen nach Plünderung der Kasse des Kreissteuerunternehmers über Goslar nach Blankenburg. Die sofortige Verfolgung durch die benachbarten Gendarmeriebrigaden zersprengte die kleine Abteilung, und zuletzt wurde auch Kuppermann, der in Zivil in den Harz zu entkommen versuchte, in der Nähe von Quedlinburg gefangengenommen. Wenn er dem Unternehmen die Parole gegeben hatte, er wolle seine Soldaten den Verbündeten zuführen, so war seine Marschrichtung nicht glücklich. Denn ganz Deutschland, auch jenseits der Elbe, mit Ausnahme von Schlesien, war noch in französischer Gewalt, nur im Norden waren die Verbündeten bis Hamburg vorgedrungen. Kupfermann wurde in Kassel vor ein Kriegsgericht gestellt und erschossen. Auf seinem letzten Gange soll er sich „sehr mutig" verhalten haben.

Man sieht, daß Raabes Erzählung davon stark abweicht; daher ist es unwahrscheinlich, daß er diese historischen Vorgänge gekannt hat. Wahrscheinlich liegt auch hier mündliche Überlieferung vor. Die Erinnerung an den Auszug des Leutnants Kupfermann wird sich in Wolfenbüttel bis in Raabes Jugendzeit gehalten haben, wie Brandes ansprechend vermutet. Und wahrscheinlich hat schon der Volksmund diesen Auszug, der damaligen Stimmung entsprechend, als Freiheitstat gedeutet. Ebenso wird die Erinnerung an den Einzug der Marwitzschen Reiter sich in der Stadt bis in Raabes Zeiten gehalten haben. Ob solche Erinnerungen auch bei dem Besuch der Mutter Leiste aufgefrischt wurden, wissen wir nicht.

Auf alle Fälle ist es angesichts des mündlichen Charakters der Überlieferung, die Raabe für „Im Siegeskranze" *benutzt hat, besonders schwer festzustellen, wieweit er ihr gefolgt ist. Doch läßt sich bei vorsichtiger Prüfung einiges ermitteln.*

Daß das Vorbild der wahnsinnigen Ludowike die älteste Schwester der Mutter Leiste, Christiane Heyden, war, wurde schon gesagt. Dagegen weicht Raabe von der Geschichte der Familie Heyden ab, wenn er Ludowike aus der ersten Ehe ihres Vaters stammen läßt. Offenbar wollte er den Altersunterschied zwischen der Erzählerin und der Geisteskranken möglichst groß machen, um der Wirkung des tragischen Schattens willen, den die Rolle der Irrenwärterin auf die Seele des Kindes wirft. Die Tatsache der zwiefachen Ehe des Vaters der Erzählerin, der sich in der Erzählung aus einem Ratskellerwirt in einen Arzt verwandelt hat, entspricht wieder der Wirklichkeit, ebenso der Tod der Mutter der Erzählerin, die an demselben Tage mit ihrer Mutter, und zwar bald nach der Geburt der Erzählerin, stirbt (215,9 ff.; 220,31). Tatsächlich starb die Mutter der Frau Leiste, die geborene de la Jeunesse, an ein und demselben Tage mit ihrer Mutter im Jahre 1801, während Frau Leiste 1799 geboren war. So stimmen die Familienverhältnisse der Erzählung weitgehend mit den tatsächlichen Verhältnissen der Familie Heyden zusammen. (Vgl. auch Neumann aaO. 114.)

Dazu kommt die wichtigste Neuerung, die aus den verschiedenen Überlieferungen erst die einheitliche Handlung der Novelle schuf, diese Handlung in dem Hintergrund des großen historischen Geschehens Wurzel schlagen ließ und die überhaupt erst die Geisteskrankheit der Ludowike aus einem zufälligen Unglück zur Höhe der Tragik emporhebt: Raabe verlegte das Geschehen in die Zeit der Befreiungskriege und erfand das Verlöbnis Ludowikes mit dem Leutnant Kupfermann; dessen Unternehmen und Tod steigerte er, wahrscheinlich auf Wegen, die schon der Volksmund gegangen war, im Sinne des auch sonst von ihm erwähnten Unternehmens Schills, und damit wuchs Ludowike in die tragische Rolle der Braut, die ihr Liebstes dem Vaterlande opfert und darüber zerbricht. Mit dieser Sinngebung des Kupfermannschen Zuges hängt auch seine Datierung zusammen. Raabe läßt ihn nach dem Treffen bei Lüneburg am 2. IV. 1813 vor sich gehen. Und wenn es auch nicht ausdrücklich ausgesprochen wird, so hat man doch eindeutig den Eindruck, als gehe der Zug nach Norden, den in der Gegend von Hamburg und Lüneburg stehenden Verbündeten zu – beides Abweichungen von der historischen Wirklichkeit, die aber Raabe wahrscheinlich gar nicht bekannt war. So hat er nicht nur diese Vorgänge aus der geschichtlichen Situation kombiniert, auch alle Einzelheiten dieser Episode scheinen der dichterischen Phantasie entsprungen: die Berichte über das Unternehmen des Leutnants Kupfermann wissen nichts von der geistigen Urheberschaft seines Bruders oder von der tatsächlichen Teilnahme des Leutnants Honold. Dieser Name kommt in den Offiziersverzeichnissen der westfälischen Armee nicht vor, und daß Raabe ihm keinen Vornamen gibt (225,1), wird damit zusammenhängen, daß die Gestalt erfunden ist. Diese Erfindung zog eine Steigerung der Teilnehmerzahl des Unternehmens nach sich.

Statt 25 Mann, die dem historischen Leutnant Kuppermann folgten, rücken in der Novelle mit den beiden Leutnants deren Züge aus (227,10; 228,4 steht sogar Schwadronen*). Und da sich vor der Versetzung des Leutnants Kuppermann nach Wolfenbüttel keine Beziehungen zu dieser Stadt erkennen lassen, ist es ganz unwahrscheinlich, daß er hier einen Bruder hatte. Änderung Raabes gegenüber dem Quellenmaterial ist auch der Tod Ludowikes am Himmelfahrtstage 1813. Die wahnsinnige Christiane Heyden starb 1817. Auch diese Änderung dient dazu, die Tragik zu vertiefen. Der Auszug des Leutnants Kuppermann ging von Wolfenbüttel aus. Raabe hat aber darauf verzichtet, dem Schauplatz seiner Novelle irgendwelche Lokaltöne zu geben.* Im Siegeskranze *spielt in einer beliebigen Kleinstadt des Königreiches Westfalen.*

2. Veröffentlichung und Aufnahme

Im Siegeskranze *wurde zuerst in „Über Land und Meer" gedruckt. Am 28. 8. 1866 erfolgt nachmittags die* Durchsicht der Erzählung Im Siegeskranze *(Tgb.). Am 2. 10. 1866 vermerkt Tgb. die Korrektur, und am 14. 10. beginnt die Novelle zu erscheinen (Tgb.). Nach dieser Erstveröffentlichung wurde* Im Siegeskranze *mit sechs anderen Novellen 1869 zu der Sammlung* Der Regenbogen *zusammengefaßt, in der sie als jüngste den letzten Platz einnimmt (Bd. 9, 1, 447–449). Später wurde sie in den 2. Band der* Gesammelten Erzählungen *aufgenommen (Bd. 9, 1, 449). Neben* Des Reiches Krone *und* Else von der Tanne *wurde* Im Siegeskranze *eine der beliebtesten Novellen Raabes und ist mit diesen und ohne sie in vielen Sonderausgaben verbreitet (Fr. Meyen, Raabe-Bibliographie, 1955, 1097 ff.). Ein Beweis der Beliebtheit ist auch die Aufnahme in Schulauswahlen (Meyen 52 = 1111) und Kurzschrift-Texte (Meyen 346 = 1096; 53 = 1112).*

II. Der Text

1. Textgeschichte und Textbefund

H: *Handschrift von* Im Siegeskranze. *Nicht erhalten.*

Z: Im Siegeskranze. Eine Erzählung von Wilhelm Raabe. – *In: Über Land und Meer. Jg. 9, Stuttgart 1866, Bd. 17, S. 33–35; 49–51; 65–67.*

B1: Im Siegeskranze. – *In:* Der Regenbogen. Sieben Erzählungen von Wilhelm Raabe. Stuttgart: Hallberger 1869. Bd. 2, S. 196–256.

B2: *Desgl.* Zweite *(Titel-)* Auflage. Stuttgart und Leipzig: Hallberger *(1871)*, S. 196–256.
G1: *Desgl. In:* Gesammelte Erzählungen. Von Wilhelm Raabe. Berlin: Janke 1896. Bd. 2, S. 242–274.
G2: *Desgl.* Zweite Auflage. *Ebd.* 1901. S. 242–274.
G3: *Desgl.* Dritte Auflage. *Ebd.* 1903. S. 242–274.
W2: *Desgl. In:* Wilhelm Raabe. Sämtliche Werke. Zweite Serie, Bd. 1, 23. bis 27. Tausend, S. 245–276. Verlagsanstalt Hermann Klemm A-G, Berlin-Grunewald (1934).

Für die Textherstellung ist die Titelauflage B2 ohne Wert. Im übrigen ähnelt die Textgeschichte der von Else von der Tanne *und – abgesehen davon, daß H fehlt – der der* Gänse von Bützow; *auf beide sei ein für allemal verwiesen (Bd. 9,1, 466 ff.; oben S. 425 f.).*

Für den Textbefund in Z sind ähnliche Merkmale kennzeichnend wie für die anderen gleichzeitigen Erzählungen. Es seien folgende Beispiele angeführt:

Archaismen: 221,15 deshalben; *226,22* jach; *219,4* den Märzen; *243,32* den Maien; *244,7* siehet; *215,24 f.; 231,5* niemanden *als Dat.; auch die Inversion 221,18* und war's bestimmt *sowie die häufige Verwendung von* worden *im Perfekt Pass., z. B. 214,27* (ist)... verkehrt worden, *werden hierher gehören. – Ferner verbindet Raabe im Dativ die Präposition mit dem Artikel vor Hauptwörtern mit adjektivischem Attribut, z. B. 235,28* im vollen Rosseslauf, *aber 227,13* in hellem Galopp. *Da H fehlt, ist es kaum möglich, bei dieser und anderen sprachlichen Eigentümlichkeiten Raabes zu sicheren Ergebnissen zu gelangen. So ist bei der Flexion der Adjektive auf -en das -e- der Nebensilbe durchweg bewahrt, dagegen ist bei denen auf -el der Befund nicht eindeutig. Hier wie bei den Adjektiven und Pronominaladjektiven auf -er wird man mit häufigeren Änderungen durch den Setzer rechnen müssen. Aus derselben Ursache wird es zu erklären sein, daß der Superlativ* größesten *nur einmal vorkommt (243,7* größten *G2–3). Daß der Verwendung von Kurzformen für die Klangwirkung starke Bedeutung zukommt, beweist für das Substantiv 230,31* zu früh um eine Stunde, um eine Stund zu früh, *für den Imperativ 226,33* leb wohl *neben 34* lebe wohl. *Häufig ist die Kurzform des Adjektivs im Neutrum, aber auch hier spielt der Klang eine Rolle 229,7/8* ein einfältig dummes Kind.

Im Dat. Sing. überwiegen die Formen mit Endungs-e die ohne dieses etwa im Verhältnis 3:2, beim Relativpronomen überwiegt welcher *(53) gegenüber* der *(22). Der Plural von Knie heißt* Kniee *und ist deshalb an der einzigen Stelle, an der Z* Knie *hat, herzustellen (249,7); ebenso heißt es 228,21 u. 31; 230,14 f.; 250,24* geschrieen. *Stets be-*

gegnet Herrn *(Gen. Dat. Akkus. Sing.). Immer heißt es* Dinte, Hülfe, grade. *Bei* hier *und* sechzig *wird offenbleiben müssen, ob der Setzer geändert hat (gegenüber* hie *und* sechszig*). Auch die typisch raabische Kurzform* dran *begegnet durch Eingriff des Setzers nur 236,22, sonst stets* daran *u. ähnl. Raabisch sind Genitive wie 222,2* des Napoleons, *213,25* des Nachbars *und der Dativ 215,25; 231,5* niemanden. *Die Konstruktion von lehren mit Dativ (228,28* welchem... lehre*) wird Provinzialismus sein.*

Die gründliche Revision des Textes für B1 beweist jede Zeile der Lesarten, vgl. 213,2, 3, 6; 13, 25, 26, 27, 28; 214,10, 11 usw. 213,27 dort Z, dorten *B1; 248,9* Ellbogen Z, Ellenbogen *B1; 240,2* kniete Z, knieete *B1 zeigen, daß Raabe ältere Formen wiederherstellte, die sich vermutlich in H fanden und in Z dem Setzer zum Opfer gefallen waren. Doch finden sich auch in B1 einzelne Setzerversehen (L. zu 221,11) und -fehler (zu 221,13).* Ludowika *Z wird immer in* Ludowike *geändert.*

Auch G1 bringt einige Verbesserungen (s. L. zu 231,27; 233,15; 236,27; 237,14), vor allem wird mehrfach welcher *durch* der *ersetzt (z. B. 235,25); ebenso wird* die Hausflur *in* der H. *verbessert (245,22; 246,18). Setzerfehler sind selten, s. L. zu 244,21. Auch in G2 und G3 finden sich noch gelegentliche Änderungen, s. L. zu 218,26; interessant ist, daß noch in G2 229,17* worden *hinzugefügt ist. Die Setzerfehler nehmen zu, s. z. B. L. zu 214,23; 219,7.*

So ergibt sich, daß der Text auf Z aufzubauen ist unter Berücksichtigung der von Raabe in B1, G1–3 vorgenommenen Änderungen.

2. Lesarten

Zur Gestaltung des Lesartenverzeichnisses s. o. S. 413.

213,*2* darüber Z · *3* daß] *fehlt Z* · *6* wohl] *fehlt Z* · *13* und angsthaften] *fehlt Z* · *18* einen Z · *25* dumme] *fehlt Z* · *26* nichtswürdiger blauer] *fehlt Z* · *27* dort Z · gleichfalls] auch Z · *28* ja] *fehlt Z* · **214**,*10* zu manchem] *fehlt Z* · *11* können] *fehlt Z* · aber] *fehlt Z* · *13* ist übrigens *bis 15* Schneckenhaus] *fehlt Z* · *23* darin *G3* · *34* in *bis 35* beschaffen] *fehlt Z* · **215**,*1* französischer] *fehlt Z* · *6* heut] nun Z · heute *B1* · *6* aber *bis 8* nämlich] *fehlt Z* · Mutter geworden und deine Urgroßmutter Z · *16* jetzt] nun Z · *17* allein] aber Z · *18* ja] *fehlt Z* · *21* fein, doch nicht] Z · *22* jedoch] aber Z · *24* niemandem *B G1–3* · er hat im Gegenteil] und hat Z · *32* gefunden und sie Z · worden] *fehlt Z B* · *33* heute *B G1–3* · **216**,*25* und die] oder seine Z · *31* könne er aber *G2–3* · **218**,*26* die Fenster Z die(s)s *F. B G1* · **219**,*7* armen] Herrn *G3 (Dittographie zu 6)* · *17* Großmutter Z.

221,*11* Mann; ich sehe Z Mann gewesen; sehe *B G1–3 (vgl. Anm.)* ·

13 runzlige *B G1–3* · **222**,*24* noch nicht Z · **223**,*31* diesem] unserem *Z* · **224**,*17* er] es *G2–3* · **226**,*5* wollte *G1–3* · *21* festen *G1–3*.

230,*14* zerzaust *G2–3* · hatte *Z* · **231**,*27* ein Schwan *Z B* · **233**,*15* wonach] wodurch *Z B* · **234**,*24* Recht thaten *Z* · **235**,*19* läutete *Z B* · **236**,*27* wie sonst *Z B* · **237**,*14* spei' *Z B* · *27* hatten *Z* · **239**,*5* getan] nicht gelitten *Z*.

242,*12* habe *B* · *15* rein] *fehlt B G1–3* · **243**,*18* zu Tanze *Z* · **244**,*3/4* noch dann und wann *Z B* · *4* Sinn *B G1–3* · *21* Kirchturm *G3* · **245**,*5* still, still, still *Z* · *21* leise wieder *G3* · *31* Kirschbaum *G1–3* · **246**,*23* arme] *fehlt Z B* · **247**,*2* beiden *Z B* · ganz und gar *Z* · *3* beiden *Z B* · **248**,*1* Studirstübchen *Z*.

250,*11* zur *bis 14* ein] *fehlt Z* · *25* des Herrn *G3* · *30* dir] *fehlt B G1–3*.

III. Anmerkungen

213,*18* einem] *der Akkusativ* einen *(Z) darf nicht in den Text gesetzt werden. Nach Grimm, Dtsch. Wörterb. I, 386 ist der Dativ ausreichend belegt.* **217**,*9* daß die Liebe blind sei] *Ansp. auf die Redensart „Liebe macht blind" nach Plato, Gesetze 5,4, S. 731 E „der Liebende wird blind in bezug auf den Gegenstand seiner Liebe".*

221,*11* Mann gewesen; ich sehe] *Interessante Textverderbnis durch Seitenübergang: In Z schließt eine Spalte mit* Mann; ich, *die nächste beginnt mit* sehe. *Bei Anfertigung der Vorlage für B hat Raabe offenbar das fehlende* gewesen *hinter* Mann *eingefügt. Zufällig fielen aber auch in B diese Worte auf einen Seitenübergang; so vergaß der Setzer jetzt das* ich, *indem er die neue Seite wie in Z mit* sehe *begann:* Mann gewesen; / sehe. *Die unschöne Lücke wurde dann mechanisch in alle weiteren Drucke übernommen.* **223**,*15* auf Besuch dort in meinem Geburtsort] *Vielleicht spiegeln sich hier Eindrücke der ersten Reise Raabes von Stuttgart in die Heimat nach Wolfenbüttel 1864. Die Reise, die weiter nach Norden führte, hat ja auch in* Drei Federn *ihren Niederschlag gefunden (Bd. 9,1 489 f.).* **224**,*27* im März...] *Am 18. März 1813 zog der Kosakenführer Tettenborn in das am 12. von den Franzosen geräumte Hamburg ein. In manchen niedersächsischen Städten, darunter auch Lüneburg, wurden daraufhin die westfälischen Behörden ab- und die alten wieder eingesetzt. Am 1. April besetzte der französische General Morand Lüneburg, um es zu strafen. Aber am 2. April eroberten verbündete Preußen und Russen unter General Dörenberg die Stadt. Die Schlacht ist in Niedersachsen bekannt durch den Heldenmut der jungen Lüneburgerin Johanna Stegen, die unter Lebensgefahr den Füsilieren des preußischen Bataillons von*

Borcke in ihrer Schürze Patronen zutrug (E. Rosendahl, Geschichte Niedersachsens [1927] 694 ff.). Vielleicht erwähnt Raabe gerade dieses Gefecht, um mit der Erinnerung an das tapfere Mädchen eine Folie für seine Ludowike zu geben (vgl. 229,19).

225,*16* Schneckenhügel] *nicht in den Wörterbüchern, vgl. aber: J. H. Kaltschmidt, Gesammt-Wörterbuch der deutschen Sprache*[5] *(1865) 832: Schneckenberg, ein Hügel zur Schneckenzucht. Grimm IX 1218, Schneckengarten, Garten, in dem eßbare Schnecken aufbewahrt werden* *33* Marwitzschen Reiter] *s. zu 235,27.* **228**,*4* Vive l'empereur] *Frz., es lebe der Kaiser.* *10* Pilatus] *Ansp. auf Ev. Matth. 27,24 „Pilatus... wusch die Hände vor dem Volk" und Ps. 26,6 „ich wasche meine Hände in Unschuld".* *26* Kassel] *war Hauptstadt des Königreichs Westfalen.*

230,*10* wußte nicht, was er tat] *Ansp. auf Ev. Luk. 23,34.* **235**,*27* Marwitzschen Kosaken] *gemeint ist die Kavallerie der kurmärkischen Landwehrbrigade, die F. A. Ludwig von der Marwitz kommandierte. Sie nahmen am 25. September 1813 Braunschweig (v. Heinemann, Geschichte Braunschweigs und Hannovers III, 1892, 856). Vgl. die Schilderung dieser Truppe bei Fontane, Wanderungen durch die Mark Brandenburg II: Das Oderland. Schloß Friedersdorf (Bd. 10 der Nymphenburger Fontaneausgabe [1960] 214 ff.); vgl. Mitt. 36, 1949, 59 ff.* **236**,*13* aus ganz Deutschland zusammengeweht] *Dies entspricht nicht der Tatsache, daß es sich hier um eine Schwadron einer preußischen Landwehrbrigade handelt. Das bestätigt Brandes' Vermutung (Mitt. 6, 1915, 91 = Raabestudien, 1925, 29), daß Raabe hier auf mündlicher Überlieferung fußt.*

243,*12* gegrüßest seist du...] *das Ave Maria, der sog. engl. Gruß, bekanntes Muttergottesgebet.* *35* Christi Himmelfahrt] *Die Sitte, am Himmelfahrtstage einen grünen Busch vor die Tür zu stellen, kann ich nicht belegen. Weder Wuttke-Meyer, Der deutsche Volksaberglaube der Gegenwart (1925), noch das Handbuch der Volkskunde, hrsg. von Pessler, erwähnen sie. Wahrscheinlich liegt Übertragung von Pfingsten her vor; die Freude des Tages sollte auch äußerlich sichtbar werden.* **246**,*10* der singende Baum... der sprechende Vogel... das verlorene Kind] *häufig vorkommende Märchenmotive, z. B. Grimm, Kinder- und Hausmärchen 96 (2,10 der Erstausgabe): „Die drei Vügelkens", das am Köterberg spielt und daher Raabe naheliegen mochte. Aus den Parallelen, die Bolte-Polivka II 381 anführen, sei hervorgehoben H. Pröhle, Kinder- und Volksmärchen, Leipzig 1853 Nr. 3: Springendes Wasser, sprechender Vogel, singender Baum.* **250**,*11* Zur Brautnachts-Morgenröte] *Zitat aus K. Th. Körner, Schwertlied, V. 21–24 und 46–49.*

Hans Oppermann

Der Marsch nach Hause

I. Das Werk

1. Zur Entstehung

Nachdem Raabe am 8. Juni 1869 den „Schüdderump" vollendet hatte (s. Bd. 8 S. 390), wünschte er die heiße Jahreszeit nicht in Stuttgart, sondern in einem für ihn erträglicheren Klima zuzubringen. Er wählte den Bodensee und begab sich am 16. Juli mit seiner Familie und Jensens nach Bregenz. Von hier wurden verschiedene Ausflüge unternommen, so am 30. Juli ein Ausflug nach Lindau, wo Raabe im Gasthaus zur Krone einkehrte. In diesem Gasthaus hing eine eiserne Kanonenkugel, die das stattliche Gewicht von 180 Pfund hatte, an einer eisernen Kette von der Decke herab. Sie war 1647 von einem schwedischen Geschütz in die Stadt hineingeschleudert worden, jedoch ohne zu explodieren. An der Wand daneben hing ein Bild des schwedischen Generals Gustav Wrangel und hielt die Erinnerung an die letzten schweren Prüfungen des Dreißigjährigen Krieges wach. Unter dem Tag, an dem Raabe in dem Gasthaus eingekehrt war, notierte er in seinem Tagebuch: Nb. Die Bombe 1647–1793 in der Krone und das Bild Wrangels. *Von diesem Augenblick an beschäftigte ihn, was er gesehen hatte. Er ging den Ereignissen zur Zeit des Schwedenvormarsches nach und stieß dabei auf einen Bericht „Die Schweden in und um Bregenz und ihre Aufreibung durch die mannhaften Weiber des Bregenzer Waldes" in dem „Vorarlberger Volkskalender für das Schaltjahr nach der gnadenreichen Geburt unseres Heilandes Jesu Christi 1852". In diesem Bericht war geschildert, wie die Schweden unter Wrangel im Jahr 1647 die Stadt Bregenz und die Burg Hohen-Bregenz erobert hatten und wie es zwei schwedischen Kompanien ergangen war, die Wrangel nach seinem Abzug in Lingenau zurückgelassen hatte. Als Teile dieser Kompanien auf ihren Streif- und Plünderungszügen auch in den Bregenzer Wald vorgedrungen waren, hatten sich die Weiber von der Egg, von Andelsbuch und Schwarzenberg bewaffnet und ihnen den Weg verlegt. Es heißt in dem Bericht: „Da die Schweden den Fallenbach hinauf kamen und die Höhen unverhofft besetzt fanden, erschraken sie und wähnten, es seien weiß gekleidete österreichische Soldaten, indem die Weiber nach damaliger Art noch in weißen Juppen gekleidet waren, und wollten die Flucht ergreifen. Allein dieses Juppenregiment ließ dem Feinde keine Zeit zur Flucht, sondern stürzte mit Wut über denselben her, erschlug alle bis auf den letzten Mann, die nun jetzt am Fallenbach auf der r o t e n*

Egg, welche, von dem Blute der Erschlagenen gefärbt, diesen Namen erhielt und bis jetzt noch führt, begraben liegen.“ In dem „Vorarlberger Volkskalender für das Jahr 1853“ fand Raabe ferner einen Aufsatz „Geschichtliche Notizen über den Ursprung und den Fortbestand der Wallfahrt auf den St. Gebhardberg in Bregenz“; auch diese Notizen wurden für ihn wichtig.

Unter dem Eindruck des Gesehenen und Gelesenen begann Raabe am 7. August 1869 mit einem versuchsweisen Anfang einer Bregenzer Novelle (Tgb.). Als sein Plan feste Formen angenommen hatte, fügte er später hinzu: Der Marsch nach Hause. Bevor er aber wirklich ans Werk ging, verflossen mehr als zwei Monate. Erst am 22. Oktober 1869 vermerkte er im Tgb.: Die Bregenzer Novelle wieder aufgenommen. Zu Ende führte er die Erzählung allerdings auch jetzt noch nicht – ein anderer, älterer Plan verlangte nach Ausführung: die Umarbeitung des „Frühling“. Mit ihr befaßte sich Raabe vom 25. November 1869 an. Freilich nahm ihn diese Umarbeitung nicht völlig in Anspruch. Zwischendurch zog ihn die Bregenzer Novelle wieder stärker an, und so kam es, daß er sie noch einen Monat vor der Beendigung der Umarbeitung des „Frühling“ vollendete. Unter dem 24. Februar 1870 vermerkte er in seinem Tgb.: 11¼ Uhr Beendigung der Erzählung: Der Marsch nach Hause. Noch am gleichen Nachmittag unterzog er die Erzählung, wie üblich, einer Durchsicht. (Tgb.)

Vorarbeiten zu der Erzählung haben sich nicht erhalten. In Raabes Nb. Nr. 3 finden sich zwar verschiedene Bleistiftskizzen, die landschaftliche Motive aus Bregenz, aus Lindau und der Umgebung festhielten, darüber hinaus weist das Nb. aber nur eine sehr knappe, mit der Erzählung im Zusammenhang stehende Notiz auf: Bregenz von Wrangel erobert 4 Januar 1647.

2. Veröffentlichung und Aufnahme

Unmittelbar nach Beendigung der Erzählung, am 25. Februar 1870, richtete Raabe einen Brief an Dr. Robert König, damals Herausgeber der Wochenzeitschrift „Daheim“ in Leipzig, und sandte ihm gleichzeitig das Manuskript seiner Erzählung zu. König erklärte sich sofort zur Annahme bereit, und Raabe empfing bereits am 3. März 1870 120 Rth. als Honorar (Tgb.). Die Erzählung erschien noch im gleichen Jahr im „Daheim“ (s. Textgeschichte).

Im Jahr 1872 plante Raabe, die letzten in Zeitschriften veröffentlichten Erzählungen in Buchform herauszugeben. Es kamen dafür in Betracht: „Der Marsch nach Hause“, „Des Reiches Krone“ und „Theklas Erbschaft“. Am 5. März 1872 teilte er seine Absicht dem Verleger Otto Janke in Berlin mit und fügte die drei Erzählungen seinem Brief *bei. Am 19. März erhielt er eine Antwort, die ihn befremdete. Er schrieb daraufhin am 22. März an Janke:* Sie lassen mir schreiben: „Betreffs der Novellen sehe ich noch Ihrer gef. Antwort entgegen." Ich weiß jedoch nur, daß ich am Fünften dies. M. Ihnen einen Band Novellen geschickt und einen Verlagsantrag gemacht habe, und daß ich also Ihrerseits um eine Antwort bitten muß. Sollte Ihnen der Antrag nicht conveniren, so ersuche ich Sie, mir die Hefte recht bald wieder zugehen lassen zu wollen... *(Br.) Janke befaßte sich nunmehr persönlich mit dem ihm angebotenen Novellenband, kam dabei aber zu der Überzeugung, daß der Band zu schmal sei und zumindest noch eine vierte Novelle erhalten müsse. Raabe entschloß sich daraufhin, einen bereits 1864 gefaßten Novellenplan nunmehr auszuführen (vgl. S. 503). Er reichte das fertige Manuskript, dem er den Titel „Deutscher Mondschein" gab, am 8. April 1872 an Janke nach (Tgb.), doch dieser hielt den Band auch jetzt noch nicht für ausreichend. In der Tat fielen zwei Beiträge – „Theklas Erbschaft" und „Deutscher Mondschein" – nach Umfang und Inhalt nicht sonderlich ins Gewicht. Am 18. Mai erhielt Raabe die vier Erzählungen von Janke zurück*).*

Nunmehr wandte sich Raabe am 29. Mai an Eduard Hallberger, in dessen Verlag bereits die Novellensammlung „Der Regenbogen" erschienen war. Hallberger erklärte sich zur Übernahme der „Vier Erzählungen" – so sollte der Titel von Raabe aus lauten – bereit und überwies Raabe ein Honorar von 250 Rth. (Tgb., 6. 6. 72); er erwarb hierfür das Recht, die Skizze „Deutscher Mondschein" auch in seiner Zeitschrift „Über Land und Meer" zu veröffentlichen (vgl. S. 503). Die „Vier Erzählungen" waren bereits gedruckt und von Raabe korrigiert, da machte Hallberger wegen des Titels Bedenken geltend. Er schrieb am 4. 12. 1872 an Raabe: „Der Titel ‚Vier Erzählungen' will uns für das Publikum etwas zu einfach, zu anspruchlos, erscheinen; demselben sollte vielmehr ein pikanter, sozusagen geheimnißvoller, geboten werden, welcher zum Lesen reizte, während beim gegenwärtigen die Leute schon genau wissen, daß sie einige Novellen in dem Buche finden, über deren Zahl sie sich nicht mehr im Unklaren sein können. – Wenn Sie daher einen andern, packendern Titel für das

* *Die Absage Jankes verstimmte Raabe, ohne daß er sich dies zunächst anmerken ließ. Am 21. 10. 1872 schrieb er an Janke u. a.:* Daß Sie auf einen Verlagsantrag nicht eingehen zu können glaubten, war ja Ihr natürliches Recht, und habe ich dieses auch ganz selbstverständlich gefunden . . . *(Br.) Mehrere Jahre danach, am 13. 10. 1875, erkundigte sich Janke bei Raabe, was ihn um dessen Gunst gebracht habe. Raabe antwortete ihm am 26. 10. 1875:* Ihre Frage, verehrtester Herr, wer Sie um meine Gunst gebracht haben könne, darf ich mit gutem Gewissen Ihnen zurückgeben. Wir waren ja im allerbesten Einvernehmen, Sie hatten den „Frühling" und den „Dräumling" verlegt und es war meine feste freundliche Absicht, Ihnen ein getreuer Autor zu bleiben, als Sie mir meine Sammlung von Erzählungen „Deutscher Mondschein" kurz und schroff zurückwiesen, und also Ihrerseits unsere neuangeknüpfte Verbindung wieder lösten. *(Br.)*

Buch bezeichnen wollten, würden Sie uns sehr verpflichten. Die Sache hätte jedoch einige Eile, da der Druck zum Schluß vorgeschritten ist ... (Br.) Raabe kam der Anregung seines Verlegers sofort nach und entschied sich für den Titel „Deutscher Mondschein" (Tgb., 6. 12. 72). Hallberger war einverstanden und gab der Sammlung den Titel „Deutscher Mondschein. Vier Erzählungen von ..." (Daß die Änderung des Titels in letzter Minute erfolgte, spiegelt sich im stehengebliebenen Druckvermerk des ersten Bogens – Raabe, Vier Erzählungen – wider.)

Die Drucklegung der Sammlung zog sich bis Anfang 1873 hin (s. Textgeschichte). Die ausbedungenen 12 Freiexemplare erhielt Raabe am 8. 2. 73. „Der Marsch nach Hause" nahm die zweite Stelle – nach der Skizze „Deutscher Mondschein" – ein. Besprochen wurde die Sammlung nach Raabes Tgb.-Eintragungen in den Zeitschriften „Europa" (Tgb. 8. 2. 73), „Literaturfreund" (Tgb. 10. 5. 73) und in den „Blättern für literarische Unterhaltung" (Tgb. 16. 8. 73).

Als Raabe im Jahr 1896 seine „Gesammelten Erzählungen" herauszugeben begann, ordnete er den „Marsch nach Hause" dem 2. Band ein; vgl. hierzu Bd. 9,1 S. 412 u. 449; s. ferner Textgeschichte.

Als die Deutsche-Dichter-Gedächtnis-Stiftung eine Schriftenreihe „Deutsche Humoristen" vorbereitete, nahm sie den „Marsch nach Hause" mit Raabes Zustimmung in den ersten Band auf, der 1903 erschien. Die Erzählung erlebte im Verlag der Deutschen-Dichter-Gedächtnis-Stiftung bis zu Raabes Tod 8 Auflagen mit einer Höhe von 40 000 Exemplaren und bis zum Jahr 1927 eine Auflagenhöhe von 105 000 Exemplaren.–

II. Der Text

1. Textgeschichte

H: Handschrift, nicht mehr vorhanden.

Z: Der Marsch nach Hause. Eine Soldatengeschichte aus alter Zeit von Wilhelm Raabe. – *In: Daheim, Jg. 6, Leipzig 1869/70, Nr. 48, S. 754–756; Nr. 49, S. 770–774; Nr. 50, S. 786–790; Nr. 51, S. 802–805; Nr. 52, S. 818–820.*

B1: Der Marsch nach Hause. – *In:* Deutscher Mondschein. Vier Erzählungen von Wilhelm Raabe. Stuttgart, Druck und Verlag von Eduard Hallberger, 1873, S. 37–142. *8°*

B2: Desgl. Zweite Auflage, Stuttgart, Druck und Verlag von Eduard Hallberger, 1875, S. 37–142. *8°*

G1: Der Marsch nach Hause. – *In:* Gesammelte Erzählungen. Von Wilhelm Raabe. Berlin, Verlag von Otto Janke, 1896, Bd. 2, S. 288–342. *8°*

G2: Desgl. Zweite Auflage. *Ebd.* 1901, Bd. 2, S. 288–342. *8°*

G3: Desgl. Dritte Auflage. *Ebd.* 1905, Bd. 2, S. 288–342. *8°*

W2: Der Marsch nach Hause. – *In:* Wilhelm Raabe. Sämtliche Werke, 23.–27. Tausend. Zweite Serie, Bd. 2, S. 325–378. Verlagsanstalt Hermann Klemm A-G, Berlin-Grunewald *(1934).*

Raabe las von Z Korrektur in der Zeit vom 16. bis 24. August 1870, desgl. von B1 (Bogen 3–9) in der Zeit vom 16. August bis 14. Oktober 1872.

B2 stimmt im Satz und im Inhalt völlig mit B1 überein und stellt demnach nur eine Titelauflage dar.

B1 (B2) bildete die Druckvorlage für G1. Von G1 las Raabe in der Zeit vom 7. Februar bis 28. April 1896 Korrektur und Revision.

Von G2 las Raabe Korrektur und Revision in der Zeit vom 17. Oktober bis 4. Dezember 1901.

Von G3 las Raabe Korrektur in der Zeit vom 18. September bis 4. November 1905. Von G3 ließ Janke Platten herstellen.

2. Textbefund und Textgestaltung

Der Text weist die gleichen Spracheigenheiten wie die demselben Zeitraum angehörenden Handschriften auf. Dafür folgende Beispiele:

Bewahrung altertümlichen Sprachguts: 257,16 unannehmlich; *264,23* in Treuen; *273,4 f.* umflustert; *274,11* ein Trold; *274,24* biderb; *291,2* befahren *(im Sinn von erfahren, erleben); 302,15 u. 315,18* wann *(statt wenn); 308,4* Versprengung; *319,12* Schlachtung *(für Schlacht). Ferner: 284,23* Mondenglanz; *285,16 u. 286,10* Mondenlicht; *288,4 f.* Mondenscheinnacht *(daneben 286,3* Mondschein*); 292,19* Wachtfeuer; *293,12* Wachtkommandant; *296,20* Wacht heraus!;*299,24* Wachtabteilung. *Sodann Verwendung von Adverbien veralteter Form: 270,21* darhingegen; *276,14* daselbsten; *283,35* sintenmalen; *286,24* darzu; *286,33* darbei; *287,2 f.* nochmalen; *288,14 u. 314,16* dorten; *382,34 u. öfter* jetzo, *auch* anjetzo *(neben überwiegend* jetzt*). In Fällen des Vergleichs wird, um Ähnlichkeit zum Ausdruck zu bringen, noch die Konjunktion* als *anstelle von* wie *verwandt, so 272,32; 277,15 oder 293,2. Die Konjunktion* trotzdem *wird im Sinn von obwohl gebraucht, so 284,19. Der altertümliche Charakter der Sprache wird verstärkt durch die gelegentliche Archaisierung der Verbalformen in den Gesprächen, z. B. 265,8 ff., vereinzelt aber auch im Erzähltext, so 291,8; Konsequenz herrscht nicht, auch nicht in den Selbstgesprächen Svens 267,12 ff.*

Eigenheiten Raabes gegenüber dem zeitgenössischen Sprachgebrauch: Die Deklination der Substantiva entspricht im allgemeinen den durch Handschriften verbürgten Eigenheiten Raabes, doch im einzelnen läßt sich, da die Handschrift vom „Marsch nach Hause" fehlt, nichts Bestimmtes sagen. Bei der Deklination der Adjektiva und Pronominaladjektiva werden Wörter auf -er und -el weitgehend ohne Endungs-e gebildet: spätern, fernern, wackern, düstern, dunkeln, andern, unsern *usw. Es bestehen aber zahlreiche Ausnahmen, was in diesem Umfang auf Eingriffe des Setzers in den Wortlaut von H schließen läßt:* besseren, längeren, festeren, wackeren, dunklen, anderen. *Zuweilen sind die Adjektiva ohne Endung, wie dies für Raabe charakteristisch ist:* manch lieb langes Jahr *(265,25 f.);* ein schwer Durchkommen *(302,21);* ein gelbledern Wehrgehäng *(310,5);* ein armselig, halblahm, dürr Schneiderlein *(311,5) usw. – Präpositionen wie* in *werden in Fällen, in denen ein bestimmter oder unbestimmter Artikel und ein adjektivisches Attribut dem Hauptwort vorangehen, gern mit dem Artikel verschmolzen:* im tiefsten Schatten *(285,17 f.);* im wirren grausigen Getümmel *(307,21 f.);* im hellen Alarm *(314,32);* im schwarzen Kleid *(317,8) u. öfter. – Verben werden gelegentlich mit dem Dativ statt, wie üblich, mit dem Akkusativ verbunden:* da saßen sie nieder ... auf einer alten ... Wallschlange *(286,4);* er warf sich unter einem Baume nieder *(312,12 f.) u. öfter. – Vereinzelt machen sich, wie schon erwähnt, niederdeutsche Einflüsse geltend:* die Taubenwirtin ... gab ihm Vieh und Weide zu bester Pflege und Wartung *(265,3 ff);* niedersitzen *wird im Sinn von sich niedersetzen gebraucht (286,4 u. 294,2). Auf schwäbischen Einfluß geht die Verwendung der Interjektion* bigott *(bei Gott, wahrhaftig) zurück (310,32; vgl. Bd. 9,1 Anm. zu 24,23). –*

Gegenüber Z weist B1 folgende, auf Raabe zurückgehende Veränderungen auf: Der Untertitel Eine Soldatengeschichte aus alter Zeit *fiel fortan weg.* Lindau am See *wurde abgeändert in* Lindau im See *(271,21; 272,18; 276,19; 288,29),* Jonköping *in* Jönköping *(270,21 u. 23 u. 26 f.; 279,3);* siebzig, siebzehn *in* siebenzig, siebenzehn *(255,2; 264,31). In 23 Fällen wurden einzelne Wörter hinzugesetzt, gestrichen oder abgeändert; vgl. L. zu 256,25; 258,15; 259,21; 261,2; 267,24; 272,32; 273,18; 278,4; 280,9; 289,9; 289,10; 290,33; 291,9; 292,19; 293,2; 296,26; 302,30; 305,17; 306,12 (Erzähltext!); 307,31; 314,19; 315,18 u. 319,10. Größere Veränderungen wurden in 7 Fällen vorgenommen; vgl. L. zu 273,11 f.; 287,12 ff.; 287,19 f.; 297,26; 299,26; 300,30 u. 302,26 f.*

In einigen Fällen ist es fraglich, ob Raabe oder ob der Setzer Korrekturen an Z vorgenommen hat, so in Wortumstellungen 256,6 f. u. 307,6 sowie in Wortformen 267,27; 268,4; 289,15; 294,29; 301,33 u. 308,17. In 6 Fällen wurden Zahlwörter ausgeschrieben, was ebenfalls auf Raabe wie auch auf den Setzer zurückgehen kann. Die angeführten Änderungen sind in den kritischen Text aufgenommen; sie widersprechen nicht den Spracheigenheiten Raabes und haben beim Lesen der Korrekturen zumindest seine Billigung gefunden.

Berücksichtigt wurden auch einige Angleichungen an die Grammatik, die wohl auf den Setzer zurückgehen, aber gewöhnlich auch von Raabe gutgeheißen wurden; vgl. L. zu 268,28 u. 30; 309,23.

In 9 Fällen wich der Setzer entsprechend seiner eigenen Ausdrucksweise vom Wortlaut ab; vgl. L. zu 256,19 u. 21; 280,18; 281,13; 281,29; 285,24; 296,24; 315,21 u. 319,22. Auch unterlief ihm ein Versehen, vgl. L. zu 266,21.

Offensichtliche Druckfehler wurden in 9 Fällen in B1 behoben; als Druckfehler wird auch die Lesart zu 302,32 aufzufassen sein.

Z und B1 schwanken in der Schreibung der Zahl 16: in Z heißt es sechszehn *(255,2; 256,29 u. 262,12), ebenso* sechszig *(301,8 u. 10), in B1 dagegen* sechzehn *bzw.* sechzig; *in einem Fall tritt in B1 anstelle der Zahl die Schreibung* sechszehn *neu auf (302, 16 f.). Raabe pflegte aus alter Gewohnheit* sechszehn *zu schreiben, er sprach das s jedoch ebensowenig wie dies sonst üblich war und ist; in Übereinstimmung mit der heutigen Orthographie ist deshalb die Schreibung* sechzehn *usw. beibehalten.*

G1 weist erneut eine Reihe von Textverbesserungen auf, die auf Raabe zurückgehen. Es handelt sich dabei großenteils um die Wahl einer sprachlich oder sachlich angemesseneren Ausdrucksweise; vgl. L. zu 268,29 u. 31; 271,16; 274,15; 281,34; 282,33; 287,2 u. 13; 304,34; 313,14. An 3 Stellen wurde Lorene *in* Lorena *abgeändert. In 7 Fällen beseitigte Raabe das Endungs-e, das durch Z in Adjektiva eingedrungen war, in anderen Fällen trug er der allgemeinen Sprachentwicklung Rechnung, so änderte er viermal* als *in* wie *und zweimal* wie *in* als *ab (vgl. L. zu 271,24; 290,25; 300,19 u. 305,8 sowie 272,5 u. 300,20). Außerdem nahm er einige notwendige grammatische Verbesserungen vor; vgl. L. zu 275,30; 294,31; 300,12; 304,26 u. 29. Auch wurde ein Druckfehler beseitigt (304,3).*

Auf den Setzer wird die Verbesserung eines grammatischen Fehlers zurückzuführen sein, der zu den Sprachgewohnheiten Raabes gehörte (vgl. L. zu 316,20). Im übrigen ließ es der Setzer an Sorgfalt fehlen. In 20 Fällen folgte er bei Adjektiven, Pronominaladjektiven und Substantiven durch Einfügung oder Fortlassung des Endungs-e seiner persönlichen Ausdrucksweise; auch die Abänderung von dunkeln *in* dunkelen *(255,26) wird hierher zu rechnen sein. In 8 Fällen unterliefen ihm Versehen; vgl. L. zu 270,4 u. 10; 274,8; 283,4 u. 35; 286,14; 294,20 u. 302,18.*

Fraglich ist, ob Raabe oder der Setzer 270,20 hieher *in* hierher *und*

270,32 getträumet *in* geträumt *abgeändert hat. Da in den Selbstgesprächen Svens im 4. Abschnitt sonst keine archaisierenden Sprachwendungen anzutreffen sind, wird die Angleichung an den hier vorherrschenden Sprachstil wohl auf Raabe selbst zurückzuführen sein.*

Auch G2 ist von Raabe nochmals sorgfältig durchgesehen worden. Davon zeugen zahlreiche Textverbesserungen z. T. in Angleichung an den vorherrschenden Sprachgebrauch; vgl. L. zu 259,3; 260,18; 264,6; 268,18; 270,7; 272,19; 273,21; 284,21; 285,28; 286,9; 287,28; 289,22; 307,11 f.; 310,25; 315,16 u. 317,32. In 2 Fällen schied er bei Adjektiven das eingedrungene Endungs-e wieder aus (257,35 u. 258,5). Lorene *wurde weiterhin in* Lorena *abgeändert (315,5),* Dalerne *in* Dalarne *(273,15 u. 274,20),* Dovrefield *in* Dovrefjeld *(288,6).*

Durch Versehen des Setzers fielen in 4 Fällen einzelne Wörter fort; vgl. L. zu 287,24; 304,8 u. 15; 309,26. Mehrfach unterliefen dem Setzer Versehen; vgl. L. zu 256,20; 264,22; 277,8; 288,19; 298,26 u. 303,35. In einigen wenigen Fällen folgte der Setzer in der Deklination seiner persönlichen Ausdrucksweise, so 296,17; 300,29; 316,26 f. u. 317,8.

G3 weist nur geringfügige Änderungen auf. Zwei von ihnen gehen wohl auf Raabe zurück (305,1 u. 308,2 f.), während zwei weitere dem Setzer zuzuschreiben sein werden (313,21 u. 317,33).

Unsicherheit herrscht in den Texten in der Benennung der Taubenwirtin. Diese wird von Raabe 260,31 f. als Frau Fortunata Madlenerin *eingeführt und im Erzähltext fortan stets* Frau Fortunata *genannt. Der Name ist von Raabe mit Bedacht gewählt, was sich auch darin äußert, daß Sven die Taubenwirtin* Frau Fortuna *nennt, eine Version, die ganz der Vorstellungsweise des Landsknechts entspricht. Erst in G2 und G3 lautet die Anrede Svens in je einem Fall* Frau Fortunata, *was als Setzerfehler anzusehen ist.*

W2 fußt auf G3, weicht aber in 21 Fällen von aller Überlieferung ab; vgl. hierzu die Lesarten.

3. Lesarten

Über die Gestaltung der Lesarten s. o. S. 413.

253 *Untertitel:* Eine Soldatengeschichte aus alter Zeit Z · **256**,*6 f.* nicht in den Gassen ... zu verhallen Z · *19* Pfannenbergs *B1 ff.* · *20* alles] das *G2 ff.* · *21* Geburtstage *B1 ff.* · *25* verwundert Z · **257**,*35* späteren *Z–G1* · **258**,*5* weiteren *Z–G1* · *15* seliglich, dieser im Z · *21 f.* Wettersee *W2* · **259**,*3* Gesichter *Z–G1* · *21* auch] *fehlt* Z · *28* siebenten] vierten *Z–G3 (Konjektur entsprechend 255,2)* · **260**,*8* Haufe *W2* · *18* Sven] *fehlt Z–G1* · **261**,*2* sie] es Z · **263**,*24 f.* im Harnisch und im Büffelwams *W2* · **264**,*6* Fortunata *G2 f.* · *22* immer noch *G2 f.* · **266**,*21* gehalten] behalten *B1 ff.* · *24* eingeladen *W2* · **267**,*24* Gegacker Z · *27* Kühglocken Z · *32* dem Kopf Z *(Druckfehler)* · **268**,*4* darzu Z · *18* o Käse *Z–G1* · *26* letzteren *G1 ff.* · *28* eigenen *B1 ff.* · *29* zu Z *B1 f.* · *30* Gebhards Z · *31* zu Z *B1 f.* · **269**,*10* Besseren *G1 ff.*

270,*4* und Gänse *G1 ff.* · *7* hinauf *Z–G1* · *10* gegen] in *G1 ff.* · *20* hieher Z *B1 f.* · *21 u. 26* Wettersee *W2* · **271**,*15 f.* Wettersee *W2* · *16* und das Segel Z *B1 f.* · *21* am See Z · *24* wie] als *ZB1 f.* · **272**,*5* als] wie Z *B1 f.* · *18* im] am Z · *19* Geschützröhren *Z–G1* · *24* niemand ihn *W2* · *32* wie] als Z · **273**,*5* der] welcher Z *B1 f.* · *11* welche im Munde] welche Meister Willibald Alexis dem deutschen Volk zuerst in deutscher Zunge von der Reise mitbrachte, welche aber im Munde Z · *12* mehr denn hundertfünfzig Jahren] einigen Jahrhunderten Z · *15* Dalerne *Z–G1* · *18* frißt] ißt Z · *21* säuft] trinkt *Z–G1* · **274**,*8* hinunter *G1 ff.* · *15* brüllte] sang Z *B1 f.* · *20* Dalerne *Z–G1* · **275**,*7* passiert *W2* · *30* Ruderis Z *B1 f.* · **276**,*19* im] am Z · **277**,*4* weiteren Z *B1 f.* · *8* ruhiger *G2 f.* · **278**,*4* Mann] Kerl Z · **279**,*3* Wettersee *W2* · *32* Jahr *G1 ff.* ·

280,*9* Fahne Z · *18* gerade *B1 ff.* · *32* für uns alle *W2* · **281**,*13* Spektakel *B1 ff.* · *29* zehnjährigen *B1 ff.* · *34* rief] schrie Z *B1 f.* · **282**,*33* Unterhaltungen Z *B1 f.* · **283**,*2* Lorene Z *B1 f.* · *4* in leiserem *G1 ff.* · *7* allesamt *W2* · *35* sintemalen *G1 ff.* · **284**,*21* Langweile *Z–G1* · **285**,*24* zehntausend *B1 ff.* · *28* versticken *Z–G1* · **286**,*9* Seehunde *Z–G1* · *14* in hohem Grade *G1 ff.* · **287**,*2* Schweden, Schweden] Svea, Svea Z *B1 f.* · *12 ff.* und ich hab das alles erst heut abend durch dich und den welschen Signor erfahren, und ich ließ] und ich, – ich ließ Z · *13* durch dich] durch Euch *B1 f.* · *19 f.* sind dir freilich erst heute abend zu Kopf gestiegen] hast du erst heute Abend erfahren Z · *24* atemlos] *fehlt G2 f.* · *28* noch einmal – vor] nochmals – kurz vor *Z–G1* · **288**,*19* vermache *G2 f.* · *29* im] am Z · **289**,*8* Tür *W2* · *9* böse] *fehlt* Z · *10* er] es Z · *15* jenseit Z · *20* an den ersteren Z, an dem ersteren *B1 f.* · *22* jähzorniger] zorniger *Z–G1* ·

290,*25* wie] als Z *B1 f.* · *33* am meisten] meist Z · *35* Lorene Z *B1 f.* · **291**,*9* darnach] drum Z · **292**,*7* Tore *B1 ff.* · *13 f.* Wangelin Dragoner *Z ff.*, Wangelins Dragonern *W2*, *Konjektur* · *19* vorgeschobensten Z · **293**,*2* Armaden] Heeren Z · *28* weiteren Z *B1 f.* · **294**,*5* auch] *fehlt W2* · *20* bist] hast Z *B1 f.* · *29* Bagage Z · *31* Vivat Z *B1 f.* · **295**,*29* verspürt *W2* · **296**,*17* Dorfe *G2 f.* · *24* größeren *B1 f.* · *26* schnell] rasch Z · **297**,*26* Also nicht? Na, dann hol der Teufel die Höflichkeit] *fehlt* Z · *28* unglückliche *W2* · **298**,*26* Fluten *G2 f.* · **299**,*26* des einen Tiers] *fehlt* Z ·

300,*12* sollte Z *B1 f.* · *19* wie] als Z *B1 f.* · *20* als] wie Z *B1 f.* · *29* Kieferwald *G2 f.* · *30* durch alte Schlachten berühmten] *fehlt* Z · **301**,*31* die] welche Z *B1 f.* · *33* vom Glück *B1 ff.* · **302**,*18* drängenden

G1 ff. · *26 f.* ihm die Zähne in den Hals hinein] ihn in die Zähne Z · *30* Pferd] Gaul Z, Pferde W2 · *32* ermüdeten] würdigen Z · **303**,*35* im Moor *G2 f.* · **304**,*3 f.* vom Regen *G1 ff.* · *8* sofort] *fehlt G2 f.* · *15* nicht] *fehlt Z–G1* · *26* welcher Z *B1 f.* · *27* Sattelknopf *G1 ff.* · *29* es] ihn Z *B1 f.* · *34* damit] dadurch Z *B1 f.* · **305**,*1* hervorzuziehen *Z–G2* · *8* wie] als Z *B1 f.* · *17* jetzt Z · **306**,*12* seufzeten Z · *35* wahrlich W2 · **307**,*6* es] *fehlt* Z · *11 f.* Kieferstämmen *Z–G1, doch vgl. 300,29* Kiefernwald *Z–G1, 303,4* Kieferngehölze *Z–G3, 306,13* Kiefern- und Rüsternwald *Z–G2* · **307**,*31* stierten] starrten Z · **308**,*2 f.* auferwecket] erwecket *G3* · *17* ohnversehrt Z · **309**,*23* Gebhards Z · *26* und gehen sofort ans Werk] *fehlt G2 f.* ·

310,*25* solle *Z–G1* · **313**,*14* Die Hausflur Z *B1 f.* · *21* Tisch *G3* · *33* herab] hinab W2 · **314**,*1* Lorene Z *B1 f.* · *19* je] *fehlt* Z · *32 f.* weiteren Z *B1 f.* · **315**,*5* Lorene *Z–G1* · *16* Aloysia *Z–G1* · *18* wann] wenn Z · *21* braucht *B1 ff.* **316**,*14* schwirrte] wirrte Z · *20* beschwerlichen Z *B1 f.* · *26 f.* Orlogschiffe *G2 f.* · **317**,*8* in schwarzem *G2 f.* · *12* Connestable W2 · *32* solle *Z–G1* · *33* Fortunata *G3* · **318**,*1* unseren *G1 ff.* · *2* Euren *G1 ff.* · *9* um] von W2 · *32* nach] um W2 · **319**,*4* Fortunata W2 · *7* Brenzgauer W2 · *8* unseren *G1 ff.* · *9* Fortunata W2 · *10* Connestabel Z, Connestable W2 · *22* unserem *B1 ff.* · *25* von Z ·

320,*17 Fortunata* W2 · *24* Unsere Fraue W2.

III. Anmerkungen

1. **255**,*4 Der* heilige Gebhard, *geborener Graf von Bregenz, lebte im 10. Jahrhundert und war Bischof von Konstanz. Sein Gedenktag ist nicht, wie Raabe irrtümlich annahm, der 7., sondern der 27. August. Über Raabes Quelle für seine Schilderung der Wallfahrt s. o. S. 476* **256**,*1 ff. Im Jahr 1408 (nicht 1407) planten die* Appenzeller Hirten *einen Überfall auf Bregenz, um im Gebiet des Bodensees gemeinsam mit den Schwyzern eine Bauernrepublik zu errichten. Eine aus Bregenz stammende Landstreicherin mit Namen* Guta *bekam Kunde von dem Anschlag, eilte in ihre Heimatstadt und warnte sie. Als die Appenzeller ihre Absicht wahrmachten, wurden sie von den wohlgerüsteten Bregenzern unter Führung des Vorarlberger Grafen* Wilhelm von Montfort *(die Grafen von Montfort waren die Nachfolger der Grafen von Bregenz) blutig zurückgeschlagen. Aus Dankbarkeit gegen die Retterin der Stadt verfügte der Rat, daß der Nachtwächter vom Martinstag bis zur Lichtmeß abends um 9 Uhr „Ehrguta“ durch die Gassen rief. Später wurde ein Platz der Stadt nach dem alten Ruf* *benannt. 6 f.* Bregenz *ist von den Römern gegründet worden und hieß ursprünglich Brigantium (s. S. 257,30). 19* Pfannenberg = *St. Gebhardsberg. Die Burg auf seiner Kuppe, Hohen-Bregenz, war die Geburtsstätte des heiligen Gebhard. 29 ff. Im* Jahre sechzehnhundertsechsundvierzig *stießen die Schweden unter Führung des Feldmarschalls Wrangel nach Bregenz vor; am 4. Jaunar 1647 eroberten sie die Burg Hohen-Bregenz.* **257**,*2* Bellona: *Lat., die Kriegsgöttin. 28* Skogkloster: *Schloßgut unweit Upsala, Besitztum Wrangels.* **258**,*21* Jönköping: *Hauptstadt der gleichnamigen Landschaft in Südschweden.*

2. **259**,*13* Arkebuse: *Hakenbüchse, die ihres Gewichts wegen mit Hilfe eines Hakens auf einem besonderen Gestell befestigt wurde. 16* Kartaune: *Geschütz für Kugeln im Gewicht von 25 Pfund; das Wort geht auf mlat. quartana = Viertelstück zurück. 19 f.* verlorener Haufen: *Sturmtrupp, der dem anrückenden Fähnlein voranging und am meisten gefährdet war. 22* Muskete: *Gewehr, seines Gewichts wegen in einen Gabelstock gelegt; um 1700 unter Beibehaltung des Namens durch die Flinte ersetzt.* **260**,*4* Pfänder: *höchster Berg (1064) ostwärts von Bregenz.* **260**,*30* Wirtin zur Taube in Alberschwende: *Raabe war am 26. Juli 1869 bei einem Ausflug in den Bregenzer Wald in dem Wirtshaus zur Taube in Alberschwende eingekehrt (Tgb.).* Alberschwende: *Dorf im Bregenzer Wald, wie auch* Lingenau *und* Hüttisau, *südostwärts von Bregenz. 34* Rotes Egg: *Waldumgürteter Engpaß am Fallenbach; der Name geht auf den blutigen Überfall zurück.* **261**,*35* Lorena: *Alpe oberhalb Alberschwende; vgl. S. 264,26 ff.* **262**,*10 f.* Löwe aus Mitternacht: *So war König Gustav Adolf von Schweden in einem satirischen Flugblatt auf die Schlacht von Breitenfeld aus dem Jahr 1632 genannt worden.* Mitternacht: *als Weltgegend svw. Norden.* **263**,*19* Breitenfeld: *Hier siegten die Schweden am 17. 9. 1631 über Tilly.* Lützen: *Hier siegten die Schweden am 16. 12. 1632 über Wallenstein.*

3. **264**,*1* ranzionieren: *Lat.-frz., aus der Gefangenschaft loskaufen.* **266**,*11* Mette: *Frühgottesdienst, aus lat. matutina = vor Tagesanbruch entstanden.*

4. **267**,*19* Heugeißen: *Heuschrecken. 22 Im Jahr 1630 verstärkte der König seine Truppen durch zwei* lappländische Regimenter, *schickte diese aber sehr bald zurück, da sie nicht an Disziplin zu gewöhnen waren.* **269**,*28* Konstablerei: *Artillerie; das Wort geht auf lat. constabularius = Stall- oder Zeltgenosse, später Büchsen- und Geschützmacher zurück.* **270**,*19* Rudera: *Lat., Trümmer. 24 f.* Banér, Torstenson, Königsmark: *schwedische Feldherrn im Dreißigjährigen Krieg.*

5. **272**,*3 ff.* Tiberius Claudius Nero, *Stiefsohn des Augustus, unterwarf 15 v. Chr. zusammen mit Drusus die Rätier und Vindelicier. Die*

Rätier bewohnten Graubünden, Tirol und Südbayern, die Vindelicier wohnten südlich der Donau vom Bodensee bis über den Lech. Die neugewonnenen Gebiete wurden zu einer Provinz zusammengefaßt, und diese wurde Rätien genannt. Tiberius erhielt nach seiner Thronbesteigung den Namen Tiberius Caesar Augustus (14–37 n. Chr.). *13* Lädinen: *Lastschiffe;* Segner: *kleine Lastschiffe auf dem Bodensee.* *17* Partisane: *eine Lanze mit zweischneidigem Beil unter dem Stecheisen.* **273**,*15 ff.* König Gustav reitet...: Christian II., *König von Dänemark und Norwegen, war 1520 auch in Schweden als König anerkannt worden, doch nach dem Blutbad, das er in Stockholm anrichtete, rief der Reichsverweser* Gustav Wasa, *an Stelle Christians 1523 zum König gewählt, die* Dalekarlier, *benannt nach einer Landschaft im mittleren Schweden, zum Kampf gegen Christian auf und vertrieb diesen.* Dalarne *ist der schwedische Name für Dalekarlien.* **274**,*11* Trold: *Kobold in der nordischen Sage.* Oxenstjerna: *Schwedisches Adelsgeschlecht, dem Axel O. angehörte, der nach dem Tod Gustav Adolfs als Reichskanzler die politische Leitung übernahm.* **275**,*20* Nördlingen: *an der Eger; hier wurden die Schweden am 7. 9. 1634 von den Kaiserlichen geschlagen.*

6. **276**,*20 ff. Raabe hat das* Wirtshaus zur Krone *so geschildert, wie er es am 30. Juli 1869 bei einem Ausflug nach Lindau antraf. Heute dient das Grundstück anderen Zwecken. Das Bildnis des Feldmarschalls Wrangel und die Schwedenkugel sind im Lindauer Heimatmuseum untergebracht. Über das Wirtshaus und die Kugel vgl. Mitt., Jg. 1933, S. 62 f.* **277**,*16* al fresco: *It., Wandmalerei, ausgeführt »auf dem Frischen«, d. h. auf noch feuchtem Kalkbewurf.* **278**,*14* Cospetto: *It., Potzteufel!*

7. **279**,*24 f.* eine Krone und zwei Kurhüte: *Gemeint sind der schwedische König und die Kurfürsten von Brandenburg und von Sachsen.* Der alte Korporal: *Tilly, er war vom Korporal zum kaiserlichen Feldherrn aufgestiegen.* **280**,*12 ff. In seiner Darstellung über den Verlust der* goldenen Kette *des Königs folgte Raabe L. v. Rango, Gustav Adolph der Große, Leipzig 1824, Anhang S. 128.* **280**,*24* doch es war nicht an dem...: *Die Schweden siegten in der Schlacht bei Lützen, doch der König selbst fiel.* *27* Di grazia, prego perdono: *It., Ich bitte freundlichst um Verzeihung.* *28* Domeneddio: *It., Herrgott.* **281**,*4* ein gut Stück deutschen Landes: *Im Westfälischen Frieden von 1648 erhielt Schweden die Bistümer Bremen und Verden, außerdem Vorpommern und Wismar zugesprochen.* *12 f.* so wenig als bei des französischen Louis...: *Ludwig XIV. war 1674 in das Elsaß eingefallen, doch mit Rücksicht auf den Geheimvertrag, den Kaiser Leopold I. mit Ludwig XIV. über die künftige Teilung der span. Monarchie abgeschlossen hatte, leistete die Reichsarmee nur hinhaltenden Widerstand.* *29 ff.*

Im Jahr 1666 war zwischen dem König von Schweden und dem Kurfürsten Friedrich Wilhelm von Brandenburg – dem Großen Kurfürsten – ein zehnjähriger Neutralitätsvertrag *abgeschlossen worden. Die Schweden hielten den Vertrag jedoch nicht, sondern fielen 1674 in Brandenburg ein. 31* Sposa: *It., hier: Gemahlin. 32* Duc de Bournonville: *Herzog von B. stand an der Spitze der gegen die Franzosen eingesetzten Reichsarmee.* **282**,*4* Pazienza, adagio: *It., Geduld, sachte! 17* Turennius: *Turenne, Marschall von Frankreich, Oberbefehlshaber der franz. Truppen in Deutschland, verwüstete die Pfalz.* **283**,*31* Magdeburg *war am 10. 5. 1631 durch Tilly zerstört worden.* **284**,*2* bella lingua toscana: *It., die schöne toskanische (italienische) Sprache.*

8. **284**,*31 Das* Elsaß *wurde 1697 im Frieden von Rijswijk an Frankreich abgetreten.* **285**,*3* allezeit Mehrer des Römischen Reiches Deutscher Nation: *Ehrentitel der deutschen Kaiser seit etwa 1300.* **285**,*28* Ranzion: *Lat.-frz., Lösegeld.* **286**,*5* Wallschlange: *schweres Geschütz, am Wall stationiert.* **286**,*8* zu Faden schlagen: *eigtl. ‚zu weben anfangen', dann auch ‚eine Tätigkeit beginnen'; das Reichskammergericht wurde 1495 errichtet.* **288**,*6* Dovrefjeld: *südwestlicher Teil des skandinavischen Gebirges Kjölen im mittleren Norwegen.*

9. **289**,*6* Rädle: *junger Wein.*

10. **291**,*12 ff.* Wrangel *erhielt 1674 den Oberbefehl über die gegen Brandenburg eingesetzten Truppen, war aber durch Krankheit verhindert, persönlich an dem Feldzug teilzunehmen. 20* in Abwesenheit Kurfürstlicher Durchlaucht: *Vgl. S. 281,30 ff.* **293**,*32* Connetable: *ursprünglich Stallmeister (lat. comes stabuli), später Oberster Feldherr.*

11. **298**,*1* Derfflinger: *Georg D., brandenburgischer Feldmarschall, überfiel die Schweden am 25. 6. 1675 in Rathenow und zwang sie zum Rückzug. 30* Olaf: *Olaf II., 995–1030, König von Norwegen; er bekehrte die Norweger zum Christentum, wurde heilig gesprochen und galt als Schutzpatron Norwegens.* **300**,*30* Kremmer Damm: *schmaler Erdstrich, der sich in der Nähe des Ortes Kremmen im Osthavelland durch das Rhinluch hinzieht; hier war es schon früher zu blutigen Kämpfen gekommen, so 1334 zwischen den Brandenburgern und den Pommern (vgl. Fontanes Gedicht „Die Schlacht am Cremmer Damm").* **301**,*23* Prinz von Homburg: *Prinz Friedrich von H., 1632–1708; er steht im Mittelpunkt von Heinrich von Kleists gleichnamigem Schauspiel.*

12. **307**,*18* Luch: *Sumpf.* **308**,*7* Ruffian: *Raufbold nach dem deutschen Wort ‚raufen' gebildet.*

13. **309**,*14 f.* Maria-Bildstein: *Bei Schwarzach in der Nähe von Bregenz.* **311**,*12* panischer Schrecken: *ein Schrecken, wie er den überkommt, der unvermutet den bocksbärtigen und ziegenfüßigen griechischen Hirtengott Pan erblickt (vgl. Panik).*

14. **316,***10* Ribbeck und Hackeberg: *Orte in der Mark Brandenburg (auf Ribbeck bezieht sich Fontanes Gedicht „Herr von Ribbeck auf Ribbeck im Havelland").* *13* Auro et ferro: *Lat., Mit Gold und Eisen. 21 ff. Mit Knäckabröds* Traum *spielt Raabe auf den sagenumwobenen Tod des Feldmarschalls Wrangel an. Dieser soll nach der Niederlage von Fehrbellin auf Befehl König Karls IX. von Schweden durch den Scharfrichter von Stralsund enthauptet worden sein. In Wirklichkeit ist Wrangel in dem Schloß Spycker, das er aus den im Dreißigjährigen Krieg erbeuteten Schätzen auf der Insel Rügen erbaut hat, eines natürlichen Todes gestorben. Zur Sage: vgl. Mitt., Jg. 1922, S. 118 u. Mitt., Jg. 1933, S. 63 ff. 26 f.* Orlogsschiffe: *Dän., Kriegsschiffe.* **318,***4 Die Taubenwirtin verwechselt hier den Rhein, schwyzerisch Rhyn genannt, mit dem Rhin, einem Nebenfluß der Havel (vgl. S. 302,13). –*

Karl Hoppe

Des Reiches Krone

I. Das Werk

1. Zur Entstehung

Am 11. November 1864 vermerkte Raabe in Nb. Nr. 2, S. 29: Die Geschichte des Leprosen der das schöne Mädchen küßt, und sie somit in sein Elend hinab zieht in Verse zu bringen. *In demselben Notizbuch finden sich noch mannigfache andere Eintragungen, die auf die Abfassung lyrisch-epischer oder dramatischer Dichtungen abzielen, doch zumeist blieb es bei den momentan gefaßten Vorsätzen. Auch die* Geschichte des Leprosen *wäre wohl ungeschrieben geblieben, wäre nicht ein äußerer Anlaß hinzugetreten und hätte das Motiv für Raabe nach Form und Inhalt anziehender und gewichtiger gemacht, als die Notizbucheintragung dies erwarten läßt. Der Anstoß zur Wiederaufnahme und gleichzeitig zur Vertiefung des Themas ging von einer Chronik aus, deren Titel lautete: „Joannis ab Indagine wahre und Grund haltende Beschreibung der heutiges Tages weltberühmten des Heiligen Römischen Reichs Freyen Stadt Nürnberg, in fünf Büchern abgefasset; von dem wahren Ursprung dieser Stadt und allem demjenigen, was in derselben von Jahren zu Jahren bis auf jetzige Zeiten merkwürdiges geschehen und vorgefallen. Alles aus bewährten alten Geschichtschreibern und gesicherten Urkunden, mit Hinweglassung der angeblich ungegründeten Ursprüngen und andern fabulösen Erzehlungen, glaubwürdig und unwidersprechlich erwiesen; auch sonsten mit Anführung und Erläuterung verschiedener Altertümer dieses Landes und einigen saubern Kupfern ausgefertiget. Erfurt 1750. Im Druck und Verlag Heinrich Nonnens." Der Name Joannes ab Indagine war ein Pseudonym, gebildet von lat. indago (indaginis) = Erforschung, Untersuchung; der Verfasser hieß in Wirklichkeit J. H. von Falckenstein und lebte von 1682–1760. In welcher Weise Raabe die Chronik für seine Zwecke benutzt hat, ist von W. Fehse im Raabekalender 1914 (Grote'sche Verlagsbuchhandlung 1913), S. 97–113 ausführlich dargelegt. Die Chronik enthält zahlreiche Ungenauigkeiten und auch Irrtümer. Einige von ihnen berührten sich mit Raabes dichterischer Konzeption und sind von ihm guten Glaubens in seine Erzählung übernommen. Mehrfach weicht Raabe in seiner Darstellung aber auch von seiner Quelle ab, sei es aus Irrtum oder aus wohlerwogenen dichterischen Gründen. In den Anmerkungen (s. u. S. 494 ff.) ist im einzelnen vermerkt, wie sich Raabe zu seiner Quelle verhalten hat. Wesentlich war für ihn, daß die Nürnberger Chronik die Möglichkeit bot, das Schicksal des Leprosen in einen großen nationalen Zusammenhang zu stellen und das Geschehen auf diese Weise sowohl farbiger wie auch bedeutsamer, als ursprünglich geplant, zu gestalten. Nicht auf die Chronik, sondern auf Raabes persönliche, im Verlauf der sechziger Jahre vollzogene Entwicklung wird zurückzuführen sein, daß sich auch die Grundidee der Notizbucheintragung von 1864 völlig verschob: das schöne Mädchen wird nicht in das Elend des Leprosen hinabgezogen, weil dieser es frevlerisch küßt, sondern es folgt, indem es das Schicksal des Leprosen teilt, seinem eigenen, aus mitleidvoller Liebe erwachsenen Entschluß.*

Wann und auf welche Weise Raabe die Nürnberger Chronik erworben hat, konnte nicht festgestellt werden; sie fand sich jedenfalls in seinem Nachlaß. Aus äußeren und inneren Gründen erscheint es wahrscheinlich, daß er das Buch i. J. 1869 oder in den ersten Monaten des Jahres 1870 in die Hand bekommen hat, denn am 5. Mai 1870 vermerkte er in seinem Tgb.: Anfang der Nürnberger Novelle: Des Reiches Krone. *Wie üblich, fertigte Raabe zunächst einen Entwurf an; von diesem hat sich nichts erhalten. Am 8. Juni begann er sodann,* die Erzählung: Des Reiches Krone auszuschreiben *(Tgb.). Wieder einen Monat später konnte er notieren:* 5½ Uhr Beendigung der Erzählung: Des Reiches Krone. *(Tgb.) Zwei Tage später unterzog er die Erzählung der üblichen Durchsicht. Danach wandte er sich wieder dem „Dräumling" zu, mit dessen Abfassung er am 1. April 1870 begonnen hatte.*

2. Veröffentlichung und Aufnahme

Am 11. Juli 1870 bot Raabe das Manuskript dem Stuttgarter Verleger Hallberger für dessen Zeitschrift „Über Land und Meer" an (Tgb.). Schon am 13. Juli erhielt er von Hallberger die Mitteilung, daß die Erzählung in der Zeitschrift erscheinen werde, und gleichzeitig empfing er auch bereits das Honorar in Höhe von 150 Rth. Zwischen dem 3. und 24. Oktober 1870 gelangte „Des Reiches Krone" in vier Folgen in „Über Land und Meer" zum Abdruck.

In Buchform erschien die Erzählung zunächst in der Sammlung „Deutscher Mondschein"; vgl. hierzu S. 476 f. u. Textgeschichte. Sodann wurde sie in den zweiten Band der „Gesammelten Erzählungen" aufgenommen; vgl. hierzu Bd. 9,1, S. 412 u. 449, sowie Textgeschichte. Noch zu Raabes Lebzeiten erfolgte eine Wiedergabe in „vereinfachter deutscher Stenographie System Stolze-Schrey" (Berlin, Schulte 1907). Nach Raabes Tod fand „Des Reiches Krone" in zahlreichen Auswahlausgaben und in Sonderdrucken, die vornehmlich für den Schulunterricht veranstaltet wurden, weiteste Verbreitung; vgl. Erg.Bd. 1, S. 110 ff.

II. Der Text

1. Textgeschichte

H: *Handschrift, nicht mehr vorhanden.*

Z: Des Reiches Krone. Eine Erzählung von Wilhelm Raabe. – *In: Über Land und Meer, Bd. 25, Jg. 13, Stuttgart 1870, Nr. 1, S. 2–3; Nr. 2, S. 1–3; Nr. 3, S. 1–3; Nr. 4, S. 14–15.*

B1: Des Reiches Krone. – *In:* Deutscher Mondschein. Vier Erzählungen von Wilhelm Raabe. Stuttgart, Druck und Verlag von Eduard Hallberger 1873, S. 143–232. *8°.*

B2: *Desgl.* Zweite Auflage, Stuttgart, Druck und Verlag von Eduard Hallberger, 1875, S. 143–232. *8°.*

G1: Des Reiches Krone. – *In:* Gesammelte Erzählungen. Von Wilhelm Raabe. Berlin, Verlag von Otto Janke, 1896, Bd. 2, S. 343–388. *8°.*

G2: *Desgl.* Zweite Auflage. *Ebd.* 1901, Bd. 2, S. 343–388. *8°.*

G3: *Desgl.* Dritte Auflage. Ebd. 1905, Bd. 2, S. 343–388. *8°.*

W2: Des Reiches Krone. – *In:* Wilhelm Raabe. Sämtliche Werke, 23. bis 27. Tausend. Zweite Serie, Bd. 2, S. 379–423. Verlagsanstalt Hermann Klemm A-G, Berlin-Grunewald *(1934).*

Raabe las von Z am 16. Juli 1870, in der Nacht vor seiner Übersiedlung von Stuttgart nach Braunschweig, ferner während seines Aufenthaltes in Flensburg bei der Familie Jensen, am 12. und 22. September, Korrektur (Tgb.).

Von B1 (Bogen 10–15: Des Reiches Krone) las er Korrektur in der Zeit vom 17. Oktober bis 30. November 1872 (Tgb.). B2 stellt eine Titelauflage von B1 dar.

B1 (B2) bildete die Druckvorlage für G1. Von G1 las Raabe Korrektur wie auch Revision, und zwar in der Zeit vom 7. Februar bis 28. April 1896.

Von G2 las er zwischen dem 17. Oktober und 4. Dezember 1901 wiederum Korrektur und Revision, von G3 las er Korrektur zwischen dem 18. September und 4. November 1905 (Tgb.). Von G3 ließ Janke Platten herstellen; vgl. hierzu Bd. 9,1, S. 415.

2. Textbefund und Textgestaltung

In „Des Reiches Krone" spricht Raabe durch den Mund eines greisen Mannes *aus dem* Jahre 1453. *In der Erzählung ist die archaisierende Sprachtendenz deshalb besonders stark ausgeprägt. Sie äußert sich, beeinflußt durch die aus dem Jahre 1750 stammende Quelle Raabes, ebenso in der Flexionsweise wie im Wortbestand der Erzählung.*

In der Flexion der Verben ist es wie immer die dritte Person des

Präsens, die Raabe vorzugsweise mit der vollen Endung versieht, so 325,2 stehet; *325,16* schonet; *325,19* fasset; *325,23* übertönet; *usw.; dasselbe trifft für das Partizip im Perfecti zu: 327,5* nachgesetzet; *327,12* verstummet; *328,21* verhallet; *329,1* gehorchet *usw. Seiner Neigung zu Inversionen konnte Raabe in einer Erzählung, die sich dem Stil alter Chroniken annähern sollte, weithin nachgeben; Beispiele erübrigen sich hier. Weitgehenden Gebrauch machte Raabe von der altertümlich und gleichzeitig poetisch wirkenden Wortumstellung bei Substantiven, die einander zugeordnet sind, so 325,3 f.* von der Heiden Sieg, des oströmischen Kaisers Fall, von des Antichrists Nahen; *326,25* des Alters Spiele; *326,35 f.* der Erden Gepränge; *327,11 f.* in meines Vaters Haus; *327,24* der Straßen Tumult; *328,29* über der schönen Dirne sommerlichen Garten; *328,35* des großen ehrbaren Geschlechtes Macht *usw.*

In allen Wortgattungen weist die Erzählung altertümliches Gepräge auf, so z.B. 324,3 wirren *(= verwirren;) 325,9* spitzig*; 325,18* das linde Gewand; *326,10* Gleven *(s. Anm.); 327,30* Geschmuck, Waffenwerk; *328,3* Burgstall *(s. Anm.); 328,17* eignete *(= zu eigen war); 329,7* aufatzen *(vgl. 335,20* Aufatzung*); 329,17* Losunger *(s. Anm.); 329,35* Grundvesten *(vgl. 337,28 Veste); 331,26* Sondersiechen *(s. Anm.); 332,29 u. 333,1* zufahren *(= eingreifen); 333,8* Siechkobel *(s. Anm.); 337,24* ohn weiter Gefrage; *338,9* schlupfen; *341,26* des Kaisers warten; *344,21 f.* wehrliche Mannen; *351,9* umrufen *(= verwandeln); 355,23* unverfehrlich *(nicht erschreckbar); 356,23* nach der Gassen; *356,32* Gewaffen; *357,13* die Entbietung; *376,35* unentwegt *(entwegen: sich vom eingeschlagenen Weg abbringen lassen); 377,10* halben. *Es fehlt zudem nicht an alliterierenden sprichwörtlichen Wendungen, Sprachresten aus weit zurückliegender Zeit, so 331,9 f.* Busch und Baum; *356,24 f.* Werk und Wort; *377,22* mit Wissen und Willen. *Auch sind in den Text lateinische und selbst griechische Worte eingestreut, zwar in sparsamer Weise, aber doch so, daß sich der Leser nachdrücklich in eine ferne Vergangenheit zurückversetzt fühlt. Dies trifft insbesondere für die zum Leitmotiv erhobenen Worte des heiligen Augustinus:* „Tolle, lege!" *zu.*

Bei dem Gebrauch von Adverbien, Konjunktionen und Präpositionen werden ebenfalls gern veraltete Formen benutzt, so z. B. 324,6 f. ob allem Schall und Farbenspiel der Erden; *324,19* die, so gekrönte Helme tragen; *326,3 f.* die sanfte Stimme, die so frühe... mich umrief; *327,3 f.* habe ich immerdar an meiner Vaterstadt gehangen; *327,24 f.* die Baumwipfel, so bis zu meinem Gesims aufreichen; *330,3 f.* die Gatter, so der Nachbarn Gärten scheiden; *331,1 f.* zu jeder Lektion, so wir in dem Garten hielten; *331,31 f.* wann ich... diese Feder niedergelegt haben werde; *334,20* ein gar fröhlich Lachen; *336,1* der Michel störte uns nimmer; *337,12* allbereits versteckt; *337,29* obgleich man sonsten nur allzugern; *342,24* hat balde das Gesicht... bedecket; *342,29* weil daß *(=während); 345,14 f.* als ob der Welt Untergang daselbsten schon begonnen habe; *355,4* ein gar holdseliger Frühling; *355,6 ff.* und weilen ich... ganz herzensruhig war; *361,17* plötziglich; *365,33 ff.* ist währenddem... fürder gewandelt.

Im Gebrauch der Adjektiva wird zugunsten eines altertümlichen Erzählstils vielfach auf die Flexion verzichtet, so z. B. 327,11 ein volkreich Leben; *327,32* mein winzig Schülergemach; *327,34* als ein klein Mägdlein; *329,3* ein jährig Büblein; *329,22* ein wunderlich Ende; *329,30* mein nördlich Gemach; *330,2* ein freundlich Wehen; *330,14* unser mutwillig Teil; *330,26 f.* sein lockig Häuptlein *usw. Wie in den angeführten Beispielen dienen Deminutiva auch sonst dazu, der Sprache des Erzählers eine altertümliche Färbung zu verleihen, so z. B. 325,21 f.* vom... Sträußleinpflücken; *328,30* ihr Fensterlein; *328,32* aus ihrem Stüblein; *330,33* das Dirnlein;*353,12* andächtige Männlein und Weib lein; *353,20* dies Stündlein *usw.*

*Gegenüber Z weist B1 (B2) mehrere auf Raabe zurückgehende Textverbesserungen auf; vgl. L. zu 323,6; 328,9; 328,24; 336,13; 347,1 u. 11; 351,2 u. 364,30. Gleichzeitig stellte Raabe in einigen Fällen die offenbar ursprüngliche, durch Setzerversehen beeinträchtigte Textgestalt wieder her; vgl. L. zu 324,26 (*Trübsal *früher auch Neutrum, so noch bei Goethe); 346,32; 362,30 u. 377,34. Andererseits drangen verschiedene Fehler neu in den Text ein; vgl. L. zu 348,5; 364,14 (*Nöten: *diese Form, an sich unrichtig, war früher zuweilen im Nominativ und Akkusativ gebräuchlich); 369,18; 371,15; 373,18.*

In G1 gehen einige Änderungen ohne Zweifel auf Raabe zurück; vgl. L. zu 325,2; 334,10; 338,6 f.; 349,33; 356,27; 370,32 u. 376,19. Bei einigen anderen Korrekturen ist es zweifelhaft, ob Raabe oder der Setzer sie vorgenommen hat; vgl. L. zu 327,35 (Einzelfall!); 334,31; 343,26 (Angleichung an 346,4; 352,16 usw.); 346,4; 351,21 u. 376,15. In mehreren Fällen folgte der Setzer seiner eigenen Ausdrucksweise, so wenn er andern *fünfmal in* anderen *abänderte oder sonstige altertümliche Wortbildungen der Gegenwartssprache anglich; vgl. hierzu L. zu 325,29; 326,34; 344,15; 352,15; 357,18 u. 377,10.*

In G2 griff Raabe nochmals verbessernd in den Wortlaut ein; vgl. L. zu 324,34; 345,32; 353,20; 355,21 u. 356,4. Von seiten des Setzers wurden altertümliche Wortformen wiederum der Gegenwartssprache angeglichen; vgl. L. zu 331,12; 349,8; 355,21; 358,6 u. 372,6.

G3 weist hauptsächlich Eingriffe des Setzers auf, die nicht vertretbar sind; vgl. L. zu 326,15; 334,12; 341,15; 350,24; 351,32 u. 371,6. In zwei Fällen mögen die Textänderungen ebensogut auf den Setzer wie auf Raabe selbst zurückzuführen sein, jedenfalls widersprechen sie nicht dem sonst zu beobachtenden Verhalten Raabes; vgl. L. zu 329,3 u. 335,5.

Angesichts des Textbefundes kommt für die Textgestaltung, da H nicht mehr vorhanden ist, in erster Linie Z in Frage. Ergänzend treten B1 (B2) und G1–3 hinzu.

3. Lesarten

Über die Gestaltung der Lesarten s. o. S. 413.

323,*6* Gott] Allah *Z* · **324**,*26* in Trübsal *Z* · *34* Sebalds *Z–G1.* **325**,*2* auf dem] am *Z B1 f.* · *29* feurige *G1 ff.* · **326**,*15* der] *fehlt G3* · *34* Italiens *G1 ff.* · **327**,*35* die] welche *Z B1 f.* · **328**,*9* gewesen] *fehlt Z* · *24* Magnus *Z* · **329**,*3* das] welches *Z–G2.* **331**,*12* goldenen *G2 f.* · **332**,*5* vor allem *W2* · **334**,*10* puella] *fehlt Z B1 f.* · *12* anderen *G3* · *31* Kirchtüren *Z B1 f.* · **335**,*5* freundlichen *Z–G2* · *12* und Herrn Ulrich Teuchsler *Z B1 f.*, den Herrn Ulrich Teuchsler *G1–3; nach Ind., S. 558, war Teuchsler der Schaffner von Sankt Lorenz;* dem *statt* den *hier notwendige Konjektur.* **336**,*13* Mechthildis, das ist Heldin – mächtige Kämpferin, und es ist] Mechthildis! Mechthildis! Es ist *Z* · **338**,*6 f.* ist ... erschienen] erschien *Z B1 f.* · *33* Tanzen] Tanz *Z–G1* · **341**,*15* hatten] haben *G3* · **343**,*23* Beraul *Z–G3* · *26* Karlsstein *Z B1 f.* · **344**,*15* teuren *Z B1 f.* · **345**,*32* Bruder] Meister *Z–G1* · **346**,*3* Kaiser Karls *Z–G3 (vgl. 348,10* Kaisers Karl *Z–G3)* · *4* von Karlstein *Z B1 f.* · *32* Haufen] Häuser *Z* · **347**,*1* Ja, da ward *Z* · *11* Ja, dann brachen *Z* · *28* Wiklefiten *Z–G3* · *30* Böhmerland *W2* · **348**,*5* so gut] *fehlt B1 ff.* · **349**,*8* Böhmerlandes *G2 f.* · *33* Da fühlte ich] Ich fühlte *Z B1 f.* · **350**,*22* Kaiser Karls *Z–G3* · *24* feurige *G3* · **351**,*2* übrige] andere *Z* · *21* unter den Rasen *Z B1 f.* · *32* Sigismund *G3* · **352**,*15* Böhmerlande *G1 ff.* · **353**,*20* dies] das *Z–G1* · **355**,*21* und Grün *Z–G1* · und Sonnenschein *Z–G1* · **356**,*4* des] *fehlt Z–G1* · *27* Gasse *Z–B1 f.* · **357**,*18* Hochzeitsmahl *G1 ff.* · **358**,*6* heute *G2 f.* · **362**,*30* die Stollhoferin *Z* · **364**,*14* Nöte *B1 ff.* · *30* schnell] gleich *Z* · **366**,*10* untergehet *W2* · **369**,*18* armarum *B1 ff.* · **370**,*32* gegangen ist] ging *Z B1 f.* · **371**,*6* auch] *fehlt G3* · *15* sind] haben *B1 ff.* · **372**,*6* Sankt *G2 f.* · **373**,*18* so am] das am *B1 ff.* · **376**,*4* zu ihm *B1 f.* · *15* byzantische *Z B1 f.* · *19* Sanctus] Divus *Z B1 f.* · **377**,*10* halber *G1 ff.* · *34* Manuskripte *Z* · **378**,*4* geblieben *W2.*

III. Anmerkungen

Abkürzung für Raabes Quelle bei der Einbeziehung geschichtlicher Tatsachen (s. o. S. 489): Ind.

323,*1 ff.* Am dreiundfünfzigsten Tage der Belagerung: *Die Belagerung von* Konstantinopel *begann am 6.4.1453 und führte am 29.5. 1453 zur Einnahme der Stadt.* Untergang der römischen Republik: *vollzog sich mit dem Sieg Cäsars bei Pharsalus über Pompeius am 9.8.48 v.Chr.* der König der Heruler: *Gemeint ist Odoaker, der den letzten weströmischen Kaiser* Romulus Augustulus *i.J. 476 n.Chr. zur Abdankung zwang; Odoaker war nicht König der Heruler, sondern der Sohn eines Fürsten der Skiren. Romulus erhielt am Kap Misenum südwestlich von Neapel – in* Kampanien *– eine Villa als Wohnsitz zugewiesen, die einst zu den verschwenderisch ausgestatteten Landhäusern des* Lucull *(gest. um 57 v.Chr.) gehört hatte; von der Villa des Lucull am Kap Misenum haben sich Ruinen bis in die jüngste Zeit erhalten.* der zweite Mohammed: *M.II (1451–81) eroberte Konstantinopel, die Hauptstadt des oströmischen Kaiserreichs, danach 1461 Trapezunt, die Hauptstadt des gleichnamigen Kaiserreichs am Schwarzen Meer. Er gliederte seinem Herrschaftsbereich ferner zahlreiche andere Reiche (nicht in allen Fällen* Königreiche*) ein, so Serbien, Morea, Bosnien, Albanien, Moldau, Walachei, Krim u. a.* *12* Tag des heiligen Laurentius: *der 10.August; L. war einer der beiden Schutzpatrone Nürnbergs (vgl. Anm. zu 324,29).* *13* Paniersberg: *Anhöhe westlich der Burg von Nürnberg; in dem Namen ist als Bestimmungswort Panier enthalten, hervorgegangen aus franz. banière wie Banner durch Zurückziehung des Akzents aus mhd. baniere.* **324**,*8 f.* der heilige Augustinus: *Aurelius A., der bedeutendste Kirchenlehrer des christlichen Altertums, 354–430; zum Zitat vgl. Augustinus, Confessiones (Bekenntnisse) VIII,11.* *21* Divus: *Lat., der Göttliche.* *28* Benedicta auf Sankt Sebald: *Neben dem heiligen Laurentius (323,12), wurde auch der heilige Sebaldus als Schutzpatron von Nürnberg verehrt;* Benedicta *lautet der Name der größten, 1392 geweihten Glocke der Sebalduskirche, zu deutsch: die Gesegnete, die Gott Geweihte. (In der Kirche befindet sich das „Sebaldusgrab" des Erzgießers Peter Fischer.)* **325**,*1* Vox ego...: *Lat., Ich bin die Stimme des Lebens, ich rufe euch, betet, kommt! (Inschrift der Glocke).* *1 f.* Johannes Kapistranus: *Franziskanermönch, der vom Papst zur Bekämpfung der hussitischen Ketzerei nach Deutschland entsandt war, gest. 1456. Raabe folgt in der Charakterisierung des Mönchs seiner Quelle Ind., S. 617; diese ist jedoch nicht erschöpfend. So trat K. nicht nur als Bußprediger auf, sondern kennzeichnend ist für ihn, daß er leidenschaftlich zu Kreuzzügen gegen die Türken aufrief. Er selbst führte das Kreuzheer mit an, das die Türken 1456 bei Belgrad besiegte. In Nürnberg stand sein Predigtstuhl nicht auf dem Sebaldikirchhof, sondern vor der Frauenkirche; auch fiel sein Auftreten hier als Bußprediger bereits in das Jahr 1452, nicht erst in den August 1453, also in eine Zeit, zu der*

Konstantinopel bereits gefallen war. Über die Wirkung seiner Predigten berichtet Ind., S. 617: „Diese Strafpredigten drungen denen Nürnbergern so tief zu Herzen, daß sie am St. Laurentii Tage auf dem Markte 76 Schlitten, 3640 Brettspiele, 40 000 Würfel, und einen großen Haufen Kartenspiele verbrannten." *24 f.* die sanfte Stimme: *erste Hindeutung auf Mechthild Grossin, die weibliche Hauptgestalt der Erzählung.* **326**,*8* hussitische Wirren: *Die reformatorischen Lehren des Tschechen Johann Huß führten in Verbindung mit der Verfolgung nationaler Interessen zu schwerwiegenden Auseinandersetzungen. U.a. wurde die Verfassung der Universität* Prag *zu Ungunsten der deutschen Studenten geändert, was zur Folge hatte, daß die deutschen Professoren und Studenten 1409 nach* Leipzig *auszogen; vgl. Anm. zu 333,22 f. Nachdem Huß in Konstanz durch Beschluß des Konzils als Ketzer verurteilt und 1415 verbrannt war, suchten seine Anhänger die Ausübung ihrer Lehre in den Jahren 1419–1436 mit Gewalt durchzusetzen. Sie drangen in verheerenden Kriegszügen weit in die umliegenden deutschen Länder ein, bis schließlich ein Vergleich geschlossen wurde, durch den die römische Kirche ihre Machtstellung in der Tschechei einbüßte, die Gründung eines tschechischen Nationalstaats aber nicht zustande kam. Die radikalen Taboriten setzten den Kampf allerdings fort, und erst 1485 kam es auch mit ihnen zu einer Überbrückung der bestehenden Gegensätze.* *10* Gleven: *die Ritter bzw. die von Rittern geführten Bewaffneten der Stadt, ausgerüstet mit einem zweischneidigen, auf einem Lanzenschaft befestigten Schwert (franz. glaive = Schwert).* *13* Marsilius Ficinus: *italienischer Arzt und Philosoph; da er erst 1433 geboren ist, kann er nicht gut ein Jugendfreund des Erzählers gewesen sein.* *14* Kosmus: *Cosimo di Medici, 1389–1464; er stand seit 1434 an der Spitze der Republik Florenz und förderte Kunst und Wissenschaft in hohem Maße.* *15* Herr meines Leibes: *Wer dies von sich sagen konnte, durfte nach dem Gesetz zu keinen körperlichen Diensten genötigt werden.* *23* Spiele der Erwachsenen Geschäfte: *so Augustin, Confessiones I,9.* **328**,*2 ff.* Ritter Hans Groland...: *Diese Angaben entsprechen Ind., S. 522.* *3* Burgstall: *Stall in seiner ursprünglichen Bedeutung als Standort.* *4* zu einem offenen Haus verschrieben: *besagt, daß die Stadt befugt sein sollte, ihrerseits Kriegsvolk in den Burgstall zu legen.* *9 f.* des Ritters Hans Sohn, Michel Groland: *Person und Schicksal Michel Grolands sind geschichtlich nicht bezeugt.* *13 ff.* das Geschlecht hatte von alten Zeiten her schlimm gewirtschaftet: *Raabe nimmt an, daß das Geschlecht der Groland den Namen ‚von Laufenholz' (z.B. auch 329,26 f.) gehabt habe und zu Lebzeiten des Erzählers verarmt gewesen sei. Beides trifft nicht zu. Wie aus einer anderen Chronik (Hist. Nachricht von dem Ursprunge und Wachsthum des Heil. Röm. Reichs freyer Stadt*

Nürnberg, Frankfurt u. Leipzig 1707, S. 113) hervorgeht, hieß das Geschlecht ‚von Lauenburg'. Die Annahme Raabes, das Geschlecht habe schlecht gewirtschaftet, beruht auf einer falschen Auslegung des in Ind., S. 418, enthaltenen Satzes: „Auf dem Lande hatte er ‹Konrad Hainze› das Herrenhaus Burgglessen, so die von Lauffenholz bewohnet, besessen." Die Grolands aber waren, wie gesagt, nicht mit dem Geschlecht ‚von Laufenholz' identisch. Auch starben sie nicht bereits im 15. Jh. (mit dem Junker Michel) aus, sondern sie hatten noch im 18. Jh. ihren Sitz im Nürnberger Rat. *15 f.* Lehen und Allod: *Lehen verpflichteten zu besonderen Leistungen wie Heeresfolge oder Abgaben, Allode stellten nach germ. Recht persönliches Eigentum an Grund und Boden dar.* *16 ff.* wie denn die Grossen ...: *Die Grolands hatten Burgglessen, wie aus der eben genannten Chronik von 1707 gleichfalls hervorgeht, nicht an die Familie Grosse veräußert, sondern umgekehrt von ihr erworben; dies Burgglessen war mit dem S. 328,3 genannten* Burgstall Laufenholz *identisch. (Über diese geschichtlichen Zusammenhänge und Raabes Abweichungen vgl. Raabe-Kalender 1914, S. 101 f.)* *23* Konrad Hainzen: *Er hatte in seiner Jugend selbst an der Lepra gelitten und deshalb den Beinamen Leprosus (lat., der Grindige) erhalten. Später wurde er wegen seiner großzügigen Spenden (vgl. S. 370,1 ff.) Conradus Magnus (lat., der Große) genannt.* *26 f.* Mechthild Grosse: *In Raabes Quelle wird als Helferin in der Betreuung der Leprakranken eine Anna Gross genannt, doch Mechthild Grosse und deren Geschick ist historisch nicht bezeugt.* **329**,*5* Zeidler: *Bienenzüchter.* *12* König Wenzel: *König von Böhmen, 1361–1419; als ältester Sohn Karls IV. wurde er 1376 von den Kurfürsten auch zum deutschen König gewählt, 1400 aber wegen der eigenwilligen Ausübung seiner Macht wieder abgesetzt.* *14 ff.* Heinrich von Buchteck usw.: *Ritter aus der Umgebung von Nürnberg, in Raabes Quelle erwähnt.* *17* Losunger-Gesicht: *Losunger svw. Stadtkämmerer; in Ind., S. 542 heißt es: „Es wird in diesem Jahr ‹1402› zu Nürnberg eine Verordnung errichtet, kraft derer die zwei ältesten Herren des älteren geheimen Raths alle wichtigen Sachen tractiren und die Einnahme und Ausgabe der Stadt versehen sollten, deßwegen sie die Losunger genannt wurden."* *21* Rense: *Die Absetzung von König Wenzel erfolgte in Oberlahnstein, während die Wahl des neuen Königs (Ruprechts von der Pfalz) einen Tag danach in Rense, gegenüber von Oberlahnstein, vorgenommen wurde.*

330,*14 f.* Schönbartlaufen: *alter Nürnberger Fastnachtsbrauch, ein Umzug mit Bartmasken (mhd. scheme = Maske); ursprünglich der Fleischerinnung vorbehalten, seit 1458 auch unter Beteiligung junger Patrizier geübt. Eine Schilderung des Schönbartlaufens findet sich in Ind., S. 449, Anm. Wüste Ausschreitungen führten später zum Verbot der Umzüge.* *18f.* dem vertriebenen Mann von der Insel Chios: *Die Be-*

wohner der Insel Chios im Ägäischen Meer hatten zeitweise unter Einfällen der Türken zu leiden, im 15. Jh. allerdings weniger, denn damals gehörte die Insel zum Herrschaftsbereich der Genuesen. *29* Gamma: *der Buchstabe G im griechischen Alphabet.* **331**,*12* Haus Zum Güldenen Schilde: *In diesem Haus traten die Reichsstände am 25. 11. 1356 mit Kaiser Karl IV. zu Beratungen über die* Güldene Bulle, *in der das Recht zur Wahl des Kaisers ausschließlich den Kurfürsten zugestanden wurde, zusammen. In den Besitz der Familie Grundherr kam das Haus allerdings erst etwas später. Güldene Bulle wurde das Reichsgesetz genannt, weil es mit einer goldenen Siegelkapsel (bulla) versehen war.* *25 f.* Mater Leprosorum, Mutter der Sondersiechen: *Ihre Aufgabe und die ihrer Helferinnen bestand in der Beschaffung und Verteilung der Almosen, während die eigentliche Pflege der Kranken von Seelnonnen besorgt wurde.* Sondersiechen: *Die Kranken wurden wegen ihrer Absonderung von den Gesunden so genannt, wie auch die Bezeichnung Aussätzige darauf zurückgeht, daß die Leprakranken gezwungen wurden, außerhalb der Gemeinschaft zu hausen.* *33* Im Jahre unseres Heilands 1394...: *Raabe folgt hier seiner Quelle, die sich auf Nürnberg beschränkt (Ind., S. 528 ff.). Eingeführt wurde die Lepra nach Europa zuerst durch römische Truppen, später erneut durch Kreuzzugsteilnehmer. In Deutschland ist die Lepra wie in den meisten europäischen Ländern erst nach dem Dreißigjährigen Krieg allmählich erloschen.* **333**,*8* Siechkobel: *Kobel (= Koben) bedeutete ursprünglich soviel wie Hütte, später engte sich der Begriff auf Holzstall oder schlechte Behausung ein.* *19* bis in das Jahr 1409: *Vgl. Anm. zu S. 326,8.* *21* der Streit zwischen den Realisten und Nominalisten: *Die Realisten vertraten die Auffassung, daß den Begriffen – auch denen allgemeinen, generellen Inhalts – reale Existenz zukomme, während die Nominalisten dies verneinten; für sie waren die Begriffe nur Worte (nomina) für die Dinge und existierten nur geistig.* *22 f.* der deutschen Zunge zwei von den drei Stimmen nahm: *Die Verwaltung der Universität Prag oblag vier sogenannten Nationen: den Böhmen, Bayern, Sachsen und Polen. König Wenzel, der in der Frage der Gegenpäpste nur von den Böhmen unterstützt wurde, erkannte diesen drei Stimmen, den anderen Nationen insgesamt nur eine Stimme zu. Daraufhin zogen die von dieser Maßnahme betroffenen Professoren und Studenten von* Prag *nach* Leipzig *aus. Hier gründete der* Markgraf Friedrich *von Meißen 1409 die neue Universität.* **334**,*10* pulcherrima puella infans: *Lat., ein sehr schönes Mägdlein.* *28 ff. Raabe folgt hier Ind., S. 556.* *33* Costnitz: *Bezeichnung für Konstanz am Bodensee in Raabes Quelle, Ind., S. 556; die altüberlieferte lat. Form war Constantia, daneben hatten sich im 13. Jh. auch Bezeichnungen wie Costanze und Kostinz herausgebildet; die Schreibung Costnitz geht auf einen Lese-*

fehler zurück, wurde im 15. Jh. aber vielfach angewandt. **335**,*11 ff.* Peter Volkhamer usw.: *nach Ind., S. 558.* *14* Glevenbürger: *Vgl. Anm. zu S. 326,10.* **336**,*6* Aristoffel: *scherzhafte Verdrehung des Namens von Aristoteles.* *33* in der Nacht auf Sankt Simon und Juda: *in der Nacht auf den 28. Oktober.* *35* die Nürnberger Burg: *Seit 1192 gehörte sie den Hohenzollern als Burggrafen. Die Siedlung, die unter ihrem Schutz entstand, entwickelte sich schnell zu einem bedeutenden Handelsplatz. Im 13. Jh. ging das Stadtregiment bereits in die Hände der Patrizier über. Zwischen der Burg und der aufstrebenden Stadt bildeten sich Gegensätze heraus, was* Christoph der Leininger *bei seinem Angriff auf die Burg auszunutzen suchte. Zu einem* heimlichen Bund mit dem Rat *kam es jedoch nicht. Raabes Quelle (Ind., S. 368) ist hierin wie auch in der Datierung des Überfalls nicht genau.* **337**,*23* Collegium Septemvirorum: *Lat., ein aus sieben Männern bestehender Ausschuß des Rates.* **338**,*25* Libertas: *Lat., Freiheit, nämlich Befreiung von der Macht des Burggrafen.* **339**,*5* wenige Jahre später: *Der Verkauf der Burggrafenburg an den Rat fand 1427 statt.* *8* Freiung: *Freistätte, die Schutz vor Strafe oder Rache gewährte.*

340,*33* Anakreon: *griech. Lyriker aus der Zeit um 530 v. Chr., Verkünder einer heiteren, durch Liebe und Wein verschönten Lebensbejahung.* **341**,*18* Johannes Ziska: *Anführer der Hussiten, 1360–1424; genannt* vom Kelch, *weil er den Abendmahlskelch auch für die Laien forderte. Er besiegte das Heer Kaiser Sigismunds 1422 bei Deutsch-Brod.* *19* Taboriten: *eine besonders radikale Richtung unter den Hussiten, benannt nach der von Ziska auf einem Berg errichteten befestigten Stadt Tabor in Böhmen.* *24 ff.* Schon im Jahre 1421 ...: *nach Ind., S. 569 ff.* *29 f.* auf den Tag: *auf den Reichstag.* **342**,*5 f.* de Sancta Cruce: *Lat., vom heiligen Kreuz.* *6* Kreuzzug wider die Hussiten: *Es wurden insgesamt 5 Kreuzzüge wider die Hussiten ausgerufen, an 3 von ihnen waren die Nürnberger beteiligt.* *11 f.* des Reiches Krone: *Die Kaiserkrone war von dem Sohn Kaiser Ludwigs des Baiern, dem Markgrafen Ludwig von Brandenburg, mitsamt allen anderen Reichsinsignien i. J. 1350 dem Kaiser Karl IV. zu Nürnberg übergeben. Dieser hatte versprochen, sie in Nürnberg oder sonst in Frankfurt verwahren zu lassen.* **343**,*5* Konstantin: *Konstantin I., der Große, röm. Kaiser 306–337; er verlegte seine Residenz 330 nach Byzanz, das später nach ihm Konstantinopel genannt wurde.* *26* Karlstein: *eine von Karl IV. auf einem hohen Kalkfelsen über der Beraun, 22 km südwestlich von Prag, 1348–1357 erbaute Burg. In der Beschreibung des Karlsteins folgte Raabe der Schilderung „Montsalvatsch in Böhmen" von S. Kapper in der Stuttgarter Zeitschrift „Freya", Jg. 1866, S. 113–118; vgl. Mitt. 1913, S. 89.* *33* Wider Recht und Versprechen ...: *Es war nicht der* Luxemburger, *d. h. Karl IV., der die*

Reichskleinodien nach dem Karlstein gebracht hat, sondern sein Sohn Wenzel (s. Anm. zu S. 329,12), als er 1400 die deutsche Königswürde einbüßte, aber weiterhin (bis 1419) König von Böhmen blieb. **344**,*20* So ward, nachdem Kaiser und Reich...: *An dem 2. Kreuzzug gegen die Hussiten, der insbesondere dem Karlstein galt, haben die Nürnberger in Wirklichkeit nicht teilgenommen. In Ind., S. 570, heißt es: „Zu obangezogenem Zug wider die Hussiten hat der Rath zu Nürnberg 200 wehrlicher Mann zu Fuß, und 30 Spieß, und 30 Schützen stellen sollen: Es hat aber König Sigismund sie dessen enthebt, und ihnen darüber einen Brief geben, ob sie wohl zu Rettung des Carlstein, und zu täglichem Krieg wider die Wiklifitten, so in Böhmen auferstanden, gedachten Anzahl schicken sollen, daß er doch solches ein ganz Jahr für sie auszurichten, auf sich genommen."* **345**,*18* Eine Rauchwolke bei Tage und eine Feuersäule bei Nacht: *Vgl. 2. Mose 13,21, Auszug der Kinder Israels aus Ägypten.* *26* die Kronenwächter: *gesagt in Anklang an den gleichnamigen Roman Achims von Arnim, 1817.* **346**,*6 ff.* Saaz: *Stadt im nördlichen Böhmen, an der unteren Eger. Das Mißgeschick bei der Belagerung der Stadt ist Ind., S. 270, erwähnt, ist aber unhistorisch.* *34* das erste Kreuzesheer: *das von Gottfried von Bouillon 1099 geführte Kreuzesheer.* **347**,*11 ff.* Da brachen wir hervor...: *Die Darstellung von der blutigen Eroberung der Burg entspricht nicht der geschichtlichen Wirklichkeit. Die Belagerung wurde von den Tschechen auf die Kunde vom Anmarsch des Kurfürsten Friedrich hin aufgegeben. Raabe wich hier bewußt von seiner Quelle ab, in der es von den Reichsinsignien lediglich heißt: „Dieselben befunden sich auf dem vesten Schlosse Carlstein, welches die Hußiten aus einer starken Muthmassung deswegen belagert hatten, um sich derselbigen zu bemächtigen, welches auch wohl würde geschehen seyn, wo nicht der Churfürst Friedrich zu Brandenburg dieselbe genöthiget hätte die Belagerung aufzuheben, mithin besagte Insignia und Heiligtum von der Gefahr zu befreyen." (Ind., S. 573.) Wie im vorliegenden Fall wich Raabe auch sonst wiederholt von der geschichtlichen Überlieferung ab, zuweilen aus Irrtum, zumeist aber ganz bewußt, denn letzthin ging es ihm nicht um die Historie, sondern darum, in bloßer Anlehnung an geschichtliche Vorgänge in der Sprache der Dichtung auf episch fesselnde Weise menschlich bewegende oder menschlich bedeutsame Schicksale darzustellen.* *28* Wiklifiten: *Anhänger des englischen Reformators John Wiklif, eines Vorläufers von Huß, gest. 1384.* **349**,*2* die heilige Katharina: *K. von Alexandrien, eine hochgebildete Christin, erlitt im Anfang des 4. Jh. den Märtyrertod.*

351,*9* die mich umgerufen hat: *die mich verwandelt hat.* *13 f.* die Costnitzer Schande: *Huß wurde in Costnitz (Konstanz) durch das*

Konzil als Ketzer verurteilt und verbrannt; das ihm vom Kaiser Sigismund gewährte Geleit galt für die Kirche auf Grund seines hartnäckigen Verhaltens als erloschen. Aus Empörung über dieses Geschehen gingen die Hussiten zur Gewalt über (vgl. Anm. zu S. 326,8 u. 341,18 f.). 29 das Schwert Sancti Mauritii: *Es gehörte zu den Reichskleinodien wie auch die Lanze des heiligen Mauritius. Dieser war der Führer einer Legion christlicher Soldaten gewesen und hatte sich geweigert, dem Befehl Kaiser Maximilians (286–305) zur Mitwirkung an der Christenverfolgung zu gehorchen; er erlitt i. J. 300 den Märtyrertod. 31 f.* Blindenburg: *5 Meilen von der Stadt Ofen gelegen (vgl. S. 354,28 f.) 32* Hunnen: *hier als die Vorfahren der Ungarn gedacht.* **353**,*32* Sanktuarium: *Gewahrsam von Heiligtümern.* **354**,*30 f.* Eberhard von Windeck: *Verfasser einer „Historia Imper. Sigismundi", aus der in Raabes Quelle (Ind., S. 573) über den Zug nach der Blindenburg berichtet ist.* **355**,*23* unverfehrlich: *unerschrokken, furchtlos; geht zurück auf: sich nicht verfehren = sich nicht erschrecken.* **356**,*34* Angstbirne: *birnenförmiges Holzstück, das den Gefolterten am Schreien hindern sollte.* **357**,*3* Stollhoferin: *Nach Raabes Quelle war sie damals (im Herbst 1423) noch Helferin, nicht bereits Nachfolgerin der Grundherrin. 25* Scheckenrock: *enganliegender Leibrock.* **358**,*27 ff.* Inschrift des Grabsteins: *von Raabe seiner Quelle (Ind., S. 514) entnommen.* **359**,*14* Kappenmönch: *Kapuziner.*

360,*17* die alte Schlange: *sc. aus dem Paradies, die das Verderben über die Menschheit gebracht hat.* **364**,*8 f.* Konrad und Peter die Mendel: *Über ihre Stiftung berichtet Ind., S. 572.* **367**,*8 f.* Collegium Triumvirorum: *Lat., das Dreimännerkollegium„ nämlich* die drei obersten Hauptleute. **368**,*17* Buch des Todes: *das Buch, in das die Namen der Leprakranken eingetragen wurden. 32 ff.* Sigmund Stromer und Sebald Pfinzing: *Über die Heimholung der Reichsinsignien durch die beiden Abgesandten des Nürnberger Magistrats berichtet Raabe entsprechend Ind., S. 573 f.* **369**,*2* Lichtmeß: *das Fest der Darstellung Christi im Tempel am 2. Februar; an diesem Tag werden in den katholischen Kirchen die Kerzen für das ganze Jahr geweiht. 5* Hausen: *Störe. 18* in festo armorum Christi: *Lat., beim Fest der Waffen Christi, am Freitag nach Quasimodogeniti, auf Wunsch Kaiser Karls IV. i. J. 1354 in Deutschland und Böhmen eingeführt; ausgestellt wurden die Reichsheiligtümer, die zu den Reichskleinodien gehörten, so u. a. das heilige Eisen des Speeres und fünf Dornen aus Christi Dornenkrone, s. S. 369,24 ff., vgl. Ind., S. 468.*

370,*1 f.* Konradus aus dem Geschlechte der Hainzen: *nach Ind., S. 416 f.* **374**,*26* Gloria in excelsis Deo: *Lat., Ehre sei Gott in der Höhe.* **375**,*34 f.* Selig sind...: *Vgl. Matth. 5,4.* **377**,*1 f.* Noch einmal zog ich aus wider die Hussiten: *Die Nürnberger waren auch an dem*

Kreuzzug, der am 5.6.1426 bei Aussig *zu einer Niederlage der Deutschen führte, nicht beteiligt.* *30* Diana: *altitalienische Göttin, Jagd- und auch Mondgöttin in der römischen Mythologie.* *32* Doch die Bücher und Rollen...: *Im Jahr 1453 ging durch die Eroberung Konstantinopels durch die Türken zwar das oströmische Reich zugrunde, doch die Griechen, die nach dem Westen flüchteten, brachten ihre Sprache und Literatur mit und trugen dadurch zur Renaissance des Altertums bei (vgl. im Text 330,20 ff.).* **378**,2 die rechte schwarze Kunst: *die Kunst des Buchdrucks im Gegensatz zur eigentlichen schwarzen Kunst, der Zauberei.* *6* das erste mit Lettern gedruckte Buch: *ein Kalender auf das Jahr 1448.* *8* Des deutschen Reiches Krone lieget noch in Nürnberg: *Die Reichskleinodien blieben in Nürnberg, bis sie 1797 angesichts des Vordringens der Franzosen nach Süddeutschland in Regensburg sichergestellt wurden und nach nochmals erfolgter Verlagerung 1813 in die Wiener Hofburg gelangten. 1938–1945 befanden sie sich wieder in Nürnberg, dann kehrten sie in die Wiener Hofburg, Weltliche Schatzkammer, zurück.*

Karl Hoppe

Deutscher Mondschein

I. Das Werk

Entstehung und Veröffentlichung

Als Raabe im Jahr 1872 beabsichtigte, die Erzählungen „Der Marsch nach Hause", „Des Reiches Krone" und „Theklas Erbschaft" in einem Novellenband zu vereinen, und er seinen Plan dem Berliner Verleger Otto Janke mitteilte, antwortete ihm dieser, der vorgesehene Band falle zu schmal aus, Raabe möge noch eine weitere Erzählung hinzufügen (s. o. S. 477). Daraufhin unterbrach Raabe seine Arbeit an „Christoph Pechlin" und verfaßte in der Zeit zwischen dem 24. März und 8. April 1872 die Skizze „Deutscher Mondschein" (Tgb.). Noch am Tag der Fertigstellung schickte er das Manuskript an Janke (Tgb.), der es jedoch nicht für hinreichend hielt, um dem geplanten Band das gewünschte Gewicht zu verleihen. Raabe bot den Band mit den vier Erzählungen daraufhin am 29. Mai dem Stuttgarter Verleger Eduard Hallberger an. Dieser war bereit, ihn zu übernehmen, nur wünschte er, die bislang ungedruckte Skizze „Deutscher Mondschein" zuvor noch in seiner Zeitschrift „Über Land und Meer" zu veröffentlichen. Raabe war einverstanden.

Der Skizze „Deutscher Mondschein" lag ein Plan zugrunde, den Raabe bereits vor Jahren gefaßt hatte. Er war Ende Juli 1864 von Wolfenbüttel aus mit seiner Familie für kurze Zeit an die See gereist, zuerst nach Lübeck und Travemünde, dann nach Hamburg, Cuxhaven und Kiel. Im Hinblick auf diese Reise vermerkte er am 17. Oktober 1864 in seinem Notizbuch Nr. 2, S. 26:

Der Feind ‹*durchgestrichen, dafür:*› Mond
Aus einem Reisetagebuch.

Dieser Feind ist der Mond mit seinen Einwirkungen auf die Natur und Lebensgeschichte des Helden der Geschichte. Die Scene ist in Lübeck, wo der Erzähler die Bekanntschaft des Mondfeindes macht, und in Travemünde.

Bei der Ausführung des Planes verlegte Raabe den Schauplatz nach Sylt, wo er im August 1867 mehrere Wochen mit seiner Familie gewohnt hatte.

Entwürfe für die Skizze haben sich nicht erhalten. In Nb. Nr. 2 findet sich auf S. 35 nur eine als Überschrift gedachte Eintragung: E. d. Mondenschein.

Der Titel der Skizze gab den Namen für die Sammlung her, die 1873 im Verlag von E. Hallberger erschien; vgl. dazu S. 477 f.

II. Der Text

1. Textgeschichte

H: *Handschrift, nicht mehr vorhanden.*
Z: Deutscher Mondschein. Erzählung von W. Raabe. – *In: Über Land und Meer, Bd. 29, Stuttgart 1873, Nr. 7, S. 122–126.*
B1: Deutscher Mondschein. – *In:* Deutscher Mondschein. Vier Erzählungen von Wilhelm Raabe. Stuttgart, Druck und Verlag von Eduard Hallberger 1873, S. 1–35. *8°*
B2: *Desgl.* Zweite Auflage, Stuttgart, Druck und Verlag von Eduard Hallberger, 1875, S. 1–35. *8°*.
G1: Deutscher Mondschein. – *In:* Gesammelte Erzählungen. Von Wilhelm Raabe. Berlin, Verlag von Otto Janke, 1896, Bd. 2, S. 389–406. *8°*.
G2: *Desgl.* Zweite Auflage. *Ebd.* 1901, Bd. 2, S. 389–406. *8°*.
G3: *Desgl.* Dritte Auflage. *Ebd.* 1905, Bd. 2, S. 389–406. *8°*.
W2: Deutscher Mondschein. – *In:* Wilhelm Raabe. Sämtliche Werke, 23.–27. Tausend. Zweite Serie, Bd. 2, S. 307–324. Verlagsanstalt Hermann Klemm A-G, Berlin-Grunewald *(1934)*.

Raabe las von Z Korrektur am 21. Juni 1872 (Tgb.), desgleichen von B1 (Bogen 1–3) am 11., 12. und 16. August 1872. B2 stellt eine Titelauflage von B1 dar.

Zu G1–3 vgl. die Angaben über „Des Reiches Krone" auf S. 491.

2. Textbefund und Textgestaltung

Die Skizze „Deutscher Mondschein" ist im Unterschied zu den vorangehenden Erzählungen in der Sprache der Gegenwart abgefaßt. Bemerkenswert bleiben einzelne Spracheigenheiten Raabes. So wechselt in Z Mondschein *mit* Mondenschein *wie andernorts auch* Ellbogen *mit* Ellenbogen. *In B1 ist* Mondenschein *mehrmals (so 391,21; 396,35; 397,22 u. 398,19) durch* Mondschein *ersetzt, was auf den Setzer zurückzuführen sein wird. In einem Fall (399,31) hat Raabe diese Schreibung in G1 wieder rückgängig gemacht. Im übrigen spiegelt sich in Z–G3 in gleicher Weise, wie dies für die Gegenwartsromane gilt, die Bereitschaft Raabes wieder, sich der allgemeinen Sprachentwicklung anzupassen, wenn auch nur in den nicht gut zu umgehenden Fällen. Bemerkenswert ist im Wortbestand die selten anzutreffende alliterierende sprichwörtliche Wendung* Gesperr und Gezappel *(398,25 f.).*

Gegenüber Z weist B1 einige Änderungen auf, die Raabe zuzuschreiben sind; vgl. L. zu 383,31; 385,3; 385,33; 394,13; 399,16 u. 402,8. Der Setzer glich einen grammatischen Fehler aus; vgl. L. zu 384,16. In einigen Fällen ist es fraglich, ob Raabe oder der Setzer den Wortlaut den allgemein geltenden Sprachformen angeglichen hat; vgl. L. zu 393,2; 396,24 u. 397,30. Dem Setzer unterliefen zwei Fehler, vgl. L. zu 389,32 u. 392,3.

B2 stellt eine Titelauflage von B1 dar und ist deshalb textkritisch ohne Belang.

In G1 lassen sich vier Wortänderungen auf Raabe selbst zurückführen; vgl. L. zu 394,31 (Streichung von Ihren *mit Rücksicht auf* Ärgernis*); 395,25 f, 399,31 u. 401,18. Auf Raabe oder den Setzer geht wie in B1 die Abänderung von* hieher *in* hierher *(390,28) zurück. In fünf Fällen folgt der Setzer seinem eigenen Sprachempfinden; vgl. L. zu 388,34 (2×); 401,11 u. 401,13 (2×).*

G2 läßt nochmals Raabes bessernde Hand erkennen; vgl. L. zu 395,11; 396,15 (mit Rücksicht auf auch *in der folgenden Zeile); 399,31 (mit Rücksicht auf* märchenhaft*); 400,12 u. 402,1. In einem Fall kann die Angleichung an den allgemeinen Sprachgebrauch sowohl auf Raabe wie auf den Setzer zurückgehen; vgl. L. zu 385,22.*

In G3 wurden von seiten des Setzers zwei Änderungen vorgenommen; vgl. L. zu 381,10 und 383,24.

3. Lesarten

381,*10* Dies alles *G3* · **383**,*24* kühlen *G3* · *31* der] welcher *Z* · **384**,*16* verziehenden *Z* · **385**,*3* dem Narren] demselben *Z* · *22* Freuderuf *Z* · *33* Mondaufgang *Z* · **388**,*26* Rundbaues *G1 ff.* · *34 f.* weißeren und krauseren *G1 ff.* · **389**,*32* kürzeren *B1 ff.* · **391**,*21* Mondschein *B1 ff.* · **392**,*3* stammen *B1 ff.* · **393**,*2* mehreren *Z* · **394**,*13* Un'verstäten *Z* · *31* Ihren] *fehlt Z B1 f.* · **395**,*11* Kollege *Z–G1* · *25 f.* symbolischen] *fehlt Z B1 f.* · **396**,*15* ob auch er *Z–G1* · *24* vertröstet *Z* · **397**,*30* hieher *Z* · **399**,*16* blinzte *Z* · *31* Mondscheine *Z B1 f.*; wahrhaft *Z–G1* · **400**,*12* recht] *fehlt Z–G1* · **401**,*11* angeborenen *G1 ff.* · *13* biederen, niederen *G1 ff.* · *18* herüberlachte *Z B1 f.* · **402**,*1* hinunter *Z–G1* · *8* Geburtstag *Z*.

III. Anmerkungen

381,*11* im Jahre 1867 ...: *Raabe weilte im August 1867 zu seiner Erholung auf Sylt; er wohnte mit seiner Familie in Tinnum.* **382**,*16 f.* die braunschweigische Erbfolge: *Der braunschweigische Herzog Wilhelm hatte keine Nachkommen. Noch bevor er 1884 starb, beschäftigte die Frage der Nachfolge die Gemüter. An sich war das Haus Hannover-Cumberland erbberechtigt, doch hätte es, um die Nachfolge an-*

treten zu können, seine Ansprüche auf Hannover förmlich aufgeben müssen, wie dies nach dem Ausgang des Krieges von 1866 – Einverleibung Hannovers in Preußen – von ihm verlangt wurde. **384**,*29* Luna *(lat., der Mond) genoß bei den Römern kultische Verehrung;* Selene *(gr., der Mond) wurde von den Griechen als Göttin gefeiert.* **385**,*18* gegen Ihren – Feind: *Vgl. hierzu die Notizbucheintragung vom 17. 10. 1864 (s. o. S. 503).* *29* Stupefaktion: *Lat., Bestürzung.* **387**,*30* Raptus: *Lat., plötzlich einsetzender Angstzustand, sonst auch Wutanfall.* **389**,*8* Scrutinium: *Lat., Durchsuchung, Beobachtung.*

390,*9* feloniter: *Lat., wortbrüchig.* **392**,*9* Clauren: *Heinrich Cl., Deckname von Karl Heun, 1771–1854; Verfasser einst vielgelesener seichter, dabei versteckt lüsterner Erzählungen und Romane.* *19* altliberal: *gemeint ist hier eine realpolitische, von den radikaleren Forderungen des späteren Liberalismus, vertreten in der sog. Fortschrittspartei, noch freie Grundgesinnung.* *20* chinesische Pagode: *kleine sitzende Porzellanfigur mit beweglichem Kopf.* *27* Auskultator: *svw. Gerichtsreferendar* **393**,*16* Pandekten: *Gr.-lat., Sammlung altrömischer Rechtssprüche, die zur Grundlage des modernen Zivilrechts wurden.* Landrecht: *die in den deutschen Ländern zur Vereinheitlichung der Rechtssprechung eingeführten Gesetzbücher; diese galten bis zum Inkrafttreten des Bürgerlichen Gesetzbuches (1. 1. 1900).* **394**,*11* Börne: *Ludwig B., 1786–1837, Schriftsteller z. Zt. des „Jungen Deutschland", Verfechter radikaler liberaler Forderungen.* Stahl: *Friedrich Julius St., 1802–1861, Rechtsphilosoph, Mitbegründer der preußisch-konservativen Partei.* Ranke: *Leopold v. R., 1795–1886, bedeutender konservativer Historiker.* Raumer: *Friedrich v. R., 1781–1873, Historiker, der dem Zentrum angehörte.* **395**,*24* Landbote: *Landtagsabgeordneter.* Militärkonflikt: *der Konflikt zwischen der preußischen Regierung und dem Abgeordnetenhaus über die Organisation der Armee, 1862–66.*

396,*22* Alliteration: *Anspielung auf den Gleichklang der Anfangsbuchstaben W und V in der vorangehenden und den folgenden Zeilen.* **397**,*5 f.* in seinem Lichte gewinnen wir alle unsere Siege. Auch die Schlacht bei Königgrätz?: *Anspielung auf das Wort des Prinzen Friedrich Karl von Preußen: „Der Sieg bei Königgrätz ist ein Sieg der Intelligenz über die Dummheit gewesen."* **398**,*28* Hexameter: *ursprünglich griech. Versmaß, nach dem der Vers aus sechs Versfüßen zu bestehen hat, die ihrerseits in der Regel aus je einer langen und zwei kurzen Silben gebildet werden.* Ottave Rime: *ursprünglich italien. Strophenform, bestehend aus acht elfsilbigen Versen, von denen die ersten sechs kreuzweise und die beiden letzten paarweise reimen; innerhalb der Verse wechseln eine unbetonte Silbe jeweils mit einer betonten ab.* **401**,*11* Bonhomie: *Lat.-frz., Gutwilligkeit, Gutmütigkeit.* *23* die Rechtswohltat des beneficii inventarii: *die im röm. Recht festgelegte*

Befugnis, beim Antritt eines Erbes die möglichen Ansprüche von Gläubigern auf den Stand des inventarisierten Vermögens zu beschränken; im vorliegenden Fall erscheint es aussichtslos, sich dem Mond gegenüber auf das einzuschränken, was er in Wirklichkeit ist; immer besteht die Tatsache fort, daß die Menschheit ihm gefühlsmäßig verfallen ist.
402,7 *f.* Jean Paul Friedrich Richters sämtliche Werke: *Die Gefühlstiefe und der Phantasiereichtum von Jean Pauls Romanen und Erzählungen bildet für den Erzähler hier das notwendige Gegengewicht zu der einseitigen Verstandeskultur, für die das Studium der Mathematik als Beispiel dient.*

Karl Hoppe

INHALT

DEUTSCHER MONDSCHEIN